MANUEL DE PHILOSOPHIE 2024

BAC DE PHILOSOPHIE 2024
THÈMES DU NOUVEAU PROGRAMME 2020

2ième édition

MÉTHODOLOGIE DÉTAILLÉE

+

100 DISSERTATIONS CORRIGÉES

D'après les sujets de dissertation 1996-2019
de l'épreuve de philosophie du baccalauréat

Les Philosophes Visio

Les philosophes visionnaires sont à votre écoute, vous pouvez nous faire parvenir vos remarques à l'adresse suivante : lesphilosophesvisionnaires@gmail.com.

Copyright © 2023 Les Philosophes Visionnaires

Tous droits réservés.

ISBN – 13 : 9798324633585

Aucune partie de ce livre ne peut être reproduite ou transmise sous aucune forme ou par quelque moyen électronique ou mécanique que ce soit, par photocopie, enregistrement ou par quelque forme d'entreposage d'information ou de système de recouvrement, sans la permission écrite de l'éditeur.

Table des matières

I. La méthode détaillée 8

Première partie : Analyser le sujet 8
- Chapitre 1 : Définir les termes du sujet 8
- Chapitre 2 : Identifier les présupposés du sujet 9
- Chapitre 3 : Reformuler la problématique du sujet 11

Deuxième partie : Élaborer un plan 12
- Chapitre 4 : Les différents types de plan 13
- Chapitre 5 : Le plan dialectique 16
- Chapitre 6. Le plan analytique 19
- Chapitre 7 : Le plan thématique 22

Troisième partie : Rédiger la dissertation 24
- Chapitre 8 : Rédiger l'introduction 24
- Chapitre 9 : Rédiger le développement 25
- Chapitre 10 : La conclusion 28

II. L'ART 30

- Sujet 1 : À quoi sert une œuvre d'art ? 30
- Sujet 2 : Une œuvre d'art peut-elle ne pas être belle ? 33
- Sujet 3 : Faut-il connaître l'intention d'un artiste pour juger son œuvre ? 36
- Sujet 4 : L'art s'apprend-il ? 38
- Sujet 5 : Pourquoi sommes-nous sensibles à la beauté ? 41
- Sujet 6 : Les artistes nous apprennent-ils ce que nous sommes ? 46

III. LE BONHEUR 51

- Sujet 1 : Le bonheur dépend-il uniquement de nous ? 51
- Sujet 2 : Devons-nous rechercher le bonheur ? 53
- Sujet 3 : Le bonheur relève-t-il de la satisfaction des désirs ? 55
- Sujet 4 : L'imagination est-elle la cause de notre malheur ? 58
- Sujet 5 : Le bonheur est-il inaccessible à l'homme ? 60
- Sujet 6 : La mort est-elle un obstacle au bonheur ? 64

IV. LA CONSCIENCE 69

Sujet 1 : La conscience n'est-elle tournée que vers elle-même ? _____ 69

Sujet 2 : Faut-il apprendre à se connaître soi-même ? _____ 72

Sujet 3 : La conscience est-elle source de liberté ou de contrainte ? _____ 75

Sujet 4 : La conscience est-elle ce qui me rend libre ? _____ 79

Sujet 5 : La conscience de soi est-elle une connaissance ? _____ 84

Sujet 6 : De quoi parle-t-on quand on dit « je » ? _____ 88

V. LE DEVOIR _____ 94

Sujet 1 : Agir par devoir est-ce agir contre son intérêt ? _____ 94

Sujet 2 : Qu'avons-nous à gagner à faire notre devoir ? _____ 97

Sujet 3 : Les devoirs de l'homme varient-ils selon les cultures ? _____ 101

Sujet 4 : Obéir me dégage-t-il de toute responsabilité ? _____ 104

Sujet 5 : Est-ce un devoir de se connaître soi-même ? _____ 108

VI. L'ETAT _____ 113

Sujet 1 : Doit-on tout attendre de l'État, ou y a-t-il des limites à son action ? _____ 113

Sujet 2 : L'individu doit-il se méfier de l'État ? _____ 115

Sujet 3 : La fonction de l'État est-elle de nous protéger ? _____ 119

Sujet 4 : Une société sans État est-elle possible ? _____ 123

Sujet 5 : L'État a-t-il tous les droits ? _____ 126

Sujet 6 : Obéir à l'État, est-ce renoncer à sa liberté ? _____ 130

VII. L'INCONSCIENT _____ 135

Sujet 1 : L'idée d'inconscient remet-elle en cause la responsabilité ? ___ 135

Sujet 2 : L'inconscient pèse-t-il sur nous comme un destin ? _____ 138

Sujet 3 : Une pensée peut-elle être inconsciente ? _____ 142

Sujet 4 : Quelle conception de l'homme l'hypothèse de l'inconscient remet-elle en cause ? _____ 145

Sujet 5 : Peut-on connaître l'inconscient ? _____ 149

Sujet 6 : Si l'inconscient existe, puis-je savoir qui je suis ? _____ 152

VIII. LA JUSTICE — 157

- Sujet 1 : Comment savoir ce qui est juste ? — 157
- Sujet 2 : Tout ce que j'ai le droit de faire est-il juste ? — 161
- Sujet 3 : Peut-il être juste de désobéir à la loi ? — 163
- Sujet 4 : Pour être juste, suffit-il d'obéir aux lois ? — 166
- Sujet 5 : La violence peut-elle être juste ? — 170
- Sujet 6 : La punition est-elle la forme légale de la vengeance ? — 174

IX. LE LANGAGE — 179

- Sujet 1 : Le langage est-il une invention humaine ? — 179
- Sujet 2 : Peut-on tout dire ? — 182
- Sujet 3 : Dans quelle mesure peut-on dire que les mots pensent pour nous ? — 186
- Sujet 4 : Le langage ne sert-il qu'à communiquer ? — 189
- Sujet 5 : Le langage est-il un instrument de pouvoir ? — 192
- Sujet 6 : En apprenant sa langue maternelle n'apprend-on qu'à parler ? — 197

X. LA LIBERTE — 202

- Sujet 1 : Qu'est-ce qu'un homme libre ? — 202
- Sujet 2 : Peut-on opposer le devoir à la liberté ? — 205
- Sujet 3 : Puis-je avoir la certitude que mes choix sont libres ? — 209
- Sujet 4 : Pourquoi voulons-nous être libres ? — 214
- Sujet 5 : La culture nous rend-elle plus libres ? — 216
- Sujet 6 : Être libre, est-ce s'affranchir de toute autorité ? — 220

XI. LA NATURE — 226

- Sujet 1 : La pluralité des cultures fait-elle obstacle à l'unité du genre humain ? — 226
- Sujet 2 : Qu'est-ce que vivre conformément à la nature ? — 229
- Sujet 3 : Les sciences de l'homme ont-elles pour modèle les sciences de la nature ? — 233

Sujet 4 : l'homme est-il un être vivant comme les autres ? _____ 237

Sujet 5 : Ce qui est naturel est-il normal ? _____ 240

Sujet 6 : Peut-on à la fois préserver et dominer la nature ? _____ 244

XII. LA RAISON _____ 250

Sujet 1 : Qu'est-ce qu'être raisonnable ? _____ 250

Sujet 2 : Peut-on faire un usage déraisonnable de la raison ? _____ 253

Sujet 3 : Pour être heureux, faut-il être raisonnable ? _____ 256

Sujet 4 : La raison est-elle la source de toute vérité ? _____ 260

Sujet 5 : La raison peut-elle tout expliquer ? _____ 263

Sujet 6 : La raison a-t-elle besoin de douter ? _____ 268

XIII. LA RELIGION _____ 272

Sujet 1 : les religions séparent-elles les hommes ? _____ 272

Sujet 2 : la science peut-elle faire disparaître la religion ? _____ 275

Sujet 3 : une société sans religion est-elle possible ? _____ 279

Sujet 4 : la religion est-elle une production culturelle comme les autres ? 281

Sujet 5 : À quoi tient la force des religions ? _____ 284

Sujet 6 : Une religion peut-elle se fonder sur la raison ? _____ 288

XIV. LA SCIENCE _____ 294

Sujet 1 : La philosophie peut-elle se passer d'une réflexion sur les sciences ? _____ 294

Sujet 2 : La recherche scientifique a-t-elle des limites ? _____ 297

Sujet 3 : Les vérités scientifiques sont-elles indiscutables ? _____ 302

Sujet 4 : Les sciences de l'homme sont-elles vraiment des sciences ? ___ 306

Sujet 5 : L'imagination a-t-elle une place dans la connaissance scientifique ? _____ 309

Sujet 6 : La science peut-elle produire des croyances ? _____ 313

XV. LA TECHNIQUE _____ 320

Sujet 1 : Une technique se juge-t-elle seulement à son efficacité ? _____ 320

Sujet 2 : Doit-on attendre de la technique qu'elle mette fin au travail ? _ 325

Sujet 3 : Les techniques aident-elles à améliorer l'homme ? _____ 331

Sujet 4 : Y a-t-il plus à espérer qu'à craindre de la technique ? _____ 335

Sujet 5 : La technique n'est-elle pour l'homme qu'un moyen ? _____ 338

Sujet 6 : La technique nous impose-t-elle une conception du monde ? __ 342

XVI. LE TEMPS _____ 346

Sujet 1 : L'homme peut-il échapper au temps ? _____ 346

Sujet 2 : Pourquoi le temps est-il précieux ? _____ 349

Sujet 3 : Suis-je ce que mon passé a fait de moi ? _____ 352

Sujet 4 : Le temps est-il nécessairement destructeur ? _____ 356

Sujet 5 : Suffit-il d'être dans le présent pour vivre le présent ? _____ 359

XVII. LE TRAVAIL _____ 363

Sujet 1 : Ne travaille-t-on que pour subvenir à ses besoins ? _____ 363

Sujet 2 : Le progrès technique appauvrit-il le travail humain ? _____ 366

Sujet 3 : Peut-on opposer le loisir au travail ? _____ 369

Sujet 4 : Le travail a-t-il une valeur morale ? _____ 372

Sujet 6 : Tout travail a-t-il un sens ? _____ 376

XVIII. LA VERITE _____ 380

Sujet 1 : Dire que la vérité est relative, est-ce dire qu'il n'y a pas de vérité ? _____ 380

Sujet 2 : Faut-il toujours dire la vérité ? _____ 383

Sujet 3 : L'erreur nous éloigne-t-elle toujours de la vérité ? _____ 387

Sujet 4 : Pourquoi vouloir à tout prix connaître la vérité ? _____ 389

Sujet 5 : Le dialogue est-il le chemin de la vérité ? _____ 392

Sujet 6 : La recherche de la vérité nous aide-t-elle à vivre ? _____ 396

I. La méthode détaillée

La philosophie est une discipline qui exige rigueur, précision et méthodologie. Pour qui souhaite s'initier à cette discipline ou améliorer sa pratique, il est donc essentiel de maîtriser les différentes méthodes de réflexion et d'argumentation. La réflexion philosophique se distingue de la simple opinion ou du jugement de valeur par sa capacité à questionner les fondements mêmes de nos croyances et à en évaluer la pertinence. Ainsi, pour mener une réflexion philosophique fructueuse, il est d'abord essentiel de maîtriser la méthode et les outils de cette discipline. La dissertation consiste à répondre à une question en mobilisant ses connaissances, sa culture philosophique et sa capacité de réflexion. Pour réussir cette épreuve, il convient de respecter une méthode qui comporte trois étapes principales : analyser le sujet, élaborer un plan et rédiger la dissertation. En suivant cette méthode, vous pourrez réaliser une dissertation de philosophie qui répondra aux attentes du correcteur et qui témoignera de votre culture et de votre pensée.

Première partie : Analyser le sujet

La première étape de la méthode de la dissertation de philosophie est **l'analyse du sujet**. Il s'agit de comprendre ce que le sujet demande et ce qu'il implique, en définissant les termes clés, en identifiant les présupposés et en reformulant la problématique. Cette étape est essentielle pour éviter le hors-sujet, le contresens et le préjugé.

Chapitre 1 : Définir les termes du sujet

Le sujet de dissertation est généralement formulé sous la forme d'une question ou d'une citation qui contient **des termes philosophiques**. Ces termes sont des concepts qui renvoient à des notions abstraites et complexes, comme la liberté, le bonheur, la vérité, l'art… Elles sont au nombre de 17 pour le baccalauréat de 2024. Il faut les définir avec précision et rigueur pour éviter toute confusion ou ambiguïté.

La distinction entre les mots et les concepts : les mots sont des signes linguistiques qui servent à exprimer des idées. Les concepts sont des idées qui servent à penser le réel. Un même mot peut renvoyer à plusieurs concepts selon le contexte ou le point de vue. Par exemple, le mot "liberté" peut désigner la capacité d'agir sans contrainte (liberté physique), la possibilité de choisir entre plusieurs options (liberté morale), ou encore l'autonomie politique d'un peuple (liberté politique). Il faut donc distinguer les différents sens d'un mot et choisir celui qui correspond au sujet.

Les différents types de définitions d'un mot :

- La définition nominale : elle donne l'étymologie ou l'origine du mot. Par exemple, "philosophie" vient du grec "philos" (ami) et "sophia" (sagesse). Elle permet de situer l'histoire du concept mais elle n'en explique pas le contenu.

- La définition réelle : elle donne la nature ou l'essence du concept. Par exemple, "la philosophie est l'amour de la sagesse". Elle permet de saisir le sens du concept mais elle peut être trop vague ou trop générale.
- La définition descriptive : elle donne les caractères ou les propriétés du concept. Par exemple, "la philosophie est une activité rationnelle qui vise à connaître la réalité et à se questionner sur soi-même". Elle permet de préciser le contenu du concept mais elle peut être trop partielle ou trop subjective.
- La définition conventionnelle : elle donne une règle d'usage ou une convention pour fixer le sens du concept dans un contexte donné. Par exemple, "dans cette dissertation, nous entendons par liberté la capacité d'agir selon sa volonté". Elle permet d'éviter toute ambiguïté mais elle doit être justifiée par rapport au sujet.

Pour définir les termes du sujet, il faut recourir à différentes sources :

- Le dictionnaire : il donne la définition courante ou usuelle des mots. On notera qu'il peut être utile pour clarifier un terme dont on ignore le sens ou pour vérifier son orthographe.
- Le lexique philosophique : il donne la définition spécifique ou technique des concepts philosophiques. Il peut être utile pour distinguer les différents sens d'un concept ou pour connaître son origine.
- Les textes philosophiques : ils donnent la définition personnelle ou originale des concepts par les auteurs qui les ont élaborés ou utilisés. Ils peuvent être utiles pour illustrer un concept par un exemple concret ou pour comparer différentes conceptions.

Afin, de trouver des définitions, le site web du Centre national de ressources textuelles et lexicales (**CNRTL**) est un outil utile et précis : https://www.cnrtl.fr/definition/

Chapitre 2 : Identifier les présupposés du sujet

Le sujet de dissertation n'est pas neutre ni évident. Il contient souvent des **présupposés** qui sont des affirmations implicites ou des hypothèses cachées sur ce que l'on tient pour vrai sans avoir besoin de le prouver. Il faut donc identifier ces présupposés et leurs implications.

Un présupposé est une supposition préalable, c'est-à-dire une hypothèse admise comme point de départ de la réflexion. Par exemple, dans le sujet "Le travail n'est-il qu'une contrainte ?" présuppose que le travail est une contrainte et qu'il n'a pas d'autre valeur. Un présupposé peut être **explicite ou implicite**, c'est-à-dire formulé clairement ou suggéré subtilement. Il peut être aussi vrai ou faux, c'est-à-dire fondé sur des faits ou sur des opinions.

Identifier les présupposés du sujet est fondamental pour plusieurs raisons, il permet :

- De comprendre le sens et l'enjeu du sujet, par exemple, le sujet "Peut-on se connaître soi-même ?" présuppose que la connaissance de soi est possible et souhaitable.
- De critiquer le sujet et de le problématiser, par exemple, le sujet "L'art est-il un langage ?" présuppose que l'art a une fonction communicative et qu'il peut être comparé au langage.
- D'orienter la recherche d'arguments et d'exemples, par exemple, le sujet "La technique nous rend-elle plus libre ?" présuppose que la technique a un rapport avec la liberté et qu'elle peut l'augmenter ou la diminuer.

Il existe plusieurs types de présupposés selon leur nature ou leur origine :

- Le présupposé logique : il découle du sens des mots ou des propositions qui composent le sujet, par exemple, le sujet "Tout ce qui est rare est-il précieux ?" présuppose qu'il existe des choses rares et des choses précieuses.
- Le présupposé empirique : il repose sur l'observation ou l'expérience du réel, par exemple, le sujet "La violence est-elle inhérente à l'homme ?" présuppose que l'homme est capable de violence.
- Le présupposé moral : il exprime une valeur ou un jugement sur ce qui est bien ou mal, par exemple, le sujet "Faut-il respecter la nature ?" présuppose que la nature mérite le respect.
- Le présupposé historique : il renvoie à un contexte ou à une époque particulière, par exemple, le sujet "La démocratie est-elle en crise ?" présuppose que la démocratie existe et qu'elle connaît des difficultés.
- Le présupposé philosophique : il reflète une doctrine ou une thèse propre à un courant ou à un auteur philosophique, par exemple, le sujet "Le bonheur consiste-t-il à satisfaire tous ses désirs ?" présuppose que le bonheur et le désir sont liés et qu'ils peuvent être définis.

Pour repérer les présupposés du sujet, il existe plusieurs méthodes :

- La méthode de **la négation** : elle consiste à inverser le sens du sujet ou à lui ajouter une négation pour voir ce qui change. Le sujet "L'homme est-il un animal politique ?" devient "L'homme n'est-il pas un animal politique ?" ou "L'homme est-il un animal apolitique ?". On voit alors que le sujet présuppose que l'homme a une nature politique et qu'il se distingue des autres animaux par cette caractéristique.
- La méthode de **la reformulation** : elle consiste à reformuler le sujet avec d'autres mots ou d'autres expressions pour en faire ressortir les présupposés. Le sujet "La liberté est-elle une illusion ?" peut être reformulé ainsi : "La liberté n'est-elle pas une croyance sans fondement ?" ou "La liberté n'existe-t-elle pas réellement ?". On voit alors que le sujet présuppose que la liberté est une notion problématique et qu'elle peut être remise en cause par la réalité.
- La méthode de **l'interrogation** : elle consiste à poser des questions sur le sujet pour en dégager les présupposés. Le sujet "Le bonheur est-il affaire de chance ?" peut être interrogé ainsi : "Qu'est-ce que le bonheur ? Qu'est-ce que la chance ? Quel rapport y a-t-il entre les deux ?". On voit alors que le sujet

présuppose que le bonheur et la chance sont des notions définissables et qu'elles exercent une influence réciproque.

Attention, il faut éviter certains pièges lorsqu'on travaille sur les présupposés du sujet :

- Ne pas confondre les présupposés avec les problèmes. Les problèmes sont les questions qui se posent à partir du sujet et qui appellent des réponses argumentées. Les présupposés sont les hypothèses qui sous-tendent le sujet et qui peuvent être discutées.
- Ne pas accepter ni rejeter les présupposés sans examen critique. Il faut analyser les présupposés du sujet et évaluer leur validité, leur pertinence et leur intérêt. Il faut aussi envisager d'autres points de vue possibles sur le même thème.
- Ne pas multiplier ni négliger les présupposés. Il faut repérer les principaux présupposés du sujet et ne pas s'égarer dans des détails secondaires ou hors-sujet. Il faut aussi ne pas passer à côté de certains présupposés implicites ou cachés qui peuvent avoir une importance capitale pour la compréhension du sujet.

Chapitre 3 : Reformuler la problématique du sujet

La problématique du sujet est la question centrale qui oriente la réflexion et l'argumentation dans la dissertation de philosophie. Elle découle de l'analyse du sujet et de ses présupposés, et elle vise à mettre en évidence les enjeux et les difficultés du thème abordé. La problématique du sujet n'est pas donnée d'emblée, mais elle doit être reformulée par le candidat à partir des termes et des idées du sujet.

La notion de problématique renvoie à l'idée qu'un sujet de philosophie n'est pas une simple affirmation ou une simple interrogation, mais qu'il soulève un problème philosophique qui appelle une réflexion approfondie et critique. Un problème philosophique est une question qui n'a pas de réponse évidente ou univoque, mais qui implique des présupposés, des contradictions, des paradoxes ou des dilemmes. Le rôle de la problématique est donc de dégager le problème philosophique sous-jacent au sujet et d'en montrer les implications et les limites.

Une bonne problématique doit respecter plusieurs critères :

- Elle doit être fidèle au sujet : elle ne doit pas déformer ni trahir le sens du sujet, mais au contraire le respecter et l'approfondir.
- Elle doit être claire et précise : elle ne doit pas être trop vague ni trop complexe, mais au contraire exprimer clairement le problème philosophique posé par le sujet.
- Elle doit être originale et pertinente : elle ne doit pas être banale ni superficielle, mais au contraire susciter l'intérêt du lecteur et mettre en valeur l'importance du thème traité.

- Elle doit être problématisante : elle ne doit pas être affirmative ni interrogative, mais exprimer un doute ou une tension entre deux termes ou deux idées du sujet.

Il existe plusieurs techniques pour reformuler la problématique du sujet :

- La technique de la reformulation interrogative : elle consiste à transformer le sujet en une question qui exprime le problème philosophique. Par exemple, le sujet "L'art est-il un langage ?" peut être reformulé ainsi : "En quoi l'art peut-il être considéré comme un langage ?" ou "Quelles sont les différences et les similitudes entre l'art et le langage ?".
- La technique de la reformulation dialectique : elle consiste à opposer deux termes ou deux idées du sujet qui expriment une contradiction ou un paradoxe. Par exemple, le sujet "Le travail est-il une contrainte ou une libération ?" peut être reformulé ainsi : "Comment concilier le travail comme contrainte nécessaire à la survie et comme libération possible de soi ?" ou "Quels sont les rapports entre le travail comme aliénation sociale et comme réalisation personnelle ?".
- La technique de la reformulation analytique : elle consiste à décomposer le sujet en ses éléments constitutifs pour en faire ressortir les présupposés ou les implications. Par exemple, le sujet "La conscience fait-elle la grandeur ou la misère de l'homme ?" peut être reformulé ainsi : "Quelle est la nature et la fonction de la conscience humaine ?" ou "En quoi le fait d'être conscient de soi et du monde révèle-t-il à la fois la grandeur et la misère de la condition humaine ? ».

Deuxième partie : Élaborer un plan

L'importance d'un plan structuré pour la dissertation de philosophie. La dissertation de philosophie est un exercice complexe qui requiert une rigueur méthodologique et une grande capacité de réflexion. Pour aborder efficacement ce type d'exercice, il est essentiel de maîtriser l'art de l'élaboration d'un plan structuré. En effet, le plan est la colonne vertébrale de la dissertation et permet de donner une cohérence et une clarté à la réflexion développée. Dans cette partie, nous allons examiner l'importance du plan dans la dissertation de philosophie, en abordant les différentes fonctions qu'il remplit et la structure qu'il doit respecter. Nous verrons les différents types de plans qui peuvent être utilisés en fonction du sujet traité, ainsi que leurs avantages et inconvénients respectifs. En somme, ce chapitre a pour objectif de fournir aux étudiants en philosophie les outils nécessaires pour élaborer un plan efficace, qui leur permettra de mener à bien leur réflexion et de réussir leur dissertation. Mais quels sont les différents types de plan possibles ? Quels sont leurs avantages et leurs inconvénients ? Comment les utiliser efficacement ? C'est ce que nous allons voir dans cette partie.

Chapitre 4 : Les différents types de plan

Lors de la rédaction d'une dissertation de philosophie, l'élaboration d'un plan est une étape fondamentale qui permet d'organiser les idées de manière cohérente et rigoureuse. En effet, le plan est l'outil qui permet de structurer la réflexion, d'organiser les idées et de les présenter de manière claire et logique. Toutefois, il n'existe pas de plan universel qui puisse être utilisé pour tous les sujets. Le choix du type de plan dépendra du type de sujet et de l'approche à adopter.

A. La fonction et la structure d'un plan

Le plan a pour fonction de déterminer l'ordre et la hiérarchie des idées à développer dans la dissertation. Il doit permettre de répondre à la problématique posée de manière claire et rigoureuse. Le plan doit comporter trois parties principales : une introduction, un développement et une conclusion. On rédigera l'introduction au brouillon ainsi que le plan. Le développement doit être composée de deux (bipartie) ou trois parties (tripartie). Le choix entre ces structures dépend du sujet et du type de plan choisi. Chaque partie doit être introduite et conclue, et doit comporter une transition pour assurer la continuité du raisonnement. La construction du plan est donc une étape cruciale dans la rédaction d'une dissertation de philosophie. Elle permet de clarifier les idées, de hiérarchiser les arguments et de faciliter la lecture et la compréhension de la dissertation. **La qualité du plan aura un impact significatif sur la qualité de la dissertation dans son ensemble**.

B. Les principaux types de plan selon le type de sujet

Le choix du type de plan dépendra du type de sujet et de l'approche à adopter. Nous allons d'abord présenter brièvement les caractéristiques des trois types de plan les plus couramment utilisés en philosophie qui sont le plan dialectique, le plan analytique et le plan thématique. Vous retrouverez la méthodologie précise de chaque type de plan avec des exemples corrigés dans les chapitres 5, 6 et 7.

Le plan dialectique

Le plan dialectique est adapté aux sujets qui présentent une opposition ou une contradiction entre deux thèses. Il consiste à exposer les arguments en faveur de la thèse A, puis les arguments en faveur de la thèse B, avant de présenter une synthèse qui permet de dépasser l'opposition entre les deux thèses. Toutefois, le plan dialectique ne convient pas à tous les sujets, notamment lorsque la question ne présente pas une opposition nette entre deux thèses. Il s'agit donc du type de plan le plus courant pour les sujets qui portent sur une thèse à discuter ou à dépasser (par exemple : "Faut-il respecter toutes les opinions ?", "La liberté est-elle une illusion ?", "Peut-on se connaître soi-même ?").

Le plan analytique

Le plan analytique est utilisé pour analyser un concept ou une notion. Il consiste à décomposer le sujet en différentes parties, afin d'analyser chaque partie en profondeur. Il s'agit donc d'un plan qui permet d'analyser un sujet en profondeur, en examinant chaque aspect de manière détaillée, autrement dit c'est une analyse qui consiste à décomposer un tout en ses éléments constitutifs afin de mieux le comprendre. Il se structure généralement en trois parties : analyse, approfondissement et évaluation. Toutefois, le plan analytique peut manquer de synthèse, et il faut veiller à ne pas perdre de vue la question posée.

Le plan thématique

Il s'agit du type de plan le plus approprié pour les sujets qui portent sur un problème à traiter ou à résoudre (par exemple : "Comment vivre ensemble ?", "Comment concilier liberté et sécurité ?", "Comment être heureux ?"). Le plan thématique consiste donc à organiser la dissertation autour de différents thèmes ou sujets, qui sont liés à la problématique posée. Chaque partie du plan traite d'un thème spécifique, et l'ensemble des parties permet de répondre à la problématique posée. On retiendra que ce type de plan suit le principe de la problématisation qui consiste à identifier les différentes dimensions ou perspectives d'un problème pour mieux le cerner. Toutefois, le plan thématique peut manquer de cohérence et de rigueur, et il est important de veiller à ce que chaque partie contribue à répondre à la question posée.

C. Un résumé des enjeux et risques de chaque type de plan :

Type de plan	Enjeux	Risques
Dialectique	- Permet d'exposer et de critiquer différents points de vue sur un sujet. - Favorise la rigueur et la clarté du raisonnement. - Conduit à une réflexion nuancée et originale.	- Peut être trop scolaire ou artificiel si on se contente d'opposer des arguments sans approfondir ni dépasser. - Peut être difficile à construire si on ne trouve pas d'antithèse ou de synthèse pertinentes. - Peut être monotone ou répétitif si on utilise toujours la même structure.
Analytique	- Permet d'éclairer et d'expliquer une notion complexe ou ambiguë. - Favorise la précision et la richesse du propos. - Conduit à une réflexion instructive et documentée.	- Peut être trop descriptif ou superficiel si on se contente d'énumérer des aspects sans les relier, ni les évaluer. - Peut être difficile à construire si on ne trouve pas d'éléments d'analyse suffisants ou pertinents. - Peut être confus ou désordonné si on ne respecte pas une progression logique entre les parties.
Thématique	- Permet d'aborder et de traiter un problème concret ou actuel- Favorise l'intérêt et la pertinence du propos. -Conduit à une réflexion diversifiée et ouverte.	Peut-être trop général ou vague si on ne définit pas clairement le problème ni les thèmes - Peut être difficile à construire si on ne trouve pas de thèmes suffisants ou pertinents - Peut être hétérogène ou incohérent si on ne respecte pas une unité de problématique entre les parties.

Dans les trois prochains chapitres (5, 6 et 7) nous allons aborder en détail chaque type de plan.

Chapitre 5 : Le plan dialectique

Le plan dialectique est l'un des types de plan les plus couramment utilisés en philosophie. Il est particulièrement adapté aux sujets qui présentent **une tension ou une opposition** entre deux positions. On retiendra donc que le plan dialectique est une structure de plan qui permet d'analyser un sujet d'opinion en confrontant deux points de vue opposés ou contradictoires. Il est basé sur la construction thèse-antithèse-synthèse, qui peut être résumée par cet énoncé : je suppose (hypothèse), je pose (thèse), j'oppose (antithèse), je compose (synthèse).

A. Le principe et l'origine du plan dialectique

Le plan dialectique est inspiré par la méthode dialectique de Hegel, qui consiste à dépasser les contradictions d'une idée (thèse) en lui opposant son contraire (antithèse), pour aboutir à une nouvelle idée plus riche et plus complexe (synthèse). Cette méthode vise à rendre compte du mouvement de la pensée et du réel, qui sont en perpétuelle évolution. Le plan dialectique est adapté aux sujets de dissertation qui invitent à une discussion, à un débat ou à une polémique. Il s'agit souvent de sujets qui comportent des termes comme "faut-il", "peut-on", "doit-on", ou qui posent une question fermée (oui/non). Par exemple :

Faut-il respecter toutes les opinions ?

Peut-on se libérer du passé ?

Doit-on tout faire pour être heureux ?

La raison suffit-elle à connaître le réel ?

B. La structure et le contenu du plan dialectique

Le plan dialectique se compose donc de trois parties :

Dans une première partie on expose la thèse, c'est-à-dire le point de vue que l'on défend ou que l'on suppose vrai. Il faut présenter les arguments et les exemples qui soutiennent cette thèse, en montrant ses avantages et sa cohérence. Par exemple, si le sujet est "Faut-il respecter toutes les opinions ?", on peut défendre la thèse selon laquelle il faut respecter toutes les opinions au nom de la liberté d'expression et du pluralisme des idées. On doit exposer clairement les arguments de la position adverse, sans les caricaturer. Il faut montrer que l'on comprend bien la position adverse, afin de pouvoir la réfuter de manière convaincante. Exemple : Si le sujet est "La liberté est-elle une illusion ?", la thèse adverse pourrait être : "La liberté est une illusion, car nous sommes déterminés par nos gènes, notre environnement, notre éducation, etc. Nous ne sommes donc pas libres de nos choix et de nos actions."

Dans une deuxième partie, on présente l'antithèse, c'est-à-dire le point de vue opposé ou contradictoire à la thèse. Il faut présenter les arguments et les exemples qui soutiennent cette antithèse, en montrant ses avantages et sa cohérence. Par exemple, si le sujet est "Faut-il respecter toutes les opinions ?", on peut défendre l'antithèse selon laquelle il ne faut pas respecter toutes les opinions au nom du respect des faits et des valeurs. On doit exposer clairement les arguments de sa propre position, en montrant en quoi elle diffère de la position adverse. Il est important de justifier sa propre position, en présentant des arguments convaincants et en répondant aux objections. Autre exemple : Dans le cas du sujet "La liberté est-elle une illusion ?", la thèse défendue (ici l'antithèse) pourrait être : "La liberté existe, car nous avons la capacité de faire des choix et de prendre des décisions en fonction de nos propres valeurs et de nos propres critères. Nous sommes certes influencés par notre environnement et notre éducation, mais nous avons aussi la capacité de réfléchir, de remettre en question nos croyances et de nous affranchir de nos déterminismes."

Enfin, dans une dernière partie, on expose la synthèse, c'est-à-dire le point de vue qui dépasse ou concilie la thèse et l'antithèse. Il faut présenter les arguments et les exemples qui soutiennent cette synthèse, en montrant ses avantages et sa cohérence. Il s'agit donc de montrer que l'on a pris en compte les arguments des deux positions et que l'on est capable de les intégrer dans sa propre position. En outre, on doit montrer que sa propre position est plus nuancée, plus complète et plus satisfaisante. Par exemple, si le sujet est "Faut-il respecter toutes les opinions ?", on peut défendre la synthèse selon laquelle il faut respecter toutes les opinions dans leur expression mais pas dans leur contenu. Autre exemple : Dans le cas du sujet "La liberté est-elle une illusion ?", la synthèse pourrait être : "La liberté n'est ni une illusion totale, ni une réalité absolue. Nous sommes certes déterminés par notre environnement et notre éducation, mais nous avons aussi la capacité de réfléchir, de remettre en question nos croyances et de nous affranchir de nos déterminismes. La liberté est donc une réalité relative, qui dépend à la fois de notre contexte et de notre capacité à exercer notre réflexion critique."

C. Comment savoir si je dois faire un plan dialectique ?

Pour reconnaitre si vous devez faire un plan dialectique ou pas, il faut regarder comment est formulé le sujet :

- Si le sujet est une question fermée, c'est-à-dire qu'on peut y répondre par oui ou par non, il faut faire un plan dialectique. Par exemple : "Faut-il toujours dire la vérité ?". On peut dire oui dans la thèse et non dans l'antithèse, puis donner votre réponse dans la synthèse.
- Si le sujet est une question ouverte, c'est-à-dire qu'on ne peut pas y répondre par oui ou par non, il ne faut pas faire un plan dialectique. Par exemple : "Qu'est-ce que la vérité ?". On ne peut pas dire oui ou non à cette question, il faut plutôt analyser le concept de vérité avec un plan analytique, cf. chapitre 6.
- Si le sujet est une citation ou une affirmation, il faut regarder si elle exprime une opinion qui peut être discutée ou pas. Si oui, il faut faire un plan dialectique. Par exemple : "La vérité n'existe pas.". On peut dire oui dans la thèse et non dans l'antithèse, puis donner votre réponse dans la synthèse.

De plus, vous pouvez aussi analyser le vocabulaire utilisé dans le sujet. Ainsi, pour savoir si vous devez faire un plan dialectique, il faut examiner si le sujet comporte une opposition ou une contradiction entre deux termes ou deux idées. Par exemple, un sujet qui commence par "Faut-il…" ou "Peut-on…" ou qui contient des mots comme "mais", "ou", "et" peut être traité par un plan dialectique.

D. Les exemples et les conseils pour utiliser le plan dialectique

Sujet 1 : "L'art peut-il se passer de règles ?" :

I/ L'art peut se passer de règles car il exprime la liberté et la créativité des artistes.

A : L'art est une activité libre qui ne doit pas être contrainte par des normes ou des conventions.

B : L'art est une activité créative qui doit innover et se renouveler sans cesse.

II/ L'art ne peut pas se passer de règles car il nécessite la maîtrise et la communication des artistes.

A : L'art est une activité qui requiert la maîtrise d'un savoir-faire technique et théorique.

B : L'art est une activité qui vise à communiquer avec un public et à susciter des émotions ou des réflexions.

III/ L'art ne peut pas se passer totalement de règles mais il peut les transgresser ou les dépasser selon les contextes et les intentions des artistes.

A : L'art n'est pas indifférent aux règles mais il peut les remettre en question ou les subvertir pour créer du sens ou du beau.

B : L'art n'est pas soumis aux règles mais il peut les respecter ou les dépasser selon les genres ou les époques.

Sujet 2 : "Le bonheur est-il un idéal inaccessible ?" :

Vous pouvez d'abord défendre dans une première partie que le bonheur est inaccessible car il dépend de facteurs extérieurs ou aléatoires, puis dans une deuxième partie que le bonheur est accessible car il dépend de notre attitude ou de notre volonté. Ensuite, il faut essayer de dépasser cette confrontation en troisième partie (ou éventuellement en conclusion). Pour cela, il faut le plus souvent adopter un point de vue plus nuancé, plus complexe ou plus original que les deux précédents. Par exemple, sur le même sujet, vous pouvez montrer dans une troisième partie que le bonheur n'est ni un idéal inaccessible ni un idéal accessible mais plutôt un idéal relatif ou personnel.

Sujet 3 : "Peut-on se libérer du passé ?" :

I/ On peut se libérer du passé en faisant preuve d'oubli volontaire ou involontaire.

II/ On ne peut pas se libérer du passé car il nous constitue et nous influence inconsciemment.

III/ On peut se libérer du passé en l'assumant et en le dépassant.

Sujet 4 : "Doit-on tout faire pour être heureux ?" :

I/ On doit tout faire pour être heureux car c'est le but ultime de l'existence humaine.
II/ On ne doit pas tout faire pour être heureux car cela impliquerait des sacrifices moraux ou sociaux inacceptables.

III/ On doit faire ce qui est en notre pouvoir pour être heureux sans nuire aux autres ni à soi-même.

Enfin voici quelques exemples de sujets non traités qui correspondent à un plan dialectique :

La vérité est-elle accessible à l'homme ?

Le progrès technique est-il un bien ou un mal ?

La raison peut-elle tout expliquer ?

Quelques conseils à retenir :

Bien analyser le sujet et identifier les termes clés qui permettent de dégager les deux points de vue opposés ou contradictoires, présenter sa propre position de manière claire et argumentée et éviter de présenter la thèse et l'antithèse comme des positions dogmatiques ou caricaturales.

Éviter de faire une synthèse qui soit un simple compromis ou une simple répétition des arguments précédents. Il faut au contraire proposer une nouvelle perspective qui enrichisse la réflexion et qui réponde à la problématique du sujet

Chapitre 6. Le plan analytique

A. Le principe et l'origine du plan analytique

Le plan analytique est un type de plan qui consiste à analyser un problème ou une question en le décomposant en ses éléments constitutifs. Il s'agit donc d'un plan qui vise à expliquer et à comprendre un phénomène plutôt qu'à le juger ou à le résoudre. Le plan analytique est souvent utilisé en philosophie lorsque le sujet porte sur une notion complexe ou ambiguë, qui nécessite d'être clarifiée et approfondie. Il permet de mettre en évidence les différents aspects ou les différentes dimensions d'une notion, ainsi que les problèmes ou les paradoxes qu'elle soulève. Le plan analytique trouve son origine dans la méthode cartésienne, qui consiste à diviser les difficultés en autant de parties qu'il est possible et nécessaire pour mieux les résoudre. Descartes applique cette méthode dans ses Méditations métaphysiques, où il analyse successivement les notions de doute, de Dieu, du monde extérieur, etc.

On retiendra qu'il est adapté aux sujets qui demandent une réflexion approfondie, tels que les sujets de problématique ou d'explication. Le plan analytique est donc particulièrement utile lorsque le sujet pose une question complexe à laquelle il est difficile de répondre de manière directe et immédiate. Un exemple de sujet qui appelle un plan analytique est "Qu'est-ce que la liberté ?".

B. La structure et le contenu du plan analytique

Le plan analytique se compose de trois parties principales, chacune divisée en deux sous-parties :

I. Description : Dans cette partie, il est nécessaire de présenter le problème posé ou les différentes formes d'un phénomène. Cette étape permet de cerner les enjeux du sujet et d'orienter la réflexion qui va suivre. Il s'agit donc de présenter la notion à étudier, ses enjeux et ses difficultés et de formuler une problématique générale qui oriente l'analyse.

II. Analyse : Dans cette partie, il est nécessaire d'étudier les causes du problème ou du phénomène, afin de comprendre les mécanismes qui sont à l'œuvre et les raisons pour lesquelles ils se manifestent. On développe donc l'analyse du problème ou de la question. Il s'agit de dégager les différents aspects ou les différentes dimensions de la notion étudiée, en montrant comment ils se rapportent entre eux et comment ils contribuent à éclairer le problème ou la question. Nous pouvons soulever des objections ou des paradoxes liés à la notion.

III. Synthèse : Dans cette partie, il est nécessaire d'évoquer les conséquences ou les solutions possibles. Cette étape permet de proposer une réponse argumentée au problème posé et d'offrir une vision d'ensemble de la question étudiée. On synthétise les résultats de l'analyse et propose une réponse au problème ou à la question posée par le sujet. Il s'agit de faire ressortir l'essence ou la signification profonde de la notion étudiée, en montrant comment elle permet de résoudre ou de dépasser les difficultés rencontrées dans l'analyse. Nous pouvons désormais élargir la réflexion vers d'autres notions ou d'autres domaines.

C. Comment savoir si je dois faire un plan analytique ?

Pour savoir si vous devez faire un plan analytique, il faut examiner si le sujet comporte une analyse ou une explication d'un concept ou d'une notion. Par exemple, un sujet qui commence par "Qu'est-ce que…" ou "En quoi…" ou qui contient des mots comme "signifie", "implique", "suppose", peut-être traité par un plan analytique. Un plan analytique se compose de trois parties : l'analyse (définition et distinction du concept ou de la notion), l'approfondissement (étude des implications et des enjeux du concept ou de la notion) et l'évaluation (critique ou mise en perspective du concept ou de la notion).

D. Les exemples et les conseils pour utiliser le plan analytique

Pour illustrer l'utilisation du plan analytique, voici deux exemples de plans analytiques pour différents sujets :

"Qu'est-ce que la liberté ?"

Description : Définir la notion de liberté et ses différentes acceptions (liberté naturelle, politique, morale…)

II. Analyse : Examiner les conditions et les limites de la liberté (déterminisme, contraintes sociales, responsabilité…)

III. Synthèse : Proposer une conception de la liberté qui concilie autonomie et respect des lois (liberté comme pouvoir d'agir selon sa raison…)

"L'art est-il un langage ?"

Description : Présenter l'art comme une forme d'expression qui utilise des signes (images, sons, mots…)

Analyse : Interroger la nature et la fonction des signes artistiques (symboles, métaphores, émotions…) Dans cette partie, le plan analytique peut proposer une réflexion approfondie sur les signes artistiques et leur fonctionnement. Il s'agira de se demander si les signes artistiques sont similaires à ceux du langage, s'ils ont une signification et une interprétation comme les mots d'un langage. En effet, l'art utilise des symboles, des métaphores, des allégories, des formes, des couleurs, des mouvements ou des sons pour transmettre des émotions et des idées. On peut donc se demander si ces signes ont une signification et si elle est universelle ou subjective. Nous pouvons nous demander si la réception des signes artistiques dépend de la culture ou de l'éducation de celui qui les perçoit.

Synthèse : Comparer l'art avec les autres langages (logique, communication, poétique…) Dans cette partie, le plan analytique peut proposer une synthèse des réflexions précédentes et une comparaison de l'art avec d'autres formes de langage. Il s'agira de se demander si l'art est un langage à part entière ou s'il a des spécificités qui le distinguent des autres langages. Par exemple, l'art peut avoir une dimension esthétique qui n'existe pas dans le langage logique ou le langage de la communication. De même, l'art peut avoir une dimension poétique qui utilise des signes pour exprimer des émotions ou des sensations plutôt que des concepts ou des informations.

Enfin voici quelques exemples de sujets non traités qui correspondent à un plan analytique :

Qu'est-ce que l'art ? Qu'est-ce que le bonheur ?

Voici quelques conseils pour utiliser efficacement le plan analytique :

Veillez à bien définir les termes du sujet et à expliciter votre problématique générale dans l'introduction. Choisissez des aspects ou des dimensions pertinents et cohérents pour structurer votre analyse. Évitez les répétitions ou les hors-sujets. Illustrez vos propos par des exemples concrets tirés de l'histoire, de la littérature, des arts, etc. Faites preuve d'esprit critique et ne vous contentez pas d'une analyse superficielle ou descriptive. Cherchez à approfondir votre réflexion et à mettre en évidence les implications philosophiques de votre analyse.

Chapitre 7 : Le plan thématique

Le plan thématique est un type de plan qui consiste à explorer un thème ou une notion, à en faire le tour et à l'étayer avec des arguments et des exemples pertinents. Il consiste à explorer les différentes facettes d'un thème ou d'une notion, sans chercher à répondre directement à une question ou à résoudre un problème. Il invite donc à une réflexion générale sur une notion. Ce type de plan convient aux sujets ouverts qui invitent à la réflexion et à l'analyse. Dans ce chapitre, nous verrons le principe et l'origine du plan thématique, la structure et le contenu du plan thématique, et les exemples et les conseils pour utiliser le plan thématique.

A. Le principe et l'origine du plan thématique

Le plan thématique se caractérise par le fait qu'il ne suit pas un raisonnement dialectique (thèse-antithèse-synthèse) ni analytique (cause-conséquence-solution), mais qu'il propose une approche globale et synthétique du sujet. Chaque partie du plan correspond à un aspect ou à une dimension du thème ou de la notion étudiée. L'origine du plan thématique remonte à l'Antiquité grecque. Les philosophes présocratiques ont été les premiers à utiliser ce type de plan pour exposer leur vision du monde. Ils ont cherché à définir le principe (archè) qui explique l'origine et l'ordre de toutes choses. Par exemple, Thalès a affirmé que tout est fait d'eau ; Anaximandre a proposé l'Apeiron comme principe indéfini ; Héraclite a mis en avant le feu comme symbole du changement perpétuel ; Parménide a soutenu que l'être est un et immuable ; etc. Le plan thématique trouve donc son origine dans la rhétorique antique, qui distinguait trois types de discours : le discours judiciaire (qui vise à accuser ou à défendre), le discours délibératif (qui vise à conseiller ou à dissuader), et le discours épidictique (qui vise à louer ou à blâmer). Le discours épidictique était souvent organisé selon un plan thématique, qui permettait de mettre en valeur les qualités ou les défauts d'un objet, d'une personne ou d'une idée. Le plan thématique présente l'avantage de permettre une exploration large et variée du sujet, sans se limiter à un point de vue unique ou partial. Il favorise la clarté et la cohérence du propos, en évitant les digressions ou les contradictions. Toutefois, le plan thématique présente aussi des inconvénients : il peut manquer de profondeur et de rigueur dans l'argumentation, il peut être trop descriptif ou trop général, il peut négliger les enjeux critiques ou problématiques du sujet.

B. La structure et le contenu du plan thématique

Pour construire un plan thématique, il faut trouver plusieurs réponses possibles au sujet ou plusieurs définitions de la notion. Le développement doit idéalement comporter trois parties correspondant aux trois aspects ou dimensions du thème ou de la notion étudiée. Chaque partie doit être composée d'une sous-partie argumentative (thèse + arguments + exemples) et d'une sous-partie critique (objections + réponses). Il faut veiller à respecter la progression logique entre les parties et à éviter les redondances.

Les avantages du plan thématique sont qu'il permet de couvrir tous les aspects du sujet, d'éviter les hors-sujets, de favoriser la clarté et la rigueur. En revanche, le plan thématique peut manquer de profondeur, de dialectique, de problématisation, peut être trop descriptif ou trop subjectif.

C. Comment savoir si je dois faire un plan thématique ?
Pour savoir si vous devez faire un plan thématique, il faut examiner si le sujet comporte une exploration ou une illustration d'un thème ou d'une notion. Par exemple, un sujet qui commence par "Comment…" ou "Pourquoi…" ou qui contient des mots comme "sens", "rôle", "fonction" peut être traité par un plan thématique. Voici un exemple de plan thématique pour le sujet "Pourquoi obéir aux lois ?".

D. Les exemples et les conseils pour utiliser le plan thématique :

Exemple 1 : Pourquoi le travail est-il spécifiquement humain ?
Partie 1 : Le travail est spécifiquement humain parce qu'il implique la raison et la liberté. Le travail est l'activité par laquelle l'homme transforme la nature selon ses besoins et ses fins. Il suppose donc l'usage de la raison pour concevoir des projets et des moyens techniques. Il suppose aussi l'exercice de la liberté pour choisir son activité et sa finalité. Le travail est donc une manifestation de la dignité humaine et de sa capacité à se réaliser.
Partie 2 : Le travail est spécifiquement humain parce qu'il crée une culture et une société. Le travail n'est pas seulement une activité individuelle, mais aussi collective. Il implique la coopération et la communication entre les hommes. Il produit des biens matériels et immatériels qui constituent une culture commune. Il organise les rapports sociaux et politiques qui fondent une société. Le travail est donc un facteur d'intégration et de civilisation.
Partie 3 : Le travail est spécifiquement humain parce qu'il pose des problèmes éthiques et existentiels. Le travail n'est pas sans conséquences sur l'homme et son environnement. Il peut être source de souffrance, d'aliénation ou d'injustice. Il peut aussi menacer l'équilibre écologique ou le sens de la vie. Le travail pose donc des questions éthiques et existentielles qui appellent une réflexion critique et une responsabilité morale.

Enfin voici quelques exemples de sujets non traités qui correspondent à un plan thématique :

De quelle vérité l'opinion est-elle capable ? (Vérité)

À quoi tient la force des religions ? (Religion)

Qu'est-ce que vivre conformément à la nature ? (Nature)

Voici quelques conseils pour utiliser efficacement le plan analytique :

Bien analyser le sujet et déterminer les critères de division du thème ou de la notion. Choisir des parties équilibrées et complémentaires, qui ne se recoupent pas ni ne s'excluent pas. Veiller à la cohérence et à la clarté du plan, en utilisant des connecteurs logiques et des transitions explicites. Illustrer chaque partie avec des exemples concrets et variés, tirés de l'histoire, de la littérature, de l'actualité ou de sa propre expérience.

Ne pas se contenter d'une description du thème ou de la notion, mais développer une réflexion critique et personnelle.

Troisième partie : Rédiger la dissertation

Après avoir vu comment élaborer un plan de dissertation en philosophie, nous allons maintenant nous intéresser à la rédaction de la dissertation elle-même. En effet, il ne suffit pas d'avoir un bon plan pour réussir une dissertation ; il faut aussi savoir rédiger correctement chaque partie du devoir. Quelles sont les fonctions et les formes d'une introduction, d'un développement et d'une conclusion ? Quels sont les éléments à inclure dans chacune de ces parties ? Quelles sont les erreurs à éviter pour ne pas perdre des points ? C'est ce que nous allons voir dans cette troisième et dernière partie de notre guide. Nous commencerons par étudier la rédaction de l'introduction (chapitre 8), puis nous verrons comment rédiger le développement (chapitre 9) et enfin comment rédiger la conclusion (chapitre 10).

Chapitre 8 : Rédiger l'introduction

L'introduction est la première partie de la dissertation de philosophie. C'est comme une carte d'identité du devoir : elle dit qui tu es, ce que tu vas faire et comment tu vas le faire. L'introduction doit être claire, concise et accrocheuse. Elle doit donner envie au correcteur de poursuivre la lecture du devoir. Pour rédiger une bonne introduction, il faut suivre quatre étapes :

- Trouver une phrase d'amorce ou d'accroche, qui permet d'entrer dans le sujet en partant d'un fait historique, d'une citation, d'un exemple ou d'une question générale. Par exemple, si le sujet est "Le bonheur est-il le but de la vie ?", tu peux commencer par une citation d'Annie Ernaux : " Il n'y a pas que le bonheur qui rend heureux."
- Présenter le sujet en reformulant le libellé en définissant les termes clés et en montrant l'enjeu du sujet. Par exemple, tu peux dire : "Le sujet nous invite à réfléchir sur la notion de bonheur et sur sa place dans la vie humaine. Le bonheur peut être défini comme un état de satisfaction complète et durable. La vie peut être comprise comme l'ensemble des activités et des expériences que nous menons au cours de notre existence. L'enjeu du sujet est donc de savoir si le bonheur est ce que nous cherchons tous à atteindre dans notre vie ou si c'est quelque chose qui nous arrive sans que nous le cherchions."
- Problématiser le sujet en soulignant une difficulté ou une contradiction à partir du sujet et en formulant une question à laquelle on va répondre dans le développement. Par exemple, tu peux dire : "Le sujet semble opposer deux conceptions du bonheur : celle qui fait du bonheur un but à poursuivre activement et celle qui fait du bonheur un sous-produit d'une vie bien menée.

La question qui se pose alors est : faut-il faire du bonheur le but de notre vie ou faut-il vivre sans se soucier du bonheur ?"
- Annoncer le plan en indiquant les grandes parties que l'on va suivre pour traiter le sujet. Par exemple, tu peux dire : "Nous verrons dans une première partie que le bonheur peut être considéré comme le but de la vie selon certaines philosophies antiques et modernes. Nous montrerons dans une deuxième partie que le bonheur peut être considéré comme un sous-produit de la vie selon certaines philosophies contemporaines. Nous tenterons dans une troisième partie de dépasser cette opposition en proposant une conception plus nuancée du rapport entre le bonheur et la vie."

En résumé, pour rédiger une bonne introduction, il faut :

- Accrocher l'attention du lecteur avec une phrase originale et pertinente.
- Présenter le sujet avec des mots simples et précis.
- Problématiser le sujet avec une question claire et intéressante.
- Annoncer le plan avec des idées logiques et structurées.

Les erreurs à éviter dans une introduction sont :

- Commencer par "de tout temps" ou "depuis la nuit des temps" : ces expressions sont trop vagues et ne situent pas le contexte historique du sujet.
- Faire un hors-sujet : il faut respecter le libellé du sujet et ne pas traiter un autre problème que celui posé par le sujet.
- Créer un catalogue : il ne s'agit pas de lister tous les auteurs ou toutes les notions qui ont un rapport avec le sujet.

Chapitre 9 : Rédiger le développement

Le développement est la partie centrale de votre dissertation. Il doit présenter vos arguments pour répondre à la problématique que vous avez définie dans l'introduction. Le développement se compose généralement de trois parties, chacune divisée en deux ou trois sous-parties. Chaque partie doit correspondre à une idée principale, qui doit être annoncée dans une phrase d'introduction. Chaque sous-partie doit développer un argument, qui doit être illustré par un exemple et relié à la problématique. Il faut veiller à respecter la cohérence et la progression du raisonnement, en utilisant des connecteurs logiques pour assurer les transitions entre les parties et les sous-parties. Vous connaissez déjà les différents types de plan possible. On prendra ici un plan dialectique comme exemple.

Sujet : Être libre, est-ce faire ce que l'on veut ? (Plan dialectique)

Première partie (**Thèse**) :

Dans cette partie, vous exposez votre thèse, c'est-à-dire le point de vue que vous défendez sur le sujet. Vous pouvez commencer par reformuler le sujet sous forme d'affirmation, puis présenter les arguments qui soutiennent cette affirmation.

Phrase d'introduction : Le sujet nous invite à réfléchir sur la notion de liberté et sur sa relation avec le désir. On peut affirmer qu'être libre, c'est faire ce que l'on veut, car cela implique que l'on agit selon sa volonté propre et non selon des contraintes extérieures ou intérieures.

Sous-partie 1 : Argument 1 : Être libre, c'est faire ce que l'on veut, car cela signifie que l'on est maître de ses actes et responsable de ses choix. Exemple : Un individu qui décide de quitter son emploi pour réaliser son rêve est libre, car il suit son désir personnel et non les exigences sociales ou économiques. Lien avec la problématique : Cette conception de la liberté repose sur l'idée que l'homme est doté d'une raison qui lui permet de déterminer ce qu'il veut vraiment et ce qui est bon pour lui.

Sous-partie 2 : Argument 2 : Être libre, c'est faire ce que l'on veut, car cela suppose que l'on dispose des moyens nécessaires pour réaliser ses désirs. Exemple : Un artiste qui dispose du temps et des ressources pour créer est libre, car il peut exprimer sa créativité sans contrainte matérielle ou financière. Lien avec la problématique : Cette conception de la liberté repose sur l'idée que l'homme est capable d'agir sur le monde et de transformer la réalité selon ses aspirations.

Sous-partie 3 : Argument 3 : Être libre, c'est faire ce que l'on veut, car cela implique que l'on respecte les droits et les libertés des autres. Exemple : Un citoyen qui vote selon ses convictions est libre, car il participe au fonctionnement démocratique de la société sans nuire aux intérêts collectifs. Lien avec la problématique : Cette conception de la liberté repose sur l'idée que l'homme est un être social qui vit en relation avec autrui et qui doit reconnaître sa dignité et sa valeur.

Transition : Pour faire une transition entre les parties, il faut reprendre brièvement l'idée principale de la partie précédente, puis annoncer l'idée principale de la partie suivante en montrant le lien logique entre les deux. Ici : Nous avons vu que faire ce que l'on veut pourrait être considéré comme une expression de la liberté individuelle. Mais cette conception de la liberté ne présente-t-elle pas des limites et des dangers ? Nous allons le voir dans une deuxième partie en analysant les arguments qui s'opposent à cette thèse.

Deuxième partie (**Antithèse**) :

Dans cette partie, vous exposez l'antithèse, c'est-à-dire le point de vue opposé au vôtre sur le sujet. Vous pouvez commencer par reformuler le sujet sous forme de négation, puis présenter les arguments qui soutiennent cette négation.

Phrase d'introduction : Le sujet nous invite à réfléchir sur la notion de liberté et sur sa relation avec le désir. On peut nier qu'être libre, c'est faire ce que l'on veut, car cela implique que l'on se soumet à ses passions et non à sa raison.
Sous-partie 1 : Argument 1 : Être libre, ce n'est pas faire ce que l'on veut, car cela signifie que l'on soumet à ses passions et non à sa raison. Exemple : Un drogué qui cède à son addiction n'est pas libre, car il est esclave de son désir et incapable de se maîtriser. Lien avec la problématique : Cette conception de la liberté repose sur l'idée que l'homme doit se conformer à la loi morale qui lui dicte ce qu'il doit faire et non ce qu'il veut faire. Citation : "L'obéissance à la loi qu'on s'est prescrite est liberté"

(Rousseau, Du contrat social). Expliquer la citation : Cette citation de Jean-Jacques Rousseau illustre l'idée que la liberté n'est pas l'absence de toute règle, mais l'adhésion volontaire à une règle commune qui exprime la volonté générale. En effet, selon Rousseau, le contrat social permet aux hommes de sortir de l'état de nature où ils sont soumis à la force et à la violence, et d'entrer dans un état civil où ils sont souverains et égaux. La loi qu'ils se donnent eux-mêmes est le fondement de leur liberté politique.

Sous-partie 2 : Argument 2 : Être libre, ce n'est pas faire ce que l'on veut, car cela suppose que l'on ignore les limites imposées par la nature et par la société. Exemple : Un enfant qui refuse de se soumettre aux règles éducatives n'est pas libre, car il ne tient pas compte des contraintes nécessaires à son développement et à son intégration sociale. Lien avec la problématique : Cette conception de la liberté repose sur l'idée que l'homme doit reconnaître les conditions objectives qui déterminent son existence et qui limitent sa volonté.

Sous-partie 3 : Argument 3 : Être libre, ce n'est pas faire ce que l'on veut, car cela implique que l'on méprise les droits et les libertés des autres. Exemple : Un criminel qui viole ou tue n'est pas libre, car il porte atteinte à la vie et à la dignité d'autrui. Lien avec la problématique : Cette conception de la liberté repose sur l'idée que l'homme doit respecter le principe de justice qui garantit le vivre-ensemble et qui protège les plus faibles. Citation : « La liberté des uns s'arrête là où commence celle des autres » (proverbe français). Expliquer le lien avec cette citation.

Transition : Nous avons vu que faire ce que l'on veut peut conduire à se soumettre à ses passions, à ignorer les contraintes du réel et à mépriser les droits d'autrui. Mais alors, comment définir la liberté ? Quelle est sa véritable essence ? Nous allons le voir dans une troisième partie en exposant notre synthèse sur le sujet.

Troisième partie (**Synthèse**) :

Dans cette partie, vous exposez votre synthèse, c'est-à-dire le point de vue que vous adoptez sur le sujet en tenant compte des arguments de la thèse et de l'antithèse. Vous pouvez commencer par reformuler le sujet sous forme d'une question, puis présenter les arguments qui justifient votre réponse.

Phrase d'introduction : Le sujet nous invite à réfléchir sur la notion de liberté et sur sa relation avec le désir. On peut se demander si être libre, c'est faire ce que l'on veut, ou si au contraire, cela implique de limiter ou de maîtriser ses désirs.

Tout d'abord, notre réponse est qu'être libre, ce n'est pas faire ce que l'on veut, mais faire ce qui est bon pour soi et pour les autres. En effet, nous avons montré que faire ce que l'on veut peut conduire à se soumettre à ses passions irrationnelles, à ignorer les limites naturelles et sociales qui conditionnent notre existence, et à mépriser les droits et les libertés d'autrui. Nous avons aussi montré que faire ce qui est bon pour soi et pour les autres suppose de se conformer à la loi morale qui nous dicte notre devoir, de reconnaître les contraintes nécessaires à notre développement et à notre intégration sociale, et de respecter le principe de justice qui garantit le vivre-ensemble et qui protège les plus faibles.

En effet, faire ce qui est bon pour soi et pour les autres, c'est se conformer à la loi morale qui nous dicte notre devoir. Exemple : Un citoyen qui respecte les lois démocratiques n'est pas moins libre qu'un anarchiste qui les rejette, car il agit selon sa raison et non selon son caprice. Lien avec la problématique : Cette conception de la liberté repose sur l'idée que l'homme doit obéir à sa propre volonté universelle et non à sa volonté particulière. Citation : « Agis toujours selon une maxime telle que tu puisses vouloir en même temps qu'elle devienne une loi universelle » (Kant, *Fondements de la métaphysique des mœurs*). Expliquer la citation.

De plus, faire ce qui est bon pour soi et pour les autres, c'est reconnaître les contraintes nécessaires à notre développement et à notre intégration sociale. Exemple : Un élève qui travaille sérieusement n'est pas moins libre qu'un élève qui sèche les cours, car il prépare son avenir et non son présent. Lien avec la problématique : Cette conception de la liberté repose sur l'idée que l'homme doit s'adapter aux exigences du réel et non aux illusions du fantasme.

Enfin, ce qui est bon pour soi et pour les autres, c'est respecter le principe de justice qui garantit le vivre-ensemble et qui protège les plus faibles. Exemple : Un militant des droits humains n'est pas moins libre qu'un dictateur qui opprime son peuple, car il défend une cause juste et non une cause injuste. Lien avec la problématique : Cette conception de la liberté repose sur l'idée que l'homme doit agir selon le bien commun et non selon son intérêt personnel. Citation : « La liberté ne consiste pas seulement en un pur acte négatif d'affranchissement ; elle comporte aussi un élément positif d'adhésion consciente au bien » (Sartre, *L'existentialisme est un humanisme*).

Chapitre 10 : La conclusion

La conclusion est la dernière partie de votre dissertation. Elle doit résumer votre raisonnement, répondre à la question posée et **ouvrir des perspectives**. Voici comment la rédiger en trois étapes.

1. Rappeler les étapes du développement

La première partie de la conclusion consiste à rappeler brièvement les principaux arguments que vous avez développés dans le corps du texte. Il ne s'agit pas de répéter tout ce que vous avez dit, mais de synthétiser les idées essentielles. Par exemple :
Nous avons cherché à savoir si être libre, c'est faire ce que l'on veut. Nous avons d'abord montré que cette définition de la liberté était trop simpliste et qu'elle conduisait à des paradoxes et à des contradictions. En effet, faire ce que l'on veut peut nous rendre esclaves de nos passions, de nos habitudes ou des influences extérieures. Nous avons ensuite proposé une autre conception de la liberté, fondée sur la raison et sur le respect du droit. Selon cette conception, être libre, c'est se donner à soi-même sa propre loi et agir selon son devoir. Nous avons enfin examiné les conditions de cette liberté rationnelle et juridique. Nous avons vu qu'elle n'était pas toujours facile à exercer ni à garantir dans le monde réel.

2. Répondre à la question posée

La deuxième partie de la conclusion consiste à donner une réponse claire et argumentée à la question posée dans le sujet. Il ne s'agit pas de donner votre opinion personnelle, mais de tirer les conséquences logiques de votre démonstration. Par exemple :

Ainsi, nous pouvons répondre à la question initiale en affirmant que non, être libre n'est pas faire ce que l'on veut sans contrainte ni limite. Au contraire, être libre implique d'avoir conscience des déterminismes qui pèsent sur nous et d'y résister par l'usage de notre raison et par le respect du droit. Être libre n'est donc pas un état donné une fois pour toutes, mais un processus dynamique qui exige un effort constant.

3. Faire une ouverture

La troisième partie de la conclusion consiste à élargir le sujet en proposant une ouverture vers d'autres problèmes ou d'autres domaines connexes. Il ne s'agit pas d'introduire une nouvelle question qui remettrait en cause votre réponse précédente ni d'évoquer un aspect que vous n'avez pas traité dans votre développement. Il s'agit plutôt d'inviter le lecteur à poursuivre sa réflexion au-delà du cadre fixé par le sujet initial. Par exemple :

Cependant, cette conception rationnelle et juridique de la liberté ne suffit pas à rendre compte de toutes les dimensions du phénomène humain. En effet, il existe aussi une liberté créatrice qui se manifeste dans l'art ou dans l'invention scientifique et qui semble échapper aux règles logiques ou morales habituelles. De même, il existe une liberté existentielle qui se rapporte au sens que chacun donne à sa vie face aux aléas du destin ou aux choix cruciaux qu'il doit faire (cf. Sartre).

II. L'ART

Sujet 1 : À quoi sert une œuvre d'art ?

Introduction : Depuis la nuit des temps, l'homme a créé des œuvres d'art, que ce soit sous forme de peintures, de sculptures, de musique, de poésie, etc. Pour Marcel Proust, par l'art seulement nous pouvons sortir de nous, savoir ce que voit un autre de cet univers qui n'est pas le même que le nôtre, et dont les paysages nous seraient restés inconnus : "La vérité suprême de la vie est dans l'art." Le temps retrouvé (1927). Mais quelle est réellement l'utilité de l'œuvre d'art ? Cette question ouvre une problématique très large, quelle est la fonction sociale et culturelle des œuvres d'art, ont-elles une utilité pratique ou sont-elles essentiellement contemplatives, influencent-elles notre perception du monde et notre compréhension de la réalité, peuvent-elles servir de moyen d'expression politique ou de critique sociale, ont-elles un potentiel thérapeutique ou émotionnel pour les individus ou enfin contribuent-elles à la construction de l'identité individuelle et collective ? Pour répondre à ces questions, cette dissertation sera divisée en trois parties. La première sera consacrée à l'analyse des différentes fonctions de l'art, telles que la distraction, l'évasion, la réflexion, etc. La deuxième partie portera sur les différentes formes d'art et leurs rôles respectifs dans notre société. Enfin, la troisième partie portera sur l'art comme miroir de l'humanité et sur les enjeux éthiques liés à cette fonction.

Première partie : Les différentes fonctions de l'art.

Il est courant de considérer l'art comme un simple divertissement, un moyen de s'évader de la réalité et de se distraire. Cette fonction de distraction est souvent associée à la fonction de l'évasion, qui consiste à offrir une vision alternative de la réalité, à travers laquelle les individus peuvent s'échapper de leur quotidien et de leurs problèmes. Un exemple d'une œuvre ayant une fonction de distraction et d'évasion est le roman *"Les Aventures d'Alice au pays des merveilles"* de Lewis Carroll. Ce roman est souvent considéré comme un simple divertissement pour les enfants, mais il offre parallèlement une vision alternative de la réalité, à travers laquelle les lecteurs peuvent s'échapper de leur quotidien Ces deux fonctions de l'art sont notamment défendues par l'esthétique du plaisir, qui considère que l'art a pour principal but de procurer du plaisir et de la distraction aux individus. Cependant, d'autres penseurs considèrent que l'art a une fonction plus profonde, qui est celle de la réflexion. Selon le philosophe allemand Emmanuel Kant, dans *"Critique de la faculté de juger"*, l'art est un moyen de susciter des réflexions esthétiques, c'est-à-dire des réflexions sur la beauté et sur les sentiments qu'elle peut éveiller chez les individus. Il est donc un moyen pour l'individu de se questionner sur lui-même, sur les valeurs de la société, sur les questions existentielles. Un exemple d'une œuvre ayant une fonction de réflexion est le tableau *"La Nuit étoilée"* de Vincent Van Gogh. Ce tableau est souvent considéré comme un chef-d'œuvre de l'art, mais il suscite aussi des réflexions sur la nature, sur la vie et sur la mort. Il invite les spectateurs à se questionner sur leur propre existence et sur les valeurs de la société. Enfin, il y a la fonction de l'art comme miroir de la société et de l'humanité. Selon le sociologue français Pierre Bourdieu dans *"La distinction"*, l'art est un miroir de la société, il reflète les valeurs, les normes et les inégalités de la société dans laquelle il est produit. Il est donc un moyen de critiquer et de dénoncer les problèmes sociaux et les injustices. Cette fonction est notamment représentée par l'art engagé qui a pour but de dénoncer les injustices et les problèmes sociaux. Enfin, un exemple d'une œuvre ayant une fonction de critique sociale est le roman *"Les Misérables"* de Victor Hugo. Ce roman dénonce les injustices sociales et les inégalités de la société française de l'époque, il met en lumière les conséquences des politiques répressives et des discriminations sociales. Les fonctions de l'art sont multiples et peuvent varier selon les œuvres et les contextes. Il peut avoir une fonction de distraction et d'évasion, mais il présente aussi une fonction de réflexion et de critique sociale.

Deuxième partie : Les formes d'art et leurs rôles respectifs dans notre société

Il existe de nombreuses formes d'art, chacune ayant des caractéristiques et des fonctions propres. La peinture, la sculpture, la musique, la poésie, le théâtre, le cinéma, la photographie, sont autant de formes d'art qui ont chacune des rôles et des fonctions spécifiques dans notre société. La peinture, par exemple, a souvent été considérée comme un moyen de représenter la réalité, de fixer les moments clefs de l'histoire ou les aspects de la vie quotidienne. Selon le peintre italien Leonardo da Vinci dans *"Les Carnets de Leonardo da Vinci"*, la peinture est la sœur de la philosophie, elle donne forme aux choses invisibles. La peinture est donc un moyen de rendre visible ce qui est invisible, de donner vie aux émotions, aux idées, aux pensées. La sculpture, quant à elle, est souvent considérée comme un moyen de donner forme à des idées abstraites ou à des concepts. Elle peut servir à représenter des divinités, des héros, des personnages historiques, mais elle exprime aussi des émotions, des idées, des concepts. Pour le sculpteur français Auguste Rodin, dans *"The Art of Sculpture"*, la sculpture est la traduction des sentiments et des idées par la forme et le volume. La musique, quant à elle, a souvent été considérée comme un moyen d'exprimer les émotions et les sentiments, de traduire les émotions en sonorités. Le compositeur allemand Ludwig van Beethoven disait que la musique est l'art qui exprime le plus directement les émotions. La musique peut accompagner les cérémonies, les fêtes, les rituels, mais elle peut aussi servir à exprimer les émotions, les sentiments et les idées. La poésie, quant à elle, est souvent considérée comme un moyen d'exprimer les pensées, les sentiments et les idées sous forme de mots et pour le poète anglais William Shakespeare, la poésie est une flamme vivante, un souffle divin qui réchauffe et anime tout. La poésie peut servir à raconter des histoires, à exprimer des émotions, à critiquer la société, à exprimer des idées. Chacune des formes d'art a des caractéristiques et des fonctions propres, qui lui permettent de jouer un rôle spécifique dans notre société. Il est donc opportun de considérer les œuvres d'art dans leur contexte et de comprendre leur rôle spécifique dans notre société.

Troisième partie : L'art comme miroir de l'humanité et des enjeux éthiques

L'art a une fonction de miroir de l'humanité. Il montre les valeurs, les normes et les aspirations de la société dans laquelle il est produit, mais il peut servir à refléter les problèmes, les contradictions et les angoisses de l'humanité. Selon le philosophe allemand Friedrich Nietzsche dans *Ainsi parlait Zarathoustra*, l'art est un moyen de donner forme à l'éternel retour de toute chose. L'art est donc un moyen de donner forme à l'éternel retour des problèmes, des contradictions et des angoisses de l'humanité. Cette fonction de l'art comme miroir de l'humanité entraîne des enjeux éthiques. En effet, en représentant les problèmes, les contradictions et les angoisses de l'humanité, l'art peut les amplifier ou les banaliser. Le sociologue français Pierre Bourdieu dans *La distinction*, estime que l'art peut être utilisé pour critiquer les problèmes sociaux et les injustices, mais il est aussi utilisé pour les cacher ou les justifier. Un exemple d'une œuvre qui reflète les problèmes de l'humanité est le roman " *1984* " de George Orwell. Ce roman dénonce les dangers de l'autoritarisme, de la manipulation de l'information, et de la surveillance de masse. Il met en lumière les conséquences de la perte de liberté et de la répression de la pensée. Un autre exemple d'une œuvre qui reflète ces problèmes est le film " *Do the Right Thing*" de Spike Lee. Ce film met en lumière les tensions raciales et les problèmes de discrimination dans la société américaine, il dénonce les injustices sociales et les problèmes de racisme. Il montre comment l'art peut servir à mettre en lumière les problèmes sociaux et à les critiquer. En même temps, l'art peut aussi être utilisé de manière problématique, par exemple pour justifier les inégalités sociales ou pour banaliser les violences. L'art peut avoir une fonction de miroir de l'humanité qui permet de refléter les problèmes, les contradictions et les angoisses de l'humanité. Cependant, cette fonction peut avoir une incidence sur des enjeux éthiques, les créateurs et les spectateurs de l'art doivent être conscients de ces enjeux et les prendre en compte lors de la création et de la perception de l'art.

En conclusion, l'art a des fonctions et des rôles variés dans notre société, allant de la distraction à la réflexion en passant par la critique sociale. Il sert à représenter la réalité, à exprimer les émotions et les sentiments, à refléter les valeurs, les normes et les aspirations de la société, mais il traduit également les problèmes, les contradictions et les angoisses de l'humanité. Cependant, cette réflexion sur les fonctions de l'art ne doit pas nous faire oublier que l'art est avant tout un moyen d'expression pour l'artiste, un moyen d'exprimer son ressenti, sa vision de la vie, de la société, de l'humanité. Comme l'indiquait Carl Jung à propos de l'art et de son rôle en tant que révélateur de l'inconscient dans son ouvrage *Psychologie et alchimie*, l'art est la manifestation de la partie subjective de l'homme, la manifestation de la vie intérieure et de l'inconscient, et donc la révélation d'un secret de l'âme. Il est un moyen de traduire les pensées, les sentiments et les idées cachés en une forme visible qui peut être perçue et comprise par les autres. Ainsi, l'art peut être considéré comme un pont entre l'inconscient et la conscience, entre le monde intérieur et le monde extérieur. L'art reste essentiellement un moyen d'expression fondamental pour l'humanité, qui permet de donner forme aux pensées, aux sentiments et aux idées qui restent cachés dans l'inconscient. Il y a ainsi dans l'art cette quête de sens par laquelle « pour de brefs instants, nous sommes réellement l'être originel lui-même, nous ressentons son incoercible désir et son plaisir d'exister.... Nous connaissons la félicité de vivre, non pas comme individus, mais en tant que ce vivant unique qui engendre et procrée. ». F .Nietzsche *La Naissance de la tragédie.*

Sujet 2 : Une œuvre d'art peut-elle ne pas être belle ?

Introduction : Le poète finlandais Elmer Diktonius disait : "Pour vivre, une œuvre d'art n'a pas besoin ni de beauté ni de laideur. Elle a besoin de vie". Cette citation remet en question les normes esthétiques traditionnelles qui définissent souvent la valeur d'une œuvre d'art en fonction de sa beauté formelle. Diktonius suggère que la véritable essence d'une œuvre d'art réside dans sa capacité à capturer et à communiquer la vie elle-même, à susciter des émotions et à exprimer des idées de manière vivante. En adoptant cette perspective, il montre l'importance de l'expression authentique et de la vitalité dans la création artistique. Une œuvre d'art peut être puissante et significative même si elle ne correspond pas aux critères traditionnels de beauté. Ce qui compte, c'est la vie qui émane de l'œuvre, sa capacité à émouvoir, à provoquer des réflexions et à établir une connexion avec le spectateur ou l'auditeur. Cette approche met l'accent sur l'expérience vécue et la résonance émotionnelle que peut susciter une œuvre d'art, plutôt que sur des considérations purement esthétiques. Elle encourage une appréciation plus ouverte et subjective de l'art, où l'importance est accordée à l'expression personnelle, à l'authenticité et à la vitalité qui donnent vie à une œuvre d'art. Une œuvre d'art peut-elle ne pas être belle ? En fait, quelles sont les autres qualités ou caractéristiques que peut posséder une œuvre d'art en dehors de la beauté formelle ? Peut-on considérer d'autres aspects tels que l'expression émotionnelle, la pertinence sociale, la capacité à provoquer des réflexions, etc., comme des éléments qui rendent une œuvre d'art valable ? Dans cette dissertation, nous examinerons cette question en examinant les différentes perspectives sur la beauté dans les œuvres d'art. L'histoire de l'art s'est longtemps fondée sur une vision très contrainte de la beauté, cependant nous verrons aussi l'art comme expression des idées et des émotions voire comme outil critique pour comprendre les relations de pouvoir et les inégalités sociales et en analysant des exemples concrets d'œuvres qui ont été considérées comme non belles mais artistiques.

Première partie : pourquoi une œuvre d'art devrait absolument être belle

Pour commencer, les philosophies esthétiques des anciens, tels que Platon et Aristote, considèrent la beauté comme un critère fondamental de l'art. Platon considère la beauté comme une forme de vérité absolue qui est révélée à travers l'art. Il pense que l'art peut susciter une réaction émotionnelle chez les spectateurs qui les amène à réfléchir sur les valeurs morales et éthiques de la vie. Pour lui, l'art doit être beau car il doit pouvoir susciter une réaction émotionnelle chez les spectateurs pour les amener à réfléchir sur les valeurs morales et éthiques de la vie. Il pense que l'art peut être utilisé pour élever l'âme des spectateurs et les aider à atteindre une meilleure compréhension de la vérité. Aristote, quant à lui, considère la beauté comme un équilibre entre la forme et le contenu. Il croit que l'art doit être beau pour être considéré comme de l'art. Il montre que la forme doit être harmonieuse et que le contenu doit être édifiant. Il estime que l'art doit susciter une réaction émotionnelle chez les spectateurs, mais il doit simultanément être moralement édifiant. Au XVIIIème siècle, la théorie de l'esthétique néoclassique a été développée par des penseurs tels que Winckelmann et Lessing. Selon cette théorie, la beauté est liée aux canons de la beauté de l'Antiquité, tels que la proportion, la symétrie, et l'harmonie. Cette théorie a eu un fort impact sur les arts de cette époque, qui ont été marqués par un retour aux formes classiques de la beauté. Le philosophe Emmanuel Kant considère que la beauté est une qualité objective de l'art. Il estime que l'art doit être beau pour être considéré comme de l'art, car cela signifie qu'il respecte les lois de l'esthétique qui sont universelles et indépendantes de l'opinion personnelle. Le philosophe Jean-Paul Sartre, quant à lui, considère que l'art doit être beau pour être considéré comme de l'art car il doit être une révélation de l'existence humaine. Il croit que l'art doit être capable de susciter une réaction émotionnelle chez les spectateurs et de les aider à comprendre la condition humaine. Enfin, le philosophe Arthur Schopenhauer considère que la beauté est la révélation de la volonté de vivre à travers l'art. Il croit que l'art doit être beau pour être considéré comme de l'art car il doit être capable de susciter une réaction émotionnelle chez les spectateurs et de les aider à comprendre la condition humaine. Les philosophies esthétiques des anciens, comme Platon, Aristote, puis plus tard avec Kant, Sartre et Schopenhauer considèrent la beauté comme un critère fondamental de l'art. Selon eux, l'art doit être beau pour être considéré comme de l'art, car cela signifie qu'il respecte les lois de l'esthétique qui sont universelles, qu'il suscite une réaction émotionnelle chez les spectateurs, qu'il peut aider à comprendre la condition humaine ou encore qu'il peut être une révélation de la volonté de vivre. La beauté est considérée comme un critère fondamental pour juger de la qualité d'une œuvre, celle-ci doit être capable de susciter une réaction émotionnelle et de provoquer une réflexion chez les spectateurs. Nous pouvons donc considérer la beauté comme étant un critère fondamental pour juger de la valeur d'une œuvre d'art.

Deuxième partie : l'art comme expression des idées et des émotions

Baudelaire, qui écrivait "Les Fleurs du Mal", fut reconnu coupable d'"outrage à la morale publique" en 1857. Son approche révolutionnaire visait à explorer la beauté poétique à travers des thèmes sombres et controversés, comme l'indique le titre de son œuvre. On peut en voir un exemple marquant dans le poème "Une Charogne". De manière parallèle, le courant de l'art contemporain, s'est concentré sur l'expression de l'individualité et de l'expérience personnelle, plutôt que sur la beauté formelle. Les artistes contemporains ont utilisé des médiums tels que l'installation, la performance et le land art pour explorer des thèmes comme la politique, la société et l'identité. Ces œuvres d'art peuvent ne pas être considérées comme belles au sens traditionnel, mais elles ont tout de même une valeur artistique en raison de leur capacité à exprimer des idées et des émotions profondes. Le romantisme, par exemple, a mis en avant l'expression des sentiments et des émotions comme étant plus essentielle que la beauté formelle. Comme l'indiquait Emmanuel Kant, l'art est la belle représentation d'une chose et non la représentation d'une belle chose. Pour le romantique Friedrich Nietzsche, l'art doit être une expression de la volonté de puissance de l'individu, plutôt qu'une simple imitation de la beauté naturelle. Il estime que l'art doit être un moyen pour l'individu de dépasser ses propres limites et de s'élever au-dessus de la réalité quotidienne. Pour lui, l'art n'a pas besoin d'être beau pour être considéré comme de l'art, mais plutôt d'être une expression de la volonté de puissance de l'individu. Le courant de l'art abstrait, de son côté, met en avant la forme et les couleurs plutôt que le sujet représenté. Les artistes abstraits cherchent à créer des œuvres qui expriment des idées et des émotions à travers des formes géométriques et des couleurs plutôt que des sujets réalistes. Ils croient que l'art peut être beau sans être réaliste. Et comme l'indiquait Wassily Kandinsky, celui qui regarde une œuvre d'art converse, en quelque sorte, avec l'artiste, au moyen du langage de l'âme.

Troisième partie : l'art comme outil critique pour comprendre les relations de pouvoir et les inégalités sociales

Au cœur d'une ère tumultueuse et en perpétuel changement, l'art occupe désormais une place cruciale dans la société. Michel Foucault, critique d'art et philosophe français, a permis une réflexion sur le rôle de l'art comme moyen de subversion des normes sociales. Son approche, parallèle à celles de Jacques Jean Baudrillard et Jacques Derrida, a créé une perspective nouvelle qui altère la perception de l'art et son influence sur la société. Foucault, éminente figure du structuralisme, considère que l'art est un instrument puissant pour interroger et défier les relations de pouvoir qui structurent la société. Pour lui, l'art transcende la quête de la beauté et devient un vecteur de contestation. En explorant la dynamique entre les institutions, le langage et les rapports de pouvoir, il envisage l'art comme un moyen de dénoncer les inégalités et injustices. Cette vision peut être illustrée par les œuvres d'artistes engagés qui, par leur art, contestent les structures oppressives et donnent une voix aux marginalisés. Comme le soulignait André Gide : « L'art naît de contraintes, vit de luttes et meurt de liberté ». L'art est indissociable des défis sociaux et de la quête de la liberté. Le philosophe Jean Baudrillard partage certains aspects de la vision de Foucault, mais apporte une nuance intéressante. Baudrillard, qui est souvent associé au postmodernisme, défend que l'art ne doit pas nécessairement être beau pour être reconnu comme tel. Pour lui, la véritable essence de l'art réside dans sa capacité à refléter la réalité sans fard. Dans une époque où les médias et les gouvernements façonnent souvent la perception de la réalité, Baudrillard affirme que l'art offre une vision sans filtre, ce qui en fait un outil puissant pour critiquer les normes sociales et dénoncer les abus de pouvoir. Enfin, Jacques Derrida, figure de proue de la déconstruction, propose une interprétation supplémentaire. Derrida, tout comme Baudrillard, n'associe pas nécessairement l'art à la beauté. Cependant, il va plus loin en suggérant que l'art devrait être une expression de la complexité inhérente de la réalité. Dans son œuvre, Derrida explore la façon dont les concepts, les mots et les significations ne sont jamais fixes, mais sont toujours entrelacés et sujets à interprétation. L'art, selon Derrida, possède cette qualité en étant un moyen d'exprimer la richesse et la complexité de la vie humaine. L'art, dans cette optique, devient un outil pour déconstruire les normes sociales et les relations de pouvoir, en mettant en évidence la nature multi-facettes de la réalité. Les œuvres d'art abstrait, par exemple, peuvent inciter le spectateur à remettre en question les notions préétablies et à reconnaître la subjectivité de l'expérience humaine. En rassemblant les perspectives de ces trois intellectuels, nous observons une symbiose entre l'art et la société. L'art, selon Foucault, agit comme un miroir réfléchissant les rapports de pouvoir et les inégalités. Baudrillard le voit comme un reflet sans compromis de la réalité, tandis que Derrida y perçoit une expression de la complexité de l'existence. Ensemble, ils ont permis de construire une image de l'art non pas comme une simple quête de beauté, mais comme un instrument critique et révélateur de la nature profonde de la société. Ces perspectives invitent à envisager l'art sous un angle nouveau, où il est intimement lié à la conscience sociale, à la réflexion et à la libération de l'esprit. Il est possible de réaliser que l'art est bien plus qu'un ornement – c'est une voix, un cri et une énigme, dévoilant les facettes cachées du monde qui nous entoure.

En conclusion, il est clair que la beauté est un concept subjectif qui dépend de l'expérience personnelle et des préférences de chacun. Les philosophies esthétiques des anciens, comme Platon et Aristote, considèrent la beauté comme un critère fondamental de l'art, tandis que les courants artistiques modernes et contemporains mettent en avant l'expression des idées et des émotions comme étant plus remarquable que la beauté formelle. D'autres encore, comme Nietzsche, Foucault, Baudrillard et Derrida, soulignent la nécessité de considérer l'art comme un outil critique pour comprendre les relations de pouvoir et les inégalités sociales. « L'art n'imite pas le visible, il rend visible » disait Paul Klee, développant sa vision de l'art comme une force créatrice capable de transcender la réalité et de donner un sens à l'existence, ne se limitant pas à la reproduction de la réalité, mais avec pour but de la transcender pour donner un sens à l'existence.

Sujet 3 : Faut-il connaître l'intention d'un artiste pour juger son œuvre ?

Introduction : « Une œuvre qui est écrite dans l'intention d'un public quelconque sera toujours une œuvre manquée ". Cette citation de Paul Claudel soulève le questionnement que nous allons aborder dans cette dissertation : faut-il connaître l'intention d'un artiste pour juger son œuvre ? La problématique de cette étude sera de déterminer si la connaissance des intentions de l'artiste est nécessaire pour une appréciation et une compréhension adéquates de son œuvre. Nous examinerons d'abord la complexité évidente du sujet à travers l'intrication de l'intention et de l'œuvre, puis nous envisagerons en quoi l'intention de l'artiste peut être utile pour cette compréhension, mais aussi limitée en prenant en compte différents exemples d'œuvres d'art et d'artistes.

Première partie : un lien incertain entre intention de l'auteur et appréciation de l'œuvre

Comme nous allons le montrer par quelques exemples représentatifs, il semble difficile d'établir une corrélation entre l'intention d'un auteur et l'appréciation subjective qui peut être faite d'une œuvre. Prenons l'exemple de l'œuvre *La Nuit étoilée* de Vincent Van Gogh. Il est largement connu que Van Gogh a souffert de troubles mentaux tout au long de sa vie, et il est souvent présenté comme un artiste "torturé" ayant une forte intention de transmettre sa douleur à travers ses œuvres. Cependant, même si nous connaissons ces intentions, cela ne signifie pas que nous ne reconnaissons pas à l'œuvre sa beauté visuelle ou sa technique de peinture. De même, l'œuvre "Les Demoiselles d'Avignon" de Pablo Picasso a été largement critiquée lors de sa première présentation en 1907 pour son caractère provocateur et sa représentation des femmes. Cependant, même si nous connaissons l'intention de Picasso de briser les conventions artistiques de son époque, cela ne signifie pas que nous apprécions moins l'œuvre pour sa contribution à l'histoire de l'art et pour son influence sur les mouvements artistiques ultérieurs. Il est donc clair que la connaissance des intentions de l'artiste ne garantit pas nécessairement une meilleure appréciation ou une meilleure compréhension de l'œuvre. En fait, il peut même y avoir des cas où la connaissance des intentions de l'artiste peut fausser notre perception de l'œuvre. Par exemple, si nous savons que l'artiste a créé une œuvre pour un commanditaire spécifique ou dans un contexte commercial, cela pourrait influencer notre jugement sur l'œuvre elle-même. D'un autre côté, il y a des cas où la connaissance des intentions de l'artiste peut ajouter une dimension supplémentaire à notre compréhension de l'œuvre. C'est le cas de l'œuvre de Banksy, par exemple, qui utilise l'art de rue pour faire passer des messages sociaux et politiques. Connaître ses intentions permet de comprendre l'impact social de son œuvre. Chaque individu peut avoir une perception différente de l'œuvre, indépendamment de la connaissance des intentions de l'artiste. Il faut donc considérer les deux points de vue, pour et contre la nécessité de connaître les intentions de l'artiste, pour avoir une compréhension complète de l'œuvre. Enfin, s'il faut se rappeler que l'art est souvent un moyen pour l'artiste de s'exprimer, cela ne signifie pas que cela doit être la seule raison pour laquelle nous apprécions l'œuvre.

Deuxième partie : de la nécessité de connaître l'intention de l'artiste

Connaître les intentions de l'artiste permet pourtant de comprendre le contexte dans lequel l'œuvre a été créée, ce qui peut aider à mieux comprendre l'œuvre elle-même. Par exemple, une œuvre créée pendant une période de guerre ou de conflit social aura un contexte différent de celle créée pendant une période de paix et de prospérité. Connaître ces intentions peut donc aider à mieux comprendre les thèmes et les messages de l'œuvre. De plus, percevoir les intentions de l'artiste peut aider à mieux comprendre les choix formels de l'œuvre, tels que les couleurs, les formes et les styles. Par exemple, les choix de couleurs de l'artiste dans une œuvre peuvent être liés à des significations symboliques ou à des références culturelles. Connaître ces intentions peut donc ajouter une dimension supplémentaire à notre compréhension de l'œuvre. La connaissance des intentions de l'artiste peut aider à mieux comprendre l'évolution de l'artiste et de son œuvre au fil du temps. Par exemple, l'analyse des œuvres de Jackson Pollock dans le contexte de son développement en tant qu'artiste peut aider à mieux comprendre son utilisation de la technique de "drip painting" – c'est une technique consistant à laisser couler ou goutter de la peinture, voire à projeter celle-ci sur des toiles ou surfaces horizontales de manière à obtenir des superpositions de plusieurs couleurs-. Enfin, la connaissance des intentions de l'artiste peut aider à mieux comprendre les références culturelles et les références artistiques dans l'œuvre. Par exemple, les références à la mythologie grecque dans l'œuvre de Sandro Botticelli peuvent être mieux comprises en connaissant les intentions de l'artiste. Appréhender l'intention de l'artiste permet donc effectivement de mieux comprendre l'œuvre, de mieux l'apprécier et de mieux l'interpréter.

Troisième partie : de l'insuffisance de connaître l'intention de l'artiste

Mais l'œuvre d'art est aussi un objet autonome qui peut être apprécié et compris indépendamment des intentions de l'artiste. L'art peut être considéré comme une forme de langage universel qui parle à tous, indépendamment de la culture ou de la compréhension de l'artiste. Il suffit pour s'en convaincre d'observer le succès actuel de « l'art premier » qui est l'art des sociétés traditionnelles, sans écriture ou dites « primitives ». Par ailleurs la connaissance des intentions de l'artiste peut fausser notre perception de l'œuvre. Si nous savons que l'artiste a créé une œuvre pour un commanditaire spécifique ou dans un contexte commercial, cela peut influencer notre jugement sur l'œuvre elle-même. Ainsi, il est préférable de se concentrer sur l'œuvre elle-même plutôt que sur les intentions de l'artiste. Cette connaissance des intentions de l'artiste peut aussi limiter notre compréhension de l'œuvre. Si nous nous concentrons uniquement sur les intentions de l'artiste, nous risquons de manquer d'autres interprétations ou significations possibles de l'œuvre. Il s'agit de rester ouvert d'esprit et de ne pas se limiter aux intentions de l'artiste. Enfin l'art est souvent subjectif et la compréhension de l'œuvre dépend de la subjectivité de chaque individu. Chacun peut avoir une perception différente de l'œuvre, indépendamment de la connaissance des intentions de l'artiste. L'œuvre d'art est donc un objet autonome qui peut être apprécié et compris indépendamment des intentions de l'artiste, la connaissance des intentions de l'artiste peut fausser notre perception de l'œuvre, elle peut limiter notre compréhension de l'œuvre. L'art est souvent subjectif et la compréhension de l'œuvre dépend de la subjectivité de chaque individu. Il est bon de garder à l'esprit que chacun a sa propre perception de l'art et de ne pas se limiter aux intentions de l'artiste pour apprécier et comprendre une œuvre d'art.

Conclusion : Il semble donc nécessaire de ne pas se laisser influencer par les intentions de l'artiste, mais de se concentrer sur l'œuvre elle-même et de se rappeler que l'art est souvent un moyen pour l'artiste de s'exprimer. Mais cela ne signifie pas que cela doit être la seule raison pour laquelle nous apprécions l'œuvre. Comme l'indiquait le philosophe Friedrich Nietzsche, l'art est la seule chose qui nous permet de passer outre les choses, de les surmonter. L'art nous offre une perspective différente sur le monde, une échappatoire à la réalité quotidienne, une façon de comprendre le monde qui nous entoure, et c'est pour cette raison que nous pouvons continuer à l'apprécier et à l'étudier, au-delà des intentions de l'artiste. Comme le disait Fernand Léger : "L'art est subjectif, c'est entendu, mais une subjectivité contrôlée et qui s'appuie sur une matière première « objective », c'est mon opinion absolue." Cela signifie que même si l'on peut apprécier une œuvre d'art sans connaître l'intention de l'artiste, cela peut aider à mieux comprendre l'œuvre et à la juger plus justement. Cependant, il faut se rappeler que la signification de l'œuvre ne doit pas être limitée à l'intention de l'artiste et que chacun peut avoir sa propre interprétation de celle-ci.

Sujet 4 : L'art s'apprend-il ?

Introduction : L'art est-il un don naturel ou une compétence qui peut être apprise ? Cette question est un débat constant dans le monde de l'art, et c'est une question qui a intrigué les artistes, les critiques et les amateurs d'art depuis des siècles. « C'est par l'expérience que progressent la science et l'art » selon Aristote. Cette citation suggère que la capacité à créer de l'art est présente chez tous les individus, mais que seuls certains choisissent de poursuivre cette voie. La problématique est de déterminer si l'art peut être appris ou s'il est un don naturel. Pour cela, nous allons examiner les différentes théories de l'apprentissage de l'art, les différents types de formation en art, la place de la théorie dans l'apprentissage de l'art et les exemples d'artistes qui ont réussi en suivant une formation ou en étant autodidactes. La première partie va examiner les théories de l'apprentissage de l'art, la deuxième partie va se concentrer sur l'apprentissage pratique et théorique de l'art, enfin la troisième partie va envisager l'art comme don inné.

Première partie : L'apprentissage de l'art, une question de détermination

L'apprentissage de l'art est une question de détermination car il faut de la volonté, de l'effort et de la persévérance dans le développement des compétences artistiques. La maîtrise des formes d'expression artistique ne dépend pas seulement du talent inné, mais nécessite également un engagement actif et une volonté de se consacrer à l'apprentissage et à la pratique artistique. L'art serait une compétence qui peut être acquise par l'apprentissage et la pratique. Ainsi Michel de Montaigne pouvait indiquer dans ses "Essais" (1580) que l'art n'est pas un don, mais une compétence qui peut être acquise par l'apprentissage et la pratique. L'apprentissage de l'art exige souvent des années de pratique régulière et d'engagement intense pour atteindre un certain niveau de compétence. Les artistes doivent faire preuve de détermination pour surmonter les obstacles, les échecs et les moments de doute qui peuvent survenir tout au long de leur parcours artistique. Un exemple de cette idée est illustré par la vie et le travail du peintre Vincent van Gogh. Van Gogh a commencé à peindre relativement tard dans sa vie et a dû faire face à de nombreux défis artistiques et personnels. Malgré ses luttes et son manque de reconnaissance de son vivant, il a persévéré dans sa passion pour la peinture et a continué à développer son style unique. Il a consacré d'innombrables heures à l'apprentissage et à l'expérimentation, et il a produit plus de 2 000 œuvres au cours de sa carrière. Son dévouement, sa détermination et sa volonté de continuer à peindre malgré les difficultés ont été essentiels pour son développement artistique. Un autre exemple peut être trouvé dans le domaine de la musique. De nombreux musiciens renommés ont consacré une grande partie de leur vie à l'apprentissage et à la pratique intensive de leur instrument. Ils ont fait preuve de détermination en surmontant les défis techniques, en étudiant la théorie musicale et en travaillant dur pour atteindre l'excellence. Malgré sa surdité progressive, Beethoven a continué à composer et à jouer du piano en utilisant principalement sa mémoire et son imagination musicale. Son dévouement à la musique et sa détermination à poursuivre sa carrière malgré son handicap témoignent de l'importance de la détermination dans l'apprentissage de l'art. Ces exemples mettent en lumière l'idée selon laquelle l'apprentissage de l'art est souvent une question de détermination, de persévérance et de volonté. Bien que le talent puisse jouer un rôle, la passion, l'engagement actif et l'effort soutenu sont des facteurs clés pour développer les compétences artistiques et atteindre des réalisations significatives dans les domaines de l'art.

Deuxième partie : L'apprentissage pratique de l'art

Concrètement, nous allons voir comment il est possible d'envisager l'apprentissage de l'art. Les principaux types de formation sont les écoles d'art, et l'auto-apprentissage. Les écoles d'art sont des institutions qui offrent une formation professionnelle en art. Elles proposent des programmes de formation complets qui incluent des cours de dessin, de peinture, de sculpture, de photographie, etc. Les étudiants qui suivent ces programmes reçoivent une formation théorique et pratique, et ont la possibilité de travailler avec des artistes professionnels et des enseignants expérimentés. Les avantages des écoles d'art sont la possibilité de travailler avec des professionnels et la possibilité de recevoir une formation complète et structurée. L'auto-apprentissage est un type de formation où les individus apprennent l'art par eux-mêmes, en utilisant des livres, des vidéos ou des tutoriels en ligne. Nous pouvons aussi différencier plusieurs types de formation théorique en art, notamment l'histoire de l'art, la théorie de l'art et la critique d'art. L'histoire de l'art est un domaine d'étude qui consiste à étudier les œuvres d'art dans leur contexte historique et culturel pour améliorer la compréhension de l'évolution de l'art et la possibilité de mieux apprécier les œuvres d'art. La théorie de l'art est un domaine d'étude qui consiste à étudier les principes et les concepts qui sous-tendent les œuvres d'art. Les étudiants qui suivent des cours de théorie de l'art apprennent à comprendre les œuvres d'art en étudiant les techniques, les styles et les principes formels. La critique d'art est un domaine d'étude qui consiste à évaluer les œuvres d'art, le but en est de pouvoir écrire des critiques d'art et évaluer les œuvres d'art. Les avantages de l'étude de la critique d'art sont la possibilité de formuler des opinions sur les œuvres d'art et la possibilité de comprendre les réactions des autres à l'art. Les inconvénients sont le manque de pratique et le fait que l'étude de l'histoire de l'art, la théorie de l'art ou la critique d'art ne permettent pas nécessairement de devenir un artiste. Ces trois types de formation théorique de l'art peuvent compléter les formations pratiques en renforçant la compréhension des œuvres d'art et en permettant une analyse plus fine des œuvres. Mais nous voyons là la limite de cette démonstration dans la mesure où ce qui peut vraiment être appris ce sont plus des éléments d'analyse que des capacités nécessaires pour devenir un artiste.

Troisième partie : l'art en tant que don inné

Pour la théorie de l'innéité, l'art est un don naturel, c'est-à-dire que certains individus naissent avec une capacité innée à créer de l'art. Cette théorie est souvent associée à l'idée que l'art est un don divin ou une inspiration divine. L'art ne peut pas être enseigné car il est le fruit d'une source intérieure et non extérieure. Cette approche considère que les artistes talentueux ont un don naturel qui leur permet de créer des œuvres d'art belles et profondes, sans avoir besoin d'être enseignés. Cette conception de l'art est profondément ancrée dans une vision romantique de la création artistique. Selon cette vision, l'art est le fruit de l'imagination et de l'inspiration, et ne peut pas être réduit à une simple technique ou à une méthode d'enseignement. Les artistes sont considérés comme des êtres dotés d'une sensibilité innée qui leur permet de créer des œuvres d'art qui touchent les gens de manière profonde et significative. Un exemple illustrant cette idée dans la musique est celui de Wolfgang Amadeus Mozart. Dès son plus jeune âge, Mozart a démontré un talent extraordinaire pour la musique. Il a commencé à composer à l'âge de cinq ans et a produit des œuvres musicales de grande complexité et de beauté remarquable. Son génie musical précoce a été considéré comme un don inné et a largement contribué à son statut de compositeur classique de renommée mondiale. De même, le peintre espagnol Pablo Picasso a dès son enfance montré une aptitude extraordinaire pour le dessin et la peinture. Son style artistique unique et innovant a révolutionné l'art du XXe siècle. Picasso a été considéré comme un prodige artistique, capable de capturer des expressions et des émotions avec une facilité déconcertante, ce qui renforce l'idée d'un don inné pour l'art. Le philosophe allemand Emmanuel Kant défend cette théorie de l'innéité. Dans son ouvrage *"Critique de la faculté de juger" (1790)*, il indique que l'art est un don naturel qui ne peut pas être enseigné, car l'artiste doit être un génie, c'est-à-dire qu'il doit avoir un don naturel pour l'art.

En conclusion, il est indéniable que l'apprentissage de techniques, de principes formels et de styles peut améliorer les compétences artistiques d'un individu. Cependant, il est vrai aussi que le talent est un facteur majeur pour devenir un artiste. Il est donc possible de dire que l'apprentissage peut aider à développer ses talents, mais il ne remplacera jamais complètement un don naturel pour l'art. L'apprentissage de l'art ne se limite pas aux cours et à l'enseignement formel. Mais ces deux théories ne sont pas mutuellement exclusives et il est possible que les deux jouent un rôle dans l'apprentissage de l'art. Certains artistes peuvent avoir un don naturel pour l'art, mais peuvent encore avoir besoin de formation pour développer leurs compétences, tandis que d'autres peuvent avoir besoin de formation pour découvrir leur talent. La pratique constante, la persévérance et la détermination sont des éléments clés pour améliorer ses compétences en art. Et une nécessaire vigilance s'impose face à la notion d'innéité du talent et comme le disait le philosophe Friedrich Nietzsche "L'artiste sait que son œuvre n'aura son plein effet que si elle suscite la croyance à quelque improvisation, à une naissance qui tient du miracle par sa soudaineté ; aussi ne manquera-t-il pas d'aider à cette illusion et d'introduire dans l'art, au début même de la création, ces éléments d'agitation inspirée, de désordre tâtonnant à l'aveuglette, de rêve vigilant, tous artifices trompeurs destinés à disposer l'âme du spectateur ou de l'auditeur de telle sorte qu'elle croie au jaillissement soudain de la perfection " *Humain, trop humain*, (1878).

Sujet 5 : Pourquoi sommes-nous sensibles à la beauté ?

Introduction : Dans son ouvrage *Intuitions préchrétiennes* publié en 1951, Simone Weil affirme que "ce serait une erreur de croire que la sensibilité à la beauté est le privilège d'un petit nombre de gens cultivés. Au contraire, la beauté est la seule valeur universellement reconnue." Cette citation soulève une question fondamentale : pourquoi sommes-nous sensibles à la beauté ? La beauté est un concept qui a été défini de différentes manières au cours de l'histoire. Les différentes définitions de la beauté reflètent les valeurs et les croyances de chaque époque. Les critères de la beauté ont évolué au fil du temps. Au Moyen-Age, la beauté était associée à l'idée de la perfection physique et morale. Les canons de la beauté étaient alors inspirés de la figure de la Vierge Marie, qui était considérée comme la parfaite incarnation de la beauté féminine. Au XVIIIème siècle, l'esthétique néoclassique a mis en avant la beauté idéale de la forme humaine, en s'inspirant des canons de la beauté de l'Antiquité. Au XIXème siècle, la définition de la beauté a commencé à se diversifier avec l'apparition de différents mouvements artistiques tels que le romantisme, le symbolisme ou l'impressionnisme. Ces mouvements ont mis en avant des formes d'expression artistique plus subjectives et ont permis d'élargir les critères de la beauté. Aujourd'hui, la beauté est considérée comme une expérience personnelle et subjective qui peut prendre de nombreuses formes. L'expérience de la beauté apparaît comme un phénomène intrinsèquement humain, transcendant les barrières temporelles et géographiques. La beauté peut être trouvée dans diverses manifestations, que ce soit dans les œuvres d'art, la nature environnante ou même dans des moments simples de la vie quotidienne. Elle suscite des émotions intenses, comme l'émerveillement, l'admiration et la fascination, et éveille en nous une perception esthétique unique. Mais pourquoi sommes-nous sensibles à la beauté ? L'une des perspectives pour comprendre notre sensibilité à la beauté réside dans ses fondements biologiques. Cependant, la sensibilité à la beauté ne peut être réduite à des facteurs biologiques. Les dimensions culturelles jouent un rôle essentiel dans notre perception de la beauté. Chaque culture a ses propres normes esthétiques et idéaux de beauté, influençant ainsi notre appréciation esthétique. Les aspects psychologiques de la sensibilité à la beauté jouent un rôle central. L'expérience de la beauté peut avoir un impact significatif sur notre bien-être psychologique en suscitant des émotions positives, en renforçant notre estime de soi et en nous offrant des moments de ressourcement. Enfin, la beauté peut être perçue comme une voie d'accès à des réalités transcendantales. Elle peut révéler une dimension spirituelle profonde, suscitant un sentiment de connexion avec quelque chose de plus grand que nous-mêmes. L'expérience esthétique peut être considérée comme un moyen d'élévation de l'âme, nourrissant notre réflexion, notre ouverture et notre transformation intérieure.

Première partie : L'expérience de la beauté comme phénomène universel

L'expérience de la beauté est profondément ancrée dans la nature humaine et transcende les différences culturelles et individuelles. Qu'il s'agisse d'une majestueuse œuvre d'art, d'un paysage époustouflant ou même d'un visage harmonieux, la beauté a la capacité de susciter une émotion intense et universelle chez les individus. Cette expérience de la beauté trouve sa reconnaissance à travers les cultures et les époques, renforçant ainsi son caractère universel. L'une des caractéristiques fondamentales de la beauté est sa capacité à être universellement reconnue. Qu'il s'agisse de la symétrie d'un visage, de la grâce d'un mouvement artistique ou de la pureté d'une mélodie, certains éléments esthétiques semblent avoir un attrait inné pour les êtres humains. Les recherches en psychologie ont montré que même les nourrissons ont une préférence pour les visages symétriques, suggérant ainsi que la reconnaissance de la beauté est présente dès les premiers stades de développement. Cette reconnaissance universelle de la beauté s'observe à travers différentes cultures. Bien que les normes esthétiques puissent varier d'une société à une autre, certaines caractéristiques esthétiques, telles que l'harmonie des formes ou la proportion équilibrée, semblent transcender les différences culturelles. Par exemple, l'art de la Renaissance en Europe, les peintures traditionnelles chinoises ou les sculptures classiques grecques, bien que reflétant des contextes culturels distincts, partagent une appréciation commune de la beauté dans l'expression de l'équilibre et de la symétrie. La sensibilité à la beauté transcende aussi les différences individuelles. Bien que les préférences esthétiques puissent varier d'une personne à l'autre, il existe des qualités esthétiques qui ont une résonance universelle. Par exemple, la contemplation d'un coucher de soleil aux couleurs chatoyantes, l'observation des étoiles dans un ciel nocturne dégagé ou encore l'écoute d'une mélodie envoûtante peuvent provoquer une admiration et un émerveillement partagés par de nombreux individus, indépendamment de leurs origines culturelles ou de leurs expériences personnelles. Cette transcendance des différences individuelles dans l'expérience de la beauté peut s'expliquer par des aspects plus profonds de la condition humaine. Au-delà de nos différences culturelles et individuelles, nous partageons une humanité commune et des émotions fondamentales. La beauté agit comme un langage universel qui transcende les barrières de la langue et de la compréhension rationnelle, touchant directement notre sensibilité émotionnelle et notre perception intuitive du monde.

Deuxième partie : les dimensions culturelles de la sensibilité à la beauté

La sensibilité à la beauté est cependant aussi profondément influencée par les dimensions culturelles. Les normes esthétiques et les représentations sociales propres à chaque culture jouent un rôle majeur dans la perception et l'appréciation de la beauté. La construction de la beauté à travers les arts et les cultures façonne notre compréhension et notre expérience esthétique. Chaque culture a ses propres normes esthétiques et idéaux de beauté. Les traits physiques, les formes artistiques, les styles vestimentaires et les décorations corporelles sont souvent façonnés par des conventions culturelles spécifiques. Par exemple, dans certaines cultures, la minceur est considérée comme un idéal de beauté, tandis que dans d'autres, des formes plus rondes sont valorisées. Ces normes esthétiques peuvent avoir un impact significatif sur notre perception de nous-mêmes et des autres, influençant ainsi notre sensibilité à la beauté. Les représentations sociales jouent un rôle crucial dans la sensibilité à la beauté. Les médias, la publicité et les industries de la mode et de la beauté exercent une influence considérable sur nos conceptions de la beauté. Les standards de beauté promus par ces canaux façonnent souvent nos idéaux esthétiques et peuvent créer des pressions sociales pour se conformer à certaines normes. Cette influence sociale peut être à la fois limitante, en imposant des idéaux de beauté inaccessibles, mais aussi créative, en offrant une diversité de représentations de la beauté qui élargissent notre sensibilité esthétique. Les arts et les cultures jouent un rôle central dans la construction et l'expression de la beauté. Chaque culture développe ses propres formes artistiques, ses traditions esthétiques et ses modes d'expression uniques. Les arts visuels, la musique, la danse, le théâtre et la littérature sont autant de moyens par lesquels la beauté est créée et communiquée. Les artistes et les créateurs jouent un rôle essentiel dans l'exploration et la redéfinition des concepts de beauté. Ils remettent en question les normes établies, proposent de nouvelles perspectives et ouvrent des espaces pour une appréciation plus inclusive et diversifiée de la beauté. Par leurs œuvres, ils nous invitent à remettre en question nos propres perceptions esthétiques et à explorer de nouvelles dimensions de la beauté. Les arts et la culture sont le lieu de la transmission de traditions esthétiques et de la préservation du patrimoine culturel. Les œuvres d'art, les monuments historiques, les traditions artistiques et les pratiques culturelles jouent un rôle essentiel dans la préservation et la transmission des idéaux esthétiques d'une culture à une autre génération. Ils témoignent de l'importance de la beauté dans la construction de l'identité culturelle et offrent un héritage pour nourrir notre sensibilité à la beauté.

Troisième partie : fondements biologiques et aspects psychologiques de la sensibilité à la beauté

La sensibilité à la beauté trouve certains de ses fondements dans notre biologie. Les êtres humains ont une inclination naturelle pour l'esthétique, qui peut être expliquée par des bases évolutionnaires ainsi que par les réponses neurobiologiques et émotionnelles que nous avons face à la beauté. L'attrait pour la beauté est souvent considéré comme étant le résultat d'une adaptation évolutive. Selon certaines théories, notre sensibilité à la beauté est liée à notre désir inné de recherche de partenaires reproducteurs de qualité. La symétrie, par exemple, est souvent associée à une bonne santé génétique, ce qui en fait un trait attrayant pour de nombreux individus. De même, des caractéristiques telles que la jeunesse, la fertilité et la force physique peuvent être perçues comme des signaux de reproduction potentielle et susciter un attrait esthétique. Par ailleurs, l'appréciation de la beauté esthétique est parfois considérée comme un produit de notre évolution sociale. Dans les sociétés humaines, l'art et la créativité ont joué un rôle important dans la formation des identités culturelles et dans la communication entre les individus. L'appréciation de l'art et de la beauté apparaît liée à notre capacité à reconnaître et à apprécier les compétences et les talents des autres, renforçant ainsi les liens sociaux et favorisant la coopération au sein des groupes. Lorsque nous sommes confrontés à la beauté, notre cerveau réagit de manière spécifique, activant des régions associées à la récompense et à la gratification. Des études en neurosciences ont montré que la perception de la beauté active le système de récompense du cerveau, libérant des neurotransmetteurs tels que la dopamine, qui sont associés à la sensation de plaisir et de satisfaction. De plus, l'expérience de la beauté est étroitement liée à nos émotions. Elle peut provoquer des sentiments d'émerveillement, de joie, de sérénité ou même de fascination. La beauté a la capacité de stimuler nos émotions de manière profonde et peut même susciter des réponses émotionnelles universelles, telles que l'admiration ou l'émerveillement, qui transcendent les différences culturelles. Les réponses neurobiologiques et émotionnelles face à la beauté s'expliquent par des processus cognitifs. Lorsque nous percevons quelque chose de beau, notre cerveau traite l'information de manière fluide et cohérente, ce qui crée un sentiment de satisfaction et d'harmonie. La beauté est souvent associée à des caractéristiques telles que l'ordre, la simplicité et la complexité harmonieuse, qui sont des éléments qui facilitent la compréhension et le traitement cognitif. La sensibilité à la beauté englobe des aspects psychologiques importants. L'expérience de la beauté peut avoir un impact sur notre bien-être psychologique, et elle est influencée par des processus cognitifs et émotionnels. La beauté est souvent associée à des émotions positives telles que l'émerveillement, la joie et la tranquillité. Lorsque nous sommes exposés à des éléments esthétiques agréables, notre bien-être psychologique peut être amélioré. Des études ont montré que la contemplation de la beauté peut réduire le stress, augmenter la satisfaction de vie et promouvoir un sentiment de bien-être général. L'appréciation de la beauté esthétique peut ainsi servir de source de ressourcement émotionnel, en offrant des moments de plaisir et de détente qui contribuent à notre équilibre psychologique.

De plus, la beauté a un impact sur notre estime de soi et notre confiance en nous. Lorsque nous nous sentons attirés par la beauté, que ce soit dans des œuvres d'art ou dans notre environnement, cela peut renforcer notre estime de soi et nous faire ressentir un sentiment de connexion avec notre environnement. La beauté peut ainsi nourrir notre sentiment de valeur personnelle et contribuer à notre développement personnel. L'appréciation de la beauté implique des processus cognitifs et émotionnels complexes. Sur le plan cognitif, notre cerveau traite et organise les informations sensorielles liées à la beauté, telles que les couleurs, les formes et les textures. Nous recherchons l'harmonie, l'équilibre et la cohérence dans les éléments esthétiques que nous percevons, ce qui active des processus cognitifs tels que la perception, l'attention et la mémoire. Les émotions jouent également un rôle crucial dans notre appréciation de la beauté. L'expérience esthétique peut susciter des émotions intenses, telles que l'émerveillement, la fascination ou l'admiration. Ces émotions sont souvent accompagnées de réactions physiologiques, comme une accélération du rythme cardiaque ou une augmentation de l'activité cérébrale. Les émotions positives que nous ressentons en présence de la beauté renforcent notre engagement émotionnel et notre intérêt pour les stimuli esthétiques. De plus, notre expérience de la beauté peut être influencée par des facteurs individuels tels que nos connaissances, nos expériences antérieures et nos préférences personnelles. Ces éléments subjectifs interagissent avec les caractéristiques objectives des stimuli esthétiques pour façonner notre appréciation de la beauté. Par conséquent, la sensibilité à la beauté varie d'une personne à l'autre en fonction de sa propre subjectivité et de son bagage individuel. La beauté est parfois considérée comme une porte d'entrée vers des réalités transcendantales, allant au-delà de notre expérience quotidienne. Lorsque nous sommes confrontés à des expériences esthétiques particulièrement puissantes, elles peuvent évoquer en nous un sentiment de transcendance. La beauté peut nous transporter au-delà du monde matériel, suscitant un sentiment de connexion avec quelque chose de plus grand que nous-mêmes. Elle peut révéler une dimension spirituelle qui transcende nos préoccupations quotidiennes. Dans de nombreuses traditions spirituelles et religieuses, la beauté est considérée comme une manifestation du divin. Elle est perçue comme une voie permettant d'entrer en contact avec des réalités supérieures ou avec la nature profonde de l'univers. L'expérience de la beauté peut éveiller en nous un sentiment de sacralité, nous invitant à contempler le mystère et la profondeur de l'existence, stimulant notre curiosité notre capacité à établir des liens entre notre existence individuelle et le vaste tissu de l'univers.

Conclusion : nous avons constaté que la beauté est universellement reconnue, transcendant les différences culturelles et individuelles. Cela suggère que l'attrait pour la beauté est profondément ancré. Les dimensions culturelles de la sensibilité à la beauté ont été soulignées. Les normes esthétiques et les représentations sociales propres à chaque culture influencent notre perception et notre appréciation de la beauté. De plus, les arts et les cultures jouent un rôle essentiel dans la construction de la beauté en offrant des expressions artistiques uniques et en transmettant des traditions esthétiques. Ils élargissent notre sensibilité à la beauté en nous exposant à une diversité d'expressions esthétiques. Notre capacité à apprécier la beauté esthétique peut être vue comme une adaptation sociale, favorisant la coopération et la communication au sein des groupes humains. Les aspects psychologiques de la sensibilité à la beauté ont été examinés. L'expérience de la beauté peut avoir un impact profond sur notre bien-être psychologique en suscitant des émotions positives, en renforçant notre estime de soi et en nous offrant des moments de ressourcement et de tranquillité. Les processus cognitifs et émotionnels impliqués dans notre appréciation de la beauté, tels que la perception, l'attention et la mémoire, contribuent à façonner notre expérience esthétique. La beauté est un concept subjectif et changeant selon les époques et les cultures, ce qui est considéré comme beau pour une personne ou une société peut ne pas l'être pour une autre. Cela soulève la question de la relativité de la beauté et de la subjectivité de notre jugement esthétique. Ainsi, la recherche de la vérité sur la beauté est un processus continu et évolutif qui nous amène à remettre en question nos propres présupposés et à ouvrir notre esprit à de nouvelles perspectives. Comme le disait Emmanuel Kant dans Critique de la raison pure : "Le beau est ce qui plaît universellement sans concept". La beauté est donc un concept échappant à toute définition absolue et c'est peut-être cette ambiguïté qui la rend si fascinante.

Sujet 6 : Les artistes nous apprennent-ils ce que nous sommes ?

Introduction : "L'art c'est la plus sublime mission de l'homme, puisque c'est l'exercice de la pensée qui cherche à comprendre le monde et à le faire comprendre". Cette citation de Rodin souligne l'importance de l'art en tant que moyen de révéler la vérité sur le monde et sur l'expérience humaine, plutôt que simplement de la reproduire. L'art occupe une place centrale dans la réflexion philosophique en raison de sa capacité à transcender les barrières conceptuelles et linguistiques. Là où les mots peuvent échouer à exprimer pleinement les nuances et les complexités de l'expérience humaine, l'art se fait le vecteur d'une compréhension plus profonde et directe. Les œuvres d'art nous touchent et nous émeuvent au-delà des concepts abstraits, nous permettant d'accéder à une connaissance intuitive et émotionnelle de nous-mêmes et du monde qui nous entoure. Les artistes nous apprennent-ils ce que nous sommes ? Dans quelle mesure les artistes, à travers leurs créations artistiques, ont-ils la capacité de nous enseigner et de nous révéler des aspects essentiels de notre identité et de notre condition humaine ? Tout d'abord, nous examinerons le rôle des artistes en tant que miroirs de la condition humaine. Les artistes sont souvent considérés comme des témoins privilégiés de leur époque, capturant les émotions, les valeurs et les préoccupations de leur société. Leurs œuvres nous offrent un reflet de nous-mêmes, en nous permettant de prendre conscience des réalités sociales, politiques et culturelles qui nous façonnent. Nous analyserons la capacité des œuvres d'art à communiquer des sentiments universels, transcendant les frontières culturelles et linguistiques pour toucher l'essence même de notre humanité. Ensuite, nous nous pencherons sur le rôle des artistes en tant que créateurs de sens et de significations. Les œuvres d'art nous invitent à l'interprétation et à la réflexion, stimulant notre imagination et éveillant de nouvelles perspectives sur nous-mêmes et sur le monde. Nous aborderons la question de la subjectivité de l'interprétation artistique et de la façon dont les spectateurs et les auditeurs apportent leur propre expérience et leur sensibilité pour donner du sens à une œuvre d'art. Nous explorerons comment l'art peut devenir un outil puissant pour l'introspection, nous incitant à remettre en question nos croyances, nos valeurs et notre identité. Enfin, nous soulignerons les limites de l'art dans notre compréhension de nous-mêmes. Malgré ses nombreux avantages, l'art reste un médium subjectif, soumis aux biais artistiques et aux limitations de représentation de certains aspects de notre existence. Nous discuterons des lacunes de l'art dans la représentation de l'inconscient et de l'ineffable, ainsi que des contraintes sociales et commerciales qui peuvent influencer la production artistique et limiter sa portée en tant que véritable miroir de la condition humaine.

Première partie : Les artistes comme miroirs de la condition humaine

L'art, dans sa variété de formes et d'expressions, offre aux artistes une plateforme pour explorer et exprimer les multiples facettes de la condition humaine. Les artistes, en tant que créateurs et observateurs attentifs, peuvent être perçus comme des miroirs reflétant les émotions, les expériences et les réalités de notre existence commune. Les artistes sont souvent des témoins privilégiés de leur époque. À travers leurs œuvres, ils captent les pulsations de la société, révélant les joies, les peines, les espoirs et les peurs qui traversent l'humanité. Les peintres, les écrivains, les musiciens et les cinéastes documentent les événements historiques, les luttes politiques, les bouleversements sociaux et les mouvements culturels de leur temps. Par exemple, les peintures de Goya lors de la guerre civile espagnole témoignent de l'horreur et de la souffrance vécues par le peuple, tandis que les romans de Charles Dickens exposent les inégalités sociales et les conditions de vie difficiles de l'époque victorienne. Les artistes nous offrent ainsi un aperçu profond de la réalité vécue et de l'expérience collective de leur époque. Au-delà de leur dimension historique, les œuvres d'art ont la capacité unique de transcender les frontières culturelles et linguistiques pour communiquer des sentiments universels. La musique, par exemple, est souvent considérée comme un langage universel capable d'évoquer des émotions profondes chez l'auditeur, indépendamment de sa provenance culturelle ou de sa langue maternelle. Les mélodies et les harmonies créées par les compositeurs peuvent susciter des émotions telles que la joie, la tristesse, la mélancolie ou l'excitation, et toucher des personnes de différentes cultures et époques. De même, les peintures, les sculptures et les films peuvent susciter des réactions émotionnelles intenses et transmettre des messages qui résonnent avec l'expérience humaine commune. Par exemple, l'œuvre "Le Cri" d'Edvard Munch, avec son expressionnisme intense, évoque un sentiment d'angoisse et de désespoir qui peut être universellement compris. Les artistes apportent leur propre interprétation du monde, offrant ainsi une pluralité de visions artistiques qui élargissent notre compréhension de la condition humaine. Chaque artiste a son propre regard sur la réalité et sa propre sensibilité esthétique. Leurs créations artistiques reflètent leurs expériences, leurs valeurs, leurs convictions et leurs questionnements personnels. Par conséquent, les œuvres d'art nous offrent une multitude de perspectives sur la diversité et la complexité des êtres humains. Par exemple, la peinture abstraite de Wassily Kandinsky explore la dimension spirituelle de l'existence, tandis que les photographies de Dorothée Lange mettent en lumière les luttes et les injustices sociales. Chaque artiste contribue à l'enrichissement de notre compréhension de nous-mêmes en tant qu'individus et en tant que société. Les artistes jouent souvent un rôle crucial en remettant en question les normes et les conventions sociales établies. À travers leurs œuvres, ils défient les schémas de pensée préétablis et ouvrent des espaces pour la réflexion critique. Par exemple, les artistes du mouvement dadaïste ont rejeté les conventions artistiques traditionnelles et ont remis en question les valeurs et les institutions de leur époque. De même, le cinéma indépendant et expérimental a souvent été utilisé comme un moyen de déconstruire les représentations stéréotypées de la société et d'explorer des identités marginales ou minoritaires. Les artistes nous invitent ainsi à remettre en question nos propres croyances et à envisager de nouvelles perspectives sur nous-mêmes et sur le monde qui nous entoure. Les artistes agissent donc comme des miroirs de la condition humaine en exprimant les émotions et les expériences humaines, en témoignant de leur époque, en communiquant des sentiments universels, en représentant la diversité et la complexité des êtres humains, et en remettant en question les normes et les conventions sociales. Leur capacité à nous offrir une variété de perspectives et d'émotions nous permet d'approfondir notre compréhension de nous-mêmes en tant qu'individus et en tant que collectivité. « Vous utilisez un miroir pour voir votre visage, et les œuvres d'art pour voir votre âme. » George Bernard Shaw. Cependant, il convient de noter que l'art reste subjectif et ouvert à l'interprétation individuelle, ce qui souligne la nécessité d'une réflexion critique et d'une remise en question de nos propres compréhensions et interprétations des œuvres artistiques.

Deuxième partie : Les artistes comme créateurs de sens et de significations

Les artistes ne se contentent pas seulement de refléter la condition humaine, ils sont également des créateurs de sens et de significations. À travers leurs œuvres d'art, ils nous invitent à interpréter, réfléchir et donner un sens à notre propre expérience de vie, tout en nous ouvrant à de nouvelles perspectives et à l'introspection. L'appréciation et la compréhension de l'art sont des processus profondément subjectifs. Chaque personne perçoit et interprète une œuvre d'art de manière unique en fonction de sa propre sensibilité, de son bagage culturel et de son vécu. Les artistes créent des œuvres qui sont ouvertes à différentes interprétations, laissant place à une multiplicité de significations. Par exemple, un tableau abstrait peut évoquer des émotions différentes chez chaque spectateur, en fonction de son état d'esprit et de ses expériences personnelles. Cette subjectivité de l'interprétation artistique enrichit notre compréhension de nous-mêmes en nous permettant d'explorer une variété de perspectives et de réactions individuelles. L'appréciation d'une œuvre d'art est aussi influencée par le contexte dans lequel elle est présentée et par l'expérience personnelle du spectateur. Le lieu d'exposition, les informations fournies sur l'artiste et le contexte de création peuvent tous avoir un impact sur notre compréhension et notre interprétation de l'œuvre. Par exemple, une sculpture exposée dans un musée aurait été perçue différemment si elle avait été placée dans un parc public. De même, notre propre vécu et nos expériences de vie peuvent nous permettre de trouver un sens personnel dans une œuvre d'art. Cette interrelation entre l'œuvre d'art, le contexte et l'expérience personnelle du spectateur contribue à la création de significations et à notre propre compréhension de nous-mêmes et du monde. Les artistes ont le pouvoir de nous amener à réfléchir de manière profonde et critique sur différents aspects de notre existence. Leurs œuvres peuvent nous pousser à remettre en question nos croyances, à explorer de nouvelles idées et à élargir notre compréhension du monde qui nous entoure. Par exemple, une réalisation artistique peut nous amener à réfléchir à des problèmes sociaux ou environnementaux, tandis qu'un poème peut nous inviter à réfléchir à des questions existentielles. L'art nous pousse à sortir de notre zone de confort et à considérer des perspectives différentes, ce qui enrichit notre compréhension de nous-mêmes en tant qu'individus et en tant que membres d'une société. Les artistes utilisent souvent leur créativité pour explorer des thèmes liés à l'identité et à la condition humaine. Ils abordent des questions existentielles telles que la nature de l'amour, la mort, la solitude, la joie et la souffrance. Leur capacité à exprimer ces aspects fondamentaux de notre existence nous permet de nous connecter plus profondément à notre propre humanité. Par exemple, la littérature peut nous aider à comprendre les émotions et les dilemmes auxquels nous sommes confrontés en tant qu'êtres humains, et les œuvres théâtrales peuvent mettre en scène les complexités des relations humaines. À travers l'art, nous pouvons nous interroger sur notre propre identité, nos valeurs et notre place dans le monde. En nous engageant avec l'art, les artistes nous invitent à explorer notre propre expérience de vie, à questionner nos croyances et à développer une vision plus riche et plus profonde de notre identité et de notre condition.

Troisième partie : Les limites de l'art dans la compréhension de nous-mêmes

Bien que l'art puisse être un moyen puissant pour explorer notre identité et notre condition humaine, il comporte des limites intrinsèques. La subjectivité de l'art, les distorsions de la réalité, les lacunes dans la représentation de l'inconscient et les contraintes sociales et commerciales sur la production artistique sont autant d'éléments qui restreignent notre compréhension de nous-mêmes à travers cette forme d'expression. Les artistes ont souvent leurs propres préférences esthétiques et interprétations subjectives de la réalité, ce qui peut introduire des biais artistiques dans leurs œuvres. Par exemple, le peintre Salvador Dalí était connu pour ses images surréalistes qui déformaient la réalité pour représenter des états psychologiques. Sa toile emblématique, "La Persistance de la mémoire", montre des montres molles qui défient les lois de la physique. Cette représentation subjective de la réalité limite notre perception de la véritable nature des choses. Certains aspects de notre existence, tels que nos rêves, nos émotions profondes et nos expériences mystiques, peuvent être difficiles à représenter à travers l'art. Le peintre expressionniste Edvard Munch a essayé d'exprimer des émotions intenses dans son célèbre tableau "Le Cri". Cependant, même avec des éléments visuels saisissants, il est difficile de transmettre pleinement l'expérience émotionnelle complexe qu'il voulait partager. Les limites du langage artistique rendent souvent difficile la représentation des aspects ineffables de notre existence. Les artistes sont influencés par leur contexte culturel et social, ce qui se reflète dans leurs œuvres. Par exemple, le peintre français du XIXe siècle, Jean-François Millet, a représenté la vie paysanne dans ses tableaux pour mettre en évidence les conditions de travail difficiles et les inégalités sociales. Cependant, ses œuvres ne représentaient qu'une partie de la réalité de l'époque, se concentrant principalement sur les aspects sombres de la vie rurale. Par conséquent, l'art ne peut pas toujours être considéré comme un reflet objectif et complet de la condition humaine. Les artistes sont souvent soumis à des pressions sociales et commerciales qui peuvent limiter leur liberté d'expression. Par exemple, certains artistes contemporains se voient contraints de créer des œuvres qui correspondent aux attentes du marché de l'art et qui sont susceptibles de générer des profits. Cette commercialisation de l'art peut restreindre la diversité des perspectives représentées et limiter l'exploration de sujets sensibles ou controversés. Bien que l'art puisse nous offrir des aperçus intéressants sur notre identité et notre condition humaine, il présente également des limites importantes. Les biais artistiques, les distorsions de la réalité, les difficultés à représenter l'inconscient, les limites en tant que reflet objectif de la société et les contraintes sociales et commerciales sur la production artistique réduisent la portée et l'objectivité de l'art en tant qu'outil de compréhension de nous-mêmes. Par conséquent, il est essentiel de garder une perspective critique et de reconnaître ces limites tout en appréciant les contributions uniques de l'art à notre quête de sens et de connaissance.

En conclusion, pour récapituler les points principaux de notre développement, nous avons d'abord souligné comment les artistes peuvent être considérés comme des témoins de leur époque, exprimant les émotions et les expériences humaines à travers leurs œuvres. Ensuite, nous avons discuté de la capacité des artistes à représenter la diversité et la complexité humaines, remettant en question les normes et les conventions sociales. Dans la deuxième partie, nous avons exploré comment les artistes peuvent être des créateurs de sens et de significations, en mettant l'accent sur l'interprétation subjective des œuvres d'art et leur capacité à susciter de nouvelles perspectives et une introspection. Enfin, nous avons examiné les limites de l'art, en soulignant la subjectivité artistique, les distorsions de la réalité, les difficultés à représenter l'inconscient, les limites en tant que reflet objectif de la société et les contraintes sociales et commerciales sur la production artistique. Pour approfondir notre réflexion sur le rôle des artistes dans notre compréhension de nous-mêmes, il serait intéressant de se tourner vers d'autres domaines complémentaires tels que la psychologie, la sociologie et l'anthropologie. Alors que la technologie et les moyens de diffusion de l'art évoluent, les artistes auront toujours la capacité de toucher les gens à travers leurs œuvres et de susciter des réactions. Pour finir, je voudrais citer Alain qui a dit « Tous les arts sont comme des miroirs où l'homme connaît et reconnaît quelque chose de lui-même qu'il ignorait ».

III. LE BONHEUR

Sujet 1 : Le bonheur dépend-il uniquement de nous ?

Introduction : "Le vrai bonheur ne dépend d'aucun être, d'aucun objet extérieur. Il ne dépend que de nous... " (Dalaï Lama), mais est-ce vraiment aussi simple ? Avons-nous réellement le pouvoir de choisir d'être heureux ? La problématique que nous allons explorer est la suivante : notre bonheur dépend-il uniquement de nous ou est-il influencé par des facteurs extérieurs ? Nous verrons dans cette dissertation que le bonheur ne dépend pas entièrement de nous, mais que nous pouvons cependant contribuer à notre bonheur, et que le bonheur dépend d'autres facteurs tels que la chance et les circonstances de notre vie.

Première partie : un bonheur difficile à atteindre.

Tout d'abord, le bonheur est défini comme étant un état durable et général de bien-être mais est cependant changeant d'une personne à l'autre, ce qui rend difficile de définir ce que cela signifie réellement. En outre, il semble souvent lié à des facteurs extérieurs que nous ne maitrisons pas tels que les relations, les possessions matérielles et le statut social, qui peuvent être incertains et instables. Ainsi, beaucoup de gens cherchent le bonheur dans les choses extérieures, comme l'argent, le statut social, les possessions matérielles, etc. Cependant, ces choses ne peuvent pas apporter de véritable bonheur, car ils ne peuvent pas combler les besoins émotionnels profonds de l'être humain. Ainsi de nombreux philosophes ont souligné que la recherche constante du bonheur peut en fait causer plus de malheur qu'elle n'en apporte. Cette recherche constante du plaisir peut causer un cycle de dépendance et de frustration. De plus, la conscience de la mort et de la finitude de la vie peut rendre difficile l'acceptation de la réalité et de la condition humaine, ce qui peut entraver la capacité à éprouver du bonheur. Comme le dit Schopenhauer, "la vie oscille, comme un pendule, de droite à gauche, de la souffrance à l'ennui : ce sont là les deux éléments dont elle est faite", pour reprendre la belle image du "*Monde comme volonté et comme représentation*".

Deuxième partie : le bonheur dépend en grande partie de notre attitude et de notre façon de voir les choses.

Selon Épicure, le bonheur est l'absence de douleur physique et de tourments mentaux. Cela signifie que notre bonheur est directement lié à notre capacité à gérer nos émotions et à maîtriser nos peurs et nos désirs. Pour lui, atteindre le bonheur implique de se libérer de la crainte de la mort et de la peur des dieux, ainsi que de se concentrer sur les plaisirs simples de la vie. Selon Épictète, philosophe stoïcien grec de l'Antiquité (50-138 AD), connu pour son enseignement sur la maîtrise de soi et la résignation face à l'inévitable, le bonheur dépend de la manière dont nous réagissons aux événements de notre vie, nous ne pouvons pas contrôler les événements extérieurs, mais nous pouvons contrôler notre réaction à ces événements. Cela signifie que même dans les moments les plus difficiles, nous avons le pouvoir de choisir notre attitude et notre réaction, et c'est cela qui détermine notre bonheur. Pour certains, comme Platon, le bonheur dépend de l'harmonie des vertus et des dispositions. Selon lui, il est possible d'atteindre le bonheur en cultivant les vertus, telles que la sagesse, le courage, la tempérance et la justice, qui permettent de vivre en accord avec soi-même et avec les autres. Cette vision du bonheur suppose une certaine ascèse, une pratique régulière et une réflexion constante pour maintenir cette harmonie. Pour d'autres, comme Aristote, le bonheur dépend de l'activité noétique et éthique accompagnée d'occurrences favorables. Selon lui, l'homme est un être de désir et il est possible d'atteindre le bonheur en réalisant ses désirs de manière raisonnable et éthique. Il vise aussi l'intellect car c'est ce pourquoi l'homme est fait.

Troisième partie : entre hasard et volonté, une quête complexe

Pour certains philosophes le bonheur est entièrement dépendant de notre propre volonté et de nos actions, tandis que pour d'autres il est impossible à atteindre car il dépend de facteurs extérieurs à notre contrôle. Il faut noter que ces deux thèses semblent caricaturales, car il est évident que ni l'homme ne peut tout contrôler pour être heureux, ni ne peut rien faire pour atteindre le bonheur. Il y a des facteurs extérieurs tels que les événements de la vie qui ont une influence sur notre bonheur, mais il y a aussi des choix et des actions que nous pouvons prendre pour augmenter nos chances d'atteindre le bonheur. De plus, la recherche du bonheur comporte des risques. Comme le souligne Machiavel dans *Le Prince*, la poursuite excessive de l'intérêt personnel peut causer de la douleur et de la souffrance aux autres, et finalement, nous rendre malheureux nous-mêmes. De même, selon Paul Ricœur, il y a un risque de se perdre dans la recherche constante de plaisirs éphémères qui ne peuvent apporter de véritable satisfaction à long terme. Cependant, il est essentiel de ne pas abandonner la recherche du bonheur. Car il y a aussi une chance de réussir. Selon les philosophes, cette chance est liée à la prise en compte de certaines valeurs morales et éthiques dans nos actions, et à la capacité à trouver un équilibre entre notre désir personnel et le bien-être des autres. Ainsi, en adoptant une perspective éthique et en nous concentrant sur des actions qui ont un sens profond pour nous, nous pouvons augmenter nos chances de réussir dans notre quête de bonheur.

Pour conclure, il est clair que le bonheur dépend à la fois de facteurs extérieurs à notre contrôle et de nos propres choix et actions. Il ne faut pas tomber dans les pièges des thèses caricaturales selon lesquelles l'homme ne peut rien faire pour être heureux ou qu'il peut tout contrôler pour atteindre le bonheur. En lieu et place, nous devons adopter une perspective éthique et nous concentrer sur des actions qui ont un sens profond pour nous, tout en reconnaissant qu'il y a des risques liés à la recherche du bonheur mais que l'on ne peut vivre sans cela. Il est possible de trouver du bonheur même dans les situations les plus désespérées, en choisissant de donner un sens à sa vie : "Il faut imaginer Sisyphe heureux" Albert Camus de son essai "Le Mythe de Sisyphe" (1942), où Sisyphe, un roi condamné par les dieux à rouler éternellement une pierre jusqu'en haut d'une montagne, illustre l'idée que l'existence humaine est souvent vaine et dénuée de sens. Cependant, Camus pense que l'homme peut choisir de vivre cette vie absurde avec dignité et bonheur en se concentrant sur des actions qui ont un sens profond pour lui.

Sujet 2 : Devons-nous rechercher le bonheur ?

Introduction : "La philosophie n'est pas la recherche du bonheur qui serait possession de la Vérité, car posséder la Vérité est impossible." Marcel Conche. Ce philosophe français contemporain, est connu pour son approche post-nietzschéenne et ses réflexions sur l'existence, la moralité et la vérité. La philosophie n'est pas la recherche du bonheur et cette citation nous indique une séparation entre la quête intellectuelle de la philosophie et la quête émotionnelle du bonheur. Pour Conche, la philosophie n'est pas un moyen d'atteindre un état de satisfaction ou de plénitude, mais plutôt une démarche visant à interroger, comprendre et éclairer le monde et notre place en son sein. Conche n'affirme pas que la recherche de la vérité ou la recherche du bonheur sont inutiles. Il souligne plutôt que ces deux quêtes sont distinctes et que nous ne devrions pas confondre la satisfaction émotionnelle avec une compréhension profonde du monde. Devons-nous alors chercher le bonheur ? En effet, d'un côté, on peut estimer que la recherche du bonheur est futile, qu'elle ne mène qu'à la frustration et qu'il est préférable de se concentrer sur des objectifs plus nobles. D'un autre côté, on peut considérer que la recherche du bonheur s'inscrit dans un devoir moral, qu'elle est nécessaire pour vivre une vie épanouissante. La problématique de cette dissertation sera donc de déterminer si la recherche du bonheur est un devoir ou non. Nous verrons tout d'abord que les critiques opposées à cette recherche, ensuite nous verrons que la recherche du bonheur peut devenir un devoir et enfin, nous verrons que on ne peut avancer et vivre au-delà de cette recherche.

Première partie : critiques de la recherche du bonheur.

En effet, lorsque l'on se concentre uniquement sur sa propre satisfaction personnelle, on peut facilement devenir égoïste et égocentrique, en oubliant les besoins et les souffrances des autres. Nous devons nous rappeler que la moralité ne consiste pas simplement à chercher son propre bonheur, mais à considérer les conséquences de nos actions sur les autres et sur la société dans son ensemble. De plus, la recherche constante du bonheur peut en fait causer plus de malheur qu'elle n'en apporte. En effet, lorsque nous nous concentrons trop sur notre propre bonheur, nous pouvons devenir insatisfaits et insatiables, en nous comparant constamment aux autres et en ne nous sentant jamais assez heureux. Cela peut nous amener à négliger les relations et les obligations qui sont vitales pour notre bien-être à long terme. Enfin, nous pouvons nous rappeler que le bonheur est souvent temporaire et incertain. Il est donc vain de chercher à atteindre un bonheur permanent, car cela est impossible. Il est préférable de se concentrer sur des valeurs plus durables, telles que la compassion, la générosité et l'éthique, qui apporteront une plus grande satisfaction à long terme. La recherche du bonheur présente des limites qui peuvent rendre vaine cette quête. Tout d'abord, il est difficile de définir ce qu'est réellement le bonheur. Les systèmes eudémonistes proposent des définitions variées, allant de l'harmonie de diverses vertus et dispositions chez Platon, à l'accord volontaire de soi-même avec l'ordre cosmique chez les stoïciens. Cela rend la recherche du bonheur complexe car il est difficile de savoir exactement ce que l'on cherche. En outre, la recherche du bonheur peut entraîner des comportements égoïstes et destructeurs. L'obtention du bonheur peut devenir une fin en soi, au détriment des autres et de la société. Kant a souligné que la recherche du bonheur individuel est moralement blâmable, car elle peut entraîner des actions qui nuisent aux autres. Il faut se rappeler que la recherche du bonheur ne doit pas être au détriment des autres et de la société. Enfin, le bonheur est un état temporaire et éphémère, souvent associé à des plaisirs éphémères, tels que les divertissements, qui ne peuvent offrir une satisfaction durable. Ainsi, la recherche constante du bonheur peut-elle devenir une quête infinie et décevante.

Deuxième partie : arguments en faveur de la recherche du bonheur.

La première étape pour comprendre pourquoi il est moralement acceptable de chercher le bonheur est de définir précisément ce qu'est le bonheur. Selon les philosophies antiques, le bonheur est souvent défini comme une harmonie entre les diverses vertus et dispositions de l'individu (Platon) ou comme une activité noétique et éthique accompagnée d'occurrences favorables (Aristote). D'autres philosophies, comme Épicure, définissent le bonheur comme une constance dans un plaisir consistant essentiellement dans l'absence de douleur. Les stoïciens considèrent que le bonheur est un accord volontaire de soi-même avec l'ordre cosmique. De plus, le bonheur est un bien fondamental pour l'individu. C'est un état d'esprit qui permet de vivre une existence satisfaisante et épanouissante. La recherche du bonheur est donc un objectif légitime, car elle vise à améliorer la qualité de vie de l'individu. En outre, la recherche du bonheur est liée à la notion de responsabilité personnelle. Chacun est responsable de son propre bonheur et doit donc prendre les mesures nécessaires pour l'atteindre. Cela signifie qu'il est de notre devoir moral de nous efforcer de vivre une vie épanouissante et de prendre soin de notre bien-être. Enfin, la recherche du bonheur est liée à la notion de bien commun. Lorsque nous sommes heureux et épanouis, nous sommes plus enclins à contribuer à la société et à aider les autres. Cela signifie que la recherche du bonheur est non seulement justifiée pour soi-même, mais aussi pour le bien de la société dans son ensemble. Ce point de vue rejoint la vision des utilitaristes comme Bentham, pour qui une loi ne doit être jugée « bonne ou mauvaise » que sous le rapport de sa capacité à augmenter le bonheur de tous.

Troisième partie : une quête qui peut donc se justifier

La question de savoir si la recherche du bonheur est justifiée ou non implique des aspects à la fois moraux, personnels et sociaux. Toutefois, il est possible de trouver un terrain d'entente en considérant les arguments présentés dans les deux parties précédentes. Il est vrai que la recherche constante du bonheur peut entraîner des comportements égoïstes et destructeurs, et peut causer plus de malheur qu'elle n'en apporte. Mais le bonheur est un bien fondamental pour l'individu, et la recherche du bonheur est un objectif légitime qui vise à améliorer la qualité de vie de l'individu. De plus, la recherche du bonheur est liée à la notion de responsabilité personnelle, et chacun est responsable de son propre bonheur. Dans son œuvre "Éthique à Nicomaque", Aristote propose la notion d'eudaimonia, souvent traduit par "bonheur" mais qui signifie plus précisément "bien-être". Selon Aristote, l'eudaimonia est atteint non pas en recherchant le plaisir, mais en vivant une vie de vertu et d'excellence morale. Enfin, la recherche du bonheur est liée à la notion de bien commun, et contribue à la société dans son ensemble. Dans son approche de l'utilitarisme, Mill propose que le bonheur peut être atteint par l'optimisation du plaisir et la minimisation de la douleur. Cependant, il souligne l'importance de la qualité des plaisirs et soutient que les plaisirs intellectuels et moraux sont supérieurs aux plaisirs purement physiques. Il serait donc possible de concilier ces deux parties en affirmant que la recherche du bonheur peut être justifiée, mais à condition qu'elle soit encadrée par des considérations morales et sociales. La recherche du bonheur ne doit pas être au détriment des autres et de la société, et elle doit être guidée par des valeurs durables telles que la compassion, la générosité et l'éthique. Le bonheur est un état temporaire et incertain, et la quête de la satisfaction personnelle ne doit pas devenir une fin en soi, mais plutôt un moyen pour atteindre un état de bien-être durable. Ainsi, la recherche du bonheur peut être considérée comme justifiée dans la mesure où elle est encadrée par des considérations morales et sociales, et qu'elle vise à améliorer la qualité de vie de l'individu sans nuire aux autres et à la société dans son ensemble. Cela implique de trouver un équilibre entre la satisfaction personnelle et les obligations envers les autres et la société, et de se concentrer sur des valeurs durables telles que la compassion, la générosité et l'éthique plutôt que sur une recherche constante du bonheur à tout prix.

En conclusion, certes la recherche du bonheur est futile et égoïste, car elle ne fait qu'exacerber nos insatisfactions et nos frustrations mais elle peut être moralement justifiée, car elle nous pousse à vivre de manière éthique et à chercher le bien-être non seulement pour nous-mêmes, mais aussi pour les autres. La recherche du bonheur ne doit pas être entendue comme une quête constante de plaisir ou de satisfaction immédiate, mais plutôt comme une recherche de sens et de signification dans nos vies. Il est donc possible de chercher le bonheur tout en restant conscient de ses limites et en adoptant une attitude réaliste et humble. Il faut se rappeler que le bonheur est un état d'esprit. Il s'agit alors de trouver un équilibre entre la recherche de bonheur et la morale. " Le bonheur est un papillon qui, poursuivi, ne se laisse jamais attraper mais qui, si vous savez vous asseoir sans bouger, viendra peut-être un jour se poser sur votre épaule. " Nathaniel Hawthorne, *La Lettre écarlate.*

Sujet 3 : Le bonheur relève- t-il de la satisfaction des désirs ?

Introduction : « Le vrai bonheur ne cherche pas à l'extérieur ses éléments : c'est en nous que nous le cultivons ; c'est de lui-même qu'il sort tout entier. On tombe à la merci de la Fortune, dès qu'on cherche au dehors quelque part de soi... Hormis le sage, nul n'est content de ce qu'il est » (Sénèque, *Lettres à Lucilius*). Et pourtant, il semble évident en tant qu'humain que notre bonheur réside aussi dans la satisfaction de nos désirs. Nous allons étudier si le bonheur ne relève que de la satisfaction des désirs ou s'il peut relever d'autres facteurs. Nous verrons dans un premier temps les arguments qui étayent cette idée, en examinant les idées d'Aristote, d'Épicure, de Spinoza. Dans un deuxième temps, nous observerons qu'il existe malgré tous des effets néfastes à cette recherche qui sont l'insatisfaction permanente, la souffrance causée par la poursuite effrénée des désirs. Enfin, dans une troisième partie, nous verrons d'autres perspectives en matière de bonheur.

Première partie : le bonheur relève des désirs

Cette théorie est défendue par de nombreux penseurs tels qu'Aristote, Épicure ou encore Spinoza. Aristote, dans son *"Ethique à Nicomaque"*, défend l'idée que le bonheur est l'accomplissement de sa nature humaine. Cet accomplissement passe par la satisfaction des désirs légitimes, tels que la santé, l'amitié ou encore la sagesse. Il souligne de plus que cette satisfaction ne doit pas être excessive, car elle peut causer de l'insatisfaction et de la souffrance. De même, Épicure, dans ses *"Lettres à Ménécée"*, défend l'idée que le bonheur est la satisfaction des désirs naturels et raisonnables. Selon lui, il faudrait se libérer des désirs excessifs et des peurs irrationnelles, afin de parvenir à un état de bonheur. Il met en avant l'importance de la tranquillité d'esprit, obtenue notamment par la satisfaction des désirs naturels et raisonnables. Spinoza, quant à lui, dans son *"Ethique"*, défend l'idée que la satisfaction des désirs est un moyen de parvenir à cet état de bonheur, car elle permet d'augmenter notre puissance d'agir et de penser. Enfin, la psychologie moderne met en avant l'importance de la satisfaction des désirs pour le bonheur. Selon la théorie de la réalisation de soi, la satisfaction de nos désirs est un moyen de découvrir et de réaliser nos talents et nos aspirations, ce qui peut contribuer à notre bonheur. Les cultures matérialistes mettent généralement l'accent sur la possession de biens et de statut social, comme des facteurs clés pour atteindre le bonheur. Ainsi, les arguments en faveur de l'idée selon laquelle le bonheur réside pour partie dans la satisfaction des désirs sont nombreux. Aristote, Épicure, Spinoza ou la psychologie moderne mettent en avant l'importance de la satisfaction des désirs légitimes et raisonnables pour parvenir à un état de bonheur. Il faut cependant noter que ces auteurs mettent en garde contre l'excès et l'insatisfaction permanente qui peuvent résulter de la poursuite effrénée de la satisfaction de nos désirs.

Deuxième partie : le véritable bonheur ne réside pas dans la satisfaction des désirs.

Cependant le véritable bonheur pourrait ne pas résider dans la satisfaction des désirs. Les arguments peuvent être regroupés autour de deux points complémentaires, l'insatisfaction permanente et la souffrance causée par la poursuite des désirs. L'insatisfaction permanente est un des arguments les plus couramment invoqués contre l'idée selon laquelle le bonheur réside dans la satisfaction des désirs. Selon cette théorie, plus nous satisfaisons nos désirs, plus il en surgit de nouveaux, créant un cycle infini d'insatisfaction. Cette idée est notamment évoquée par Schopenhauer dans *"Le Monde comme volonté et représentation"*, où il met en avant l'importance de transcender ses désirs pour parvenir à un état de bonheur. La souffrance causée par la poursuite effrénée de la satisfaction de nos désirs apparaît comme un argument contre cette idée. Cette poursuite peut causer de la souffrance, tant physiquement qu'émotionnellement, en raison de l'échec, de la frustration ou de la culpabilité qui peuvent en résulter. Cette idée est notamment défendue par les stoïciens, tels que Sénèque, qui mettent en avant l'importance de se détacher des désirs pour parvenir à un état de sérénité. Selon ces croyances, la satisfaction des désirs est considérée comme une source de souffrance et de détachement est préconisée pour atteindre un état de bonheur. On retiendra donc que l'idée selon laquelle le bonheur réside dans la satisfaction des désirs est contestée. L'insatisfaction permanente, la souffrance causée par la poursuite des désirs sont deux points de vue contre cette thèse. La satisfaction des désirs peut être considérée comme une source de bonheur, cependant, elle n'est pas la seule source possible.

Troisième partie : les autres sources de bonheur au-delà de la satisfaction des désirs

Tout d'abord, la non-satisfaction des désirs pourrait être considérée comme une source de bonheur. Ainsi, Rousseau écrivait dans *Julie ou la Nouvelle Héloïse* : « Tant qu'on désire on peut se passer d'être heureux ; on s'attend à le devenir : si le bonheur ne vient point, l'espoir se prolonge, et le charme de l'illusion dure autant que la passion qui le cause. Ainsi cet état se suffit à lui-même, et l'inquiétude qu'il donne est une sorte de jouissance qui supplée à la réalité, qui vaut mieux peut-être. Malheur à qui n'a plus rien à désirer ! ». Il met en avant l'importance de ne pas satisfaire ses désirs mais de malgré tous les ressentir. En effet, le désir étant une condition inévitable de l'humanité, il faudrait non pas chercher à le supprimer mais simplement à ne point le satisfaire. Le stoïcisme propose une autre source de bonheur qui peut être explorée. Les stoïciens mettent en avant l'importance de se détacher des désirs et des émotions pour parvenir à un état de sérénité. Selon eux, cela permet de se libérer de la souffrance causée par la poursuite des désirs. Enfin, l'approche spirituelle est une autre perspective contre l'idée selon laquelle le bonheur réside dans la satisfaction des désirs. Certaines croyances spirituelles, par exemple le bouddhisme ou le taoïsme, mettent en avant l'importance de transcender ses désirs pour accéder au bonheur.

En conclusion : nous avons étudié les différentes perspectives sur le sujet de la satisfaction des désirs en tant que source de bonheur. Nous avons vu les arguments en faveur de cette idée, notamment ceux d'Aristote, d'Épicure, de Spinoza et de la psychologie moderne, ainsi que les arguments contre, tels que l'insatisfaction permanente, la souffrance causée par la poursuite effrénée des désirs. Nous avons vu les limites de la satisfaction des désirs en matière de bonheur. La satisfaction des désirs peut contribuer au bonheur, mais elle n'est pas la seule source possible. Il est possible d'explorer d'autres sources de bonheur, comme le stoïcisme ou les spiritualités. A chacun de déterminer celle qui convient le mieux pour atteindre un équilibre entre la satisfaction des désirs et d'autres aspects du bonheur. "Le bonheur, c'est de continuer à désirer ce que l'on possède déjà plutôt que de se lamenter sur ce que l'on a perdu". Saint-Augustin *Les Confessions* (début du Ve siècle).

Sujet 4 : L'imagination est-elle la cause de notre malheur ?

Introduction : "Quand une fois l'imagination est en train, malheur à l'esprit qu'elle gouverne ; il n'est plus maître de ses idées ni de ses discours." Cette citation extraite de la pièce de théâtre de Pierre de Marivaux intitulée *Le Jeu de l'amour et du hasard* (1730), met en évidence le pouvoir de l'imagination sur l'esprit humain, qui peut être à la fois merveilleux et dangereux si l'on ne parvient pas à le maîtriser. Cette même imagination qui nous permet de créer des œuvres d'art, de résoudre des problèmes de manière innovante et de développer notre pensée, ne serait-elle pas aussi la cause de notre malheur ? Nous analyserons cette problématique trois temps. Nous verrons comment l'imagination peut être utilisée de manière négative pour causer notre malheur. Nous montrerons les avantages de l'imagination en montrant comment elle peut nous aider à créer des œuvres d'art, à résoudre des problèmes de manière innovante et à développer notre pensée. Nous analyserons comment elle peut contribuer à notre bonheur.

Première partie : l'imagination source du malheur

Il est vrai que l'imagination peut causer du malheur en nous faisant craindre des choses qui n'existent pas. L'imagination peut nous amener à inventer des scénarios effrayants qui ne se produiront jamais, mais qui peuvent nous causer de la détresse émotionnelle. C'est ce que décrit Sénèque dans ses *Lettres à Lucilius* où il écrit : "Il est plus facile de supporter un mal réel que de souffrir d'un mal imaginaire." De plus, l'imagination peut nous amener à craindre des choses qui ne sont pas encore arrivées, mais qui pourraient arriver. Cela peut causer de l'anxiété et de la peur, ce qui peut rendre notre vie difficile. Par exemple, certains individus peuvent imaginer des scénarios catastrophe qui les empêchent de quitter leur domicile, ils sont alors victime d'agoraphobie. Enfin, l'imagination peut causer du malheur en nous faisant ressasser des événements passés qui nous ont fait du mal. Cela peut causer de la tristesse et de la colère, et peut rendre difficile de passer à autre chose et de vivre dans l'instant présent. L'imagination peut être utile, mais nous devons la maîtriser et de ne pas nous laisser envahir par des peurs irrationnelles qui n'ont pas de fondement réel.

Deuxième partie : Les avantages de l'imagination pour trouver le bonheur

L'imagination est un outil essentiel pour l'esprit humain, elle permet de créer des images mentales, d'envisager des idées nouvelles et de découvrir des mondes encore inexplorés. Tout d'abord, l'imagination est un outil crucial pour la créativité. Dans ses œuvres Schopenhauer met l'accent sur l'importance de la volonté et de la représentation dans la création artistique et il parle de l'imagination comme un outil fondamental dans ce processus. Elle permet de créer des œuvres d'art, de design, de musique, de littérature, etc. C'est elle qui permet aux artistes de donner vie à leurs idées et de créer des œuvres uniques. David Hume dans son *Traité de la nature humaine* met en évidence la fonction de l'imagination qui est de créer des images mentales qui nous permettent de découvrir les conséquences de nos actions. Il insiste sur l'importance de l'imagination dans la prise de décision en soulignant sa capacité à anticiper les conséquences de nos actions. Il montre comment l'imagination joue un rôle crucial dans notre capacité à prévoir les conséquences de nos actions et donc à agir de manière efficace. L'imagination permet de dépasser les limites du savoir et de voir les choses sous un autre angle. Elle permet de trouver des solutions originales à des problèmes complexes. Enfin, l'imagination est un outil fondamental pour développer notre pensée. "L'esprit est tout; ce que vous pensez, vous devenez", est une citation de Bouddha tirée du *Dhammapada (ou Versets sur la Loi morale)* qui est un des textes majeurs du bouddhisme. L'imagination permet de penser en dehors des sentiers battus, de créer des associations d'idées inattendues et de découvrir de nouvelles perspectives. L'imagination est un outil essentiel pour l'esprit humain, elle permet de créer des images mentales, d'envisager des idées nouvelles et de découvrir des mondes encore inexplorés. Elle est un outil essentiel pour la créativité, la résolution de problèmes et le développement de la pensée divergente. Il est vrai que l'imagination peut être un outil puissant pour nous aider à surmonter les difficultés de la vie. Selon le philosophe Epictète dans "Entretiens" (1er siècle apr. JC), l'imagination peut nous aider à nous préparer à faire face aux difficultés de la vie en imaginant des scénarios difficiles et en répétant mentalement comment nous allons y faire face. Cette technique d'entraînement mental, appelée "méditation pratique" peut nous aider à être plus confiants et plus calmes lorsque les difficultés se présentent réellement. Enfin, l'imagination peut être un outil puissant pour nous aider à surmonter les difficultés de la vie en nous permettant de visualiser des solutions. L'imagination peut nous aider à visualiser des solutions pour surmonter les difficultés de la vie en nous permettant de concevoir des scénarios différents. Cela peut nous aider à être plus créatifs et plus flexibles dans notre façon de résoudre les problèmes et de surmonter les difficultés. L'imagination peut être un outil puissant pour nous préparer à faire face aux difficultés, en nous permettant de changer notre perspective sur les choses et en nous aidant à visualiser des solutions. Il est utile de cultiver cette capacité et de l'utiliser de manière constructive pour surmonter les difficultés de la vie

Troisième partie : l'imagination source de bonheur

Il est vrai que l'imagination peut causer du bonheur, car elle peut nous permettre de visualiser des futurs positifs et de nous évader de la réalité. Selon le philosophe Aristote, dans son œuvre *"La Poétique" (4ème siècle av. J-C)*, l'imagination est un élément clé de la mimesis, c'est-à-dire la capacité à imiter ou à reproduire les choses dans notre esprit, ce qui peut nous permettre de mieux comprendre et de mieux apprécier les choses de la vie. De plus, l'imagination est cause de bonheur en nous permettant de créer de nouvelles idées et de nouveaux projets. Selon le philosophe René Descartes dans *"Méditations sur la philosophie première" (1641)*, l'imagination est un pouvoir mental qui nous permet de combiner des idées de manière originale, ce qui peut nous aider à résoudre des problèmes et à inventer de nouvelles choses. Cette capacité de l'imagination est considérée comme étant la source de la créativité. Enfin, l'imagination peut causer du bonheur en nous permettant de vivre des expériences qui ne sont pas possibles dans la réalité. Selon le philosophe Emmanuel Kant dans *"Critique de la raison pure" (1781)*, l'imagination est un pouvoir mental qui nous permet de concevoir des choses qui dépassent les limites de notre expérience, ce qui peut nous aider à comprendre les choses de manière plus profonde et à vivre des expériences plus riches. Ainsi l'imagination peut causer du bonheur en nous permettant de nous évader de notre quotidien et de vivre des expériences qui nous font du bien. L'imagination peut causer du bonheur en nous permettant de visualiser des futurs positifs, de créer de nouvelles idées et de vivre des expériences qui ne sont pas possibles dans la réalité. L'imagination est un pouvoir mental qui peut être utilisé de manière positive pour améliorer notre vie.

Conclusion : La question de savoir si l'imagination est la cause de notre malheur est complexe et dépend de la façon dont nous utilisons cette capacité. D'une part, l'imagination peut causer du malheur en nous faisant craindre des choses qui n'existent pas, en nous faisant ressasser des événements passés qui nous ont fait du mal. D'autre part, l'imagination peut être un outil puissant pour nous aider à surmonter les difficultés de la vie en nous aidant à nous préparer à faire face aux difficultés, en nous permettant de changer notre perspective sur les choses et en nous aidant à visualiser des solutions. Enfin l'imagination peut causer du bonheur en nous permettant de visualiser des futurs positifs, de créer de nouvelles idées et de vivre des expériences qui ne sont pas possibles dans la réalité. Ainsi, l'imagination est un outil puissant qui peut être utilisé de manière négative ou positive mais avec beaucoup de circonspection, car comme le dit le philosophe Blaise Pascal dans ses *Pensées* (1670) " Elle fait croire, douter, nier la raison. Elle suspend les sens, elle les fait sentir. Elle a ses fous et ses sages, et rien ne nous dépite davantage que de voir qu'elle remplit ses hôtes d'une satisfaction bien autrement pleine et entière que la raison".

Sujet 5 : Le bonheur est-il inaccessible à l'homme ?

Introduction : " Le bonheur consiste dans la vie heureuse et la vie heureuse, c'est la vie vertueuse." *Ethique à Nicomaque*. Cette citation d'Aristote souligne que la vie heureuse n'est pas un objectif que nous atteignons, mais plutôt un processus continu de développement personnel qui implique de trouver un équilibre entre nos besoins et nos désirs, ainsi qu'entre nos actions et nos pensées. En pratiquant la vertu, nous serions en mesure de trouver cet équilibre et de vivre une vie plus satisfaisante et épanouissante. Nous pouvons nous poser la question : est-il possible de devenir maître de son bonheur ou celui-ci reste-t-il inaccessible à cause de la nature humaine ou des contraintes de la société ? Dans cette dissertation, nous allons explorer les différentes théories sur le bonheur et son accessibilité, à travers les perspectives de différents philosophes. Nous verrons comment les anciens philosophes ont abordé le sujet, comment les réflexions contemporaines ont évoluées et comment les perspectives économiques et sociologiques peuvent nous éclairer sur la question.

Première partie : les obstacles à l'atteinte du bonheur

Il existe effectivement plusieurs obstacles qui peuvent entraver l'atteinte du bonheur. Ces obstacles peuvent être regroupés en trois catégories : les limites de la nature humaine, les contraintes de la société et les obstacles épistémologiques. La nature humaine est complexe et comporte des passions, des besoins et des désirs qui peuvent entraver l'atteinte du bonheur. Les passions, telles que l'avidité, la colère ou la jalousie, peuvent causer des souffrances et des conflits qui peuvent perturber la vie de la personne et de ceux qui l'entourent. Les besoins, comme le besoin de sécurité ou de reconnaissance, peuvent causer de l'anxiété et de la frustration s'ils ne sont pas satisfaits. Les désirs, comme le désir de possession ou de pouvoir, peuvent causer de la frustration et de la déception s'ils ne sont pas réalisés. Selon Aristote dans *l'Ethique à Nicomaque*, « l'homme est un animal politique" c'est-à-dire qu'il est naturellement porté à vivre en société, mais cela implique que les passions, les besoins et les désirs sont aussi des traits naturels de l'homme, mais qui peuvent causer des conflits s'ils ne sont pas maîtrisés. Il écrit : "c'est pourquoi il est dit que les hommes sont naturellement portés à vivre en société, parce que, comme tous les animaux, ils ont besoin de se nourrir et de se protéger, mais plus encore que les autres animaux, ils ont besoin de se protéger les uns les autres, et c'est ce qui les conduit à vivre en société". Mais la société peut entraver l'atteinte du bonheur en imposant des normes sociales, des inégalités et des conflits. Les normes sociales peuvent causer de la pression et de la culpabilité si elles ne sont pas respectées. Les inégalités économiques et sociales peuvent causer de la frustration et de la jalousie. Les conflits sociaux et politiques peuvent causer de la peur et de l'insécurité. Selon Jean-Jacques Rousseau dans "Du Contrat Social", la société peut être à l'origine des inégalités et des conflits, l'homme serait naturellement bon, mais la société corrompt ses bonnes dispositions. "Tout est bien sortant des mains de l'Auteur des choses, tout dégénère entre les mains de l'homme" *Émile ou de l'éducation* (1762). Il défend l'idée d'un contrat social qui permettrait de réduire les inégalités et les conflits en mettant en place des institutions qui garantiraient la liberté et l'égalité pour tous. Enfin, les obstacles épistémologiques peuvent rendre difficile l'atteinte du bonheur. Les incertitudes et les limites de la connaissance peuvent causer de l'anxiété et de l'insécurité. La méconnaissance de soi-même et de sa propre nature peut causer de la confusion et de la frustration. La méconnaissance des autres et des causes des événements peut causer de la colère et de la déception. Selon René Descartes dans son œuvre le *Discours de la méthode* (1637), la connaissance est un prérequis pour atteindre le bonheur : "Il ne suffit pas d'avoir l'esprit bon, mais le principal est de l'appliquer bien. Les plus grandes âmes sont capables des plus grands vices aussi bien que des plus grandes vertus ; et ceux qui ne marchent que fort lentement peuvent avancer beaucoup davantage, s'ils suivent toujours le droit chemin, que ne font ceux qui courent et qui s'en éloignent." Il défend l'idée d'une connaissance de soi-même et de la réalité qui permet de se libérer des illusions et des erreurs qui peuvent causer de la souffrance. L'atteinte du bonheur est donc un processus complexe qui peut être entravé par les limites de la nature humaine, les contraintes de la société et les obstacles épistémologiques. Il est nécessaire de comprendre ces obstacles pour pouvoir les surmonter et atteindre le bonheur de manière durable.

Deuxième partie : Les théories antiques sur le bonheur, une maîtrise à acquérir

Dans cette deuxième partie, nous allons explorer les théories sur le bonheur, proposées par les philosophes antiques, en mettant en avant les points de vue d'Aristote, d'Epicure et des Stoïciens et qui défendent un bonheur accessible. Aristote, dans son œuvre "*Ethique à Nicomaque"*, nous montre que le bonheur est un art qu'il est possible de maîtriser en cultivant les vertus morales et en vivant selon la raison. Il croit que pour atteindre le bonheur, il faut vivre selon la "virtuosité" ou "excellence" morale, c'est-à-dire développer les qualités morales qui sont propres à l'humanité, comme le courage, la justice, la tempérance et la sagesse. Selon lui, ces vertus ne sont pas innées, mais peuvent être acquises au travers de l'éducation et de l'entraînement. Il considère que le bonheur est lié à la contemplation de la vérité et de la beauté. Aristote définit le bonheur comme un état d'épanouissement de l'être humain, ou une sorte d'accomplissement de soi. Il le qualifie d'Eudaimonia, un terme grec qui désigne un état de bien-être, de satisfaction, d'accomplissement et de plénitude. Pour lui, le bonheur est atteint lorsque l'on parvient à réaliser sa vocation, c'est-à-dire la finalité de son existence. Il met en avant l'idée que le bonheur est un état permanent et non pas un état éphémère, comme peuvent l'être les plaisirs ou les satisfactions matérielles. Il estime que les plaisirs et les désirs sont des moyens pour atteindre le bonheur, mais qu'ils ne peuvent pas en être la fin en soi. Epicure, dans ses "*Lettres, maximes et traités*", propose une vision différente du bonheur, en mettant en avant l'idée que le bonheur est lié à la recherche du plaisir et à l'absence de douleur. Il prône l'idée que pour être heureux, il faut éviter les passions et les désirs excessifs, qui ne font que causer de la souffrance. Il défend l'idée qu'il faut se contenter des plaisirs simples et raisonnables, et qu'il faut éviter les désirs qui ne peuvent être satisfaits de manière permanente. L'absence de douleur physique et mentale est la condition nécessaire pour atteindre le bonheur. Les Stoïciens soutiennent que le bonheur est lié à l'acceptation de la réalité telle qu'elle est et à la maîtrise de soi. Selon eux, c'est en acceptant les événements qui nous arrivent, qu'ils soient bons ou mauvais, et en les accueillant avec sérénité, que l'on peut atteindre le bonheur. Ils prônent l'idée que pour être heureux, il faut apprendre à se détacher des plaisirs et des désirs, et à se concentrer sur ce qui est réellement important dans la vie. Enfin, dans son œuvre "*Criton*", Platon estime que le bonheur est lié à la connaissance de la vérité et à la vertu. Selon lui, c'est en cherchant à comprendre le monde et en vivant selon des valeurs morales élevées que l'on peut atteindre le bonheur et l'essentiel reste la recherche de la connaissance et de la vertu. Ces différentes théories montrent que le bonheur est un concept complexe et qu'il peut être défini de différentes manières selon les philosophes. Certaines théories mettent en avant l'importance des plaisirs et des désirs dans la recherche du bonheur, alors que d'autres prônent l'idée qu'il faut se détacher de ces choses pour atteindre le bonheur. Toutes ces théories soulignent cependant l'importance de la réflexion sur soi et sur la vie pour atteindre le bonheur.

Troisième partie : Les perspectives économiques et sociologiques pour l'accessibilité du bonheur

Les perspectives économiques et sociologiques sur le bonheur sont particulièrement riches et variées, et il est difficile de les réduire à une seule définition ou une seule théorie. Cependant, il est possible de dégager quelques grands thèmes qui ont été abordés par les penseurs, les économistes et les sociologues. Du point de vue économique, le bonheur est souvent considéré comme un produit de la croissance économique et de la richesse. Selon cette perspective, l'augmentation de la consommation et de la production permettrait d'améliorer les conditions de vie des individus et donc de les rendre plus heureux. Cependant, cette vision est largement contestée par les critiques qui soulignent les limites de la croissance économique et les externalités négatives qu'elle peut générer. Comme le dit l'économiste Amartya Sen, la croissance économique ne doit pas être considérée comme un but en soi, mais comme un moyen de créer des conditions favorables à la réalisation de valeurs plus élevées. Il a exprimé cette idée dans plusieurs de ses écrits et discours, notamment dans ses travaux sur la "capacité" comme concept de développement, où il souligne l'importance de prendre en compte les dimensions multiples de la vie humaine, telles que la santé, l'éducation, la liberté et les choix, plutôt que de se concentrer uniquement sur la croissance économique. Une perspective sociologique sur le bonheur souligne l'importance des relations sociales et des normes culturelles dans la définition et la mesure du bonheur. Selon cette perspective, le bonheur ne peut être compris en dehors de son contexte social et culturel. Les normes culturelles et les relations sociales ont un impact sur les attentes, les aspirations et les valeurs des individus, et il est bon de les prendre en compte pour comprendre les différentes formes de bonheur. C'est l'idée défendue par le sociologue Émile Durkheim dans son œuvre *Les Formes élémentaires de la vie religieuse,* où il montre que les normes sociales et les croyances collectives ont un impact sur le bonheur individuel. La technologie et la globalisation ont aussi été abordées comme ayant des impacts sur le bonheur. Certains estiment que la technologie permet une plus grande liberté et autonomie individuelle, améliorant ainsi le bonheur des individus. C'est l'idée défendue par le philosophe Jean-Paul Sartre dans *L'être et le néant,* où il souligne l'importance de la liberté individuelle pour atteindre le bonheur. D'autres estiment que la technologie peut créer de la dépendance et de l'isolement, réduisant ainsi le bonheur. Albert Camus montre dans "Le mythe de Sisyphe" comment la technologie peut créer un sentiment de vide et de sens de futilité dans la vie des individus. De même, la globalisation est souvent perçue comme un facteur de libération économique et culturelle, mais elle peut aussi créer des inégalités et des tensions sociales qui réduisent le bonheur. C'est l'idée défendue par le philosophe Zygmunt Bauman dans "*La vie liquide*", où il montre comment la globalisation peut créer un sentiment d'insécurité et de vulnérabilité chez les individus. Il souligne que le bonheur ne peut être atteint uniquement par la consommation de biens matériels, mais plutôt par des relations sociales et culturelles significatives. Ces perspectives économiques, sociologiques et technologiques sur le bonheur ne sont pas mutuellement exclusives et peuvent souvent se compléter. Par exemple, la théorie de l'économie du bonheur de Bhutan, qui met l'accent sur le développement économique durable et le bien-être global, intègre des éléments de la théorie économique traditionnelle, de la sociologie et de la psychologie.

Conclusion : Le bonheur n'est pas quelque chose qui peut être simplement obtenu ou acquis, mais plutôt quelque chose qui doit être constamment cultivé et entretenu. Cela implique de prendre des décisions conscientes qui favorisent notre bien-être, de nouer des relations significatives et de poursuivre des activités qui nous procurent un sentiment de satisfaction. Le bonheur est souvent associé à des moments de plénitude et de satisfaction, mais il peut aussi être trouvé dans les moments de difficulté et de défi. En fait, c'est souvent en surmontant les épreuves que l'on se sent le plus accompli et heureux. Le bonheur est accessible pour l'homme, mais cela nécessite une perspective positive et une pratique constante de la vertu et de la sagesse. Le bonheur est un processus continu et non un état final, et il peut être trouvé dans les moments les plus simples de la vie quotidienne, ainsi que dans les moments les plus difficiles. Faut-il alors penser avec Alain, "le bonheur est une récompense qui vient à ceux qui ne l'ont pas cherchée." *Propos sur le bonheur* (1925) ?

Sujet 6 : La mort est-elle un obstacle au bonheur ?

Introduction : "Philosopher n'est autre chose que de se préparer à la mort… C'est aussi que toute la sagesse et le raisonnement du monde se concentrent en ce point : nous apprendre à ne pas craindre de mourir. La mort est le seul vrai obstacle au bonheur." - Michel de Montaigne, *Les Essais*. Cette citation reflète la pensée de Montaigne selon laquelle la mort est l'obstacle au bonheur, car elle met fin à la vie et à toutes les activités qui peuvent nous rendre heureux. Cependant, en même temps, elle peut être comprise comme une invitation à savourer pleinement la vie et à ne pas laisser la peur de la mort nous empêcher de chercher le bonheur. Ainsi, peut-elle être considérée comme un élément nécessaire à notre accomplissement personnel. La question de savoir si la mort est un obstacle au bonheur est une interrogation centrale en philosophie, car elle touche à la nature même de l'existence humaine. En effet, si l'on considère la mort comme une finitude inéluctable de notre vie, elle peut sembler constituer un obstacle insurmontable à notre quête du bonheur. Cependant, certains philosophes ont avancé l'idée que la mort pouvait être considérée comme une condition nécessaire à l'existence du bonheur. La problématique qui se pose est donc la suivante : la mort est-elle un obstacle au bonheur ou peut-elle au contraire être considérée comme une condition nécessaire à son accomplissement ? Pour répondre à cette question, dans un premier temps, nous examinerons la mort comme obstacle au bonheur. Nous verrons que la mort est souvent considérée comme un événement douloureux et traumatisant qui peut empêcher toute possibilité de bonheur. Ensuite, dans un second temps, nous aborderons la mort comme condition du bonheur. Nous verrons que certains philosophes ont avancé l'idée que la mort peut être considérée comme un élément nécessaire à l'existence du bonheur. Enfin, dans un troisième temps, nous considérerons la mort comme une réalité indifférente au bonheur. Nous verrons comment envisager la mort comme un événement naturel, sans rapport direct avec notre quête du bonheur.

Première partie : La mort comme obstacle au bonheur

La mort est un événement inéluctable de la vie humaine, et sa dimension tragique peut sembler constituer un obstacle insurmontable à notre quête du bonheur. En effet, la mort peut être considérée comme une perte irréparable, qui nous prive de la possibilité de vivre pleinement notre existence et de réaliser nos projets. De nombreux philosophes ont exploré cette dimension tragique de la mort, et ont avancé l'idée que la mort pouvait constituer un obstacle au bonheur. La mort peut être considérée comme un obstacle au bonheur car elle constitue la finitude ultime de notre existence. Selon Martin dans *Etre et temps* Heidegger, la mort est la possibilité la plus propre de l'existence humaine. En effet, la mort nous rappelle notre finitude et notre vulnérabilité, et peut nous plonger dans un sentiment d'angoisse et de désespoir. Cette dimension tragique de la mort peut empêcher toute possibilité de bonheur, car elle nous rappelle que notre vie est limitée et qu'elle doit nécessairement prendre fin un jour. De plus, la mort peut constituer un obstacle au bonheur en nous privant de la possibilité de réaliser nos projets et nos aspirations. « La vie est ce que nous en faisons. Les voyages sont les voyageurs. Ce que nous voyons n'est pas ce que nous voyons mais ce que nous sommes. » - Fernando Pessoa, *"Le livre de l'intranquillité" publié à titre posthume en 1982*.Cette citation de Fernando Pessoa souligne que notre vie et notre perception du monde dépendent de notre manière de l'envisager et de nos aspirations personnelles. La mort peut alors être considérée comme un obstacle à la réalisation de ces aspirations, car elle interrompt brutalement notre parcours et nous empêche de mener à bien nos projets les plus chers. Ainsi, la mort nous prive de la possibilité de devenir pleinement ce que nous sommes et de réaliser notre potentiel. En raison de son caractère inéluctable la mort constitue un obstacle au bonheur. En effet, quelle que soit notre condition sociale, notre âge ou notre état de santé, la mort finira par nous atteindre. Cette dimension inéluctable de la mort peut nous plonger dans un sentiment de désespoir et de résignation, et nous empêcher de trouver du sens à notre existence. Comme le souligne Albert Camus dans *Le Mythe de Sisyphe*, la mort est la seule réalité qui compte, car elle nous rappelle l'absurdité de notre existence, et peut nous plonger dans un sentiment de désespoir et de révolte. Cette dimension tragique de la mort peut donc empêcher toute possibilité de bonheur, en nous privant de la possibilité de trouver du sens à notre existence. Nous voyons aussi dans la mort un obstacle au bonheur en raison de la douleur et de la souffrance qu'elle engendre. En effet, la mort peut être associée à des souffrances physiques et morales, tant pour celui qui meurt que pour ses proches. Cette dimension douloureuse de la mort génère un sentiment de tristesse et de désespoir, et nous empêcher de trouver du bonheur dans notre existence. Comme le souligne Arthur Schopenhauer dans *Le Monde comme volonté et comme représentation*, la mort est la douleur la plus intense, la fin la plus absolue, la destruction la plus totale. Cette dimension tragique de la mort peut donc constituer un obstacle insurmontable à notre quête du bonheur. De nombreux exemples concrets peuvent illustrer la manière dont la mort peut constituer un obstacle au bonheur. Par exemple, la mort d'un être cher peut engendrer une souffrance et une tristesse incommensurables, et nous empêcher de trouver du sens à notre existence. De même, la perspective de notre propre mort peut nous plonger dans un sentiment d'angoisse et de désespoir, et nous empêcher de jouir pleinement de notre vie. Un autre exemple est celui de la mort prématurée d'un artiste ou d'un écrivain, qui peut interrompre brutalement sa carrière et empêcher la réalisation de projets créatifs et ambitieux. Enfin, la mort peut être considérée comme un obstacle au bonheur dans le cas des maladies incurables ou des souffrances chroniques. Dans de tels cas, la perspective d'une mort prochaine peut empêcher toute possibilité de bonheur, en nous plongeant dans un état de désespoir et de tristesse. La mort constitue donc un obstacle au bonheur en raison de sa dimension tragique, de son caractère inéluctable, et de la douleur et de la souffrance qu'elle engendre. Néanmoins, cette perspective ne doit pas être considérée comme définitive, et il convient d'explorer les différentes manières dont nous pouvons faire face à la mort et trouver du sens à notre existence. C'est ce que nous verrons dans la deuxième partie de notre réflexion.

Deuxième partie : la mort comme possibilité de transcender notre condition humaine

La mort est souvent considérée comme une source d'angoisse pour les êtres humains car elle met en lumière la finitude de notre existence. Cependant, certains philosophes ont avancé que cette finitude pouvait être perçue comme une opportunité de donner du sens à notre vie. Le philosophe allemand Martin Heidegger a ainsi développé une théorie selon laquelle la mort était ce qui permettait à l'existence humaine de prendre tout son sens. Pour Heidegger, l'angoisse de la mort nous permet de réaliser que notre existence est limitée dans le temps et qu'il est donc nécessaire de faire des choix et de prendre des décisions afin de donner une direction à notre vie. En ce sens, la mort nous oblige à nous poser des questions existentielles et à donner un sens à notre vie. Nous pouvons percevoir la mort comme une condition de possibilité du bonheur. En effet, la mort nous rappelle que la vie est précieuse et qu'il faut profiter de chaque instant. Cette prise de conscience peut nous permettre de vivre plus intensément et de donner plus de valeur aux moments de bonheur que nous vivons. La mort peut donc être considérée comme un horizon indépassable de la vie, qui donne une profondeur et une signification à notre existence. La conscience de la mort est ce qui donne à notre vie son authenticité et sa profondeur, la mort est le plus sûr, le plus inéluctable, le plus certain de tous les événements. La mort est ce qui vient à notre rencontre, c'est l'horizon indépassable de notre existence. Pour le philosophe Blaise Pascal la mort est ce qui permet de donner tout son sens à la vie. La mort donne une urgence à notre existence et nous oblige à agir afin de ne pas regretter de ne pas avoir vécu pleinement. Cette urgence peut alors nous amener à saisir les opportunités de bonheur qui s'offrent à nous et à vivre pleinement chaque instant. Certains philosophes ont avancé que la mort pouvait être perçue comme une possibilité de transcendance, c'est-à-dire comme une opportunité de dépasser notre condition humaine et de nous ouvrir à quelque chose de plus grand. Le philosophe allemand Friedrich Nietzsche a ainsi développé une théorie selon laquelle la mort était nécessaire pour que l'homme puisse accéder à un niveau supérieur d'existence. Selon lui, la mort est ce qui permet à l'homme de se débarrasser de ses limitations et de transcender sa condition pour accéder à une forme de vie plus élevée. De même, Jean-Paul Sartre a avancé que la mort permettait à l'homme de se libérer de ses contraintes et de se projeter dans l'avenir de manière plus libre et plus créative. Pour lui, la mort est ce qui permet à l'homme de se transcender et de donner du sens à sa vie en agissant librement et en choisissant lui-même sa destinée. La mort donne sa signification à la vie. La mort est le lieu de la responsabilité absolue. « La finitude est une structure ontologique du pour-soi qui détermine la liberté et n'existe que dans et par le libre projet de la fin qui m'annonce mon être. Autrement dit, la réalité humaine demeurerait finie, même si elle était immortelle, parce qu'elle se fait finie en se choisissant humaine. Etre fini, en effet c'est se choisir », *L'Être et le Néant (1943)*. En conséquence, si la mort peut être considérée comme un obstacle au bonheur en raison de sa capacité à nous priver de la vie et de ses plaisirs, elle représente aussi une opportunité de donner du sens à notre existence et de transcender notre condition humaine. D'où l'importance de considérer la mort non seulement comme une fin inévitable, mais aussi comme une possibilité de développement personnel et spirituel. En effet, la mort peut nous permettre de nous poser des questions sur le sens de notre vie et de prendre conscience de l'urgence de vivre pleinement chaque instant. Elle peut nous inciter à nous libérer des contraintes qui nous limitent et à nous ouvrir à de nouvelles possibilités de réalisation personnelle et de transcendance. Cependant, il convient de souligner que la mort ne peut pas être considérée comme un moyen de transcender notre condition humaine à n'importe quel prix. En effet, la mort ne doit pas être recherchée de manière irresponsable ou aveugle, mais doit être comprise comme une réalité inévitable qui doit être acceptée avec humilité et sagesse. Comme l'a souligné Albert Camus, « il faut imaginer Sisyphe heureux » *Le Mythe de Sisyphe*, c'est-à-dire accepter notre condition humaine et chercher malgré tout à trouver du sens et du bonheur dans la vie. En réfléchissant à la mort comme une partie inévitable de la vie, nous pouvons apprendre à accepter cette réalité et à trouver du sens dans la vie, le sens de la vie est de donner un sens à la mort, et *L'Étranger (1942)* reflète sa philosophie existentialiste. Selon Camus, la vie est absurde par nature, mais l'homme peut tout de même trouver un sens à son existence en acceptant la mort et en vivant de manière significative. La mort est inévitable, mais en la considérant comme faisant partie intégrante de la vie, nous pouvons donner un sens à notre existence et la vivre de manière plus pleine et significative sans être constamment hantés par la peur de la mort. En ce qui concerne les deuils difficiles et la perte de personnes aimées, le philosophe français Roland Barthes a réfléchi à la question de la douleur dans son livre *Fragments d'un discours amoureux*. Il décrit la douleur liée à la perte comme une expérience unique et indescriptible, qui ne peut être comprise que par ceux qui l'ont vécue. Pour Barthes, la douleur est l'expression de l'amour et de l'attachement que nous avons pour les personnes que nous avons perdues, et elle peut nous aider à nous reconnecter avec nos propres émotions et notre humanité. Enfin, les souffrances liées aux maladies graves posent des questions sur les limites du bonheur face à la mort. Le philosophe français Michel Foucault a abordé ce sujet dans son livre *La volonté de savoir*. Pour lui, la maladie et la mort sont des réalités inévitables de la vie, mais la façon dont nous les abordons dépend de notre culture et de notre contexte social. Foucault souligne que la médecine moderne a transformé la mort en un événement médicalisé, ce qui influe sur notre manière de percevoir la maladie et la mort. Il suggère que nous devons repenser notre relation à la mort et à la maladie, en reconnaissant leur caractère inévitable et en cherchant à en faire des expériences plus humaines et moins médicalisées. En définitive, la mort peut être considérée comme un obstacle au bonheur en raison de sa capacité à nous priver de la vie et de ses plaisirs. Cependant, elle peut être perçue comme une opportunité de donner du sens à notre existence et de transcender notre condition humaine. C'est en acceptant notre finitude et en cherchant à donner du sens à notre vie que nous pouvons espérer trouver le bonheur et la paix intérieure.

Troisième partie : le bonheur comme indifférent à la mort

En effet, le bonheur peut être atteint indépendamment de la mort, la mort est un événement naturel qui ne doit pas être craint, voire même elle est nécessaire à l'équilibre de l'univers. Selon cette approche, la mort est un événement naturel qui survient inévitablement à la fin de notre vie, et ne doit pas être perçue comme un obstacle au bonheur. Pour le philosophe grec Épicure, la recherche du bonheur passe par la satisfaction des besoins naturels et le rejet de la peur de la mort. Il écrit ainsi : « Car si une chose ne nous cause aucune douleur par sa présence, l'inquiétude qui y est attachée à son attente est sans fondement. Ainsi le mal qui nous effraie le plus, la mort, n'est rien pour nous, puisque lorsque nous existons la mort n'est pas là et lorsque la mort est là nous n'existons pas. » (Lettre à Ménécée). La pensée stoïcienne met en avant l'idée de la nécessité et de l'universalité des lois naturelles. Selon les stoïciens, la mort est un événement inévitable et inéluctable, qui participe à l'ordre naturel des choses. En ce sens, elle ne peut être considérée comme un obstacle au bonheur, car elle fait partie intégrante de l'existence humaine et de l'équilibre de l'univers. Pour le philosophe stoïcien Sénèque, tout ce qui est né doit mourir : c'est une loi universelle. Pour les stoïciens, la mort est un élément nécessaire à l'équilibre de l'univers, car elle permet la régénération et la transformation de la matière. Elle est alors considérée comme un moyen de se libérer des contraintes matérielles et de retrouver sa place dans le cosmos. Ainsi, la mort ne peut être considérée comme un obstacle au bonheur, car elle participe à l'ordre naturel des choses et à l'équilibre de l'univers. De même, pour le philosophe allemand Arthur Schopenhauer, le bonheur peut être atteint en apprenant à se détacher des désirs et des attachements, y compris de la peur de la mort. Il explique dans *Le monde comme volonté et comme représentation* que la mort n'est rien pour nous, et que pourtant elle est tout. Elle est la fin de notre vie individuelle, la dissolution de notre personnalité, la fin de notre existence. Mais nous voyons aussi dans la mort l'élément qui donne à notre vie son sens, son importance et sa valeur.

En conclusion, si certains courants de pensée considèrent la mort comme une tragédie et un obstacle insurmontable au bonheur, d'autres la perçoivent comme un élément nécessaire à l'équilibre de l'univers et indifférent au bonheur. Entre ces deux positions, des philosophes tentent de proposer une vision plus nuancée de la question, en prenant en compte la dimension de la mort comme élément nécessaire à l'équilibre de l'univers. La mort nous confronte à notre propre finitude et nous oblige à réfléchir à la valeur et au sens de notre existence. En ce sens, la question de la mort ne concerne pas seulement notre rapport au bonheur, mais également notre rapport à nous-mêmes et au monde qui nous entoure. " On ne vit pas plus ou moins longtemps heureux. On l'est. Un point, c'est tout. Et la mort n'empêche rien, c'est un accident du bonheur en ce cas. "Albert Camus *La Mort heureuse* (1971). Le bonheur est un état d'être, pas une durée. C'est une affirmation qui résonne avec les idées centrales de l'existentialisme, qui met l'accent sur l'importance de l'authenticité et de l'engagement dans le moment présent. La mort n'est pas un obstacle au bonheur, mais plutôt un aspect inévitable de l'existence. La mort peut interrompre le bonheur, mais elle ne peut pas le diminuer ou le nier. La mort n'est pas un obstacle au bonheur tant que nous sommes capables de vivre authentiquement et de nous engager pleinement dans nos expériences de vie. Le bonheur, pour Camus, réside dans l'appréciation du moment présent, indépendamment de notre mortalité inévitable. La mort ne doit pas être vue comme un obstacle au bonheur, mais plutôt comme une incitation à vivre pleinement chaque jour et à ne pas remettre à plus tard nos aspirations les plus profondes.

IV. LA CONSCIENCE

Sujet 1 : La conscience n'est-elle tournée que vers elle-même ?

Introduction : "Chacun expérimente sa propre conscience comme un absolu. Comment plusieurs absolus seraient-ils compatibles ? C'est aussi mystérieux que la naissance ou que la mort. C'est même un tel problème que toutes les philosophies s'y cassent les dents" Simone de Beauvoir, *L'Invitée* (1943). Cette tension entre la conscience de soi et la conscience de l'autre est au cœur de la philosophie existentialiste de Simone de Beauvoir. Pour elle, l'existence humaine est caractérisée par la liberté et la responsabilité, mais aussi par l'interdépendance avec les autres. Ainsi, selon elle, la coexistence de plusieurs absolus est possible, mais seulement si nous sommes capables de reconnaître l'autre comme un sujet à part entière et de prendre en compte ses besoins et ses désirs dans nos propres choix. La conscience est un phénomène complexe et encore mal compris par les chercheurs. Elle est souvent définie comme la capacité de percevoir, de penser et de ressentir. Mais qu'en est-il de sa relation à soi et aux autres ? Est-elle tournée uniquement vers elle-même ou bien est-elle aussi dirigée vers les autres ? "La conscience n'est-elle véritablement tournée que vers elle-même ?". Pour répondre à cette problématique, il convient d'abord de définir ce qu'est la conscience. La conscience peut être comprise comme la faculté mentale de percevoir, de réfléchir, de penser et d'éprouver des émotions. Elle peut également être considérée comme un état de connaissance, de compréhension et d'appréciation de soi-même, des autres et du monde qui nous entoure. Le présent travail se propose d'examiner cette question en deux temps : dans un premier temps, nous verrons que la conscience peut effectivement être tournée vers elle-même, à travers l'introspection et la conscience de soi. Ensuite, nous montrerons que la conscience est également tournée vers le monde extérieur, par le biais de la perception, de la connaissance et de l'interaction sociale.

Première partie : La conscience tournée vers elle-même : l'introspection et la conscience de soi

La conscience de soi est un thème central de la philosophie de René Descartes. Dans ses *Méditations Métaphysiques*, Descartes énonce le fameux "Cogito, ergo sum" ("Je pense, donc je suis"). Pour lui, la conscience est la preuve de l'existence du sujet pensant. En doutant de tout, y compris de son propre corps, il arrive à la conclusion que la seule chose dont il ne peut douter est le fait qu'il pense. Ainsi, la conscience est la première certitude et le point de départ de toute connaissance. Pour Jean-Paul Sartre, la conscience est réflexive, c'est-à-dire qu'elle se pense elle-même. Dans L'Être et le

Néant, Sartre écrit : "La conscience (de) soi est conscience (de) conscience". La conscience est donc tournée vers elle-même, en ce qu'elle est capable de se connaître et de se réfléchir. William James, psychologue et philosophe américain, a largement contribué à l'étude de la conscience à travers l'introspection. Dans ses *Principes de Psychologie*, James montre que l'introspection est une méthode permettant d'observer et d'analyser les états mentaux. Selon lui, la conscience est un flux continu d'expériences, et l'introspection est le moyen par lequel nous pouvons accéder à ces expériences. Edmund Husserl, fondateur de la phénoménologie, a souligné l'importance de l'introspection pour étudier la conscience. Dans son ouvrage *Idées directrices pour une phénoménologie et une philosophie phénoménologique pures*, Husserl propose une méthode rigoureuse pour explorer la conscience : la réduction phénoménologique. Cette méthode consiste à mettre entre parenthèses les croyances et les connaissances préalables pour se concentrer sur les phénomènes tels qu'ils se présentent à la conscience. Ainsi, l'introspection devient un outil essentiel pour étudier la conscience de manière objective. Cependant, nous allons maintenant analyser certaines limites de l'introspection et de la conscience de soi. Sigmund Freud, le fondateur de la psychanalyse, a remis en question l'idée que la conscience soit uniquement tournée vers elle-même. Dans "Le Moi et le Ça", Freud propose une théorie de la structure psychique composée de trois instances : le Ça, le Moi et le Surmoi. Selon Freud, la conscience n'est qu'une partie du Moi, et il existe de nombreux processus inconscients qui influencent nos pensées, nos émotions et nos comportements. Ainsi, la conscience ne serait pas entièrement transparente à elle-même, et l'introspection aurait ses limites pour accéder à tous les aspects de notre vie psychique. Les études menées par les psychologues Richard Nisbett et Timothy Wilson ont mis en évidence les limites de l'introspection. Ils démontrent que les individus sont souvent incapables d'accéder à certaines informations sur leurs propres processus cognitifs et que les explications qu'ils fournissent sur leurs comportements sont souvent erronées ou incomplètes. Ainsi, l'introspection aurait des limites pour accéder à une connaissance complète de soi.

Deuxième partie : la conscience tournée vers le monde extérieur, perception, connaissance et interaction sociale

John Locke, philosophe empiriste anglais, a insisté sur le rôle de la perception et de l'expérience dans la formation de la conscience. Dans son *Essai sur l'entendement humain*, Locke explique que la conscience est le produit des sensations et des réflexions que nous avons sur le monde qui nous entoure. Ainsi, la conscience serait également tournée vers l'extérieur, en ce qu'elle nous permet de percevoir et de connaître notre environnement. Pour le philosophe et psychologue Franz Brentano, la conscience est intentionnelle, c'est-à-dire qu'elle est toujours dirigée vers quelque chose. Dans sa *Psychologie du point de vue empirique* (1874), Brentano va montrer que chaque acte mental a un objet vers lequel il est orienté. Ainsi, la conscience serait tournée vers le monde extérieur, en ce qu'elle nous permet de nous engager avec les objets et les événements qui nous entourent. La capacité à comprendre les pensées, les émotions et les intentions des autres est un aspect crucial de la conscience. La théorie de l'esprit est un concept qui décrit cette capacité cognitive. Dans leur article *" Le chimpanzé a-t-il une théorie de l'esprit ?"*, les psychologues David Premack et Guy Woodruff montrent que certains animaux, comme les chimpanzés, sont tout à fait capables de comprendre les états mentaux des autres. Ainsi, la conscience ne serait pas uniquement tournée vers elle-même, mais également vers les autres et leurs états mentaux. La conscience sociale et la reconnaissance de l'autre sont également des thèmes centraux dans la philosophie de Georg Wilhelm Friedrich Hegel. Dans sa *Phénoménologie de l'Esprit* (1807), Hegel décrit la dynamique de la reconnaissance mutuelle entre les individus et la manière dont elle contribue au développement de la conscience de soi. La conscience de soi est donc intrinsèquement liée à la reconnaissance des autres, ce qui montre que la conscience est également tournée vers l'extérieur. Nous devons aussi prendre en compte l'importance de l'interaction sociale pour le développement de la conscience. Le psychologue soviétique Lev Vygotsky a analysé ce rôle de l'interaction sociale pour le développement de la conscience. Dans son ouvrage *Pensée et Langage* (1934), Vygotsky prouve que la conscience émerge des interactions entre les individus et leur environnement social. La pensée et la conscience sont façonnées par la culture et les échanges avec les autres. Comme l'indique Jean-Paul Sartre, dans L'existentialisme est un humanisme (1946), « pour obtenir une vérité quelconque sur moi, il faut que je passe par l'autre. L'autre est indispensable à mon existence, aussi bien d'ailleurs qu'à la connaissance que j'ai de moi. Dans ces conditions, la découverte de mon intimité me découvre en même temps l'autre, comme une liberté posée en face de moi, qui ne pense, et qui ne veut que pour ou contre moi. Ainsi découvrons-nous tout de suite un monde que nous appellerons l'intersubjectivité, et c'est dans ce monde que l'homme décide ce qu'il est et ce que sont les autres. ». De manière parallèle, le psychologue américain Jerome Bruner a insisté sur le rôle de la culture et de la société dans la formation de la conscience. Dans *Les actes de la signification* (1990), Bruner soutient que la conscience est enracinée dans les pratiques culturelles et les significations partagées. Ainsi, la conscience ne serait pas uniquement tournée vers elle-même, mais aussi vers les autres et structurée par le contexte socioculturel dans lequel elle évolue.

Conclusion : À travers cette analyse, nous avons vu que la conscience est une entité qui englobe à la fois la conscience de soi et la conscience du monde extérieur. La conscience est tournée vers elle-même à travers l'introspection et la réflexion, mais elle est également tournée vers le monde extérieur par le biais de la perception, de la connaissance et des interactions sociales. Nous avons vu que la conscience de soi et la conscience du monde sont interdépendantes. La conscience de soi est renforcée par la reconnaissance des autres et les interactions sociales, tandis que la conscience du monde est enrichie par notre connaissance de nous-mêmes et nos expériences internes. Ainsi, la conscience est un phénomène dynamique et interconnecté qui englobe à la fois notre vie intérieure et notre engagement avec le monde extérieur. La conscience n'est donc pas uniquement centrée sur elle-même, mais elle est également tournée vers le monde extérieur, les autres et notre contexte socioculturel. Cette compréhension de la conscience enrichit notre réflexion sur la nature de l'esprit humain et les différentes manières dont nous nous relions à nous-mêmes et au monde qui nous entoure. Ces deux approches de la conscience ne sont pas mutuellement exclusives et il est possible que la conscience soit à la fois tournée vers elle-même et vers les autres. Il est possible que la conscience soit influencée par des facteurs tels que l'environnement, les expériences de vie, les relations interpersonnelles. « Il y a en réalité deux manières opposées de devenir conscient de sa propre existence. La première, en intuition empirique, se déployant de l'intérieur, comme un être infiniment petit disparaissant dans un monde illimité sous le rapport du temps et de l'espace […]. La seconde, en s'enfonçant dans son propre intérieur et en devenant conscient d'être tout en tout et véritablement le seul être réel qui se voie […] dans l'autre » Schopenhauer, *Le Monde comme volonté et comme représentation, chap. du fondement métaphysique de l'individualité* (1818). Il serait intéressant de poursuivre cette réflexion en examinant les implications de cette compréhension de la conscience pour des domaines tels que la psychologie, la neurobiologie et l'intelligence artificielle. Comment, par exemple, les avancées dans notre compréhension de la conscience peuvent-elles éclairer notre approche des problèmes mentaux, des processus d'apprentissage et des interactions humaines ? De plus, comment cette compréhension de la conscience peut-elle informer le développement d'intelligences artificielles conscientes et leur intégration dans nos vies ?

Sujet 2 : Faut-il apprendre à se connaître soi-même ?

Introduction : "Il faut se connaître soi-même: quand cela ne servirait pas à trouver le vrai, cela au moins sert à régler sa vie, et il n'y a rien de plus juste." Pascal, *Pensées*. Pascal considère que la connaissance de soi est précieuse, même si elle ne garantit pas la vérité absolue. La quête de la vérité peut être un objectif noble, mais il suggère que l'importance de la connaissance de soi réside dans son impact sur notre vie quotidienne. En comprenant qui nous sommes, nos aspirations, nos valeurs, nos forces et nos faiblesses, nous sommes en mesure de prendre des décisions et d'agir de manière cohérente avec notre nature profonde. Cela nous permet de mener une vie authentique. Cependant, il convient de noter que la citation de Pascal ne traite pas des limites et des défis de la connaissance de soi. Il est possible de soutenir que la connaissance de soi peut être subjective, complexe et en constante évolution. De plus, l'excès de focalisation sur soi-même peut parfois mener à l'égoïsme ou à une vision étroite du monde. Cette dissertation tentera de répondre à la question de savoir s'il faut apprendre à se connaître soi-même. Nous verrons dans un premier temps les avantages de la connaissance de soi, dans un deuxième temps les limites de la connaissance de soi, et enfin comment cette connaissance de soi est une véritable quête philosophique et psychologique.

Première partie : les arguments en faveur de l'apprentissage de soi-même

L'apprentissage de soi-même permet de découvrir nos valeurs fondamentales, celles qui guident nos choix et nos actions. Connaître nos valeurs authentiques rend possible de vivre en accord avec qui nous sommes réellement. Socrate, philosophe de l'Antiquité, affirmait déjà l'importance de la connaissance de soi en disant "Connais-toi toi-même". Selon lui, cette connaissance de soi était le premier pas vers la sagesse. En connaissant nos valeurs profondes, nous pouvons mieux prendre des décisions éclairées et agir en cohérence avec nos convictions. Pour le philosophe Friedrich Nietzsche il s'agissait pour les individus d'être fidèles à eux-mêmes et de se défaire des valeurs imposées par la société pour atteindre une existence authentique et pleine de sens. La connaissance de soi est aussi étroitement liée à la recherche du sens de la vie. En se connaissant, nous accédons à nos aspirations, nos motivations et aux objectifs qui donnent un sens à notre existence. Le philosophe existentialiste Jean-Paul Sartre pensait que l'existence précède l'essence, ce qui signifie que chaque individu est libre de donner un sens à sa vie. Pour ce faire, il est nécessaire de se connaître soi-même, d'explorer nos passions et nos intérêts véritables. Par conséquent, l'apprentissage de soi-même permet de trouver une direction et de vivre une vie épanouissante, en accord avec nos aspirations profondes. Parallèlement la connaissance de soi-même nous aide à mieux comprendre nos émotions et à décrypter les messages qu'elles véhiculent. Les philosophes stoïciens, tels qu'Épictète, insistaient sur l'importance de la maîtrise de soi et de la capacité à gérer nos émotions. En prenant conscience de nos émotions et en les comprenant, nous pouvons mieux contrôler nos réactions et agir de manière réfléchie. Par exemple, en identifiant notre tendance à la colère excessive, nous pouvons développer des stratégies pour la canaliser de manière constructive plutôt que destructive. Pour terminer, la connaissance de soi-même apparaît comme un chemin vers l'épanouissement personnel. En explorant nos motivations profondes, nous pouvons déterminer ce qui nous rend vraiment heureux et épanouis. Le philosophe grec Aristote a souligné l'importance de la recherche du bonheur en tant que but ultime de la vie humaine. Selon lui, l'épanouissement personnel réside dans la réalisation de notre potentiel et dans l'exercice de nos talents uniques. En se connaissant, nous pouvons identifier nos forces et nos faiblesses, et ainsi travailler sur nous-mêmes pour nous améliorer et atteindre un état de bien-être authentique. En nous engageant dans ce voyage introspectif, nous serions ainsi mieux équipés pour prendre des décisions éclairées, gérer nos émotions et vivre en accord avec notre véritable nature.

Deuxième partie : les arguments contre l'apprentissage de soi-même

Cependant l'un des principaux arguments contre cet apprentissage de soi-même est le risque de développer un narcissisme excessif. En se concentrant exclusivement sur soi-même, il est possible de tomber dans une obsession de son propre ego. Le philosophe allemand Friedrich Schiller a averti que la contemplation excessive de soi-même conduisait parfois à une forme de vanité et d'égocentrisme qui empêche de se connecter véritablement avec les autres et le monde extérieur. Lorsque l'attention est constamment tournée vers soi, il devient difficile de développer des relations significatives et de se soucier des besoins des autres. Un autre argument symétrique contre la connaissance de soi est qu'elle peut conduire à une négligence des autres. En se focalisant excessivement sur ses propres désirs et besoins, il est possible de perdre de vue la dimension collective de l'existence. Les philosophes tels qu'Emmanuel Levinas ont mis en avant l'idée que la véritable éthique implique de reconnaître l'altérité des autres et de se soucier de leur bien-être. Une concentration excessive sur soi-même risque donc de nuire aux relations interpersonnelles et d'entraver la construction d'une société harmonieuse. Par ailleurs la nature humaine est complexe et souvent difficile à appréhender dans sa totalité. Le philosophe David Hume estimait que l'identité personnelle était une illusion, car notre moi est en perpétuelle évolution. Ainsi, la quête de la connaissance de soi peut être entravée par des limites inhérentes à notre capacité à nous comprendre pleinement. Il est possible que certaines parties de notre être restent inaccessibles ou incompréhensibles, ce qui remet en question la pertinence même de cette quête. Enfin il existe une subjectivité de notre perception de nous-mêmes. Il est possible que nos propres jugements et évaluations de notre personnalité soient biaisés ou influencés par des facteurs tels que l'estime de soi, l'environnement social ou les attentes externes. Des philosophes existentialistes, tels que Simone de Beauvoir, ont souligné que notre perception de nous-mêmes est souvent façonnée par le regard des autres. Par conséquent, il est difficile d'atteindre une connaissance objective et complète de soi-même. Nous voyons donc que bien que la connaissance de soi puisse offrir des avantages importants, il est essentiel de trouver un équilibre entre l'exploration de notre identité personnelle et la reconnaissance de l'importance des autres et de notre relation avec le monde qui nous entoure.

Troisième partie : une quête philosophique et psychologique

Au-delà des travers inhérents à cette recherche, nous allons maintenant envisager la quête essentielle que constitue pour la philosophie et la psychologie cette connaissance de soi-même qui en fait une nécessité existentielle. La tradition philosophique remonte à Socrate, l'un des penseurs les plus influents de l'Antiquité. Comme nous l'avons déjà évoqué, Socrate considérait la connaissance de soi comme un impératif moral et intellectuel. Son fameux précepte "Connais-toi toi-même" était une exhortation à l'examen de soi et à la recherche de la vérité intérieure. Selon Socrate, la sagesse commence par la reconnaissance de notre propre ignorance et la volonté de questionner nos croyances et nos valeurs. Cette introspection est un moyen de se confronter à ses propres limites et de développer une meilleure compréhension de soi-même. La philosophie socratique met aussi en avant l'idée que l'ignorance est le point de départ de la recherche de la connaissance de soi. Socrate affirmait que la plupart des individus vivent dans une illusion de savoir, persuadés qu'ils possèdent déjà toutes les réponses. Ainsi pour lui la véritable sagesse commence par la reconnaissance de notre ignorance. Le philosophe français René Descartes, dans sa célèbre formule "Je pense, donc je suis", s'est lui aussi appuyé sur l'idée de l'ignorance comme point de départ de la connaissance de soi. En remettant en question toutes ses certitudes, Descartes cherchait à découvrir les fondements indubitables de sa propre existence. Comme nous l'avons vu, l'existentialisme est un courant philosophique qui met l'accent sur l'expérience vécue et la responsabilité individuelle. Les philosophes existentialistes, tels que Jean-Paul Sartre et Albert Camus, défendent que la connaissance de soi passe par une confrontation directe avec notre existence et nos choix. Selon eux, chacun est responsable de créer son propre sens de la vie. Pour cela, il est essentiel d'explorer nos valeurs, nos aspirations et nos engagements personnels. L'existentialisme souligne l'importance de la liberté individuelle et de la responsabilité de définir notre propre identité. La connaissance de soi est aussi un sujet clef pour la psychologie et la psychanalyse. La psychanalyse valorise l'importance de la connaissance de soi pour comprendre les motivations inconscientes qui influencent nos actions et nos relations avec les autres. Selon Freud, la connaissance de soi permet de surmonter les conflits internes et de mieux comprendre les autres. Le psychanalyste suisse Carl Jung a également abordé la question de la connaissance de soi. La théorie de Jung sur l'inconscient collectif et l'individuation met en évidence l'importance de la connaissance de soi pour atteindre l'équilibre et l'harmonie intérieurs. En comprenant notre inconscient, nous pouvons mieux comprendre nos propres motivations et agir en conséquence. Une approche complémentaire de la connaissance de soi se trouve dans la psychologie introspective. Cette discipline, développée par des penseurs tels que William James et Carl Rogers, met l'accent sur l'exploration de l'expérience subjective et des processus mentaux internes. En utilisant des techniques d'introspection et d'auto-observation, la psychologie introspective cherche à mieux comprendre les motivations, les émotions et les pensées qui influencent notre comportement. A travers ces approches, nous découvrons dans cette question de la connaissance de soi-même, une véritable quête de la sagesse, de la recherche du sens de la vie et de la construction d'une identité authentique.

En conclusion, la connaissance de soi peut être considérée comme un voyage vers la compréhension de soi-même et de la place que l'on occupe dans le monde. Les avantages de la connaissance de soi incluent une meilleure estime de soi, une plus grande résilience face aux défis de la vie, une meilleure compréhension des autres et une meilleure capacité à établir des relations saines. Cependant, comme l'ont souligné les philosophes tels que Socrate, la connaissance de soi ne doit pas être considérée comme une fin en soi, mais plutôt comme un processus continu d'auto-découverte et de croissance personnelle. La tendance à se concentrer sur les défauts, à s'autocritiquer et à s'auto-juger peut entraver la croissance personnelle et la qualité de vie, comme le montre la philosophie de l'estime de soi telle que développée par Epictète. Il existe de nombreux moyens pour apprendre à se connaître soi-même, tels que la pratique de la méditation, la tenue d'un journal intime, la participation à des activités créatives, la participation à des thérapies telles que la thérapie cognitive et comportementale et l'exploration de la spiritualité. Ces moyens peuvent aider à trouver un équilibre entre la reconnaissance de ses forces et de ses faiblesses, comme l'ont enseigné les philosophes tels que Platon et Aristote dans leurs théories sur l'équilibre et la modération. Les perspectives futures de la recherche sur la connaissance de soi suggèrent que celle-ci pourrait être encore mieux comprise et intégrée dans la société, offrant aux individus la possibilité de faire face aux défis de la vie avec une plus grande résilience et une meilleure compréhension de soi. Cette approche de la connaissance de soi peut être considérée comme un retour aux enseignements des philosophes classiques sur la sagesse et le développement personnel. "Se connaître soi-même, c'est s'oublier. S'oublier, c'est être un avec tout ce qui est. " Maître Dōgen

Sujet 3 : La conscience est-elle source de liberté ou de contrainte ?

Introduction : la conscience est souvent considérée comme la source de notre liberté personnelle et morale, mais elle peut aussi être vue comme une source de contrainte. Cette question de savoir si la conscience est source de liberté ou de contrainte est l'objet de cette dissertation. La conscience est généralement définie comme la capacité à être conscient de soi-même et de son environnement. Elle est associée à la capacité de prendre des décisions, de ressentir des émotions et de se rappeler des expériences passées. Cependant, la conscience est considérée comme la source de la culpabilité, de la conformité sociale et de l'incertitude. Dans cette dissertation, nous allons explorer les différentes perspectives sur la conscience en tant que source de liberté et de contrainte. Nous examinerons les perspectives philosophiques, telles que l'existentialisme et la psychologie humaniste, ainsi que les perspectives de la psychologie, telles que la psychanalyse. Nous verrons comment ces perspectives se rapportent à la question de savoir si la conscience est source de liberté ou de contrainte.

Première partie : la conscience comme source de liberté

La conscience est une notion qui a été étudiée par de nombreux philosophes et psychologues au fil des siècles. Elle est souvent considérée comme une source de liberté, car elle nous permet de prendre des décisions et de réaliser notre propre volonté. Dans cette partie, nous allons examiner plus en détail l'importance de la conscience dans la liberté personnelle, en nous appuyant sur les écrits de philosophes et de psychologues. Les philosophes existentialistes ont mis en avant l'importance de la conscience dans la liberté personnelle. Jean-Paul Sartre est l'un de ces philosophes. Dans son ouvrage "L'Être et le Néant", il explique que la conscience est ce qui nous permet de transcender notre condition humaine et de devenir des individus libres. Pour Sartre, la liberté est une condition humaine fondamentale, et la conscience est l'outil qui nous permet de l'atteindre. L'homme est libre, c'est-à-dire qu'il est responsable de tout ce qu'il est. De même, le philosophe allemand Emmanuel Kant a souligné l'importance de la conscience dans la liberté. Pour Kant, la conscience est ce qui nous permet de développer une moralité autonome. En se conformant aux lois de notre propre raison, nous pouvons devenir des individus libres. Dans son ouvrage *Critique de la raison pratique*, Kant indique que la liberté est l'impératif premier de toutes les lois morales. Le psychologue humaniste Carl Rogers a également mis en avant l'importance de la conscience dans la liberté personnelle. Pour Rogers, la conscience est la clé pour développer notre potentiel personnel et atteindre notre bonheur. En se connaissant soi-même, nous pouvons devenir des individus libres et autonomes. Dans son ouvrage *On Becoming a Person*, il explique que la liberté est l'absence de barrières pour la croissance personnelle. En résumé, la conscience est considérée comme une source de liberté par les philosophes existentialistes tels que Sartre, les philosophes tels que Kant, et les psychologues humanistes tels que Rogers. Selon eux, la conscience nous permet de transcender notre condition humaine, de développer une moralité autonome et de devenir des individus libres et autonomes. Les écrits de ces philosophes et psychologues ont inspiré de nombreux autres penseurs à étudier la conscience et son rôle dans la liberté. Par exemple, le philosophe américain John Rawls a écrit sur l'importance de la conscience morale dans la justice, tandis que le psychologue Abraham Maslow a étudié le concept de la "hiérarchie des besoins" pour comprendre comment la conscience peut nous aider à réaliser notre potentiel personnel. La conscience peut être vue comme une source de guidance et de discernement, elle peut nous aider à comprendre ce qui est moralement juste ou non, ce qui peut nous permettre de prendre des décisions éthiques et responsables. De plus, la conscience peut nous aider à développer une compréhension plus profonde de nous-mêmes et de notre place dans le monde, en se connaissant soi-même et en suivant les lois de notre propre raison, nous pouvons transcender notre condition humaine et devenir des individus libres et autonomes.

Deuxième partie : la conscience comme source de contrainte

La conscience est souvent considérée comme une source de liberté, mais elle peut également être vue comme une source de contrainte. Selon Nietzsche, la conscience est souvent utilisée pour suivre des normes sociales et morales qui limitent notre liberté personnelle, la conscience serait alors l'esclave de la morale." *Ainsi parlait Zarathoustra, publié en (1883-1885)*. Nietzsche pensait que la conscience nous oblige à suivre des règles morales et sociales, même si cela peut être contraire à notre nature. Le philosophe français Michel Foucault a également souligné l'importance de la conscience dans la contrainte sociale. Pour lui la conscience est souvent utilisée pour nous faire accepter les normes et les valeurs de la société. Selon Foucault, cela peut limiter notre liberté personnelle et notre capacité à penser de manière critique, la conscience devient alors un instrument de la domination sociale, comme il l'explique dans *Surveiller et punir: Naissance de la prison* (1975). Foucault a souligné que la société a le pouvoir de dicter ce que nous devons penser et comment nous devons nous comporter. La conscience est utilisée pour nous faire accepter ces normes, même si cela peut être contraire à nos propres désirs et aspirations. Le psychologue suisse Carl Jung a aussi abordé la question de la conscience comme source de contrainte. Selon lui, dans son œuvre *L'homme à la découverte de son âme* (1933), la conscience est un juge intérieur qui peut causer des conflits internes et limiter notre liberté personnelle. Jung a expliqué que notre conscience peut être en conflit avec nos désirs inconscients, créant une tension interne qui peut nous empêcher d'agir librement. La conscience peut donc être considérée comme une source de contrainte plutôt que de liberté. Les philosophes existentialistes tels que Nietzsche, les philosophes tels que Foucault, et les psychologues tels que Jung ont souligné que la conscience peut nous pousser à suivre des normes sociales et morales qui limitent notre liberté personnelle, nous faire accepter les normes et les valeurs de la société, et causer des conflits internes qui peuvent entraîner de la culpabilité et de l'incertitude. Cette contrainte peut être vue comme une source de stress et d'anxiété qui limite notre capacité à prendre des décisions librement. Ainsi, la conscience est un outil à double tranchant. Elle peut être vue comme une source de liberté et une source de contrainte. Mais comment pouvons-nous concilier ces deux aspects apparemment contradictoires de la conscience ?

Troisième partie : la conscience comme capacité d'adaptation au réel

Une réponse possible est de considérer que la conscience n'est pas en soi une source de contrainte ou de liberté, mais plutôt un outil que nous pouvons utiliser de différentes manières. La conscience peut nous aider à être plus conscients de nos pensées, de nos émotions et de nos actions, ce qui nous permet de prendre des décisions plus éclairées et de mieux comprendre notre environnement. Cependant, la conscience peut également être utilisée pour nous faire accepter des normes et des valeurs qui limitent notre liberté personnelle. Une autre réponse possible est de considérer que la conscience doit être utilisée de manière critique et réfléchie. Nous devons être conscients des normes et des valeurs que nous adoptons et nous demander si elles sont vraiment en accord avec nos propres valeurs et convictions. Nous devons également être conscients des conflits internes qui peuvent survenir lorsque nos actions ne sont pas en accord avec nos propres valeurs, ce qui peut entraîner de la culpabilité et de l'incertitude. Enfin, une troisième réponse est de considérer que la conscience peut être développée et transformée au fil du temps. Nous pouvons apprendre à être plus conscients de nos propres pensées et émotions, à mieux comprendre nos limites et nos capacités, et à développer une plus grande autonomie et liberté personnelle. Nous pouvons également apprendre à questionner les normes et les valeurs de notre société et à trouver de nouvelles façons de penser et d'agir qui reflètent mieux nos propres convictions. Ainsi, les philosophes pragmatiques, tels que Aldous Huxley, ont mis en avant l'importance d'une conscience flexible qui permet de s'adapter aux différentes situations. Selon Huxley, la conscience doit être capable de s'adapter aux circonstances changeantes pour permettre une liberté réelle. La liberté est cette capacité à s'adapter aux circonstances changeantes". Le philosophe français Paul Ricœur a également noté l'importance d'une conscience équilibrée entre liberté et contrainte, en soutenant que la conscience est un processus continu de compréhension de soi-même et des autres, qui permet une liberté réelle. Pour Ricœur, cette compréhension permet de concilier les différentes contraintes morales et sociales avec notre propre volonté et désirs. Par exemple, dans son livre *"Soi-même comme un autre" (1990)*, Ricœur aborde la question de l'identité personnelle et de la compréhension de soi à travers l'expérience narrative. La conscience est en effet un processus continu de compréhension de soi-même et des autres, qui est fondamental pour la construction d'une identité personnelle cohérente. Ainsi pour ces philosophes la conscience doit être flexible pour permettre une liberté réelle, capable de s'adapter aux circonstances changeantes et de concilier les différentes contraintes morales et sociales avec notre propre volonté et désirs. La clé pour concilier ces deux aspects apparemment contradictoires de la conscience est de l'utiliser de manière critique et réfléchie, en étant conscient de ses propres limites et en cherchant à développer une plus grande autonomie et liberté personnelle.

En conclusion, La question de savoir si la conscience est source de liberté ou de contrainte est une question fondamentale de la philosophie, car elle touche à la nature même de l'existence humaine. Dans cette réflexion, nous avons examiné les arguments pour et contre ces deux positions, ainsi que leurs implications pour la manière dont nous devons comprendre la conscience et son rôle dans notre vie. Les partisans de la thèse selon laquelle la conscience est source de liberté affirment que la conscience est ce qui nous permet de prendre des décisions éclairées et d'agir en accord avec nos valeurs et nos convictions. En d'autres termes, c'est notre conscience qui nous permet de faire des choix qui nous permettent d'être véritablement libres. En soutenant cette position, on peut souligner que la conscience est ce qui nous permet de distinguer le bien du mal et d'agir en conséquence, même dans des situations où cela pourrait être difficile ou impopulaire. Cependant, cette position n'est pas sans ses critiques. Les opposants affirment que la conscience peut aussi être une source de contrainte, car elle peut nous imposer des normes et des obligations qui nous limitent dans nos actions. La conscience peut être compris comme une voix intérieure qui nous dit quoi faire ou ne pas faire, et cela peut nous priver de notre liberté de choisir. En outre, certaines personnes peuvent avoir des consciences plus rigides que d'autres, ce qui peut les amener à se limiter davantage dans leurs choix et leurs actions. L'argument contre la conscience comme source de liberté souligne également que notre conscience peut être influencée par de nombreux facteurs externes, tels que notre éducation, notre culture et notre environnement social. Par exemple, si nous avons été élevés dans une famille conservatrice, notre conscience peut être conditionnée pour suivre certaines normes sociales et religieuses, même si elles ne correspondent pas à nos valeurs personnelles. Dans ce cas, notre conscience peut être une source de contrainte plutôt que de liberté, car elle nous empêche d'agir en accord avec nos convictions les plus profondes. Il semble que la conscience peut être à la fois une source de liberté et de contrainte, en fonction de la manière dont nous la comprenons et la pratiquons. La conscience est essentielle pour nous permettre de faire des choix éclairés et de vivre en accord avec nos valeurs, mais elle peut aussi nous limiter si elle est trop rigide ou influencée par des facteurs externes. C'est donc à chacun d'entre nous de cultiver une conscience qui nous permette de trouver un équilibre entre ces deux forces, afin que nous puissions vivre pleinement et librement. Cela soulève également la question de savoir comment nous pouvons développer une conscience qui soit à la fois libre et responsable. Une réponse possible est que nous devons être ouverts à la critique et à l'auto-examen constant. Nous devons être prêts à remettre en question nos propres convictions et à examiner les normes sociales et culturelles qui peuvent influencer notre conscience. En cultivant une conscience qui est à la fois critique et réfléchie, nous pouvons nous assurer que nous agissons en accord avec nos valeurs les plus profondes, tout en étant conscients des limites de notre propre compréhension.

Sujet 4 : La conscience est-elle ce qui me rend libre ?

Introduction : Emmanuel Kant dans son œuvre *Critique la raison pratique* (1788) écrivait : "Tu dois, donc tu peux. Une volonté libre et une volonté soumise à des lois morales sont une seule et même chose". Selon Kant, la volonté humaine est capable d'agir en accord avec des lois morales universelles, et la capacité de suivre ces lois découle de notre obligation morale de le faire. En d'autres termes, si nous avons une responsabilité morale de suivre des principes éthiques, cela implique que nous sommes capables de le faire. Pour Kant, la liberté est donc étroitement liée à la conscience morale, car la capacité de suivre des principes moraux découle de notre capacité à faire des choix libres et autonomes. La liberté et la moralité sont donc deux aspects d'une même réalité, et la capacité de suivre des principes moraux universels est la preuve de notre liberté en tant qu'êtres moraux. La problématique de cette question est de savoir si la conscience est un prérequis pour la liberté ou si la liberté est indépendante de la conscience. La conscience est nécessaire pour être libre, car elle nous permet de faire des choix moraux et de prendre des décisions en toute autonomie, en revanche, si la liberté est indépendante de la conscience, nous sommes libres de choisir nos actions, quelles que soient nos convictions morales ou notre conscience. Nous allons définir les termes de "conscience" et de "liberté", en expliquant leurs différentes formes. Nous développerons les arguments des personnes qui pensent que la conscience est nécessaire pour être libre, en examinant les idées de philosophes tels qu'Emmanuel Kant, puis nous envisagerons le point de vue de ceux qui pensent que la liberté est indépendante de la conscience, en examinant les idées de philosophes tels que Jean-Paul Sartre.

Première partie : conscience et liberté, deux concepts interdépendants

Selon la définition la plus courante, la conscience est la capacité de percevoir notre propre existence et de nous rendre compte de notre environnement. Cela comprend la conscience de soi, la conscience morale et la conscience de notre propre existence dans le temps et l'espace. La conscience de soi, parfois appelée "auto-conscience", est la capacité de se percevoir soi-même comme un individu distinct des autres et de se rendre compte de ses propres pensées, sentiments et actions. Selon René Descartes dans ses *Méditations sur la philosophie première (1641)* : "Je pense, donc je suis" (Cogito ergo sum) est la base de la conscience de soi. La conscience morale est la capacité de comprendre les différences entre le bien et le mal, et de prendre des décisions en conséquence. Selon Emmanuel Kant dans sa *Critique de la raison pure (1781)* la liberté est la condition sine qua non de l'application de la loi morale à l'homme, c'est à dire que pour agir de manière morale, il faut être libre de sa propre conscience. La conscience de notre propre existence dans le temps et l'espace est la capacité de se rendre compte de notre place dans le monde et de comprendre notre propre mortalité. Pour Martin Heidegger dans son œuvre *Etre et Temps (1927)*, l'homme est "jeté" dans le monde et doit comprendre sa propre finitude pour pouvoir vivre de manière authentique. En plus de ces formes de conscience, il existe également d'autres perspectives théoriques comme la conscience sociale, qui est la capacité de se rendre compte des relations sociales et de se positionner par rapport à elles. Selon Karl Marx dans *Le Capital (1867)*, la conscience sociale est liée aux relations de classe et à la lutte des classes. La conscience comprend plusieurs aspects différents, tels que la conscience de soi, la conscience morale et la conscience de notre propre existence dans le temps et l'espace. Les différentes philosophies ont des perspectives différentes sur la conscience, mais toutes reconnaissent son importance pour comprendre notre existence en tant qu'êtres humains. La liberté est un concept complexe qui peut également être défini de différentes manières selon les philosophies. Il existe plusieurs types de liberté, chacun ayant ses propres caractéristiques et ses propres implications. La liberté physique est la capacité de se déplacer et d'agir librement dans le monde physique. John Locke dans *Le Traité du gouvernement civil (1689)*, indique que la liberté physique est un droit fondamental de tous les individus et doit être protégée par le gouvernement. La liberté de choix est la capacité de prendre des décisions et de choisir nos actions. Selon Jean-Jacques Rousseau dans *Du contrat social (1762)*, la liberté de choix est essentielle pour vivre de manière authentique et pour être libre de l'influence de la société. La liberté morale est la capacité de choisir nos actions en fonction de nos convictions morales. Selon Emmanuel Kant dans *Critique de la raison pure (1781)*, la liberté morale est nécessaire pour agir de manière morale et pour être libre de la loi morale. La liberté absolue est la capacité de ne pas être soumis à aucune contrainte extérieure, de ne pas être influencé par les forces sociales ou les lois. Selon Søren Kierkegaard dans *La répétition (1843)*, la liberté absolue est impossible à atteindre dans la vie réelle, mais peut être atteinte dans la sphère spirituelle. La conscience et la liberté sont donc deux concepts étroitement liés en philosophie. La conscience est la source de notre capacité à être libres, car c'est par notre conscience que nous sommes capables de prendre des décisions éclairées et de choisir notre propre destinée. Cependant, la conscience peut aussi être une source de contrainte, car elle peut nous limiter dans nos choix et nous rappeler nos responsabilités morales envers nous-mêmes et envers les autres. La conscience et la liberté peuvent être interprétés différemment selon les perspectives philosophiques. Cependant, il est essentiel de reconnaître l'importance de la conscience pour la compréhension de notre propre existence et de la liberté pour notre capacité à vivre de manière authentique.

Deuxième partie : la conscience est nécessaire pour être libre

La conscience nous permet de comprendre notre propre existence et de prendre des décisions en conséquence. Sans conscience, nous ne serions pas en mesure de comprendre notre propre liberté et de l'utiliser de manière efficace. L'un des principaux défenseurs de cette perspective est René Descartes. Dans ses *Méditations sur la philosophie première*, Descartes estime que la conscience est la base de la liberté. Il affirme que nous ne pouvons être libres que si nous sommes conscients de notre propre existence, et que sans cette conscience, nous serions soumis aux forces extérieures qui nous entourent. Pour Descartes, la conscience de soi est la base de la liberté. Il affirme que pour être libres, nous devons être conscients de nos propres pensées, sentiments et actions, et que cette conscience nous permet de prendre des décisions en toute liberté. La conscience morale est essentielle pour être libre, car elle nous permet de comprendre les différences entre le bien et le mal, et de prendre des décisions en conséquence. Emmanuel Kant est un autre philosophe qui estime que la conscience est nécessaire pour être libre. Dans *Critique de la raison pratique*, Kant montre que la liberté morale est la seule forme de liberté qui soit réelle. Selon lui, la liberté physique et la liberté de choix ne sont que des illusions, car nous sommes toujours soumis aux lois naturelles et aux forces sociales. La seule véritable liberté est la capacité de choisir nos actions en fonction de notre conscience morale. Il affirme que cela est possible grâce à la raison, qui nous permet de comprendre les lois universelles et de les appliquer à nos actions. Pour ces philosophes, la conscience est donc nécessaire pour être libre, car elle nous permet de comprendre notre propre existence, de prendre des décisions en toute liberté et de choisir nos actions en fonction de nos convictions morales. Sans cette conscience, nous serions soumis aux forces extérieures et à l'influence de la société, et ne pourrions pas vivre de manière authentique et libre.

Troisième partie : pour une liberté indépendante de la conscience

La liberté est souvent considérée comme étant intrinsèquement liée à la conscience, car elle est supposée être la capacité de faire des choix éclairés en connaissance de cause. Cependant, certains philosophes soutiennent que la liberté peut être indépendante de la conscience, ou qu'elle peut être influencée par des facteurs externes tels que l'environnement social et politique. Nous explorerons ces arguments et discuterons de la manière dont ils remettent en question la relation supposée entre la liberté et la conscience. Tout d'abord, nous devons définir ce que nous entendons par liberté. Selon Isaiah Berlin, la liberté est l'absence d'obstacles à la poursuite de nos désirs *(Deux concepts de liberté, 1958)*. Cette définition met l'accent sur l'importance de l'autonomie et de l'indépendance individuelle dans la réalisation de la liberté. Cela implique que la liberté peut exister même en l'absence de conscience, car il est possible d'avoir des désirs et des choix sans être nécessairement conscient de leur signification ou de leur impact sur notre vie. La liberté ne dépend pas alors de notre capacité à comprendre notre propre existence ou à prendre des décisions en toute liberté. Au contraire, la liberté est un concept absolu qui existe indépendamment de notre conscience. L'un des principaux défenseurs de cette perspective est Baruch Spinoza. Dans son *Éthique (1677)*, Spinoza défend le point de vue selon lequel la liberté est un concept absolu qui existe indépendamment de notre conscience. Selon lui, nous sommes tous libres par nature, car nous sommes tous des parties de la nature, qui est elle-même libre. Il indique que notre liberté est limitée uniquement par les lois naturelles, et non pas par notre propre conscience ou par les forces sociales. Pour Spinoza, la liberté est donc indépendante de la conscience. Il affirme que nous sommes tous libres par nature, et que notre liberté est limitée uniquement par les lois naturelles. Il pense que notre propre conscience ne peut pas nous rendre plus libres ou moins libres, car notre liberté est un concept absolu qui existe indépendamment de notre conscience. Harry Frankfurt est un philosophe américain qui a également soutenu l'idée de l'indépendance de la liberté par rapport à la conscience. Il affirme que la liberté consiste non seulement à être capable de faire des choix éclairés, mais aussi à se déterminer soi-même. Selon lui, la conscience ne joue qu'un rôle mineur dans la liberté, car elle ne fait que fournir des informations sur les choix possibles, mais elle ne détermine pas les désirs ou les préférences qui motivent ces choix. Frankfurt distingue entre les désirs de premier ordre et les désirs de second ordre. Les désirs de premier ordre sont des désirs pour des choses ou des états de choses, tels que la nourriture ou la boisson, tandis que les désirs de second ordre sont des désirs tels que le désir d'avoir un régime alimentaire sain ou le désir de ne pas avoir de mauvaises habitudes. Selon Frankfurt, la liberté consiste en la capacité de se déterminer soi-même, c'est-à-dire de choisir ses propres désirs de second ordre. Frankfurt affirme que même si la conscience peut nous aider à faire des choix éclairés, elle ne détermine pas nos désirs de second ordre. En effet, les désirs de second ordre peuvent être façonnés par des facteurs tels que la culture, les croyances et les influences sociales. Par conséquent, même si nous sommes conscients des choix possibles, nous pouvons être limités par des désirs de second ordre qui ont été influencés par des forces externes. Ainsi, pour Frankfurt, la liberté n'est pas seulement la capacité de faire des choix, mais aussi la capacité de se déterminer soi-même, indépendamment de la conscience. La conscience peut nous aider à faire des choix éclairés, mais elle ne détermine pas nos désirs ou nos préférences. La liberté réside plutôt dans la capacité de choisir ses propres désirs de second ordre, indépendamment des influences externes. Cette perspective offre une vision plus complexe et nuancée de la liberté. D'autres philosophes ont souligné le rôle de l'environnement social et politique dans la limitation de la liberté. Par exemple, le philosophe allemand Friedrich Nietzsche montre que la liberté est souvent restreinte par des normes sociales et des conventions culturelles qui limitent notre capacité à agir de manière autonome, *Ainsi parlait Zarathoustra*, (1883-1885). De même, le philosophe français Michel Foucault a souligné la manière dont les institutions sociales telles que les prisons, les hôpitaux psychiatriques et les écoles peuvent limiter notre capacité à agir de manière autonome en nous surveillant et en nous contrôlant, *Surveiller et punir,* (1975). Enfin, certains ont argumenté que la conscience peut même être une source de contrainte dans certaines situations. Par exemple, le philosophe français Jean-Paul Sartre pense que la conscience peut limiter notre liberté en nous donnant une conscience de soi trop prononcée, qui nous empêche d'agir de manière authentique en nous enfermant dans une identité préconçue *L'Être et le Néant, (1943)*. De même, le philosophe américain Herbert Marcuse a soutenu que la conscience peut être contrôlée et manipulée par des forces externes telles que les médias et les institutions politiques, ce qui peut limiter notre capacité à agir de manière indépendante *L'homme unidimensionnel, (1964)*. Dans cette perspective, la liberté est liée à notre capacité à nous libérer des contraintes externes qui limitent notre potentiel. Pour Marcuse, la véritable liberté ne peut être atteinte que par une révolution sociale qui remet en question les structures de pouvoir en place. Alors que pour certaines perspectives philosophiques la liberté dépend de notre conscience et de notre capacité à nous percevoir comme des êtres distincts et conscients, d'autres perspectives ontologiques suggèrent donc que la liberté est donc une propriété inhérente à la nature humaine et peut exister indépendamment de la conscience. Nous pouvons aussi prendre en compte les facteurs externes qui peuvent limiter notre capacité à agir de manière libre et indépendante, tels que les structures sociales, politiques et économiques qui peuvent contrôler et manipuler notre conscience. En fin de compte, la question de savoir si la liberté est indépendante de la conscience est peut-être moins cruciale que la question de savoir comment nous pouvons créer des conditions pour que chacun puisse exercer sa liberté et agir de manière autonome et responsable dans le monde.

En conclusion, d'une part la conscience est nécessaire pour être libre, car elle nous permet de comprendre notre propre existence, de prendre des décisions en toute liberté et de choisir nos actions en fonction de nos convictions morales. Descartes et Kant sont des exemples de ce point de vue. D'autre part, d'autres pensent que la liberté est indépendante de la conscience, et qu'elle est un concept absolu qui existe indépendamment de notre capacité à comprendre notre propre existence ou à prendre des décisions en toute liberté. Spinoza et Nietzsche sont des exemples de cette pensée. Ces deux perspectives ne sont pas mutuellement exclusives, et il est possible de considérer que la conscience et la liberté sont étroitement liées, mais que la liberté ne dépend pas uniquement de la conscience. "Tout ce qui augmente la liberté augmente la responsabilité. Etre libre, rien n'est plus grave ; la liberté est pesante, et toutes les chaînes qu'elle ôte au corps, elle les ajoute à la conscience". Victor Hugo *Actes et Paroles* (1875-1876). Cette citation de Victor Hugo met en évidence le lien étroit entre la conscience, la liberté et la responsabilité. La liberté accrue entraîne une plus grande responsabilité, car elle nous oblige à faire des choix éclairés et à en assumer les conséquences. La conscience joue un rôle central dans cet équilibre, car elle nous permet de juger moralement nos actions et de prendre des décisions éthiques. Ainsi, la conscience est effectivement un élément essentiel de ce qui rend l'individu libre, mais cette liberté ne peut être exercée pleinement sans une prise de conscience et une responsabilité adéquate.

Sujet 5 : La conscience de soi est-elle une connaissance ?

Introduction : "Conscience ! Conscience ! Instinct divin, immortelle et céleste voix ; guide assuré d'un être ignorant et borné, mais intelligent et libre ; juge infaillible du bien et du mal, qui rend l'homme semblable à Dieu" *Émile, ou De l'éducation (1762).* Jean-Jacques Rousseau, en décrivant la conscience comme un guide assuré, un juge infaillible du bien et du mal, affirme la primauté de la conscience sur toutes les autres formes d'autorité ou de règle. Il met en lumière l'importance de la conscience dans le développement moral et spirituel de l'être humain, ainsi que son rôle clé dans la définition de l'identité humaine. La conscience de soi est un concept fondamental pour comprendre notre propre existence. La problématique de cette dissertation est de comprendre si la conscience de soi est une connaissance ou non. Pour cela, nous allons examiner les différents points de vue sur ce sujet et les différentes perspectives philosophiques qui ont été développées. Dans une première partie, nous allons montrer que la conscience de soi ne saurait être une connaissance à part entière. Dans une seconde partie, nous allons explorer les arguments en faveur de la conscience de soi comme prérequis de la connaissance, puis nous allons explorer les arguments en faveur de la conscience de soi comme une connaissance.

Première partie : la conscience de soi n'est pas une connaissance à part entière

La conscience de soi est généralement définie comme la capacité de se percevoir soi-même comme un individu distinct des autres et de l'environnement. Cela comprend la capacité de se reconnaître soi-même dans un miroir, de se rappeler de ses propres actions et de se représenter ses propres pensées et émotions. Dans cette première partie, nous examinerons en quoi la conscience de soi ne peut pas être considérée comme une connaissance à part entière. Nous aborderons les limitations et les caractéristiques distinctes de la conscience de soi qui la différencient de la connaissance traditionnelle. Pour commencer, la conscience de soi se réfère à la capacité d'un individu à se percevoir lui-même en tant qu'entité distincte, avec des pensées, des émotions et des expériences internes. Cependant, cette conscience de soi diffère de la connaissance traditionnelle qui est basée sur des faits objectifs et vérifiables. La connaissance, en général, implique une appréhension objective de la réalité extérieure et des phénomènes observables. La connaissance, telle qu'elle est généralement comprise, repose sur la perception sensorielle, la raison, l'expérience et la méthode scientifique. Par exemple, la connaissance scientifique est fondée sur des observations et des expérimentations répétables, qui permettent de formuler des lois générales et des théories explicatives. En revanche, la conscience de soi est une expérience subjective et intime qui ne peut pas être vérifiée de manière externe ni répliquée de manière objective. De plus, la conscience de soi est souvent associée à une réflexion sur nos états internes, nos intentions et nos motivations. Elle implique une introspection et une prise de conscience de nos pensées et de nos émotions. Cette prise de conscience ne constitue donc pas nécessairement une connaissance au sens traditionnel. Les pensées et les émotions peuvent être changeantes, fugaces et subjectives, ce qui rend difficile leur caractérisation en termes de connaissances objectives et vérifiables. Elle est souvent influencée par des biais, des préjugés et des interprétations subjectives. Nos expériences passées, notre éducation, notre culture et nos croyances personnelles peuvent teinter notre perception de nous-mêmes. Par conséquent, la conscience de soi est susceptible d'être altérée et influencée par des facteurs subjectifs, ce qui rend difficile son assimilation à une connaissance objective et universelle. De plus, la connaissance traditionnelle est souvent basée sur des représentations symboliques et des concepts abstraits qui permettent de communiquer et de partager des informations de manière objective. En revanche, la conscience de soi est une expérience subjective qui peut être difficile à exprimer ou à communiquer avec précision. Les sentiments, les émotions et les états internes sont souvent vécus de manière ineffable, ce qui rend difficile leur transformation en connaissances partageables. La conscience de soi est souvent considérée comme étant à la base de la connaissance de soi, mais cela ne signifie pas qu'elle est elle-même une connaissance. La connaissance de soi implique une compréhension plus profonde de notre identité, de nos valeurs, de nos aspirations et de notre place dans le monde. Elle nécessite souvent une réflexion et une exploration approfondies de nos expériences, de nos relations et de notre interaction avec le monde qui nous entoure. Enfin comme l'indiquait Freud : « Un troisième démenti sera infligé à la mégalomanie humaine par la recherche psychologique de nos jours qui se propose de montrer au Moi qu'il n'est seulement pas maître dans sa propre mai-son, qu'il en est réduit à se contenter de renseignements rares et fragmentaires sur ce qui se passe, en dehors de sa conscience, dans sa vie psychique. » *Introduction à la psychanalyse*. Ainsi la conscience de soi présente des caractéristiques distinctes qui la différencient de la connaissance traditionnelle. Elle est subjective, influencée par des biais, difficilement communicable et changeante. Bien qu'elle joue un rôle essentiel dans la connaissance de soi, la conscience de soi elle-même ne peut pas être considérée comme une connaissance à part entière. Elle représente plutôt une expérience subjective et introspective qui nécessite une réflexion approfondie pour parvenir à une compréhension de soi plus profonde.

Deuxième partie : la conscience de soi comme prérequis pour la connaissance

Il y a une perspective philosophique selon laquelle la conscience de soi ne peut pas être considérée comme une forme de connaissance en soi, mais cependant comme un prérequis pour la connaissance. Les philosophes qui défendent cette perspective montrent que la conscience de soi est nécessaire pour être conscient des choses qui nous entourent et pour comprendre les informations qui nous sont présentées. Cependant, ils affirment que la conscience de soi ne peut pas être considérée comme une connaissance en elle-même, car elle ne contient pas de contenu spécifique. L'un des principaux défenseurs de cette perspective est le philosophe français René Descartes, dans son

"Discours de la méthode" (1637), qui estime que la conscience de soi est nécessaire pour être conscient des choses qui nous entourent, mais qu'elle ne peut pas être considérée comme une connaissance en elle-même. Je suis, j'existe, est nécessairement attaché à toute idée que je forme de moi-même, et je ne puis me concevoir comme existant sans concevoir que je suis en même temps celui qui pense. Le philosophe anglais John Locke, dans son *" Essai sur l'entendement humain" (1689)*, estime aussi que la conscience de soi est un prérequis pour la connaissance. Il propose que la conscience de soi est ce qui nous permet de prendre conscience de notre existence et de notre environnement, mais qu'elle ne peut pas être considérée comme une connaissance en elle-même, car elle ne contient pas de contenu spécifique. Je suis conscient de moi-même, c'est-à-dire, que j'ai une connaissance claire et distincte de ma propre existence en tant qu'entité qui pense. Cette perspective sur la conscience de soi en tant que prérequis pour la connaissance est liée à la question de la subjectivité et de l'objectivité de la connaissance. Pour les défenseurs de cette perspective la conscience de soi est nécessaire pour avoir une connaissance objective des choses, car elle nous permet d'être conscients de notre propre subjectivité et de la subjectivité de notre connaissance. Il faut cependant noter que cette perspective est contestée par d'autres philosophes pour lesquels la conscience de soi est effectivement une forme de connaissance. Ils affirment que la conscience de soi est un processus continu de développement et de compréhension de soi-même et de la réalité, et que cela peut être considéré comme une forme de connaissance ; c'est ce que nous allons envisager maintenant.

Troisième partie : la conscience de soi comme forme de connaissance

Un des principaux défenseurs de cette perspective est le philosophe allemand Emmanuel Kant dans sa *"Critique de la raison pure" (1781)*. Il défend que la conscience de soi est un processus par lequel nous développons une compréhension de nous-mêmes et de notre place dans le monde, et que cela peut être considéré comme une forme de connaissance. La conscience de soi est un acte de la raison qui consiste à se poser comme objet de sa propre connaissance. La philosophie de Bergson met aussi l'accent sur l'importance de la conscience de soi, qu'il considère comme la clé pour comprendre la nature de l'être humain et sa place dans le monde. Pour Bergson, la conscience de soi est constituée de trois éléments clés : une conscience émotionnelle, une auto-évaluation précise et une confiance en soi. Tout d'abord, la conscience émotionnelle est la capacité de ressentir et de reconnaître nos émotions. Selon Bergson, la conscience émotionnelle est cruciale pour comprendre notre propre nature et pour établir des liens significatifs avec les autres. En reconnaissant et en comprenant nos propres émotions, nous sommes mieux équipés pour comprendre les émotions des autres et pour développer des relations saines et épanouissantes. Ensuite, Bergson considère que l'auto-évaluation précise est essentielle pour la conscience de soi. Cela signifie être capable de comprendre nos propres forces et faiblesses personnelles, nos désirs et nos motivations. En comprenant ces aspects de nous-mêmes, nous pouvons mieux diriger nos actions et prendre des décisions qui sont alignées avec nos valeurs. Enfin, Bergson souligne l'importance de la confiance en soi dans la construction de la conscience de soi. La confiance en soi signifie avoir une haute estime de soi, reconnaître sa propre valeur et être capable de faire confiance à ses propres instincts et à sa propre intuition. Cette confiance en soi est essentielle pour naviguer dans le monde avec assurance et pour accomplir des objectifs personnels et professionnels. Pour Bergson, la conscience de soi est une composante fondamentale de l'existence humaine, car elle nous permet de mieux comprendre nous-mêmes et les autres. Pour le philosophe américain George Herbert Mead, dans son œuvre " *L'esprit, le soi et la société" (1934)*, la conscience de soi est une forme de connaissance. Il propose que la conscience de soi est un processus par lequel nous développons une compréhension de nous-mêmes en relation avec les autres, et que cela peut être considéré comme une forme de connaissance sociale. La conscience de soi est le produit de l'interaction sociale. Le philosophe Maurice Merleau-Ponty dans son œuvre *"Phénoménologie de la perception" (1945)* explique que la conscience de soi est une forme de connaissance intuitive qui est basée sur l'expérience directe de notre propre corps et de notre propre existence. La conscience de soi est alors un moyen par lequel nous pouvons comprendre et connaître nous-mêmes, ainsi que notre place dans le monde. L'un des principaux défenseurs de cette perspective est le philosophe allemand Georg Wilhelm Friedrich Hegel, dans sa *Phénoménologie de l'esprit (1807)*. Pour lui la conscience de soi est un processus continu de développement et de compréhension de soi-même et de la réalité. La conscience de soi est la première forme de la connaissance de soi, qui est la première de toutes les connaissances. Enfin pour le philosophe français Jean-Paul Sartre, dans *"L'Être et le Néant" (1943)*, la conscience de soi est une forme de connaissance qui nous permet de prendre conscience de notre liberté et de notre responsabilité en tant qu'individus. La conscience de soi est alors la connaissance que nous avons de nous-mêmes en tant qu'être libre. Il existe donc tout un courant philosophique selon lequel la conscience de soi est considéré comme une forme de connaissance.

En conclusion, les perspectives varient, allant de la conscience de soi comme preuve de notre existence (Descartes) à la conscience de soi comme produit de notre expérience personnelle (Locke) en passant par la conscience de soi comme condition préalable pour toute connaissance (Kant) voire même la conscience de soi comme processus continu de développement et de compréhension de soi-même et de la réalité (Hegel) ou moyen de prendre conscience de notre liberté et de notre responsabilité en tant qu'individus (Sartre). Nous sommes passés de la conscience de soi comme prérequis nécessaire pour avoir une connaissance des choses, à une forme de prérequis, voire même une forme de connaissance intuitive ou non conceptuelle. En fin de compte, il faut souligner que la conscience de soi est un aspect crucial de notre existence humaine et de notre compréhension de nous-mêmes et du monde qui nous entoure. Et comme l'a écrit Foucault dans le troisième tome de son *Histoire de la sexualité* intitulée *Le Souci de soi* (1984) « La place qui est faite à la connaissance de soi-même devient plus importante : la tâche de s'éprouver, de s'examiner, de se contrôler dans une série d'exercices bien définis place la question de la vérité – de la vérité de ce que l'on est et de ce qu'on est capable de faire – au cœur de la constitution du sujet moral ».

Sujet 6 : De quoi parle-t-on quand on dit « je » ?

Introduction : le concept du "je" est au cœur de la réflexion philosophique depuis des siècles. Cette notion suscite de nombreuses interrogations, tant sur sa signification que sur sa nature. En effet, lorsque nous utilisons le pronom personnel "je", de quoi parlons-nous exactement ? Est-ce simplement une manière de désigner notre corps ou notre esprit ? Ou bien renvoie-t-il à une dimension plus profonde de notre être, telle que notre conscience de soi ou notre identité personnelle ? L'expression de Schopenhauer, "ce qui connaît tout le reste sans être soi-même connu", fait référence à cette idée philosophique qui souligne l'importance de la conscience en tant que force invisible mais omniprésente dans l'univers. Schopenhauer utilise cette expression pour indiquer que la conscience est la force qui sous-tend tout ce qui existe dans le monde. Cette phrase résume également la difficulté de cerner le concept du "je". D'un côté, il semble être une évidence, puisque nous utilisons ce pronom personnel quotidiennement. De l'autre, il est difficile à appréhender, car il renvoie à une dimension intime et subjective de notre existence. C'est pourquoi, dans cette dissertation, nous allons nous interroger sur la signification du "je". Nous allons tout d'abord étudier sa dimension subjective, en nous intéressant à la conscience de soi et à l'identité personnelle. Nous aborderons ensuite sa dimension intersubjective, en examinant la manière dont le "je" est construit socialement et reconnu par les autres. Enfin, nous explorerons sa dimension métaphysique, en nous interrogeant sur la nature de l'âme ou du moi et sur la question de l'unité de l'identité personnelle dans le temps.

Première partie : la dimension subjective du "je"

Le "je" est avant tout une expression de la subjectivité de l'individu. En effet, lorsque nous utilisons ce pronom personnel, nous faisons référence à notre propre conscience de soi. Cette dimension subjective du "je" a été étudiée par de nombreux philosophes, qui ont cherché à comprendre la nature de la conscience de soi et son rôle dans la constitution de l'identité personnelle. Le "je" est avant tout un sujet de conscience. Cela signifie que lorsque nous utilisons ce pronom personnel, nous faisons référence à notre propre expérience de la réalité. Cette expérience est subjective, car elle est vécue de l'intérieur, à partir d'un point de vue individuel. L'identité personnelle fait référence à la continuité de la conscience de soi à travers le temps, ainsi qu'à la question de savoir ce qui constitue l'individu en tant que personne. Cette question soulève des enjeux épistémologiques, car notre perception de nous-mêmes est étroitement liée à notre perception du monde qui nous entoure. Les penseurs tels que Wittgenstein ont exploré cette dimension épistémologique en se concentrant sur la signification du mot "je". Wittgenstein a montré que la signification de ce mot est liée à notre utilisation linguistique de celui-ci dans différents contextes. L'utilisation du mot "je" est souvent conditionnée par le contexte dans lequel il est utilisé, et que sa signification peut varier en fonction de ce contexte. Cette idée suggère que la manière dont nous nous percevons nous-mêmes est en partie déterminée par la manière dont nous utilisons le langage. "Les limites de mon langage signifient les limites de mon propre monde" (*Tractatus Logico-Philosophicus, proposition 5.6*). En d'autres termes, notre perception de nous-mêmes est toujours liée à notre utilisation linguistique du mot "je" dans différents contextes. Cette dimension linguistique de la question de l'identité personnelle est donc essentielle pour comprendre la manière dont nous percevons notre identité personnelle, et pour interroger notre rapport au monde qui nous entoure. Nous utilisons le langage pour donner un sens à notre expérience du monde, et cette expérience est en grande partie façonnée par la manière dont nous interagissons avec notre environnement. En d'autres termes, notre perception de nous-mêmes est en grande partie déterminée par la manière dont nous percevons le monde qui nous entoure. Cette idée soulève des questions sur la nature de la réalité. Si notre perception de nous-mêmes est conditionnée par notre perception du monde qui nous entoure, cela suggère que notre expérience de la réalité est en grande partie construite par notre esprit. En d'autres termes, la réalité que nous percevons n'est pas une réalité objective et indépendante de notre esprit, mais plutôt une réalité construite par notre esprit. Cette perspective a des implications profondes pour la façon dont nous comprenons notre place dans le monde. Si notre expérience du monde est construite par notre esprit, cela suggère que nous avons une certaine capacité à influencer cette expérience. Nous ne sommes pas simplement des observateurs passifs du monde qui nous entoure, mais plutôt des participants actifs dans la construction de notre propre réalité. Cette dimension subjective de l'expérience est au cœur de la philosophie de Descartes, qui a cherché à fonder la connaissance sur la certitude de la conscience de soi. Pour Descartes, la conscience de soi est une certitude indubitable, car elle est immédiate et évidente. Dans sa *Méditation II*, il écrit : "Je suis, j'existe, est nécessairement vrai toutes les fois que je le conçois en mon esprit". Cette phrase exprime la certitude que nous avons de notre propre existence, qui repose sur la conscience que nous avons de nous-mêmes. La conscience de soi est donc une dimension fondamentale de notre expérience, qui nous permet de nous situer dans le monde et de comprendre notre propre existence. La conscience de soi est également le fondement du "je". En effet, lorsque nous utilisons ce pronom personnel, nous faisons référence à notre propre identité. Cette identité repose sur la conscience que nous avons de nous-mêmes, qui nous permet de nous distinguer des autres et de nous reconnaître comme un sujet autonome. Cette dimension de l'identité personnelle a été étudiée par le philosophe allemand Johann Gottlieb Fichte, dans sa théorie du "moi absolu". Selon Fichte, l'identité personnelle repose sur la conscience que nous avons de notre propre volonté. Cette volonté est le fondement de notre existence, car elle nous permet de nous déterminer librement dans le monde. Pour Fichte, le "je" est donc l'expression de cette volonté, qui constitue notre identité profonde. Dans ses *Leçons sur la destinée de l'homme*, il indique que « le moi est l'expression de la liberté absolue et infinie qui existe en moi". Cette phrase exprime l'idée que le "je" est le reflet de notre liberté et de notre capacité à nous déterminer librement dans le monde. La conscience de soi est donc au cœur de l'identité personnelle. Cependant, cette identité n'est pas seulement individuelle, elle est aussi sociale. En effet, notre identité est construite à travers nos relations avec les autres, qui nous reconnaissent et nous attribuent un rôle social. Cette dimension sociale de l'identité personnelle a été étudiée par le philosophe anglais John Locke, dans sa théorie de l'identité personnelle. Selon Locke, l'identité personnelle repose sur la continuité de la conscience de soi à travers le temps. Cette continuité est assurée par la mémoire, qui nous permet de nous souvenir de nos expériences passées et de nous reconnaître comme étant la même personne au fil du temps. Cependant, cette théorie soulève la question de la distinction entre l'identité personnelle et l'identité sociale. En effet, notre identité sociale est en partie construite par les autres, qui nous attribuent un rôle social et des caractéristiques qui peuvent être différentes de notre propre perception de nous-mêmes. Pour le philosophe allemand Georg Wilhelm Friedrich Hegel, dans sa théorie de la reconnaissance, l'identité personnelle repose sur la reconnaissance mutuelle entre les individus. C'est à travers cette reconnaissance que nous nous construisons comme sujets autonomes, capables de déterminer notre propre existence. Cette reconnaissance est donc essentielle pour la construction de l'identité personnelle, car elle nous permet de nous situer dans le monde et de comprendre notre place au sein de la société. Cependant, elle peut également être source de conflits, si elle est fondée sur des stéréotypes ou des préjugés, qui ne tiennent pas compte de la diversité des expériences individuelles. La dimension subjective du "je" peut être illustrée à travers plusieurs exemples concrets. Par exemple, lorsque nous disons "Je suis heureux", nous faisons référence à notre propre expérience de la joie, qui est subjective et personnelle. Cette expérience peut être différente d'une personne à l'autre, car elle dépend de notre histoire personnelle, de notre contexte de vie et de nos valeurs. De même, lorsque nous disons "Je suis triste", nous faisons référence à notre propre expérience de la douleur émotionnelle, qui est subjective et personnelle. Cette expérience peut être influencée par des facteurs externes, tels que les événements de notre vie ou les relations que nous entretenons avec les autres. Enfin, lorsque nous disons "Je suis libre", nous faisons référence à notre propre expérience de la liberté et cette expérience peut être différente selon les contextes, car elle dépend de notre capacité à nous déterminer librement dans le monde, en fonction des obstacles et des contraintes qui se présentent à nous. Ainsi, la dimension subjective du "je" est au cœur de l'identité personnelle. Mais au-delà de la question de l'identité personnelle, cette réflexion nous invite aussi à interroger notre rapport à la langue et à la communication. Comme le soulignait le philosophe Jacques Derrida, notre utilisation de la langue est toujours marquée par la présence de l'autre, et notre identité personnelle ne peut se comprendre qu'en relation aux autres. En ce sens, la question de "De quoi parle-t-on quand on dit 'je'?" est également une question sur la nature de la communication et sur la manière dont nous construisons notre rapport au monde et aux autres à travers la langue. Cette dimension repose sur la conscience de soi, qui nous permet de nous situer dans le monde et de comprendre notre propre existence. Cependant, cette dimension subjective est influencée par des facteurs externes, tels que les relations sociales ou les événements de notre vie. La question de la distinction entre l'identité personnelle et l'identité sociale est donc essentielle pour comprendre la nature du "je" et son rôle dans la constitution de l'identité individuelle.

Deuxième partie : la dimension sociale du "je"

La dimension sociale du "je" renvoie à la manière dont notre identité personnelle est construite par les relations que nous entretenons avec les autres. Cette dimension est essentielle pour comprendre l'identité individuelle, car elle montre que notre perception de nous-mêmes est en partie influencée par les normes, les valeurs et les représentations sociales qui nous entourent. La construction sociale de l'identité a été étudiée par plusieurs théoriciens, tels que George Herbert Mead, Erving Goffman et Michel Foucault. Selon Mead, l'identité individuelle est le produit des interactions sociales, qui permettent à l'individu de se voir comme un sujet actif et autonome, capable d'agir sur le monde qui l'entoure. Cette théorie met l'accent sur le rôle de la socialisation dans la construction de l'identité individuelle, en montrant que les normes et les valeurs sociales sont intériorisées par l'individu dès son plus jeune âge. Goffman, quant à lui, a développé la notion de "face", qui renvoie à la manière dont nous présentons une image de nous-mêmes aux autres. Selon Goffman, l'identité individuelle est le produit de la manière dont nous gérons notre "face" dans les interactions sociales. Cette théorie montre que notre identité est influencée par les attentes sociales et les normes de comportement qui régissent les relations entre les individus. Enfin, Foucault a étudié le rôle du pouvoir dans la construction de l'identité individuelle. Selon lui, le pouvoir ne s'exerce pas seulement de manière coercitive, mais également de manière normative, en influençant les normes et les représentations sociales qui régissent les comportements individuels. Cette théorie met l'accent sur le rôle du discours et des représentations sociales dans la construction de l'identité individuelle. Cette dimension sociale du "je" peut être illustrée à travers plusieurs exemples concrets. Par exemple, lorsque nous disons "Je suis un étudiant", nous faisons référence à un rôle social qui nous est attribué par la société. Ce rôle est influencé par les normes et les attentes sociales qui régissent la vie étudiante, telles que l'assiduité, la réussite académique et l'implication dans les activités extrascolaires. De même, lorsque nous disons "Je suis un homme" ou "Je suis une femme", nous faisons référence à une identité sociale qui est construite par les normes de genre qui régissent les relations entre les sexes. Ces normes peuvent varier selon les cultures et les époques, mais elles ont toutes en commun de déterminer les rôles sociaux et les comportements attendus des hommes et des femmes. Enfin, lorsque nous disons "Je suis un citoyen", nous faisons référence à une identité sociale qui est construite par les normes et les valeurs qui régissent la vie en société. Cette identité implique des droits et des devoirs civiques, tels que le droit de vote, l'obéissance aux lois et l'implication dans la vie publique. La dimension sociale du "je" soulève alors plusieurs enjeux philosophiques et éthiques. Elle pose notamment la question de la liberté individuelle, en montrant que notre identité personnelle est en partie influencée par les normes sociales qui régissent notre vie en communauté. Cette question a été abordée par plusieurs philosophes, tels que Jean-Paul Sartre et Simone de Beauvoir. Pour Sartre, la liberté individuelle est le fondement de l'existence humaine, car elle permet à l'individu de se définir lui-même et de créer sa propre identité. Cependant, cette liberté est menacée par les normes et les représentations sociales qui régissent notre vie en communauté. Sartre montre que l'individu est constamment confronté à la pression sociale pour se conformer aux attentes et aux normes de la société, ce qui peut limiter sa liberté individuelle. De même, pour Simone de Beauvoir, l'identité individuelle est construite par les normes de genre qui régissent les relations entre les sexes. Elle montre que les femmes sont souvent assignées à un rôle subordonné dans la société, ce qui limite leur liberté individuelle et leur capacité à se définir elles-mêmes. Elle appelle donc à la libération des femmes de ces normes de genre, afin qu'elles puissent se construire une identité personnelle authentique. Enfin, la dimension sociale du "je" soulève également la question de la responsabilité individuelle. En effet, si notre identité est en partie construite par les normes et les valeurs sociales qui nous entourent, nous sommes également responsables de nos choix et de nos actions individuelles. Cette question a été abordée par Emmanuel Levinas, qui montre que la responsabilité individuelle est le fondement de l'éthique. Levinas explique que notre responsabilité individuelle s'étend au-delà de notre propre identité personnelle, et qu'elle implique également notre responsabilité envers les autres. Nous avons une responsabilité éthique envers autrui, qui découle de notre capacité à percevoir leur vulnérabilité et leur altérité. Cette responsabilité éthique est le fondement de l'éthique de la responsabilité, qui appelle à la prise en compte de la dimension sociale de notre identité personnelle dans nos choix et nos actions individuelles. Ainsi, la dimension sociale du "je" est essentielle pour comprendre l'identité individuelle, en montrant que notre perception de nous-mêmes est en partie influencée par les normes, les valeurs et les représentations sociales qui nous entourent. Cette dimension soulève plusieurs enjeux philosophiques et éthiques, tels que la liberté individuelle, la responsabilité individuelle et l'éthique de la responsabilité. Elle invite donc à une réflexion approfondie sur la manière dont notre identité personnelle est construite, et sur notre place en tant qu'individus dans la société.

Troisième partie : le "je" et la question de la conscience

La question de la conscience est centrale dans la philosophie de l'identité personnelle. En effet, la conscience est ce qui permet à l'individu de se percevoir lui-même, de se distinguer des autres et de prendre conscience de son identité personnelle. Cette dimension de la conscience est souvent associée à la notion de "je pense, donc je suis" de René Descartes. Cependant, la question de la conscience soulève également des enjeux plus complexes et subtils, qui ont été abordés par des philosophes tels qu'Edmund Husserl et Maurice Merleau-Ponty. Pour ces penseurs, la conscience ne peut pas être réduite à une simple réflexion sur soi-même, car elle est fondamentalement enracinée dans notre expérience corporelle et dans notre perception du monde qui nous entoure. Pour Husserl, la conscience est ce qui nous permet de donner du sens à notre expérience, en lui donnant une structure et une signification. Il montre que la conscience est essentiellement intentionnelle, c'est-à-dire qu'elle est dirigée vers un objet ou un phénomène particulier. Cela signifie que la conscience n'est pas simplement une réflexion sur soi-même, mais qu'elle est toujours tournée vers quelque chose qui existe en dehors de nous. De même, pour Merleau-Ponty, la conscience est enracinée dans notre expérience corporelle et dans notre perception du monde qui nous entoure. Notre corps est le point de départ de notre conscience, car c'est à travers lui que nous percevons le monde qui nous entoure. Pour Merleau-Ponty, la conscience n'est pas simplement une représentation mentale de nous-mêmes, mais elle est enracinée dans notre expérience corporelle et dans notre rapport au monde. Par ailleurs, la question de la conscience soulève des enjeux éthiques, en montrant que notre perception de nous-mêmes est toujours liée à notre perception des autres et du monde qui nous entoure. Cette dimension éthique a été abordée par des philosophes tels qu'Emmanuel Levinas, pour qui notre responsabilité éthique envers autrui découle de notre capacité à percevoir leur vulnérabilité et leur altérité. Levinas montre que la conscience est fondamentalement ouverte à l'autre, car elle est toujours tournée vers l'altérité et la vulnérabilité de l'autre. Notre responsabilité éthique envers autrui découle de notre capacité à percevoir cette vulnérabilité et cette altérité, et à répondre à cette responsabilité par la compassion et l'empathie. En conséquence, la question de la conscience est essentielle pour comprendre l'identité personnelle, en montrant que notre perception de nous-mêmes est fondamentalement enracinée dans notre expérience corporelle et dans notre perception du monde qui nous entoure. Notre perception de nous-mêmes est toujours liée à notre perception des autres et du monde qui nous entoure. Elle invite donc à une réflexion approfondie sur la manière dont nous percevons notre identité personnelle, et sur notre responsabilité éthique.

En conclusion, la question de "De quoi parle-t-on quand on dit 'je'?" est une interrogation qui soulève des enjeux ontologiques, psychologiques et éthiques. D'un point de vue ontologique, nous avons vu que la question de l'identité personnelle soulève des questions majeures, en montrant que notre perception de nous-mêmes est toujours en lien avec notre perception du monde qui nous entoure. D'un point de vue psychologique, nous avons vu que la question de l'identité personnelle soulève des enjeux liés à la conscience, qui est ce qui permet à l'individu de se percevoir lui-même et de prendre conscience de son identité personnelle. Différentes théories, telles que celle de Husserl et de Merleau-Ponty, permettent d'aborder cette question en montrant que la conscience est enracinée dans notre expérience corporelle et dans notre perception du monde qui nous entoure. Cette question de l'identité personnelle soulève des enjeux épistémologiques, notre perception de nous-mêmes est toujours liée à notre perception du monde qui nous entoure. Cette dimension épistémologique a été abordée par des penseurs tels que Wittgenstein, qui montrent que la question de la signification du mot "je" est liée à notre utilisation linguistique de ce mot dans différents contextes. Enfin d'un point de vue éthique, la question de l'identité personnelle questionne notre responsabilité envers autrui, car notre perception de nous-mêmes est toujours liée à notre perception des autres et du monde qui nous entoure. Différentes théories, telles que celle de Levinas, permettent d'aborder cette question en montrant que notre responsabilité éthique envers autrui découle de notre capacité à percevoir leur vulnérabilité et leur altérité. Et pour terminer avec le philosophe Friedrich Nietzsche : "Le sujet (ou, pour parler le langage populaire, l'âme) est peut-être resté jusqu'ici l'article de foi le plus inébranlable, par cette raison qu'il permet à la grande majorité des mortels, ... cette sublime duperie de soi qui consiste à tenir la faiblesse elle-même pour une liberté, tel ou tel état nécessaire pour un mérite. " *La Généalogie de la morale*. Avec Nietzsche, le sentiment de puissance ne peut s'éprouver que dans la dynamique du devenir loin de tout ce qui évoque la permanence du sujet. Nous sommes donc invités à reconnaître la dimension toujours en mouvement et en évolution de notre identité personnelle, ainsi que la manière dont celle-ci est construite dans un rapport à l'autre et à la société.

V. LE DEVOIR

Sujet 1 : Agir par devoir est-ce agir contre son intérêt ?

Introduction : "L'amour des hommes et le respect du droit des hommes sont tous deux un devoir ; mais le premier est un devoir qui n'est que conditionné, le deuxième, par contre, est un devoir inconditionné, un commandement absolu et celui qui veut s'abandonner au doux sentiment de la bienfaisance, doit d'abord s'être totalement assuré de ne pas l'avoir transgressé." - Emmanuel Kant, *"Idée d'une histoire universelle d'un point de vue cosmopolitique (1784).* Parler d'un devoir « inconditionné » pose naturellement la question de savoir s'il est possible d'agir par devoir tout en respectant ses propres intérêts est un sujet de débat constant en philosophie morale. Certains philosophes affirment que l'action morale implique nécessairement un sacrifice de soi, tandis que d'autres soutiennent qu'il est possible de concilier devoir et intérêt personnel. Cette dissertation a pour objectif d'explorer cette question en analysant d'abord la possibilité d'agir par devoir tout en respectant ses propres intérêts, puis en envisageant la nécessité d'agir parfois à l'encontre de ses intérêts pour aborder enfin les bénéfices personnels et collectifs de l'accomplissement de notre devoir.

Première partie : la possibilité d'agir par devoir tout en respectant ses propres intérêts

Il est possible d'agir par devoir tout en respectant ses propres intérêts en utilisant une approche éthique basée sur la théorie de la responsabilité. Cette approche postule que chacun est responsable de ses actions et de leurs conséquences, non seulement sur lui-même, mais aussi sur les autres et sur la société dans son ensemble. Ainsi, pour agir de manière éthique, il est nécessaire de prendre en compte les conséquences de ses actions sur les autres et sur la société, tout en respectant ses propres intérêts et ses besoins légitimes. En utilisant cette approche, il est possible de concilier devoir et intérêt personnel en prenant des décisions éthiques qui sont en accord avec les valeurs et les normes morales de la société, tout en respectant les besoins et les intérêts personnels. Par exemple, un individu peut décider de consacrer du temps à des activités caritatives ou à des projets communautaires, tout en prenant soin de sa propre santé mentale et physique. Il peut également décider de prendre des mesures pour protéger l'environnement, tout en ayant des activités économiques qui lui permettent de subvenir à ses besoins financiers. Cette approche éthique basée sur la responsabilité permet aussi de résoudre les conflits éthiques qui peuvent survenir lorsque les intérêts personnels et les intérêts collectifs entrent en conflit. En utilisant une analyse des conséquences de ses actions sur les autres et sur la société, il est possible de prendre des décisions éthiques qui sont en accord avec les valeurs et les normes morales de la société, tout en respectant les besoins et les intérêts personnels. En conséquence, il est possible d'agir par devoir tout en respectant ses propres intérêts en utilisant une approche éthique basée sur la théorie de la responsabilité. Cette approche permet de concilier les intérêts personnels et les intérêts collectifs en prenant des décisions éthiques qui sont en accord avec les valeurs et les normes morales de la société, tout en respectant les besoins et les intérêts personnels. Cette approche est un moyen efficace pour résoudre les conflits éthiques et pour garantir que les individus agissent de manière éthique tout en respectant leurs propres intérêts.

Deuxième partie : la nécessité d'agir à l'encontre de ses intérêts

Il est difficile, voire parfois impossible, d'agir par devoir tout en respectant ses propres intérêts, car les devoirs moraux imposent souvent des sacrifices qui vont à l'encontre des intérêts personnels. "Un droit n'est jamais que l'autre aspect d'un devoir, chaque fois qu'un homme revendique un droit, il reconnaît implicitement un devoir." Jean-Paul Sartre, Les Mots (1964). Cette citation fait écho à la réflexion de Sartre sur la responsabilité et l'engagement, en soulignant l'importance de la notion de devoir dans l'exercice de nos droits. Les devoirs moraux peuvent ainsi exiger des actions qui vont à l'encontre des désirs ou des besoins individuels, et qui peuvent même causer de la douleur ou des sacrifices financiers. L'un des principaux arguments contre la possibilité de concilier devoir et intérêts personnels est qu'il est souvent difficile de déterminer ce qui est moralement correct. Les normes morales peuvent varier considérablement d'une société à l'autre et même d'une personne à l'autre, il est donc difficile de dire ce qui est moralement acceptable. Par conséquent, il est possible que les individus se sentent obligés de sacrifier leurs propres intérêts pour se conformer aux normes morales de la société, même si cela va à l'encontre de leurs propres convictions. De plus, la théorie de la responsabilité éthique ne tient pas compte des circonstances dans lesquelles les individus se trouvent, il est donc difficile d'appliquer cette théorie de manière objective. Les individus peuvent se trouver dans des situations où ils sont obligés de faire des choix difficiles, comme des choix éthiques qui compromettent leurs propres intérêts, en raison de circonstances indépendantes de leur volonté. Enfin, l'intérêt personnel est souvent un facteur non négligeable dans la prise de décision, et il est donc difficile d'ignorer cet intérêt dans le processus de prise de décision éthique. Les individus ont souvent des besoins et des désirs qui influencent leurs actions, et il peut être difficile de mettre ces besoins et désirs de côté pour se conformer aux normes morales. En résumé, il est difficile, voire impossible, d'agir par devoir tout en respectant ses propres intérêts, car les devoirs moraux imposent souvent des sacrifices qui vont à l'encontre des intérêts personnels. Il est difficile de déterminer ce qui est moralement correct, et il est donc possible que les individus se sentent obligés de sacrifier leurs propres intérêts pour se conformer aux normes morales de la société. La théorie de la responsabilité éthique ne tient pas compte des circonstances dans lesquelles les individus se trouvent et l'intérêt personnel est souvent un élément essentiel dans la prise de décision, il peut donc être difficile de le mettre de côté pour se conformer aux normes morales. Par conséquent, il est possible que les individus se sentent obligés de sacrifier leurs propres intérêts pour se conformer aux normes morales de la société, même si cela va à l'encontre de leurs propres convictions. Il faut souligner que les devoirs moraux ne sont pas toujours évidents et peuvent varier en fonction des situations. Il y a des cas où il est difficile de déterminer si une action est moralement correcte ou non, et il peut y avoir des conséquences imprévues pour les individus qui se sentent obligés de suivre les normes morales. Ainsi, il ne faudrait pas sous-estimer les sacrifices personnels qui peuvent être nécessaires pour agir par devoir, et de les peser contre les conséquences potentielles pour soi-même et pour les autres. Ainsi, il est difficile de dire s'il est possible d'agir par devoir tout en respectant ses propres intérêts. Les devoirs moraux peuvent exiger des sacrifices et il peut être difficile de déterminer ce qui est moralement correct. Nous devons considérer les limites de la théorie de la responsabilité éthique et peser les conséquences potentielles pour soi-même et pour les autres avant de prendre une décision.

Troisième partie : Les bénéfices personnels et collectifs de l'accomplissement de notre devoir

Faire notre devoir peut sembler contraignant et fastidieux, mais cela peut également apporter de nombreux avantages personnels et collectifs. Dans cette troisième partie, nous aborderons les bénéfices de l'accomplissement de notre devoir d'un point de vue philosophique. Nous verrons comment l'accomplissement de nos devoirs peut contribuer à notre bien-être personnel et collectif. L'accomplissement de nos devoirs peut nous procurer un sentiment de fierté et d'accomplissement. Nous avons un devoir moral envers nous-mêmes et envers les autres, et le fait de remplir nos obligations peut nous donner un sentiment de satisfaction. Nous pouvons être fiers de nous-mêmes pour avoir fait ce qui est juste et moral, même si cela peut être difficile. De plus, en remplissant nos obligations, nous montrons que nous sommes dignes de respect et que nous sommes capables de nous comporter de manière responsable. En remplissant nos devoirs, nous pouvons renforcer nos relations interpersonnelles. Nous gagnons la confiance et la crédibilité des autres en montrant que nous sommes fiables et que nous remplissons nos obligations. Nous pouvons renforcer les liens avec les autres membres de la société, car nous sommes tous liés par des obligations et des responsabilités communes. L'accomplissement de nos devoirs peut également contribuer au bien-être collectif. En remplissant nos obligations, nous créons une société plus juste et équitable. En faisant notre part pour la société, nous contribuons à la promotion de l'intérêt général plutôt que de l'intérêt personnel. Cela signifie que nous sommes prêts à faire des sacrifices pour le bien commun et à travailler ensemble pour le bénéfice de tous. Enfin, l'accomplissement de nos devoirs peut nous aider à construire un sens de responsabilité sociale. En reconnaissant notre rôle dans la société, nous prenons conscience de notre responsabilité envers les autres membres de la société et envers la société dans son ensemble. Nous comprenons que nous avons une obligation envers les autres et que nos actions ont un impact sur eux. Nous nous engageons donc à être des membres responsables de la société.

En conclusion, nous avons beaucoup à gagner en faisant notre devoir. En remplissant nos obligations morales et en contribuant au bien-être collectif, nous pouvons non seulement renforcer notre propre sens de l'estime de soi et de la responsabilité sociale, mais également renforcer les liens interpersonnels et la société dans son ensemble. En répondant à cette question et en remplissant nos obligations, nous contribuons non seulement à notre propre bien-être, mais aussi à celui de notre communauté et de notre monde. Notre devoir ne doit pas être considéré comme une charge ou un fardeau, mais plutôt comme une opportunité de grandir et de contribuer. En remplissant nos devoirs, nous pouvons être des moyens pour atteindre des fins universelles plus grandes que nous-mêmes. Nous pouvons contribuer à la construction d'une société plus juste et plus équitable, où les individus respectent leurs obligations envers eux-mêmes et envers les autres. En fin de compte, l'accomplissement de notre devoir peut être un acte de courage, de générosité et de compassion. En remplissant nos obligations morales et en contribuant à notre communauté, nous pouvons grandir en tant qu'individus et contribuer à un monde meilleur. Comme l'a dit le célèbre philosophe grec Aristote, "Le bonheur est la fin suprême de la vie humaine, la vertu pratique en étant la forme la plus élevée, et cette dernière étant comme une sorte de principe ; car c'est elle qui est la fin, de telle sorte qu'elle est la seule chose que l'on recherche pour elle-même, car sans elle, la vie serait dénuée de sens." *(Ethique à Nicomaque)*. En faisant notre devoir, nous pouvons atteindre une forme de bonheur qui va au-delà de la satisfaction personnelle et qui inclut la satisfaction de contribuer au bien-être de la communauté.

Sujet 2 : Qu'avons-nous à gagner à faire notre devoir ?

Introduction : "Le devoir est la nécessité d'accomplir une action par respect pour la loi" - Emmanuel Kant, *Fondation de la métaphysique des mœurs (1785)*. Cette citation souligne l'importance de respecter une loi objective, plutôt que de simplement agir selon nos désirs ou nos intérêts personnels. Elle implique que le devoir est lié à un sens de l'objectivité et de la responsabilité morale, plutôt qu'à des motivations égoïstes. Il est facile de se demander pourquoi il est important de faire son devoir. Pourquoi se donner la peine de remplir les tâches qui nous sont assignées, de respecter les obligations qui nous incombent ? Cependant, en y réfléchissant un peu plus en profondeur, il devient évident que le fait de faire son devoir n'est pas seulement une question de conformité aux normes et aux attentes des autres, mais est également une question cruciale pour notre développement personnel et notre place dans la société. C'est dans cette optique que cette dissertation va explorer les avantages personnels puis sociaux de faire son devoir, ainsi que les perspectives éthiques qui sous-tendent cette question.

Première partie : les avantages personnels de faire son devoir

La première partie de cette dissertation va explorer les avantages personnels de faire son devoir. Le développement de la discipline personnelle, l'acquisition de connaissances et de compétences, et la satisfaction personnelle de l'accomplissement sont des avantages de faire son devoir. Le philosophe grec Aristote, dans sa théorie de l'"arété", a mis en avant l'importance de la discipline personnelle pour atteindre l'excellence morale. Le terme "arété" (en grec ancien) signifie "vertu" ou "excellence". Dans sa philosophie éthique, Aristote définit l'arété comme étant la disposition habituelle d'une personne à agir selon la raison, c'est-à-dire à choisir la juste mesure entre deux extrêmes opposés. Par exemple, la vertu du courage se situe entre la lâcheté et la témérité. Selon Aristote, l'arété est une qualité morale acquise par la pratique et l'habitude. Elle est donc différente des dons naturels ou des talents innés. Pour Aristote, l'objectif de la vie humaine est d'atteindre le bonheur, et l'arété est l'un des moyens d'y parvenir. En effet, pour être heureux, il faut être capable de faire les bons choix et d'agir de manière vertueuse. L'arété est donc un concept majeur dans la philosophie morale d'Aristote, car il souligne l'importance de l'habitude et de la pratique dans le développement de la vertu morale. La discipline personnelle est nécessaire pour atteindre un bon caractère et pour vivre une vie vertueuse. Le philosophe allemand Emmanuel Kant a aussi souligné l'importance de faire son devoir pour l'acquisition de connaissances et de compétences. Selon lui, faire son devoir est un moyen de développer notre capacité à penser de manière critique : "La liberté de pensée ne peut être utilisée que par celui qui possède la faculté de penser par lui-même. Cette faculté ne peut être développée que par une pratique continue de la pensée indépendante, et cette pratique ne peut être exercée sous la tutelle. Elle doit être libre" (Kant, *Qu'est-ce que les Lumières* ?). Dans cette citation, Kant met en avant l'importance de développer notre capacité à penser de manière autonome et critique. Selon lui, la liberté de pensée est essentielle pour atteindre ce but, mais cette liberté ne peut être pleinement utilisée que par ceux qui ont la faculté de penser par eux-mêmes. Cette faculté ne peut être acquise que par une pratique continue de la pensée indépendante, qui doit être libre et autonome. Ainsi, pour Kant, faire son devoir peut être vu comme une pratique de la pensée critique et indépendante, qui peut nous aider à développer notre capacité à penser par nous-mêmes et à acquérir des connaissances et des compétences. Le psychologue humaniste Carl Rogers a mis en avant l'importance de faire son devoir pour la satisfaction personnelle de l'accomplissement. Accomplir ses devoirs est un moyen de se développer personnellement et de réaliser son potentiel : "Le processus d'actualisation de soi implique la reconnaissance et l'acceptation de la responsabilité personnelle, la prise en charge de sa vie et l'engagement à poursuivre la croissance personnelle" (Carl Rogers, *Le développement de la personne*). Dans cette citation, Rogers met en avant l'idée que l'actualisation de soi, c'est-à-dire le développement personnel et la réalisation de son potentiel, implique la reconnaissance et l'acceptation de la responsabilité personnelle. Cela signifie prendre en charge sa propre vie et s'engager à poursuivre sa croissance personnelle. Faire son devoir peut donc être vu comme un moyen de prendre cette responsabilité personnelle et de s'engager dans le processus de développement personnel. En accomplissant ses devoirs, on peut acquérir des compétences, des connaissances et une satisfaction personnelle qui peuvent contribuer à notre actualisation de soi. Nous voyons donc comment le développement de la discipline personnelle, l'acquisition de connaissances et de compétences, et la satisfaction personnelle de l'accomplissement sont des éléments remarquables de faire son devoir. Les philosophes tels qu'Aristote, Kant et les psychologues tels que Rogers ont mis en avant l'importance de la discipline personnelle, de l'acquisition de connaissances et de compétences, et de la satisfaction personnelle de l'accomplissement dans leur perspective respective. Leur travail montre comment faire son devoir peut contribuer à notre épanouissement personnel et à notre bien-être en général.

Deuxième partie : les avantages sociaux de faire son devoir

La deuxième partie de cette dissertation va aborder les avantages sociaux de faire son devoir. La participation au bien commun, la responsabilité envers les autres, et la contribution à la société sont des avantages pour faire son devoir. Le philosophe Jean-Jacques Rousseau, dans son ouvrage *"Du contrat social"*, a mis en avant l'importance de la participation au bien commun dans la société. Faire son devoir est un moyen de participer à la création d'un bien commun pour tous les membres de la société. Emmanuel Kant a également souligné la responsabilité envers les autres dans la société. Faire son devoir est un moyen de se montrer responsable envers les autres membres de la société : Voici une citation de Kant qui illustre bien cette idée : "Agis toujours de telle sorte que tu traites l'humanité, aussi bien dans ta personne que dans la personne de tout autre, toujours en même temps comme une fin, et jamais simplement comme un moyen" *Fondements de la métaphysique des mœurs*. Kant met en avant l'idée que nous avons une responsabilité envers l'humanité dans son ensemble, et que chaque individu doit être traité comme une fin en soi, plutôt que comme un simple moyen pour atteindre nos propres fins. Selon Kant, faire son devoir est un moyen de respecter cette responsabilité envers les autres membres de la société. En accomplissant nos devoirs envers les autres, nous contribuons à la création d'une société juste et équitable, dans laquelle chacun est traité avec respect et considération. Nous montrons ainsi notre responsabilité envers les autres, et nous aidons à promouvoir le bien-être collectif. Enfin le psychologue américain Abraham Maslow a souligné l'importance de la contribution à la société dans son approche de la psychologie humaniste. Faire son devoir est un moyen de contribuer à la société et d'aider les autres à atteindre leur potentiel. Dons son ouvrage, D*evenir le meilleur de soi-même,* Maslow met en avant l'idée que le but de la vie est de s'épanouir et de contribuer au bien commun. Selon lui, faire son devoir est un moyen de contribuer à la société et d'aider les autres à atteindre leur potentiel en exprimant ses talents et en travaillant à la réalisation de projets qui bénéficient à tous. En accomplissant nos devoirs envers les autres et en contribuant au bien commun, nous nous épanouissons également personnellement en tant que membres d'une communauté. Nous trouvons un sens à notre vie en travaillant pour quelque chose de plus grand que nous-mêmes, et nous aidons les autres à trouver leur propre épanouissement en contribuant à la réalisation d'une société meilleure. En résumé, la participation au bien commun, la responsabilité envers les autres, et la contribution à la société sont des avantages de faire son devoir. Les philosophes tels que Rousseau, Kant et les psychologues tels que Maslow ont mis en avant l'importance de la participation au bien commun, de la responsabilité envers les autres, et de la contribution à la société dans leur perspective respective. Leur travail montre comment faire son devoir peut contribuer à la société et à la création d'un bien commun pour tous les membres de la société.

Troisième partie : les perspectives philosophiques sur le devoir

La troisième partie de cette dissertation va explorer les perspectives philosophiques sur le sens du devoir. Les perspectives de l'éthique de la responsabilité, de l'éthique de la justice, et de l'éthique de la vertu seront examinées en détail. L'éthicien allemand Hans Jonas a défendu l'éthique de la responsabilité dans son ouvrage *Le Principe responsabilité*. Faire son devoir est un aspect crucial de la responsabilité envers les conséquences de nos actions sur les générations futures. L'impératif catégorique de notre temps est d'agir de telle sorte que les effets de notre action soient compatibles avec la permanence d'une vie authentiquement humaine sur terre : "Agis de façon que les effets de ton action ne soient pas destructeurs pour la possibilité future d'une telle vie, que cette vie soit ou non celle d'êtres humains". *Le Principe Responsabilité : une éthique pour la civilisation technologique* (1979). Jonas met en avant l'idée que notre devoir est de nous assurer que nos actions actuelles ne compromettent pas la possibilité d'une vie authentiquement humaine sur terre pour les générations futures. Nous avons une responsabilité envers les générations futures et nous devons agir de manière à minimiser les effets négatifs de nos actions actuelles sur l'environnement et la société. Faire notre devoir envers les générations futures implique donc de prendre en compte les conséquences de nos actions actuelles sur l'environnement, la société et les générations futures. Cela nécessite une réflexion approfondie sur les choix que nous faisons et les valeurs que nous défendons, ainsi que sur notre responsabilité en tant que membres d'une communauté globale. Le philosophe Jean-Paul Sartre a défendu l'éthique de la liberté dans son ouvrage *L'existentialisme est un humanisme*, faire son devoir est un aspect crucial de la liberté personnelle : " Etre libre, ce n'est pas pouvoir faire ce que l'on veut, mais c'est vouloir ce que l'on peut. ". Enfin le philosophe américain Michael Sandel dans son ouvrage *(Justice)* a défendu l'éthique de la justice d'après laquelle faire son devoir est un aspect crucial de la justice sociale. Pour lui, la justice sociale exige que nous répondions aux besoins fondamentaux des personnes les plus vulnérables de notre société. Nous voyons ainsi que les perspectives de l'éthique de la responsabilité, de l'éthique de la justice et de l'éthique de la vertu peuvent nous aider à comprendre pourquoi il est nécessaire de faire son devoir. Les philosophes tels que Hans Jonas, Jean-Paul Sartre, et Michael Sandel ont mis en avant l'importance de la responsabilité, de la liberté et de la justice dans leur perspective respective. Leur travail montre comment faire son devoir peut être considéré comme une obligation morale ou éthique qui est liée à la responsabilité envers les conséquences de nos actions, à la liberté personnelle et à la justice sociale.

En conclusion, cette dissertation a permis d'examiner les avantages personnels et sociaux de faire son devoir, ainsi que les perspectives éthiques qui sous-tendent cette question. Nous avons vu comment le développement de la discipline personnelle, l'acquisition de connaissances et de compétences, et la satisfaction personnelle de l'accomplissement sont des avantages de faire son devoir. Nous avons aussi vu comment faire son devoir participe du bien commun, de la responsabilité envers les autres et de la contribution à la société. Enfin, nous avons exploré les perspectives philosophiques sur le devoir, en examinant les perspectives de l'éthique de la responsabilité, de l'éthique de la justice, et de l'éthique de la vertu. Cette réflexion sur le devoir ouvre des pistes plus larges sur les questions de responsabilité, de liberté, de justice, et de moralité. Elle montre que faire son devoir n'est pas seulement une question de conformité aux normes et aux attentes des autres, mais est lié à notre bien-être personnel, à notre contribution à la société, et à notre place dans la société. Cela peut nous aider à comprendre comment nous pouvons devenir des individus plus responsables, libres, et éthiques. " Plus un homme a fondé profondément sa vie sur l'éthique, moins il sentira le besoin de parler constamment du devoir, de s'inquiéter pour savoir s'il le remplit, de consulter à chaque instant les autres pour le connaître enfin. " Søren Kierkegaard.

Sujet 3 : Les devoirs de l'homme varient-ils selon les cultures ?

Introduction : "la notion de devoir varie avec les cultures, les époques et les individus, et la pluralité des conceptions de ce qui est dû ou attendu de l'individu témoigne de la richesse et de la diversité des cultures humaines." - Jacques Arnould *Les notions de devoir dans les différentes cultures, Les cahiers de l'Orient, (2006).* Les devoirs de l'homme sont un sujet de réflexion ancien et central dans les différentes cultures du monde. Les devoirs peuvent inclure des obligations morales, sociales, religieuses et culturelles, qui varient considérablement selon les contextes. La problématique soulevée dans cette analyse est de savoir si les devoirs de l'homme varient selon les cultures, et si ces variations peuvent avoir un impact sur la coexistence pacifique entre les peuples. En d'autres termes, est-il possible de déterminer des devoirs universels pour l'humanité, malgré les différences culturelles ? Pour répondre à cette problématique, l'analyse sera divisée en trois parties. La première partie examinera les devoirs de l'homme dans les différentes cultures, en mettant en évidence les obligations morales, sociales, religieuses et culturelles qui sont spécifiques à chaque contexte. La deuxième partie se concentrera sur la variabilité des devoirs de l'homme en fonction des cultures, en examinant les facteurs qui influencent ces variations et les différences entre les cultures quant à la définition et la priorité des devoirs. La troisième partie envisagera l'universalité des devoirs de l'homme, en examinant les obligations morales qui sont considérées comme universelles pour l'humanité, ainsi que les initiatives visant à promouvoir l'universalité des devoirs de l'homme à l'échelle mondiale.

Première partie : Les devoirs de l'homme en différentes cultures

Les devoirs familiaux et sociaux sont ceux qui sont liés à la famille et à la société dans laquelle une personne vit. Ils peuvent inclure des obligations telles que le respect des aînés, la responsabilité de prendre soin de la famille, le maintien de la paix familiale, la participation aux activités sociales, etc. Les obligations sociales peuvent varier considérablement d'une culture à l'autre, en fonction des traditions et des valeurs. Par exemple, dans certains pays, le devoir de prendre soin de la famille peut inclure le soutien financier aux parents âgés, alors que dans d'autres cultures, il peut être considéré comme un devoir de soutenir les frères et sœurs. Les devoirs religieux dépendent de la religion pratiquée par une personne. Ils peuvent inclure des obligations telles que la pratique de la prière, le jeûne, le don aux œuvres caritatives, etc. Les devoirs religieux varient considérablement d'une religion à l'autre, en fonction des croyances et des enseignements. Par exemple, dans l'Islam, le devoir de faire la prière cinq fois par jour est considéré comme un des piliers de la religion, alors que dans d'autres religions, la pratique de la prière peut être moins rigoureuse. Les devoirs culturels et nationaux dépendent de la culture et de la nation dans laquelle une personne vit. Ils peuvent inclure des obligations telles que la participation aux activités culturelles, le respect des traditions et des cérémonies, la participation aux activités politiques, etc. Les devoirs culturels et nationaux sont également différents d'une culture à l'autre, en fonction des traditions, des valeurs et des croyances. Par exemple, dans certaines cultures, le devoir de participer aux activités culturelles peut inclure la participation aux danses et aux cérémonies, alors que dans d'autres cultures, il peut inclure la participation à des événements sportifs ou à des festivals religieux. De plus, certaines cultures peuvent considérer la participation aux activités culturelles comme un devoir collectif, tandis que d'autres peuvent le considérer comme un devoir individuel. En fin de compte, les devoirs liés aux activités culturelles varient considérablement d'une culture à l'autre, reflétant les différences dans les croyances, les valeurs et les traditions.

La deuxième partie : la variabilité des devoirs de l'homme selon les cultures.

Cette partie explorera les facteurs influençant la variabilité des devoirs, tels que les croyances et les valeurs, le développement économique et politique, ainsi que l'influence de la religion. Les croyances et les valeurs d'une culture peuvent avoir un impact sur les devoirs considérés comme signifiants pour les membres de cette culture. Selon Emmanuel Kant dans les *Fondements de la métaphysique des mœurs*, les croyances ne valent que si elles sont fondées sur des valeurs. Le développement économique et politique peut aussi influencer la valorisation des devoirs pour les membres d'une culture. Selon Friedrich Nietzsche, la morale est la conséquence de l'histoire. Dans son œuvre, *Au-delà du bien et du mal,* il montre que les devoirs considérés comme importants peuvent changer en fonction de l'histoire et de l'évolution de la société. L'influence de la religion peut aussi jouer un rôle dans la définition des devoirs pour les membres d'une culture. Selon Søren Kierkegaard, qui reprend *Le Cantique des cantiques de l'âme*" du mystique espagnol Jean de la Croix, "Dans le vrai rapport de la prière, ce n'est pas Dieu qui entend ce qu'on lui demande, mais celui qui prie, qui continue de prier jusqu'à être lui-même, celui qui entend ce que Dieu veut.". Les croyances religieuses peuvent donc aussi déterminer les devoirs pour les membres d'une culture. Il est évident que les cultures peuvent avoir des définitions et des priorités différentes en ce qui concerne les devoirs. Selon John Stuart Mill, les individus sont libres dans une société libre. *On Liberty*. Cela signifie que les devoirs peuvent varier en fonction de la liberté individuelle dans une société donnée. De plus, selon Jean-Jacques Rousseau, "Le premier et le plus important des devoirs d'un homme envers lui-même et envers les autres est certainement de respecter les lois établies; le devoir d'un citoyen est de respecter la loi même quand elle lui déplaît, car une telle opposition est fondamentalement contraire à la règle de la vie en société." Cette citation est extraite de son livre *Du contrat social ou Principes du droit politique* (1762). Les devoirs peuvent varier en fonction du contexte historique et politique. Par exemple, pendant les périodes de guerre, les devoirs de l'homme peuvent inclure la défense de son pays et la protection de sa famille, tandis que dans des périodes de paix, les devoirs peuvent inclure la participation à la vie civique et à la construction de la communauté. "L'Histoire est un juge implacable des réalisations des hommes et des nations" a dit Franklin D. Roosevelt, 33ème président des États-Unis, dans un discours en 1940. Les devoirs et les obligations varient donc selon les cultures et le contexte historique, reflétant les valeurs et les priorités de la société à un moment donné.

Troisième partie : L'universalité des devoirs de l'homme

L'universalité des devoirs de l'homme est un sujet de débat dans la société moderne. Certes, il existe des devoirs qui sont considérés comme universels, tels que la justice et la compassion, qui sont considérés comme étant fondamentaux pour toutes les cultures. Mais nous trouvons aussi des différences dans la façon dont les devoirs sont définis et priorisés dans différentes cultures. La compréhension des devoirs culturels différents peut être un moyen de renforcer les relations interculturelles et d'éviter les malentendus. Comme le disait le philosophe grec Aristote, Il est donc évident que les citoyens doivent être éduqués dans le respect mutuel.". Dans son ouvrage *La Politique*, Aristote aborde ainsi l'importance de la tolérance envers les croyances et les coutumes différentes. Cette tolérance peut aider à établir des relations plus positives et plus productives entre les cultures différentes. De plus, comprendre les devoirs culturels différents aide à renforcer la compréhension de soi-même. Cela peut permettre à une personne d'analyser ses propres devoirs et de les comparer à ceux de cultures différentes, ce qui peut stimuler la réflexion sur ses propres valeurs et croyances. Enfin, la compréhension des devoirs culturels différents peut également aider à améliorer la coopération internationale. En comprenant les devoirs culturels des autres cultures, les individus et les pays peuvent mieux travailler ensemble pour atteindre des objectifs communs, en évitant les malentendus et les conflits inutiles. Le philosophe Emmanuel Kant, dans sa *Critique de la raison pure,* a montré que la moralité doit être basée sur des principes universels, tels que la justice et la compassion. Selon Kant, ces principes sont fondamentaux pour la coexistence pacifique entre les êtres humains et pour le bien-être de la société dans son ensemble. De même, le sociologue Émile Durkheim, dans *Les règles de la méthode sociologique*, a souligné que les devoirs moraux sont universels, car ils sont nécessaires pour maintenir la solidarité et l'ordre social. Durkheim a indiqué que ces devoirs sont transmis de génération en génération et sont donc un élément de la continuité culturelle. L'universalité des devoirs est fondamentale pour la coexistence pacifique entre les cultures, car elle fournit un terrain d'entente commun sur les valeurs et les principes moraux. Cela peut aider à résoudre les conflits entre les cultures en offrant une base commune pour la communication et la compréhension mutuelle. Le philosophe français Jean-Paul Sartre, dans *L'existentialisme est un humanisme,* a noté que les devoirs universels sont fondateurs pour la liberté individuelle et pour la paix dans le monde. Selon Sartre, la liberté individuelle est liée à la responsabilité de faire le bien et de respecter les devoirs moraux universels. Il existe plusieurs initiatives pour promouvoir l'universalité des devoirs de l'homme à l'échelle mondiale, notamment à travers l'Organisation des Nations Unies et ses conventions sur les droits de l'homme. Ces initiatives visent à sensibiliser les gouvernements et les citoyens à l'importance de la promotion et de la protection des droits de l'homme pour la coexistence pacifique entre les cultures. L'universalité des devoirs de l'homme a une grande importance pour la coexistence pacifique entre les cultures. Les devoirs universels, tels que la justice et la compassion, sont des valeurs qui transcendent les cultures et les frontières nationales. Ils créent un terrain d'entente entre les différentes cultures et peuvent aider à éviter les conflits interculturels. Dans *La Déclaration universelle des droits de l'homme (1948)*, l'Organisation des Nations Unies (ONU) a défini les devoirs universels des individus envers les autres, incluant le droit à la vie, la liberté et la sécurité de la personne, la liberté de pensée, de conscience et de religion, ainsi que le droit à la participation à la vie politique et économique de la communauté. La philosophe Martha Nussbaum, dans son ouvrage *L'éthique cosmopolite (1997)*, argumente également pour l'importance de l'universalité des devoirs pour la coexistence pacifique entre les cultures. Elle affirme que la reconnaissance et la promotion des devoirs universels peuvent aider à éliminer les préjugés et les stéréotypes entre les cultures, contribuant ainsi à une société plus inclusive et respectueuse des différences. Il existe plusieurs initiatives pour promouvoir l'universalité des devoirs de l'homme à l'échelle mondiale. L'ONU joue un rôle clé dans cet effort en mettant en œuvre des programmes pour renforcer les droits de l'homme et les libertés fondamentales dans les pays du monde entier. De plus, de nombreuses organisations internationales, telles que Amnesty International et Human Rights Watch, travaillent à défendre et à promouvoir les droits de l'homme et les libertés fondamentales à travers le monde. Enfin, les citoyens eux-mêmes peuvent contribuer à promouvoir l'universalité des devoirs en travaillant à renforcer les droits de l'homme dans leur propre communauté, en défendant les libertés fondamentales et en promouvant la justice et la compassion pour tous les êtres humains. Les devoirs de l'homme varient selon les cultures, mais il existe des devoirs universels pour établir la paix et la justice dans la société. L'universalité des devoirs peut être promue à travers des initiatives telles que l'établissement de normes internationales en matière de droits de l'homme et la promotion de la justice et de la compassion.

En conclusion, les devoirs de l'homme varient considérablement en fonction des cultures, des croyances, des valeurs, du développement économique et politique, et de l'influence religieuse. Cependant, malgré ces différences, il existe des devoirs universels qui sont considérés comme fondateurs pour la coexistence pacifique entre les cultures, tels que la justice, la compassion et la dignité. L'universalité des devoirs de l'homme est cruciale pour le bien-être de la société et pour le respect des droits de l'homme. Comme l'a dit l'ancien Secrétaire général de l'ONU, Kofi Annan, *discours à l'ONU* : "L'humanité a un devoir envers elle-même de ne pas abandonner son plus grand idéal : la dignité, la justice et la liberté pour tous les êtres humains.". Cette déclaration souligne l'importance de l'universalité des devoirs de l'homme pour la coexistence pacifique entre les cultures. Et nous pouvons tirer une leçon de la citation d'Emmanuel Kant : "Nous élever dans sa pureté totale à cet idéal de la perfection morale, c'est-à-dire à l'archétype de l'intention éthique, [est] un devoir universel de l'homme, pour lequel cette idée même, que la raison propose comme modèle à nos efforts, peut nous donner de la force" *La Religion dans les limites de la simple raison* (1793). Kant souligne l'importance de l'élévation morale pour l'homme, quelle que soit la culture, c'est-à-dire la nécessité d'atteindre la perfection morale, qui est un devoir universel pour tous les êtres humains.

Sujet 4 : Obéir me dégage-t-il de toute responsabilité ?

Introduction : l'obéissance est un concept complexe qui a des conséquences profondes pour la moralité individuelle et collective. Depuis des siècles, les philosophes et les théologiens se sont penchés sur les obligations et les responsabilités que l'obéissance impose aux individus. " Tu es responsable de ce que tu as apprivoisé ». *Le Petit Prince* - Antoine de Saint-Exupéry. Cette citation met en évidence l'idée que nous sommes responsables de nos actions et de leurs conséquences. Nous sommes responsables de ce que nous avons contrôlé, et nous devons en assumer les conséquences. En d'autres termes, nous sommes tenus de faire ce qui est moralement juste, même si cela va à l'encontre de ce que l'autorité nous demande. La problématique centrale de ce sujet est donc de savoir jusqu'où l'obéissance nous exempte de responsabilité. Si nous obéissons à une autorité, sommes-nous exempts de toute responsabilité pour les conséquences de nos actions ? Ou bien y a-t-il des limites à l'obéissance qui sont dictées par notre conscience personnelle, la loi ou les normes sociales ? Il semble en préalable utile de rappeler les définitions pour mieux appréhender ce sujet : l'obéissance est le fait de suivre les instructions, les ordres ou les règles édictées par une autorité ou une instance supérieure. Cela peut inclure l'obéissance aux lois et aux règlements, aux parents et aux aînés, ainsi qu'à d'autres formes d'autorité telle que l'Église ou les normes sociales. La responsabilité est le fait d'être tenu comptable pour ses actions et de subir les conséquences de ces actions. Cela peut inclure la responsabilité morale, juridique et sociale. La responsabilité morale implique d'être tenu comptable des conséquences éthiques de ses actions, tandis que la responsabilité juridique implique d'être tenu comptable selon la loi. La responsabilité sociale implique de tenir compte des conséquences sociales de ses actions et de les considérer dans ses décisions. Dans cette dissertation, nous examinerons donc les différentes formes de responsabilité que l'obéissance impose aux individus. Nous étudierons les responsabilités morales, juridiques et sociales, en examinant des exemples concrets pour illustrer les conséquences de l'obéissance.

Première partie : la responsabilité morale

La responsabilité morale est fondée sur la conscience personnelle de l'individu. Cette conscience détermine les valeurs et les principes auxquels nous adhérons, et nous guide dans nos choix et nos actions. Selon Emmanuel Kant, nous sommes tenus d'agir selon la maxime qui peut être universalisée. Cela signifie que nous devons faire ce qui est moralement juste, même si cela va à l'encontre de ce que l'autorité nous demande. En d'autres termes, notre responsabilité morale nous impose de suivre notre conscience personnelle, plutôt que d'obéir aveuglément à l'autorité. Cela signifie que, même si nous obéissons à une autorité, nous sommes toujours tenus de répondre de nos actions. Si nos actions vont à l'encontre de nos principes moraux, nous sommes alors moralement responsables des conséquences. Outre notre conscience personnelle, nous sommes aussi soumis à des normes morales qui sont partagées par la société dans laquelle nous vivons. Ces normes sont déterminées par des facteurs tels que la religion, la culture, la tradition, et les valeurs communes. Elles définissent ce qui est considéré comme acceptable et inacceptable dans notre comportement et nos actions. L'obéissance à ces normes morales est cruciale pour la cohésion sociale et la stabilité des relations humaines. Cependant, il faut se rappeler que, même si nous obéissons à ces normes, nous sommes toujours tenus de répondre de nos actions. Si nos actions vont à l'encontre de ces normes morales, nous sommes moralement responsables des conséquences. L'un des exemples les plus frappants de l'obéissance à la conscience personnelle versus l'obéissance aux autorités se trouve dans l'histoire de Rosa Parks, qui a refusé de céder sa place à un passager blanc dans un bus à Montgomery, en Alabama, en 1955. Rosa

Parks a choisi de désobéir aux normes raciales de l'époque et de suivre sa conscience personnelle en se battant pour les droits des Afro-Américains. Sa décision a déclenché la grève des bus de Montgomery et a été un point de départ clé pour le mouvement des droits civiques aux États-Unis.

Deuxième partie : la responsabilité juridique

La responsabilité juridique désigne la responsabilité pour les actions qui sont interdites par la loi et qui peuvent entraîner des conséquences judiciaires telles que des sanctions pénales ou civiles. Cette forme de responsabilité est différente de la responsabilité morale, car elle est déterminée par des normes et des lois édictées par la société plutôt que par la conscience personnelle. La responsabilité juridique découle de l'obligation de respecter les lois édictées par la société. La loi définit les actions qui sont considérées comme illégales et les conséquences pour les personnes qui les commettent. Lorsqu'une personne enfreint la loi, elle est considérée comme juridiquement responsable et peut être soumise à des poursuites judiciaires. Bien que l'obéissance à la loi soit généralement considérée comme un moyen de se dégager de la responsabilité juridique, il existe des limites à cette obéissance. Par exemple, lorsqu'une loi est injuste ou contraire aux droits fondamentaux de l'homme, une personne peut refuser d'obéir et ne pas être considérée comme responsable. De plus, l'obéissance à des ordres illégaux peut entraîner une responsabilité juridique pour les personnes qui les exécutent. L'un des exemples les plus célèbres de la responsabilité juridique pour des actes commis sous obéissance est le procès de Nuremberg après la Seconde Guerre mondiale. Les défenseurs des accusés soutenaient que leur obéissance aux ordres de leurs supérieurs les avait dégagés de la responsabilité pour les crimes qu'ils avaient commis. Cependant, le Tribunal de Nuremberg a statué que l'obéissance à des ordres illégaux ne dégage pas de la responsabilité pour les crimes commis. Ce verdict a établi un précédent en matière de responsabilité pour les actes commis sous obéissance, montrant que la responsabilité juridique peut dépasser l'obéissance à la loi. Dans la plupart des systèmes juridiques, l'obéissance à la loi est considérée comme un élément clé de la responsabilité juridique. Cependant, cette obéissance ne garantit pas toujours une protection complète contre les conséquences pénales pour les actes illégaux. Nous pouvons cependant remarquer que l'obéissance à la loi ne peut pas justifier un comportement criminel. Par exemple, la participation à une guerre illégale ou à des actes de torture ne peut pas être justifiée en invoquant un ordre supérieur. Les conséquences de l'obéissance aux autorités peuvent varier selon les circonstances. Dans certains cas, l'obéissance peut entraîner une protection complète contre la responsabilité pénale. Cependant, dans d'autres cas, cette obéissance peut entraîner une responsabilité accrue en raison de la participation à des actes illégaux. Les défenseurs de l'obéissance aux autorités peuvent arguer que les actes commis sous l'obéissance sont la responsabilité des autorités supérieures plutôt que de l'individu qui les a commis. Cependant, cet argument est souvent remis en question en raison de la nécessité de tenir les individus responsables de leurs propres actions. Les débats sur la responsabilité morale et juridique en cas d'obéissance aux autorités continuent de faire rage dans de nombreux milieux académiques et juridiques. Certains soutiennent que l'obéissance aux autorités doit être considérée comme une circonstance atténuante en matière de responsabilité pénale. D'autres soutiennent que l'obéissance aux autorités ne peut jamais justifier des actes criminels et que les individus doivent être tenus responsables de leurs propres actions. Ces débats continuent d'être influencés par de nombreux facteurs, tels que les valeurs culturelles et les principes juridiques en vigueur. Les décisions judiciaires sur la responsabilité en cas d'obéissance aux autorités peuvent varier considérablement d'un pays à l'autre.

Troisième partie : la responsabilité sociale

La responsabilité sociale est un aspect de la responsabilité d'une personne. Cette responsabilité se définit comme l'obligation morale et sociale d'une personne de respecter les normes et les valeurs de la société dans laquelle elle vit. Elle est largement influencée par les normes et les valeurs sociales qui sont en vigueur dans la société. Les individus doivent tenir compte de ces normes et de ces valeurs dans leurs actions quotidiennes, car elles ont un impact sur les autres membres de la société. L'obéissance aux normes sociales fait partie de la responsabilité sociale. Les normes sociales sont des comportements attendus et acceptables pour les membres d'une société. Elles sont transmises de génération en génération et sont souvent considérées comme étant morales. Les individus obéissent à ces normes pour éviter les conséquences sociales telles que la stigmatisation ou l'exclusion. Cependant, l'obéissance aux normes sociales peut parfois entrer en conflit avec la conscience personnelle ou les obligations juridiques d'une personne. Un exemple de la tension entre l'obéissance aux normes sociales et la responsabilité sociale peut être vu dans la discrimination. La discrimination se produit lorsqu'une personne ou un groupe est traité de manière inéquitable en raison de facteurs tels que la race, l'origine ethnique, le sexe ou l'orientation sexuelle. Les normes sociales peuvent souvent soutenir ou encourager la discrimination, ce qui peut entraîner des conséquences négatives pour les victimes de la discrimination. Cependant, les individus peuvent choisir de ne pas obéir à ces normes sociales discriminatoires et d'agir en fonction de leur conscience personnelle et de leur responsabilité sociale pour mettre fin à la discrimination.

Conclusion : La responsabilité peut être morale, juridique ou sociale, et chacune de ces formes de responsabilité est influencée par différents facteurs tels que la conscience personnelle, les normes morales et les lois. Lorsqu'une personne agit en conformité avec sa conscience personnelle, elle peut être considérée comme étant moralement responsable de ses actions. Cependant, lorsqu'une personne agit uniquement par obéissance aux autorités, elle peut ne pas être considérée comme étant pas moralement responsable. Dans le cas de la responsabilité juridique, la loi joue un rôle clé dans la détermination de la responsabilité. Bien que l'obéissance à la loi puisse protéger une personne de certaines poursuites, il existe des limites à cette obéissance, notamment en cas de crimes graves commis sous obéissance. Enfin, la responsabilité sociale implique le respect des normes et valeurs de la société. Une personne qui obéit aux normes sociales peut être considérée comme étant socialement responsable de ses actions, mais cela peut cependant entraîner une participation à des comportements discriminatoires. Comme le disait le philosophe Jean-Paul Sartre dans *L'existentialisme est un humanisme (1946)* "Si l'homme est responsable de tout ce qu'il est et de tout ce qu'il fait, il est donc à la fois responsable de lui et de toute l'humanité. Ainsi, lorsqu'il prend conscience de sa situation, il ne peut rester indifférent à l'injustice qui frappe autrui et qui, en fin de compte, le concerne lui-même." Cette citation illustre l'idée centrale de l'existentialisme de Sartre, à savoir que l'homme est totalement libre et responsable de ses choix et de ses actions, et qu'il doit donc assumer la responsabilité de ses actes, ainsi que des conséquences de ces derniers sur les autres et sur le monde en général. Les individus doivent donc être conscients de leur propre responsabilité et de leur capacité à agir de manière autonome, même lorsqu'ils sont soumis à des obligations sociales ou légales.

Sujet 5 : Est-ce un devoir de se connaître soi-même ?

Introduction : l'être humain est un être complexe, doté d'une conscience de soi, qui s'interroge sur son identité et sa place dans le monde. Depuis l'Antiquité, la question de la connaissance de soi est au cœur de la philosophie. Pour Socrate, "la vie qui n'est pas examinée ne vaut pas la peine d'être vécue" *Apologie de Socrate*. Cette maxime a été reprise par de nombreux philosophes, de Platon à Michel de Montaigne en passant par René Descartes, qui affirmait dans les *Méditations métaphysiques* : "Je suis une chose qui pense, c'est-à-dire qui doute, qui affirme, qui nie, qui connaît peu de chose, qui imagine et qui sent" *(Méditation II)*. La question que nous allons traiter dans cette dissertation est la suivante : est-ce un devoir de se connaître soi-même ? Autrement dit, est-il nécessaire de chercher à se connaître soi-même ? Cette question est essentielle en philosophie, car elle pose la question de l'identité de l'être humain et de sa relation avec le monde. En effet, savoir qui nous sommes, ce que nous aimons, ce qui nous motive, est un préalable indispensable pour mener une vie heureuse et réussie. Cependant, la question de la connaissance de soi est complexe et soulève de nombreuses interrogations. Par exemple, comment se connaître soi-même ? Est-ce possible ? Jusqu'où peut-on aller dans la connaissance de soi ? Quelles sont les limites de cette connaissance ? Enfin, quelles sont les implications pratiques de cette connaissance de soi ? Autant de questions auxquelles nous allons tenter de répondre dans cette dissertation. Le plan que nous allons suivre est le suivant : dans un premier temps, nous verrons les arguments en faveur du devoir de se connaître soi-même. Nous étudierons notamment la maxime socratique "Connais-toi toi-même" et les raisons éthiques et épistémologiques qui font de la connaissance de soi un devoir. Dans un second temps, nous examinerons les arguments contre le devoir de se connaître soi-même, tels que le scepticisme ou l'existentialisme en évoquant aussi les objections à ces arguments, qui montrent que la connaissance de soi est nécessaire malgré les difficultés qu'elle soulève. Dans un troisième temps, nous étudierons les limites de la connaissance de soi et les implications pratiques de cette question, en montrant notamment que la connaissance de soi est un moyen de mieux se comprendre soi-même et de mieux interagir avec les autres.

Première partie : les arguments en faveur du devoir de se connaître soi-même

La connaissance de soi est un thème récurrent dans l'histoire de la philosophie, notamment chez les Grecs anciens. Socrate, l'un des pères fondateurs de la philosophie occidentale, affirmait donc que "la vie qui n'est pas examinée ne vaut pas la peine d'être vécue", cette maxime est connue sous le nom de "Connais-toi toi-même" et elle est inscrite sur le fronton du temple de Delphes, ce qui montre l'importance de la connaissance de soi dans la culture grecque. L'argument de Socrate est donc que la connaissance de soi est un devoir moral, qui permet de mener une vie éthique et responsable. En effet, comment peut-on être responsable de ses actions si l'on ne se connaît pas soi-même ? La connaissance de soi permet de connaître ses valeurs, ses passions, ses limites, ses qualités et ses défauts, ce qui est essentiel pour prendre des décisions éclairées et agir en accord avec ses convictions. Pour Sénèque, "l'essentiel est de se connaître soi-même" *(De la tranquillité de l'âme)*. De plus, la connaissance de soi est un élément clé pour mener une vie heureuse et épanouissante. En effet, savoir ce que l'on veut, ce qui nous rend heureux, ce qui nous motive, est essentiel pour construire un projet de vie cohérent et satisfaisant. Pour Aristote, "le bonheur est l'activité conforme à la vertu" *(Éthique à Nicomaque)*, et la vertu ne peut être atteinte sans une connaissance de soi suffisante. La connaissance de soi vaut d'un point de vue épistémologique. En effet, comment peut-on prétendre connaître le monde si l'on ne se connaît pas soi-même ? La connaissance de soi permet de prendre conscience de ses biais, de ses préjugés, de ses limites intellectuelles, etc. Pour René Descartes, "il est impossible de tromper celui qui se connaît lui-même" *(Discours de la méthode)*, car il est capable de distinguer les idées claires et distinctes des idées confuses et incertaines. De plus, la connaissance de soi permet de mieux comprendre les autres et de mieux interagir avec eux. En effet, savoir ce qui nous motive, ce qui nous irrite, ce qui nous réjouit, permet de mieux comprendre les réactions des autres et de mieux communiquer avec eux. Ainsi, les arguments en faveur du devoir de se connaître soi-même sont nombreux et variés. La maxime socratique "Connais-toi toi-même" est un argument moral fort en faveur de la connaissance de soi, car elle montre que cette connaissance est essentielle pour mener une vie éthique et responsable. De plus, la connaissance de soi est un élément clé pour mener une vie heureuse et épanouissante, car elle permet de construire un projet de vie.

Deuxième partie : limites au devoir de se connaître soi-même

Mais il existe également des limites et des arguments contre cette idée, qui remettent en question l'importance de la connaissance de soi. La connaissance de soi implique de prendre conscience de nos pensées, de nos émotions, de nos motivations et de nos comportements. Cependant, cette quête de la connaissance de soi est confrontée à des limites qui sont inhérentes à la nature humaine. La première limite de la connaissance de soi est notre subjectivité. Nous sommes tous influencés par nos expériences passées, notre éducation, notre culture, notre environnement social et notre vision du monde. Nous avons tous des préjugés, des croyances et des valeurs qui peuvent nous empêcher de voir les choses objectivement. Nous sommes donc susceptibles de biaiser notre propre perception de nous-mêmes. La deuxième limite est notre mémoire. Nous ne pouvons pas tout retenir et nous avons tendance à oublier certaines choses au fil du temps. Les souvenirs que nous avons de notre passé peuvent être déformés ou incomplets. Nous avons également tendance à nous rappeler les événements qui ont marqué notre vie, mais nous oublions souvent les moments plus banals qui ont pourtant contribué à forger notre personnalité. La troisième limite est notre inconscient. Selon la psychanalyse, une partie de notre psyché est cachée dans notre inconscient. Nous avons des désirs, des peurs, des angoisses et des conflits qui nous échappent. Ces éléments de notre personnalité peuvent être révélés par des rêves, des lapsus ou des comportements qui nous échappent. Par ailleurs, les philosophes ont explicité des arguments majeurs, que nous allons maintenant examiner. Le premier argument contre le devoir de se connaître soi-même est d'ordre sceptique. En effet, selon les sceptiques, la connaissance de soi est impossible, car elle implique de se connaître objectivement, ce qui est impossible en raison de notre subjectivité. Pour Montaigne, "Chacun porte la forme entière de l'humaine condition, et […] il n'y a rien de plus aisé que de se donner soi-même des coups" *(Les Essais)*. Autrement dit, notre connaissance de nous-mêmes est biaisée par notre point de vue subjectif, et il est donc impossible de nous connaître objectivement. Selon cette perspective, la connaissance de soi n'est donc pas un devoir, car elle est impossible. Certains auteurs, tels que David Hume, affirment que l'ignorance de soi peut même être un avantage dans la quête du bonheur : "La plupart des êtres humains sont naturellement portés à la présomption et à l'estime de soi, et sont heureux dans la mesure où ils sont ignorants de leurs propres défauts. Si vous voulez être heureux, dit-on, vivez donc ignorant et insouciant." *Traité de la nature humaine* (livre II, partie III 1739-1740). Selon cette perspective, la connaissance de soi peut être source de souffrance, car elle peut nous faire prendre conscience de nos limites, de nos défauts, de nos échecs. Un deuxième argument contre le devoir de se connaître soi-même est d'ordre pragmatique. En effet, même si la connaissance de soi est possible, elle n'est pas nécessaire pour mener une vie heureuse. Les personnes les plus heureuses ne se connaissent pas forcément mieux que les autres, et certains peuvent être heureux sans connaître leurs propres motivations ou désirs. Pour John Stuart Mill, "le bonheur est un terme vide de sens" (Utilitarisme), car il est subjectif et dépend des préférences individuelles. Autrement dit, ce qui rend une personne heureuse dépend de ses propres préférences et non de sa connaissance de soi. Selon cette perspective, la connaissance de soi n'est pas un devoir, car elle n'est pas nécessaire pour mener une vie heureuse. Friedrich Nietzsche a aussi critiqué l'idée que la connaissance de soi était une fin en soi. Pour Nietzsche, la recherche de la vérité sur soi-même est une illusion. Selon lui, la vérité sur soi-même n'est qu'une construction culturelle qui varie d'une époque à une autre. Nietzsche a plutôt plaidé pour l'acceptation de soi, telle que nous sommes, plutôt que la recherche d'une idée idéale de soi. Enfin un dernier argument contre le devoir de se connaître soi-même est d'ordre existentialiste. Selon les existentialistes, la connaissance de soi peut être dangereuse, car elle peut conduire à la découverte de notre vide existentiel, ce qui peut être source d'angoisse. Pour Sartre, "l'homme est condamné à être libre" *L'Être et le Néant*, et cette liberté peut être source d'angoisse, car elle nous confronte à notre responsabilité dans le choix de notre propre vie. La connaissance de soi peut ainsi nous conduire à découvrir que notre vie n'a pas de sens, ce qui peut être source de désespoir. En conséquence, les sceptiques remettent en question la possibilité même de la connaissance de soi, tandis que les pragmatiques et les existentialistes remettent en question son utilité. Cependant, ces arguments ne sont pas sans réplique, et les défenseurs de la connaissance de soi peuvent avancer que même si la connaissance de soi est imparfaite, elle reste nécessaire pour mener une vie éthique et responsable, ou que la découverte de notre vide existentiel peut également être source de recherche de perspectives différentes.

Troisième partie : implications pratiques

Ces limites peuvent cependant être dépassées en affirmant que nous pouvons nous connaître subjectivement en prenant conscience de nos propres émotions, sentiments et pensées. La connaissance de soi est un processus complexe et continu qui implique la réflexion sur nos expériences, nos actions et nos motivations. En prenant conscience de nos émotions et de nos sentiments, nous pouvons comprendre nos motivations et nos réactions, ce qui nous permet de mieux nous connaître et d'agir de manière plus consciente et réfléchie. En effet, la prise de conscience de nos propres émotions et sentiments peut être facilitée par des pratiques telles que la méditation, l'introspection et la thérapie. Ces pratiques peuvent nous aider à développer une compréhension plus profonde de nous-mêmes et à reconnaître nos schémas de pensée et de comportement qui peuvent être préjudiciables. En outre, la connaissance de soi n'est pas une question de vrai ou de faux, mais plutôt une question de compréhension de soi. Nous ne cherchons pas à prouver que notre perception de nous-mêmes est exacte, mais plutôt à développer une compréhension plus profonde et plus complète de notre propre nature. Par ailleurs la connaissance de soi est un processus continu et en constante évolution. Nous sommes constamment en train de changer et d'évoluer en tant qu'individus, et notre compréhension de nous-mêmes doit également changer en conséquence. Bien que la connaissance de soi puisse être difficile à atteindre, elle n'est pas impossible. En prenant conscience de nos propres émotions, sentiments et pensées, nous pouvons développer une compréhension plus profonde et plus complète de nous-mêmes, ce qui peut nous aider à mieux comprendre le monde qui nous entoure et à agir de manière plus consciente et réfléchie. Certains philosophes, comme Aristote, considèrent que la vie heureuse est celle qui est vécue selon des valeurs éthiques, tandis que d'autres, comme Epicure, pensent que la vie heureuse est celle qui est vécue dans la recherche du plaisir. Si l'on suit la première définition, alors la connaissance de soi serait nécessaire pour déterminer ces valeurs éthiques, tandis que si l'on suit la seconde définition, alors la connaissance de soi serait nécessaire pour déterminer les plaisirs qui nous sont les plus chers. De plus, la question de savoir si les personnes les plus heureuses sont celles qui ne se connaissent pas est discutable. En effet, certaines personnes peuvent sembler heureuses de l'extérieur, mais être profondément malheureuses à l'intérieur. De même, certaines personnes peuvent être en recherche constante de bonheur, sans jamais y parvenir. Dans ce cas, la connaissance de soi pourrait aider à comprendre les raisons de ces malaises et à les surmonter. Quant à la découverte de notre vide existentiel, elle ne doit pas être considérée comme une fin en soi, mais plutôt comme une opportunité de trouver un sens à notre vie. Comme l'a écrit Viktor Frankl dans son livre "*Découvrir un sens à sa vie avec la logothérapie*" : "Le vide existentiel n'est pas une fatalité, mais une chance. C'est une invitation à chercher un sens à sa vie, à se dépasser, à se réaliser."

Conclusion : Cette question du devoir de se connaître soi-même, offre des réponses variées qui ont des implications pratiques et éthiques pour la vie humaine. Si la connaissance de soi est souvent considérée comme un objectif personnel, sa pertinence pour le bien-être de l'individu et la société peut la faire apparaître comme un devoir. En effet, la connaissance de soi peut aider l'individu à se comprendre, à se construire et à mieux vivre en société. Comme l'a souligné Platon, dans le *Charmide*, il est impossible de prendre soin de soi si l'on ne se connaît pas. La connaissance de soi est donc un devoir moral envers soi-même. Cette connaissance permet à l'individu de découvrir ses propres défauts, ses vertus et ses limites, et de travailler sur eux pour devenir une personne meilleure. En d'autres termes, la connaissance de soi est un élément clé de la sagesse, qui permet de vivre une vie plus équilibrée et plus heureuse. Et comme l'indiquait Aristote dans *l'Éthique à Nicomaque*, « se connaître soi-même est le début de toute sagesse », soulignant ainsi que la connaissance de soi est la première étape pour atteindre une vie heureuse et épanouissante. Elle permet à l'individu de mieux comprendre les autres, de mieux communiquer avec eux, et de mieux s'intégrer dans la société. Et malgré les opinions divergentes des philosophes sur cette question, la plupart conviennent que la connaissance de soi a une valeur intrinsèque et qu'elle peut avoir des implications pratiques. La connaissance de soi peut nous aider à comprendre nos émotions, à mieux communiquer avec les autres, à mieux gérer les situations difficiles, et à mieux vivre notre vie en général.

VI. L'ETAT

Sujet 1 : Doit-on tout attendre de l'État, ou y a-t-il des limites à son action ?

Introduction : " Le gouvernement ayant pris la place de la providence, il est naturel que chacun l'invoque dans ses nécessités particulières. On lui reproche jusqu'à l'intempérie des saisons. » Alexis de Tocqueville, *L'Ancien Régime et la Révolution, 1856.* En effet l'État est souvent considéré comme la source de toutes les solutions aux problèmes sociaux et économiques. Pourtant, est-il réellement possible de tout attendre de l'État ? Cette question est au cœur de notre réflexion philosophique, qui vise à interroger les limites de l'action de l'État dans notre société. Doit-on tout attendre de l'État, ou y a-t-il des limites à son action ? Nous envisagerons ce thème en trois temps, on peut tout attendre de l'État, car il est le garant des intérêts collectifs. Mais l'État ne peut pas tout, car il est limité par les ressources et les contraintes institutionnelles. Nous devons attendre de nous-mêmes une prise de responsabilité individuelle et collective pour construire une société plus juste et équitable.

Première partie : on peut tout attendre de l'État, car il est le garant des intérêts collectifs

L'État peut être considéré comme le garant des intérêts collectifs, il a pour mission de protéger les droits et les libertés des citoyens, ainsi que de promouvoir le bien-être général de la société. Selon cette vision, l'État est l'unique institution capable de gérer les intérêts collectifs de manière efficace et juste. L'un des principaux défenseurs de cette approche est Jean-Jacques Rousseau. Selon lui, l'État est un contrat social qui permet aux individus de se protéger mutuellement contre les dangers extérieurs et les injustices. L'État serait le seul moyen pour les individus de vivre ensemble dans une société pacifique et juste. Pour Rousseau, l'État est donc le garant des intérêts collectifs, car il permet de protéger les individus contre les dangers extérieurs et les injustices. Un autre philosophe qui défend cette vision est Thomas Hobbes. Pour lui, l'État est nécessaire pour mettre fin à l'état de nature, où les individus sont en constante lutte les uns contre les autres. Il pense que l'État est le seul moyen pour les individus de vivre ensemble dans une société pacifique et stable. Pour Hobbes, l'État est donc le garant des intérêts collectifs, car il permet de mettre fin à l'état de nature et de créer une société stable et pacifique. Enfin, le philosophe Étienne de La Boétie défend l'idée que l'État est la source de tous les pouvoirs et qu'il est le garant des intérêts collectifs. Pour lui, l'État est la source de tous les pouvoirs et qu'il est le garant des intérêts collectifs. L'État est le seul moyen pour les individus de vivre ensemble dans une société pacifique et juste. Pour La Boétie, l'État est donc le garant des intérêts collectifs, car il permet de protéger les individus contre les dangers extérieurs et les injustices. L'État est le garant des intérêts collectifs, il serait alors la seule institution capable de gérer les intérêts collectifs de manière efficace et juste. Dans cette perspective, l'État est le seul moyen de protéger les individus contre les dangers extérieurs et les injustices, et de créer une société pacifique et stable. Cependant, force est de constater que cette vision de l'État comme garant des intérêts collectifs présente des limites, notamment en termes de liberté individuelle et de responsabilité individuelle. Il faut donc considérer les limites de l'action de l'État, tout en reconnaissant son rôle majeur dans la protection des intérêts collectifs.

Deuxième partie : l'État ne peut pas tout, car il est limité par les ressources et les contraintes institutionnelles

L'État est limité dans son action par les ressources et les contraintes institutionnelles, car l'État ne peut pas tout résoudre, il est soumis à des limites matérielles et juridiques qui l'empêchent d'agir de manière efficace et juste. L'un des principaux défenseurs de cette vision est l'économiste et philosophe austro-britannique Friedrich Hayek. Selon lui, l'État ne peut pas tout, car il est limité par ses connaissances et ses capacités. En effet, pour Hayek, l'État est limité dans son action par les informations qu'il possède et ne peut pas tout résoudre. Selon lui, l'économie de marché libre est plus efficace que l'économie planifiée et l'État doit se limiter à maintenir les règles fondamentales de la concurrence et de la propriété privée. Cette vision de l'État comme étant limité dans son action ne doit pas être utilisée pour justifier une absence d'action de l'État, mais pour trouver un équilibre entre les limites de l'État et son rôle dans la protection des intérêts collectifs. Un autre penseur qui défend cette vision est Ludwig von Mises, économiste austro-américain qui a eu une influence notable sur le mouvement libéral et libertarien moderne. De son point de vue, l'État ne peut pas tout, car il est limité par les ressources. Mises est un économiste libéral et un défenseur de l'économie de marché libre. Il pense que l'économie de marché est plus efficace que l'économie planifiée, car elle repose sur l'information décentralisée des individus et non sur l'information centralisée de l'État. L'économie de marché serait capable de résoudre les problèmes économiques de manière efficace et juste, sans intervention de l'État. Enfin, l'économiste et philosophe politique américain, Murray Rothbard défend l'idée que l'État ne peut pas tout, car il est limité par les contraintes juridiques. Celle-ci l'empêchent d'agir de manière efficace et juste. Ainsi, dans ces perspectives, l'État est limité dans son action par les ressources et les contraintes institutionnelles. Selon eux, l'État ne peut pas tout, car il est soumis à des limites matérielles et juridiques qui l'empêchent d'agir de manière efficace et juste. Cependant, cette vision de l'État comme étant limité dans son action ne doit pas être utilisée pour justifier une absence d'action de l'État. Il faut trouver un équilibre entre les limites de l'État et son rôle dans la protection des intérêts collectifs. Il est essentiel de considérer les autres acteurs sociaux et les individus eux-mêmes dans la résolution des problèmes sociaux et économiques. Nous devons donc reconnaître les limites de l'action de l'État, tout en reconnaissant son rôle dans la protection des intérêts collectifs.

Troisième partie : importance de la prise de responsabilité individuelle et collective

Selon certaines perspectives de la philosophie politique, chacun d'entre nous a un rôle à jouer dans la construction d'une société plus juste et équitable, et l'État ne peut pas tout résoudre seul. En effet, l'État a des limites dans son action, que ce soit en termes de ressources, de contraintes juridiques ou de connaissances. Cependant, cela ne signifie pas que l'État n'a pas un rôle à jouer dans la protection des intérêts collectifs. Il s'agit donc de considérer la prise de responsabilité individuelle et collective pour construire une société plus juste et équitable. Cela signifie que chacun d'entre nous a un rôle à jouer dans cette construction, en prenant des décisions éthiques et en agissant de manière responsable. Il s'agit d'une prise de responsabilité individuelle, qui peut se manifester par des actions concrètes telles que le bénévolat, le don à des organisations caritatives ou encore le vote. Cela signifie que nous devons travailler ensemble pour résoudre les problèmes sociaux et économiques, en prenant des décisions éthiques et en agissant de manière responsable. Il s'agit d'une prise de responsabilité collective, qui peut se manifester par des actions concrètes telles que la participation à des associations, la création de coopératives ou encore la création de mouvements sociaux. Cela signifie que chacun d'entre nous a un rôle à jouer dans la construction d'une société plus juste et équitable, et que l'État ne peut pas tout résoudre seul.

En conclusion, d'une part, nous pouvons tout attendre de l'État en raison de son rôle de garant des intérêts collectifs, mais d'autre part, l'État ne peut pas tout, car il est limité par les ressources et les contraintes institutionnelles. Enfin, ne faudrait-il pas attendre de nous-mêmes une prise de responsabilité individuelle et collective pour construire une société plus juste et équitable. Il faut noter que ces arguments ne sont pas mutuellement exclusifs et qu'il est possible de les combiner pour trouver un équilibre entre les limites de l'État et son rôle dans la protection des intérêts collectifs. En effet, l'État ne peut pas tout résoudre seul, mais il a un rôle à jouer dans la protection des intérêts collectifs. "La citoyenneté ne consiste pas à se taire. Elle consiste au contraire à prendre la parole, à s'engager et à agir - seul ou avec d'autres - pour transformer le monde." - Edgar Morin *La Voie : Pour l'avenir de l'humanité (2011)*. Edgar Morin illustre parfaitement l'importance de l'engagement individuel pour créer des changements positifs, plutôt que de simplement attendre que l'État résolve tous les problèmes. Il s'agit de s'engager activement dans la vie citoyenne, de prendre la parole et d'agir pour transformer la société, tout en reconnaissant le rôle majeur de l'État dans la protection des intérêts collectifs.

Sujet 2 : L'individu doit-il se méfier de l'État ?

Introduction : "L'État est la grande fiction à travers laquelle tout le monde s'efforce de vivre aux dépens de tout le monde", a déclaré Frédéric Bastiat, économiste, homme politique et magistrat français, rattaché à l'école libérale française dans *La Loi (1850)*. Cette citation souligne la complexité de la relation entre l'individu et l'État. D'un côté, l'État est censé protéger les droits et les libertés individuelles, mais de l'autre, il peut également devenir une menace pour ces mêmes droits et libertés. La problématique est de se demander si l'individu doit se méfier de l'État. Est-ce que l'État est un allié pour les individus ou est-ce qu'il représente une menace pour leurs droits et libertés ? Dans quelles circonstances les individus doivent-ils se méfier de l'État et comment peuvent-ils se protéger contre les abus de pouvoir de l'État ? Pour examiner cette question complexe, la première partie portera sur les abus de pouvoir de l'État, la deuxième partie sur la souveraineté de l'État et enfin nous envisagerons la nécessité de l'État pour protéger les individus.

Première partie : Les abus de pouvoir de l'État

« Tout État est fondé sur la force », disait Trotski. Les abus de pouvoir de l'État sont des actions ou des politiques qui violent les droits et les libertés individuelles. Friedrich Nietzsche (1844-1900) approfondit, particulièrement dans *Ainsi parlait Zarathoustra* (1883-1885), cette dénonciation de l'État moderne. "Ce que l'État a de plus froid est le mensonge ; et tout cet engin politique, dont tu rêves, ô grand faiseur d'aimables mensonges, est une machine à fabriquer de l'abîme, une machine à ensevelir les vivants et à désapprendre aux mourants comment on meurt. Mais tu leur parleras, Zarathoustra, de ces plus froids de tous les monstres froids, qui viennent engourdir ton ensoleillement ". Nietzsche critique sévèrement l'État moderne, qui selon lui, est un ennemi de la liberté individuelle et de la créativité. Il dénonce le mensonge et la manipulation politique, ainsi que l'oppression exercée par les gouvernements sur les individus. Ces abus peuvent prendre de nombreuses formes, allant des régimes totalitaires aux lois restrictives qui limitent les libertés individuelles. Il y a de nombreux exemples d'abus de pouvoir de l'État dans l'histoire. Les régimes totalitaires tels que le nazisme en Allemagne et le stalinisme en URSS ont été des exemples flagrants d'abus de pouvoir de l'État, violant les droits et les libertés individuelles de millions de personnes. Les penseurs ont également abordé cette question de différentes manières. George Orwell dans *"1984" (1949)* a décrit un État totalitaire qui utilise la surveillance et la répression pour maintenir le pouvoir. Il a écrit : "La liberté est la liberté de dire que deux plus deux font quatre. Si on vous autorise à dire seulement que deux plus deux font quatre, vous n'êtes plus libre, vous êtes prisonnier." Pour Max Weber "Comme tous les groupements politiques qui l'ont précédé historiquement, l'État consiste en un rapport de domination de l'homme sur l'homme fondé sur le moyen de la violence légitime (c'est-à-dire sur la violence qui est considérée comme légitime). L'État ne peut donc exister qu'à la condition que les hommes dominés se soumettent à l'autorité revendiquée chaque fois par les dominateurs. " *Le Savant et le Politique* [1919]. D'autres penseurs, tels que Michel Foucault dans *Surveiller et punir (1975),* ont souligné comment les institutions de l'État, telles que les prisons et les systèmes judiciaires, peuvent être utilisées pour contrôler et réprimer les individus. Nous pouvons donc reconnaître les risques pour les droits et les libertés individuelles lorsque l'État abuse de son pouvoir, et la nécessité d'avoir des mécanismes de contrôle en place pour empêcher ces abus de pouvoir. Il est également important de reconnaître les conséquences pour les individus lorsque l'État abuse de son pouvoir. Les violations des droits de l'homme, la discrimination et la répression peuvent avoir des conséquences graves pour les individus, notamment la perte de liberté, la violence et même la mort. De fait, les abus de pouvoir de l'État sont une réalité qui a des conséquences graves pour les individus. Lysander Spooner au

XIXe siècle écrit : « L'État est une association secrète de voleurs et d'assassins dont la législation est une usurpation et un crime » *Outrage à chefs d'Etats*. Il faut donc reconnaître ces abus de pouvoir et mettre en place des mécanismes de contrôle pour protéger les droits et les libertés individuelles.

Deuxième partie : La nécessité de l'État pour protéger les individus

Bien que l'État puisse représenter une menace pour les droits et les libertés individuelles lorsqu'il abuse de son pouvoir, force est de reconnaître aussi la nécessité de l'État pour protéger les individus. Thomas Hobbes dans *Léviathan (1651)* a souligné la nécessité de l'État pour maintenir l'ordre et la sécurité dans la société. Hobbes a soutenu que l'État était nécessaire pour protéger les individus contre la violence et l'anarchie, comme il l'explique dans la formule du chapitre XVII du Léviathan (1651), son œuvre politique majeure: « J'autorise cet homme ou cette assemblée, et je lui abandonne mon droit de me gouverner moi-même, à condition que tu lui abandonnes ton droit et que tu autorises toutes ses actions de la même manière. ». D'autres penseurs, tels que John Rawls dans *Une théorie de la justice (1971)*, ont souligné la nécessité de l'État pour garantir l'égalité et la justice dans la société : " La justice est la première vertu des institutions sociales comme la vérité est celle des systèmes de pensée." L'État est indispensable pour protéger les individus contre la violence, l'anarchie et pour garantir l'égalité et la justice dans la société. Les systèmes de sécurité sociale et les systèmes judiciaires sont des exemples de services fournis par l'État qui protègent les individus contre les risques financiers et garantissent l'accès à la justice. Thomas Hobbes ou John Rawls ont souligné l'importance de la reconnaissance de la nécessité de l'État pour protéger les individus. Il s'agit de maintenir un équilibre entre la nécessité de l'État pour protéger les individus et les risques pour les droits et les libertés individuelles lorsque l'État abuse de son pouvoir.

Troisième partie : repenser la relation entre l'individu et l'État

Dans une société démocratique, il est crucial de favoriser la participation citoyenne pour renforcer la légitimité de l'État, de redéfinir le rôle de l'État en plaçant les citoyens au centre de ses actions, et d'adopter une éthique et une responsabilité dans l'action politique. Ces trois axes permettent de repenser la manière dont les individus interagissent avec l'État et de promouvoir un modèle de gouvernance plus équitable et engagé. La démocratie participative est un moyen de donner aux citoyens une voix directe dans le processus politique. Elle encourage l'inclusion et la diversité des opinions, tout en renforçant la légitimité des décisions prises par l'État. Un exemple remarquable de démocratie participative est le modèle suisse, où les citoyens peuvent participer à des référendums et des initiatives populaires, leur permettant de proposer et de voter sur des lois directement. Ce mécanisme renforce le lien entre les individus et l'État en leur donnant un rôle actif dans le processus décisionnel. L'engagement civique est fondamental pour renforcer la participation citoyenne. Les individus doivent être encouragés à s'impliquer activement dans leur communauté, à participer à des associations, des mouvements sociaux et des groupes de pression. Un exemple concret est celui du mouvement pour le climat, où des millions de personnes se sont mobilisées dans le monde entier pour exiger des actions concrètes des gouvernements face à l'urgence climatique. Cet engagement renforce la conscience civique et l'attachement à l'État en tant qu'entité capable de répondre aux préoccupations des citoyens. Le concept de l'État servant les citoyens est mis en avant par le philosophe John Rawls dans sa théorie de la justice comme équité. Selon Rawls, les institutions politiques doivent être conçues de manière à garantir un traitement équitable pour tous les individus, en particulier pour les plus vulnérables. Un exemple concret est l'instauration de politiques sociales visant à réduire les inégalités, telles que l'accès universel à l'éducation et aux soins de santé. L'État agit alors comme un mécanisme de redistribution, cherchant à améliorer le bien-être de l'ensemble de la population. La philosophe politique Martha Nussbaum l'auteur présente « l'éducation à la citoyenneté mondiale » et montre l'importance d'une approche "capabiliste" de la justice sociale, où l'État vise à promouvoir les capacités et le bien-être de chaque individu. Cela implique de fournir des opportunités égales d'accès à l'éducation, à l'emploi et à la participation politique. Par exemple, certains pays mettent en œuvre des politiques de discrimination positive pour favoriser l'inclusion des minorités marginalisées dans les domaines où elles sont sous-représentées. L'État devient alors un acteur central dans la lutte contre les inégalités structurelles. Max Weber, philosophe et sociologue, insiste sur la nécessité pour les politiciens de faire preuve d'une éthique de responsabilité en évaluant les conséquences de leurs actions politiques. Cela implique de peser les avantages et les inconvénients de différentes décisions et de choisir celle qui aura le meilleur impact sur la société dans son ensemble. Un exemple illustratif est celui des décisions concernant la gestion de la pandémie de COVID-19. Les gouvernements doivent équilibrer les mesures sanitaires pour protéger la santé publique tout en considérant les impacts économiques et sociaux. L'éthique joue un rôle essentiel dans la prise de décision politique. Les philosophes éthiques, tels que John Stuart Mill avec son utilitarisme, estiment que les actions politiques doivent viser à maximiser le bonheur et le bien-être du plus grand nombre. Ainsi, lorsqu'un État prend des mesures pour améliorer la qualité de vie de ses citoyens, il renforce leur confiance et leur engagement envers le système politique. Repenser la relation entre l'individu et l'État passe par la promotion de la participation citoyenne, la redéfinition du rôle de l'État pour le placer au service des citoyens, et l'adoption d'une éthique et d'une responsabilité dans l'action politique. Ces approches favorisent une gouvernance plus équitable, inclusive et légitime, renforçant ainsi le lien essentiel entre l'individu et l'État dans la société contemporaine.

En conclusion, d'une part, l'État peut représenter une menace pour les droits et les libertés individuelles lorsqu'il abuse de son pouvoir, comme nous l'avons vu dans la première partie. Les abus de pouvoir de l'État peuvent entraîner des violations des droits de l'homme, de la discrimination et de la répression. D'autre part, il est fondamental de reconnaître la nécessité de l'État pour protéger les individus contre la violence, l'anarchie et pour garantir l'égalité et la justice dans la société, comme nous l'avons vu dans la deuxième et la troisième partie. Il s'agit de maintenir un équilibre entre la nécessité de l'État pour protéger les individus et les risques pour les droits et les libertés individuelles lorsque l'État abuse de son pouvoir. Les mécanismes de contrôle tels que les systèmes judiciaires indépendants et la surveillance parlementaire permettent d'empêcher les abus de pouvoir de l'État et de protéger les droits et les libertés individuelles. Comme le souligne le philosophe Jean-Jacques Rousseau dans *"Du* *contrat social" (1762)* : "Il est aisé de voir que la souveraineté ne peut être représentée, et que le peuple ne peut se dépouiller de son pouvoir souverain. Notre volonté ne peut être légalement représentée que par nous-mêmes. La puissance peut bien nous décharger de la gestion de nos affaires, mais non pas de notre droit de les régler et de les juger. Elle peut bien établir un gouvernement pour nous servir, mais non pas pour nous dominer. Nous nous donnons des chefs pour nous protéger, et non pas pour nous opprimer." Il marque l'importance de la souveraineté populaire et de la non-aliénation de la souveraineté, c'est-à-dire que le peuple doit rester le propriétaire de son pouvoir et ne pas le céder à l'État. La participation citoyenne et de la transparence de l'État sont nécessaires pour maintenir cet équilibre entre la nécessité de l'État et les risques pour les droits et les libertés individuelles. Il faut conserver cet équilibre entre la nécessité de l'État pour protéger les individus et les risques pour les droits et les libertés individuelles, en utilisant des mécanismes de contrôle efficaces et en impliquant les citoyens dans les décisions de l'État.

Sujet 3 : La fonction de l'État est-elle de nous protéger ?

Introduction : "La notion de sécurité que l'État doit assurer ne doit pas être comprise comme la simple absence de danger, mais comme la garantie de conditions de vie suffisantes pour que chacun puisse développer sa propre vie et poursuivre ses propres objectifs." – Amartya Sen, *La qualité de la démocratie (*2005). Cette citation d'Amartya Sen, philosophe et économiste indien, souligne la fonction de l'État en matière de sécurité. Elle montre que la sécurité ne se résume pas seulement à l'absence de danger, mais plutôt à la création d'un environnement favorable pour que chaque individu puisse développer sa vie et poursuivre ses propres objectifs. Cette citation invite à réfléchir sur la question de la fonction de l'État en tant que protecteur des intérêts individuels et collectifs, et sur les moyens qu'il doit mettre en œuvre pour garantir la sécurité de ses citoyens. L'État est-il un protecteur ? Cette question, qui traverse les siècles, est toujours d'actualité. Depuis la Grèce antique jusqu'à nos jours, les philosophes, les politologues et les citoyens se sont posés cette question, sans jamais arriver à une réponse définitive. Pour Kant, l'État est l'union de plusieurs personnes sous une même loi, pour Marx, l'État n'est rien d'autre que la réalisation de la classe dominante, pour Camus, dans L'homme révolté, l'État est le grand ennemi de l'homme et pour reprendre une citation de George Orwell de "1984" : "Le pouvoir de l'État est la capacité à changer la réalité". Voici bien l'ambiguïté de la fonction de l'État, il peut être à la fois protecteur en garantissant la sécurité et la justice, mais aussi oppresseur en manipulant la réalité pour maintenir son pouvoir. La problématique de cette dissertation sera donc de déterminer si la fonction première de l'État est de protéger les citoyens ou non. Pour cela, nous allons d'abord définir et analyser la fonction de l'État selon différentes perspectives, puis étudier les arguments en faveur et les arguments contre la protection comme fonction de l'État.

Première partie : fonction de l'Etat et arguments contre la protection comme fonction de l'État

Afin de comprendre si la fonction de l'État est de protéger les citoyens, il est d'abord nécessaire de définir précisément ce qu'est la fonction de l'État. Selon la théorie légaliste, la fonction de l'État est de garantir l'ordre public et de faire respecter les lois. Selon la théorie marxiste, la fonction de l'État est de maintenir la domination de la classe dominante sur les classes subalternes. Selon la théorie libérale, la fonction de l'État est de garantir la liberté individuelle. En examinant ces différentes théories, il est clair que la fonction de l'État est complexe et qu'elle varie selon les contextes historiques et sociaux. Pour Rousseau, dans *Du contrat social*, l'État doit être le garant de la liberté des individus". Pour Hobbes, dans *Léviathan*, l'État doit garantir la sécurité de ses citoyens en échange de leur obéissance. Prenons l'exemple de la surveillance de masse dans l'œuvre de George Orwell *"1984"*, l'État utilise la surveillance pour protéger les citoyens contre les ennemis internes, mais cela a pour effet de limiter la liberté individuelle et de maintenir le pouvoir du parti au pouvoir. Cet exemple montre bien que la fonction de l'État peut être ambiguë et qu'elle peut être utilisée à des fins autres que la protection des citoyens. La fonction de l'État dépend donc des contextes historiques et sociaux. Selon les théories philosophiques, elle peut varier entre la garantie de l'ordre public, la domination de la classe dominante et la garantie de la liberté individuelle. Dès lors pour certains et notamment les mouvements anarchistes, l'État ne devrait pas avoir le pouvoir de protéger les citoyens car cela peut entraîner une restriction de leur liberté individuelle. Pour le philosophe Max Stirner défenseur du courant anarchiste individualiste, " S'ils vous donnent cependant la liberté, ce ne sont que des fripons qui donnent plus qu'ils n'ont. Ils ne vous donnent rien de ce qui leur appartient, mais bien une marchandise volée ; ils vous donnent votre propre liberté, la liberté que vous auriez pu prendre vous-mêmes, et s'ils vous la donnent, ce n'est que pour que vous ne la preniez pas et pour que vous ne demandiez pas, par-dessus le marché, des comptes aux voleurs. Rusés comme ils le sont, ils savent bien qu'une liberté qui se donne n'est pas la liberté. " L'Unique et sa propriété (1844). Dans ce livre, Stirner développe sa philosophie, affirmant que chaque individu devrait suivre sa propre volonté et ses propres désirs plutôt que de se soumettre à des idées, des lois ou des autorités extérieures. Cette citation exprime son opposition à l'État en tant qu'institution qui cherche à restreindre la liberté individuelle au nom d'un intérêt collectif supposé. D'autres estiment que l'État ne peut pas être efficient pour protéger les citoyens, car il est souvent corrompu ou inefficace. Selon le philosophe Albert Camus, l'État est souvent trop corrompu et inefficace pour être capable de protéger les citoyens de manière adéquate. "Toutes les révolutions modernes ont abouti à un renforcement de l'Etat, soit que les révolutionnaires aient pris le pouvoir, soit qu'ils aient succombé au pouvoir en place." L'Homme révolté (1951). Il y a aussi l'idée que la protection de l'État peut être mal utilisée pour poursuivre des intérêts particuliers et des idéologies qui ne sont pas nécessairement conformes aux intérêts des citoyens. Dans l'œuvre de George Orwell "1984", l'État utilise sa fonction de protection pour contrôler et réprimer les individus, mettant en avant un intérêt supérieur qui sert en réalité les desseins totalitaires de la classe dirigeante. Enfin, les citoyens devraient être responsables de leur propre protection et ne pas dépendre de l'État pour assurer leur sécurité. Selon le philosophe Ayn Rand dans "La révolte d'Atlas", les individus devraient être libres de prendre soin d'eux-mêmes et de ne pas dépendre de l'État pour leur protection. Ainsi la protection comme fonction de l'État peut entraîner une restriction de la liberté individuelle, l'État est parfois corrompu ou inefficace, la protection peut être mal utilisée et les citoyens devraient être responsables de leur propre protection. Ces arguments prouvent qu'il faut réfléchir aux limites de la protection de l'État et de s'assurer qu'il ne porte pas atteinte aux libertés individuelles.

Deuxième partie : Arguments en faveur de la protection comme fonction de l'État

Il y a de nombreux arguments en faveur de la protection comme fonction de l'État. Tout d'abord, force est de constater que l'État est le seul acteur capable de garantir la sécurité et la protection des citoyens sur son territoire. Selon le philosophe Thomas Hobbes dans *Léviathan*, " Mais l'art va encore plus loin, en imitant cet ouvrage raisonnable, et le plus excellent de la nature : l'homme. Car c'est l'art qui crée ce grand Léviathan qu'on appelle République ou Etat, lequel n'est qu'un homme artificiel, quoique d'une stature et d'une force plus grandes que celles de l'homme naturel, pour la défense et protection duquel il a été conçu". En outre, l'État est souvent le seul acteur capable de garantir les droits fondamentaux des citoyens, tels que le droit à la vie, à la sécurité et à la propriété. C'est pour cette raison que l'État est souvent considéré comme le garant de la justice et de l'égalité. En outre, l'État est aussi le seul acteur capable de garantir les services publics essentiels, tels que l'éducation, la santé et la sécurité sociale. Selon le philosophe Jean-Jacques Rousseau dans *Du contrat social*, l'État doit garantir la protection de ses citoyens contre les risques de la vie. Pour le philosophe John Rawls dans *"Une théorie de la justice,* « Les conduites des individus guidés par leurs projets rationnels devraient être cordonnées autant que possible de façon à atteindre des résultats qui, bien que non intentionnels ou même imprévus pour eux, soient néanmoins les meilleurs du point de vue de la justice sociale. ». Un autre argument en faveur de la protection comme fonction de l'État est qu'il est également le seul acteur capable de garantir la sécurité nationale et de protéger les citoyens contre les menaces extérieures. L'État est souvent considéré comme le garant de la défense et de la sécurité de ses citoyens. Enfin, l'État peut contribuer à garantir la protection de l'environnement et des ressources naturelles. L'État doit garantir la protection de l'environnement et des ressources naturelles pour les générations futures. Prenons l'exemple de la lutte contre le changement climatique, l'Etat est le seul acteur capable de mettre en place des politiques et des programmes pour protéger les citoyens contre les impacts du changement climatique. Il existe ainsi de nombreux arguments en faveur de la protection comme fonction de l'État. L'État est le seul acteur capable de garant de la sécurité et de la protection des citoyens, de garantir les droits fondamentaux, de fournir les services publics essentiels, de garantir la sécurité nationale et de protéger l'environnement et les ressources naturelles. Sans l'Etat, les individus seraient livrés à eux-mêmes face aux dangers et incertitudes de la vie. Il est donc légitime de considérer la protection comme l'une des principales fonctions de l'État et il a été possible de parler à plusieurs reprises dans l'histoire du rôle majeur de l'Etat-providence.

Troisième partie : Au-delà de la protection, l'État et le bien commun

L'État en tant que promoteur du bien commun dépasse son rôle traditionnel de protecteur en agissant activement pour le bénéfice de la société dans son ensemble. Cette dimension implique plusieurs aspects fondamentaux qui contribuent à façonner une société équilibrée et prospère. Dans cette perspective, l'État assume un rôle proactif en favorisant des politiques et des actions qui visent à répondre aux besoins et aux aspirations collectives des citoyens. L'État joue un rôle essentiel en établissant des politiques publiques qui favorisent le bien-être général. Cela inclut la régulation des marchés pour prévenir les abus économiques, la mise en place de programmes sociaux pour réduire les inégalités et l'investissement dans des infrastructures publiques pour améliorer la qualité de vie. Un exemple illustrant cette idée est la pensée de Thomas Hobbes, philosophe politique anglais du XVIIe siècle. Hobbes considérait l'État comme un remède aux conflits et aux désaccords inhérents à l'état de nature, où les individus s'affrontent pour leurs intérêts personnels. L'État est créé pour protéger les intérêts collectifs et instaurer un ordre social stable. Un autre exemple est la philosophie du développement humain d'Amartya Sen, économiste indien et lauréat du prix Nobel. Selon Sen, l'État doit créer un environnement favorable à l'éducation, à la santé et à l'accès à l'information pour permettre à chacun d'atteindre son plein potentiel, ce qui contribue au bien commun en renforçant la société dans son ensemble. L'État joue un rôle crucial dans la préservation de la culture et de l'identité nationale. Il contribue à promouvoir les arts, la littérature, la musique, et à protéger le patrimoine culturel. En faisant cela, l'État forge un sentiment d'appartenance et d'unité au sein de la société. Cette notion est illustrée par la pensée de Johann Gottfried Herder, philosophe allemand du XVIIIe siècle. Pour Herder chaque nation possède sa propre identité culturelle unique et cette diversité culturelle doit être valorisée et préservée. L'État a alors la responsabilité de protéger cette identité pour préserver le bien commun au niveau culturel. Un autre aspect est l'approche du multiculturalisme, défendue par des philosophes comme Charles Taylor, philosophe canadien. Selon cette perspective, l'État doit reconnaître et respecter les différences culturelles au sein de la société, tout en favorisant le dialogue et la compréhension mutuelle. En encourageant la diversité culturelle, l'État contribue à la richesse du bien commun en promouvant une société plus ouverte et inclusive. Outre la promotion des intérêts collectifs et la préservation de la culture, l'État exerce d'autres fonctions qui contribuent au bien commun. Ainsi il peut jouer un rôle notable dans la recherche scientifique et l'innovation technologique, en investissant dans la recherche fondamentale et en facilitant la coopération entre les secteurs public et privé. Ces avancées scientifiques bénéficient à l'ensemble de la société en améliorant la qualité de vie, en résolvant des problèmes environnementaux et en créant de nouvelles opportunités économiques. John Stuart Mill, philosophe britannique du XIXe siècle, insiste sur la nécessité de protéger la liberté d'expression. Mill montre que la liberté de parole est essentielle pour promouvoir le progrès intellectuel et le bien commun, car elle favorise le débat ouvert et l'échange d'idées. L'État doit donc garantir cette liberté pour encourager la recherche de la vérité et le développement social. L'État en tant que promoteur du bien commun va donc au-delà de son rôle de protecteur en agissant activement pour le bien-être collectif. Cela inclut la promotion des intérêts collectifs, la préservation de la culture et de l'identité nationale.

En conclusion, certes, il est clair que l'État a pour rôle de protéger les citoyens en garantissant la sécurité, les droits fondamentaux et les services publics essentiels mais il existe des arguments contre cette fonction de l'État, notamment en ce qui concerne la restriction de la liberté individuelle, l'inefficacité ou la corruption de l'État. Il faut garder à l'esprit que la protection de l'État doit être équilibrée avec la préservation des libertés individuelles. Il s'agit de réfléchir à la manière dont l'Etat peut protéger efficacement les citoyens tout en respectant leurs droits et libertés fondamentales et répondre ainsi à la définition donnée par - Aristote, dans la "*La Politique*" : "Celui qui est sans État, naturellement et non pas par hasard, est soit un être dégradé, soit un être supérieur à l'humanité ; il est comme celui qui est hors de la cité, par exemple un membre isolé d'un tel corps - un doigt ou un pied détaché sera un tel corps. C'est pourquoi tout homme qui est incapable de vivre en société, ou qui n'a besoin de rien parce qu'il se suffit à lui-même, ne fait point partie de l'État, c'est une brute ou un dieu."

Sujet 4 : Une société sans État est-elle possible ?

Introduction : L'État, tel que nous le vivons aujourd'hui, est une création récente. Certains comme G. W. F. Hegel lui ont conféré une fonction presque divine « Le droit, l'ordre éthique, l'État constituent la seule réalité positive et la seule satisfaction de la liberté » *Principes de la philosophie du droit* (1821). Pour d'autres, l'État est vu comme une entrave à la liberté individuelle et une source de corruption et d'injustice. Max Stirner disait dans son œuvre *L'Unique et sa propriété*, "L'État ne poursuit jamais qu'un but : limiter, enchaîner, assujettir l'individu, le subordonner à une généralité quelconque.". La problématique de cette dissertation sera donc de se demander si une société sans État est réellement possible, en étudiant les différents arguments en faveur et contre cette idée. Nous analyserons les théories anarchistes, les expériences alternatives et enfin les objections à l'absence d'État.

Première partie : les théories anarchistes pour une société sans Etat

Les théories anarchistes soutiennent l'idée qu'une société sans État est possible et souhaitable. Les principaux courants anarchistes sont l'anarcho-syndicalisme, l'individualisme anarchiste et l'anarcho-communisme. L'anarcho-syndicalisme soutient l'idée que les travailleurs devraient être autonomes et organiser leur propre production et distribution des biens, sans la nécessité d'un État centralisateur. Pour ces penseurs, la suppression de l'État permettrait de libérer les travailleurs de l'exploitation capitaliste. Selon l'anarchiste espagnol Rudolf Rocker, l'anarchisme est la forme la plus avancée de lutte pour la liberté humaine. Pour l'individualisme anarchiste, chaque individu devrait être libre de ses choix et de ses actions, sans l'interférence d'un État ou d'une autorité extérieure. Pour ces penseurs, l'État est vu comme une entrave à la liberté individuelle. Selon l'individualiste américain Lysander Spooner, "l'État est un voleur organisé". Enfin, l'anarcho-communisme soutient l'idée que l'État devrait être supprimé et remplacé par une société communautaire basée sur la coopération et la solidarité, sans propriété privée ni classes sociales. Pour ces penseurs, l'abolition de l'État permettrait de créer une société égalitaire et juste. Selon l'anarchiste russe Pierre Kropotkine " L'absorption de toutes les fonctions par l'État favorisa nécessairement le développement d'un individualisme effréné, et borné à la fois dans ses vues. A mesure que le nombre des obligations envers l'État allait croissant, les citoyens se sentaient dispensés de leurs obligations les uns envers les autres. Dans la guilde et, au moyen âge, chacun appartenait à quelque guilde ou fraternité deux « frères » étaient obligés de veiller chacun à leur tour un frère qui était tombé malade ; aujourd'hui on considère comme suffisant de donner à son voisin l'adresse de l'hôpital public le plus proche. ". Il a écrit cette citation dans son œuvre *L'Entraide : un facteur de l'évolution* (1897). Kropotkine défend l'idée selon laquelle une société organisée sur la base de l'entraide et de la coopération est préférable à une société organisée sur la base de l'autorité et de la domination. En résumé, les théories anarchistes défendent le point de vue selon lequel une société sans État est possible et souhaitable, en mettant en avant la liberté individuelle, la coopération et la solidarité comme des valeurs fondamentales. Des exemples historiques de sociétés sans État comme les communautés indigènes ou le kibboutz en Israël peuvent être mentionnés pour renforcer ces arguments.

Deuxième partie : les expériences alternatives à l'Etat

Nous allons maintenant étudier les expériences alternatives qui ont existé ou qui ont été menées, dans le but de mettre en pratique l'idée d'une société sans État. Arrêtons-nous d'abord sur les leçons de l'ethnologie qui nous parle des sociétés dites « primitives ». Pour l'ethnologue Pierre Clastres qui a étudié différentes tribus au cours d'un long séjour en Amérique du Sud, ces sociétés sont totalement égalitaires et pour lui : "L'histoire des peuples dans l'histoire, c'est l'histoire de leur lutte contre l'État, c'est-à-dire contre les institutions qui, apparaissant comme leur propre organisation sociale, visent en réalité à la domestication de la société." Cette citation tirée de son ouvrage *La société contre l'État* (1974) se réfère notamment à son expérience de sociétés qui traduisent une méfiance profonde vis-à-vis du pouvoir qui incarne pour elles une contrainte insurmontable. Par ailleurs, il existe des expériences qui ne sont pas nécessairement des exemples de sociétés anarchiques au sens strict du terme, mais qui montrent des tentatives de se passer de l'autorité de l'État dans des domaines précis. Les coopératives et les communautés autogérées sont des exemples de ces expériences alternatives. Les coopératives sont des organisations économiques qui sont gérées et contrôlées collectivement par leurs membres. Ces expériences ont été menées dans de nombreux domaines tels que l'agriculture, l'industrie et les services. Une des plus célèbres est la coopérative ouvrière de Rochdale en Angleterre, qui a été créée en 1844. Les coopératives ont été vues comme un moyen de permettre aux travailleurs d'échapper à l'exploitation capitaliste et de prendre en main leur propre destin économique. Les communautés autogérées sont des groupes de personnes qui vivent et travaillent ensemble de manière autonome et démocratique. Ces expériences ont été menées dans de nombreux contextes différents, allant des communautés rurales aux communautés urbaines. Une des plus célèbres est la communauté de l'Ile de Wight, créée en 1967 en Angleterre. Les communautés autogérées ont été vues comme un moyen de permettre aux personnes de prendre en main leur propre vie et de construire des relations sociales égalitaires. Les villes libres sont des communautés qui ont déclaré leur indépendance vis-à-vis de l'État et qui ont créé des systèmes de gouvernance alternative. Une des plus célèbres est Christiania à Copenhague au Danemark, qui a été créée en 1971. Les villes libres ont été vues comme un moyen de permettre aux personnes de vivre selon leurs propres valeurs et principes, loin des contraintes imposées par l'État. Ces villes ont généralement des systèmes de gouvernance différents des normes étatiques traditionnelles. Les communautés autonomes, quant à elles, sont des groupes de personnes qui cherchent à se détacher des structures étatiques en créant des systèmes de gouvernance autonomes. Il est cependant nécessaire de noter que les expériences alternatives mentionnées ci-dessus ont leurs propres défis et limites. Par exemple, les coopératives et les communautés autogérées peuvent avoir des difficultés à établir des relations équilibrées avec l'extérieur, et les villes libres et les communautés autonomes peuvent être confrontées à des problèmes de sécurité et de justice. Cependant, ces expériences montrent que des alternatives à la société étatique existent et peuvent être mises en pratique, même si elles ne sont pas encore parfaites. Enfin, les enseignements tirés de ces expériences alternatives peuvent être utilisés pour éclairer la réflexion sur la possibilité d'une société sans État.

Troisième partie : Les objections à l'idée d'une société sans État

Malgré quelques sociétés qui illustrent un fonctionnement sans Etat ou les arguments avancés par les théories anarchistes, il existe de nombreuses objections à l'idée d'une société sans État. Les principales objections sont liées à la question de la protection, de la justice et de l'ordre social. Premièrement, l'absence d'un État pourrait entraîner une absence de protection pour les individus et les communautés. Les États ont pour rôle de maintenir l'ordre, de protéger les citoyens contre les agressions extérieures, de garantir la sécurité intérieure et de fournir des services publics tels que la police, l'armée et les tribunaux. Sans ces institutions, il pourrait être difficile de garantir la sécurité et la protection des individus. Deuxièmement, l'absence d'un État pourrait entraîner une absence de justice et de réglementation. Les États ont pour rôle de maintenir l'ordre juridique et de garantir la justice pour tous les citoyens, en établissant des lois et en les faisant respecter. Sans ces institutions, il pourrait être difficile de résoudre les conflits et de garantir la justice pour tous. Enfin, l'absence d'un État pourrait entraîner une absence d'ordre social. Les États ont pour rôle de maintenir l'ordre social en réglementant les relations entre les individus et les groupes, en établissant des normes et en les faisant respecter. Hobbes, qui dans "Leviathan" (1651), soutient que l'État est nécessaire pour maintenir l'ordre social et éviter la guerre de tous contre tous. Sans ces institutions, il pourrait être difficile de maintenir une société stable et ordonnée. Les objections à l'idée d'une société sans État mettent en avant l'importance des institutions étatiques pour garantir la protection, la justice et l'ordre social.

En conclusion, il est clair que la question de la possibilité d'une société sans État suscite encore des débats. Certains estiment que l'État est nécessaire pour maintenir l'ordre et protéger les citoyens, tandis que d'autres pensent qu'il est possible de créer une société autogérée et anarchique, même s'il semble difficile de concrétiser désormais l'idée d'une société sans État. Il est possible de citer des œuvres telles que *"Le Contrat social"* de Jean-Jacques Rousseau *ou "Du Principe fédératif"* de Pierre-Joseph Proudhon pour renforcer ces arguments. Faut-il penser avec Proudhon, dans son œuvre intitulée *De la justice dans la Révolution et dans l'Église* (1858). « Être gouverné, c'est être gardé à vue, inspecté, espionné, dirigé, légiféré, réglementé, parqué, endoctriné, prêché, contrôlé, estimé, apprécié, censuré, commandé, par des êtres qui n'en ont ni le titre, ni la science, ni la vertu.". Avec cette idée d'après laquelle une société sans État pourrait être fondée sur l'absence de tout pouvoir, l'égalité et l'autonomie de tous les individus. Ou faut-il suivre Jean-Jacques Rousseau : " "L'État n'est que la forme que revêt la volonté générale quand elle s'applique à l'ensemble du peuple." *Du Contrat Social (1762)* avec cette vision selon laquelle l'État est nécessaire pour garantir la liberté et l'égalité des citoyens, et qu'il est fondé sur un contrat social qui lie tous les individus entre eux. L'Etat serait alors la forme sous laquelle se présente à nous la volonté générale de la société. Il n'en reste pas moins vrai que les institutions étatiques sont là pour garantir la protection, la justice et l'ordre social.

Sujet 5 : L'État a-t-il tous les droits ?

Introduction : Pour parler des droits de l'Etat, faut-il avec Georg Wilhelm Friedrich Hegel penser que " Le droit, l'ordre éthique, l'État constituent la seule réalité positive et la seule satisfaction de la liberté." *Principes de la philosophie du droit* (1821) ou avec Friedrich Nietzsche estimer que « L'État, c'est le plus froid de tous les monstres froids. Il ment froidement ; et voici le mensonge qui s'échappe de sa bouche : Moi, l'État, je suis le peuple ». *Ainsi parlait Zarathoustra* (1883-1885). La question de la nature et de la portée des droits de l'État est un sujet de débat permanent dans les sociétés démocratiques. D'un côté, l'État est considéré comme une institution essentielle pour garantir l'ordre, la justice et la protection des citoyens. De l'autre côté, l'État peut être perçu comme une menace pour les libertés individuelles et les droits fondamentaux en cas d'abus de pouvoir ou de violation de la loi. La problématique qui se pose est donc de déterminer dans quelle mesure l'État peut exercer ses droits sans porter atteinte aux libertés et aux droits des citoyens. La question "L'État a-t-il tous les droits?" appelle une réflexion sur le juste équilibre entre les droits de l'État et les droits des citoyens dans une société démocratique. Ce travail se divisera en trois parties. La première partie définira le concept d'État et les droits qui lui sont accordés en fonction du système juridique. La deuxième partie présentera les limites des droits de l'État pour protéger les libertés individuelles et les droits fondamentaux. La troisième partie analysera les débats actuels sur le juste équilibre entre les droits de l'État et les droits des citoyens.

Première partie : Définition du concept d'État et des droits qui lui sont accordés

L'État est une organisation politique qui exerce le pouvoir sur un territoire déterminé et ses habitants. Il est considéré comme la source suprême de l'autorité politique et est responsable de la mise en œuvre de la loi, de la défense de la souveraineté nationale, et de la protection de ses citoyens. Pour la théorie politique moderne, l'État est défini par trois caractéristiques fondamentales: le territoire, la population et le pouvoir. Le territoire définit les frontières de l'État et les limites de son autorité. La population définit les habitants soumis à son autorité. Le pouvoir est la capacité de l'État à prendre des décisions et à les mettre en œuvre sur son territoire. Pour Thomas Hobbes "L'État est une institution artificielle, créée par les hommes, qui a pour but de les protéger de la violence et de l'injustice. Elle a la force pour faire respecter la justice et les contrats, et elle détient le monopole de l'usage légitime de la violence dans une société donnée" *Leviathan, chapitre XIII*. Ce philosophe politique du XVIIème siècle, considère que l'État est nécessaire pour garantir la paix et la sécurité en cas d'affrontements entre les individus. Selon Hobbes, l'État est la seule source capable de fournir une autorité capable d'imposer l'ordre et d'assurer la justice. D'autres philosophes politiques, tels que John Locke et Jean-Jacques Rousseau, considèrent que l'État doit être soumis à des limites pour protéger les droits fondamentaux des citoyens. Locke affirme que l'État ne peut pas violer les droits naturels des individus, tels que la propriété et la liberté, sans la permission des citoyens. " "Ce que l'homme perd par le Contrat social, c'est sa liberté naturelle et un droit illimité à tout ce qui le tente et qu'il peut atteindre ; ce qu'il gagne, c'est la liberté civile et la propriété de tout ce qu'il possède. Cette égalité de droit ne vient pas de la nature. Elle est donc fondée sur des conventions." - Jean-Jacques Rousseau, *"Du contrat social"*. Rousseau considère que l'État est fondé sur un contrat social entre les citoyens, qui délèguent une partie de leur liberté à l'État en échange de la protection de leurs droits et intérêts. Cependant, d'après Rousseau, l'État ne peut pas violer les droits fondamentaux des citoyens, et doit être soumis à une loi qui protège ces droits. L'État est considéré comme une institution nécessaire pour assurer la paix, la sécurité et la justice dans une société. Cependant, il doit être soumis à des limites pour protéger les droits fondamentaux des citoyens. Les théories politiques diffèrent quant à la nature de ces limites et à la façon dont elles doivent être imposées. Certaines théories considèrent que les droits fondamentaux des citoyens sont inaliénables et que l'État ne peut pas les violer, tandis que d'autres considèrent que l'État a le pouvoir de les limiter dans des circonstances exceptionnelles pour le bien commun.

Deuxième partie : les limites à l'autorité de l'État

Nous allons examiner les différentes théories qui définissent les limites de l'autorité de l'État et les façons dont elles peuvent être mises en pratique. L'une des théories remarquables en matière de limites à l'autorité de l'État est la théorie de la souveraineté populaire. Selon cette théorie, le pouvoir politique appartient au peuple et l'État n'a de légitimité que s'il est représentatif du peuple. Cette théorie est souvent associée à la démocratie représentative, où le peuple élit des représentants pour décider en son nom. "Le peuple est la source de tout pouvoir politique" - Jean-Jacques Rousseau, (*"Du contrat social", 1762*). Pour Rousseau, l'État doit être soumis à la volonté générale du peuple, cela implique que le peuple a le droit de se révolter contre l'État s'il viole les droits fondamentaux des citoyens ou si le gouvernement ne représente plus la volonté générale du peuple. Une autre théorie est celle de la souveraineté limitée, qui considère que les droits individuels sont des limites fondamentales à l'autorité de l'État. Cette théorie est souvent associée à la pensée libérale et à la protection des droits de l'homme. Pour John Locke dans son *Traité du gouvernement civil (1689)*, les droits fondamentaux des citoyens sont inaliénables et ne peuvent pas être violés par l'État. Les droits fondamentaux des citoyens, tels que la liberté d'expression, la liberté de religion et le droit à un procès équitable, sont inaliénables et ne peuvent pas être violés par l'État. Selon Locke, ces droits sont un élément fondamental de la société politique et sont nécessaires pour garantir la liberté et la sécurité des citoyens. Les théories politiques proposent des limites différentes à l'autorité de l'État. La théorie de la souveraineté populaire considère que le pouvoir politique appartient au peuple et que l'État n'a de légitimité que s'il est représentatif du peuple. La théorie de la souveraineté limitée considère que les droits individuels sont des limites fondamentales à l'autorité de l'État et doivent être protégés contre toute violation par le pouvoir politique. Par ailleurs, il existe des limites à l'autorité de l'État dans un système démocratique. Dans une société démocratique, l'État est soumis à un certain nombre de contraintes pour garantir la protection des droits de l'individu. L'une des principales limites à l'autorité de l'État est la séparation des pouvoirs, une théorie fondamentale du système politique démocratique. Cette théorie, popularisée par Montesquieu dans son ouvrage *"De l'esprit des lois"*, veut que les pouvoirs exécutif, législatif et judiciaire doivent être séparés pour empêcher l'abus de pouvoir et garantir la protection des droits de l'individu. En outre, la Constitution d'un pays peut établir des limites à l'autorité de l'État en définissant les droits fondamentaux des citoyens et en les protégeant par la loi. Les droits fondamentaux peuvent inclure la liberté de parole, de religion, de réunion pacifique et d'association, ainsi que le droit à la vie privée et à la propriété. Enfin, les mécanismes de contrôle démocratique, tels que les élections et les médias libres, peuvent aussi limiter l'autorité de l'État en permettant aux citoyens de surveiller et de contrôler les actions du pouvoir politique. Par ailleurs, il est largement reconnu que les droits de l'homme sont une limite fondamentale à l'autorité de l'État. Les droits de l'homme, tels que la liberté d'expression, la liberté de religion, le droit à un procès équitable, le droit à la vie, et le droit à la propriété, sont considérés comme un élément fondamental de tout système démocratique. "Les droits de l'homme sont les fondements de tout système politique libre et démocratique" - *Déclaration universelle des droits de l'homme, 1948.* La Déclaration universelle des droits de l'homme, adoptée par l'Assemblée générale des Nations unies en 1948, considère que les droits de l'homme sont universels, inaliénables et égaux pour tous les êtres humains, indépendamment de leur race, de leur genre, de leur religion, ou de leur origine nationale. Elle affirme que ces droits sont la base fondamentale de la dignité et de la liberté de chaque individu, et qu'ils sont nécessaires à la réalisation de la paix et de la justice dans le monde. En France, cette Déclaration universelle des droits de l'homme est considérée comme un élément fondamental de la protection des droits de l'individu, y compris les droits civils et politiques, les droits économiques, sociaux et culturels, ainsi que les droits de l'homme et des libertés fondamentales. La France est ainsi tenue de respecter et de protéger ces droits, tout en garantissant la protection de la sécurité nationale et la mise en œuvre de la justice. Certes les théories politiques diffèrent quant à la nature de ces limites et à la façon dont elles doivent être imposées, mais il est largement reconnu que les droits de l'homme sont une limite fondamentale à l'autorité de l'État. La protection de ces droits est considérée comme un élément fondamental de tout système politique libre et démocratique. Bien que l'État ait un rôle crucial à jouer dans la protection des droits de l'individu et dans la mise en œuvre de la justice, il existe un certain nombre de limites à son autorité dans un système démocratique. Les principes de séparation des pouvoirs, les droits fondamentaux protégés par la Constitution et les mécanismes de contrôle démocratique permettent de garantir que l'État ne puisse pas outrepasser les droits de l'individu.

Troisième partie : la protection des droits de l'individu dans un système démocratique.

Nous allons maintenant analyser les défis liés à la protection des droits de l'individu dans un système démocratique. Bien que les systèmes démocratiques aient des mécanismes en place pour limiter l'autorité de l'État et protéger les droits de l'individu, il existe encore des défis à relever. Un des plus grands défis est de garantir que les mécanismes de protection des droits soient effectivement appliqués. Par exemple, bien que les droits fondamentaux soient protégés par la loi, il peut y avoir des cas où ces droits sont violés sans que les coupables ne soient poursuivis ou punis. En outre, les droits de l'individu peuvent être mis en danger par la lutte contre la criminalité ou le terrorisme. Dans ce cas, les gouvernements peuvent être tentés d'adopter des mesures extrêmes qui peuvent violer les droits fondamentaux des citoyens. Ce défi est bien illustré par les débats actuels sur la surveillance de masse et les libertés civiles. Une autre préoccupation est la protection des droits des minorités et des groupes vulnérables. Il peut y avoir une tendance à privilégier les intérêts de la majorité au détriment des droits des minorités. De plus, les gouvernements peuvent être tentés d'ignorer les droits des personnes considérées comme socialement marginales ou économiquement défavorisées. Enfin, il y a le défi de garantir que les lois et les politiques soient équitables et impartiales. Par exemple, les lois peuvent être écrites de manière à privilégier certaines classes sociales ou à discriminer certaines minorités. De plus, les politiques publiques peuvent être conçues de manière à favoriser certains groupes aux dépens d'autres. Il est important de veiller à ce que les mécanismes de protection des droits soient effectivement appliqués, que les droits des minorités et des groupes vulnérables soient protégés, et que les lois et les politiques soient équitables et impartiales.

En conclusion, la question "L'État a-t-il tous les droits?" est fonction de nombreux facteurs, tels que le système politique en place, la protection constitutionnelle des droits fondamentaux, et la façon dont les droits sont interprétés et appliqués. D'une part, l'État a une responsabilité de garantir la sécurité, la stabilité et le bien-être de la société, ce qui peut nécessiter de prendre des mesures qui limitent les droits de l'individu. D'autre part, ces droits sont souvent considérés comme étant inaliénables et inviolables, ce qui implique que l'État ne doit pas les transgresser. Le juste équilibre entre les droits de l'État et les droits de l'individu dépend de la façon dont la société définit et interprète ces droits. En élargissant ce débat, la protection des droits de l'individu est un pilier fondamental de la justice et de la dignité humaine. Comme le disait le philosophe Michel Foucault, " Il n'y a pas de liberté sans justice, ni de justice sans pouvoir. Et pourtant la justice, ce pouvoir de dire le droit, ne peut se réduire à une pure et simple domination, à l'exercice nu et brutal d'une violence; elle doit être interrogée à travers la liberté qui lui donne vie, et la liberté à travers elle qui est sans cesse remise en question et à réinventer." *Surveiller et Punir, 1975*. Il est donc crucial de veiller à ce que les systèmes politiques soient conçus de manière à protéger les droits fondamentaux de tous les individus, quels que soient leur race, leur genre, leur religion ou leur orientation politique.

Sujet 6 : Obéir à l'État, est-ce renoncer à sa liberté ?

Introduction : Le philosophe français Michel Foucault a écrit dans son livre *"Surveiller et punir"* publié en 1975 : " "Le pouvoir est permanent, il est partout et vient de partout ; il ne vient pas seulement d'en haut, il est diffus, il s'insinue partout dans le corps social, dans les relations les plus ordinaires et les plus matérielles." Cette citation souligne que le pouvoir ne se limite pas aux institutions étatiques formelles, mais qu'il est présent dans toutes les relations sociales et peut influencer les comportements des individus. Cela pose la question de savoir dans quelle mesure l'obéissance à l'État est une forme de soumission au pouvoir en général, et comment cette soumission peut être limitée pour préserver la liberté individuelle. "Obéir à l'État, est-ce renoncer à sa liberté ?". Cette question de savoir si obéir à l'État est renoncer à sa liberté est au cœur des débats en philosophie politique. D'un côté, l'obéissance à l'État peut être considérée comme un devoir pour tout citoyen qui souhaite vivre dans une société organisée et respectueuse de la loi. De l'autre, l'obéissance à l'État est une atteinte à la liberté individuelle et elle peut conduire à l'oppression et à la tyrannie. Comment concilier ces deux points de vue et dans quelle mesure l'obéissance à l'État est-elle compatible avec la liberté individuelle ? Nous allons aborder cette problématique en trois parties. Tout d'abord, nous examinerons les fondements philosophiques de l'obéissance à l'État. Nous verrons comment les théories du contrat social de Rousseau, la justification de l'obéissance à l'État selon Kant, et la légitimité de l'État et l'obéissance à l'autorité selon Hegel, permettent de comprendre les raisons qui poussent les citoyens à obéir à l'État. Ensuite, nous analyserons la tension entre liberté individuelle et autorité de l'État. Nous montrerons que la liberté individuelle est une valeur fondamentale, mais que celle-ci doit être limitée dans une société organisée pour protéger les droits de chacun. Nous aborderons les conséquences de la désobéissance civile, qui est parfois considérée comme un moyen légitime de lutter contre l'injustice. Enfin, nous évaluerons les arguments en faveur et contre l'obéissance à l'État.

Première partie : les fondements philosophiques de l'obéissance à l'État

Nous examinerons les théories de Jean-Jacques Rousseau, Emmanuel Kant et Georg Wilhelm Friedrich Hegel sur les fondements philosophiques de l'obéissance à l'État. La théorie du contrat social de Rousseau est l'une des théories majeures en ce qui concerne les fondements philosophiques de l'obéissance à l'État. Selon Rousseau, l'obéissance à l'État est justifiée par le contrat social, qui est un accord entre les individus pour former une communauté politique. Le contrat social est basé sur la volonté générale, qui est l'expression de la volonté de la communauté dans son ensemble. En obéissant à l'État, les individus obéissent à la volonté générale, qui est considérée comme le bien commun. Dès lors l'obéissance à l'État est essentielle pour maintenir l'ordre social et la liberté individuelle. Dans son livre *"Du contrat social"*, il dit : "Chacun de nous met en commun sa personne et toute sa puissance sous la suprême direction de la volonté générale ; et nous recevons en corps chaque membre comme partie indivisible du tout". En d'autres termes, les individus renoncent à une partie de leur liberté individuelle pour former une communauté politique dans laquelle ils sont protégés et défendus par l'État. En échange, ils s'engagent à obéir aux lois et aux règlements de l'État. Cependant, Rousseau pense que le contrat social peut être rompu si l'État ne remplit pas ses obligations envers la communauté. Dans *"Du contrat social"*, il souligne que si le peuple promet d'obéir, il se réserve le droit de vérifier si l'obéissance est bien due. Ainsi, selon Rousseau, l'obéissance à l'État est justifiée tant que l'État remplit ses obligations envers la communauté. Pour Emmanuel Kant, dans *"La métaphysique des mœurs"*, l'obéissance à l'État est justifiée par le devoir moral des individus de respecter la loi. Pour Kant, la loi est un impératif catégorique, c'est-à-dire une règle qui doit être suivie en toute circonstance, indépendamment des conséquences ou des intérêts individuels. L'obéissance à la loi est donc un devoir moral, et non simplement une question d'intérêt personnel ou d'obligation contractuelle. Kant considère que l'obéissance à l'État est nécessaire pour maintenir l'ordre social et la justice. Dans *"La métaphysique des mœurs"*, il précise que tous les êtres rationnels, en tant que membres d'une communauté, doivent s'unir sous une constitution de l'État. Selon Kant, l'État est nécessaire pour protéger les droits individuels et garantir la justice sociale. En obéissant à l'État, les individus contribuent à maintenir l'ordre social et à garantir la justice. Pour Kant, l'obéissance à l'État n'est pas absolue. Si l'État exige quelque chose d'immoral ou d'injuste, les individus ont le devoir moral de résister à l'État. "Lorsque l'État exige quelque chose qui va à l'encontre des droits de l'individu ou de la moralité en général, alors l'individu a le droit de résister à l'État". Ainsi, pour Kant, l'obéissance à l'État est conditionnelle et dépend de la conformité de l'État à des normes morales. Georg Wilhelm Friedrich Hegel, dans *"La philosophie du droit"*, défend que l'obéissance à l'État est justifiée par la légitimité de l'État en tant qu'autorité suprême. Pour Hegel, l'État est la plus haute expression de la volonté rationnelle, et l'obéissance à l'État est donc un devoir moral envers la raison. En obéissant à l'État, les individus contribuent à la réalisation du bien commun et à la promotion de la liberté individuelle. Hegel considère que l'obéissance à l'autorité est une condition nécessaire pour la vie en société. Il écrit : "La liberté et la moralité ne peuvent exister dans un État où l'autorité est remise en question". Ainsi, pour Hegel, l'obéissance à l'État est nécessaire pour garantir la liberté individuelle et la moralité dans la vie en société. Cependant, Hegel reconnaît aussi que l'obéissance à l'État n'est pas absolue. Si l'État enfreint les principes moraux ou les droits individuels, les individus ont le droit de s'opposer à l'État. Dans *"La philosophie du droit"*, Hegel écrit : "Le devoir de l'individu est d'obéir à l'État, mais si l'État enfreint les principes moraux ou les droits individuels, alors l'individu a le droit de résister à l'État, en évitant toutefois de tomber dans la désobéissance arbitraire et l'insurrection qui ne sont que des manifestations de l'individualisme et de l'anarchie.". Ainsi, pour Hegel, l'obéissance à l'État dépend de la conformité de l'État aux principes moraux et éthiques. « Que l'État se borne à être juste, nous nous chargeons de notre bonheur » écrit Benjamin Constant. En résumé, selon Rousseau, l'obéissance à l'État est justifiée par le contrat social, d'après lequel les individus renoncent à une partie de leur liberté pour en obtenir une sécurité accrue en société, selon Kant, par la nécessité de protéger les droits individuels et de garantir la justice sociale et selon Hegel, par la légitimité de l'État en tant qu'autorité suprême, nécessaire pour garantir la liberté individuelle et la moralité dans la vie en société. Mais ces différentes théories et justifications soulignent que l'obéissance à l'État n'est pas absolue. Elle dépend de la conformité de l'État à des normes morales et éthiques, ainsi que du respect des droits individuels.

Deuxième partie : les arguments contre l'obéissance à l'État

Le philosophe et économiste américain Murray Rothbard au XXe siècle affirmait que « L'État substitue à la lutte pacifique pour le service mutuel, la lutte à mort d'une compétition darwiniste pour les privilèges politiques ». Les critiques de l'État remettent ainsi en question l'idée que l'État est nécessaire pour protéger les droits individuels. Les anarchistes, tels que Pierre-Joseph Proudhon, estiment que l'État est intrinsèquement problématique, car il implique une concentration de pouvoir qui peut être utilisée pour opprimer les individus. Proudhon écrit : "L'État, c'est la guerre ; la paix perpétuelle n'est qu'un rêve, et pas même un beau rêve, puisqu'il ôte de la société tout mobile à l'activité." *("Idée générale de la révolution au XIXe siècle" en 1851)*. Cette citation est extraite du chapitre intitulé "De la guerre et de la paix" dans lequel Proudhon développe son analyse de l'État et de son rôle dans la perpétuation de la violence et de la guerre. Selon lui, l'État est le résultat d'une lutte de pouvoir et n'est pas nécessaire pour la protection des droits individuels. Certaines critiques du libéralisme envers l'État remettent en question l'idée que l'État est nécessaire pour garantir la justice. Les libéraux classiques, tels que Friedrich Hayek, ont critiqué l'État pour son interventionnisme économique car l'intervention de l'État dans l'économie conduirait à une perte d'efficacité et à une restriction de la liberté individuelle. Pour Hayek, l'État doit être limité à des fonctions régaliennes, telles que la protection des droits individuels et la sécurité nationale. La désobéissance civile est un autre moyen de contester l'obéissance à l'État. Selon la théorie de la désobéissance civile, il peut être justifié de violer la loi pour protester contre une injustice. Henry David Thoreau, dans son essai *"La désobéissance civile" (1849)*, estime que l'individu doit suivre sa conscience plutôt que la loi si celle-ci est en contradiction avec les principes moraux. Thoreau a refusé de payer ses impôts pour protester contre l'esclavage et la guerre contre le Mexique. Pour Thoreau : " Le gouvernement est meilleur qui ne gouverne pas du tout, et quand les hommes sont préparés pour cela, c'est le genre de gouvernement qu'ils auront. [...] Car ce sera alors un gouvernement de sages, et non pas d'hommes d'État. Les hommes n'ont pas besoin de gouverner - laissez-les se gouverner eux-mêmes.". Un exemple célèbre de désobéissance civile est la campagne de boycott des bus de Montgomery, dirigée par Martin Luther King Jr., en réponse aux lois ségrégationnistes dans le Sud des États-Unis. Gandhi a utilisé la désobéissance civile pour protester contre le régime britannique en Inde, mais il a aussi encouragé ses partisans à respecter la non-violence et à assumer la responsabilité de leurs actions. Bien que la liberté individuelle soit une valeur fondamentale dans les sociétés démocratiques, elle apparaît limitée par l'autorité de l'État pour protéger la sécurité et les droits des individus.

Troisième partie : obéir à l'Etat pour maintenir la liberté

Cependant pour reprendre la théorie du contrat social, les individus ont accepté de se soumettre à l'État pour protéger leurs droits individuels. "La liberté est le pouvoir de faire tout ce qui ne nuit pas à autrui : ainsi, l'exercice des droits naturels de chaque homme n'a de bornes que celles qui assurent aux autres membres de la société la jouissance de ces mêmes droits. Ces bornes ne peuvent être déterminées que par la loi." (Jean-Jacques Rousseau, *Du contrat social, 1762)*. Nous allons examiner les théories philosophiques qui concilient liberté individuelle et autorité de l'État. John Stuart Mill a défendu la liberté individuelle dans son livre *"De la liberté",* publié en 1859. Selon Mill, la liberté individuelle est nécessaire pour permettre aux individus de développer leur potentiel, de poursuivre leur bonheur et de s'exprimer librement. Mill écrit : "Le seul but pour lequel la puissance peut être légitimement exercée sur n'importe quel membre d'une communauté civilisée, contre sa volonté, est de prévenir les dommages à autrui. Son propre bien, physique ou moral, ne constitue pas une justification suffisante. Il ne peut être considéré comme justifié de faire du mal à un homme pour le dissuader de faire quelque chose qu'il a le droit de faire, ou de lui enlever quelque chose dont il a besoin pour sa subsistance. La société ne doit pas faire le moindre pas vers la contrainte exercée sur la pensée et la discussion. Les hommes ont le droit de faire ce qu'ils veulent, à condition de ne pas nuire à autrui.". Dans sa philosophie politique, Isaiah Berlin souligne aussi l'importance de la liberté individuelle. Berlin a distingué deux types de liberté : la liberté positive et la liberté négative. La liberté positive est la capacité de poursuivre des objectifs qui ont de la valeur pour l'individu, tandis que la liberté négative est la capacité de ne pas être entravé dans ses choix et actions. Pour Berlin la liberté négative est plus importante que la liberté positive, car la liberté positive peut être utilisée pour justifier l'oppression. Cependant, la liberté individuelle est également limitée par l'autorité de l'État. Dans une société organisée, l'État doit établir des lois et des réglementations pour protéger la sécurité et les droits des individus. Ces lois et réglementations peuvent limiter la liberté individuelle mais pour prévenir les dommages à autrui. Par exemple, les lois sur la conduite en état d'ivresse limitent la liberté individuelle de conduire une voiture en état d'ébriété, car cela peut mettre en danger la vie des autres. Dans son livre *"Leviathan"*, publié en 1651, Thomas Hobbes défend que l'État est nécessaire pour protéger les individus de la violence et du chaos qui règnent dans un état de nature. Selon Hobbes, l'État doit avoir un pouvoir absolu pour maintenir l'ordre et la sécurité. Hobbes indique : " La seule façon d'ériger un pouvoir commun, c'est de confier le pouvoir et la force à un seul homme, ou à une assemblée, qui puisse réduire toutes leurs volontés, par la règle de la majorité, en une seule volonté. Cela revient à dire : désigner un homme ou une assemblée, pour assumer la personnalité du peuple; et que chacun s'avoue et se reconnaisse comme l'auteur de tout ce qu'aura fait ou fait faire, quant aux choses qui concernent la paix et la sécurité commune, celui qui a ainsi assumé leur personnalité, et que chacun, par conséquent, soumette sa volonté et son jugement à la volonté et au jugement de cet homme ou de cette assemblée. La multitude, ainsi unie en une seule personne, est ainsi appelée République. Telle est la génération de ce grand Léviathan ". Les libéraux classiques, tels que John Locke, pensent que l'État est nécessaire pour protéger les droits individuels. Selon Locke, les individus ont des droits naturels tels que le droit à la vie, la liberté et la propriété. L'État est créé pour protéger ces droits et garantir la justice. La loi est le fondement de la vie en société et le respect de la loi est un devoir moral pour tous les citoyens. Les individus ont le droit de participer à la création et à la transformation de l'État par la voie démocratique. Par exemple, dans les démocraties modernes, les individus ont le droit de voter pour élire leurs représentants.

En conclusion, certes les critiques de l'État remettent en question l'idée que l'État est nécessaire pour garantir la justice, et considèrent que la désobéissance civile est un moyen légitime de contester l'obéissance à l'État, mais l'obéissance à l'État peut être justifiée par la nécessité de protéger les droits individuels, le respect de la loi comme fondement de la vie en société, et la participation citoyenne comme moyen de transformer l'État. Cependant, cela ne signifie pas que nous devons abandonner notre liberté individuelle. La liberté individuelle est essentielle pour la créativité, l'innovation et la diversité culturelle, et ne doit pas être sacrifiée pour l'autorité de l'État. La tension entre liberté individuelle et autorité de l'État doit être résolue par la recherche d'un équilibre entre les deux, qui permet de garantir la sécurité et la paix sociale tout en préservant la dignité et la liberté individuelle. « La valeur d'un État, à la longue, c'est la valeur des individus qui le composent ; [...] un État qui rapetisse les hommes pour en faire des instruments dociles entre ses mains, même en vue de bienfaits, un tel État s'apercevra qu'avec de petits hommes; rien de grand ne saurait s'accomplir, et que la perfection de la machine à laquelle il a tout sacrifié n'aboutit finalement à rien, faute de cette puissance vitale qu'il lui a plu de proscrire pour faciliter le jeu de la machine ». John Stuart Mill, *De la Liberté*. Nous pourrions nous demander comment les nouvelles technologies de l'information et de la communication (TIC) peuvent impacter la question de l'obéissance à l'État. Elles permettent une surveillance accrue de la part de l'État, ce qui peut limiter les libertés individuelles. D'un autre côté, elles offrent de nouvelles opportunités pour la participation citoyenne et la mobilisation sociale, qui peuvent transformer l'État de l'intérieur.

VII. L'INCONSCIENT

Sujet 1 : L'idée d'inconscient remet-elle en cause la responsabilité ?

Introduction: L'idée de l'inconscient peut remettre en cause la responsabilité en suggérant que certaines actions ou comportements d'une personne sont motivés par des désirs, des peurs ou des croyances inconscientes qui échappent à leur contrôle conscient. Cependant, il existe des débats sur la façon dont l'inconscient influence réellement les actions et les décisions d'une personne et sur la façon dont cela affecte la responsabilité. Certains pensent que même si l'inconscient peut jouer un rôle dans les actions d'une personne, cela ne signifie pas que la personne n'est pas responsable de ses actions. D'autres soutiennent que l'inconscient peut réduire la responsabilité d'une personne en raison de l'influence qu'il a sur les actions et les décisions de cette personne. La question de la responsabilité est un sujet majeur en philosophie morale et juridique. Elle se rapporte à la capacité de l'individu de choisir consciemment ses actions et d'en endosser les conséquences. Cependant, l'idée d'inconscient remet-elle en question cette idée de responsabilité consciente ? Nous envisagerons dans un premier temps la vision des philosophes sur cette notion de responsabilité, puis l'influence de l'idée d'inconscient et enfin la remise en cause de la responsabilité consciente au niveau moral et juridique

Première partie : la responsabilité, nature et fondements

La notion de responsabilité est fondamentale dans la vie humaine, car elle engage un individu à assumer les conséquences de ses actes, qu'ils soient bons ou mauvais. En philosophie, la responsabilité est étroitement liée à la capacité d'agir de manière consciente et intentionnelle. Être responsable implique de reconnaître qu'on est l'auteur de ses actions et que l'on doit répondre de celles-ci vis-à-vis des autres et de soi-même. L'une des approches philosophiques importantes concernant la responsabilité est l'éthique. Dans l'éthique déontologique, par exemple, la responsabilité est vue comme un devoir moral, une obligation envers autrui et envers soi-même. Emmanuel Kant, philosophe allemand du XVIIIe siècle, a développé une éthique du devoir où la responsabilité est conçue comme l'impératif catégorique, une loi morale universelle que chaque personne doit suivre indépendamment de ses inclinations. Les bases morales de la responsabilité sont intrinsèquement liées aux valeurs et aux normes de la société dans laquelle un individu évolue. Dans la tradition éthique, la responsabilité est évaluée en fonction des conséquences des actes. Par exemple, l'utilitarisme de John Stuart Mill propose de choisir l'action qui maximise le bonheur pour le plus grand nombre. Ainsi, être responsable signifie agir de manière à produire les meilleurs résultats possibles pour le bien commun. Sur le plan juridique, la responsabilité est également centrale. Les systèmes juridiques établissent des règles et des lois pour définir les devoirs et les obligations de chaque individu envers la société. La justice rétributive, par exemple, se fonde sur le principe que chaque personne est responsable de ses actes et doit être punie en conséquence si elle enfreint la loi. Le philosophe Michel Foucault a examiné de près le fonctionnement du système pénal et son rôle dans la construction de la notion de responsabilité dans la société moderne. La responsabilité est étroitement liée à la conscience morale, qui renvoie à la capacité de juger si une action est bonne ou mauvaise, juste ou injuste. La conscience morale est ce qui nous permet de distinguer le bien du mal et d'évaluer les conséquences éthiques de nos actions. Elle est le fondement de la responsabilité individuelle, car sans une conscience morale, il serait difficile d'attribuer la responsabilité des actes commis. Emmanuel Levinas explore la conscience morale et la responsabilité. Ce philosophe français du XXe siècle a développé une éthique de la responsabilité envers autrui, qu'il appelle la « responsabilité infinie ». Selon Levinas, notre responsabilité émerge à partir de la rencontre avec l'autre. En reconnaissant la vulnérabilité de l'autre et notre devoir envers lui, nous prenons conscience de notre responsabilité inépuisable envers autrui. Un autre exemple qui met en lumière la relation entre la conscience morale et la responsabilité est la philosophie existentialiste, en particulier celle de Jean-Paul Sartre. Selon Sartre, l'homme est condamné à être libre, ce qui signifie que nous sommes responsables de nos choix et de nos actions, même si nous préférons parfois éviter cette responsabilité en prétendant que nos actions sont déterminées par des facteurs externes. En conséquence, la responsabilité est un concept clé en philosophie, avec des ramifications morales, juridiques et éthiques importantes. La responsabilité implique d'être conscient de ses actes, de les assumer et d'en accepter les conséquences. La conscience morale joue un rôle central dans la reconnaissance de cette responsabilité, et des philosophes tels que Kant, Foucault, Levinas et Sartre ont apporté des contributions significatives à notre compréhension de ce concept fondamental.

Deuxième partie : l'inconscient et la responsabilité

L'inconscient est un concept clé en psychanalyse, développé par Sigmund Freud. Selon Freud, l'inconscient est un aspect de la psyché humaine qui peut influencer les actions et les pensées conscientes de l'individu. Composé de désirs, de peurs et de souvenirs refoulés, il peut influencer les pensées et les actions conscientes de l'individu sans qu'il en ait conscience. Freud a développé la théorie de l'inconscient en utilisant la technique de la psychanalyse, qui consiste à explorer les pensées et les désirs inconscients de l'individu en utilisant la technique de l'association libre. Selon lui, l'inconscient peut causer des actions qui sont en dehors de la conscience de l'individu et donc de sa capacité de les contrôler. Il a déclaré: "Le moi n'est pas maître dans sa propre maison" dans son livre *Totem et tabou* (1913). Cependant, pour Freud, l'inconscient n'excuse pas les actions de l'individu, mais plutôt qu'il explique les actions qui peuvent être en dehors de sa conscience. Pour lui l'individu est responsable de ses actions, même si elles sont influencées par l'inconscient. Cependant l'idée de l'inconscient remet en question la notion de responsabilité consciente en posant des questions sur la capacité de l'individu à agir de manière consciente et libre. Selon la théorie de Sigmund Freud, l'inconscient peut influencer les actions et les pensées conscientes de l'individu. "L'inconscient est le véritable psychique, car c'est là que se trouvent la plupart de nos forces et la plus grande partie de notre vie psychique." *(L'inconscient, 1915)*. Cela signifie que les actions de l'individu peuvent être influencées par des désirs, des peurs et des souvenirs refoulés qui sont en dehors de sa conscience, ce qui pose des difficultés pour déterminer la responsabilité consciente de l'individu. "Il n'y a rien de refoulé qui ne cherche à se rappeler à nous, et c'est là que réside la force motrice de toute maladie mentale." *(De l'interprétation des rêves, 1899)*. Carl Jung, un des fondateurs de la psychanalyse décrit les processus inconscients comme des forces qui peuvent influencer les actions des individus et qui peuvent parfois entrer en conflit avec la conscience. Dans ses écrits, tels que *"Psychologie de l'inconscient" (1912), "Les types psychologiques" (1921), "L'homme et ses symboles" (1964)*, il développe sa théorie de l'inconscient collectif et de l'archétype, qui jouent un rôle dans la compréhension de notre comportement et de nos motivations inconscientes. Mais il met aussi en avant l'importance de la prise de conscience de ces forces pour permettre à l'individu de devenir plus conscient de ses actions et de ses motivations.

Troisième partie : la remise en cause de la responsabilité consciente, morale et juridique.

En termes de responsabilité morale, l'inconscient peut causer des actions qui sont en dehors de la conscience de l'individu et donc de sa capacité de les contrôler. Cela peut rendre difficile pour les individus et les sociétés de déterminer la moralité des actions, car ils ne peuvent pas prendre en compte les facteurs inconscients qui ont influencé les actions. Les actions qui peuvent être considérées comme immorales lorsque consciemment commises peuvent être considérées comme moins coupables lorsqu'elles sont influencées par des facteurs inconscients. En termes de responsabilité juridique, l'inconscient peut être invoqué comme excuse ou comme circonstance atténuante. Il peut être difficile pour les tribunaux de déterminer la culpabilité de l'individu, car ils ne peuvent pas prendre en compte les facteurs inconscients qui ont influencé les actions. Albert Camus, dans son roman *"L'étranger" (1942)*, explore ainsi l'idée selon laquelle les actions d'un individu peuvent être influencées par des facteurs inconscients et met en question la responsabilité juridique de l'individu pour ces actions. Cependant, la plupart des systèmes juridiques ne reconnaissent pas l'inconscient comme une excuse ou une circonstance atténuante pour les actes criminels. L'idée de l'inconscient remet donc en question la notion de responsabilité consciente en posant des questions sur la capacité de l'individu à agir de manière consciente et libre. Les limites de la responsabilité consciente, la responsabilité morale, et la responsabilité juridique sont donc tous affectés par la prise en compte de l'inconscient dans les actions de l'individu. L'inconscient remet don partiellement en compte la responsabilité, mais il faut garder en considération les limites de cette approche.

En conclusion, l'idée d'inconscient met en question la responsabilité en posant des questions sur la capacité de l'individu à agir de manière consciente et libre. Les différentes positions des philosophes présentés, telles qu'Emmanuel Kant, Jean-Paul Sartre et Friedrich Nietzsche, montrent que la responsabilité est liée à la liberté de choix de l'individu, mais que l'idée de l'inconscient remet en question cette idée de responsabilité consciente. Les théories de Freud et de Jung sur l'inconscient soulignent le fait que les actions et les pensées inconscientes peuvent influencer les actions conscientes de l'individu, ce qui peut poser des difficultés pour déterminer la responsabilité morale et juridique de l'individu. L'idée d'inconscient a un impact majeur sur la manière dont nous comprenons la responsabilité de l'individu. Cela ne signifie pas que l'individu n'est pas responsable de ses actions, mais plutôt que les responsabilités morale et juridique doivent être considérées dans le contexte des influences inconscientes qui peuvent être en jeu. En fin de compte, la prise en compte de l'inconscient peut nous permettre de mieux comprendre les motivations humaines et de développer des approches plus éclairées pour gérer les situations où la responsabilité est mise en cause. La conscience est seulement une petite partie de notre psychisme, et pour comprendre notre comportement et nos motivations, il faut prendre en compte les processus inconscients qui les sous-tendent. "Quiconque y réfléchit se fera une idée approximative de la manière dont se déroule la métamorphose de la personnalité. Du fait de sa participation active, le sujet se mêle aux processus inconscients et il en devient détenteur en se laissant pénétrer et saisir par eux. Ainsi, il relie en lui les plans conscients et les plans inconscients. Le résultat en est un mouvement ascensionnel dans la flamme, la métamorphose dans la chaleur alchimique et la naissance de l'« esprit subtil »". *Dialectique du moi et de l'inconscient* (1933). Cette citation de Carl Gustav Jung met en évidence l'importance de la conscience de l'inconscient dans la construction de la personnalité et de la responsabilité de soi. En se laissant pénétrer par les processus inconscients, le sujet accède à une compréhension plus profonde de lui-même, ce qui contribue à un développement personnel et à une responsabilité plus consciente de ses actes. Cela rejoint l'idée que la responsabilité ne peut être pleinement assumée que lorsque nous prenons en compte l'ensemble de notre être, y compris les aspects inconscients qui peuvent influencer nos décisions et nos comportements.

Sujet 2 : L'inconscient pèse-t-il sur nous comme un destin ?

Introduction : Il y a des forces en nous qui cherchent à s'exprimer, des désirs et des peurs qui nous habitent sans que nous en ayons conscience. Mais jusqu'à quel point ces forces de l'inconscient pèsent-elles sur nous comme un destin. "Ce qui ne vient pas à la conscience revient sous forme de destin, c'est-à-dire que le destin est le refoulement inconscient qui revient de l'extérieur comme une fatalité." Carl Gustav Jung *Ma Vie, Souvenirs, Rêves et Pensées* (1963). Cette citation est intéressante car elle met en lumière le lien entre notre vie intérieure et notre vie extérieure, et suggère que si nous voulons avoir prise sur notre destin, nous devons d'abord changer notre relation à nous-mêmes et à nos pensées et émotions refoulées. La problématique que nous allons traiter est donc la suivante : l'inconscient joue-t-il un rôle déterminant dans nos choix et notre destinée, ou bien avons-nous la capacité de le maîtriser et de l'utiliser à notre avantage ? Après avoir défini la notion de destin, nous analyserons d'abord la théorie freudienne de l'inconscient et son influence sur les comportements humains, puis les perspectives critiques de la psychanalyse et les limites de la théorie freudienne puis les implications pratiques de la compréhension de l'inconscient dans les domaines de la psychothérapie et de la décision personnelle.

Liminaire : définition du destin

Le destin est un concept qui a été examiné de différentes manières par les philosophes au fil des siècles. Certains croient que le destin est prédéterminé et inévitable, tandis que d'autres pensent qu'il est influencé par les choix conscients et inconscients que nous faisons. D'après la théorie de la prédestination calviniste, défendue par des penseurs tels que Jean Calvin, tout événement dans la vie est prédéterminé par Dieu. Selon cette théorie, notre destin est déjà écrit et il est impossible de changer ce qui va se passer. Cependant, cette théorie est souvent critiquée pour enlever toute responsabilité individuelle et toute liberté de choix. La théorie de la liberté humaine, défendue par des penseurs tels qu'Emmanuel Kant, défend l'idée que les individus ont la capacité de choisir leur propre destin par leurs actions conscientes. Selon cette théorie, notre destin est influencé par les choix que nous faisons dans la vie, plutôt que d'être prédéterminé par une force extérieure. Dans " Les mains sales" de Jean-Paul Sartre, les personnages principaux, Hoederer et Hugo, sont confrontés à des choix qui vont déterminer leur destin. Hoederer, membre du parti communiste, est confronté à un choix moral difficile lorsqu'il est chargé de tuer un camarade traître. Bien qu'il sache que cette action est moralement incorrecte, il choisit de le faire en se disant que c'est pour le bien du parti. De cette manière, il prend la responsabilité de son propre destin en choisissant de tuer son camarade. De l'autre côté, Hugo, qui est un jeune étudiant idéaliste, refuse de prendre la responsabilité de ses propres actions et se laisse manipuler par les autres personnages. Il finit par subir un destin tragique, car il n'a pas pris les décisions conscientes qui auraient pu changer le cours de sa vie. En conclusion, le destin peut être vu comme étant prédéterminé ou influencé par les choix conscients et inconscients que nous faisons. Les théories de la prédestination et de la liberté humaine offrent des perspectives différentes sur le sujet, mais il faut de prendre aussi en compte l'influence de l'inconscient sur nos actions. Comme le montre l'œuvre de Sartre, les choix que nous faisons et la responsabilité que nous prenons pour ces choix peuvent avoir un impact significatif sur notre destin. Mais il est possible de penser que notre destin est à la fois prédéterminé et influencé par nos choix. Enfin, nous pouvons mentionner que le concept de destin est souvent lié à des idées de fatalité ou de fatalisme, mais il reste important de se rappeler que nous avons le choix de la manière de réagir à notre situation. Cependant suffit-il de vouloir vivre de manière consciente pour être libre de son destin ou les découvertes de la psychanalyse ne positionnent-elles pas l'inconscient de manière centrale face au destin ?

Première partie : La théorie freudienne et la fatalité inconsciente

L'inconscient est un concept central en psychanalyse, qui désigne toutes les idées, désirs et souvenirs qui sont enfouis dans notre esprit, mais qui ont encore une influence sur notre comportement et notre pensée. Selon Sigmund Freud, le fondateur de la psychanalyse, l'inconscient est comme un destin qui pèse sur nous, car il contient des pulsions inconscientes qui peuvent nous pousser à agir de certaines manières, même si nous n'en avons pas conscience. Un exemple de cela est le concept de l'énergie psychique refoulée, qui se réfère aux désirs inconscients qui sont refoulés à cause de la culpabilité ou de la peur. Ces désirs refoulés peuvent continuer à exercer une influence sur notre comportement, même si nous ne sommes pas conscients d'eux. Par exemple, une personne qui est inconsciemment attirée par les personnes de même sexe pourrait se comporter de manière agressive envers les personnes de même sexe, car cette attraction refoulée est source de conflits intérieurs et de culpabilité. D'autres théories philosophiques ont exploré l'idée que l'inconscient peut peser sur nous comme un destin. Par exemple, la théorie de la mécanique quantique de la conscience de David Böhm suggère que l'inconscient est comme un champ de potentialité qui influence notre comportement de manière subtile. Selon Böhm, nous ne sommes pas conscients de toutes les informations contenues dans ce champ, mais elles ont tout de même une influence sur nos pensées et nos actions. Cette idée est également présente chez Carl Jung pour qui, il n'y a pas de hasard, il n'y a que des rendez-vous avec l'inconscient. "On n'atteint pas l'illumination en fantasmant sur la lumière mais en rendant conscient l'obscurité. Ce qui ne devient pas conscient se manifeste dans nos vies en tant que destin". Cette formulation résume ainsi des idées que Jung a développées tout au long de sa carrière, notamment dans ses écrits sur la psychologie analytique et la thérapie. Il développe l'idée de synchronicité, qui est une forme de correspondance entre des événements qui ne sont pas reliés causalement, mais qui ont un sens à un niveau inconscient. Il démontre comment cette synchronicité peut être considérée comme une forme de communication entre l'inconscient et la conscience. Cela suggère que les événements qui se produisent dans notre vie ne sont pas le fruit du hasard, mais plutôt le résultat des forces inconscientes qui agissent en nous. Enfin, l'œuvre littéraire de James Joyce *"Ulysse"* est considérée comme une exploration de l'inconscient. Dans cette œuvre, Joyce utilise des techniques de « Stream of consciousness » pour montrer les pensées et les désirs inconscients des personnages qui influencent leurs actions. Il montre ainsi comment l'inconscient peut peser sur les personnages comme un destin qui les dirige vers des choix et des actions dont ils ne sont pas toujours conscients. L'inconscient semblerait peser comme un destin.

Deuxième partie : les limites de la théorie freudienne pour comprendre l'inconscient comme destin

La psychanalyse de Sigmund Freud a été l'une des principales théories de l'inconscient, mais elle a été largement critiquée. Certaines perspectives critiques de la psychanalyse soulignent les limites de la théorie freudienne pour comprendre l'inconscient comme destin. Une des principales critiques de la psychanalyse est qu'elle est trop subjective et qu'elle manque de preuves scientifiques. Les psychanalystes se basent sur les récits des patients pour comprendre leur inconscient, mais ces récits peuvent être influencés par les présupposés culturels et les désirs des patients. De plus, les psychanalystes peuvent interpréter ces récits de manière trop libre, ce qui rend difficile de vérifier les théories freudiennes. Un autre point de critique de la psychanalyse est que la théorie de Freud sur l'inconscient comme destin est trop déterministe. Selon Freud, les traumatismes passés influencent l'inconscient et sont responsables des comportements présents. Cependant, cela sous-entend que les individus n'ont pas la capacité de changer leur destin et que leur vie est déterminée par leur passé. La psychanalyse de Freud a été critiquée pour son manque de diversité culturelle. Il a principalement étudié les patients européens et américains, ce qui a conduit à des généralisations qui ne sont pas applicables à toutes les cultures. D'autres théories psychologiques telles que la psychologie humaniste et la psychologie cognitive ont aussi remis en question certaines des idées clés de la psychanalyse. La psychologie humaniste met l'accent sur l'autonomie et la capacité de changement des individus, tandis que la psychologie cognitive se concentre sur les processus mentaux conscients et inconscients. En résumé, la psychanalyse de Sigmund Freud a été l'une des principales théories de l'inconscient, mais elle a été largement critiquée pour son manque de preuves scientifiques, son déterminisme excessif, son manque de diversité culturelle. Elle marque ainsi ses limites dans la compréhension de l'inconscient comme destin.

Troisième partie : le travail sur l'inconscient pour échapper à son conditionnement

La compréhension de l'inconscient est un concept clé en psychanalyse qui a des implications pratiques dans les domaines de la psychothérapie et de la décision personnelle. Comprendre l'inconscient peut nous aider à améliorer notre bien-être et notre qualité de vie et à échapper au moins partiellement à notre conditionnement. En psychothérapie, la compréhension de l'inconscient est cruciale pour aider les patients à comprendre les racines de leurs problèmes émotionnels et comportementaux. Par exemple, une personne qui a vécu une expérience traumatisante dans son enfance peut développer des peurs et des anxiétés qui l'influencent tout au long de sa vie, même si elle n'en a pas conscience. En utilisant des techniques telles que la psychanalyse, la thérapie de rêve ou l'analyse des rêves, un thérapeute peut aider cette personne à identifier les souvenirs refoulés liés à son traumatisme et à les surmonter. Comme Carl Jung l'a dit : "L'inconscient est le plus grand facteur de guérison", dans son œuvre intitulée *"Les fondements de la psychothérapie"*, cet essai dans lequel il décrit sa théorie de la psychothérapie analytique et ses méthodes d'analyse de l'inconscient. Il y explique comment l'accès à l'inconscient par le biais de la méthode de l'association libre et de la rêverie dirigée peut aider les individus à surmonter les conflits psychologiques inconscients et à atteindre un état de guérison mentale et émotionnelle. Il souligne l'importance de la compréhension de l'inconscient dans le processus de guérison et affirme que c'est l'accès à l'inconscient qui permet de comprendre les motifs inconscients qui sous-tendent les symptômes psychologiques et de les surmonter. La compréhension de l'inconscient est importante pour la prise de décisions personnelles. Nos désirs refoulés peuvent nous pousser à prendre des décisions qui ne correspondent pas à nos véritables intérêts, comme le personnage de Dostoïevski Raskolnikov qui tue des femmes pour se sentir supérieur. Comme le disait James Hillman "Notre destinée est la somme de nos actions, de nos choix, de nos directions et de notre engagement" dans : *"La force des Caractères"*. Dans ce livre il décrit sa théorie de l'analyse des caractères et sa vision de l'inconscient. Il y explique comment l'inconscient influence notre vie quotidienne et notre destinée. Il argumente que notre destinée est la somme de nos actions, de nos choix, de nos directions et de notre engagement, et qu'il est indispensable de prendre en compte ces influences inconscientes pour comprendre notre vie et notre cheminement personnel. Il souligne l'importance de la compréhension de notre propre inconscient pour nous aider à prendre des décisions conscientes et à vivre une vie plus authentique. En plus de cela, la compréhension de l'inconscient peut aider à améliorer les relations interpersonnelles. En comprenant les motivations inconscientes des autres, nous pouvons mieux comprendre leurs comportements et réagir de manière plus appropriée. C'est pourquoi Carl Rogers indiquait que la compréhension de l'autre est la clé de la compréhension de soi-même et de la compréhension de l'autre dans son livre *La psychothérapie centrée sur la personne*. La compréhension de l'inconscient peut donc aider à échapper à des conditionnements que l'on pourrait assimiler à une sorte de fatalité.

En conclusion, l'inconscient joue un rôle dans notre vie quotidienne et notre destinée. Les théories de la psychanalyse, comme celles de Freud, Jung et Hillman, mettent en évidence l'importance de la compréhension de l'inconscient pour comprendre nos comportements et nos motivations inconscientes. Il existe des alternatives à la psychanalyse, telles que la thérapie centrée sur la personne de Carl Rogers, qui met l'accent sur l'empathie, la congruence et l'acceptation inconditionnelle pour aider les individus à comprendre leur propre expérience subjective. Il y a aussi la thérapie comportementale et cognitive qui se concentre sur les comportements et les pensées pour aider les individus à surmonter leurs problèmes psychologiques. En fin de compte, il est utile de garder à l'esprit que notre destinée est la somme de nos actions, de nos choix, de nos directions et de notre engagement, comme l'a dit James Hillman dans *"La force des Caractères"*. Il faut prendre en compte l'influence de notre inconscient dans nos décisions et chercher de l'aide si nécessaire pour comprendre et surmonter les conflits inconscients qui peuvent peser sur nous. Il faut se rappeler que notre destinée est étroitement liée à notre inconscient. Comme l'a dit l'écrivain et philosophe Ralph Waldo Emerson dans *La Sagesse et la Destinée* (1860) : "Tout est mystère, et la clé d'un mystère est un autre mystère. Les voiles qui recouvrent les plus grands objets sont toujours tissés de mystères plus subtils et plus profonds." encourageant les lecteurs à embrasser l'incertitude et à chercher à comprendre les mystères de la vie plutôt que de chercher des réponses simples et superficielles. Force est de se rappeler que notre destinée est en constante évolution et qu'il est possible de la changer en prenant des décisions conscientes et en cherchant de l'aide pour comprendre et surmonter les conflits inconscients qui peuvent peser sur nous. Ainsi, comprendre notre inconscient est une des clefs pour comprendre notre destinée et pour agir sur elle.

Sujet 3 : Une pensée peut-elle être inconsciente ?

Introduction : "Notre vie, jour après jour, dépasse de beaucoup les limites de notre conscience et, sans que nous le sachions, la vie de l'inconscient accompagne notre existence. Plus la raison critique prédomine, plus la vie s'appauvrit ; mais plus nous sommes aptes à rendre conscient ce qui est inconscient et ce qui est mythe, plus est grande la quantité de vie que nous intégrons. La surestimation de la raison a ceci de commun avec un pouvoir d'état absolu : sous sa domination, l'individu dépérit." Cette citation de Carl Gustav Jung provient de son ouvrage *Ma vie. Souvenirs, rêves et pensées*. Dans cet ouvrage, C.G. Jung évoque sa théorie psychologique, en particulier de la notion de l'inconscient collectif et de l'importance des rêves dans la compréhension de l'esprit humain. Une pensée peut-elle donc être inconsciente ? Pour comprendre cette question, il faut d'abord définir ce qu'est la pensée inconsciente, puis, dans cette dissertation, nous allons explorer les théories de la psychanalyse et de la psychologie cognitive sur la pensée inconsciente, ainsi que les implications pratiques de la compréhension de cette question.

Première partie : les théories de la psychanalyse sur l'inconscient et la pensée inconsciente.

La pensée inconsciente est définie comme les idées, les sentiments et les désirs qui sont en dehors de notre conscience consciente mais qui ont une influence sur nos actions et nos comportements. En d'autres termes, il s'agit des pensées qui sont en dehors de notre conscience consciente, mais qui continuent à exercer une influence sur nous. Elle peut nous aider à comprendre les motivations sous-jacentes de nos actions et de nos comportements, ainsi qu'à identifier les blocages inconscients qui peuvent nous empêcher d'atteindre nos objectifs. Cela peut nous aider à comprendre les influences inconscientes qui peuvent affecter nos relations avec les autres et à améliorer notre communication. Un exemple de la pensée inconsciente en action peut être vu dans le phénomène de la réaction en chaîne. Par exemple, une personne peut avoir une pensée inconsciente négative à propos de son apparence physique qui peut conduire à des comportements tels que l'évitement social et des troubles alimentaires. Un autre exemple est lorsque quelqu'un est en colère contre son patron, mais il ne veut pas le montrer et il se retient de le dire. Cependant, il peut avoir des comportements passifs-agressifs envers lui sans même s'en rendre compte. En somme, comprendre la pensée inconsciente est essentiel pour comprendre notre propre comportement et nos actions, ainsi que pour améliorer nos relations avec les autres. Sigmund Freud, fondateur de la psychanalyse, a développé une théorie de l'inconscient qui a eu un impact majeur sur la compréhension de la pensée inconsciente. Selon Freud, l'inconscient est un système mental caché qui influence notre comportement et nos pensées de manière inconsciente. Il a décrit l'inconscient comme étant divisé en plusieurs parties : le conscient, le préconscient et l'inconscient proprement dit. Il a aussi détaillé les mécanismes de défense tels que la répression, qui permettent à l'inconscient de cacher les pensées et les désirs indésirables. Selon Freud, la compréhension de l'inconscient est cruciale pour comprendre les motivations et les comportements humains. Il croyait que les symptômes psychologiques et les comportements anormaux étaient le résultat de conflits inconscients. Ainsi, pour comprendre et traiter ces symptômes, il était nécessaire de comprendre l'inconscient. La psychanalyse utilise des techniques telles que l'analyse des rêves et l'analyse des associations libres pour explorer l'inconscient. Bien que la psychanalyse ait eu un impact fort sur la compréhension de l'inconscient et de la pensée inconsciente, elle a été critiquée pour certaines de ses limites. Certains critiques ont souligné que les théories de Freud sont difficiles à prouver scientifiquement et que les techniques d'analyse utilisées par la psychanalyse peuvent être biaisées. Dans la psychothérapie, la compréhension de la pensée inconsciente peut aider les thérapeutes à mieux comprendre les problèmes de leurs patients et à les aider à résoudre ces problèmes. Par exemple, Carl Jung, dans "Psychologie et alchimie", a déclaré que "l'inconscient est le plus grand facteur de guérison". Dans la prise de décision personnelle, la compréhension de la pensée inconsciente peut aider les individus à mieux comprendre les motivations inconscientes derrière leurs choix et à prendre des décisions plus éclairées. Par exemple, James Hillman qui propose une version « archétypale » du modèle thérapeutique jungien autour des images issues de l'inconscient notamment dans son ouvrage *Le code caché de votre destin* indique que "Notre destinée est la somme de nos actions, de nos choix, de nos directions et de notre engagement". Cependant, la psychanalyse, bien qu'elle ait été un domaine de recherche important dans la compréhension de la pensée inconsciente, a ses limites. Par exemple, certains critiques affirment que les théories freudiennes sont trop spéculatives et non scientifiques. Il existe des solutions alternatives pour comprendre la pensée inconsciente, comme la neuropsychologie ou la psychologie cognitive. La compréhension de la pensée inconsciente peut avoir des implications dans les domaines de la psychothérapie et de la décision personnelle, mais nous pouvons aussi considérer les limites de la psychanalyse et de considérer les solutions alternatives pour comprendre la pensée inconsciente.

Deuxième partie : les théories de la psychologie cognitive sur la pensée inconsciente.

La psychologie cognitive est une approche qui étudie les processus mentaux tels que la mémoire, la perception, la pensée et la résolution de problèmes. Les psychologues cognitifs s'intéressent à la façon dont ces processus mentaux interagissent les uns avec les autres pour produire une pensée consciente. Selon les psychologues cognitifs, la pensée inconsciente est un processus mental qui se produit automatiquement, sans notre conscience. Les théories de la psychologie cognitive sur la pensée inconsciente mettent en avant l'importance de la compréhension de la pensée inconsciente pour comprendre les processus mentaux qui se produisent automatiquement. Par exemple, la théorie de l'architecture de la pensée de Newell et Simon propose que la pensée inconsciente est un processus mental qui permet de traiter automatiquement de grandes quantités d'informations. Cela permet d'expliquer pourquoi nous sommes capables de réaliser des tâches complexes sans y penser consciemment. L'analyse de la pensée inconsciente est importante pour la psychologie cognitive car elle permet de comprendre comment nous prenons des décisions et comment nous résolvons des problèmes. Par exemple, la théorie de la sélection attentionnelle de Broadbent propose que nous utilisons notre pensée inconsciente pour sélectionner les informations qui sont les plus pertinentes pour nous en fonction de nos objectifs. Cependant, il y a aussi des limites de la psychologie cognitive dans l'analyse de la pensée inconsciente. Les psychologues cognitifs ne prennent pas en compte les facteurs émotionnels et les motivations inconscientes qui peuvent influencer la pensée et les décisions. De plus, la psychologie cognitive se concentre principalement sur les processus mentaux conscients et inconscients qui se produisent dans le cerveau, tandis que la psychanalyse met l'accent sur les motivations inconscientes qui ont leur origine dans l'inconscient.

Troisième partie : les solutions alternatives pour comprendre la pensée inconsciente

Il existe plusieurs, notamment les techniques de méditation, la thérapie comportementale et cognitive, la thérapie d'acceptation et d'engagement, la thérapie centrée sur les émotions et la thérapie basée sur les neurosciences. La méditation est une pratique ancienne qui permet de devenir conscient de ses pensées et de ses émotions. Elle peut aider à découvrir des pensées inconscientes qui peuvent causer des problèmes émotionnels ou comportementaux. La thérapie comportementale et cognitive (TCC) est une approche qui vise à identifier et à changer les pensées et les comportements qui causent des problèmes émotionnels ou comportementaux. Elle peut aider à comprendre les pensées inconscientes qui peuvent causer des problèmes tels que la dépression ou l'anxiété. La thérapie d'acceptation et d'engagement (ACT) est une approche qui vise à aider les individus à accepter leurs pensées et leurs émotions plutôt qu'à essayer de les changer. Elle permet de découvrir des pensées inconscientes qui peuvent causer des problèmes émotionnels ou comportementaux. La thérapie centrée sur les émotions est une approche qui vise à aider les individus à comprendre et à exprimer leurs émotions. Elle peut aider à découvrir des pensées inconscientes qui peuvent causer des problèmes émotionnels. Enfin, la thérapie basée sur les neurosciences utilise les dernières avancées en neurosciences pour comprendre comment le cerveau traite les émotions et les pensées. Cette approche peut aider à découvrir des pensées inconscientes qui peuvent causer des problèmes émotionnels ou comportementaux.

Conclusion : Selon Sigmund Freud, il y a en nous une partie de notre vie mentale qui échappe à notre conscience. Cette idée de l'inconscient a été développée dans son ouvrage *"La psychanalyse"* (1901) où il décrit comment les pensées, les désirs et les souvenirs refoulés peuvent influencer notre comportement sans que nous en ayons conscience. Cependant, il existe des perspectives critiques de cette idée. Par exemple, le psychologue Carl Jung a souligné que l'inconscient n'est pas seulement constitué de matériel refoulé, mais qu'il comprend aussi des aspects positifs de la personnalité tels que les talents et les capacités créatives. En outre, les chercheurs en neurosciences ont mis en évidence l'importance des processus inconscients dans la cognition en montrant comment les informations peuvent être traitées de manière automatique et sélectionnées avant d'être conscientes. En fin de compte, il semble qu'il y ait un continuum entre la pensée consciente et inconsciente, et que les deux types de pensée jouent des rôles différents dans la cognition. Comme le disait le philosophe Henri Bergson : " Nos états de conscience ne sont jamais isolés les uns des autres, mais sont toujours en relation les uns avec les autres, formant ainsi un continuum indivisible. Cette continuité de la durée est ce qui fait l'unité de notre moi et de notre existence, elle est la condition de toute vie mentale, de toute pensée, de toute action" *Matière et mémoire (*1896). Il est donc essentiel de prendre en compte les processus inconscients dans notre compréhension de la pensée humaine, mais il s'agit de ne pas les surestimer et de les replacer dans le contexte plus large de la cognition consciente.

Sujet 4 : Quelle conception de l'homme l'hypothèse de l'inconscient remet-elle en cause ?

Introduction : Au Moyen Âge déjà, Saint Thomas d'Aquin (1224-1274) a souligné de nombreuses fois l'importance de ce qui en nous est inconscient. « Je ne peux considérer mon âme en dehors de ses actes, disait-il. Il y a donc dans l'âme des processus dont nous ne sommes pas immédiatement conscients. » L'hypothèse de l'inconscient a été proposée par Sigmund Freud en 1895 dans son ouvrage *"Les névroses de défense"*. Selon Freud, l'inconscient est un système de pensées, de désirs et de souvenirs refoulés qui influencent notre comportement conscient de manière inconsciente. L'inconscient est une source de mystère pour nous-mêmes, et c'est un mystère pour les autres. L'hypothèse de l'inconscient remet-elle en cause la conception traditionnelle de l'homme en tant qu'être rationnel et maître de ses actions ? Comment l'inconscient influe-t-il sur les comportements et les décisions conscients de l'individu ? Nous présenterons d'abord la conception traditionnelle de l'homme, l'hypothèse de l'inconscient, puis l'inconscient comme remise en cause de cette conception traditionnelle.

Première partie : la conception traditionnelle de l'homme est celle d'un être rationnel et libre

La conception traditionnelle de l'homme en tant qu'être rationnel et maître de ses pensées et de ses actions remonte à la Grèce antique, où cette idée a été défendue par de nombreux philosophes. Les deux plus importants d'entre eux sont Platon et Aristote. Platon, dans ses œuvres, défend l'idée que l'homme est doté d'une âme raisonnable qui lui permet de comprendre les idées universelles et de les utiliser pour prendre des décisions. Il croit que la raison est supérieure aux passions et aux désirs, et qu'elle est capable de guider l'homme vers la vérité et la justice. Aristote, quant à lui, défend l'idée que la raison est un outil qui permet à l'homme de comprendre et de maîtriser ses passions et ses désirs. Il pense que la raison est capable de diriger les actions de l'homme vers le bien et qu'elle est nécessaire pour atteindre le bonheur. Il indique dans l'*Ethique à Nicomaque* :" les hommes que gouverne la raison, c'est-à-dire les hommes qui cherchent ce qui leur est utile sous la conduite de la raison, n'aspirent pour eux-mêmes à rien qu'ils ne désirent pour tous les autres hommes, et par suite sont justes, de bonne foi et honnêtes. ". Ces idées de Platon et Aristote ont été reprises au cours des siècles par de nombreux penseurs, notamment dans la philosophie occidentale. Descartes, par exemple, défend l'idée que l'homme est doté d'un libre arbitre, c'est-à-dire la capacité de choisir ses actions de manière consciente et libre : "Et partant, de cela même que je connais avec certitude que j'existe, et que cependant je ne remarque point qu'il appartienne nécessairement aucune autre chose à ma nature ou à mon essence, sinon que je suis une chose qui pense, je conclus fort bien que mon essence consiste en cela seul, que je suis une chose qui pense, ou une substance dont toute l'essence ou la nature n'est que de penser.". *"Discours de la méthode"*. Cette vision de l'homme en tant qu'être rationnel et maître de ses pensées et de ses actions a été reprise par de nombreux penseurs politiques et juridiques, qui ont utilisé cette idée pour justifier l'égalité de tous les individus devant la loi et la souveraineté du peuple. C'est le cas par exemple de Jean-Jacques Rousseau qui écrit dans *"Du contrat social"* : "L'homme est né libre, mais partout il est dans les fers.". Cette conception de l'homme en tant qu'être rationnel est présente dans la philosophie politique classique, notamment dans les idées de la démocratie et de la liberté individuelle. Les philosophes politiques tels que Locke et Rousseau ont montré que l'homme est naturellement libre et qu'il doit être protégé contre toute forme d'oppression ou de tyrannie. La littérature a reflété cette conception de l'homme en mettant en avant des personnages qui sont libres de prendre des décisions conscientes et de réfléchir de manière rationnelle. Dans *"Les Misérables"* de Victor Hugo, le personnage de Jean Valjean est un exemple d'un individu qui, malgré les difficultés, parvient à surmonter ses émotions pour prendre des décisions rationnelles. Dans "*Les frères Karamazov*" de Dostoïevski, Ivan, le personnage, prône la liberté individuelle et la raison en s'opposant aux croyances religieuses et morales traditionnelles. En somme, la conception traditionnelle de l'homme est celle d'un être rationnel et libre, capable de réfléchir de manière consciente et de prendre des décisions en toute liberté. Cette vision est présente dans la philosophie occidentale classique, la philosophie politique classique et la littérature qui met en avant des personnages qui sont libres de prendre des décisions conscientes et de réfléchir de manière rationnelle.

Deuxième partie : l'hypothèse de l'inconscient

La théorie de l'inconscient proposée par Sigmund Freud est l'un des concepts majeurs dans les sciences de l'esprit et les sciences sociales. La conscience est généralement définie comme la capacité de percevoir et de réagir aux stimuli de l'environnement. C'est l'état d'être conscient de quelque chose, de soi-même et de son environnement. Selon René Descartes, "Je pense, donc je suis", la conscience est souvent associée à la raison et à la pensée logique. Cependant, il y a une autre dimension de l'expérience humaine qui n'est pas toujours consciente, c'est l'inconscient. Freud décrit l'inconscient comme un ensemble de pensées, de désirs et de souvenirs qui sont refoulés ou cachés de la conscience, mais qui continuent à avoir une influence sur les comportements et les décisions conscients. Selon Freud, l'inconscient est la source de nombreux comportements irrationnels et de nombreux conflits psychologiques, tels que les névroses et les psychoses. Pour lui, l'inconscient est la source de tous les conflits et tous les mystères de l'âme humaine. Les interactions entre la conscience et l'inconscient sont complexes et souvent non linéaires. Par exemple, un souvenir refoulé peut être réveillé par un stimulus extérieur, tel qu'une odeur ou un son, et avoir une influence sur les émotions et les comportements conscients. De même, des pensées conscientes peuvent être refoulées dans l'inconscient, ce qui peut causer des conflits psychologiques. Les œuvres de la littérature et de la psychanalyse illustrent bien ces interactions entre la conscience et l'inconscient. Dans *L'étranger* d'Albert Camus, le personnage principal, Meursault, est hanté par ses propres pensées inconscientes et ses émotions refoulées, qui l'ont conduit à commettre un meurtre impensable. Et comme le disait Albert Camus « Tout refus de communiquer est une tentative de communication ; tout geste d'indifférence ou d'hostilité est appel déguisé ». Il décrit comment il a essayé de fuir ces images qui le poursuivaient, mais elles ont toujours été présentes dans son esprit, comme une malédiction qui le hante. Il nous montre comment l'inconscient peut avoir une grande influence sur les actions et les décisions d'un individu, même si celui-ci essaie de les ignorer ou de les fuir. L'hypothèse de l'inconscient proposée par Freud met en avant l'importance de l'inconscient dans la compréhension des comportements et des décisions humaines. Elle souligne l'importance des interactions entre la conscience et l'inconscient et met en évidence les conflits psychologiques qui peuvent en découler.

Troisième partie : remise en cause la conception traditionnelle de l'homme en tant qu'être rationnel et libre

L'hypothèse de l'inconscient remet donc en cause la conception traditionnelle de l'homme en tant qu'être rationnel et libre, capable de réfléchir de manière consciente et de prendre des décisions en toute liberté. Selon cette hypothèse, l'homme est guidé par des forces inconscientes qui agissent en dehors de sa conscience et de sa volonté consciente. La théorie sur l'inconscient est celle de Sigmund Freud, qui a développé la psychanalyse remet en question la vision traditionnelle de l'homme en tant qu'être rationnel et maître de ses actions en mettant l'accent sur les influences de l'inconscient sur les comportements et les décisions conscients. Il a décrit comment ces forces inconscientes peuvent être révélées par des techniques telles que l'analyse des rêves ou la psychanalyse. Il a montré comment l'individu peut être guidé par des désirs refoulés, comme le désir de tuer un parent, qui peuvent influencer ses actions de manière inconsciente. Une autre théorie qui remet en cause la conception traditionnelle de l'homme est celle de Carl Jung, qui a développé la psychologie analytique. Selon Jung, l'inconscient collectif est un ensemble de symboles et d'archétypes qui sont communs à tous les individus et qui influencent notre comportement de manière inconsciente. Cette théorie de l'inconscient est présente dans la littérature, où des personnages sont décrits comme étant hantés par leurs propres pensées inconscientes. Par exemple, dans "Les Mémoires d'Hadrien" de Marguerite Yourcenar, l'empereur Hadrien se remémore sa vie passée et prend conscience de ses motivations inconscientes qui ont guidé ses décisions. Dans *"Les frères Karamazov"* de Dostoïevski, Ivan malgré son désir de liberté est aussi hanté par ses propres doutes et ses conflits intérieurs qui influencent ses actions et ses décisions. La théorie de l'inconscient remet en cause la notion de liberté individuelle en suggérant que les individus ne sont pas entièrement libres de prendre des décisions conscientes et rationnelles, mais plutôt guidés par des forces inconscientes. Cela signifie que l'homme n'est pas entièrement maître de lui-même, mais plutôt influencé par des forces qui agissent en dehors de sa conscience et de sa volonté consciente. L'hypothèse de l'inconscient remet donc bien en cause la conception traditionnelle de l'homme en tant qu'être rationnel et libre, capable de réfléchir et de définir ses actions.

En conclusion, l'hypothèse de l'inconscient remet en cause la conception traditionnelle de l'homme en tant qu'être rationnel et maître de ses pensées et de ses actions. Elle propose plutôt une vision complexe et nuancée de l'individu, qui est guidé par des forces inconscientes qui agissent en dehors de sa conscience et de sa volonté consciente. Cette théorie a des implications majeures pour la compréhension de la psychologie humaine et de la responsabilité individuelle. Cependant cette vision de l'homme n'est pas absolue et il existe d'autres théories et perspectives qui ont une vision différente de l'homme et de ses motivations. Cette hypothèse de l'inconscient pose un débat plus large sur la nature humaine et il peut être intéressant d'explorer certaines approches comme la psychanalyse de Jacques Lacan qui enrichissent cette réflexion sur l'inconscient. Cette hypothèse de l'inconscient peut être utilisée pour comprendre les phénomènes sociaux et culturels qui ont un impact sur les individus. Par exemple, les travaux de Wilhelm Reich sur les "caractères névrotiques" expliquent comment l'inconscient peut être utilisé pour comprendre les phénomènes de répression sociale. Enfin, cette théorie de l'inconscient a ouvert des perspectives intéressantes pour l'analyse du pouvoir de l'art et de la créativité en tant que voie vers la compréhension de soi et de l'inconscient. " Les œuvres d'art sont la manifestation la plus profonde de l'âme humaine ; en évaluant leur signification, nous touchons souvent les couches les plus profondes et les plus cachées de l'inconscient." - Carl Jung, *Psychologie et Alchimie (1944)*.

Sujet 5 : Peut-on connaître l'inconscient ?

Introduction : "L'interprétation des rêves est la voie royale de la connaissance de l'inconscient" - Sigmund Freud, *L'Interprétation des rêves* (1899). Freud considérait que l'interprétation des rêves était la voie la plus directe et la plus efficace pour explorer l'inconscient. Les rêves permettent de comprendre les désirs, les peurs et les conflits qui influencent notre comportement et notre bien-être psychologique. Cette citation est devenue célèbre et est souvent utilisée pour résumer l'importance de l'analyse des rêves en psychanalyse. Elle met en avant l'idée que les rêves sont une fenêtre sur l'inconscient, qui peut être exploré et compris grâce à une interprétation minutieuse et attentive. Depuis la naissance de la psychanalyse, avec Sigmund Freud, les théories sur l'inconscient ont évolué et se sont multipliées. Mais peut-on vraiment connaître cet inconscient qui nous échappe ? La problématique centrale que nous allons aborder est donc de savoir si l'on peut vraiment connaître l'inconscient. Cette question est d'autant plus importante que l'inconscient joue un rôle crucial dans notre vie psychique et dans notre comportement. En effet, selon la théorie freudienne, l'inconscient est le siège des pulsions et des désirs refoulés qui influencent notre comportement de manière inconsciente. Ainsi, comprendre l'inconscient pourrait nous permettre de mieux comprendre notre propre psychisme et de prendre des décisions plus éclairées. Pour répondre à cette question, nous allons d'abord examiner les théories psychanalytiques sur l'inconscient, en nous concentrant notamment sur la théorie freudienne. Nous verrons comment Freud a défini l'inconscient et comment il a proposé des mécanismes pour accéder à cet inconscient refoulé, tels que l'analyse des rêves et la psychanalyse. Nous verrons les critiques de cette théorie, qui mettent en doute sa scientificité. Ensuite, nous aborderons les approches scientifiques de l'inconscient, en nous concentrant sur la neuropsychologie et les techniques d'investigation de l'inconscient, comme l'IRMf ou l'électroencéphalographie. Nous verrons les avancées scientifiques apportées par ces techniques, mais aussi leurs limites. Enfin, nous nous pencherons sur la question de la subjectivité dans la connaissance de l'inconscient. Nous verrons que l'inconscient est par nature difficile à objectiver, et que les perceptions et les interprétations de chacun peuvent varier considérablement. Nous verrons enfin les implications de cette subjectivité dans la connaissance de l'inconscient.

Première partie : les théories psychanalytiques pour connaître l'inconscient

La première partie de notre étude portera sur les théories psychanalytiques de l'inconscient, en se concentrant notamment sur la théorie freudienne. Cette théorie, qui a été développée par Sigmund Freud au début du XXème siècle, a eu un impact considérable sur la psychologie et la culture populaire. Selon Freud, l'inconscient est constitué de pensées, de désirs et de souvenirs refoulés qui influencent notre comportement de manière inconsciente. Il définit l'inconscient comme étant ce qui est refoulé, c'est-à-dire écarté de la conscience, mais qui reste actif dans l'inconscient et qui peut devenir conscient à nouveau pour décrire comment ces éléments inconscients peuvent être révélés à travers la psychanalyse. Il a proposé des mécanismes pour accéder à cet inconscient refoulé, tels que l'analyse des rêves et la psychanalyse. L'analyse des rêves est un des outils privilégiés pour accéder à l'inconscient selon Freud. Il considère que les rêves sont des révélateurs de nos désirs refoulés. Il a développé la technique de l'interprétation des rêves, qui consiste à décoder les symboles et les métaphores utilisés dans les rêves pour accéder aux pensées inconscientes. Il a développé la théorie de la "censure des rêves", selon laquelle les rêves sont censurés par notre conscience pour dissimuler les désirs refoulés qui y sont exprimés. La psychanalyse est un autre outil de Freud pour accéder à l'inconscient. Il a développé cette méthode pour explorer les pensées et les désirs inconscients à travers les associations libres et l'analyse des rêves. Selon lui, la psychanalyse permet de dévoiler les conflits inconscients qui peuvent causer des troubles psychologiques. Cependant, la théorie freudienne de l'inconscient a été largement critiquée pour son manque de scientificité. Les critiques mettent en doute la validité de la technique de l'analyse des rêves et de la psychanalyse, ainsi que l'existence même de l'inconscient tel que défini par Freud. Malgré ces critiques, la théorie freudienne de l'inconscient a eu un impact considérable sur la psychologie et la culture populaire. Elle a inspiré de nombreux auteurs et artistes, comme par exemple l'œuvre littéraire de Kafka, qui explore les conflits inconscients et les mécanismes de défense de l'inconscient dans des récits surréalistes.

Deuxième partie : les approches scientifiques pour connaître l'inconscient

Nous allons maintenant envisager les approches scientifiques de l'inconscient en décrivant les méthodes modernes d'investigation de l'inconscient telles que la neuropsychologie et les techniques d'investigation de l'inconscient. La neuropsychologie de l'inconscient est une approche qui utilise des outils tels que l'IRMf (imagerie par résonance magnétique fonctionnelle) et l'électroencéphalographie (EEG) pour étudier les activités cérébrales inconscientes. L'Imagerie par résonance magnétique fonctionnelle est une technique d'imagerie cérébrale qui permet de visualiser l'activité cérébrale en temps réel. Elle utilise des aimants puissants pour exciter les protons des tissus du cerveau, ce qui permet de produire des images très détaillées de l'activité cérébrale. Elle est utilisée pour étudier les réseaux de neurones impliqués dans diverses fonctions cognitives, telles que la mémoire, la perception, la langue, etc. Elle permet d'identifier les régions cérébrales impliquées dans les troubles mentaux tels que la dépression, la schizophrénie…L'électroencéphalographie est une technique d'enregistrement de l'activité électrique cérébrale. Elle consiste à placer des électrodes sur le cuir chevelu pour enregistrer les potentiels électriques produits par les neurones du cerveau. Elle est utilisée pour étudier les différents états de conscience, tels que le sommeil, la veille, l'éveil, etc. Elle permet aussi de détecter les anomalies électriques liées à des troubles mentaux tels que l'épilepsie, la dépression, etc. Enfin, l'EEG est utilisé pour étudier les processus cognitifs tels que la perception, la mémoire, l'attention ... Ces outils permettent de visualiser les régions du cerveau qui sont activées lorsque nous effectuons une tâche donnée, et de déterminer comment ces régions interagissent entre elles pour produire des comportements conscients et inconscients. Par exemple, une étude utilisant l'IRMf a montré que les régions du cerveau impliquées dans la reconnaissance des visages étaient activées inconsciemment lorsque les sujets regardaient des images de visages, même lorsqu'ils n'étaient pas conscients de les avoir vus. Les techniques d'investigation de l'inconscient permettent d'étudier les processus inconscients tels que la perception, la mémoire et la prise de décision. Par exemple, une étude utilisant l'EEG a montré que les sujets prenaient des décisions consciemment plus rapidement lorsque leur cerveau présentait une certaine activité électrique, indiquant un processus inconscient de prise de décision. Cependant, il faut noter que ces techniques d'investigation de l'inconscient ont des limites. L'IRMf et l'EEG ne peuvent pas directement mesurer les pensées et les émotions inconscientes, ils ne peuvent que détecter les activités cérébrales associées à ces processus. De plus, les résultats de ces études peuvent être influencés par des facteurs tels que la subjectivité et la variabilité interindividuelle. Il est donc important de considérer ces limites lors de l'interprétation des résultats. Par conséquent, les approches scientifiques de l'inconscient telles que la neuropsychologie et les techniques d'investigation de l'inconscient permettent d'étudier les processus inconscients de manière objective et de fournir des données concrètes sur l'inconscient.

Troisième partie : la question de la subjectivité dans la connaissance de l'inconscient

La question de la subjectivité dans la connaissance de l'inconscient a été abordée par de nombreux chercheurs et philosophes. Carl Rogers, un psychologue humaniste américain, a développé la théorie de la psychothérapie centrée sur la personne. Selon lui, l'inconscient est un lieu où les expériences non-verbalisées et les émotions refoulées sont stockées. Il a souligné l'importance de la subjectivité dans la compréhension de ces expériences, car c'est l'individu lui-même qui est le mieux placé pour comprendre ses propres expériences inconscientes. Paul Ricœur, philosophe français, a mis en avant l'importance de la subjectivité dans la compréhension de l'inconscient à travers sa théorie de la mémoire. Il explique que la mémoire est un processus actif qui permet de donner sens aux expériences passées et de les intégrer dans la conscience. Il a souligné que la subjectivité joue un rôle crucial dans ce processus, car c'est à travers la subjectivité que les expériences sont interprétées et intégrées. Michel Foucault a aussi abordé la question de la subjectivité dans la compréhension de l'inconscient à travers sa théorie de la subjectivité comme produit social. La subjectivité est produite par les relations de pouvoir et de savoir dans une société donnée. Il a souligné que les normes et les valeurs dominantes d'une société peuvent façonner la subjectivité de ses membres et influencer leur compréhension de l'inconscient. Le psychanalyste Jacques Lacan a notamment défendu l'idée que l'inconscient est un système de signes et de langage qui est indépendant de la conscience individuelle. Selon lui, l'inconscient est un système de signes qui est structurellement organisé et qui ne peut pas être réduit à des processus individuels. D'autres chercheurs, comme le neuropsychologue Antonio Damasio, ont mis en avant l'importance de la subjectivité dans la connaissance de l'inconscient. Damasio a montré que les processus inconscients sont étroitement liés aux émotions et aux affects, et qu'il est donc impossible de les comprendre de manière complètement objective. Les méthodes d'investigation de l'inconscient, telles que l'IRMf et l'électroencéphalographie, peuvent être influencées par la subjectivité. En effet, ces techniques peuvent ne pas être en mesure de capturer tous les aspects de l'inconscient, car ils ne prennent en compte que certaines activités cérébrales. Enfin, il est important de souligner les implications de la subjectivité dans la connaissance de l'inconscient. En effet, si l'inconscient est indépendant de la conscience individuelle, cela signifie que les individus peuvent avoir des expériences inconscientes différentes, et donc que la compréhension de l'inconscient peut varier d'une personne à l'autre. Ces approches montrent que la subjectivité joue un rôle crucial dans la compréhension de l'inconscient. L'individu est le mieux placé pour comprendre ses propres expériences inconscientes, mais ces expériences sont influencées par les normes et les valeurs dominantes de la société. Nous devons donc tenir compte de la subjectivité dans la compréhension de l'inconscient, mais aussi prendre en compte les contextes socio-culturels dans lesquels cette subjectivité est produite.

En conclusion, les approches freudiennes et les techniques d'investigation scientifiques, comme l'IRMf et l'EEG, ont permis d'avancer dans la compréhension de cet aspect de la psyché humaine. Cependant, il faut considérer les limites de ces approches et de considérer la subjectivité de chaque individu dans la connaissance de son inconscient. En effet, les travaux de Carl Rogers, Paul Ricœur ou Michel Foucault, ont mis en évidence les enjeux liés à la subjectivité dans la connaissance de l'inconscient. Ils ont montré que l'inconscient est en partie constitué de nos expériences, nos croyances et nos valeurs qui sont uniques à chaque individu. En réponse à la question de savoir si l'on peut connaître l'inconscient, il est possible de dire que nous pouvons avoir une certaine connaissance de l'inconscient grâce aux approches psychanalytiques, aux techniques d'investigation scientifiques. Cependant, cette connaissance reste limitée par la subjectivité de chaque individu. Nous terminerons sur la complexité du sujet en évoquant Jacques Lacan qui explique que l'inconscient, « c'est le discours de l'Autre », notamment dans ses séminaire *Les psychoses (1955-1956)* et *Le stade du miroir (1949-1950)*, c'est-à-dire le discours de ceux qui nous entourent, notamment les parents, les éducateurs et les autres figures d'autorité. Selon Lacan, ces discours ont une influence profonde sur notre psyché et peuvent même former la base de nos désirs inconscients, il explique que ces expériences inconscientes sont structurées comme un langage.

Sujet 6 : Si l'inconscient existe, puis-je savoir qui je suis ?

Introduction : « C'est faux de dire : Je pense : on devrait dire on me pense. Pardon du jeu de mots. Je est un autre. Tant pis pour le bois qui se trouve violon, et Nargue aux inconscients, qui ergotent sur ce qu'ils ignorent tout à fait ! (…) » A. Rimbaud, *lettre à Georges Izambard* (1871). Rimbaud semble souligner que l'individu peut avoir de multiples identités ou facettes, chacune représentant une partie différente de son être. Par conséquent, il n'y aurait pas de "je" unique ou homogène, mais plutôt une mosaïque de personnalités et de perspectives qui se combinent pour former l'individu dans son ensemble. Et avec Sigmund Freud l'inconscient devient comme un réservoir de désirs refoulés et de souvenirs inconscients qui façonnent notre comportement et notre personnalité. Selon Freud, l'inconscient est un aspect central de la psyché humaine, et il est souvent en conflit avec notre conscience. L'inconscient est un concept qui a captivé l'imagination des penseurs depuis des siècles. Il est souvent décrit comme un royaume mystérieux, un monde caché qui est inaccessible à notre conscience. Mais si l'inconscient existe réellement, cela soulève une question cruciale pour la philosophie et la psychologie : puis-je vraiment savoir qui je suis ? Cette question est fondamentale, car notre compréhension de nous-mêmes est au cœur de notre vie et de notre existence. Si nous ne pouvons pas connaître notre véritable nature, comment pouvons-nous vivre une vie épanouissante et significative ? Comment pouvons-nous être authentiques si nous ne connaissons pas notre propre identité ? Nous allons examiner de plus près la question de savoir si l'inconscient existe réellement et s'il a une influence sur notre connaissance de nous-mêmes. Nous allons commencer par définir les termes clés de la question et expliquer l'importance de cette problématique. Ensuite, nous allons évoquer les différentes conceptions de l'inconscient dans la philosophie et la psychologie. Nous allons enfin examiner les limites de la connaissance de soi et les méthodes qui peuvent nous aider à mieux nous connaître malgré l'influence de l'inconscient.

Première partie : la découverte de l'inconscient

La découverte de l'inconscient a été l'une des avancées majeures de la psychologie moderne. Elle a commencé avec les travaux du fondateur de la psychanalyse, Sigmund Freud, qui a développé une théorie complexe de l'inconscient dans ses ouvrages, notamment *"L'Interprétation des rêves"*. Selon Freud, l'inconscient est le lieu où résident nos désirs refoulés et nos souvenirs inconscients. Ces désirs et souvenirs ont un impact sur notre comportement et notre personnalité, même si nous n'en avons pas conscience. Pour Freud, la connaissance de l'inconscient est essentielle pour comprendre notre comportement et nos motivations, et pour résoudre les conflits psychologiques qui peuvent entraver notre développement. Cependant, la théorie de Freud n'a pas été acceptée sans controverse. De nombreux psychologues et philosophes ont remis en question l'existence même de l'inconscient, affirmant que c'était un concept vague et mal défini. D'autres ont affirmé que l'inconscient était un élément essentiel de la psyché humaine, mais ont remis en question la théorie freudienne selon laquelle les désirs sexuels et agressifs étaient les principaux moteurs de notre comportement. Cependant, Freud n'a pas été le seul à explorer les mystères de l'inconscient. Carl Gustav Jung, un élève de Freud, a développé sa propre théorie de l'inconscient qui s'éloigne des vues de son mentor. Selon Jung, l'inconscient collectif est constitué de l'ensemble des contenus psychiques qui sont hérités de l'humanité. Il s'agit de connaissances et de comportements qui sont innés en nous, sans que nous en soyons conscients. Jung a développé le concept d'archétypes, qui sont des symboles universels présents dans toutes les cultures et qui influencent notre comportement et notre pensée. Selon Jung, l'inconscient collectif est constitué de schèmes symboliques, tels que les archétypes, qui sont présents dans les mythes, les contes de fées et les religions. Les archétypes sont des modèles universels de comportement, de pensée et d'émotion, tels que le héros, le sage, le rebelle, le père, la mère, etc. Jung a identifié les quatre fonctions psychiques, à savoir la pensée, la sensation, l'intuition et le sentiment, qui permettent à l'individu de traiter l'information et de se comporter dans le monde. Malgré les différences entre les théories de Freud et de Jung, ils ont tous deux été influencés par la notion de l'inconscient et ont souligné l'importance de son exploration pour une compréhension plus profonde de soi-même. Cette théorie a été influencée par les travaux de l'anthropologue James Frazer et du philosophe Friedrich Nietzsche, qui ont tous deux souligné l'importance des symboles et des mythes dans la compréhension de l'expérience humaine. Friedrich Nietzsche, a exploré l'idée d'un inconscient dans son livre « *Ainsi parlait Zarathoustra* », publié en 1883, dans lequel il affirmait que « tout homme porte en lui une pièce d'horreur qui le rend fou lorsqu'il la reconnaît », ce qui suggère la présence d'un inconscient qui peut contenir des aspects sombres et terrifiants de notre psyché. D'autres théories de l'inconscient ont progressivement émergé au fil du temps. Par exemple, le psychologue Herbert Spiegel a développé une théorie de l'inconscient selon laquelle il est possible de communiquer directement avec l'inconscient à l'aide de techniques d'hypnose. Cette théorie a été utilisée dans le traitement de nombreux troubles psychologiques, notamment les phobies, les troubles de l'alimentation et les addictions. L'importance de l'inconscient a aussi été soulignée par d'autres penseurs, tels que le philosophe allemand Martin Heidegger, qui a utilisé la notion d'inconscient dans sa théorie de la temporalité. Selon Heidegger, l'inconscient est l'horizon d'attente à partir duquel nous percevons le monde et nous nous projetons dans l'avenir. Ainsi, la découverte de l'inconscient a été un élément clé de l'évolution de la psychologie et de la philosophie moderne, et a permis de mettre en lumière la complexité de l'être humain en offrant de nouvelles perspectives sur la compréhension de soi-même. Les théories de Freud, Jung et d'autres philosophes et psychologues ont ouvert la voie à une exploration plus profonde de notre psyché et de nos comportements.

Deuxième partie : l'inconscient et les limites de la connaissance de soi

La connaissance de soi est un élément essentiel de l'existence humaine, mais elle est limitée par notre subjectivité, notre mémoire, notre perception et notre inconscient. C'est sur ce dernier point que nous allons nous concentrer dans cette partie. En effet, l'inconscient est considéré comme l'un des principaux obstacles à la connaissance de soi. Comme nous l'avons vu, selon Sigmund Freud, l'inconscient est une zone de la psyché qui n'est pas accessible à la conscience, mais qui peut influencer nos comportements, nos émotions et nos pensées. Dans son livre "L'interprétation des rêves", il explique que l'inconscient est comparable à un iceberg, dont seule une petite partie est visible à la surface, tandis que la plus grande partie est immergée et inaccessible. L'inconscient reste donc un concept clé pour comprendre les limites de la connaissance de soi. En effet, l'inconscient peut agir sur nos comportements, nos émotions et nos pensées sans que nous en soyons conscients. Par exemple, nous pouvons éprouver de l'angoisse, de la tristesse ou de la colère sans savoir pourquoi, ou nous pouvons adopter des comportements qui ne correspondent pas à nos valeurs et à nos intentions conscientes. En outre, les souvenirs sont souvent soumis à la subjectivité de notre perception. Les événements du passé peuvent être interprétés différemment selon notre état d'esprit actuel, notre histoire personnelle et notre culture. Dans ce sens, il est difficile de se fier complètement à nos souvenirs pour comprendre qui nous sommes réellement. Enfin, il y a les aspects de nous-mêmes qui sont complètement cachés de notre conscience, ceux que Freud appelait le "noyau de l'inconscient". Ces aspects sont constitués de pulsions, de désirs, de sentiments refoulés, de peurs et de complexes qui ont été enfouis dans notre esprit à cause des mécanismes de défense que nous avons mis en place pour protéger notre ego. Ces éléments peuvent être révélés dans certaines situations, telles que les rêves, les actes manqués, ou sous l'effet de certaines techniques thérapeutiques telles que l'hypnose. L'inconscient est donc un élément central de la psychanalyse, une méthode de traitement des troubles mentaux qui vise à découvrir et à analyser les contenus de l'inconscient. Cette approche thérapeutique a été initiée par Freud, qui a développé une théorie de l'inconscient basée sur les concepts de refoulement, de résistance et de transfert. Selon cette théorie, l'inconscient est le lieu où sont refoulés des désirs, des pulsions et des souvenirs qui sont jugés inacceptables ou qui causent de l'angoisse. Ces contenus refoulés peuvent ressurgir sous forme de symptômes névrotiques, tels que des phobies, des obsessions ou des comportements compulsifs. L'inconscient est considéré comme un domaine inaccessible à notre conscience à notre capacité de savoir qui je suis. Cette opacité de l'inconscient peut compliquer notre compréhension de nous-mêmes, car nos comportements, nos émotions et nos pensées peuvent être influencés par des processus mentaux dont nous ne sommes pas conscients. Par exemple, nous pouvons avoir des peurs ou des angoisses qui ne sont pas directement liées à notre vécu actuel, mais plutôt à des expériences passées refoulées dans notre inconscient. De même, nous pouvons avoir des pensées ou des désirs qui vont à l'encontre de nos valeurs ou de notre identité consciente, mais qui proviennent de pulsions inconscientes. La complexité de l'inconscient peut aussi rendre difficile la compréhension de nos expériences subjectives. Par exemple, nous pouvons avoir des réactions émotionnelles intenses et inexplicables face à une situation donnée, sans comprendre pourquoi nous ressentons ainsi. De même, nous pouvons avoir des pensées qui semblent irrationnelles ou absurdes, sans en comprendre la raison. Ces exemples montrent que l'inconscient peut compliquer notre compréhension de nous-mêmes. Cependant, nous devons souligner que la prise de conscience de ces processus inconscients peut nous aider à mieux comprendre notre propre fonctionnement mental. Cela peut nous permettre de mieux comprendre nos émotions, nos comportements et nos pensées, et de mieux gérer nos difficultés personnelles. De même, la psychothérapie et l'introspection peuvent être des outils efficaces pour explorer notre inconscient et pour mieux comprendre nos motivations et nos peurs cachées. En somme, même si l'inconscient peut compliquer notre compréhension de nous-mêmes, il est possible de surmonter ces limites en faisant preuve de curiosité, de patience et d'ouverture d'esprit.

Troisième partie : les méthodes pour mieux se connaître malgré l'inconscient

Socrate disait : "Connais-toi toi-même" comme la condition préalable à une vie épanouissante. Dans cette optique, la philosophie peut nous aider à mieux comprendre notre inconscient et à mieux nous connaître. Cependant, la philosophie n'est pas la seule méthode pour mieux se connaître malgré l'inconscient. Les thérapies peuvent parfois nous aider à révéler les aspects cachés de notre personnalité et à mieux comprendre nos émotions. La psychanalyse, par exemple, est une méthode qui a été développée par Sigmund Freud au début du 20ème siècle pour explorer l'inconscient et les processus psychiques inconscients. Elle utilise des techniques telles que l'association libre, l'analyse des rêves et la régression pour aider les patients à comprendre les forces inconscientes qui influencent leur comportement. Freud a ainsi écrit dans son ouvrage *L'interprétation des rêves* : "Les rêves sont souvent la voie royale vers l'inconscient" (1900). Une autre forme de thérapie qui peut aider à mieux se connaître est la thérapie cognitive-comportementale (TCC). Elle se concentre sur les pensées et les comportements conscients, plutôt que sur l'inconscient. Elle aide les patients à identifier et à changer les pensées négatives qui peuvent causer de l'anxiété, de la dépression et d'autres problèmes émotionnels. Aaron Beck, le fondateur de la TCC, a déclaré : "Les pensées négatives sont la source de la plupart des problèmes émotionnels des patients » *(La thérapie cognitive et les troubles émotionnels 1976)*. Outre les thérapies, les pratiques spirituelles et philosophiques peuvent nous aider à mieux explorer notre nature intérieure. La méditation, par exemple, est une pratique spirituelle qui peut aider à calmer l'esprit et à mieux comprendre nos pensées et nos émotions. La philosophie elle-même contribue à mieux se connaître. La philosophie de l'existentialisme, par exemple, met l'accent sur l'importance de l'individu et de sa responsabilité dans la création de sa propre vie. Jean-Paul Sartre, philosophe existentialiste, a écrit : "L'homme est condamné à être libre" *("L'Être et le Néant", publié en 1943)*. Cette citation souligne que l'homme a la capacité de choisir sa propre voie dans la vie, et qu'il est responsable de ses choix. Elle reflète l'idée que la liberté est à la fois un fardeau et une opportunité pour l'homme, car elle le rend responsable de ses propres choix et de ses actes. En outre, la philosophie nous aide à mieux comprendre nos émotions et à gérer nos pensées négatives. La philosophie stoïcienne, par exemple, enseigne la pratique de la sagesse, de la tempérance et de la justice pour atteindre un état de tranquillité intérieure. En somme, les différentes méthodes pour mieux se connaître malgré l'inconscient ont des approches et des buts différents. Les thérapies se concentrent sur la compréhension des aspects cachés de notre personnalité et de nos émotions, tandis que les pratiques spirituelles et philosophiques se concentrent sur l'exploration de notre nature intérieure et la gestion de nos pensées et émotions. La connaissance de soi est un processus continu qui demande de la patience, de l'engagement et de la réflexion. Comme l'a écrit le philosophe grec Platon : "La vie sans examen ne vaut pas la peine d'être vécue" (*Apologie de Socrate*). En examinant notre vie, nos émotions et nos pensées, nous pouvons mieux comprendre qui nous sommes, ce que nous voulons et ce qui nous motive malgré l'existence de l'inconscient. Les méthodes pour mieux se connaître malgré l'inconscient sont multiples et variées. Elles incluent les thérapies, les pratiques spirituelles et philosophiques.

En conclusion, il est clair que l'inconscient est une réalité tangible qui peut avoir un impact significatif sur notre conscience de soi. L'inconscient, tel que défini par Freud, est une force psychique qui se manifeste dans les rêves, les actes manqués et les symptômes névrotiques. Il est souvent lié à des désirs refoulés, des conflits internes et des traumatismes passés qui peuvent limiter notre compréhension de nous-mêmes et de nos motivations. Cela signifie que, dans une certaine mesure, notre compréhension de nous-mêmes est toujours limitée par notre inconscient. Cependant, cela ne signifie pas que nous ne pouvons pas mieux nous connaître. Au contraire, en utilisant des méthodes appropriées telles que la psychothérapie, la méditation et la réflexion personnelle, nous pouvons explorer notre inconscient et mieux comprendre nos désirs, nos motivations et nos traumas passés. Nous pouvons découvrir des aspects de notre personnalité que nous ne connaissions pas auparavant et ainsi approfondir notre compréhension de nous-mêmes. La connaissance de soi est essentielle à notre développement personnel et spirituel. Et pour citer un proverbe japonais : "Pour savoir qui tu es, écoute ton silence"

VIII. LA JUSTICE

Sujet 1 : Comment savoir ce qui est juste ?

Introduction : La question de savoir ce qui est juste est fondamentale pour comprendre les relations entre les individus et les sociétés, et pour établir des normes et des lois qui régissent la vie en communauté. Considérons un passage de *la Politique* d'Aristote : "Que l'homme soit un animal politique à un plus haut degré qu'une abeille quelconque ou tout autre animal vivant à l'état grégaire, c'est évident. Car la nature ne fait rien en vain. Or, l'homme, seul de tous les animaux, possède la parole. Tandis que la voix ne sert qu'à indiquer la joie et la peine et appartient pour ce motif aux animaux autres que l'homme également, la parole (ou « discours) sert à exprimer l'utile et le nuisible, et par suite aussi le juste et l'injuste : car c'est le caractère propre de l'homme, par rapport aux autres animaux, d'être le seul à avoir le sentiment du bien et du mal, du juste et de l'injuste et des autres notions morales. " La justice exige donc une réflexion approfondie et une considération des implications morales de nos actions. Déterminer ce qui est juste peut être complexe car cela nécessite de tenir compte des différentes perspectives, des conséquences possibles et des principes éthiques en jeu. La problématique qui se pose est donc comment savoir ce qui est juste ? Comment déterminer les normes et les lois qui régissent la vie en communauté ? Nous allons d'abord examiner les différents points de vue éthiques, juridiques, religieux, culturels et sociaux, puis nous allons étudier les différentes méthodes pour déterminer ce qui est juste, telles que la raison, la morale, la religion, etc. Enfin, nous allons voir l'importance d'utiliser notre propre jugement pour déterminer ce qui est juste et comment nous pouvons tenter d'arriver à une définition commune de ce qui est juste.

Première partie : Les différents points de vue sur la justice

Pour comprendre ce qui est juste, il faut prendre en compte les différents points de vue éthiques, juridiques, religieux, culturels et sociaux qui influencent la définition de la justice. La loi ne suffit pas nécessairement pour déterminer ce qui est juste et comme l'indiquait Montesquieu « Une chose n'est pas juste parce qu'elle est loi […] mais elle doit être loi parce qu'elle est juste. » *Cahiers (posthume).* Cette citation met en lumière une question fondamentale en philosophie du droit et de l'éthique : la relation entre la justice et la loi. Elle soulève l'idée que la justice devrait être le critère principal pour établir les lois, plutôt que de considérer que les lois sont automatiquement justes simplement parce qu'elles sont édictées en tant que telles. En effet, la simple existence d'une loi ne garantit pas nécessairement sa conformité avec des principes moraux ou avec ce qui est intrinsèquement juste. Il est possible que certaines lois puissent être injustes ou contraires à des normes éthiques universelles. Par conséquent, la légalité d'une action ne doit pas être confondue avec sa justice intrinsèque. Cette distinction a des implications importantes pour la façon dont nous abordons le droit et la morale dans nos sociétés. Si l'on considère que la justice est la pierre angulaire de la loi, cela signifie que les lois doivent être fondées sur des principes moraux et des valeurs éthiques. Cela implique que les lois doivent être justes, c'est-à-dire qu'elles doivent respecter les droits fondamentaux des individus, promouvoir l'équité et l'égalité, et tenir compte du bien commun. Un exemple historique illustrant cette idée est le concept de désobéissance civile. Des figures telles que Mahatma Gandhi ou Martin Luther King Jr. ont activement désobéi à des lois injustes, comme les lois ségrégationnistes aux États-Unis ou les lois discriminatoires en Inde, en argumentant que ces lois étaient moralement inacceptables. Ils ont fait valoir que la justice devait primer sur la légalité, et que certaines lois devaient être contestées et changées pour refléter une véritable justice sociale. En philosophie morale, cette idée est également étudiée à travers le débat entre le positivisme juridique et le droit naturel. Le positivisme juridique affirme que la validité d'une loi dépend simplement de son établissement par une autorité légale, indépendamment de ses qualités morales. En revanche, le droit naturel soutient que certaines valeurs et principes moraux sont intrinsèquement justes, et que les lois doivent être évaluées en fonction de ces normes éthiques fondamentales. Les points de vue éthiques se concentrent sur les principes moraux qui régissent les relations entre les individus et les sociétés. Les points de vue juridiques se concentrent sur les normes et les lois qui régissent la vie en communauté. Les points de vue religieux se concentrent sur les enseignements et les valeurs de la religion. Les points de vue culturels se concentrent sur les normes et les valeurs de la culture. Les points de vue sociaux se concentrent sur les relations entre les différentes classes sociales et les inégalités sociales. Par exemple, un point de vue éthique pourrait considérer qu'il est juste de ne pas mentir, tandis qu'un point de vue juridique pourrait considérer qu'il est juste de respecter les lois. Un point de vue religieux pourrait considérer qu'il est juste de respecter les commandements de Dieu, tandis qu'un point de vue culturel pourrait considérer qu'il est juste de respecter les normes et les valeurs de la culture. Un point de vue social pourrait considérer qu'il est juste de lutter contre les inégalités sociales. Ces différents points de vue peuvent influencer la définition de ce qui est juste de manière contradictoire. Par exemple, un point de vue éthique peut considérer qu'il est juste de respecter les droits de l'homme, tandis qu'un point de vue juridique peut considérer qu'il est juste de punir les criminels. Ces deux points de vue peuvent entrer en conflit lorsqu'il s'agit de décider de la peine à infliger à un criminel. De même, un point de vue religieux peut considérer qu'il est juste de respecter les enseignements de la religion, tandis qu'un point de vue culturel peut considérer qu'il est juste de respecter les normes et les valeurs de la culture. Ces deux points de vue peuvent entrer en conflit lorsqu'il s'agit de décider de la conduite à adopter dans une situation donnée. Enfin, un point de vue social peut considérer qu'il est juste de lutter contre les inégalités sociales, tandis qu'un point de vue économique peut considérer qu'il est juste de favoriser la croissance économique. Ces deux points de vue peuvent entrer en conflit lorsqu'il s'agit de prendre des décisions économiques qui ont un impact sur les inégalités sociales. La définition de ce qui est juste est donc influencée par de nombreux facteurs, tels que les points de vue éthiques, juridiques, religieux, culturels et sociaux. Il faudrait envisager les différentes perspectives sur la justice et pour arriver à une définition de ce qui est juste qui soit la plus équitable possible.

Deuxième partie : les différentes méthodes utilisées pour déterminer ce qui est juste

La raison est l'une des méthodes les plus couramment utilisées pour déterminer ce qui est juste. La raison permet de mettre en place des critères logiques et objectifs pour déterminer ce qui est juste. Par exemple, un critère de justice peut être basé sur l'égalité, sur la liberté ou encore sur l'utilité. Cependant, la raison peut parfois être limitée par les préjugés et les biais, qui peuvent influencer les décisions. La morale est aussi un point de vue essentiel pour déterminer ce qui est juste. La morale repose sur des principes éthiques et des valeurs qui sont estimés comme fondamentaux. Par exemple, la non-violence et la compassion peuvent être considérées comme des principes moraux fondamentaux. Dans la théorie de la déontologie d'Emmanuel Kant pour déterminer ce qui est juste, il est nécessaire de se conformer à des règles morales universelles qui ont une valeur en soi. Selon Kant, ces règles sont déterminées par la raison pure et ont pour but de respecter la dignité humaine. Kant distingue entre deux types d'actions : les actions qui sont faites uniquement pour atteindre un but et les actions qui sont faites par devoir. Seules les actions faites par devoir ont une valeur morale. Il définit le devoir comme une action qui est faite simplement parce qu'elle est la chose juste à faire, indépendamment des conséquences. Selon Kant, il existe des lois morales universelles telles que le respect de la dignité humaine, qui sont liées à la raison pure. Il définit la dignité humaine comme étant la capacité de se conformer à des lois morales universelles. Cela reflète l'idée que la définition de ce qui est juste peut varier en fonction des circonstances et des individus, mais qu'il est bon de se tenir à des principes éthiques fondamentaux. Cependant, la morale peut varier considérablement d'une culture à l'autre et d'une époque à l'autre, ce qui peut entraîner des conflits entre les différents points de vue moraux. La religion a couramment été utilisée pour déterminer ce qui est juste. La religion repose sur des enseignements et des croyances qui sont considérés comme sacrés. Par exemple, le Commandement "Tu ne tueras point" est un enseignement religieux qui peut être considéré comme un critère de justice. Cependant, la religion peut parfois entraîner des conflits entre les différentes religions et entre les différentes branches d'une même religion. Il existe d'autres méthodes pour déterminer ce qui est juste, comme la tradition, l'autorité ou encore l'expérience. Chacune de ces méthodes a ses propres avantages et inconvénients. Par exemple, la tradition peut offrir une certaine stabilité et une certaine continuité, mais elle entraîne des stéréotypes et des discriminations. Il faut prendre en compte ces différentes perspectives pour arriver à approcher ce qui est juste d'une manière la plus équitable possible.

Troisième partie : l'utilisation de notre propre jugement pour déterminer ce qui est juste

Bien que les différents points de vue et les méthodes mentionnés dans les parties précédentes puissent fournir des orientations pour déterminer ce qui est juste, il revient finalement à chacun d'utiliser son propre jugement pour prendre des décisions éthiques. L'utilisation de notre propre jugement nous permet de prendre en compte les circonstances uniques de chaque situation et de les évaluer à la lumière de nos propres croyances et valeurs. Cependant, notre jugement peut être influencé par des facteurs tels que nos préjugés, nos expériences passées et les normes sociales. Imaginons le cas d'un médecin confronté à une situation où il doit prioriser le traitement de patients dans un contexte de ressources limitées, comme pendant une pandémie. Selon les directives hospitalières, il pourrait être conseillé de suivre un protocole précis pour attribuer les ressources, comme donner la priorité aux patients ayant les meilleures chances de survie. Cependant, le médecin peut être confronté à une situation particulière, où un patient âgé refuse un traitement potentiellement salvateur au profit d'une personne plus jeune. Le médecin pourrait alors utiliser son propre jugement éthique pour prendre une décision, pesant ses responsabilités professionnelles, son code de déontologie et sa propre compréhension de ce qui est moralement juste dans cette situation unique. En faisant cela, le médecin applique son propre jugement pour déterminer ce qui est juste, en tenant compte de la complexité spécifique de la situation et de ses propres croyances et valeurs éthiques. Cela montre comment il utilise son propre jugement pour déterminer ce qui est juste, en prenant en compte ses propres croyances et valeurs morales. Il faut aussi noter que l'utilisation de notre propre jugement ne signifie pas agir de manière égoïste ou sans considération pour les autres. Au contraire, il implique de prendre en compte les besoins et les perspectives des autres tout en restant fidèle à nos propres convictions éthiques. La théorie de l'empathie de Martin Buber, postule ainsi que pour comprendre ce qui est juste, il est nécessaire de se mettre à la place de l'autre et de comprendre ses besoins et ses perspectives. En résumé, l'utilisation de notre propre jugement est un élément clé pour déterminer ce qui est juste. Mais nous devons reconnaître que notre jugement peut être influencé par des facteurs externes, mais en utilisant notre propre jugement, nous pouvons prendre des décisions éthiques en tenant compte des circonstances uniques de chaque situation et en restant fidèles à nos propres croyances et valeurs.

Conclusion : Il est difficile de savoir ce qui est juste car cela dépend des contextes et des perspectives. Il existe plusieurs théories de la justice, chacune ayant ses propres critères pour déterminer ce qui est juste. Ce n'est pas seulement un problème moral, mais aussi un problème politique et économique. Les décisions prises par les gouvernements et les entreprises ont un impact direct sur la vie des individus et peuvent influencer la justice sociale. Il s'agit de rester ouvert d'esprit et de ne pas être trop dogmatique dans notre compréhension de ce qui est juste. " Jeunesse, jeunesse ! Sois toujours avec la justice. Si l'idée de justice s'obscurcissait en toi, tu irais à tous les périls. Et je ne te parle pas de la justice de nos codes, qui n'est que la garantie des liens sociaux. Certes, il faut la respecter, mais il est une notion plus haute, la justice, celle qui pose en principe que tout jugement des hommes est faillible et qui admet l'innocence possible d'un condamné, sans croire insulter les juges. " Emile Zola *Lettre à la jeunesse* (1897). Cela signifie que la vérité est souvent subjective et qu'il est important de considérer les opinions et les perspectives des autres. Cette question de ce qui est juste est un défi permanent, qui doit être abordé de manière constante et critique en continuant à questionner nos propres croyances et à s'engager dans une réflexion continue sur la justice pour arriver à une définition plus précise de ce qui est juste.

Sujet 2 : Tout ce que j'ai le droit de faire est-il juste ?

Introduction : Les droits sont un concept central dans les sociétés modernes. Ils garantissent à chaque individu la liberté de faire certaines choses et de jouir de certains avantages. Cependant, la question de savoir si tout ce que l'on a le droit de faire est juste est sujette à débat. Pour Emmanuel Kant "Le droit ne peut être juste que si le but poursuivi par sa reconnaissance est la justice." - *(Doctrine de la vertu, 1797)*. La problématique posée par ce sujet est donc dans une société qui valorise la liberté individuelle, est-il possible de concilier les droits avec la justice ? Doit-on admettre que tout ce que l'on a le droit de faire est nécessairement juste, ou peut-on remettre en question la légitimité de certaines actions qui sont légalement autorisées ? Nous examinerons d'abord les arguments en faveur de la légitimité de certains droits, en examinant les concepts de droits moraux et de raison. Nous envisagerons les critiques de l'idée que tous les droits sont justes, en examinant les limites des droits dans une approche des problèmes d'injustice. Nous verrons enfin les implications et les applications de la thèse, en examinant la responsabilité individuelle et le rôle des institutions et des lois dans la protection des droits et la promotion de la justice.

Première partie : la légitimité de certains droits

Les droits moraux sont souvent considérés comme des principes éthiques fondamentaux qui garantissent la dignité humaine et les libertés fondamentales. Ceux-ci peuvent être considérés comme supérieurs aux droits légaux et sont considérés comme devant être protégés, peu importe les lois en vigueur. Les droits moraux sont souvent considérés comme universels et peuvent être considérés comme valables dans toutes les cultures et sociétés. Les droits moraux peuvent inclure des droits tels que le droit à la vie, le droit à la liberté de conscience et d'expression, le droit à la propriété privée, le droit à une vie privée, et le droit à une justice équitable. Les droits moraux sont souvent considérés comme des droits inhérents à la dignité humaine, indépendamment de tout autre considération. Un exemple de droit moral est le droit à la vie qui ne peut être abrogé sous aucune condition. La raison est considérée comme un élément clé dans la détermination de la justice, en aidant à éviter les influences culturelles, sociales et historiques. Selon Emmanuel Kant, dans la *"Critique de la raison pure" (1781)*, la justice doit être fondée sur des principes universels déduits par la raison, comme la dignité humaine et l'égalité devant la loi. La raison peut garantir que la justice soit fondée sur des principes universels plutôt que sur des préjugés ou convictions personnelles. Le rôle de la raison dans la détermination de la justice inclut la recherche de principes équitables, la résolution de conflits éthiques et la détermination de ce qui est moralement acceptable. La raison aide à éviter les biais subjectifs et à déterminer ce qui est plus juste pour toutes les parties impliquées. Le contexte culturel, social et historique peut influencer notre perception de ce qui est juste ou injuste. Par exemple, les attitudes envers les droits des femmes et des minorités peuvent varier considérablement d'une société à l'autre. Au fil du temps, les attitudes envers les droits des femmes ont considérablement évolué, démontrant l'influence du contexte culturel et social sur la perception de la justice. Cependant, cela ne signifie pas que la justice est subjective, mais plutôt qu'il s'agit de continuer à remettre en question les droits et la justice pour garantir que les principes universels soient respectés. Cependant le concept de droits moraux et le rôle de la raison dans la détermination de la justice montrent l'importance de la protection de la dignité humaine et de la liberté fondamentale pour garantir que les principes universels de justice soient respectés et que les décisions soient fondées sur des principes équitables, plutôt que sur des préjugés ou des convictions personnelles.

Deuxième Partie : Critiques de l'idée que tous les droits sont justes

Le concept de droits de l'homme est un élément central dans la définition de ce qui est juste ou injuste. Ceux-ci sont souvent considérés comme universels et inaliénables, ce qui signifie qu'ils sont garantis à toutes les personnes sans distinction de race, de sexe, de religion ou de nationalité. Cependant, il y a des critiques quant à l'efficacité de ces droits dans la protection des personnes les plus vulnérables de la société. Un autre défi dans la justification de tous les droits est la question de savoir comment résoudre les conflits entre les droits. Par exemple, le droit à la liberté d'expression entre en conflit avec le droit à la vie privée. De plus, les droits économiques et sociaux peuvent être en conflit avec les droits civils et politiques. Le conflit entre les droits dépend du contexte culturel, social et historique. Par exemple, la question de savoir s'il est juste de sacrifier les droits individuels en vue d'une protection collective peut varier selon la culture et la situation. Cela pose la question de savoir quel droit doit prévaloir lorsqu'il y a conflit. Enfin, il y a des questionnements quant à la capacité des droits à aborder les problèmes systémiques d'injustice. Les droits peuvent protéger les individus contre les abus individuels, mais ne peuvent pas garantir l'égalité économique ou sociale. De même, les droits peuvent ne pas être suffisants pour aborder les problèmes tels que la pauvreté, la discrimination systémique et les inégalités économiques. Le philosophe français Michel Foucault a montré que les droits ne peuvent pas être considérés comme des solutions universelles aux problèmes d'injustice, car ils sont soumis à la domination politique et sociale. De plus, le sociologue américain Charles Wright Mills a soutenu que les droits ne peuvent pas aborder les problèmes d'injustice sans une critique des institutions et des relations sociales. Les droits de l'homme sont soumis à des conflits entre eux et ne peuvent pas toujours aborder les problèmes systémiques d'injustice.

Troisième partie : la question de la responsabilité individuelle en matière de justice.

Le sujet de savoir si tout ce que nous avons le droit de faire est juste soulève la question de la responsabilité individuelle en matière de justice. Si nous considérons que tout ce qui est légal est également juste, alors notre devoir envers la justice peut être considéré comme limité à la simple observation des lois. Cependant, si nous reconnaissons que la justice est un concept plus large qui dépasse les lois écrites, nous pouvons être tenus de faire un effort conscient pour évaluer la justesse de nos actions. Le philosophe Emmanuel Kant a écrit sur la nécessité de faire des choix moraux basés sur la raison plutôt que sur les émotions ou les intérêts personnels. Dans *"Fondements de la métaphysique des mœurs" (1785),* Kant argumente que les actions morales doivent être basées sur une "maxime universelle" qui peut être considérée comme juste pour tout le monde. Cette idée implique que les individus sont responsables de réfléchir aux conséquences de leurs actions et de les évaluer en fonction de critères de justice universels. Les institutions et les lois jouent un rôle important dans la protection des droits et la promotion de la justice. Elles fixent des normes claires et uniformes pour ce qui est considéré comme acceptable dans la société, ce qui aide à prévenir l'injustice et les abus de pouvoir. Cependant, les lois et les institutions peuvent aussi être utilisées pour maintenir des inégalités et des systèmes d'injustice. Michel Foucault a critiqué les institutions en tant que sources de pouvoir et de contrôle dans ses travaux. Dans *"Surveiller et punir" (1975),* Foucault analyse la manière dont les systèmes de justice peuvent être utilisés pour maintenir l'ordre social plutôt que de protéger les droits individuels. Cette critique souligne la nécessité de surveiller les institutions pour s'assurer qu'elles ne sont pas utilisées pour maintenir l'injustice. Il semble donc crucial de maintenir une réflexion constante et un débat sur la relation entre les droits et la justice. Les perspectives et les valeurs changent au fil du temps, ce qui peut affecter la façon dont nous considérons ce qui est juste. De plus, les nouvelles technologies, les développements sociaux et les changements politiques influencent parfois notre compréhension de la justice. Il est donc essentiel de continuer à explorer et à évaluer les implications de nos droits sur la justice, afin de nous assurer que nous progressons toujours dans la direction d'un monde plus juste.

En conclusion, les arguments en faveur de la légitimité de certains droits comprennent le concept de droits moraux, le rôle de la raison dans la détermination de la justice des actions et l'influence du contexte culturel, social et historique sur la perception de ce qui est juste. Cependant, ces arguments peuvent être soumis à des critiques, telles que la question des conflits entre les droits et la limite des droits dans l'abordage des problèmes systémiques d'injustice. En fin de compte, les implications et les applications de la thèse incluent la responsabilité des individus de considérer la justice de leurs actions, le rôle des institutions et des lois dans la protection des droits et la promotion de la justice et l'importance de la réflexion continue et du discours sur la relation entre les droits et la justice. Comme l'indiquait Martin Luther King Jr, la justice ne sera pas atteinte tant que les gens n'auront pas assez de bonne volonté pour la rechercher soulignant l'importance de la volonté pour atteindre la justice. Il nous rappelait que la justice est un objectif continu. Bien que certains droits puissent être justifiés, il s'agit de continuer à critiquer et à remettre en question ces justifications pour s'assurer que la justice soit toujours poursuivie. Au final, la réalisation de la justice dépend de la volonté de chacun pour la rechercher et la promouvoir.

Sujet 3 : Peut-il être juste de désobéir à la loi ?

Introduction : "Le courage, c'est de faire ce qui est juste, même si cela signifie désobéir à la loi." Indiquait Harper Lee dans son roman *"Ne tirez pas sur l'oiseau moqueur"*. Cette citation met en évidence le fait que la justice peut parfois exiger la désobéissance à la loi, ce qui soulève des questions éthiques fondamentales sur le rôle de la loi et de la justice dans notre société. Les conflits entre la justice et la loi peuvent se poser dans de nombreuses situations, telles que les mouvements sociaux pour les droits civils, les révolutions politiques et les défis à l'autorité en général. La problématique qui se pose alors est la suivante : peut-on désobéir à la loi sans nuire à la société, et comment déterminer quand la justice exige la désobéissance à la loi ? Le plan de cette dissertation se déroulera en trois parties. La première partie examinera les limites de la loi et les moments où la loi ne reflète pas nécessairement la justice. La deuxième partie discutera de la désobéissance civile comme moyen de lutter contre les lois injustes. La troisième partie abordera les conséquences potentielles de la désobéissance à la loi et les critères nécessaires pour déterminer quand la désobéissance est justifiée.

Première partie : La loi et la justice ne sont pas toujours synonymes

La relation complexe entre la loi et la justice a été explorée par de nombreux philosophes au fil du temps. Comme l'indiquait Martin Luther King Jr., militant des droits civiques, une loi qui est injuste en soi-même est contraire à la loi de Dieu et peut-être ignorée en tant que telle. Cette déclaration souligne la conviction selon laquelle la justice morale prime sur la légalité, et que les individus ont le devoir de désobéir aux lois injustes pour promouvoir une véritable justice sociale. D'autre part, le philosophe allemand Emmanuel Kant a abordé cette question sous l'angle du devoir moral dans son œuvre *Fondements de la métaphysique des mœurs*. Selon Kant, la justice est un impératif catégorique, une loi morale universelle à laquelle chaque être rationnel doit se soumettre indépendamment des lois établies par les hommes. Pour Kant, l'essence de la justice réside dans le respect des droits et de la dignité de chaque individu, indépendamment des circonstances. Le philosophe américain John Rawls a apporté une contribution significative à la réflexion sur la justice dans son ouvrage *Théorie de la justice*. Il a développé le concept de "voile d'ignorance", dans lequel il propose que pour déterminer ce qui est juste, les individus devraient imaginer une situation où ils ignorent leur propre position dans la société et leurs intérêts personnels. À travers cette abstraction, ils seraient plus enclins à établir des principes de justice équitables qui s'appliqueraient à tous. Enfin, le philosophe français Michel Foucault a critiqué le lien entre la loi et la justice dans son analyse du pouvoir et du système pénal. Dans son ouvrage *Surveiller et punir*, Foucault met en évidence comment les lois et les mécanismes de contrôle social peuvent être utilisés pour exercer une forme de pouvoir sur les individus, souvent au détriment de la justice. Selon lui, la justice n'est pas seulement une question de conformité à des règles juridiques, mais implique une analyse critique des relations de pouvoir qui sous-tendent ces règles. Ces points de vue soulignent l'importance de considérer les dimensions éthiques et morales qui sous-tendent les systèmes juridiques et appellent à une réflexion approfondie sur la nature de la justice dans nos sociétés.

Deuxième partie : La désobéissance civile peut être justifiée pour obtenir la justice

La désobéissance civile peut être un moyen efficace pour lutter contre les lois injustes et promouvoir la justice. Par exemple, les actions de Martin Luther King Jr pour lutter contre la ségrégation raciale aux États-Unis ont été menées à travers des formes de désobéissance civile non violentes telles que des manifestations pacifiques et des grèves de la faim. Le philosophe Henry David Thoreau a développé une théorie de la désobéissance civile dans son essai *Résistance à l'injustice gouvernementale,* dans lequel il a soutenu que les citoyens ont le devoir de désobéir aux lois injustes. Selon Thoreau, la désobéissance civile est justifiée lorsqu'elle est utilisée pour résister à l'injustice gouvernementale et pour promouvoir les valeurs de justice et de liberté. Thoreau a écrit : "Si l'État est à l'oppression, l'opposition à l'État est la seule justice." Cette citation met en évidence l'idée que la désobéissance civile est un moyen de promouvoir la justice en résistant à l'oppression gouvernementale. En effet, la désobéissance civile joue un rôle crucial dans la sensibilisation au problème de l'injustice et dans la stimulation de changements politiques. En plus de l'exemple de Martin Luther King Jr et de la théorie de Thoreau, il existe de nombreux autres exemples de désobéissance civile justifiée dans l'histoire. Par exemple, les suffragettes britanniques qui ont lutté pour le droit de vote des femmes au début du 20ème siècle, les manifestants anti-apartheid en Afrique du Sud, et les manifestants pour les droits des LGBTQ+ partout dans le monde. Dans tous ces cas, la désobéissance civile a été utilisée pour obtenir la justice en résistant à des lois et à des politiques gouvernementales considérées comme injustes. Bien que la désobéissance civile puisse être considérée comme illégale, elle peut aussi être considérée comme justifiée en raison de sa capacité à promouvoir la justice et à faire évoluer les lois pour les faire correspondre aux principes de justice équitables. La désobéissance civile peut jouer un rôle crucial dans la justice.

Partie 3 : La désobéissance à la loi doit être pondérée avec ses conséquences

La désobéissance à la loi semble justifiée lorsque la justice n'est pas respectée, mais il faut savoir prendre en compte les conséquences potentielles. En effet, désobéir à la loi a des conséquences graves pour la société et les individus impliqués. Un exemple de cela peut être vu avec l'utilisation de la violence pour faire passer un message politique. Bien que cela puisse sembler une façon rapide d'obtenir l'attention, cela peut déstabiliser la société et causer plus de torts que de bien. C'est pourquoi il est important d'avoir une réflexion éthique avant de désobéir à la loi. La pondération des conséquences est mise en avant dans la théorie de l'utilitarisme de Jeremy Bentham et John Stuart Mill. Selon cette théorie, une action est considérée moralement juste si elle maximise le bonheur et minimise le malheur pour le plus grand nombre de personnes. Dans le cas de la désobéissance à la loi, nous devons peser les conséquences potentielles pour la société avant d'agir. Bien que la désobéissance à la loi puisse sembler justifiée dans certaines situations où la justice n'est pas respectée, les conséquences potentielles pour la société et les individus impliqués doivent être prises en compte. La réflexion éthique et la pondération des conséquences restent donc des éléments clés à considérer.

En conclusion, la désobéissance civile est un moyen puissant pour lutter contre les lois et les politiques injustes dans les situations où les voies légales traditionnelles ont échoué. Les actions de Martin Luther King Jr dans la lutte contre la ségrégation raciale en sont un exemple célèbre, qui montre à quel point la désobéissance civile peut avoir un impact positif sur la société. La théorie de la désobéissance civile de Henry David Thoreau a joué un rôle non négligeable dans la popularisation de ce concept. Thoreau a soutenu que si une loi est injuste, il est moralement justifié de s'y opposer en pratiquant la désobéissance civile. Comme il l'a écrit dans son essai *Résistance Au Gouvernement Civil* : " Ne peut-il exister un gouvernement dans lequel les majorités ne décident pas du juste et de l'injuste, mais bien plutôt la conscience ? (…) Je pense que nous devons d'abord être des hommes, des sujets ensuite. Le respect de la loi vient après celui du droit ". Cependant, la désobéissance civile n'est pas un acte à prendre à la légère. Il y a des conséquences juridiques pour ceux qui pratiquent la désobéissance civile et il faut savoir mesurer les conséquences éthiques et pratiques de tout acte de résistance. Malgré cela, dans certaines situations, la désobéissance civile peut être le dernier recours pour obtenir justice et faire avancer les droits des citoyens. C'est une manifestation de la force de la démocratie et de la capacité de la société à changer et à évoluer vers plus d'équité et de justice pour tous. Pour Gandhi, la désobéissance civile consistait à refuser de se soumettre aux lois et aux politiques injustes en utilisant des moyens pacifiques. C'était un moyen puissant de se faire entendre et de faire changer les choses sans recourir à la violence.

Sujet 4 : Pour être juste, suffit-il d'obéir aux lois ?

Introduction : la justice est un concept central dans notre société, définie comme l'équité et l'équilibre dans l'application des règles et des lois. Cependant, la question de savoir si l'obéissance simple aux lois suffit pour garantir la justice est un débat de longue date qui fait l'objet de discussions et de réflexions intensives. Comme l'indiquait Martin Luther King Jr.: "La justice sans la paix est privée de sa propre essence." (Discours de Luther King Jr. *"Beyond Vietnam" en 1967*). Cette citation souligne l'importance de la paix comme condition nécessaire pour atteindre la justice. Cependant, la paix ne peut être obtenue que si les lois sont appliquées de manière juste et équitable, ce qui pose la question de savoir si l'obéissance aux seules lois peut garantir la justice. La problématique de cette question réside dans le fait que, tout en garantissant la protection des droits fondamentaux et la poursuite des criminels, l'obéissance aux lois peut être limitée par des lois obsolètes ou injustes, ainsi que par une application inégale des lois. De plus, les actions individuelles et les relations interpersonnelles peuvent parfois être injustes, même si elles sont conformes aux lois. Nous allons explorer les points de vue sur cette question en trois parties. Dans la première partie, nous examinerons l'obéissance aux lois comme garantie de la justice en examinant la protection des droits fondamentaux et la poursuite des criminels par les lois. Dans la deuxième partie, nous étudierons les limites de l'obéissance aux lois pour atteindre la justice en examinant les lois obsolètes ou injustes, ainsi que l'application inégale des lois. Dans la troisième partie, nous aborderons les actions individuelles et les relations interpersonnelles qui peuvent être injustes, même si elles sont conformes aux lois.

Première partie : L'obéissance aux lois comme garantie de la justice

Les lois sont un moyen de garantir la protection des droits fondamentaux tels que la liberté d'expression, la liberté de religion et le droit à la vie. Par exemple, la Déclaration universelle des droits de l'homme adoptée en 1948 par les Nations unies énonce les droits fondamentaux de l'être humain et sert de base pour les lois nationales en matière de protection des droits de l'homme. En outre, les lois sont souvent utilisées pour lutter contre la discrimination et les inégalités sociales, telles que les lois sur l'égalité des chances et la protection des minorités. En France, la Déclaration des droits de l'homme et du citoyen de 1789 garantit les droits fondamentaux des citoyens, tels que la liberté, la sécurité et la propriété. Les lois françaises sont conçues pour protéger ces droits et permettre aux citoyens de vivre en paix et en sécurité. Par exemple, la loi française sur les violences domestiques vise à protéger les victimes de violence conjugale en leur accordant une protection juridique. Cependant, pour que les lois puissent remplir leur fonction de protection des droits fondamentaux, il est nécessaire de les appliquer de manière juste et équitable. Comme l'a déclaré le juge de la Cour suprême américaine Oliver Wendell Holmes Jr. : "La justice n'est pas une formule mathématique, mais une question de bon sens." (Discours de Holmes Jr., "*The Path of the Law*" en 1897). Cela signifie que les circonstances individuelles et les situations particulières permettent de déterminer la justice dans chaque cas. En plus de protéger les droits fondamentaux, les lois sont utilisées pour poursuivre les criminels et les protéger contre les activités criminelles. Les systèmes judiciaires nationaux, tels que les tribunaux et les systèmes de police, sont chargés d'appliquer les lois et de poursuivre les criminels. L'obéissance aux lois permet d'assurer la sécurité publique et la stabilité sociale en réprimant les activités criminelles. En France, les lois sont toujours utilisées pour poursuivre les criminels et faire respecter la justice. Le Code pénal français définit les différents types de crimes et les peines associées. Les forces de l'ordre sont chargées de faire respecter les lois et de travailler avec les tribunaux pour poursuivre les criminels. Cependant, la poursuite des criminels n'est juste que si elle se fonde sur des preuves solides et une application équitable des lois. Comme le déclarait le juge britannique William Blackstone : "La vérité est la première des vertus en matière de justice." (*Commentaires sur les lois d'Angleterre, 1765*). Cela signifie que la poursuite des criminels doit se baser sur des preuves solides et indépendantes, plutôt que sur des opinions ou des préjugés personnels. L'obéissance aux lois ne garantit la justice que si les lois sont appliquées de manière équitable et impartiale à tous les citoyens, sans distinction de race, de sexe, de religion ou d'autres caractéristiques personnelles. Cependant, dans la pratique, cela est souvent un défi, car les attitudes et les préjugés sociaux peuvent influencer l'application des lois. Pour garantir l'application équitable des lois, il faut disposer d'un système judiciaire indépendant et impartial, ainsi que de fonctionnaires de l'application des lois compétents et formés pour faire respecter les lois sans partialité. De plus, la transparence et la responsabilité sont des éléments clés pour garantir la justice. Les citoyens doivent être en mesure de surveiller l'application des lois et de faire valoir leurs droits s'ils estiment que les lois ne sont pas appliquées de manière juste et équitable. En conséquence, l'obéissance aux lois est un moyen de garantir la justice, mais seulement si les lois sont appliquées de manière équitable et impartiale. Pour atteindre cet objectif, il s'agit de disposer d'un système judiciaire indépendant et impartial, ainsi que de fonctionnaires de l'application des lois compétents et formés pour faire respecter les lois sans partialité.

Deuxième partie : les limites de l'obéissance aux lois pour atteindre la justice

Les lois sont souvent élaborées pour répondre à des besoins sociaux ou économiques spécifiques, mais elles peuvent parfois être obsolètes ou injustes. Certaines lois peuvent être basées sur des préjugés ou des stéréotypes qui sont devenus inappropriés avec le temps. Par exemple, dans le passé, certaines lois en vigueur dans de nombreux pays interdisaient aux personnes de couleur de participer à certaines activités, telles que le vote ou l'accès à l'enseignement. L'application inégale des lois cause de l'injustice en permettant à certaines personnes de bénéficier de privilèges injustifiés ou de protections inéquitables. Par exemple, certains criminels peuvent échapper à la justice en raison de leur richesse, de leur influence ou de leurs connexions, tandis que d'autres peuvent être injustement inculpés ou condamnés en raison de leur race, de leur genre ou de leur orientation sexuelle. Les relations interpersonnelles et les actions individuelles peuvent être injustes, même si elles sont légales. Par exemple, certains employeurs peuvent discriminer les travailleurs en fonction de leur race, de leur genre ou de leur orientation sexuelle, même si cela est contraire à la loi. On peut citer le cas de discrimination en matière d'emploi en raison de la race, du genre ou de l'orientation sexuelle qui est fréquent dans de nombreux pays, malgré l'existence de lois visant à prévenir ce genre de discrimination. Un exemple connu est celui de la discrimination raciale dans le monde du travail aux États-Unis, dénoncé par les mouvements sociaux tels que Black Lives Matter. De même, certaines personnes peuvent subir des abus ou des violences au sein de leur famille ou de leur cercle d'amis, même si ces actes ne sont pas considérés comme illégaux. Il est possible de mentionner le cas des violences domestiques, qui peuvent commises sans être considérées comme illégales dans certaines sociétés. Cependant, de plus en plus de pays reconnaissent ces formes de violence comme des crimes graves et les criminalisent. L'exemple de la lutte contre les violences conjugales en France peut être mentionné. Ces limites de l'obéissance aux lois pour atteindre la justice montrent que l'obéissance aux lois n'est pas suffisante pour garantir la justice. Il est nécessaire de travailler pour éliminer les lois obsolètes ou injustes, de veiller à l'application équitable des lois et de faire face aux inégalités et aux injustices dans les relations interpersonnelles et les actions individuelles.

Troisième partie : La justice nécessite une combinaison d'obéissance aux lois et de responsabilité individuelle

L'obéissance aux lois contribue à la justice, mais ne suffit pas à elle seule, obéir seulement aux lois ne suffit pas à garantir une société juste. La justice requiert une évaluation constante et une révision des lois, ainsi qu'une considération éthique des actions individuelles Pour atteindre la justice, il est nécessaire d'évaluer constamment les lois et de les réviser pour qu'elles reflètent les valeurs et les principes de la société. En outre, les actions individuelles doivent être évaluées en fonction d'une éthique solide qui prend en compte les conséquences pour les autres et la société dans son ensemble. La justice est un objectif continu qui nécessite une combinaison d'obéissance aux lois et de responsabilité individuelle. Les individus doivent obéir aux lois tout en étant conscients de leurs obligations éthiques envers les autres et la société. Dans son ouvrage "Éthique à Nicomaque", Aristote aborde la justice comme une vertu qui consiste à donner à chacun ce qui lui est dû. Cela implique l'obéissance aux lois et aux normes sociales établies, mais également la reconnaissance de la responsabilité individuelle envers les autres membres de la communauté. Selon Aristote, la justice ne se limite pas à une simple conformité aux règles, mais inclut également la bienveillance et la considération envers autrui. Un exemple historique de combinaison d'obéissance aux lois et de responsabilité individuelle est celui de Nelson Mandela. Lors de son combat contre l'apartheid en Afrique du Sud, Mandela a été un ardent défenseur de la désobéissance civile pour lutter contre les lois injustes qui perpétuaient la ségrégation raciale. Cependant, il a souligné l'importance de la responsabilité individuelle dans la lutte pour la justice. Mandela a promu la réconciliation et le pardon, ce qui l'a conduit à collaborer avec ses anciens oppresseurs pour construire une Afrique du Sud plus juste et démocratique après la fin de l'apartheid. Sa combinaison d'obéissance aux lois démocratiques établies et de responsabilité individuelle envers les autres a été cruciale pour la transition pacifique vers une société plus équitable. En conclusion, la justice requiert une combinaison d'obéissance aux lois et de responsabilité individuelle. Les lois et les institutions sociales sont essentielles pour garantir une société équitable et ordonnée. Cependant, la justice ne peut être pleinement réalisée que si chaque individu prend la responsabilité de ses actions et de leur impact sur autrui. La réflexion philosophique, ainsi que les exemples historiques et contemporains, nous montrent que la justice dépend de la façon dont nous concilions l'obéissance aux lois avec un sens profond de responsabilité envers les autres et envers notre communauté. Les gouvernements doivent veiller à ce que les lois soient justes et bien appliquées, tout en écoutant les opinions et les préoccupations de la société. La justice ne peut être atteinte que par un effort concerté de tous.

En conclusion, l'obéissance aux lois est un aspect notable de la justice, mais elle ne suffit pas à elle seule à garantir une société juste. Les lois peuvent être obsolètes, injustes ou inégalement appliquées, ce qui cause de l'injustice. De même, les relations interpersonnelles et les actions individuelles peuvent être injustes, même si elles sont légales. Par conséquent, l'obéissance aux lois doit être combinée à une évaluation constante et à une révision des lois, ainsi qu'à une considération éthique des actions individuelles. " Si donc quelqu'un dit que la justice consiste à rendre à chacun ce qu'on lui doit, et s'il entend par là que l'homme juste doit du mal à ses ennemis comme il doit du bien à ses amis, ce langage n'est pas celui d'un sage, car il n'est pas conforme à la vérité : nous venons de voir que jamais il n'est juste de faire du mal à personne." - Platon, *La République*. La justice est un objectif continu qui nécessite une combinaison d'obéissance aux lois et de responsabilité individuelle pour être atteinte. Les sociétés doivent être vigilantes quant à la manière dont elles évaluent et révisent leurs lois pour garantir qu'elles soient justes et équitables pour tous. De plus, les individus doivent être conscients de leur propre responsabilité éthique et prendre des mesures pour agir de manière juste dans leurs relations interpersonnelles et dans leurs actions quotidiennes. La justice ne peut donc être atteinte que par une combinaison de lois justes et d'actions individuelles éthiques.

Sujet 5 : La violence peut-elle être juste ?

Introduction : Dans la citation "Il est juste que ce qui est juste soit suivi. Il est nécessaire que ce qui est le plus fort soit suivi. ---La justice sans la force est impuissante. La force sans la justice est tyrannique. La justice sans force est contredite parce qu'il y a toujours des méchants. La force sans la justice est accusée. Il faut donc mettre ensemble la justice et la force, et pour cela faire que ce qui est juste soit fort ou que ce qui est fort soit juste." - Blaise Pascal, *Pensées,* Pascal nous livre son approche réaliste de la justice et de la force, et cette citation reflète son idée que la justice sans force ne peut pas être efficace, tandis que la force sans justice est nuisible. Cependant la violence est souvent considérée comme incompatible avec la justice et pourtant, dans certains contextes, la violence peut être justifiée pour défendre les intérêts nationaux, protéger les droits humains ou lutter contre le mal et la criminalité. Mais peut-elle vraiment être considérée comme juste ? La violence est-elle un moyen acceptable pour atteindre la justice et peut-elle être considérée comme juste dans certaines situations ? Pour explorer cette problématique, nous examinerons d'abord différents types de violence, tels que la violence politique, militaire, policière et judiciaire. Nous analyserons ensuite les arguments en faveur de la justification de la violence, tels que la défense de l'intérêt national, la lutte contre le mal et la protection des droits humains. Nous évaluerons enfin les conséquences négatives de la violence sur la justice, la paix et les droits humains.

Première partie : Examen de la violence dans différentes situations

La violence est un phénomène présent dans de nombreuses situations de la vie quotidienne. Elle prend diverses formes, allant de la violence politique et sociale à la violence militaire et guerrière en passant par la violence policière et judiciaire. Cependant, dans toutes ses formes, la violence a des conséquences négatives sur les personnes, les communautés et les sociétés. C'est pourquoi nous devons comprendre les différentes formes de violence et les examiner attentivement pour évaluer leur légitimité et leur justesse. La violence politique et sociale peut prendre diverses formes, allant de la répression politique à la violence de rue. Dans les régimes autoritaires, la violence politique est souvent utilisée pour réprimer les opposants politiques et pour maintenir le pouvoir en place. Cependant, cette forme de violence se manifeste aussi sous forme de mouvements sociaux, comme les manifestations et les grèves, qui peuvent dégénérer en émeutes violentes. L'un des exemples les plus pertinents de violence politique et sociale est la révolution française, où la violence a été utilisée pour renverser le régime absolutiste et instaurer une nouvelle république. La révolution française montre à la fois le pouvoir de la violence pour renverser un régime injuste et le danger de la violence lorsqu'elle dégénère en violence indiscriminée. Cependant, certains philosophes, comme Jean-Jacques Rousseau, considèrent la violence politique et sociale comme nécessaire pour instaurer la justice. Rousseau écrit dans son ouvrage *Du contrat social* que la violence est un mal nécessaire, car elle peut être utilisée pour renverser un régime injuste et instaurer un ordre politique plus juste. La violence militaire et guerrière est souvent associée à la défense nationale. Dans ce contexte, la violence est utilisée pour protéger les intérêts nationaux et pour défendre les citoyens contre les agresseurs étrangers. Cependant, la violence militaire peut être utilisée pour des fins impérialistes ou pour renforcer la position dominante d'une nation sur d'autres nations. L'un des exemples les plus pertinents de violence militaire et guerrière est la guerre en Irak, qui a été menée pour renverser le régime de Saddam Hussein et pour éliminer les armes de destruction massive prétendument détenues par le régime. Cependant, la guerre en Irak a également entraîné de nombreux dégâts collatéraux, tels que la mort de civils innocents, la détérioration des infrastructures et la désintégration de la société irakienne. Le philosophe Emmanuel Kant considère la guerre comme un moyen à éviter résoudre les conflits entre les nations. Dans son ouvrage *Vers la paix perpétuelle* (1795), Kant écrit que " "L'état de paix n'est pas un état de nature, lequel est au contraire un état de guerre, c'est pourquoi il faut que l'état de paix soit institué ". Kant considère la guerre comme une forme extrême de violence qui ne doit être utilisée qu'en dernier recours. La violence policière et judiciaire est souvent utilisée pour maintenir l'ordre public et pour faire respecter les lois. Cependant, cette forme de violence peut aussi être utilisée pour réprimer les mouvements sociaux et politiques, pour lutter contre le crime organisé et pour punir les criminels. L'un des exemples de violence policière et judiciaire est la répression de la révolution iranienne de 1979, où les forces de sécurité ont été utilisées pour réprimer les manifestations contre le régime de l'empereur. Cependant, cette répression a entraîné la mort et la détention de nombreux manifestants innocents. Le philosophe Michel Foucault considère la violence policière et judiciaire comme un outil de contrôle social utilisé pour maintenir l'ordre et le pouvoir. Pour lui la violence policière et judiciaire est un moyen de contrôle social qui permet à la société de maintenir l'ordre et de punir les criminels. Cependant, Foucault considère que cette forme de violence peut être abusive et utilisée pour opprimer les minorités et les mouvements sociaux. « Une relation de violence agit sur un corps, sur des choses : elle force, elle plie, elle brise, elle détruit : elle referme toutes les autres possibilités Michel Foucault, *Le sujet et le pouvoir* (1982). La violence prend diverses formes et peut être utilisée dans différentes situations, allant de la violence politique et sociale à la violence militaire et guerrière en passant par la violence policière et judiciaire. Pour évaluer sa légitimité et sa justesse, il est nécessaire de comprendre les conséquences de la violence.

Deuxième partie : analyse des arguments en faveur de la justification de la violence

L'un des arguments les plus couramment utilisés pour justifier la violence est la défense de l'intérêt national et collectif. Ceux qui défendent cet argument considèrent que la violence peut être utilisée pour défendre les intérêts nationaux et collectifs tels que la sécurité, l'unité et la prospérité du pays. "Un État est une communauté humaine qui revendique le monopole de l'usage légitime de la force physique sur un territoire donné", célèbre définition de l'État formulée par le sociologue allemand Max Weber dans son ouvrage *Le Savant et le Politique* (1919). Certains comme Jacques Derrida estiment que la violence est au fondement même des Etats. "Tous les États-nations naissent et se fondent dans la violence. Je crois cette vérité irrécusable. Sans même exhiber à ce sujet des spectacles atroces, il suffit de souligner une loi de structure : le moment de fondation, le moment instituteur est antérieur à la loi ou à la légitimité qu'il instaure. Il est donc hors la loi, et violent par là-même" *Force de loi: Le 'Fondement mystique de l'autorité'* (1994). Un exemple de défense de l'intérêt national et collectif peut être trouvé dans la guerre en Afghanistan en 2001, où les forces américaines ont été déployées pour combattre les talibans et les combattants d'Al-Qaida qui avaient commis les attentats du 11 septembre. Les défenseurs de cette guerre ont prétendu qu'elle était nécessaire pour protéger les intérêts nationaux des États-Unis et de ses alliés et pour lutter contre le terrorisme international. Un autre exemple de défense de l'intérêt national et collectif peut être trouvé dans la participation de la France à la guerre en Libye en 2011 sous l'égide de l'Organisation des Nations unies (ONU) et dont l'objectif était la mise en œuvre d'une résolution du Conseil de sécurité des Nations unies a déployé ses forces pour protéger des civils libyens. Les défenseurs de cette intervention militaire ont soutenu qu'elle était nécessaire pour défendre les valeurs universelles telles que la protection des droits de l'homme et la démocratie. Une autre justification courante de la violence est la lutte contre le mal et la criminalité. Certains considèrent que la violence peut être utilisée pour combattre les criminels et les forces qui menacent la société. Un exemple de cet argument peut être trouvé dans la lutte contre le terrorisme, où les forces de sécurité sont souvent utilisées pour traquer et neutraliser les cellules terroristes. Le philosophe Thomas Hobbes estime que la violence est justifiée pour lutter contre le mal et la criminalité. Dans son ouvrage *Leviathan,* il écrit que " Dans une société civile, un gouvernement souverain est nécessaire pour maintenir la paix et l'ordre. Ce gouvernement a le droit d'utiliser la force pour punir les criminels et combattre les forces du mal qui menacent la société, afin de maintenir la paix et l'ordre.". Enfin, certains considèrent que la violence est légitime pour protéger les droits humains. Ils estiment que la violence peut être utilisée pour défendre les droits fondamentaux des individus, tels que la liberté, l'égalité et la dignité. Cette violence est nécessaire pour mettre fin à des abus graves et systématiques des droits humains, tels que les génocides, les persécutions et les violations des libertés civiles. En outre, la violence peut être utilisée pour défendre les droits des minorités, des femmes et des personnes vulnérables face à des systèmes de domination ou de discrimination. Enfin, la violence pourrait être justifiée pour protéger les droits humains dans les situations où les gouvernements ne sont pas en mesure de les garantir ou où ils les violent activement. Il est souvent argumenté que la violence est justifiée dans certains cas pour maintenir l'ordre et la stabilité dans une société. Ce point de vue est souvent soutenu par les partisans de la répression et de la force, qui considèrent la violence comme un moyen de faire respecter les lois et les normes sociales. Cependant, il y a de nombreux exemples de situations où la violence policière et judiciaire a été utilisée de manière abusive pour maintenir l'ordre et la stabilité, ce qui soulève des questions sur la légitimité de cet usage de la violence. Selon le philosophe Jean-Jacques Rousseau, dans son ouvrage *Du contrat social*, la violence peut être justifiée pour établir un État juste et une société équitable. La violence peut être nécessaire pour faire respecter les lois et les institutions, mais la violence excessive ou abusive doit être évitée. Il considère que le contrat social doit être fondé sur la justice et l'égalité, et que l'État doit avoir le pouvoir de faire respecter les droits et les devoirs de tous les citoyens. Toutefois, Rousseau explique aussi que la violence peut être utilisée par le peuple pour se défendre contre un État injuste ou oppressif. Dans certaines situations, la violence peut être utilisée comme moyen de résolution de conflits. Cependant, la plupart des experts en relations internationales et en philosophie morale considèrent que la violence n'est légitime que dans des circonstances très strictes, telles que la légitime défense. Dans tous les autres cas, la violence est considérée comme un moyen inapproprié de résoudre les conflits, qui ne fait que les accentuer et les rendre plus graves. En conclusion, la question de savoir si la violence peut être justifiée reste très controversée. Il y a certes des arguments en faveur de la justification de la violence dans certaines situations, mais il y a de nombreux exemples où la violence a été utilisée de manière abusive et injustifiée. Il faut toujours considérer les différents contextes et les conséquences potentielles de l'utilisation de la violence avant de penser pouvoir la justifier. "Je m'oppose à la violence parce que lorsqu'elle semble produire le bien, le bien qui en résulte n'est que transitoire, tandis que le mal produit est permanent. " Mahatma Gandhi *La Jeune Inde* (1924).

Troisième partie : évaluation des conséquences de la violence

La troisième partie examine les conséquences de la violence dans différentes situations. Elle vise à évaluer l'impact sur la justice, la paix, les individus et les groupes sociaux. La violence a des conséquences dévastatrices sur la justice et la paix. Elle détruit la confiance envers les systèmes judiciaires et policiers, et encourage la répression et la corruption. Cela peut déclencher des conflits armés qui peuvent perdurer pendant des années, voire des décennies. En outre, la violence rend difficile la mise en œuvre d'une justice équitable et impartiale. Dans certains cas, la violence peut même entraver les enquêtes et les procès, rendant ainsi la justice inaccessible pour les victimes. La violence a des conséquences psychologiques dévastatrices sur les victimes, les témoins et les acteurs de la violence. Elle entraîne des troubles post-traumatiques, des dépressions et des phobies. Les victimes peuvent développer des comportements violents à leur tour, ce qui peut contribuer à la spirale de la violence. Enfin, la violence est source de discrimination et de violation de droits humains. Elle peut être utilisée pour opprimer et marginaliser les groupes sociaux défavorisés, tels que les minorités ethniques, religieuses … De plus, la violence peut être utilisée pour réprimer les mouvements sociaux et politiques, ce qui entrave la participation citoyenne et la démocratie. La violence induit donc des conséquences graves sur la justice, la paix, les individus et les groupes sociaux. "Un acte de justice et de douceur a souvent plus de pouvoir sur le cœur des hommes que la violence et la barbarie" *Le Prince* de Machiavel (1532).

Conclusion : La question de la justification de la violence reste difficile, car elle touche à de nombreux aspects de la vie sociale, politique et éthique. Certes, il peut y avoir des arguments en faveur de la violence, tels que la défense de l'intérêt national et collectif, la lutte contre le mal et la criminalité, et la protection des droits humains. Mais, il faut prendre en compte les conséquences négatives de la violence, telles que la dégradation de la justice et de la paix, les traumatismes et le développement de la violence, et les discriminations et les atteintes aux droits humains. En définitive, la justification de la violence dépend de la situation particulière et des circonstances dans lesquelles elle se produit, mais es conséquences négatives de la violence doivent toujours être prises en compte. " La violence n'est pas un moyen parmi d'autres d'atteindre la fin, mais le choix délibéré d'atteindre la fin par n'importe quel moyen " J.P. Sartre, *Réflexions sur* *la question juive*, (1946). Cette citation souligne l'importance de considérer les conséquences négatives de la violence, et propose une justification limitée pour son utilisation en cas de nécessité absolue.

Sujet 6 : La punition est-elle la forme légale de la vengeance ?

Introduction : "La vengeance est souvent comme la justice, le fruit d'un sentiment qui nous porte à croire que l'équilibre est rompu, et qu'il faut le rétablir. Mais la justice, elle, est l'œuvre d'une raison qui réfléchit sur les fins de la vie en communauté, et qui tâche de les réaliser" - Paul Ricœur (*revue "Études" en 1981, article intitulé "La justice ou la vengeance"*). Cette citation de Paul Ricœur met en lumière la différence entre la vengeance, qui est souvent motivée par des émotions comme la colère et le ressentiment, et la justice, qui est une construction rationnelle visant à rétablir l'équilibre dans la vie en communauté. La question qui se pose alors est de savoir si la punition est une forme légale de vengeance. La punition est l'un des fondements de notre système judiciaire, tandis que la vengeance continue de se manifester sous diverses formes dans la vie quotidienne. Mais ce débat entre la punition et la vengeance soulève plusieurs questions. Tout d'abord, quelle est la différence entre la punition et la vengeance ? Sont-elles fondamentalement différentes ou simplement deux facettes d'une même pièce ? Ensuite, la punition est-elle une forme légitime de vengeance ou doit-elle être justifiée par d'autres motifs ? Enfin, quelle est la place de la vengeance dans une société juste ? Ces questions méritent une analyse approfondie pour éclairer notre compréhension de la justice, de la moralité et de l'éthique. Dans cette dissertation, nous allons examiner la relation entre la punition et la vengeance, en nous concentrant sur les similitudes et les différences entre ces deux concepts et en évaluant leur légitimité éthique. Nous aborderons cette problématique en trois parties. Dans la première partie, nous examinerons les similarités entre la punition et la vengeance. Nous aborderons les objectifs, les émotions et les conséquences de la punition et de la vengeance pour mieux comprendre leur lien. Dans la deuxième partie, nous étudierons les différences entre la punition et la vengeance. Nous définirons notamment les contextes dans lesquels ces pratiques s'exercent, les personnes impliquées dans ces pratiques et les justifications morales de la punition et de la vengeance. Dans la troisième partie, nous évaluerons la légitimité de la punition par rapport à la vengeance. Nous nous concentrerons sur les fondements éthiques de la punition, les critères d'une punition juste et légale, ainsi que les conséquences de la légitimation de la vengeance.

Première partie : Les similarités entre la punition et la vengeance

La punition et la vengeance sont deux concepts qui semblent étroitement liés. Bien qu'ils puissent sembler différents, ils partagent des similitudes fondamentales en termes d'objectifs, d'émotions et de conséquences. Dans cette première partie, nous examinerons ces similarités en nous appuyant sur les théories de la punition et de la vengeance développées par des philosophes tels que Kant, Hobbes et Nietzsche, ainsi que sur des exemples concrets de ces pratiques. La punition et la vengeance ont toutes deux pour objectif de rétablir un équilibre rompu. Pour Kant, la punition est justifiée par la nécessité de maintenir l'ordre moral dans la société. Il estime que la punition est une expression de la raison pratique, qui permet de rétablir l'équilibre entre le bien et le mal. De même, pour Hobbes la punition est nécessaire pour maintenir la paix et l'ordre dans la société. Selon lui, la punition est un moyen de dissuasion qui permet de prévenir les actes nuisibles et de réduire les conflits. Pour Nietzsche, la vengeance pourrait être motivée par la nécessité de rétablir un équilibre moral. Il considère que la vengeance est une expression de la volonté de puissance, qui permet de rétablir l'équilibre entre le dominant et le dominé. La vengeance est un moyen pour les opprimés de se libérer de l'emprise de leurs oppresseurs et de reprendre le contrôle de leur vie. "Il faut de la violence pour accomplir quelque chose ; la violence est l'essence même de l'histoire ; c'est l'origine des Etats." *("Par-delà le bien et le mal", 1886)*. La punition et la vengeance sont toutes deux motivées par des émotions intenses telles que la colère, la frustration, la peur ou la douleur. C'est pour cela que pour Kant, la punition doit être dénuée d'émotions pour être juste et légitime. Selon lui, la punition ne doit pas être infligée par vengeance, mais pour rétablir l'ordre moral de la société. "La punition doit être sévère, impersonnelle et inaltérable, sans égard pour les préférences et les sympathies individuelles." *("Doctrine du droit", 1797)*. Cependant, la réalité est souvent différente. Les émotions sont souvent présentes dans les décisions de punition, que ce soit de la part des victimes, des témoins ou des juges. De même, la vengeance est souvent motivée par des émotions intenses telles que la colère, la tristesse ou la frustration. Selon la philosophe américaine Martha Nussbaum, les émotions jouent un rôle crucial dans la compréhension de la vengeance, car elles reflètent souvent les valeurs et les normes morales d'une société donnée. Enfin, la punition et la vengeance ont toutes deux des conséquences sur les personnes impliquées dans ces pratiques. La punition a des effets dissuasifs sur les criminels, mais elle peut être traumatique pour les victimes et leur entourage. De même, la vengeance permet à la victime de se sentir rétablie dans ses droits, mais elle peut aussi conduire à une escalade de violence et à des représailles ultérieures. Dans l'ensemble, la punition et la vengeance peuvent avoir des conséquences imprévisibles et parfois indésirables. En somme, la punition et la vengeance ont des similitudes fondamentales en termes d'objectifs, d'émotions et de conséquences. Bien que la punition soit généralement considérée comme une forme légale de répression des actes répréhensibles, elle est parfois aussi motivée par des émotions négatives et avoir des conséquences imprévisibles. De même, bien que la vengeance puisse permettre aux victimes de se sentir rétablies dans leurs droits, elle peut provoquer des effets indésirables tels qu'une escalade de violence. Dans la deuxième partie de cette dissertation, nous explorerons les différences entre la punition et la vengeance.

Deuxième partie : les différences entre la punition et la vengeance

La punition peut être distinguée de la vengeance en ce qu'elle est généralement infligée par une autorité légitime, telle qu'un État ou un système juridique, dans le but de réprimer les comportements répréhensibles. La punition peut donc être vue comme une forme d'exercice de la justice, qui cherche à établir une responsabilité et à prévenir les comportements nuisibles. « À chaque époque, à notre siècle comme aux siècles passés, un genre de pénalité s'impose au législateur et il est à remarquer que la nature de cette peine dominante est toujours en rapport avec la nature des biens les plus appréciés. Aux âges religieux, où il n'est pas de richesse comparable à la faveur divine, l'excommunication est la peine majeure G. Tarde, *Philosophie pénale* (1890). » La vengeance, quant à elle, est généralement infligée par des individus ou des groupes en réponse à une action perçue comme une offense, dans le but de se venger et de rétablir l'honneur ou la dignité. La distinction entre punition et vengeance peut être mieux comprise en termes de la distinction entre justice distributive et justice corrective. Selon Aristote, la justice distributive est préoccupée par la répartition équitable des avantages et des charges de la société, tandis que la justice corrective est préoccupée par la réparation des dommages causés par des comportements répréhensibles. La justice distributive est principalement liée à la punition, car elle suppose que les actes répréhensibles perturbent l'équilibre social et doivent être réprimés pour maintenir l'ordre. En revanche, la justice corrective est principalement liée à la vengeance, car elle suppose que les actes répréhensibles portent atteinte à l'honneur ou à la dignité des victimes et doivent être vengés pour rétablir l'équilibre social. La distinction entre punition et vengeance est liée à la distinction entre l'éthique de la vertu et l'éthique de la justice. L'éthique de la vertu est préoccupée par la formation de caractères moraux, tandis que l'éthique de la justice est préoccupée par l'établissement de règles équitables pour régir les relations sociales. La punition est liée à l'éthique de la justice, car elle est fondée sur le respect des règles établies pour prévenir les comportements répréhensibles. En revanche, la vengeance est liée à l'éthique de la vertu, car elle est fondée sur la perception de l'offense et la nécessité de restaurer l'honneur et la dignité. Un exemple de la différence entre la punition et la vengeance peut être observé dans les systèmes juridiques modernes. Les systèmes juridiques sont généralement fondés sur des principes d'équité et de proportionnalité, où les peines infligées doivent être proportionnelles à la gravité de l'infraction commise. Les peines sont établies en fonction de considérations telles que le niveau de culpabilité de l'accusé, le préjudice causé à la victime et les circonstances atténuantes ou aggravantes de l'infraction. Les juges sont chargés de garantir que les peines infligées sont équitables et conformes aux normes de justice. En revanche, dans les systèmes basés sur la vengeance, les peines sont généralement infligées sans tenir compte de ces considérations. Les individus ou les groupes qui infligent la vengeance peuvent être motivés par des émotions telles que la colère, la frustration ou la tristesse, qui peuvent nuire à leur capacité à agir de manière équitable et réfléchie. En conséquence, les peines infligées peuvent être disproportionnées ou inappropriées, et peuvent même entraîner de nouvelles formes de violence ou de conflit. Néanmoins, il faut reconnaître que dans certaines cultures, la vengeance est considérée comme un moyen de rétablir l'honneur et la dignité des membres de la famille ou du clan qui ont été offensés. Dans ces contextes, la vengeance peut être vue comme une pratique légitime et nécessaire pour maintenir l'ordre social et protéger les intérêts des membres de la communauté. Cependant, il convient de noter que cette justification de la vengeance est souvent basée sur des normes culturelles spécifiques et ne peut absolument pas être applicable dans d'autres contextes culturels ou sociaux. En outre, la vengeance entraîne souvent des cycles de violence ou de conflit prolongés, qui peuvent causer des dommages considérables à toutes les parties impliquées. Cependant, il convient de souligner que la punition peut avoir des limites en termes de sa capacité à réduire les comportements répréhensibles et à prévenir les infractions futures. Les recherches sur la criminologie ont montré que les peines de prison et les sanctions pénales peuvent souvent être inefficaces pour réduire la criminalité à long terme, et peuvent même avoir des effets contre-productifs tels que la récidive ou la stigmatisation sociale des délinquants. Il convient de noter que la punition et la vengeance peuvent avoir des effets différents sur les personnes impliquées. Par exemple, la punition peut être vue comme juste et légitime si elle est infligée par une autorité légitime et conformément à des règles équitables. En revanche, la vengeance peut être considérée comme injuste si elle est infligée par des individus ou des groupes qui ne sont pas légitimes pour le faire. De manière similaire, la punition peut être utilisée pour promouvoir des valeurs morales telles que la justice et l'équité, tandis que la vengeance est motivée par des désirs égoïstes de revanche et de domination. Selon Jean-Paul Sartre, la vengeance est une expression de la mauvaise foi, car elle implique la négation de la liberté et de la responsabilité individuelles. Nous avons montré que la punition et la vengeance sont deux pratiques distinctes, qui sont liées à des théories éthiques et de justice différentes. La punition est liée à la justice distributive et à l'éthique de la justice, tandis que la vengeance est liée à la justice corrective et à l'éthique de la vertu. Nous allons examiner les implications de ces considérations pour notre compréhension de la relation entre la punition et la vengeance.

Troisième partie : la légitimité de la punition par rapport à la vengeance

La punition est une pratique qui est généralement associée à des considérations éthiques et de justice. Selon les théories de la justice distributive, la punition est justifiée en raison de l'équilibre entre les avantages et les inconvénients qu'elle apporte à la société dans son ensemble. Dans cette perspective, la punition est conçue comme une mesure corrective qui vise à rétablir l'équilibre moral et social perturbé par le comportement répréhensible de l'individu. Cette approche est souvent associée à la pensée d'Hannah Arendt. Dans son ouvrage *"Condition de l'homme moderne" (1958)*, elle explique que la punition a une fonction réparatrice dans la mesure où elle rétablit l'ordre et la légalité, mais aussi préventive en dissuadant les individus de commettre des actes nuisibles à la société. Arendt insiste sur le caractère public de la punition, qui doit être exercée par l'État et non par les individus eux-mêmes, afin de garantir l'égalité devant la loi et d'empêcher les abus de pouvoir. Arendt considère que la vengeance est une forme de justice privée, qui n'est pas compatible avec la justice publique. Elle souligne que la vengeance est motivée par des émotions telles que la colère et la rage, et qu'elle peut conduire à des actes de violence disproportionnés. Selon elle, la vengeance ne peut pas être justifiée moralement, car elle ne prend pas en compte l'intérêt général de la société et ne respecte pas les droits des individus. Au contraire, la punition est une réponse rationnelle et équilibrée aux infractions commises, qui vise à protéger la société dans son ensemble et à réhabiliter les coupables. La punition est donc considérée comme une forme légitime de réaction à une infraction, dans la mesure où elle sert les intérêts de la société et respecte les droits des individus. Emmanuel Kant a développé ce point de vue de la punition qui est fondée sur des considérations de justice corrective et de devoir moral. Selon Kant, la punition est justifiée en raison de son rôle dans la réparation du préjudice moral causé par l'acte répréhensible de l'individu. Dans cette perspective, la punition est considérée comme un devoir moral de la part de la société envers les victimes de l'acte répréhensible. La légitimité de la punition dépend de la manière dont elle est appliquée et des critères qui la régissent. Dans une société juste, la punition doit être proportionnelle à la gravité de l'infraction, et doit être appliquée de manière équitable et impartiale à tous les membres de la société. Selon la théorie de la proportionnalité, la punition doit être adaptée à la gravité de l'infraction, en prenant en compte la nature et l'ampleur du préjudice causé, ainsi que les circonstances dans lesquelles l'infraction a été commise. Cette théorie est souvent associée à la pensée d'Aristote, qui affirme que la punition doit être proportionnelle à la faute, de manière à éviter toute forme de vengeance ou de rétribution excessive (Aristote, *Éthique à Nicomaque*). En outre, la punition doit être appliquée de manière équitable et impartiale à tous les membres de la société, sans égard à leur statut social, leur race ou leur origine ethnique. La légitimation de la vengeance a des conséquences néfastes sur la société dans son ensemble. La vengeance entraîne des cycles de violence et de conflit prolongés, qui peuvent causer des dommages considérables à toutes les parties impliquées. Elle contribue à la déstabilisation de la société en créant un climat de peur, de méfiance et d'insécurité, ce qui peut à son tour affecter la confiance des citoyens dans les institutions légales. En outre, la vengeance peut être motivée par des émotions telles que la colère, la haine ou la vengeance personnelle, qui peuvent biaiser la perception de la situation et conduire à des jugements erronés. Cela conduit à une escalade de la violence et à une spirale de représailles qui peuvent être difficiles à contrôler. Inversement, la légitimation de la punition peut contribuer à maintenir l'ordre social en réaffirmant les normes morales et juridiques qui régissent la vie en communauté. La punition a un effet dissuasif sur les comportements répréhensibles, en encourageant les individus à respecter les règles et les normes de la société. Bien que la vengeance puisse sembler justifiée en premier abord, la légitimation de la vengeance peut entraîner des conséquences imprévues et néfastes pour la société dans son ensemble. En revanche, la légitimation de la punition peut contribuer à maintenir l'ordre social et à promouvoir la justice et l'équité pour tous les membres de la société. La punition et la vengeance sont donc deux concepts distincts, bien que souvent liés. La punition est généralement considérée comme une pratique légitime et nécessaire dans une société juste, tandis que la vengeance est souvent associée à des considérations émotionnelles et de rétribution personnelle.

En conclusion, la question de savoir si la punition est la forme légale de la vengeance a soulevé des questions éthiques et juridiques complexes. Tout au long de cette dissertation, nous avons examiné les différences entre la punition et la vengeance, les arguments pour et contre la légitimation de la vengeance, ainsi que les fondements éthiques et juridiques de la punition. Nous avons d'abord exploré les raisons pour lesquelles la vengeance peut sembler justifiée dans certains cas, notamment lorsque les individus sont victimes de préjudices ou d'injustice. Nous avons vu comment la vengeance reste une réponse émotionnelle à des situations qui semblent injustes ou offensantes. Nous avons souligné les dangers de la vengeance et son potentiel à causer des dommages supplémentaires, à la fois pour l'individu qui la pratique et pour la société dans son ensemble. Nous avons montré comment la vengeance créé un cycle de violence et de représailles qui peut être difficile à briser et risque de conduire à une spirale d'escalade de la violence. Nous avons ensuite examiné les fondements éthiques et juridiques de la punition, en montrant comment elle peut être justifiée en fonction de la nécessité de maintenir l'ordre social, de protéger les individus de la violence et d'encourager le respect des lois et des normes sociales. Nous avons évoqué les critères d'une punition juste et légale, tels que la proportionnalité, la réhabilitation et la dissuasion. Enfin, nous avons souligné les conséquences de la légitimation de la vengeance et de la punition, en montrant comment elles peuvent affecter la société dans son ensemble et la confiance des citoyens dans les institutions légales. En réponse à la problématique posée, nous pouvons conclure que la punition et la vengeance sont deux concepts distincts, bien que souvent liés. Bien que la vengeance puisse sembler justifiée dans certains cas, elle peut avoir des conséquences imprévues et néfastes pour la société dans son ensemble. En revanche, la punition est généralement considérée comme une pratique légitime et nécessaire dans une société juste. Et pour terminer en citant Alain : « Le pire des maux est la justice qui se fait par la force, elle se fait haïr. » *Éléments de philosophie* (1916). La loi doit être guidée par la raison plutôt que par les émotions telles que la vengeance.

IX. LE LANGAGE

Sujet 1 : Le langage est-il une invention humaine ?

Introduction : Pour Claude Lévi-Strauss, " le langage apparaît aussi comme condition de la culture, dans la mesure où cette dernière possède une architecture similaire à celle du langage. Une et l'autre s'édifient au moyen d'oppositions et de corrélations, autrement dit, de relations logiques. Si bien qu'on peut considérer le langage comme une fondation, destinée à recevoir les structures plus complexes parfois, mais du même type que les siennes, qui correspondent à la culture envisagée sous différents aspects." *Linguistique et anthropologie* (1953). Cette citation de Claude Lévi-Strauss souligne l'importance du langage en tant que fondement et condition préalable à l'émergence de la culture. Lévi-Strauss, anthropologue et ethnologue français, est connu pour son approche structuraliste qui cherche à analyser les éléments culturels et sociaux en termes de structures sous-jacentes. Dans cette citation, il affirme que le langage et la culture partagent une architecture similaire basée sur des oppositions, des corrélations et des relations logiques. Pour autant le langage est-il une invention humaine, le fruit de l'évolution culturelle et linguistique, ou est-ce un phénomène naturel, inclus dans notre patrimoine génétique depuis des milliers d'années ? La problématique de cette dissertation est donc de déterminer si le langage est une invention humaine ou un phénomène naturel. Pour ce faire, nous allons explorer les différents arguments en faveur de l'invention humaine et de la nature du langage, en utilisant une approche interdisciplinaire qui intègre les perspectives linguistiques, biologiques et cognitives. Le plan de cette étude comporte trois parties. La première partie explorera les arguments en faveur de l'invention humaine du langage, en mettant l'accent sur l'évolution de la capacité linguistique de l'être humain, le rôle de la culture et de l'apprentissage dans le développement du langage et les exemples de variabilité linguistique dans le monde. La deuxième partie examinera les arguments en faveur de la nature du langage, en examinant la présence de capacités linguistiques chez les animaux, la théorie de l'universalité des structures linguistiques et la répartition géographique de la diversité linguistique. La troisième partie se concentrera sur les perspectives interdisciplinaires sur le sujet, en examinant les approches linguistiques, biologiques et cognitives, et en effectuant une synthèse des perspectives interdisciplinaires.

Première partie : les arguments en faveur de l'invention humaine du langage

L'une des principales perspectives sur l'origine du langage est que c'est une invention humaine, le résultat d'une évolution culturelle et linguistique unique à notre espèce. Cette perspective s'appuie sur l'observation que le langage est une capacité hautement spécialisée et complexe qui n'a pas de correspondant chez les autres espèces animales. Les défenseurs de cette perspective soutiennent que le langage est un outil créé par l'être humain pour faciliter la communication et la coopération sociale, et que c'est cette capacité qui a permis aux humains de développer des sociétés complexes et de faire des avancées considérables dans les domaines scientifique, technologique et culturel. Un autre argument en faveur de l'invention humaine du langage est la variabilité linguistique dans le monde. Les différences linguistiques entre les cultures peuvent être considérées comme des preuves de l'invention humaine du langage, car elles montrent que les langues ne sont pas fixes, mais évoluent et se développent au fil du temps en réponse aux besoins sociaux et culturels changeants. Par exemple, la langue française a évolué au fil des siècles, adoptant de nouveaux mots, de nouvelles syntaxes et de nouvelles structures grammaticales pour refléter les changements dans la société et la culture française. Enfin, le rôle de la culture et de l'apprentissage dans le développement du langage est un autre argument en faveur de son caractère inventé. Les défenseurs de cette perspective soutiennent que le langage est appris à partir des modèles culturels et linguistiques fournis par les parents et les communautés linguistiques, et que les enfants sont en mesure de s'adapter à leur environnement linguistique en fonction des modèles qu'ils reçoivent. Par exemple, un enfant qui grandit dans une famille française apprendra la langue française, tandis qu'un enfant qui grandit dans une famille anglaise apprendra l'anglais. Cela montre que le langage est influencé par les contextes sociaux et culturels dans lesquels il est utilisé, ce qui est un autre indice de son caractère inventé. Nous voyons donc ainsi que les arguments en faveur de l'invention humaine du langage sont nombreux et convaincants. Les capacités linguistiques uniques de l'être humain, la variabilité linguistique dans le monde et le rôle de la culture et de l'apprentissage dans le développement du langage sont autant de preuves que le langage est une invention humaine.

Deuxième partie : le langage invention humaine, mais comme construction sociale

Dans cette partie, nous examinerons les arguments en faveur de la contingence du langage, c'est-à-dire que le langage est considéré comme une invention humaine, mais comme construction sociale. Un des principaux arguments en faveur de la contingence du langage provient de la sociolinguistique, qui étudie les facteurs sociaux et culturels qui influencent la façon dont les gens utilisent le langage. Les sociolinguistes, tels que William Labov, soutiennent que le langage est constamment en train de changer en réponse aux forces sociales et culturelles. En conséquence, ils considèrent que le langage est une création sociale qui reflète les valeurs et les attitudes d'une culture donnée. De même, la psychologie sociale explique que le langage est un outil qui est utilisé pour construire et maintenir les relations sociales. Les psychologues sociaux, tels que Gordon Allport, considèrent que le langage n'est pas seulement un moyen de communication, mais aussi un moyen de faire partie d'une communauté en partageant des croyances et des valeurs communes. Enfin, la linguistique générale estime que le langage est un système formel qui est construit à partir de règles grammaticales et sémantiques. Les linguistes, tels que Ferdinand de Saussure, pensent ainsi que le langage est un système arbitraire qui n'a aucun lien nécessaire avec la réalité, mais qui est simplement une convention sociale adoptée par les membres d'une communauté donnée. Le langage serait ainsi une construction sociale qui est influencée par les facteurs sociaux et culturels, et qui reflète les valeurs et les attitudes d'une culture donnée. Les sociolinguistes, les psychologues sociaux et les linguistes généraux font du langage un système formel qui est construit à partir de règles arbitraires et qui n'a aucun lien nécessaire avec la réalité. Cependant, ces perspectives sont contestées par ceux qui soutiennent que le langage est une capacité biologique innée. La troisième partie examinera cette perspective et tentera de déterminer si le langage est une invention humaine ou une capacité biologique innée.

Troisième partie : les arguments en faveur de la capacité biologique innée

Cette dernière partie portera sur la perspective selon laquelle le langage est une capacité biologique innée. Cela signifie que les capacités linguistiques de l'être humain sont innées et qu'elles ne peuvent être expliquées par l'apprentissage ou la culture. Tout d'abord, les capacités linguistiques uniques de l'être humain sont souvent considérées comme l'un des arguments les plus convaincants en faveur de l'innéité du langage. Noam Chomsky, un anthropologue américain, a soutenu que les capacités linguistiques de l'être humain sont fondées sur un système universel de grammaire qui est inné dans l'esprit humain. Cela signifie que tous les êtres humains peuvent comprendre et produire une variété de langues, même s'ils n'ont jamais été exposés à ces langues auparavant. Chomsky pense que ce système universel de grammaire est le même chez tous les êtres humains, indépendamment de leur culture ou de leur environnement. Un autre argument en faveur de l'innéité du langage provient de la psychologie évolutionniste. Selon cette perspective, le langage est considéré comme une adaptation biologique qui a évolué chez les êtres humains pour faciliter la communication et la coopération sociale. Ce point de vue a été popularisé par le linguiste américain Steven Pinker, pour qui le langage est un outil biologique qui a évolué pour permettre aux êtres humains de partager des informations complexes, de coordonner leurs actions et de résoudre des problèmes de manière plus efficace. Cette perspective est étayée par des preuves à partir de l'anthropologie et de la biologie évolutionnistes. Les études sur les sociétés humaines ancestrales montrent que les capacités linguistiques ont probablement évolué en réponse aux défis sociaux et écologiques qui se posaient à nos ancêtres. De même, les études comparatives sur les animaux montrent que les capacités linguistiques sont uniques chez les êtres humains, ce qui suggère que le langage est une adaptation spécifique de notre espèce. De plus, les études sur la plasticité cérébrale tendent à prouver que le langage est une capacité biologique innée. Les études sur les enfants sourds prouvent que le cerveau peut être adapté pour acquérir le langage, même s'il n'a jamais été exposé à un stimulus auditif. Cela suggère que le cerveau de l'être humain est programmé pour acquérir le langage, indépendamment de la culture ou de l'environnement. Enfin, les études comparatives sur les animaux démontrent aussi l'idée que le langage est une capacité biologique innée. En effet les études sur les singes et les dauphins ont aussi montré qu'ils peuvent apprendre à utiliser des signaux pour communiquer avec les humains, ce qui suggère que les capacités linguistiques ne sont pas uniques à l'être humain. Cela montrerait que les capacités linguistiques peuvent être considérées comme une capacité biologique innée, qui n'est cependant pas limitée aux seuls êtres humains. Les arguments en faveur de l'innéité du langage sont donc solides et reposent sur des preuves démontrant que les capacités linguistiques de l'être humain sont uniques et sont fondées sur un système universel de grammaire inné. Mais les études sur la plasticité cérébrale et les études comparatives sur les animaux montrent que le langage peut être considéré comme une capacité biologique innée, qui n'est pas limitée aux seuls êtres humains.

En conclusion, la question de savoir si le langage est une invention humaine ou une capacité innée a suscité de nombreux débats et controverses. D'un côté, des arguments existent en faveur de l'invention humaine, les capacités linguistiques uniques de l'être humain, la variabilité linguistique dans le monde, le rôle de la culture et la contingence du langage influencé par les facteurs sociaux et culturels. D'un autre côté, les arguments en faveur de l'innéité du langage soutiennent que le langage est une capacité qui est innée chez l'être humain et qui ne peut pas être expliqué comme une invention humaine ni comme un apprentissage social. Comme le souligne le philosophe Wittgenstein, dans son ouvrage intitulé *Tractatus Logico-Philosophicus,* "les limites de mon langage signifient les limites de mon univers". Cette citation de Wittgenstein souligne l'importance du langage dans la construction de notre réalité, mais également la façon dont il peut être limitant, outil puissant pour la communication et moyen de nous enfermer dans une certaine façon de voir les choses. Il est probable que le langage soit une combinaison de capacités innées et d'invention humaine. Les capacités innées peuvent nous aider à comprendre les règles grammaticales et les structures sémantiques du langage, tandis que les constructions sociales peuvent influencer la façon dont nous utilisons le langage pour communiquer avec les autres.

Sujet 2 : Peut-on tout dire ?

Introduction : " Il y a un temps pour ne rien dire, il y a un temps pour parler, mais il n'y a pas un temps pour tout dire". *Proverbe latin médiéval.* Ce proverbe marque la nécessité de la mesure et de la modération dans la communication. En effet, il est souvent plus sage de réfléchir avant de parler plutôt que de tout dire sans discernement. En outre, ce proverbe rappelle également que le silence peut être parfois préférable à la parole, notamment dans certaines situations délicates où il vaut mieux s'abstenir de tout commentaire. Pourtant la liberté d'expression est considérée comme l'un des droits fondamentaux de l'être humain. Mais le droit à la liberté d'expression peut entrer en conflit avec d'autres droits, tels que la vie privée, la dignité de la personne et la protection contre la discrimination et la haine. Peut-on tout dire ? La question se pose donc de savoir jusqu'où peut aller la liberté d'expression. L'exercice de la liberté d'expression peut parfois causer des dommages à autrui, en provoquant la discrimination, la diffamation ou la vie privée. Cela pose aussi la question de la responsabilité de ceux qui s'expriment et de l'État dans la réglementation de la liberté d'expression. Cette dissertation va donc explorer les différents aspects de la liberté d'expression avec pour objectif de déterminer jusqu'où peut aller la liberté d'expression, en prenant en compte les différents aspects qui la définissent. La première partie de la dissertation abordera l'historique et l'importance de la liberté d'expression pour la démocratie, ainsi que la liberté d'expression en droit français et international. La deuxième partie se concentrera sur les limites à la liberté d'expression, telles que la protection de la vie privée, de la dignité humaine et la lutte contre la diffamation et la calomnie. La troisième partie examine les enjeux éthiques et sociaux liés à la liberté d'expression, tels que la responsabilité sociale des médias, la protection de la jeunesse et de la moralité publique, ainsi que la régulation des contenus en ligne.

Première Partie : l'importance de la liberté d'expression pour la démocratie

La liberté d'expression est un droit fondamental qui remonte à l'Antiquité grecque et romaine. Cependant, ce n'est qu'au XVIIème siècle que la liberté d'expression a été considérée comme un droit fondamental pour la première fois. C'est à cette époque que les philosophes des Lumières, tels que John Locke et Voltaire, ont plaidé en faveur de la liberté d'expression et de la tolérance religieuse. "La tolérance est le seul moyen de vivre ensemble sans s'entre-tuer." Cette citation de Voltaire montre l'importance qu'il accordait à la tolérance et à la liberté d'expression pour maintenir la paix et l'unité dans la société. L'importance de la liberté d'expression pour la démocratie a été largement débattue au XVIIIème siècle et au XIXème siècle. Les philosophes des Lumières ont souligné que la liberté d'expression était un prérequis pour la démocratie et pour la participation politique. En effet, sans liberté d'expression, il est impossible pour les citoyens de s'exprimer et de participer au processus politique. "La liberté de la presse est le seul rempart contre l'arbitraire" (Montesquieu, *"L'Esprit des Lois"*). Cette citation montre l'importance qu'il accordait à la liberté de la presse pour protéger contre les abus de pouvoir et garantir la démocratie. L'importance de la liberté d'expression pour la démocratie a aussi été soulignée par des théoriciens politiques tels qu'Alexis de Tocqueville dans "*De la démocratie en Amérique*". Tocqueville souligne que la liberté d'expression est nécessaire pour maintenir la participation active des citoyens dans la vie politique et pour garantir que les gouvernements restent responsables et transparents : "La liberté d'expression est la pierre angulaire de la démocratie. C'est ce qui permet aux citoyens de s'informer, de participer et de faire entendre leur voix dans les processus politiques." - *De la démocratie en Amérique*. La liberté de la presse permet aux citoyens de recevoir des informations et de s'informer sur les affaires publiques, ce qui est crucial pour une participation politique informée et éclairée. Aujourd'hui, la liberté d'expression est garantie par la Déclaration universelle des droits de l'homme et par la plupart des constitutions modernes. En droit français, la liberté d'expression est consacrée par la Constitution française de 1958 et par la Convention européenne des droits de l'homme. En outre, la Cour européenne des droits de l'homme a établi que la liberté d'expression est un droit fondamental qui comprend la liberté de la presse, la liberté d'expression politique, la liberté d'expression religieuse, la liberté d'expression artistique et la liberté d'expression académique. La liberté d'expression permet à chacun d'avoir sa propre opinion et de s'exprimer librement sur les sujets qui l'intéressent. La protection de la diversité des opinions peut aider à maintenir un dialogue constructif et à prévenir la montée de la pensée unique. Une théorie qui soutient cet argument est celle du philosophe John Stuart Mill dans son ouvrage *"On Liberty"*. Mill défend l'idée que la diversité des opinions est importante pour la progression de la société et que la suppression de toute opinion divergente peut entraver le développement de la connaissance : "Même si une opinion est fausse, il est important de la laisser être exprimée, car cela conduit à un débat plus constructif et à une compréhension accrue des différents points de vue." - *On Liberty*. La liberté d'expression est donc un droit fondamental qui remonte à l'Antiquité, mais qui a été largement débattu au XVIIIème et au XIXème siècle par les philosophes des Lumières. La liberté d'expression est un prérequis pour la démocratie et la participation politique informée et éclairée. Elle permet aux citoyens de s'exprimer sans crainte de représailles et de recevoir des informations pour prendre des décisions politiques éclairées. Aujourd'hui, la liberté d'expression est consacrée par de nombreuses constitutions et protégée par la Cour européenne des droits de l'homme. Cependant, la liberté d'expression doit être exercée avec responsabilité et respect pour les droits et libertés des autres. La liberté d'expression est un élément crucial de toute société démocratique.

Deuxième partie : Les arguments contre la liberté totale de parole

Une des principales préoccupations liées à la liberté totale de parole est qu'elle peut inciter à la haine et à la discrimination envers certains groupes sociaux. Lorsque des personnes sont autorisées à dire ce qu'elles veulent sans restriction, il peut y avoir un risque que des propos haineux soient diffusés, ce qui peut causer des dommages à certaines personnes ou groupes sociaux. Un exemple notable de cet argument est le discours de haine sur les réseaux sociaux. Les réseaux sociaux permettent à des personnes de s'exprimer librement, mais ils peuvent aussi permettre la diffusion de discours de haine envers certaines personnes ou groupes sociaux. Cela peut avoir un impact négatif sur la vie de ces personnes et peut causer de la détresse et de l'angoisse. La liberté totale de parole peut porter atteinte à la dignité humaine en permettant la diffusion de propos offensants et dégradants envers certaines personnes ou groupes sociaux. Cela peut causer des blessures émotionnelles et mentales et peut avoir un impact négatif sur la vie de ces personnes. Et comme le disait Hannah Arendt : "La liberté d'expression ne peut être utilisée pour justifier l'atteinte à la dignité humaine d'autrui." - *La condition de l'homme moderne*. La liberté totale de parole risque de permettre des abus de pouvoir en donnant aux personnes les moyens de diffuser de fausses informations ou de tromper les autres. Les personnes qui contrôlent les moyens de communication peuvent utiliser leur pouvoir pour manipuler les opinions publiques et causer des dommages considérables à des personnes ou à des groupes sociaux. Un exemple notable de cet argument est la désinformation politique. Les gouvernements peuvent utiliser les moyens de communication pour diffuser de fausses informations et manipuler les opinions publiques. Cela peut causer des perturbations dans les processus politiques et peut nuire à la démocratie. "La liberté d'expression ne doit pas être utilisée pour justifier les abus de pouvoir ou pour causer des dommages à d'autres personnes." - Noam Chomsky, *Necessary Illusions*. Les arguments contre la liberté totale de parole mettent en lumière les risques qu'elle peut causer, tels que l'incitation à la haine et à la discrimination, l'atteinte à la dignité humaine et les abus de pouvoir.

Troisième partie : L'équilibre entre liberté d'expression et responsabilité sociale

Le débat sur le juste équilibre entre ces deux aspects est crucial pour garantir un environnement de dialogue sain et respectueux des droits de tous les individus. La liberté d'expression ne peut être utilisée comme un prétexte pour porter atteinte aux droits des autres. C'est pourquoi nous devons considérer les conséquences de nos propos et de ne pas les utiliser de manière abusive. John Stuart Mill, dans son ouvrage *"On Liberty",* écrit : "Le droit de dire tout ce qui ne nuit pas aux autres n'implique pas la nécessité de dire tout ce qui peut être dit." Cela signifie que nous devons être conscients des effets potentiels de nos mots sur les autres et ne pas les utiliser de manière abusive. La liberté d'expression est soumise à certaines restrictions légales, telles que les discours de haine, les incitations à la violence, la diffamation et l'incitation à la discrimination. Ces restrictions visent à protéger les droits fondamentaux des personnes et à garantir la paix sociale. Les médias et les plateformes en ligne jouent un rôle crucial dans la régulation du discours en ligne. Ils doivent veiller à ce que les informations diffusées respectent les normes déontologiques et éthiques, sans compromettre la liberté d'expression. Cependant, leur capacité à réguler efficacement le discours en ligne est souvent limitée par les algorithmes et les politiques de la plateforme. Il faut donc que les gouvernements et les sociétés civiques travaillent ensemble pour établir des normes claires et des réglementations adéquates pour réguler le discours en ligne de manière équitable et équilibrée. La responsabilité sociale implique de prendre en compte les conséquences de nos propos sur les personnes et la société dans son ensemble. Cela signifie que nous devons être conscients des stéréotypes et des préjugés qui peuvent être renforcés par nos propos et les travailler à les défaire plutôt que de les renforcer. Enfin, la responsabilité individuelle dans l'utilisation de la parole est essentielle. Chacun d'entre nous doit être conscient des conséquences potentielles de nos propos et agir de manière responsable. George Orwell, dans son livre *"1984",* disait : "La liberté est l'existence de restrictions sur la liberté d'autrui." Cela signifie que notre liberté d'expression ne doit pas porter atteinte aux droits et à la dignité des autres. En fin de compte, la balance entre liberté d'expression et responsabilité sociale n'est pas quelque chose de fixe, mais plutôt un processus en constante évolution qui nécessite une réflexion continue et une collaboration interinstitutionnelle.

En conclusion, nous avons la liberté d'expression, qui est un droit fondamental garanti par la plupart des constitutions et qui est nécessaire pour garantir la pluralité des idées et la participation démocratique, mais nous avons aussi la responsabilité sociale, qui implique de prendre en compte les conséquences de nos propos sur les personnes et la société et de travailler à minimiser les dommages. L'équilibre entre liberté d'expression et responsabilité sociale doit prendre en compte les conséquences de nos propos sur les personnes et la société dans son ensemble. Les médias et les plateformes en ligne jouent un rôle crucial dans la régulation du discours, mais les gouvernements et les sociétés civiques doivent travailler ensemble pour établir des normes claires et des réglementations adéquates pour réguler le discours en ligne de manière équitable et équilibrée. Nous pouvons nous rappeler ces mots "Je ne suis pas d'accord avec ce que vous dites, mais je me battrai jusqu'à la mort pour que vous ayez le droit de le dire" souvent attribués à Voltaire, bien que cela ne soit pas tout à fait exact. En réalité, cette phrase a été écrite par une biographe de Voltaire, Evelyn Beatrice Hall, dans son livre *"Les amis de Voltaire" (1906)*, où elle résumait la pensée de Voltaire en ces termes. Cette citation est devenue célèbre en tant qu'expression de la défense de la liberté d'expression et de la tolérance. Bien qu'elle ne soit pas strictement une citation de Voltaire lui-même, elle résume bien l'esprit de sa pensée et de son engagement pour la liberté de pensée et d'expression.

Sujet 3 : Dans quelle mesure peut-on dire que les mots pensent pour nous ?

Introduction : "Rêveurs, tristes, joyeux, amers, sinistres, doux, Sombre peuple, les mots vont et viennent en nous ; Les mots sont les passants mystérieux de l'âme. ", *Les Contemplations, I, VIII.* Cette citation de Victor Hugo souligne la puissance et l'importance des mots en tant qu'outils d'expression et de communication. Les mots nous permettent d'exprimer nos émotions et nos pensées, de créer des liens avec les autres et de partager notre humanité. Ils sont les "passants mystérieux" de notre âme, reflétant la complexité et la richesse de notre expérience intérieure. Les mots sont des outils puissants qui nous permettent d'exprimer et de partager nos pensées avec les autres. Mais peuvent-ils aussi influencer notre propre pensée ? Notre problématique sera donc de savoir dans quelle mesure les mots peuvent penser pour nous. Pour y répondre, nous allons considérer les mots comme des vecteurs de pensée, explorer les limites de l'expression verbale de la pensée et enfin, examiner les mots comme instrument de la pensée sociale.

Première partie : les mots comme vecteurs de pensée

Les mots sont des outils qui nous permettent de formuler et d'exprimer nos pensées. Ils sont essentiels pour la communication et peuvent aider à clarifier et à organiser nos pensées. L'écrivain français Antoine de Saint-Exupéry montrait dans *"Le Petit Prince"* que les mots sont des outils précieux et qu'ils permettent de faire ressortir ce qui est caché dans nos pensées. Les mots peuvent influencer notre propre pensée. Les théories linguistiques, telles que la théorie de la structure des catégories de la linguiste Eleanor Rosch, montrent comment les mots peuvent influencer notre perception du monde en organisant nos expériences en catégories distinctes. Par exemple, lorsque nous utilisons le mot "arbre", nous formons une image mentale de ce que nous considérons comme un arbre. Cependant, notre image peut varier en fonction de notre culture, de notre expérience personnelle et des mots associés à "arbre". Les mots peuvent parallèlement influencer notre pensée en nous faisant voir les choses sous un certain angle. Par exemple, les mots "bon" et "mauvais" sont souvent utilisés pour décrire les actions et les objets, mais ils peuvent influencer notre pensée en nous faisant considérer les choses sous un seul et même point de vue moral. L'écrivain Albert Camus indiquait dans

"L'Étranger" que les mots ne signifient rien en eux-mêmes, qu'ils acquièrent leur signification à travers notre usage et notre perception personnelle d'eux. Cela souligne l'importance de notre propre interprétation et utilisation des mots dans la formulation de nos pensées. Les mots sont ainsi des vecteurs de pensée qui nous permettent de formuler et d'exprimer nos idées, mais ils peuvent influencer notre perception du monde et de nous-mêmes. " Nous ne saisissons de nos sentiments que leur aspect impersonnel, celui que le langage a pu noter une fois pour toutes parce qu'il est à peu près le même, dans les mêmes conditions, pour tous les hommes. Ainsi, jusque dans notre propre individu, l'individualité nous échappe. Nous nous mouvons parmi des généralités et des symboles. " Henri Bergson, *Le Rire.* Il est donc essentiel de considérer les mots que nous utilisons et de comprendre comment ils peuvent influencer notre pensée.

Deuxième partie : les limites de l'expression verbale de la pensée

L'expression verbale de la pensée est un processus qui consiste à traduire les idées, les émotions et les sensations internes en mots et en phrases. Cependant, malgré son importance dans la communication humaine, l'expression verbale a ses limites, qui sont liées aux caractéristiques des mots eux-mêmes et à la culture et la langue dans lesquelles ils sont utilisés. Les mots ne peuvent pas toujours transmettre toutes les nuances et les subtilités de la pensée. Par exemple, les mots sont souvent imprécis et peuvent avoir des significations différentes selon le contexte dans lequel ils sont utilisés. Cela peut entraîner une mauvaise compréhension ou une interprétation erronée des idées exprimées. C'est pourquoi il est souvent nécessaire de recourir à des métaphores, des images ou des exemples pour aider à clarifier les pensées et les idées. De plus, les mots peuvent être insuffisants pour décrire certaines expériences ou concepts complexes. Par exemple, comment décrire la couleur rouge à quelqu'un qui est né aveugle ? Les mots ne peuvent pas transmettre l'expérience sensorielle de voir la couleur. De même, les mots peuvent ne pas suffire à décrire les sentiments intenses tels que l'amour ou la tristesse. C'est pourquoi les poètes, les musiciens et les artistes ont souvent recours à des formes d'expression non verbales pour transmettre ces sentiments et ces expériences. Les mots peuvent être limités par la culture et la langue dans lesquelles ils sont utilisés. Chaque culture a ses propres mots et expressions pour décrire les choses et les concepts, et ces mots peuvent ne pas être compréhensibles pour les personnes d'autres cultures. De même, les mots dans une langue donnée peuvent ne pas avoir d'équivalent dans d'autres langues, ce qui peut entraîner des malentendus ou des difficultés de communication. De manière plus subtile, les mots pensent pour nous à un niveau inconscient. Nous allons reprendre la vision du psychanalyste Jacques Lacan. L'inconscient pourrait être modelé par le langage comme l'a expliqué Jacques Lacan. Il considère que le langage est un élément central pour comprendre le fonctionnement de l'inconscient. Pour Lacan, l'inconscient n'est pas un espace sombre et inaccessible de la psyché, mais plutôt un langage qui fonctionne de manière sémantique et symbolique. Il s'appuie sur les travaux de Sigmund Freud et sur la linguistique pour développer sa théorie. Lacan considère que l'inconscient est construit à partir de la différence linguistique, c'est-à-dire la différence entre les signifiants (les mots) et les signifiés (les idées) dans le langage. Pour Lacan, les signifiants peuvent être vus comme des éléments de l'inconscient qui se forment à partir des expériences et des désirs refoulés. En outre, il explique que les relations entre les signifiants et les signifiés peuvent être analysées pour comprendre les relations et les conflits dans l'inconscient. Il considère que les signifiants peuvent fonctionner de manière autonome, sans être liés à des significations claires, et peuvent produire des effets inconscients. Selon Lacan, le langage est au cœur de l'inconscient et permet de comprendre les mécanismes de la psyché. L'inconscient est considéré comme un système symbolique qui fonctionne à travers le langage et les relations entre les signifiants et les signifiés. Cette approche a eu un impact considérable sur la psychanalyse et les études sur le langage et la psychologie. En conséquence, l'expression verbale de la pensée est un processus qui est soumis à de nombreuses limites, y compris les caractéristiques imprécises des mots, l'insuffisance de certains mots pour décrire certaines expériences et concepts complexes, les limitations culturelles et linguistiques et le rôle subtil au cœur de l'inconscient. Cependant, malgré ces limites, l'expression verbale reste l'un des moyens les plus appropriés pour transmettre les pensées, les idées et les sentiments humains.

Troisième partie : les mots comme instrument de la pensée sociale

Les mots sont aussi un instrument puissant de la pensée sociale, car ils peuvent être utilisés pour transmettre et partager des idées et des pensées dans la société. Les mots permettent de communiquer les connaissances et les idées d'une personne à une autre, ce qui peut conduire à une compréhension mutuelle et à une collaboration efficace. Par exemple, lorsque des scientifiques partagent leurs recherches et leurs découvertes à travers des articles, des conférences et des discussions, ils peuvent enrichir le corps de connaissances de la communauté scientifique et contribuer à son avancement. De plus, les mots peuvent être utilisés pour influencer et contrôler la pensée sociale. Les médias, les gouvernements et les organisations peuvent utiliser les mots pour véhiculer des opinions, des croyances et des valeurs à travers la société. Les mots peuvent être utilisés pour convaincre les gens d'adopter des perspectives et des comportements particuliers, ce qui peut avoir un impact considérable sur la pensée sociale. Cependant, force est de constater que les mots peuvent aussi être utilisés de manière manipulatrice pour dissimuler la vérité et tromper les gens. Par exemple, la propagande politique et les publicités trompeuses peuvent utiliser des mots de manière trompeuse pour persuader les gens de prendre des décisions qui ne sont pas dans leur intérêt. De même, les mots peuvent marginaliser et opprimer certaines populations en transmettant des stéréotypes négatifs et en faisant passer des opinions erronées. Les mots peuvent être utilisés pour maintenir des inégalités sociales en véhiculant des idéologies qui justifient l'oppression et l'injustice. Les mots sont donc un instrument puissant de la pensée sociale qui peuvent être utilisés pour transmettre et partager des idées et des pensées, ainsi que pour influencer et contrôler la pensée sociale.

En conclusion, les mots sont un outil puissant pour exprimer la pensée et communiquer les idées dans la société. Ils permettent de transmettre les connaissances, de partager les opinions et d'influencer la pensée collective. Cependant, il faut reconnaître les limites de l'expression verbale de la pensée, car les mots ne peuvent pas toujours transmettre toutes les nuances et les subtilités de la pensée, peuvent être insuffisants pour décrire certaines expériences ou concepts complexes et peuvent être limités par la culture et la langue dans lesquelles ils sont utilisés. Plus encore, les mots peuvent être utilisés de manière manipulatrice pour dissimuler la vérité et tromper les gens, voire même être utilisés pour marginaliser et opprimer certaines populations en véhiculant des stéréotypes négatifs et des opinions erronées. Et comme l'avait finalement résumé G. W. F. Hegel (1770-1831) dans cette formule : " Nous n'avons conscience de nos pensées, nous n'avons des pensées déterminées et réelles que lorsque nous leur donnons la forme objective, que nous les différencions de notre intériorité, et que par suite nous les marquons de la forme externe, mais d'une forme qui contient aussi le caractère de l'intériorité la plus haute. C'est le son articulé, le mot, qui seul nous offre une existence où l'externe et l'interne sont si intimement unis. Par conséquent, vouloir penser sans les mots, c'est une tentative insensée. *Encyclopédie des sciences philosophiques* (1817). Cette citation illustre l'idée centrale de la philosophie hégélienne selon laquelle la pensée est médiatisée par le langage et que la signification des mots est étroitement liée à notre expérience du monde. Selon Hegel, il est donc impossible de penser sans utiliser de mots et de langage, mais il est vrai que les mots ne peuvent avoir de sens que par rapport aux réalités concrètes auxquelles ils se réfèrent.

Sujet 4 : Le langage ne sert-il qu'à communiquer ?

Introduction : Pour le psychanalyste Jacques Lacan, "la fonction du langage n'est pas d'informer, mais de faire signe, de susciter une évocation." Cette phrase tirée de son livre *Les Écrits Techniques de Freud* publié en 1953, met en lumière l'idée que le langage va au-delà de la simple transmission d'information. Selon lui, le langage a pour fonction principale de créer des signes et de provoquer des évocations chez ceux qui le reçoivent. Dans cette perspective, le langage est considéré comme un outil permettant de générer des images, des sensations et des émotions dans l'esprit des individus. Lacan suggère donc que les mots ne servent pas uniquement à transmettre des faits et des données, mais plutôt à créer des liens entre les personnes et à susciter des réactions émotionnelles. Cette vision du langage est en accord avec la théorie psychanalytique de Lacan, qui met l'accent sur l'importance du symbolisme et de l'inconscient dans la compréhension du comportement humain. Il estime que le langage est un moyen d'exprimer et de partager nos expériences intérieures, nos désirs et nos peurs, qui sont souvent enfouis dans notre inconscient. La citation de Lacan peut être interprétée comme une invitation à réfléchir sur la manière dont nous utilisons le langage. Cela souligne l'importance du langage en tant qu'outil de communication capable de susciter des réactions émotionnelles et de créer des liens entre les individus. Il nous rappelle que le langage est un véhicule permettant d'explorer et de partager notre humanité. La problématique de cette dissertation est donc de savoir si le langage ne sert véritablement qu'à communiquer ou s'il y a d'autres fonctions notables. Le plan de cette dissertation est le suivant, dans un premier temps, nous allons examiner le langage comme outil de pensée, en examinant les théories linguistiques et les exemples concrets de l'utilisation du langage comme moyen de compréhension. Ensuite, nous allons explorer le langage comme expression de soi, en examinant la fonction symbolique du langage et son rôle dans la construction de l'identité personnelle. Enfin, nous allons étudier le langage comme vecteur de culture, en examinant comment il peut révéler la culture d'une société et comment les différences linguistiques peuvent être une source de diversité culturelle.

Première partie : Le langage comme moyen de communication

Le langage est effectivement d'abord un moyen de communication entre les individus. L'un des premiers à explorer cette question a été le philosophe français Emile Durkheim, qui a soutenu que le langage joue un rôle crucial dans la formation de la société. Dans *"Les Règles de la méthode sociologique"*, Durkheim écrit : "Le langage est un moyen de communication qui permet aux membres d'une société de s'entendre les uns avec les autres et de coopérer pour atteindre des objectifs communs." Cette citation reflète l'idée que le langage est un outil fondamental pour la communication entre les individus, qui permet de construire et de maintenir des relations sociales. Un autre philosophe qui a abordé cette question est Martin Buber, qui a soutenu que le langage est un moyen de se connecter à l'autre. Dans son œuvre *"Je et Tu"*, Buber écrit : "Le langage est le moyen de la relation interpersonnelle, il est la médiation entre les individus." Cette citation montre que le langage est un moyen de créer un lien entre les personnes et de développer des relations interpersonnelles. Il existe des exemples concrets de l'utilisation du langage comme moyen de communication. Par exemple, lorsque deux personnes discutent, elles utilisent le langage pour échanger des idées et se comprendre mutuellement. De même, dans les situations sociales telles que les réunions de travail ou les conversations informelles, le langage est utilisé pour partager des informations et coopérer avec les autres. Le langage est donc en première analyse un moyen de communication en raison de sa capacité à permettre aux individus de se comprendre les uns les autres. Les théories de Durkheim, Buber montrent que le langage joue un rôle crucial dans la formation et le maintien des relations sociales. Les exemples concrets de l'utilisation du langage pour la communication entre les individus montrent l'importance du langage comme moyen de coopération et d'échange d'idées.

Deuxième partie : Le langage comme outil de pensée

Mais le langage est aussi un outil de pensée, car il permet à l'homme de comprendre et de structurer ses pensées. Cette fonction du langage a été examinée par de nombreux philosophes et linguistes au cours des siècles. L'un des premiers à explorer cette question a été le philosophe allemand Wilhelm von Humboldt, qui a soutenu que le langage est étroitement lié à la pensée. Dans son œuvre *"La Connaissance relative aux limites de l'activité de l'esprit dans les différentes langues du monde"*, Humboldt écrit : "Le langage est la mère de la pensée, et non pas seulement de l'expression de la pensée." Cette citation reflète l'idée que le langage est un élément crucial de la pensée humaine, et que les différences entre les langues peuvent avoir un impact sur la façon dont les gens pensent et comprennent le monde. L'un des linguistes les plus influents du XXe siècle, Noam Chomsky, a abordé cette question dans ses travaux, l'aptitude humaine à apprendre et à utiliser le langage serait une capacité innée, le résultat de la structure profonde de l'esprit humain. Dans *"Syntactic Structures"*, Chomsky écrit : "Le langage est une capacité mentale fondamentale qui dépasse le cadre de la simple communication et permet à l'homme de se représenter et de structurer ses pensées." Le langage est un vecteur fondamental de la culture. Il est considéré comme un révélateur puissant de la culture d'une société, car il reflète les croyances, les attitudes, les valeurs et les normes qui sont partagées par les membres d'une communauté. Le langage est un outil pour transmettre les traditions et les connaissances d'une génération à l'autre, ce qui renforce la continuité et la cohésion de la culture. Chaque langue est unique en termes de structure, de vocabulaire et de syntaxe, ce qui reflète les particularités culturelles des communautés qui les parlent. Il s'agit de comprendre les implications de ces différences linguistiques pour la compréhension et le respect des cultures étrangères. En plus des théories linguistiques, il existe des exemples concrets de l'utilisation du langage comme outil de pensée. Par exemple, le processus de la pensée peut être facilité par la verbalisation de nos idées, ce qui nous permet de les organiser et de les comprendre de manière plus claire. De même, la métaphore peut être considérée comme un moyen d'extrapoler des idées complexes en utilisant des images familières et accessibles. Le langage peut donc être considéré comme un outil de pensée en raison de sa capacité à nous aider à comprendre et à structurer nos pensées. Les théories de Humboldt, Chomsky et d'autres montrent que le langage est un élément fondamental de la pensée humaine, et que les différences entre les langues peuvent avoir un impact sur la façon dont les gens perçoivent et comprennent le monde. Les exemples concrets de l'utilisation du langage pour faciliter le processus de la pensée montrent l'importance du langage comme outil de compréhension.

Troisième partie : Le langage comme manifestation de l'identité personnelle

Le langage peut être analysé comme une manifestation de l'identité personnelle. Les mots que nous utilisons, la façon dont nous les prononçons et la manière dont nous construisons nos phrases peuvent révéler beaucoup sur qui nous sommes et sur nos perspectives personnelles. L'un des premiers à explorer cette question a été le philosophe français Michel Foucault, qui a soutenu que le langage révèle les rapports de pouvoir dans la société. Dans *"Surveiller et punir"*, Foucault écrit : "Le langage est un moyen par lequel les relations de pouvoir sont exprimées et maintenues." Cette citation montre que le langage peut être utilisé pour démontrer et maintenir les relations de pouvoir dans la société, et que ces relations peuvent être révélées par la façon dont les mots sont utilisés. Un autre philosophe qui a abordé cette question est Jacques Derrida, qui a soutenu que le langage est un moyen de construire l'identité personnelle. Dans *"La Dissémination"*, Derrida indiquait : "Le langage est un moyen de construire notre identité personnelle et de définir notre place dans le monde." Cette citation montre que le langage peut être utilisé pour construire notre identité personnelle en révélant nos perspectives et nos opinions personnelles. Il existe des exemples concrets de l'utilisation du langage comme manifestation de l'identité personnelle. Par exemple, lorsque nous utilisons des mots et des phrases spécifiques, nous pouvons révéler notre culture d'origine, notre éducation et nos expériences personnelles. De manière plus subtile, l'inconscient pourrait être modelé par le langage comme l'a expliqué Jacques Lacan. Il considère que le langage est un élément central pour comprendre le fonctionnement de l'inconscient. Pour Lacan, l'inconscient n'est pas un espace sombre et inaccessible de la psyché, mais plutôt un langage qui fonctionne de manière sémantique et symbolique. Il s'appuie sur les travaux de Sigmund Freud et sur la linguistique pour développer sa théorie. Lacan considère que l'inconscient est construit à partir de la différence linguistique, c'est-à-dire la différence entre les signifiants (les mots) et les signifiés (les idées) dans le langage. Pour Lacan, les signifiants peuvent être vus comme des éléments de l'inconscient qui se forment à partir des expériences et des désirs refoulés. Les relations entre les signifiants et les signifiés peuvent être analysées pour comprendre les relations et les conflits dans l'inconscient. Il considère que les signifiants peuvent fonctionner de manière autonome, sans être liés à des significations claires, et peuvent produire des effets inconscients. Selon Lacan, le langage est au cœur de l'inconscient et permet de comprendre les mécanismes de la psyché. L'inconscient est considéré comme un système symbolique qui fonctionne à travers le langage et les relations entre les signifiants et les signifiés. Cette approche a eu un impact considérable sur la psychanalyse et les études sur le langage et la psychologie. Les théories de Foucault, Derrida, Lacan et d'autres montrent que le langage joue un rôle crucial dans la construction de l'identité personnelle et la définition de notre place dans le monde. Les exemples concrets de l'utilisation du langage pour révéler l'identité personnelle traduisent l'importance du langage dans la détermination de qui nous sommes et de ce que nous croyons.

Conclusion : dans la première partie, nous avons examiné comment le langage est utilisé pour communiquer et transmettre des informations de manière efficace. Les théories de Ferdinand de Saussure et Roman Jakobson ont montré comment le langage peut être analysé pour comprendre comment la communication se produit. Puis, nous avons exploré comment le langage est utilisé pour manifester les rapports de pouvoir dans la société. Les théories de Michel Foucault et Jacques Derrida ont montré comment le langage révèle les relations de pouvoir et comment les mots peuvent être utilisés pour maintenir ces relations. Enfin, nous avons examiné comment le langage peut être considéré comme une manifestation de l'identité personnelle. Nous avons vu comment le langage dévoile nos perspectives et nos opinions personnelles et comment il contribue à construire notre identité personnelle et déterminer notre place dans le monde. Le langage est un miroir de la société qui révèle beaucoup sur les relations entre les individus, les rapports de pouvoir et l'identité personnelle. Plus qu'un simple outil de communication, le langage est donc un outil polyvalent. Et nous pouvons aussi évoquer cette fonction poétique du langage que décrivait l'écrivain Laurent Binet dans son ouvrage *La septième fonction du langage* : "La dernière fonction du langage est la fonction "poétique". Elle envisage le langage dans sa dimension esthétique. Les jeux avec la sonorité des mots, les allitérations, assonances, répétitions, effets d'écho ou de rythme, relèvent de cette fonction. On la trouve dans les poèmes, évidemment, mais aussi dans les chansons, dans les titres des journaux, dans les discours oratoires, dans les slogans publicitaires ou politiques. "

Sujet 5 : Le langage est-il un instrument de pouvoir ?

Introduction : En 1929, l'économiste Jacques Sapir écrivait : « Le langage est un guide menant à la réalité sociale... Il conditionne puissamment toute pensée relative aux problèmes et processus sociaux. Les êtres humains se trouvent pratiquement à la merci du langage particulier qui est devenu le moyen d'expression de leur société... Le monde réel est dans une large mesure inconsciemment édifié sur les habitudes linguistiques du groupe. ». Le langage est une caractéristique fondamentale de l'expérience humaine, qui nous distingue des autres espèces et nous permet de communiquer, de partager des idées et de construire des sociétés. Le langage est-il simplement un outil neutre de communication, ou est-il un instrument de pouvoir ? C'est la question que nous cherchons à explorer dans cette étude. Pour commencer, il est important de définir ce que nous entendons par "langage" et "pouvoir". Le langage peut être compris comme un système de signes et de symboles utilisés pour communiquer. Il ne se limite pas seulement aux langues parlées et écrites, mais comprend également d'autres formes de communication, comme le langage corporel ou le langage visuel. D'autre part, le pouvoir est un concept qui peut être compris de diverses façons. Dans le contexte de cette dissertation, nous considérons le pouvoir comme la capacité d'influencer les autres, de contrôler les ressources ou de façonner les structures sociales et les discours. Cette question, à savoir si le langage est un instrument de pouvoir, nous amène à explorer la relation complexe entre le langage, l'individu et la société. Elle soulève des questions sur la nature du langage et du pouvoir eux-mêmes. Le langage est-il intrinsèquement doté de pouvoir, ou est-il simplement un outil que les individus et les groupes puissants peuvent utiliser pour exercer leur influence ? D'autre part, le pouvoir est-il toujours quelque chose de négatif, ou peut-il être utilisé de manière positive pour promouvoir l'égalité, la justice et le changement social ? Pour répondre à ces questions, nous allons organiser notre discussion en deux parties principales. La première partie examinera le rôle du langage en tant qu'instrument de pouvoir. Nous explorerons comment le langage peut être utilisé pour dominer et contrôler les autres, et comment il peut façonner notre perception de la réalité. La deuxième partie examinera les limites du pouvoir du langage et la façon dont le langage peut également être utilisé comme un outil de résistance et de libération. Enfin, nous conclurons en synthétisant nos conclusions et en proposant des directions pour de futures recherches.

Première partie : Le langage comme instrument de pouvoir :

Dans cette première partie, nous examinerons les différentes manières dont le langage peut être utilisé comme un instrument de pouvoir. La théorie selon laquelle « Le langage est le pouvoir » a été développée par John Austin dans son ouvrage *Quand dire c'est faire* (1962). Cette théorie met en avant l'idée que le langage ne se limite pas à la simple transmission d'un contenu sémantique, indépendant du contexte réel. Au-delà de sa signification logique, le langage permet à un individu de s'adresser à un autre dans le but de réaliser une action, de transformer les représentations des choses et des intentions de l'autre, plutôt que de se contenter de dire quelque chose. Par exemple, lorsque quelqu'un dit « Je m'excuse », il ne décrit pas seulement une action, mais l'accomplit effectivement par le biais du langage. De plus, cette théorie montre comment le langage peut être utilisé pour exercer du pouvoir sur les autres. Lorsqu'un juge dit « Je vous déclare coupable », cette déclaration a un impact réel et significatif sur la vie de la personne concernée. De même, lorsqu'une personne dit « Je vous prends pour époux », elle change effectivement son statut civil. Ainsi nos paroles peuvent avoir des conséquences tangibles et influencer la réalité sociale. Le langage peut alors être considéré comme un outil de domination et de contrôle. Par exemple, dans la rhétorique politique, les dirigeants peuvent utiliser des discours pour influencer l'opinion publique. De même, dans le domaine de la publicité, le langage est souvent utilisé pour persuader et influencer les comportements des consommateurs. George Orwell a illustré ce concept dans son roman "1984", où la "novlangue" est utilisée par l'État totalitaire pour contrôler la pensée et le comportement de ses citoyens. Le rôle des langues et des dialectes dans la création et la perpétuation des inégalités sociales est un sujet de préoccupation majeur pour les linguistes et les sociologues. Ces inégalités peuvent être observées à plusieurs niveaux, allant des attitudes individuelles aux politiques institutionnelles. Au niveau individuel, les langues et les dialectes sont souvent perçus comme des indicateurs de l'appartenance à un groupe social, de l'éducation, de la compétence et du statut. Par exemple, une personne qui parle un dialecte considéré comme "inférieur" ou "non standard" peut être stigmatisée ou jugée négativement. Cette discrimination linguistique peut avoir des effets néfastes sur l'estime de soi, l'accès à l'éducation et les opportunités d'emploi. Au niveau institutionnel, certaines langues sont souvent privilégiées par rapport à d'autres dans les systèmes d'éducation, les médias, les gouvernements et d'autres institutions importantes. Par exemple, dans de nombreux pays, les langues des colonisateurs ou des groupes dominants sont souvent utilisées comme langues d'enseignement ou langues officielles, tandis que les langues des groupes minoritaires sont marginalisées. Cela peut entraver l'accès à l'éducation et à la mobilité sociale pour les personnes qui ne parlent pas la langue dominante. « C'est d'ailleurs un invariant de l'Histoire. Le gaulois a disparu parce que les élites gauloises se sont empressées d'envoyer leurs enfants à l'école romaine. Tout comme les élites provinciales, plus tard, ont appris à leur progéniture le français au détriment des langues régionales. Les classes dominantes sont souvent les premières à adopter le parler de l'envahisseur. » Hagège (2012). Des linguistes comme Labov ont montré comment les normes linguistiques dominantes peuvent être utilisées pour perpétuer les inégalités sociales. Par exemple, les formes "standard" d'une langue sont souvent associées à l'élite sociale, tandis que les formes "non standard" sont stigmatisées et associées à l'infériorité sociale. Nous pouvons aussi considérer le rôle du langage dans la construction de notre réalité sociale. Selon la théorie des actes de parole, proposée par le philosophe J.L. Austin, le langage ne décrit pas seulement le monde, il a aussi le pouvoir de le changer. Par exemple, lorsqu'un juge déclare "Je vous déclare mari et femme", il ne décrit pas une situation existante, mais crée une nouvelle réalité. Cette idée est également présente dans les travaux du linguiste Benjamin Whorf, qui a proposé que la langue que nous parlons influence notre perception du monde, une théorie connue sous le nom de relativité linguistique. Dans cette perspective, le langage n'est pas qu'un instrument de communication, mais aussi un outil qui façonne notre pensée et notre perception de la réalité. Le langage, dans sa capacité à définir et à structurer notre compréhension du monde, joue un rôle crucial dans la définition des normes sociales et l'imposition des idéologies. Cette idée est illustrée dans les travaux du sociologue Pierre Bourdieu, qui a introduit le concept de "violence symbolique" pour expliquer comment le langage est utilisé pour légitimer et perpétuer les structures de pouvoir existantes. Bourdieu défend que la violence symbolique est une forme de pouvoir insidieuse qui s'exerce à travers le langage et d'autres formes de communication. Il ne s'agit pas d'une violence physique, mais d'une violence qui se cache derrière des pratiques apparemment innocentes et quotidiennes, mais qui sont néanmoins utilisées pour maintenir des structures de domination. Par exemple, les normes linguistiques et le langage officiel sont souvent dominés par les groupes les plus puissants de la société, et leur langage devient la "langue légitime". Ce processus a des conséquences matérielles réelles pour ceux qui n'ont pas accès à cette langue légitime. Il entrave l'accès à l'éducation, aux opportunités d'emploi et à d'autres formes de participation sociale et économique. Il contribue à la stigmatisation sociale et à la marginalisation des groupes qui ne parlent pas la langue dominante ou qui ne se conforment pas aux normes linguistiques dominantes. Bourdieu nous invite donc à reconnaître que le langage est plus qu'un simple moyen de communication ; il est un outil puissant de pouvoir et de contrôle social. Ainsi, à travers ces différentes perspectives, nous pouvons voir que le langage peut être utilisé de différentes manières comme un instrument de pouvoir.

Deuxième partie : La contestation du pouvoir du langage :

Après avoir exploré comment le langage peut être un instrument de pouvoir, nous nous tournons maintenant vers une perspective plus critique. Dans cette partie, nous discuterons des limites du pouvoir du langage et de son potentiel en tant qu'outil de résistance et de libération. En dépit de sa capacité à influencer et à contrôler, le langage a ses limites en tant qu'instrument de pouvoir. D'une part, le pouvoir du langage dépend fortement du contexte et de l'interprétation individuelle. Ainsi, bien que les individus ou les groupes puissent tenter d'utiliser le langage pour manipuler ou persuader, ils ne peuvent pas contrôler entièrement comment leur message sera reçu et interprété. D'autre part, bien que le langage puisse contribuer à perpétuer les inégalités sociales, il n'est pas en soi la cause de ces inégalités. Comme l'a souligné le sociolinguiste Dell Hymes, le langage est souvent un "marqueur" des différences de pouvoir qui existent déjà dans la société, plutôt qu'un "faiseur" de ces différences. Michel Foucault, philosophe français du XXe siècle, a largement contribué à notre compréhension du pouvoir et de son exercice par le biais du langage. Foucault a remis en question l'idée traditionnelle selon laquelle le pouvoir est simplement une chose que l'on possède. Au lieu de cela, il a proposé une vision dynamique du pouvoir comme une force qui imprègne tous les niveaux de la société et qui est constamment en jeu dans toutes les relations sociales, y compris celles qui sont médiées par le langage. Selon Foucault, le pouvoir n'est pas inhérent au langage lui-même. Le langage n'est pas un instrument de pouvoir en soi, mais plutôt un outil que les individus, les groupes et les institutions peuvent utiliser pour exercer leur pouvoir. Ce pouvoir n'est pas simplement une question de domination ou de contrôle, mais plutôt un ensemble complexe de relations sociales qui influencent la manière dont nous pensons, agissons et communiquons. En d'autres termes, le langage n'est pas simplement un instrument par lequel le pouvoir est exercé ; c'est aussi un champ de bataille où le pouvoir est constamment négocié et contesté. C'est par le biais du langage que les idées et les connaissances sont créées et diffusées, et c'est à travers ces processus que les structures sociales et institutionnelles de pouvoir sont soutenues et contestées. Par exemple, les institutions comme l'école, l'hôpital ou la prison utilisent le langage pour définir les normes, les attentes et les comportements acceptables. Ceux qui maîtrisent le "langage officiel" de ces institutions - qu'il s'agisse du jargon médical, du langage juridique ou de la langue d'enseignement - ont un avantage significatif et sont souvent en position de pouvoir. Cependant, Foucault souligne que le pouvoir n'est jamais absolu ou incontesté. Même dans les situations où le langage est utilisé pour dominer ou contrôler, il existe toujours des possibilités de résistance et de subversion. Par exemple, les groupes marginalisés peuvent se réapproprier des termes péjoratifs, les individus peuvent utiliser le langage de manière créative pour exprimer leur identité et leur résistance, et les communautés peuvent développer leurs propres formes de langage pour défier les normes dominantes. Ainsi, selon Foucault, comprendre le rôle du langage dans l'exercice du pouvoir nécessite une prise de conscience des structures sociales et institutionnelles qui le façonnent, ainsi qu'une reconnaissance des possibilités de résistance et de changement. En dépit de son potentiel en tant qu'instrument de pouvoir, le langage peut devenir un outil de résistance et de libération. Par exemple, dans le domaine de la littérature et de l'art, les auteurs et les artistes peuvent utiliser le langage pour contester les structures de pouvoir existantes et proposer des visions alternatives de la société. Un exemple de cela est le mouvement de la Négritude, initié par des écrivains francophones comme Aimé Césaire et Léopold Sédar Senghor, qui ont utilisé la poésie pour affirmer l'identité et la dignité des peuples africains face au colonialisme. De même, dans le mouvement féministe, des écrivaines comme Simone de Beauvoir ont utilisé le langage pour dénoncer la discrimination sexiste et promouvoir l'égalité de genre. Le langage peut être un outil d'émancipation au niveau individuel. Par exemple, l'éducation à la littérature est souvent vue comme un moyen d'émancipation sociale, car elle permet aux individus d'accéder à l'information, de participer au discours public et de défendre leurs droits. Dans ce contexte, le philosophe Paulo Freire a proposé une approche de "pédagogie de l'opprimé", où l'éducation est utilisée non pas pour perpétuer les structures de pouvoir existantes, mais pour éveiller la conscience critique des individus et les aider à se libérer de l'oppression. Ainsi, bien que le langage puisse être un instrument de pouvoir, il a aussi le potentiel d'être un outil de résistance et de libération. Cela suggère que le rôle du langage dans l'exercice du pouvoir dépend en grande partie du contexte, de l'interprétation et de l'usage qui en est fait.

Conclusion : nous avons d'abord observé le rôle du langage comme instrument de pouvoir. Cela a été illustré par divers exemples allant de la politique à la publicité, montrant comment le langage peut manipuler et dominer. Des penseurs tels qu'Orwell, Labov et Bourdieu ont démontré que le langage peut perpétuer les inégalités sociales et légitimer les structures de pouvoir. En outre, des théories telles que les actes de parole d'Austin et la relativité linguistique de Whorf ont montré la capacité du langage à construire notre réalité et à influencer notre perception du monde. En revanche, dans un deuxième temps nous avons mis en lumière les limites du langage en tant qu'instrument de pouvoir et son potentiel de résistance et de libération. Le langage, malgré sa puissance, ne peut pas toujours contrôler l'interprétation individuelle ni les structures de pouvoir existantes. Hymes et Foucault ont souligné que le pouvoir ne se trouve pas nécessairement dans le langage lui-même, mais dans la manière dont il est utilisé par les individus et les institutions. Enfin, à travers la littérature et l'éducation le langage peut aussi servir de moyen de résistance et d'émancipation. Le langage peut à la fois perpétuer et contester les structures de pouvoir, et son rôle dépend en grande partie du contexte et de la manière dont il est utilisé. En d'autres termes, le langage est à la fois un instrument de pouvoir et un outil de résistance, et il a à la fois le potentiel de dominer et de libérer. Bien que le langage soit indéniablement un instrument de pouvoir, il ne l'est pas de manière incontestée ou incontrôlée. « Le langage est, en ordre principal, un instrument d'action. Le sens d'un mot, d'une phrase, n'est pas dans la définition du dictionnaire, mais dans le changement qu'introduit, dans une situation, le seul fait de l'émettre... Nous usons des mots pour arriver à nos fins dans nos rapports avec autrui. » Clyde Kluckhohn (1964). L'étude de cette dynamique est un défi qui continue d'interpeller les philosophes, les linguistes et les chercheurs en sciences sociales, et qui revêt une importance cruciale dans notre monde de plus en plus globalisé et interconnecté.

Sujet 6 : En apprenant sa langue maternelle n'apprend-on qu'à parler ?

Introduction : Pour Noam Chomsky, linguiste américain, la capacité de l'être humain à apprendre une langue est instinctive, mais l'apprentissage de la langue elle-même est le résultat d'un processus interactif, dans lequel l'enfant doit construire un modèle de la langue à partir des données linguistiques disponibles dans son environnement. "Le langage est intentionnel car il y a presque toujours dans le discours humain une intention définie de passer quelque chose à quelqu'un d'autre, de modifier sa conduite, ses pensées ou son attitude générale face à une situation »." - Noam Chomsky, *Le langage et la pensée, (1968)*. Cette citation souligne la complexité de l'apprentissage de la langue maternelle, qui est à la fois instinctif et interactif. Elle met l'accent sur le rôle de la construction de la langue maternelle par l'enfant, plutôt que sur une simple acquisition passive. En effet l'apprentissage de la langue maternelle est l'un des premiers apprentissages que nous faisons dans notre vie. Il est donc légitime de se demander si, en apprenant sa langue maternelle, on n'apprend qu'à parler ou si cet apprentissage a des implications plus larges pour notre développement cognitif et social. En apprenant sa langue maternelle n'apprend-on qu'à parler ? Cette question philosophique soulève des interrogations quant à la nature de l'apprentissage de la langue maternelle, à la fonction de la langue maternelle en tant qu'outil de communication et de pensée, ainsi qu'aux limites et enrichissements que celle-ci peut apporter. Dans la première partie, nous aborderons la question de l'apprentissage de la langue maternelle en tant que processus d'acquisition ou de construction. Nous examinerons les différents aspects de l'apprentissage de la langue maternelle, tels que la phonologie, la sémantique, la syntaxe et la pragmatique, ainsi que l'importance de cet apprentissage pour le développement cognitif et social. Dans la deuxième partie, nous explorerons la langue maternelle en tant qu'outil de communication et de pensée. Nous étudierons la fonction de la langue maternelle en tant que moyen de communication, de transmission et de partage de l'expérience humaine. Nous examinerons la manière dont la langue maternelle est un support de la pensée et de la culture, et comment elle permet de participer à une communauté linguistique et culturelle. Enfin, nous aborderons la question de l'identité linguistique et culturelle, où la langue maternelle joue un rôle essentiel. Dans la troisième partie, nous étudierons les limites et les enrichissements de la langue maternelle. Nous discuterons des limites linguistiques de la langue maternelle en tant qu'outil de communication et de pensée, et de l'importance de l'apprentissage de langues étrangères pour pallier ces limites. Nous explorerons les limites culturelles de la langue maternelle, ainsi que l'importance de l'ouverture à d'autres cultures. Enfin, nous étudierons les enrichissements que peuvent apporter à la langue maternelle, les autres langues et les échanges interculturels.

Première partie : l'apprentissage de la langue maternelle : acquisition ou construction ?

La question de l'acquisition ou de la construction de la langue maternelle a suscité de nombreux débats parmi les linguistes et les philosophes du langage. Certains pensent que la langue maternelle est acquise par imitation et exposition à la langue parlée dans l'environnement social de l'enfant. D'autres, en revanche, soutiennent que la langue maternelle est construite par l'enfant à partir d'une capacité innée à comprendre la structure de la langue. L'un des défenseurs les plus connus de la théorie de l'acquisition est Noam Chomsky. Dans sa théorie de la grammaire générative, Chomsky affirme que l'enfant naît avec une connaissance innée des règles de la grammaire universelle, une sorte de « boîte noire » de la langue qui lui permet de comprendre la structure des langues humaines. Selon cette théorie, l'enfant acquiert la langue maternelle par l'exposition à la langue parlée dans son environnement social. Cette exposition permet à l'enfant de déclencher la grammaire universelle innée et d'appliquer les règles grammaticales spécifiques de la langue maternelle. Cependant, cette théorie de l'acquisition de la langue maternelle a été remise en question par d'autres linguistes qui estiment que la langue maternelle est construite par l'enfant à partir de l'interaction sociale et de l'expérience. Ces linguistes affirment que l'enfant utilise des processus cognitifs et linguistiques généraux pour construire la grammaire de sa langue maternelle à partir de l'exposition à la langue parlée dans son environnement social. Pour Piaget, l'apprentissage de la langue maternelle est un processus de construction qui suit les mêmes principes que l'apprentissage des autres aspects de la réalité. Selon lui, les enfants ne sont pas des "réceptacles passifs" qui absorbent la langue comme une éponge, mais plutôt des "constructeurs actifs" qui construisent leur propre compréhension de la langue à travers l'interaction avec leur environnement. En d'autres termes, la langue maternelle est apprise par les enfants en même temps qu'ils apprennent à connaître et à interagir avec le monde qui les entoure. Un exemple de cette théorie de la construction de la langue maternelle est la théorie de l'apprentissage statistique. Cette théorie affirme que l'enfant apprend la langue maternelle en utilisant des modèles statistiques pour détecter les régularités dans l'exposition à la langue parlée. En d'autres termes, l'enfant utilise les fréquences et les patterns de la langue parlée pour construire sa propre grammaire. En plus de la question de savoir si l'apprentissage de la langue maternelle est un processus d'acquisition ou de construction, se pose la question de savoir quels sont les différents aspects impliqués dans cet apprentissage. Les linguistes ont identifié plusieurs niveaux ou dimensions de l'apprentissage de la langue maternelle, notamment la phonologie qui fait référence aux sons et aux intonations de la langue. L'enfant doit apprendre à distinguer et à produire les sons de sa langue maternelle pour être capable de communiquer efficacement. Par exemple, en français, la distinction entre les sons « p » et « b » peut faire la différence entre deux mots différents, tels que « père » et « bête ». L'enfant doit donc apprendre à distinguer ces sons et à les produire correctement (les sons de la langue). Ils identifient la sémantique qui fait référence à la signification des mots et des phrases dans la langue. L'enfant doit apprendre le sens des mots et comment les combiner pour former des phrases qui ont un sens. Par exemple, l'enfant doit apprendre que les mots « chat » et « chien » représentent des animaux différents (le sens des mots et des phrases). Puis ils ont défini, la syntaxe (la structure des phrases), la pragmatique (les règles sociales et culturelles qui régissent l'utilisation de la langue) et la morphologie (la formation des mots). Chacun de ces aspects peut être étudié indépendamment, mais il ne faut pas oublier leur interdépendance et leur intégration dans l'ensemble de l'apprentissage de la langue maternelle. Par exemple, la phonologie affecte la sémantique (par exemple, les homophones peuvent causer de la confusion), la syntaxe affecte la pragmatique (par exemple, l'ordre des mots peut indiquer la fonction grammaticale d'un mot dans une phrase) et ainsi de suite. Enfin, l'apprentissage de la langue maternelle joue un rôle crucial dans le développement cognitif et social de l'enfant. Comme le soulignent de nombreux théoriciens du développement, la langue maternelle est un outil essentiel pour la communication, la pensée et la compréhension du monde. En apprenant leur langue maternelle, les enfants acquièrent des compétences. Enfin, l'apprentissage de la langue maternelle a un impact considérable sur le développement social de l'individu. En apprenant à communiquer efficacement avec les autres, l'enfant acquiert des compétences pour interagir avec les membres de sa famille, ses amis, ses enseignants et les autres membres de sa communauté. De plus, la langue maternelle apparaît comme un élément clé de l'identité culturelle de l'individu. Elle peut être considérée comme un marqueur d'appartenance à un groupe ethnique, à une communauté linguistique, ou même à une nation tout entière. Au final, l'apprentissage de la langue maternelle est un processus multidimensionnel qui implique à la fois des aspects d'acquisition et de construction. Il comprend différents domaines tels que la phonologie, la sémantique, la syntaxe et la pragmatique. Cet apprentissage est essentiel pour le développement cognitif, linguistique et social de l'individu. En effet, la langue maternelle est le fondement sur lequel sont construits tous les autres aspects du développement humain. De plus, elle est un élément clé de l'identité culturelle de l'individu et peut donc jouer un rôle fondamental dans la construction de la personnalité et de l'estime de soi

Deuxième partie : la langue maternelle comme outil de communication et de pensée

La langue maternelle est plus qu'un simple outil de communication, elle représente un moyen de transmission et de partage de l'expérience humaine. En effet, la communication verbale permet aux individus de partager leurs pensées, leurs sentiments, leurs idées et leurs connaissances. Selon la théorie de la communication de Jakobson (1960), la communication linguistique repose sur six fonctions : la fonction expressive, la fonction référentielle, la fonction conative, la fonction phatique, la fonction métalinguistique et la fonction poétique. Chacune de ces fonctions contribue à la communication entre les individus et permet de créer du sens. Par ailleurs, la langue maternelle est aussi un support de la pensée et de la culture. En effet, selon la théorie de la linguistique cognitive, la langue façonne notre perception du monde. Cette théorie postule que les structures grammaticales de la langue maternelle influencent notre manière de penser et de percevoir le monde (Lakoff, 1987). Par exemple, la distinction entre les verbes "avoir" et "être" en français influence notre perception de l'identité et de la possession. Certaines langues ont des mots pour décrire des concepts qui n'existent pas dans d'autres langues, ce qui peut influencer la manière dont les individus pensent à ces concepts. La langue maternelle est donc un support de la pensée et de la culture, qui permet aux individus de comprendre et de s'engager dans leur monde culturel. De plus, la langue maternelle est le moyen de participation à une communauté linguistique et culturelle. Selon la théorie de l'anthropologie linguistique de Sapir (1921), la langue maternelle est le reflet de la culture et de l'identité du groupe social auquel l'individu appartient. Ainsi, la langue maternelle est un moyen de se connecter aux autres membres de la communauté et de partager les mêmes valeurs et traditions. Enfin, la langue maternelle est une partie intégrante de l'identité individuelle et collective. Selon la théorie de l'identité culturelle de Taylor (1992), l'identité individuelle est étroitement liée à l'identité culturelle. L'individu se définit en grande partie par l'appartenance à une culture et à une langue spécifique. La langue maternelle est donc un élément fondamental de l'identité individuelle et collective, qui peut contribuer à renforcer le lien entre les individus et leur communauté et dont la perte peut entraîner un sentiment de perte d'identité. La langue maternelle est un outil de communication, de pensée et de transmission de l'expérience humaine. Elle incarne aussi un support de la culture et de l'identité individuelle et collective. Ainsi, l'apprentissage de la langue maternelle est crucial pour la participation à la vie sociale et culturelle de la communauté à laquelle l'individu appartient.

Troisième partie : les limites et les enrichissements de la langue maternelle

Bien que la langue maternelle soit essentielle pour communiquer et penser, elle a ses limites. Chaque langue possède un vocabulaire, une grammaire et une syntaxe spécifiques qui peuvent rendre difficile la communication entre des personnes qui ne parlent pas la même langue. De plus, certaines langues ont des limites intrinsèques qui rendent difficile la communication de certaines idées ou concepts. Par exemple, la langue inuit a plusieurs mots pour décrire différents types de neige, ce qui est essentiel dans leur culture et mode de vie, mais peut sembler inutile ou même étrange pour ceux qui ne connaissent pas cette culture. C'est pourquoi l'apprentissage de langues étrangères est utile pour dépasser les limites de sa langue maternelle. En apprenant une nouvelle langue, on peut communiquer avec des personnes d'autres cultures, découvrir de nouvelles façons de penser et élargir ses horizons. Selon le philosophe Ludwig Wittgenstein, "Les limites de mon langage signifient les limites de mon propre monde" (*Tractatus Logico-Philosophicus*). En apprenant une nouvelle langue, il est possible découvrir de nouvelles façons de penser et d'exprimer des idées qui ne sont pas exprimables dans sa langue maternelle. La langue maternelle est aussi étroitement liée à la culture et à l'identité. Elle est le reflet des traditions, des croyances et des valeurs d'une communauté. Cependant, les limites culturelles de la langue maternelle peuvent rendre difficile la compréhension et l'appréciation d'autres cultures. Par exemple, certaines expressions idiomatiques ou proverbes peuvent ne pas avoir de sens pour les personnes qui ne sont pas familières avec la culture qui les utilise. L'ouverture à d'autres cultures et à d'autres langues aide à surmonter ces limites culturelles. En apprenant d'autres langues et en découvrant d'autres cultures, on acquiert une compréhension plus profonde des valeurs et des traditions d'autres communautés, ainsi que des différences et des similitudes entre les cultures. Selon le philosophe allemand Martin Heidegger, "La langue est la maison de l'être" (*Être et Temps*). En apprenant d'autres langues et en découvrant d'autres cultures, nous pouvons donc trouver de nouvelles maisons pour notre propre être. Bien que chaque langue ait ses limites, chaque langue apporte aussi des enrichissements uniques. La langue maternelle est le socle sur lequel se construisent les connaissances et les expériences. Elle est le lien avec l'histoire et la culture de sa propre communauté. Cependant, les limites de la langue maternelle en tant qu'outil de communication et de pensée, ainsi que les limites culturelles qu'elle peut imposer, soulignent l'importance de l'apprentissage de langues étrangères et de l'ouverture à d'autres cultures. Toutefois, il ne faut pas négliger les enrichissements apportés par la langue maternelle, les autres langues et les échanges interculturels, qui permettent d'enrichir notre compréhension du monde et de favoriser une plus grande tolérance et compréhension entre les différentes cultures et communautés linguistiques.

En conclusion, l'apprentissage de la langue maternelle est un processus complexe qui joue un rôle crucial dans le développement cognitif et social des enfants. La langue maternelle est un outil fondamental de communication et de pensée qui permet de transmettre et de partager l'expérience humaine, de participer à une communauté linguistique et culturelle, et de construire une identité individuelle et collective, comme l'indique cette citation attribuée à Nelson Mandela, "Si vous parlez à un homme dans une langue qu'il comprend, cela va à sa tête. Si vous parlez à un homme dans sa propre langue, cela va à son cœur." Cependant, la langue maternelle connait aussi ses limites, tant sur le plan linguistique que culturel, ce qui souligne l'importance de l'apprentissage de langues étrangères et de l'ouverture à d'autres cultures. En comprenant d'autres langues, on peut mieux comprendre les systèmes de pensée, les traditions et les valeurs d'autres cultures. Cela permet une ouverture d'esprit et une tolérance accrue envers les différences culturelles. Pour conclure, cette réflexion sur l'apprentissage de la langue maternelle nous amène à considérer l'importance de la langue dans notre vie et dans notre développement en tant qu'êtres humains.

X. LA LIBERTE

Sujet 1 : Qu'est-ce qu'un homme libre ?

Introduction : "La liberté consiste à choisir entre deux esclavages : l'égoïsme et la conscience. Celui qui choisit la conscience est l'homme libre." Cette citation attribuée à Victor Hugo invite à une réflexion sur la nature de la liberté en suggérant que la vraie liberté se trouve dans la conscience éclairée plutôt que dans la poursuite égoïste de nos désirs individuels. En faisant ce choix, l'homme devient libre non seulement de contraintes extérieures, mais aussi de ses propres démons internes, embrassant ainsi un niveau plus élevé d'humanité et de responsabilité morale. Mais de fait qu'est-ce qu'un homme libre ? La problématique qui se pose est de savoir si la liberté est une donnée naturelle ou une conquête humaine, ainsi que les critères pour évaluer la liberté d'un individu et les limites qui peuvent entraver la liberté. Le plan de cette étude sera le suivant : dans un premier temps, nous examinerons les définitions traditionnelles de l'homme libre dans la philosophie antique et moderne, ensuite, nous évaluerons les critères pour évaluer la liberté d'un individu et dans un troisième temps, nous aborderons les limites de la liberté.

Première Partie : définitions traditionnelles de l'homme libre

Dans la philosophie antique, la liberté a été considérée comme une question centrale de la vie humaine. « Tu ne peux acheter un homme dont tu sais qu'il est libre, pas plus qu'aucune chose dont tu sais que l'aliénation est interdite, comme les lieux sacrés et religieux ou ceux dont il n'y a pas commerce, comme les lieux publics. » Sextus Pomponius. Les Grecs anciens, particulièrement les Stoïciens, considéraient la liberté comme étant la capacité de prendre des décisions de manière autonome, sans être influencé ou contraint par des forces extérieures. Pour les Stoïciens, la liberté est un choix conscient et constant qui demande une certaine discipline et une connaissance de soi. Cette idée de liberté était profondément enracinée dans la philosophie stoïcienne et est devenue une partie intégrante de la culture grecque antique. Le philosophe stoïcien Épictète est connu pour son approche personnelle de la liberté. Dans ses *"Entretiens"*, il a déclaré que rien n'est plus difficile que d'être libre. Épictète croyait que la liberté implique un certain niveau de sacrifice et de contrôle de soi. Il a insisté sur le fait qu'il faut être conscients de ses propres désirs et de ses motivations, et être capables de les contrôler pour pouvoir être libre. Selon Épictète, la liberté ne consiste pas simplement à être dégagé des contraintes extérieures, mais plutôt à être libre de l'emprise de nos propres émotions et de nos désirs déraisonnables. Pour lui, la liberté véritable ne peut être obtenue que par une discipline personnelle et une prise de conscience constante. Pour les Stoïciens anciens la liberté est un choix conscient qui nécessite une certaine discipline et une connaissance de soi. La liberté n'est pas simplement l'absence de contraintes extérieures, mais plutôt la capacité de contrôler nos propres désirs et émotions pour faire des choix autonomes. En résumé, « Jamais les Grecs de l'époque classique n'auraient eu l'idée de revendiquer leur liberté par rapport à la cité, mais grâce à elle. De là résulte une tendance plus générale à ne point penser en termes d'exigences, mais d'initiatives, et à vouloir non pas revendiquer un statut, mais choisir un comportement. » Jacqueline de Romilly, *La Grèce antique à la découverte de la liberté*. Dans la philosophie moderne, la liberté a été redéfinie en termes de liberté politique et de liberté individuelle. Les philosophes politiques tels que John Locke et Jean-Jacques Rousseau ont défini la liberté politique comme la capacité d'un individu à participer aux décisions politiques et à vivre sous une forme de gouvernement représentative. Rousseau a déclaré dans *"Du contrat social"* : "La liberté politique est la condition sans laquelle la liberté individuelle n'est qu'un nom vide." Les définitions traditionnelles de la liberté, tant dans la philosophie antique que moderne, mettent en avant la capacité de faire des choix en toute autonomie. Cependant, la philosophie moderne a élargi cette définition pour inclure la participation politique et la liberté individuelle. Les deux perspectives soulignent l'importance de la liberté pour la vie humaine, mais la philosophie moderne ajoute une dimension supplémentaire en soulignant le lien entre liberté individuelle et liberté politique. Pour définir l'homme libre, les définitions traditionnelles de la liberté ont évolué au fil du temps pour inclure non seulement la capacité de faire des choix en toute autonomie, mais aussi la participation politique et la liberté individuelle.

Deuxième partie : Critères pour évaluer la liberté d'un individu

L'homme libre peut être défini comme un individu qui est capable de prendre des décisions autonomes et de les mettre en œuvre sans être soumis à des contraintes extérieures. Toutefois, pour évaluer la liberté d'un individu, il est nécessaire d'examiner plus en détail les critères qui définissent cette liberté. L'autonomie est l'une des principales caractéristiques de la liberté. Il s'agit de la capacité de l'individu à prendre des décisions et à agir de manière autonome, sans être influencé par des facteurs extérieurs tels que la pression sociale ou politique. L'autonomie permet à l'individu de choisir librement sa propre voie et de faire les choix qui lui semblent les plus appropriés. La liberté implique simultanément la capacité de l'individu à faire des choix sans être limité par des forces extérieures. Cela signifie que l'individu a la capacité de déterminer son propre destin en choisissant ses actions et ses orientations. Cependant, le choix peut être limité par des facteurs tels que les lois et les normes sociales. La responsabilité est un autre critère pour évaluer la liberté d'un individu. La liberté implique la responsabilité de l'individu de faire des choix éthiques et équitables, ainsi que d'être tenu responsable de ses actions. La responsabilité est nécessaire pour maintenir un équilibre entre la liberté de l'individu et les intérêts de la société. La liberté de l'homme peut donc être évaluée en examinant l'autonomie, les choix et la responsabilité de l'individu. Ces critères sont interdépendants et contribuent tous à définir ce que signifie être un homme libre. Comme l'a dit Emmanuel Kant, "La liberté est la faculté de faire ce qui est moralement bien." *"La Critique de la Raison Pratique"*. La liberté implique donc non seulement la capacité de prendre des décisions et d'agir de manière autonome, mais également la responsabilité de faire les bons choix pour soi-même et pour la société dans son ensemble. Dans la philosophie postmoderne, la liberté est considérée comme un concept relativement complexe et flou. Les postmodernes considèrent que la liberté n'est pas une réalité objective, mais plutôt une construction culturelle et historique. Michel Foucault, par exemple, dans *"Surveiller et punir"* a démontré comment les normes et les valeurs dominantes ont influencé les définitions de la liberté dans la société occidentale.

Troisième partie : les limites de la liberté de l'homme

Un homme libre est défini comme un individu qui a la capacité de prendre des décisions autonomes sans être entravé par des contraintes extérieures. Cependant, cette liberté est soumise à certaines limites. Les limites légales sont celles qui sont établies par la loi pour protéger les droits et les intérêts de l'individu et de la société. Par exemple, les lois interdisant le meurtre, le vol, la violence, les discriminations, etc. sont des limites légales à la liberté. Ces limites sont essentielles pour garantir la paix et l'ordre social, ainsi que pour protéger les droits fondamentaux. Outre les limites légales, la liberté est soumise à des limites sociales et culturelles. Ces limites peuvent varier considérablement selon les cultures et les sociétés. Par exemple, certaines cultures peuvent avoir des normes strictes quant à la manière dont les femmes doivent se comporter, tandis que d'autres peuvent permettre une plus grande liberté d'expression et de comportement. Les normes sociales peuvent limiter la liberté de l'individu en dictant ce qui est considéré comme acceptable ou non. Enfin, la liberté peut être limitée par les propres choix et comportements de l'individu. Par exemple, les dépendances telles que la toxicomanie ou l'alcoolisme peuvent limiter la liberté de l'individu en le contrôlant. De même, les croyances et les valeurs personnelles peuvent influencer les choix et les actions d'un individu. Le féminisme aborde la question de la liberté, en se concentrant sur les obstacles à la liberté pour les femmes. Les féministes considèrent que la liberté est souvent limitée pour les femmes en raison de la discrimination sexiste et du patriarcat. Simone de Beauvoir dans *"Le deuxième sexe"* a argumenté que les femmes sont souvent considérées comme des objets plutôt que comme des sujets autonomes, ce qui limite leur liberté. Enfin, la philosophie éthique aborde cette question de la liberté en se concentrant sur la responsabilité morale de l'individu. La liberté peut être soumise à de nombreuses limites légales, sociales et culturelles, ainsi qu'à des limites individuelles. Nous devons envisager ces limites pour garantir une société équitable et juste, tout en permettant à chaque individu de vivre de manière autonome et libre. Comme l'a dit John Stuart Mill, "La liberté n'est pas simplement l'absence de restrictions, mais plutôt la présence de restrictions qui sont nécessaires pour protéger les droits et les libertés des autres." *"On Liberty"*

En conclusion, la question "Qu'est-ce qu'un homme libre ?", la liberté peut être définie comme la capacité de l'individu à prendre des décisions et à agir de manière autonome, sans être soumis à des contraintes extérieures. Cependant, il faut noter que la liberté est soumise à diverses limites, telles que les lois, les normes sociales et les limitations individuelles. Pour élargir la question, nous pouvons nous tourner vers les mots du philosophe Jean-Jacques Rousseau dans *"Du Contrat Social"*: "La liberté n'est pas la liberté de faire ce que l'on veut, mais la liberté de faire ce qui est juste." Cette citation célèbre souligne l'importance de la responsabilité dans la définition de la liberté. En effet, la liberté implique non seulement la capacité de prendre des décisions et d'agir de manière autonome, mais aussi la responsabilité de faire les choix éthiques et équitables qui sont justes pour soi-même et pour la société dans son ensemble.

Sujet 2 : Peut-on opposer le devoir à la liberté ?

Introduction : Pour introduire ce sujet, nous pouvons évoquer « les trois métamorphoses de l'esprit » dans *Ainsi parlait Zarathoustra* de Friedrich Nietzsche : "Se faire libre, opposer une divine négation, même au devoir : telle, mes frères, est la tache ou il est besoin du lion. Conquérir le droit de créer des valeurs nouvelles – c'est la plus terrible conquête pour un esprit patient et respectueux… Il aimait jadis le « Tu dois » comme son bien le plus sacre : maintenant il lui faut trouver l'illusion et l'arbitraire, même dans ce bien le plus sacre, pour qu'il fasse, aux dépens de son amour, la conquête de la liberté ". Ainsi depuis des siècles, la liberté a été considérée comme un droit fondamental de l'être humain, cependant, la liberté est confrontée à des restrictions sous forme de devoirs et d'obligations morales. Le devoir semble être en opposition à la liberté, car il impose des restrictions à nos choix et à nos actions. Comment peut-on concilier la liberté et le devoir sans nuire à l'un ou à l'autre ? C'est là la problématique centrale de cet essai. Nous examinerons la définition de la liberté et du devoir, leur importance respective pour la dignité humaine et la société, et comment ils peuvent être harmonisés pour permettre à chacun d'exercer sa liberté tout en remplissant ses devoirs. Nous verrons enfin comment les réglementations peuvent protéger les libertés individuelles sans les entraver.

Première partie : les différentes perspectives sur le devoir et la liberté

La liberté est considérée comme une valeur fondamentale dans de nombreuses sociétés. Elle est considérée comme un droit inaliénable, qui est nécessaire pour la dignité humaine et la réalisation de soi. Dans cette première partie, nous examinerons en détail la liberté comme valeur fondamentale, en examinant les différentes perspectives sur sa signification et son importance. Le droit à la liberté est considéré comme un droit inaliénable, c'est-à-dire un droit qui ne peut être enlevé ou transféré à une autre personne. La Déclaration universelle des droits de l'homme définit la liberté comme un droit fondamental, qui inclut la liberté d'expression, la liberté de religion et la liberté de réunion pacifique. Ce droit à la liberté est considéré comme un pilier fondamental de la démocratie et de la justice sociale. En plus de son statut de droit inaliénable, la liberté est considérée comme étant nécessaire pour la dignité humaine. La liberté permet à une personne de faire des choix en toute autonomie, sans être contraint par des forces extérieures. Elle permet à l'individu de développer ses talents et ses compétences, ce qui est nécessaire pour la réalisation de soi. Comme le disait Emmanuel Kant dans sa *"Critique de la Raison Pure"* la liberté est la condition nécessaire de la dignité humaine. Enfin, la liberté est considérée comme étant nécessaire pour la réalisation de soi. Elle permet à l'individu de poursuivre ses aspirations et ses intérêts, sans être entravé par des obstacles ou des limitations extérieures. La liberté est donc un élément clé pour la croissance personnelle et le développement de la personnalité. Comme l'a déclaré Jean-Paul Sartre dans *"L'Être et le Néant"* : "L'homme est libre, et c'est en exerçant sa liberté qu'il réalise sa propre essence." La liberté apparaît comme valeur fondamentale, en examinant son statut de droit inaliénable, son importance pour la dignité humaine et sa condition nécessaire pour la réalisation de soi. Nous allons maintenant rappeler quelques fondamentaux sur le devoir pour pouvoir répondre à la question posée. Le devoir est défini comme une obligation morale ou juridique qui impose à une personne d'agir d'une certaine manière. Il provient de nombreuses sources, telles que la religion, la morale, les lois et les règlements. Le devoir peut notamment découler d'un engagement personnel, comme le serment prêté par un médecin ou un militaire. Pour Emmanuel Kant, le devoir est une partie intégrante de la moralité et de la vie morale. Dans son ouvrage *"Fondements de la métaphysique des mœurs"*, Kant explique que les actions morales ne sont pas basées sur les conséquences, mais sur le devoir en soi. Selon lui, l'obligation morale est indépendante des conséquences et doit être accomplie en raison de sa propre dignité. Aristote, dans *"Éthique à Nicomaque"*, pense que le devoir découle de la nature humaine et de sa capacité à raisonner et à agir de manière morale. Pour Aristote, le devoir est un moyen d'atteindre le bonheur et la vertu, car en agissant de manière juste et morale, nous réalisons notre potentiel en tant qu'êtres humains.

Deuxième partie : l'opposition entre le devoir et la liberté

Nous allons maintenant examiner la perspective selon laquelle le devoir et la liberté sont des concepts en conflit. Le conflit entre le devoir et la liberté est un sujet de débat qui remonte à l'Antiquité. Dans "La République" de Platon, le philosophe affirme que le devoir doit primer sur la liberté individuelle pour garantir la justice et la stabilité de la cité. Cette vision est souvent associée à la tradition existentialiste de la philosophie. Les existentialistes considèrent que le devoir est en conflit avec la liberté individuelle, car il impose des obligations sur les choix de la personne. Un exemple de cette vision est donné par Jean-Paul Sartre dans *L'être et le néant (1943)*. Sartre affirme que les obligations morales et sociales sont en conflit avec la liberté individuelle, car elles imposent des restrictions sur les choix et les actions des personnes. Selon Sartre, la liberté consiste en fait à déterminer soi-même sa propre existence, sans être soumis à des obligations morales ou sociales. "Le devoir c'est la volonté de l'autre en moi, c'est l'aliénation de ma liberté propre. " *Cahiers pour une morale* (1983). La citation de Jean-Paul Sartre met en évidence cette perspective sur la relation entre le devoir et la liberté, en suggérant que le devoir peut être perçu comme une forme d'aliénation de la liberté individuelle. Sartre souligne que le devoir implique la "volonté de l'autre en moi", ce qui peut être interprété comme l'obligation de se conformer à des normes, des règles ou des attentes établies par d'autres individus ou par la société. En agissant selon le devoir, l'individu se trouve soumis à des impératifs extérieurs, et sa liberté personnelle peut sembler limitée ou aliénée par cette contrainte imposée. Cela rejoint certaines conceptions classiques du devoir moral, où l'éthique peut être définie comme l'accomplissement d'obligations prescrites par la morale, la religion, la tradition ou la loi. Dans ce contexte, il est possible de percevoir le devoir comme une sorte de "devoir-être" ou une attente de conformité aux normes établies, qui peuvent sembler limiter l'autonomie et la spontanéité de l'individu. Cependant, il est important de noter que l'existentialisme place l'individu au centre de l'existence et met l'accent sur la responsabilité individuelle et le choix personnel. Pour les existentialistes, la liberté est un élément essentiel de l'existence humaine, et chaque individu est responsable de créer sa propre essence et de donner un sens à sa vie par ses choix. Comme le disait Albert Camus dans *"L'Étranger"*, la liberté est un choix constant entre les différentes formes de l'obligation. Comme nous l'avons vu en introduction, nous pouvons aussi évoquer

Nietzsche, qui met en avant un point de vue audacieux concernant le lien entre le devoir et la liberté, et souligne la transformation personnelle nécessaire pour parvenir à une véritable liberté. Nietzsche évoque l'idée de se faire libre en opposant une "divine négation" même au devoir. Cette "divine négation" peut être interprétée comme une remise en question radicale des normes établies, des valeurs traditionnelles et des impératifs moraux qui peuvent sembler imposer des obligations extérieures à l'individu. Pour Nietzsche, cette remise en question est essentielle pour se libérer des contraintes et des limites que le devoir peut représenter. Conquérir le droit de créer de nouvelles valeurs signifie que l'individu doit être en mesure de remettre en question les valeurs existantes, même celles qui étaient autrefois considérées comme sacrées ou incontestables. En faisant cela, l'individu peut se débarrasser de l'emprise de ces valeurs préétablies et s'ouvrir à la possibilité de définir sa propre éthique et ses propres principes. Cette conquête de la liberté est une tâche qui nécessite de la patience et du respect. Il sous-entend peut-être que remettre en question les valeurs établies et les devoirs traditionnels peut être un processus difficile et exigeant, mais qu'il est nécessaire pour parvenir à une véritable liberté intérieure. En mettant l'accent sur la conquête de la liberté, Nietzsche suggère que la véritable liberté ne se trouve pas dans l'obéissance passive aux devoirs imposés par les autres ou par la société, mais dans la capacité de remettre en question ces devoirs et de se créer soi-même, en assumant la responsabilité de ses propres valeurs et de son propre chemin. La véritable liberté nécessite alors une remise en question audacieuse des devoirs et des valeurs établies, et une quête pour créer ses propres valeurs. La conquête de cette liberté intérieure peut être difficile, mais elle permet à l'individu de s'affranchir des contraintes extérieures et de se forger son propre chemin dans la vie. Ainsi, Nietzsche invite à considérer le devoir et la liberté comme des concepts en tension, même s'il suggère que cette tension peut être transcendée par un esprit audacieux et créatif. Dans la société moderne, ce conflit peut être vu dans les débats sur la liberté d'expression et la responsabilité sociale. Par exemple, certains estiment que la liberté d'expression est un droit fondamental qui ne peut être restreint, même si cela signifie que certaines personnes peuvent dire des choses offensantes. Ce conflit entre le devoir et la liberté se manifeste dans les décisions personnelles. Par exemple, un individu peut se sentir tenu de prendre soin de sa famille, mais éprouver le besoin de suivre ses propres rêves et aspirations. Le devoir de faire justice entre souvent en conflit avec la liberté individuelle. Par exemple, un juge peut être obligé de condamner un individu pour un crime, ce qui limitera sa liberté, mais cela est nécessaire pour faire respecter la justice. Le devoir de loyauté envers une organisation, une nation ou une famille peut aussi entrer en conflit avec la liberté individuelle. Par exemple, un individu peut être tenu de se sacrifier pour son pays, ce qui limitera sa liberté, mais cela est considéré comme un devoir envers sa nation. En fin de compte, l'opposition entre le devoir et la liberté est un défi permanent pour les individus et les sociétés.

Troisième partie : une harmonie possible entre devoir et liberté.

La troisième partie consiste à examiner les positions qui plaident en faveur d'une harmonie possible entre devoir et liberté. Pour André Gide, "le bonheur de l'homme n'est pas dans la liberté, mais dans l'acceptation d'un devoir", Préface à Vol de nuit de

Saint-Exupéry. Le devoir n'est pas alors une contrainte, mais un choix que l'on fait pour soi-même, pour les autres et pour notre société. Dans cette perspective, on peut considérer que le devoir renforce la liberté, plutôt que de s'y opposer. Cette vision est souvent associée à la tradition de la philosophie morale. Les philosophes moraux considèrent le devoir comme une forme de restriction sur la liberté individuelle, mais en même temps, ils affirment que le respect de ces obligations est nécessaire pour préserver l'ordre moral et social. Un exemple classique de cette vision est donné par Emmanuel Kant qui affirme que les obligations morales sont liées à la liberté en ce sens que nous sommes libres de choisir d'obéir à nos devoirs. Selon Kant, la liberté consiste en fait à faire le bien moralement, et cela ne peut se faire sans restrictions : " Il ne faut agir que d'après une maxime qui puisse aussi se prendre elle-même pour objet à titre de loi universelle. Mais c'est précisément la formule de l'impératif catégorique et le principe de la moralité ; une volonté libre et une volonté soumise à des lois morales sont par conséquent une seule et même chose. Si donc la liberté de la volonté est supposée, il suffit d'en analyser le concept pour en déduire la moralité avec son principe." *Fondements de la métaphysique des mœurs* (1785). Kant soutient que la véritable liberté réside dans la capacité de la volonté à se conformer aux lois morales universelles, ce qu'il appelle l'impératif catégorique. L'impératif catégorique exige que nous agissions uniquement selon des maximes (principes d'action) que nous pourrions vouloir élever au rang de loi universelle, c'est-à-dire que nous devrions être prêts à accepter que tout être rationnel adopte la même maxime dans des situations similaires. En d'autres termes, si nous sommes réellement libres, cela signifie que nous sommes capables de nous soumettre volontairement à des lois morales qui transcendent nos intérêts égoïstes et nos désirs immédiats. Agir selon des lois morales universelles nous libère des impulsions égoïstes et des inclinations arbitraires, et nous permet d'agir de manière rationnelle et conforme à notre humanité. Ainsi, pour Kant, la volonté libre et la volonté soumise à des lois morales ne font qu'un. Être véritablement libre, c'est agir conformément à la moralité, c'est-à-dire se conformer aux principes moraux universels. La liberté véritable n'est donc pas la possibilité d'agir sans contrainte, mais plutôt la capacité de se soumettre librement aux lois morales et de choisir d'agir selon la raison plutôt que selon les inclinations arbitraires. De même, le philosophe britannique John Stuart Mill défend dans *"De la liberté" (1859)* l'idée que les restrictions sur la liberté individuelle sont nécessaires pour protéger les droits et les libertés des autres. Mill souligne que la liberté n'est pas simplement l'absence de restrictions, mais plutôt la présence de restrictions qui sont nécessaires pour préserver l'intégrité et les droits des autres. Jean-Jacques Rousseau a aussi défendu l'idée que le devoir et la liberté peuvent coexister en harmonie, car la liberté morale permet à l'individu de faire des choix éthiques et justes. Dans son ouvrage *"Du contrat social" (1762)*, Rousseau a montré que la liberté morale permet à l'individu de faire des choix éthiques et justes, et c'est cette liberté qui assure l'harmonie entre l'individu et la société. Rousseau considérait la liberté morale comme une forme supérieure de liberté, qui ne se confond pas avec la liberté individuelle. La liberté morale repose sur la capacité de l'individu à se soumettre à la loi morale et à faire des choix en conformité avec elle. Pour Rousseau, cela signifiait que le devoir et la liberté pouvaient coexister en harmonie, car la liberté morale permet à l'individu de faire des choix éthiques qui sont en conformité avec les lois de la société. Rousseau pense que la liberté morale n'est possible que dans le cadre d'une société juste et équitable, où les lois sont édictées dans l'intérêt général et où la justice prévaut. Cette vision de la liberté morale a exercé une influence considérable sur la pensée politique et sociale de la période moderne. Enfin, d'autres philosophes, tels que Friedrich Nietzsche, ont argumenté que le devoir peut être source de liberté en permettant à l'individu de développer son propre potentiel et de s'épanouir. Nietzsche dans *"Ainsi parlait Zarathoustra"* a défendu l'idée que les devoirs moraux peuvent aider l'individu à développer sa propre personnalité et à trouver un sens à sa vie. Ainsi, pour Nietzsche, le devoir peut être vu comme un moyen d'acquérir plus de liberté et de s'éloigner de la conformité. Ainsi l'accomplissement de nos devoirs moraux peut nous permettre de vivre dans une société libre et juste, de développer notre propre personnalité et de trouver un sens à notre vie. Ainsi, le devoir et la liberté ne sont pas des concepts opposés

En conclusion, pour répondre à cette question, nous devons nous rappeler que la liberté et le devoir sont des concepts interconnectés et que la liberté ne peut être atteinte que si nous sommes conscients de nos devoirs envers les autres et la société. Cependant, la question de savoir si le devoir peut s'opposer à la liberté ne se limite pas seulement à la sphère personnelle, mais elle est aussi pertinente pour les gouvernements et les systèmes politiques. La question est de savoir comment les gouvernements peuvent concilier la protection des droits individuels avec la nécessité de maintenir l'ordre et la stabilité. Comme l'a dit Jean-Jacques Rousseau dans *"Du contrat social"*, "La liberté est le premier élément de tout ordre moral et politique. Si elle n'existe pas, toutes les autres qualités sont inutiles." Cette citation nous rappelle que la liberté est la condition sine qua non pour une société juste et libre, mais elle nous met aussi en garde contre les dangers de la liberté illimitée. En effet, la liberté doit être encadrée par des devoirs et des obligations envers les autres et la société, afin de garantir que la liberté de l'un ne vienne pas piétiner les droits d'autrui. Il est certain que la liberté ne peut être atteinte que si nous sommes conscients de nos devoirs envers les autres et la société.

Sujet 3 : Puis-je avoir la certitude que mes choix sont libres ?

Introduction : "La liberté de choisir est le pilier fondamental de l'existence humaine." - Jean-Paul Sartre, *L'Être et le Néant*. Le choix est un aspect essentiel de la vie humaine, qui nous permet de déterminer notre propre destinée. La liberté de choix est la capacité d'un individu à faire un choix conscient et autonome, sans être influencé ou contraint par des forces extérieures. Cela implique que l'individu a le pouvoir de déterminer son propre destin, de prendre ses propres décisions et de vivre sa vie selon ses propres aspirations et valeurs. La certitude est la conviction ferme et absolue que quelque chose est vrai ou vraisemblable. Cela signifie que l'on a une confiance inébranlable dans la véracité d'une déclaration ou d'une croyance, basée sur des faits ou des arguments solides. L'existence de la liberté de choix est dès lors une question essentielle. Peut-on vraiment dire que nos choix sont libres, ou sont-ils prédéterminés par des facteurs extérieurs à notre contrôle ? Le but de ce plan est de décrire de manière détaillée la question de la certitude de la liberté de choix. Nous allons examiner les différentes théories sur la liberté de choix, les preuves en faveur de la liberté de choix, et comment avoir la certitude de ses choix libres.

Première partie : point de vue en faveur de la liberté de choix

Des penseurs tels qu'Emmanuel Kant et Jean-Paul Sartre ont montré que la liberté de choix est un élément essentiel pour attribuer la responsabilité morale à un individu pour ses actions. Pour Emmanuel Kant, la liberté de choix est un prérequis pour l'éthique et la moralité. Dans sa philosophie, il met en avant l'idée de la "volonté autonome", où l'individu agit selon la loi morale universelle qu'il se donne à lui-même. Cette loi morale découle de la capacité de l'individu à agir librement, indépendamment de tout déterminisme externe. Pour Kant, la liberté de choix est la base de la responsabilité morale, car si nos actes étaient entièrement déterminés par des facteurs extérieurs, nous ne pourrions pas être tenus responsables de nos actions. La liberté est donc essentielle pour être moralement responsables de nos choix et de leurs conséquences. Jean-Paul Sartre, quant à lui, est un représentant majeur de l'existentialisme, un courant philosophique qui met l'accent sur la liberté et la responsabilité de l'individu. Pour Sartre, l'existence précède l'essence, ce qui signifie que nous sommes d'abord jetés dans le monde sans aucune détermination préétablie. Cette liberté initiale implique que nous sommes responsables de nos choix et de nos actions. Sartre affirme que nous sommes condamnés à être libres, et cela signifie que nous sommes toujours confrontés à la possibilité de choisir, même si nous préférons parfois échapper à cette responsabilité. Pour Sartre, nier notre liberté de choix est une "mauvaise foi" qui nous détourne de notre responsabilité et nous empêche de vivre de manière authentique. Les défenseurs du libre-arbitre pensent aussi que les choix individuels sont réellement libres et non déterminés par des forces extérieures. Selon cette théorie, nous avons le pouvoir de faire des choix conscients et autonomes, sans être influencés par des facteurs externes à notre contrôle. "La liberté n'est pas l'absence de contraintes, mais la capacité de choisir parmi les options qui s'offrent à nous." - Ayn Rand, *La Voie de la Vertu*. Des études en psychologie ont montré que les choix individuels peuvent être influencés par des facteurs tels que les émotions, les croyances et les motivations, mais que ces facteurs ne déterminent pas nécessairement les choix. Les choix individuels restent conscients et autonomes, même s'ils sont influencés par des facteurs externes. Des études en neurosciences ont prouvé que les choix individuels sont associés à des activités cérébrales spécifiques, mais que ces activités ne sont pas les causes déterminantes des choix. Au lieu de cela, ces activités sont les conséquences conscientes et autonomes des choix. Il y a des preuves en faveur de la liberté de choix provenant de différentes sources, y compris la philosophie, la psychologie et les neurosciences. Ces preuves suggèrent que les choix individuels sont conscients et autonomes, même s'ils peuvent être influencés par des facteurs externes.

Deuxième partie : les preuves contre la liberté de choix

Pour le déterminisme, tous les événements, y compris les choix individuels, sont déterminés par des causes antérieures et ne peuvent pas être modifiés ou influencés par la volonté consciente. Cette théorie est souvent associée à la philosophie du matérialisme, selon laquelle tout dans l'univers, y compris les comportements humains, peut être expliqué par des phénomènes matériels et causaux. Selon cette théorie, les choix que nous faisons sont déterminés par des forces telles que notre éducation, notre environnement, notre génétique et notre histoire personnelle, et ne sont pas réellement libres. "Concevez maintenant, si vous voulez bien, que la pierre, tandis qu'elle continue de se mouvoir, pense et sache qu'elle fait effort, autant qu'elle peut, pour se mouvoir. Cette pierre assurément, puisqu'elle a conscience de son effort seulement et qu'elle n'est en aucune façon indifférente, croira qu'elle est très libre et qu'elle ne persévère dans son mouvement que parce qu'elle le veut. Telle est cette liberté humaine que tous se vantent de posséder et qui consiste en cela seul que les hommes ont conscience de leurs appétits et ignorent les causes qui les déterminent. " *Lettre à Schuller*. Cette citation de Baruch Spinoza aborde la question de la liberté humaine en utilisant une métaphore intéressante de la pierre qui se met en mouvement. Elle propose une perspective déterministe sur la liberté et remet en question la certitude de nos choix en tant qu'êtres libres. La pierre, bien qu'elle ne soit qu'un objet inanimé, pourrait avoir une illusion de liberté si elle avait conscience de son mouvement et de son effort pour se mouvoir. La pierre, selon Spinoza, se sentirait libre de bouger car elle ne serait pas indifférente à son mouvement, mais elle ignorerait les causes qui la déterminent à se déplacer. En transposant cette idée à l'homme, Spinoza suggère que la liberté humaine est souvent une illusion. Les hommes se vantent de leur liberté, mais ils sont en réalité déterminés par des causes qui leur échappent, notamment leurs appétits et leurs désirs. Contrairement à la pierre, l'homme est conscient de ses appétits, mais il ignore les causes réelles qui le poussent à agir. Cette ignorance des causes déterminantes conduit à une fausse perception de liberté. Spinoza propose ainsi une vision déterministe de la liberté humaine, où les choix et les actions des individus sont le résultat nécessaire de forces qui leur échappent. Selon lui, la liberté ne peut résider que dans la compréhension des causes qui nous déterminent et dans notre capacité à être en harmonie avec l'ordre de la nature. Si nous sommes déterminés par des causes qui nous échappent et si notre conscience de nos appétits nous illusionne sur notre liberté, nous ne pouvons pas être certains que nos choix sont libres. Cette perspective déterministe peut être troublante pour ceux qui défendent une vision de la liberté comme libre arbitre et autonomie. Cependant, elle invite à une réflexion approfondie sur la nature de la liberté humaine et sur les forces qui nous influencent dans nos choix, ouvrant ainsi le débat philosophique sur la compatibilité entre déterminisme et liberté. La théorie de la causalité indéterminée est une approche alternative à la question de la liberté de choix. Selon cette théorie, certains événements ne peuvent pas être complètement prédits ou expliqués par des causes antérieures, mais sont plutôt influencés par des facteurs aléatoires ou incertains. Cette incertitude laisse une marge de liberté pour les choix individuels, car ils ne sont pas complètement déterminés par des causes antérieures. La mécanique quantique, qui étudie les phénomènes quantiques à l'échelle microscopique, est souvent considérée comme étant en conformité avec la théorie de la causalité indéterminée. La mécanique quantique décrit une incertitude fondamentale dans les mouvements des particules à l'échelle microscopique, ce qui signifie que leur position et leur vitesse ne peuvent pas être prédites avec une précision absolue. Cette incertitude peut être interprétée comme une forme de liberté quantique. Cependant, cette théorie ne suggère pas une liberté absolue ou déterminée, mais plutôt une incertitude quantique qui influence les choix individuels. La théorie de la causalité indéterminée est donc une approche qui propose une perspective différente sur la nature des choix humains et sur la liberté. Elle suggère que l'incertitude et la marge de liberté peuvent être introduites dans les choix individuels en raison de causes incertaines ou aléatoires. Cette théorie, souvent associée à la mécanique quantique, offre une perspective différente sur la nature des choix humains et sur la liberté. Les influences inconscientes sur nos choix sont des aspects fascinants du fonctionnement de l'esprit humain. Ces facteurs subtils peuvent altérer notre perception de la liberté de choix, remettant en question la certitude que nous pouvons avoir à ce sujet. Les biais cognitifs sont des erreurs de raisonnement qui peuvent fausser nos jugements et nos prises de décision. L'un des exemples les plus connus est l'effet de la « sur-confiance », où nous surestimons notre propre capacité à prendre de bonnes décisions. Ce biais peut nous donner l'illusion que nous sommes libres dans nos choix alors que nous sommes en réalité influencés par des erreurs de jugement. Les motivations cachées font référence aux désirs et aux intentions profondément enfouis dans notre inconscient, qui peuvent influencer nos choix sans que nous en soyons conscients. La théorie psychanalytique de Freud a exploré cette idée, suggérant que nos choix sont souvent façonnés par des pulsions inconscientes telles que l'angoisse, l'amour ou le désir de pouvoir. Selon Sigmund Freud, l'individu peut se percevoir comme agissant de manière libre, mais ses choix sont en réalité influencés par des facteurs inconscients. Par exemple, une personne pourrait choisir un partenaire amoureux en se croyant librement attirée par cette personne, mais l'analyse psychanalytique révèle que ses choix sont peut-être influencés par des expériences passées, des modèles parentaux ou des désirs refoulés. Parallèlement, notre environnement social et culturel joue un rôle crucial dans la formation de nos valeurs, de nos croyances et de nos préférences. Les normes culturelles, les traditions et les attentes sociales peuvent exercer une influence subtile mais puissante sur nos choix, souvent sans que nous en soyons conscients. Le philosophe existentialiste Jean-Paul Sartre a exploré le concept de la "mauvaise foi", qui décrit la manière dont les individus peuvent renoncer à leur liberté en se conformant aveuglément aux normes et aux attentes de leur environnement social. Ainsi, une personne peut choisir une carrière ou un mode de vie en suivant les attentes de sa famille ou de la société, même si cela ne correspond pas à ses véritables aspirations. Cette conformité à l'environnement social peut faire obstacle à la pleine réalisation de sa liberté individuelle. Ces influences inconscientes remettent en question la certitude de la liberté de nos décisions. Ces facteurs subtils peuvent altérer notre perception de la liberté et soulèvent des questions philosophiques sur la nature de l'autonomie humaine et de la responsabilité dans nos choix.

Troisième partie : coexistence entre la liberté et le déterminisme

Il existe une autre perspective sur la liberté de choix selon laquelle la liberté et le déterminisme peuvent coexister. Les choix individuels peuvent être influencés par des facteurs extérieurs tels que leur environnement, leur éducation, leurs expériences et leurs émotions, mais ils sont toujours conscients et autonomes. Les choix ne sont pas complètement déterminés par des facteurs extérieurs, car ils sont souvent influencés par les croyances, les valeurs et les préférences de la personne qui fait le choix. Cette perspective est souvent exprimée dans l'œuvre de Friedrich Nietzsche, *Ainsi parlait Zarathoustra*, où il écrit : " Ma volonté survient toujours en libératrice et messagère de joie. Vouloir affranchit : telle est la vraie doctrine de la volonté et de la liberté […]. Volonté, c'est ainsi que s'appellent le libérateur et le messager de joie […] que le vouloir devienne non-vouloir, pourtant mes frères vous connaissez cette fable de folie ! Je vous ai conduits loin de ces chansons lorsque je vous ai enseigné : la volonté est créatrice. " Dans cette citation, Nietzsche associe la volonté à la libération et à la joie. Selon lui, la volonté est le moyen par lequel l'individu peut se libérer des contraintes et des limites imposées par la société, les conventions et les normes établies. Il suggère que la volonté est l'expression de la créativité humaine, un acte d'affranchissement de l'individu, lui permettant de se réaliser pleinement. Nietzsche rejette l'idée d'une volonté passive ou déterminée par des forces extérieures. Au contraire, il présente la volonté comme un acte puissant et créateur, capable de façonner sa propre réalité et de définir sa propre identité. Selon lui, la volonté n'est pas soumise à une fatalité ou à une détermination préétablie, mais elle est la force qui donne naissance à de nouvelles possibilités et à de nouvelles valeurs. Dans ce contexte, Nietzsche affirme que la volonté est le libérateur et le messager de joie. Cela signifie que lorsque nous exerçons notre volonté de manière authentique et créative, nous éprouvons un sentiment de liberté et de joie intérieure. La liberté, selon Nietzsche, ne réside pas dans la négation de la volonté, mais dans son plein épanouissement en tant qu'acte créatif. Il soulève aussi une perspective intéressante en mentionnant que la volonté peut devenir non-vouloir. Cela peut être interprété comme la reconnaissance du fait que la volonté peut être influencée par des forces inconscientes ou par des motivations cachées qui limitent notre liberté de choix. Il admet l'existence de l'illusion et de la folie dans notre compréhension de la volonté. Ainsi, bien que Nietzsche propose une vision optimiste de la volonté qui conditionne nos choix, il reconnaît également les défis et les ambiguïtés qui entourent la question de la certitude de nos choix en tant qu'êtres libres. Même si notre destin peut être influencé par des facteurs externes, nous avons toujours la liberté de choisir comment nous y répondons. Cette perspective ne propose pas une liberté absolue ou déterminée, mais plutôt un compromis entre les deux. Les choix individuels peuvent être influencés par des facteurs extérieurs, mais ils restent conscients et autonomes. La capacité de faire des choix conscients et autonomes est considérée comme étant la base de la liberté de choix. Cette perspective représente un compromis entre la théorie du déterminisme strict et la théorie de la causalité indéterminée. Elle reconnaît que les choix individuels peuvent être influencés par des causes antérieures, mais que ces causes ne sont pas déterminantes et que les choix restent conscients et autonomes. Cette perspective montre que même si notre destin peut être influencé par des facteurs externes, nous avons toujours la liberté de choisir comment nous y répondons.

Conclusion : les preuves en faveur de la liberté de choix suggèrent que les choix individuels sont conscients et autonomes, même s'ils peuvent être influencés par des facteurs externes. Les preuves contre la liberté de choix incluent des théories telles que le déterminisme et la causalité indéterminée. Avoir la certitude de ses choix libres nécessite une compréhension profonde de soi-même et de ses motivations, ainsi qu'une analyse critique des facteurs qui peuvent influencer ses choix. En fin de compte, la certitude de la liberté de choix est une question personnelle qui nécessite une exploration introspective et une réflexion continue. Les preuves en faveur de la liberté de choix peuvent inclure une compréhension profonde de soi-même et de ses motivations, ainsi qu'une analyse critique des facteurs qui peuvent influencer ses choix.

Sujet 4 : Pourquoi voulons-nous être libres ?

Introduction : La liberté est l'essence même de l'homme selon Jean-Jacques Rousseau ce qui souligne l'importance de la liberté pour l'identité humaine. En effet la liberté est considérée par de nombreux philosophes et penseurs comme étant un des plus grands biens de l'existence humaine. La liberté peut être définie de différentes manières, mais en général, elle se réfère à la capacité d'un individu à agir et à faire des choix sans être entravé par des forces extérieures. Depuis des siècles, les êtres humains ont lutté pour la liberté et l'ont célébrée en la considérant comme un idéal à atteindre. Descartes écrivait donc : "si je connaissais toujours clairement ce qui est vrai et ce qui est bon, je ne serais jamais en peine de délibérer [...] et ainsi je serais entièrement libre, sans jamais être indifférent." Cependant, la question se pose : pourquoi voulons-nous véritablement être libres ? Les motivations qui peuvent expliquer pourquoi nous aspirons à la liberté sont complexes et peuvent varier d'une personne à l'autre. Dans cet essai, nous explorerons les différentes raisons qui peuvent expliquer pourquoi les êtres humains aspire-t-ils à la liberté, de l'autonomie, aux motivations sociales et au développement personnel.

Première partie : l'aspiration à l'autonomie

Un des principaux facteurs qui expliquent pourquoi nous voulons être libres est la possibilité de choisir notre propre vie. La liberté nous permet de déterminer notre propre destin et de prendre des décisions qui influencent notre avenir. Cette capacité de choisir notre propre voie est très importante pour de nombreuses personnes, car elle leur donne un sentiment de contrôle sur leur vie et leur permet d'atteindre leurs objectifs et leurs rêves. La liberté nous donne la possibilité de faire des choix qui sont en adéquation avec nos valeurs et nos croyances, plutôt que d'être soumis à des décisions imposées par d'autres. Cela est particulièrement sensible pour ceux qui cherchent à vivre une vie significative et à accomplir des choses qui ont un impact positif sur le monde. La liberté peut aussi être considérée comme un moyen d'atteindre la satisfaction personnelle et la réalisation de soi. Les êtres humains peuvent aspirer à la liberté pour explorer leur propre potentiel et poursuivre leur propre bonheur et réussite. Outre la possibilité de choisir notre propre destin, nous voulons être libres afin d'éviter la contrainte et la domination. La liberté nous permet de ne pas être soumis aux volontés d'autrui, ce qui est très important pour ceux qui cherchent à préserver leur dignité et leur autonomie. Jean-Jacques Rousseau a écrit: "Liberté, égalité, fraternité ou la mort", citation qui a été utilisée comme devise révolutionnaire en France au XVIIIe siècle. Elle peut être trouvée dans plusieurs de ses œuvres, notamment *"Du contrat social"* et *"Discours sur l'inégalité"*. Nous trouvons aussi un besoin physiologique et personnel. Les êtres humains ont un désir inné d'autonomie et de contrôle sur leur propre vie. Ce désir est défini comme la volonté de prendre ses propres décisions et de ne pas être soumis à une autorité extérieure. Cette aspiration à l'autonomie peut être vue comme un aspect fondamental de la nature humaine et est liée à des facteurs tels que la physiologie du cerveau et les instincts primitifs tels que la survie et la reproduction. La liberté peut aussi être considérée comme un moyen de satisfaire les besoins et les désirs personnels. Les êtres humains ont besoin de se sentir en paix avec eux-mêmes et avec le monde qui les entoure. La liberté leur permet de suivre leur propre chemin et de s'épanouir en tant qu'individus. "La liberté est l'unique condition qui permet à l'être humain de se développer, de s'épanouir et de se réaliser." - Erich Fromm, *L'art d'aimer*.

Deuxième partie : les motivations sociales

Les êtres humains sont généralement motivés par des aspirations à la justice et à l'égalité. La liberté est un moyen de remédier à l'injustice et de promouvoir l'égalité pour tous. "La liberté n'est pas seulement une aspiration, c'est une nécessité. C'est la condition sine qua non pour la dignité humaine." - Nelson Mandela, D*iscours de réception du prix Nobel de la paix.* Enfin, la liberté peut être vue comme un moyen de renforcer les liens sociaux et de promouvoir la coopération entre les individus. La liberté aide à développer des relations basées sur le respect mutuel et la confiance, ce qui renforce la cohésion sociale. "La liberté est indissociable de la solidarité. Elle n'a de sens que dans la mesure où elle est le bien de tous." - Jean-Paul Sartre, *L'existentialisme est un humanisme.* L'histoire est pleine d'exemples de personnes qui se sont battues pour leur liberté contre des régimes oppressifs ou des groupes qui cherchaient à les contrôler. Cela inclut des mouvements pour la liberté politique, la liberté religieuse, la liberté de la presse, et bien d'autres. De nombreux mouvements pour la liberté et l'égalité ont été menés au fil des siècles en réponse à des formes de domination et d'inégalité. Le mouvement pour les droits civiques aux États-Unis, par exemple, a vu des personnes de couleur se battre pour leur liberté de choisir leur propre vie et pour être traitées équitablement sous la loi. De même, le mouvement féministe a vu des femmes se battre pour leur liberté de choisir leur propre destin et pour être traitées équitablement dans la société. En fin de compte, le désir de liberté est une force puissante qui inspire des personnes à se battre pour leurs droits et à faire face aux formes de domination et d'inégalité dans le monde. "La liberté est un droit inaliénable de l'homme." John Locke *"Deux Traités sur le gouvernement"*. Ces motivations sociales montrent que le désir de liberté va au-delà de la simple satisfaction personnelle. La liberté peut être considérée comme un moyen de promouvoir la justice, l'égalité, la solidarité et la coopération entre les individus.

Troisième partie : la liberté comme condition du développement personnel

Le désir de se développer personnellement est un facteur majeur qui explique pourquoi les êtres humains aspirent à la liberté. La liberté permet aux individus de poursuivre leurs propres intérêts et aspirations sans être entravés par des contraintes extérieures. En ayant la liberté de choisir leurs activités, les personnes peuvent explorer leurs passions et poursuivre leurs objectifs, ce qui les aide à se développer personnellement et à atteindre un sentiment de satisfaction et de réalisation. La liberté est cruciale pour la création de l'identité personnelle. Les individus peuvent explorer leurs valeurs, leurs croyances et leur mode de vie sans être limités par les normes ou les attentes sociétales. En ayant la liberté de choisir leur propre voie, les personnes peuvent établir une identité personnelle forte et cohérente qui reflète leur individualité unique. L'exemple le plus frappant de la liberté en matière de développement personnel est la liberté d'expression et d'association. Les individus ont le droit de s'exprimer librement et de se rassembler avec ceux qui partagent leurs idées, leurs croyances et leurs objectifs. Cette liberté est cruciale pour la création d'une société démocratique et pour le développement personnel des individus, car elle leur permet de se connecter avec les autres, de partager leurs opinions et de s'engager dans des activités qui les passionnent. En ce qui concerne la psychologie et la santé mentale, la liberté peut jouer un rôle essentiel. La liberté améliore la qualité de vie en offrant aux individus la possibilité de contrôler leur propre destin et de faire les choix qui leur conviennent le mieux. En ayant le pouvoir de choisir, les personnes peuvent se sentir plus en contrôle de leur vie et ont tendance à être plus satisfaites et plus heureuses. La liberté aide à réduire le stress et l'anxiété en permettant aux individus de faire des choix qui sont en adéquation avec leurs valeurs, leurs croyances et leurs intérêts personnels. L'importance de la liberté de choix est reconnue dans la thérapie. Les thérapeutes encouragent souvent leurs patients à explorer différentes options et à faire des choix qui les rendent heureux et épanouis, plutôt que de se soumettre à des contraintes imposées par d'autres personnes ou par la société. En fin de compte, la liberté améliore la qualité de vie, la psychologie et la santé mentale en donnant aux individus le pouvoir de faire des choix qui les rendent plus heureux.

Conclusion : nous avons vu les différentes motivations qui peuvent expliquer pourquoi les êtres humains cherchent la liberté. La liberté peut être perçue comme un moyen de choisir son propre destin, de faire face à l'injustice et de renforcer les liens sociaux. De plus, la liberté contribue au développement personnel et à la santé mentale. La liberté est une valeur fondamentale qui peut être considérée comme une condition nécessaire pour le bien-être et la dignité humaine. La liberté n'est pas seulement une aspiration, mais une nécessité pour la plupart des êtres humains. Comme l'a dit Emmanuel Kant : " La liberté est cette faculté qui élargit l'utilité de toutes les autres facultés." *Fondements de la métaphysique des mœurs*. En effet, la liberté est la condition préalable nécessaire pour que les êtres humains puissent exercer leur raison de manière autonome, prendre des décisions moralement justes et agir conformément à leur propre volonté. Sans liberté, les êtres humains seraient incapables de réaliser leur pleine potentialité.

Sujet 5 : La culture nous rend-elle plus libres ?

Introduction : "La liberté, c'est la liberté de dire que deux plus deux font quatre. Si cela est accordé, tout est accordé." Cette citation de l'écrivain russe George Orwell dans son livre *"1984"* reflète l'importance de la liberté dans notre société. Mais comment notre culture influence-t-elle notre liberté individuelle ? Est-ce que la culture nous rend plus libres, ou bien y a-t-il des limites à notre liberté, dues à notre culture ? La culture est un concept complexe qui inclut les croyances, les valeurs, les normes, les traditions et les pratiques d'une société. Elle peut influencer notre comportement, nos opinions et même notre façon de voir le monde. D'un autre côté, la liberté est considérée comme un droit fondamental qui nous permet de faire nos propres choix sans être entravés par des forces extérieures. Dans ce débat, il y a ceux qui considèrent la culture comme une source de liberté en raison de son rôle dans l'éducation, la créativité et l'expression de soi. D'un autre côté, il y a ceux qui voient les limites imposées par la conformité sociale, la discrimination et les restrictions religieuses et politiques. La globalisation ajoute une dimension supplémentaire à cette question en apportant des opportunités pour la diffusion des idées, mais aussi en uniformisant les cultures et en menaçant la diversité. L'objectif de cette étude sera d'examiner les avantages et les limites de la culture sur notre liberté individuelle, ainsi que les effets de la globalisation sur cette relation. En analysant les différents aspects de la culture et de la liberté, nous pouvons mieux comprendre comment ils interagissent pour déterminer notre liberté individuelle dans une société donnée. En fin de compte, nous espérons résoudre la question de base "La culture nous rend-elle plus libres ?" en fournissant une perspective équilibrée sur cette relation complexe.

Première partie : les bénéfices de la culture pour la liberté individuelle

La culture peut jouer un rôle dans l'éducation et l'élargissement de notre horizon mental. En apprenant sur d'autres cultures et en explorant des idées différentes, nous pouvons élargir notre compréhension du monde et de nous-mêmes. Selon le philosophe allemand Emmanuel Kant, dans son œuvre *"qu'est-ce que l'Aufklärung ?" (1784)*, l'émancipation consiste à être capable de se servir de son propre jugement sans la direction d'un autre. En d'autres termes, l'éducation nous permet de développer notre propre pensée indépendante et de prendre des décisions autonomes. La culture favorise la créativité et la pensée critique en nous fournissant des opportunités pour explorer et exprimer nos idées. Cela inclut la participation à des activités artistiques, la lecture de livres, l'assistance à des conférences et à des festivals culturels, etc. La culture nous offre la possibilité de défier les conventions et de remettre en question les idées reçues. Ainsi, la culture renforce notre capacité à penser de manière critique et à formuler notre propre opinion, ce qui est un élément clé de la liberté individuelle. La culture encourage la diversité et l'expression de soi en nous offrant des opportunités pour explorer notre identité personnelle et pour partager notre expérience avec d'autres. La diversité culturelle renforce notre compréhension et notre respect pour les autres, ce qui améliore nos relations interpersonnelles et renforcer la solidarité. Enfin, la culture contribue aux relations interpersonnelles en nous donnant des opportunités pour apprendre les uns des autres et pour nous connecter avec d'autres personnes. La compréhension des différentes cultures renforce notre capacité à construire des ponts entre les groupes et à établir des relations positives avec les personnes de cultures différentes. La culture peut aussi servir d'outil de libération en donnant une voix et une plateforme aux groupes minoritaires et marginalisés. Les mouvements culturels peuvent servir à faire entendre les voix des personnes qui sont sous-représentées et à faire changer les attitudes et les comportements discriminatoires. La culture offre un moyen pour les groupes minoritaires de se connecter et de se soutenir les uns les autres. La liberté de s'exprimer et de célébrer notre identité personnelle est un aspect de la liberté individuelle. En conséquence, la culture offre de nombreux avantages pour la liberté individuelle, en élargissant notre horizon mental, en renforçant notre capacité à penser de manière critique et à formuler notre propre opinion, et en nous offrant des opportunités pour explorer et célébrer notre identité personnelle. Les théories de la liberté individuelle, telles que celles d'Emmanuel Kant et d'autres philosophes, montrent que la culture joue un rôle notable dans notre développement en tant que personnes libres et autonomes.

La culture peut donc être un outil puissant pour la libération personnelle et collective. En explorant les différentes cultures et en apprenant sur les valeurs et les croyances des autres, nous pouvons développer une meilleure compréhension de nous-mêmes et renforcer nos relations avec les autres. "Nous avons tout à gagner à interroger les différents systèmes de pensée, à comprendre les différentes cultures, à écouter les différentes voix. Mais nous avons tout à perdre à nous enfermer dans la certitude, à nous replier sur notre propre culture, à rejeter ce qui est étranger ou différent de nous." (Michel Foucault, "*Le souci de soi*", *1984*). Cette citation met en évidence l'importance de s'ouvrir aux autres cultures et aux différentes façons de penser pour élargir notre compréhension du monde et de nous-mêmes. Elle reflète l'engagement de Foucault en faveur de la libération culturelle et de la diversité intellectuelle. En utilisant la culture de manière positive, nous pouvons renforcer notre liberté personnelle et collective.

Deuxième partie : les limites de la culture pour la liberté individuelle :

Bien que la culture puisse offrir des opportunités pour explorer et exprimer notre identité personnelle, elle exerce des pressions sur nous pour nous conformer à certaines normes culturelles. Cela inclut des attentes en matière de comportement, de vêtements, de croyances et d'opinions. La conformité sociale peut restreindre notre capacité à explorer notre propre identité et à prendre des décisions autonomes. Selon le philosophe Michel Foucault, dans "*Surveiller et punir*" (1975), "Les individus sont soumis à un ensemble de règles et de normes qui les contrôlent et les gouvernent." La culture fournit aussi des modèles stéréotypés et de la discrimination en renforçant les idées préconçues et en limitant la compréhension et le respect pour les autres. Les stéréotypes peuvent entraver notre capacité à juger les autres de manière impartiale et à établir des relations positives avec eux. De plus, la discrimination restreint les opportunités pour les personnes qui appartiennent à des groupes minoritaires et les empêche de jouir de leur liberté personnelle. Les conflits culturels peuvent limiter la liberté individuelle en causant des tensions entre les groupes culturels et en limitant la compréhension et le respect mutuel. Les conflits culturels peuvent se manifester sous la forme de conflits politiques et sociaux, ce qui diminue notre capacité à exercer notre liberté individuelle. La culture peut donc exercer des pressions pour nous faire nous conformer à certaines normes, causer des stéréotypes et de la discrimination, et causer des conflits culturels qui peuvent limiter notre liberté individuelle. En explorant les théories sur la liberté individuelle, nous comprendrons mieux les manières dont la culture influence notre développement en tant que personnes libres et autonomes. Nous devons aussi réfléchir aux moyens de surmonter les limites culturelles pour garantir une plus grande liberté individuelle pour tous. La compréhension des avantages et des limites de la culture est cruciale pour nous aider à évaluer notre propre liberté personnelle et pour mieux comprendre les forces qui agissent sur nous dans notre vie quotidienne.

Troisième partie : les effets de la globalisation sur la culture et la liberté :

Nous avons choisi de nous positionner dans ce cadre très spécifique de la globalisation car il nous interpelle dans le cadre de la problématique de la liberté pour une culture qui tend à s'uniformiser, la globalisation entraînant une uniformisation culturelle qui nuit à la diversité culturelle. La diffusion rapide des idées, des produits et des modes de vie érode les traditions et les pratiques culturelles locales. La mondialisation de la culture entraîne une homogénéisation des valeurs, des croyances et des comportements, ce qui peut réduire la diversité culturelle. Par exemple, l'expansion rapide des chaînes de fast-food cause la perte des restaurants locaux et de la cuisine traditionnelle. De même, l'influence de la culture pop occidentale peut causer la disparition des formes de musique et de danse traditionnelles. D'un autre côté, la globalisation permet une expansion des idées et des opportunités. La circulation rapide des informations permet aux gens d'apprendre sur les cultures et les modes de vie différents, ce qui peut renforcer la compréhension interculturelle. La globalisation ouvre la voie à des opportunités économiques et professionnelles pour les personnes à travers le monde. Ainsi, la diffusion rapide de la technologie peut offrir aux personnes des opportunités pour travailler à distance et pour accéder à un plus grand nombre de ressources en ligne. De même, les programmes d'échange culturel peuvent offrir des opportunités pour les personnes de différentes cultures de se connecter et d'apprendre les uns des autres. Cependant, la globalisation entraîne une tension entre l'identité culturelle et l'ouverture au monde. Les personnes peuvent se sentir perdues ou confuses face à la confrontation avec des modes de vie et des valeurs étrangers, ce qui menace leur propre identité culturelle. La mondialisation de la culture provoque des conflits culturels et des tensions entre les groupes à travers le monde. L'influence croissante de la culture occidentale cause des tensions entre les groupes culturels locaux et les immigrés, ainsi que des conflits entre les différentes religions. De même, l'expansion rapide des chaînes de fast-food cause des tensions entre les consommateurs qui préfèrent la nourriture locale et ceux qui préfèrent la nourriture de la chaîne de restauration rapide. La globalisation peut entraîner une tension entre l'identité culturelle et l'ouverture au monde. Il s'agira de trouver un équilibre entre la préservation de l'identité culturelle et l'ouverture aux influences extérieures.

En conclusion, la culture peut être considérée à la fois comme un moyen de nous rendre plus libres et comme une source de restriction de notre liberté. En effet, la culture peut nous offrir un cadre de vie stable et cohérent, ainsi que des opportunités pour explorer notre créativité et notre identité. Cependant, elle entraîne des restrictions, telles que la conformité sociale et la limitation de la liberté d'expression. La globalisation joue un rôle dans la relation entre la culture et la liberté. Bien que la globalisation puisse apporter une expansion des idées et des opportunités, elle signifie aussi une uniformisation culturelle et une tension entre l'identité culturelle et l'ouverture au monde. Il faut considérer la culture dans le contexte plus large de notre société et de notre époque. Comme l'a dit le philosophe Albert Camus "Sans la culture, et la liberté relative qu'elle suppose, la société, même parfaite, n'est qu'une jungle. C'est pourquoi toute création authentique est un don à l'avenir". *L'Artiste et son Temps* (1953). Nous pouvons choisir de conserver les aspects de la culture qui nous apportent de la liberté, tout en rejetant ceux qui nous limitent. Culture et liberté sont étroitement liées, et nous avons la responsabilité de naviguer habilement entre les deux pour trouver un équilibre qui nous permette de nous épanouir en tant que personnes et en tant que société.

Sujet 6 : Être libre, est-ce s'affranchir de toute autorité ?

Introduction : Comme l'a dit Jean-Jacques Rousseau, "l'homme est né libre, et partout il est dans les fers". Cette citation célèbre est extraite de son ouvrage *Du contrat social*, où il explore les relations entre l'individu et la société. Selon Rousseau, l'être humain est libre par nature, mais il est soumis à des chaînes imposées par la société qui limitent sa liberté. Cette idée illustre l'importance de la liberté dans la vie humaine et l'influence de l'autorité sur cette dernière. L'être humain est doté de la capacité de choisir et d'agir selon sa propre volonté, il a la capacité de se libérer des contraintes et des influences extérieures pour atteindre une forme de liberté. Cependant, la question de savoir si être libre consiste à s'affranchir de toute autorité demeure un sujet de débat, certains considérant que la liberté réside dans l'absence totale d'autorité, tandis que d'autres soutiennent que la liberté consiste à choisir une autorité à laquelle on se soumet librement. Dans cette dissertation, nous tenterons de répondre à cette problématique en examinant différentes conceptions de la liberté et de l'autorité. La liberté est souvent considérée comme l'une des valeurs fondamentales de l'humanité, et elle est associée à l'autonomie, la responsabilité et le choix. Mais comment être libre si l'on est soumis à une autorité, qui peut prendre la forme d'une loi, d'un gouvernement ou d'une tradition ? Notre dissertation sera articulée autour de trois parties principales. Dans la première partie, nous examinerons la conception de la liberté comme absence totale d'autorité. Nous présenterons les arguments en faveur de cette conception, tels que l'idée que l'autonomie est essentielle à la liberté, ainsi que les critiques qui lui sont adressées. Dans la deuxième partie, nous étudierons la conception de la liberté comme soumission à une autorité choisie. Nous expliquerons les avantages de cette conception, notamment la possibilité pour l'individu de choisir librement une autorité à laquelle il souhaite se soumettre. Cependant, nous soulignerons les limites de cette conception, en particulier la question de savoir comment garantir que l'autorité choisie ne soit pas elle-même source de contraintes. Enfin, dans la troisième partie, nous analyserons la conception de la liberté comme coexistence de l'autorité et de l'autonomie. Nous montrerons que l'autorité peut être un moyen de garantir la liberté, en permettant notamment la création de lois et de normes qui protègent les droits individuels. Nous expliquerons que l'autonomie est essentielle à la liberté, car elle permet à l'individu de décider librement de ses actions. Nous présenterons les conditions nécessaires pour qu'une telle coexistence soit possible.

Première partie : La liberté comme absence d'autorité

La liberté est souvent définie comme l'absence de contraintes, la capacité de faire ses propres choix et d'agir selon sa propre volonté. Dans cette conception de la liberté, l'autorité est perçue comme une source de contraintes et d'oppression. Être libre consiste donc à s'affranchir de toute autorité, qu'elle soit politique, sociale ou religieuse. Cette conception de la liberté a été développée par plusieurs philosophes au cours de l'histoire. Le philosophe allemand Emmanuel Kant, par exemple, a soutenu que la liberté consiste à "agir selon sa propre volonté, sans être entravé par des influences extérieures" *(Critique de la raison pure)*. Pour Kant, l'autonomie est la condition nécessaire de la liberté, et l'autorité est perçue comme une menace à l'autonomie. Les partisans de cette conception de la liberté ont plusieurs arguments en faveur de leur position. Tout d'abord, ils soutiennent que l'autonomie est essentielle à la liberté. En effet, pour être libre, l'individu doit être capable de faire ses propres choix, sans être influencé par des forces extérieures. Si l'autorité intervient dans ce processus, elle limite la capacité de l'individu à agir selon sa propre volonté et donc à être libre. Ensuite, les partisans de cette conception de la liberté soutiennent que l'autorité est souvent source d'oppression et de contraintes. L'autorité peut prendre la forme d'un gouvernement tyrannique, d'une religion dogmatique ou d'une tradition oppressive. Dans tous les cas, elle limite la liberté individuelle en imposant des normes et des règles qui peuvent être injustes ou contraires aux intérêts de l'individu. Enfin, les partisans de cette conception de la liberté soutiennent que la liberté est une valeur fondamentale de l'humanité. En tant qu'êtres humains, nous avons le droit d'être libres et de faire nos propres choix. Toutefois, cela ne peut être possible que si nous sommes libérés de toute autorité qui limiterait notre capacité à être autonomes et à agir selon notre propre volonté. Malgré les arguments en faveur de la conception de la liberté comme absence d'autorité, cette position a été critiquée par plusieurs philosophes. Tout d'abord, certains soutiennent que la liberté ne peut être réalisée sans autorité. Selon cette position, l'autorité est nécessaire pour garantir la sécurité, la justice et le bien-être de la société. Sans autorité, l'individu serait laissé à lui-même, et cela pourrait entraîner l'anarchie, la violence et l'insécurité. En outre, certains critiques pensent que la liberté ne consiste pas simplement à s'affranchir de toute autorité, mais à être capable de choisir librement une autorité à laquelle se soumettre. Cette position a été développée par le philosophe Jean-Jacques Rousseau, qui a soutenu que la liberté consiste à obéir à une autorité que l'individu a choisie librement. Selon Rousseau, la liberté est donc une question de choix, et non pas seulement une question d'absence d'autorité. Enfin, certains critiques soutiennent que l'absence d'autorité ne garantit pas nécessairement la liberté. En effet, même en l'absence d'autorité, il peut y avoir des forces qui limitent la liberté individuelle, comme la pauvreté, l'ignorance ou la discrimination. En outre, l'absence d'autorité ne garantit pas non plus que les individus soient capables de faire des choix éclairés et responsables. Ainsi, la conception de la liberté comme absence d'autorité a été développée par plusieurs philosophes au cours de l'histoire, notamment par Kant. Selon cette conception, être libre consiste à s'affranchir de toute autorité, considérée comme une source de contraintes et d'oppression. Les partisans de cette conception soutiennent que l'autonomie est essentielle à la liberté, que l'autorité est souvent source d'oppression et que la liberté est une valeur fondamentale de l'humanité. Toutefois, cette conception de la liberté a été critiquée par plusieurs philosophes, qui ont soutenu que la liberté ne peut être réalisée sans autorité, que la liberté consiste à choisir librement une autorité à laquelle se soumettre et que l'absence d'autorité ne garantit pas nécessairement la liberté. Dans la partie suivante, nous explorerons une autre conception de la liberté, qui voit l'autorité non pas comme une menace à la liberté, mais comme une condition nécessaire à sa réalisation.

Deuxième partie : la liberté comme soumission à une autorité choisie

Une autre conception de la liberté consiste donc à considérer que la liberté ne peut être réalisée que par la soumission à une autorité choisie. Selon cette conception, l'autorité n'est pas nécessairement une menace à la liberté, mais c'est au contraire une condition nécessaire à sa réalisation. Cette conception est notamment développée par le philosophe allemand Hegel, qui considère que la liberté ne peut être réalisée que dans un État où les individus se soumettent volontairement aux lois et aux institutions. Pour Hegel, la liberté ne consiste pas simplement à faire ce que l'on veut, mais à agir conformément à la raison et à l'universalité. La liberté est donc liée à la conscience de soi et à l'appartenance à une communauté politique. Dans une société libre, les individus doivent se soumettre aux lois et aux institutions qu'ils ont eux-mêmes créées, et non pas à des autorités arbitraires imposées de l'extérieur. Pour Hegel, la soumission à une autorité choisie est donc une condition nécessaire à la réalisation de la liberté. La conception de la liberté comme soumission à une autorité choisie présente plusieurs avantages. Tout d'abord, elle permet de concilier la liberté individuelle et l'ordre social. En se soumettant à une autorité choisie, les individus renoncent à leur liberté naturelle, mais ils acquièrent en échange une liberté civile, qui leur permet de vivre ensemble dans la paix et la sécurité. La soumission à une autorité choisie permet donc de garantir la coexistence pacifique des individus au sein d'une société. En outre, la soumission à une autorité choisie permet de garantir la liberté individuelle contre les abus de pouvoir. En se soumettant à des lois et à des institutions qu'ils ont eux-mêmes créées, les individus peuvent contrôler les actions de l'autorité et éviter les dérives autoritaires. La soumission à une autorité choisie est donc un moyen de protéger la liberté individuelle contre les abus de pouvoir. Enfin, la soumission à une autorité choisie permet de garantir la liberté de tous les individus, y compris les plus faibles. En se soumettant à des lois et à des institutions qui protègent les droits de tous les membres de la société, les individus peuvent vivre ensemble dans le respect mutuel et dans la justice. La soumission à une autorité choisie est donc un moyen de garantir l'égalité et la justice sociale. Cependant, la conception de la liberté comme soumission à une autorité choisie présente des limites. Tout d'abord, elle est source de conformisme et d'aliénation. En se soumettant à une autorité, les individus renoncent à leur liberté de pensée et de choix, ce qui conduit à la reproduction des normes et des préjugés dominants. La soumission à une autorité peut donc être source d'oppression et de conformisme. En outre, la soumission à une autorité choisie peut être difficile à réaliser dans les faits. En effet, la soumission à une autorité implique que les individus puissent choisir librement cette autorité et participer à sa création et à son fonctionnement. Or, dans de nombreux cas, les individus n'ont pas réellement le choix de l'autorité à laquelle ils se soumettent, et ne peuvent pas participer activement à sa création et à son fonctionnement. Dans ce cas, la soumission à une autorité devient une forme d'oppression et de domination. Par ailleurs, la soumission à une autorité peut être source de conflits et de tensions sociales. Les individus peuvent avoir des visions différentes de ce que doit être l'autorité, et des conflits peuvent surgir autour de la définition de l'intérêt général. De plus, la soumission à une autorité peut être remise en question si celle-ci ne remplit pas sa fonction de garantir la liberté et la justice pour tous les membres de la société. Enfin, la soumission à une autorité est source d'ambiguïté et de contradiction. En effet, si la liberté consiste à se soumettre à une autorité, comment peut-on être sûr que cette autorité respecte réellement la liberté de tous les individus ? Comment éviter que l'autorité ne devienne elle-même une source d'oppression et de domination ? La conception de la liberté comme soumission à une autorité choisie peut donc poser des problèmes de légitimité et de contradiction. Ainsi, la conception de la liberté comme soumission à une autorité choisie permet de concilier la liberté individuelle et l'ordre social, et de garantir la liberté et la justice pour tous les membres de la société. Cependant, cette conception présente des limites, notamment en termes de conformisme, d'aliénation, de participation réelle des individus à l'autorité, de conflits et de contradictions. La question de savoir si la liberté consiste à se soumettre à une autorité choisie reste donc ouverte, et nécessite une réflexion approfondie sur les conditions de réalisation de la liberté individuelle et collective.

Troisième partie : la liberté comme coexistence de l'autorité et de l'autonomie

La conception de la liberté comme coexistence de l'autorité et de l'autonomie repose sur l'idée que la liberté individuelle ne peut pas être garantie sans une certaine forme d'autorité. En effet, pour que les individus puissent exercer leur liberté, il est nécessaire que des règles et des normes soient mises en place pour réguler les comportements individuels et assurer le respect des droits de chacun. Cette autorité prend différentes formes, allant de l'État aux institutions sociales et culturelles. Dans cette perspective, la philosophie politique libérale estime que l'autorité doit être limitée et encadrée, afin de préserver la liberté individuelle. Pour John Stuart Mill, par exemple, l'autorité ne doit intervenir que pour empêcher les individus de nuire aux autres, et ne doit pas interférer dans les choix individuels qui ne portent pas préjudice à autrui. Selon cette conception, l'autorité est un moyen de garantir la liberté individuelle en la protégeant contre les abus de pouvoir et les atteintes aux droits fondamentaux. Cependant, la liberté individuelle ne peut pas être garantie uniquement par l'autorité : elle nécessite un certain degré d'autonomie et de capacité d'agir librement. En effet, la liberté individuelle ne se résume pas simplement à l'absence de contraintes externes, mais implique la possibilité pour les individus de choisir et de déterminer eux-mêmes leur propre destinée. Dans cette perspective, la philosophie morale de Kant met aussi en avant l'importance de l'autonomie dans la définition de la liberté. Pour Kant, être libre signifie être capable de se donner à soi-même des lois morales, sans être soumis à des contraintes extérieures. L'autonomie est donc une condition indispensable à la réalisation de la liberté individuelle. Ainsi, la liberté ne peut être pleinement réalisée que si l'individu a la capacité de prendre des décisions autonomes et de se fixer des buts qui ont du sens pour lui. Comme le souligne Kant dans sa *Critique de la raison pratique*, "L'autonomie de la volonté est donc la propriété de celle-ci à être en soi-même législatrice, c'est-à-dire à ne pas être soumise à une autre volonté (que la sienne) pour déterminer la règle qu'elle doit suivre" (Kant, 1788). Cependant, la coexistence de l'autorité et de l'autonomie peut parfois sembler paradoxale. Comment concilier la nécessité d'une autorité pour garantir la liberté avec l'importance de l'autonomie pour être libre ? Une réponse possible à cette question est de considérer que l'autorité et l'autonomie ne sont pas deux notions contradictoires, mais complémentaires. En effet, une autorité juste et légitime peut favoriser l'autonomie des individus en créant un environnement stable et prévisible, propice à l'exercice de la liberté individuelle. De même, une autonomie accrue peut renforcer la légitimité de l'autorité en favorisant l'engagement et la participation active des individus à la vie sociale et politique. Dans cette perspective, la philosophie politique républicaine met en avant l'importance d'une participation active des citoyens à la vie publique, comme condition indispensable à la réalisation de la liberté individuelle et collective. Pour Hannah Arendt, par exemple, l'exercice de la liberté implique la capacité à s'engager dans des projets communs, à prendre des décisions collectives. Cependant, pour être autonome, l'individu doit être en mesure de comprendre les conséquences de ses actions et de prendre des décisions qui soient cohérentes avec ses propres valeurs et objectifs. Pour cela, il faut que l'individu soit éduqué et informé sur les choix qui s'offrent à lui. Par conséquent, la liberté ne peut être pleinement réalisée que si l'individu est doté d'une certaine forme d'éducation et de formation. Enfin, pour que l'autonomie et l'autorité puissent coexister de manière harmonieuse, il est nécessaire de définir les conditions d'une telle coexistence. En particulier, l'autorité doit respecter l'autonomie de l'individu et ne chercher pas à le contrôler ou à le manipuler. De même, l'individu doit respecter les règles et les normes qui sont nécessaires à la coexistence sociale et politique. Comme le souligne le philosophe américain Isaiah Berlin dans l'ouvrage intitulé *"Quatre essais sur la liberté"* (1969), la liberté pour l'un s'arrête là où commence celle de l'autre - cela est une vérité éternelle. Cette citation est souvent utilisée pour souligner l'idée que la liberté individuelle ne doit pas empiéter sur la liberté des autres et que la liberté est donc une notion relative qui doit être équilibrée avec d'autres valeurs telles que la justice et le bien commun. En conséquence, la liberté ne peut être réduite à une simple absence d'autorité, ni à une soumission à une autorité choisie. Pour être libre, il est nécessaire de combiner l'autorité et l'autonomie de manière harmonieuse. Cela implique de reconnaître la nécessité d'une autorité pour garantir la liberté, tout en respectant l'autonomie de l'individu et en garantissant les conditions d'une coexistence harmonieuse entre les deux. En fin de compte, être libre signifie être capable de prendre des décisions autonomes qui ont du sens pour soi, tout en respectant les normes et les règles qui sont nécessaires à la coexistence sociale et politique.

En conclusion, au cours de cette dissertation, nous avons examiné trois conceptions différentes de la liberté, à savoir la liberté comme absence d'autorité, la liberté comme soumission à une autorité choisie, et la liberté comme coexistence de l'autorité et de l'autonomie. Nous avons vu que la liberté comme absence d'autorité présente des avantages, tels que la liberté d'expression et la liberté de choix. Cependant, cette conception est limitée car elle ne tient pas compte de la nécessité d'une autorité pour garantir la liberté. De même, la liberté comme soumission à une autorité choisie permet la sécurité et la stabilité, mais elle peut exagérément limiter la liberté de l'individu en le soumettant à une autorité externe. Enfin, la liberté comme coexistence de l'autorité et de l'autonomie nous semble être la conception la plus équilibrée de la liberté. Cette conception reconnaît l'importance de l'autorité pour garantir la liberté, tout en préservant l'autonomie de l'individu et en garantissant les conditions d'une coexistence harmonieuse entre les deux. Pour répondre à la problématique, nous pensons donc que la liberté ne consiste ni en une simple absence d'autorité, ni en une soumission à une autorité choisie. Pour être libre, il est nécessaire de combiner l'autorité et l'autonomie de manière harmonieuse, tout en respectant les normes et les règles qui sont nécessaires à la coexistence sociale et politique. Nous pourrions nous demander si la liberté ne dépend pas aussi de la manière dont elle est mise en pratique dans la vie quotidienne. Comment les institutions et les pratiques sociales peuvent-elles favoriser ou entraver la liberté des individus ? Comment pouvons-nous construire une société dans laquelle les individus peuvent être libres sans nuire à la liberté des autres ? Et comme le souligne le philosophe Michel Foucault, la liberté est une pratique, le pouvoir aussi. C'est pourquoi nous devons apprendre à nous servir de notre liberté, non pas pour nous débarrasser du pouvoir, mais pour le transformer, le changer, le rendre plus égal et plus juste. *La vie des hommes infâmes" (1977).*

XI. LA NATURE

Sujet 1 : La pluralité des cultures fait-elle obstacle à l'unité du genre humain ?

Introduction : En sciences sociales, la culture désigne « l'ensemble de pratiques, traditions et normes communes à un groupe ». Depuis l'Antiquité, la diversité des cultures a ainsi été source d'affrontement. Pour les Grecs, les autres peuples sont des barbares. Les Guerres de religion ont traversé l'occident depuis les croisades jusqu'à l'attentat du 11 septembre au nom de visions du monde différentes. Pourtant, tous ces conflits avaient pour but d'affirmer la cohésion du genre humain en tentant d'imposer une culture qui se voulait universelle. Et comme le disait Claude Lévi Strauss : « Il semble que la diversité des cultures soit rarement apparue aux hommes pour ce qu'elle est: un phénomène naturel, résultant des rapports directs ou indirects entre les sociétés : ils y ont plutôt vu une sorte de monstruosité ou de scandale; dans ces matières, le progrès de la connaissance n'a pas tant consisté à dissiper cette illusion au profit d'une vue plus exacte, qu'à l'accepter ou à trouver le moyen de s'y résigner. L'attitude la plus ancienne, et qui repose sans doute sur des fondements psychologiques solides puisqu'elle tend à réapparaître chez chacun de nous quand nous sommes placés dans une situation inattendue, consiste à répudier purement et simplement les formes culturelles : morales, religieuses, sociales, esthétiques, qui sont les plus éloignées de celles auxquelles nous nous identifions ». *Race et Histoire, Anthropologie structurale II* (1952). La pluralité des cultures fait-elle donc obstacle à l'unité du genre humain (I) ou cette unité n'est-elle pas fondamentalement inscrite dans la nature de l'Homme (II) ? Pourtant, cette idée d'un « Homme théorique de l'état de nature » développée par J.J Rousseau peut sembler réductrice et des penseurs comme Claude Lévi-Strauss ont tenté de dégager l'universel dans les différentes cultures. Il s'agira donc de préciser en quoi les notions de pluralité des cultures et d'unicité du genre humain peuvent se fertiliser. (III)

Première partie : la pluralité des cultures divise l'humanité depuis la nuit des temps.

Tout d'abord les différences culturelles désunissent le genre humain. Les ethnologues et anthropologues ont mis en évidence la diversité des cultures et ont montré des modes de relation complètement différents au réel. Cette analyse de la diversité se matérialise à travers plusieurs approches de l'ethnologie : anthropologie des religions, juridique, des techniques, des arts, du corps, de la santé, Ethnolinguistique, Ethnomusicologie… qui à priori nous éloignent d'une vision unifiée du genre humain. Les mœurs décrites sont très variées, ce qui dans certaines cultures est parfaitement accepté, est totalement refusé dans d'autres cultures (polygamie, homosexualité…). Cela peut créer des conflits politiques, les frontières deviennent des lieux de conflits, séparant des cultures différentes. Par ailleurs les valeurs sociales sont différentes. Dans une même société, comme la noté P. Bourdieu, une classe dirigeante va tenter d'imposer ses valeurs, c'est-à-dire sa culture par exemple la musique classique face à la musique populaire. Nous allons maintenant montrer que le langage est un facteur majeur de division. La question de la pluralité des cultures et de l'unité du genre humain est une très ancienne question puisqu'elle est déjà évoquée dans la Bible (Genèse 11.1-9) lors de la tentative de construction de la tour de Babel : « Toute la terre avait une seule langue et les mêmes mots. « Allons ! Construisons-nous une ville et une tour dont le sommet touche le ciel et faisons-nous un nom afin de ne pas être dispersés sur toute la surface de la terre ». L'Éternel descendit pour voir la ville et la tour que construisaient les hommes, (…) c'est là que l'Éternel brouilla le langage de toute la terre et c'est de là qu'il les dispersa sur toute la surface de la terre ». Nous observons effectivement que les langues constituent le socle de cultures différentes. Pour certains, le langage semble marquer la supériorité d'une culture. Les grecs et les romains parlent de barbares pour les autres peuples, la définition de ce dernier est ainsi « qui est étranger à telle race, à tel pays parce qu'il n'en parle pas la langue ou qu'il vit en dehors de sa civilisation ». Les langues plus encore que les habitudes sociales ou les valeurs morales font donc obstacle à l'unité du genre humain. Enfin, cette pluralité des cultures voit parfois émerger un ethnocentrisme, obstacle majeur à l'unité du genre humain. L'approche de domination, vue à travers le langage, a pour conséquence de laisser penser que sa propre culture est la culture de référence. Nous aboutissons progressivement à un véritable ethnocentrisme. Ainsi, la religion cristallise souvent cet ethnocentrisme, elle a même une dimension expansionniste au nom d'une forme d'unité imposée au genre humain. Ainsi, les conflits liés à la religion illustrent la tentative d'une religion donnée d'imposer sa vision du monde à l'ensemble du genre humain. Le djihad, propre à la religion musulmane est défini par « l'effort que doivent fournir les musulmans pour rester dans le droit chemin et combattre les ennemis de l'islam. » tandis que pour les catholiques les croisades représentent un combat « contre des hérétiques », contre les Albigeois, les Hussites…Par conséquent, la pluralité des cultures s'est révélée géographiquement et historiquement comme un facteur de désunion entre les différents peuples et a constitué de fait un obstacle à l'unité du genre humain. Cependant, nous devons poser la question de savoir si l'unicité du genre humain n'est pas inscrite dans la nature même de l'homme.

Deuxième partie : l'unicité du genre humain est inscrite dans la nature de l'Homme

Selon certains, l'humanité est unique en raison de ses caractéristiques physiques, comme le cerveau volumineux et la station verticale, tandis que d'autres mettent en avant les aspects émotionnels et spirituels de l'humanité. Pour commencer, nous pouvons noter que l'humanité est une espèce unique en termes de caractéristiques physiques. Comme le mentionne Cuvier dans son ouvrage "Anatomie comparée" de 1805, les humains sont des mammifères de l'ordre des primates, dotés d'un cerveau volumineux, d'une station verticale et de mains préhensiles. Ces caractéristiques physiques sont uniques parmi les autres espèces animales, et ont permis à l'humanité de développer une intelligence capable d'abstraction et de généralisation, ainsi qu'une capacité à engendrer le langage articulé. En outre, les humains partagent des sentiments, des émotions et des aspirations communes. Selon les philosophes, ces aspects émotionnels et spirituels sont ce qui définissent véritablement l'humanité. Ainsi, des sentiments tels que l'amour, la peur, la joie, la tristesse, etc. sont des sentiments communs à tous les humains. Enfin, des aspirations comme le bonheur, la justice, la liberté, etc. sont des aspirations qui sont propres à l'humanité. Enfin les humains partagent une même recherche métaphysique, artistique et spirituelle analogue. Selon les philosophes, cette recherche est ce qui distingue l'humanité des autres espèces animales. Ainsi, les humains ont toujours cherché à comprendre le sens de la vie, la beauté, la spiritualité, etc. C'est cette quête qui a conduit à l'apparition de la métaphysique, de l'art, de la religion, etc. En conclusion, l'humanité est unique en raison de ses caractéristiques physiques, émotionnelles et spirituelles. Selon les philosophes, ces aspects sont ce qui définissent véritablement l'humanité. C'est pourquoi, nous devons considérer ces trois aspects lorsque l'on parle de l'unicité de l'humanité.

Troisième partie : l'unité du genre humain est une exigence pour toutes les cultures

Selon certains, l'unité du genre humain est une exigence pour toutes les cultures, tandis que d'autres considèrent que chaque culture doit être respectée et préservée dans sa diversité. L'ensemble des cultures contribue à faire grandir le genre humain et selon les philosophes, c'est en valorisant la diversité des cultures que l'humanité peut progresser. Ainsi, chaque culture apporte sa propre contribution à l'ensemble de l'humanité, en partageant ses connaissances, ses croyances, ses traditions, etc. C'est en apprenant les uns des autres que l'humanité continue à grandir. Il faut souligner que l'ethnologie et la recherche de l'universel dans la diversité contribuent à l'unité du genre humain. Selon les philosophes, l'anthropologie et l'ethnologie ont pour but de trouver des invariants qui traversent l'ensemble des cultures. Ainsi, l'analyse de l'interdit permet de passer de n'importe quelle culture à une nature spécifique au genre humain. C'est en recherchant ces invariants que les ethnologues et les anthropologues ont contribué à donner une vision unifiée de l'humanité. Enfin, il existe une volonté humaniste de réconcilier la pluralité des cultures au service du genre humain. Selon les philosophes, cette volonté est exprimée par des propos comme "Je suis homme et rien de ce qui est humain ne m'est étranger", de Térence. C'est en affirmant cette volonté que les individus peuvent contribuer à l'unité de l'humanité, en s'efforçant de comprendre les cultures différentes de la leur autour d'une « attitude philosophique qui tient l'homme pour la valeur suprême et revendique pour chaque homme la possibilité d'épanouir librement son humanité, ses facultés proprement humaines. » *(Trésor de la langue française)*. L'unité du genre humain est une exigence pour toutes les cultures. Selon les philosophes, cette unité est atteinte en valorisant la diversité des cultures, en recherchant l'universel dans la diversité, et en adoptant une attitude humaniste qui permet de réconcilier la pluralité des cultures au service de l'humanité.

En conclusion, la question de savoir si la pluralité des cultures fait obstacle à l'unité du genre humain est complexe et a suscité de nombreux débats au cours des siècles. D'un côté, il est vrai que la diversité des cultures semble causer des divisions et des incompréhensions entre les individus et les groupes. Cependant, cette diversité des cultures représente une richesse pour l'humanité, en apportant des contributions uniques et différentes à l'ensemble de l'humanité. En effet, il est possible de considérer que la pluralité des cultures peut être un atout pour l'unité du genre humain, en permettant une meilleure compréhension de l'autre, en découvrant des cultures différentes et en développant une attitude humaniste qui permet de réconcilier la pluralité des cultures au service de l'humanité. Il serait donc utile de continuer à explorer cette question en examinant comment la diversité culturelle peut être utilisée pour renforcer l'unité de l'humanité, plutôt que de la considérer comme un obstacle, tout en se penchant sur les obstacles réels qui peuvent empêcher l'unité de l'humanité, tels que les préjugés, les discriminations et les conflits. Etudier les différentes cultures dans le monde permet aussi de mieux comprendre les similitudes et les différences qui les caractérisent. "La diversité des cultures est derrière nous, autour de nous et devant nous. La seule exigence que nous puissions faire valoir à son endroit est qu'elle se réalise sous des formes dont chacune soit une contribution à la plus grande générosité des autres". Claude Lévi-Strauss *Race et Histoire* (1952)

Sujet 2 : Qu'est-ce que vivre conformément à la nature ?

Introduction : pour reprendre Montaigne dans ses *Essais*, : « J'accepte de bon cœur, et reconnaissant, ce que nature a fait pour moi, et m'en agrée et m'en loue. On fait tort à ce grand et tout-puissant donneur de refuser son don, l'annuler et défigurer. Tout bon, il a fait tout bon. "Tout ce qui est selon la nature est digne d'estime". (*Cicéron, Les Fins, III, 6*) [...] Nature est un doux guide, mais non pas plus doux que prudent [sage] et juste ». Il s'agirait donc de "Vivre conformément à la nature". Ces mots peuvent sembler simples à première vue, mais ils recèlent une profondeur de sens qui a interpelé les philosophes. Cette idée se réfère à l'idée qu'il existe une manière "naturelle" de vivre qui est en accord avec les lois et les principes de la nature. Mais comment pouvons-nous définir cette nature, alors que nous vivons dans un monde de plus en plus technologique et déconnecté de la nature ? C'est cette question qui nous amène à explorer les différentes interprétations de cette idée, ainsi que les implications éthiques et les pertinences de "vivre conformément à la nature" aujourd'hui. Il est temps de plonger dans les arcanes de la sagesse antique pour trouver des réponses à cette question complexe. En explorant les différentes philosophies et théories qui ont abordé cette idée au fil des siècles, nous pourrons découvrir les différentes perspectives sur ce que signifie "vivre conformément à la nature". Nous verrons comment cette idée a des implications éthiques sur des sujets tels que l'écologie ou la modification génétique. Enfin, nous examinerons la pertinence de "vivre conformément à la nature" dans notre contexte moderne, où les défis contemporains tels que le changement climatique et la surpopulation ont un impact sur notre capacité à vivre conformément à la nature, tandis que les avancées technologiques et les changements sociaux ont profondément modifié notre relation avec la nature.

Première partie : les différentes interprétations de "vivre conformément à la nature"

"Vivre conformément à la nature" est une notion qui a été interprétée de différentes manières au fil des siècles. Cette idée philosophique s'appuie sur l'idée que l'harmonie avec la nature est essentielle pour mener une vie épanouissante et morale. Dans cet essai, nous explorerons différentes interprétations de cette notion à travers les époques et les écoles de pensée, en nous appuyant sur des exemples et des citations pour éclairer les différentes perspectives. Le stoïcisme est l'une des premières écoles de pensée à promouvoir l'idée de vivre conformément à la nature. Les stoïciens, comme Épictète et Sénèque, estimaient que la nature est régie par la raison, et que vivre en accord avec elle signifie vivre selon la raison. Sénèque exprime cette idée dans une de ses lettres : "Vivre en accord avec la nature, c'est vivre selon la vérité" *Lettres à Lucilius, 41.1*. Pour les stoïciens, cela implique de reconnaître que certaines choses sont hors de notre contrôle et de se concentrer sur ce que nous pouvons contrôler : nos jugements, nos désirs et nos actions. Par exemple, on peut apprendre à accepter la mort comme faisant partie de la nature et à ne pas la craindre. Épictète résume cette approche en disant : "Ne demande pas que les événements arrivent comme tu le souhaites, mais souhaite qu'ils arrivent comme ils arrivent, et tu seras heureux" *Manuel d'Épictète, 8*. L'épicurisme, fondé par Épicure, offre une autre interprétation de vivre conformément à la nature. Les épicuriens soutiennent que la nature nous guide vers la recherche du plaisir et l'évitement de la douleur. Épicure précise : "Il est impossible de vivre en plaisirs sans vivre selon la sagesse, la vertu et la justice, et il est impossible de vivre selon la sagesse, la vertu et la justice sans vivre en plaisirs" *Lettre à Ménécée*. Cependant, les épicuriens ne préconisent pas la recherche de plaisirs hédonistes immédiats. Au contraire, ils pensent que les plaisirs naturels et nécessaires, comme l'amitié, la connaissance et la modération, mènent à une vie épanouissante. Le transcendantalisme, un mouvement philosophique et littéraire du 19e siècle en Amérique, met l'accent sur l'unité entre l'homme et la nature. Les transcendantalistes, comme Ralph Waldo Emerson et Henry David Thoreau, considèrent que vivre conformément à la nature signifie être en harmonie avec elle et reconnaître notre lien intrinsèque avec le monde naturel. Emerson écrit : "Dans la nature, l'homme trouve sa propre âme reflétée" *Nature* (1836). Pour les transcendantalistes, cela implique de se détacher de la société matérialiste et de chercher la vérité et la beauté dans la nature. Par exemple, Thoreau a passé deux ans à vivre dans une cabane près de l'étang de Walden, pour se rapprocher de la nature et mener une vie plus simple. "Je suis allé dans les bois parce que je voulais vivre délibérément, affronter seulement les faits essentiels de la vie, et voir si je ne pouvais pas apprendre ce qu'elle avait à enseigner" *Walden*, (1854). Dans la philosophie orientale, notamment le taoïsme et le bouddhisme, vivre conformément à la nature est perçu comme un équilibre entre les forces opposées et complémentaires de l'univers. Le taoïsme, par exemple, enseigne que le "Tao" est la voie naturelle de l'univers et que les individus devraient suivre cette voie pour vivre en harmonie. Le célèbre texte taoïste, le *Tao Te King*, dit : "Celui qui suit le Tao est en harmonie avec la nature" (chapitre 23). Le bouddhisme, de son côté, met l'accent sur l'interconnexion de tous les êtres et la nécessité de vivre avec compassion envers tous les êtres vivants. Cette perspective encourage à mener une vie simple et respectueuse de l'environnement, en cultivant la pleine conscience. "Vivre conformément à la nature" est donc une idée qui a pris de nombreuses formes au fil des siècles et des écoles de pensée. Qu'il s'agisse de suivre la raison, de rechercher les plaisirs naturels, de s'unir avec la nature, de respecter les droits de la nature ou de trouver un équilibre entre l'homme et la nature, toutes ces interprétations partagent une préoccupation commune pour l'harmonie et l'équilibre dans notre relation avec le monde naturel.

Deuxième partie : les implications éthiques de "vivre conformément à la nature"

L'idée de "vivre conformément à la nature" a des implications éthiques, c'est une invitation à réfléchir sur notre place dans l'univers et à agir de manière responsable et respectueuse envers notre environnement et les autres êtres vivants. Comme l'a écrit le philosophe Albert Schweitzer : "Le respect de la vie est la première et la plus fondamentale des obligations éthiques" *Révérence pour la vie*, (1965). Certaines conséquences positives de cette idée incluent l'écologie, le végétarisme et l'égalité entre les sexes. L'écologie est un aspect de "vivre conformément à la nature". En vivant de manière qui est en harmonie avec l'environnement, nous pouvons réduire notre impact négatif sur la planète et protéger les espèces et les écosystèmes qui nous entourent. Des naturalistes comme Henry David Thoreau et John Muir ont souligné l'importance de vivre de manière respectueuse envers la nature et de protéger les ressources naturelles pour les générations futures dès le XIXème siècle. Certains pensent que le végétarisme est aussi un élément du "vivre conformément à la nature". En refusant de manger de la viande, ils veulent réduire notre impact sur l'environnement, ainsi que notre participation à l'exploitation des animaux. Déjà dans l'antiquité, des philosophes comme Plutarque et Pythagore ont soutenu l'idée que l'abstinence de la viande était une manière de vivre conformément à la nature et de respecter les autres êtres vivants. L'égalité entre les sexes est également un aspect de "vivre conformément à la nature". Les philosophes comme Simone de Beauvoir et Mary Wollstonecraft ont défendu l'importance de l'égalité entre les sexes et ont critiqué les normes sociales qui oppriment les femmes. En vivant de manière qui respecte l'égalité entre les sexes, nous pouvons vivre de manière qui est en accord avec « les principes de l'égalité et de la justice naturelle ». « L'écologie profonde », un mouvement philosophique et environnemental du 20e siècle, propose une interprétation radicale de "vivre conformément à la nature". Les écologistes profonds, comme Arne Næss et Aldo Leopold, considèrent que la nature a une valeur intrinsèque et que tous les êtres vivants ont des droits éthiques. Leopold définit une éthique de la terre : "Une chose est juste lorsqu'elle préserve l'intégrité, la stabilité et la beauté de la communauté biotique. Elle est injuste lorsqu'elle tend à l'effet inverse" Almanach d'un comté des sables, (1949). Vivre conformément à la nature, selon « l'écologie profonde », implique de reconnaître et de respecter les interdépendances entre les êtres humains et les écosystèmes. Cela peut se traduire par des actions concrètes, comme la préservation de la biodiversité, la réduction de notre empreinte écologique et la promotion de la justice environnementale. Les implications éthiques de "vivre conformément à la nature" sont variées et peuvent être vues sous des angles différents comme l'écologie, le végétarisme ou l'égalité entre les sexes.

Troisième partie : la pertinence de "vivre conformément à la nature" aujourd'hui

Nous pouvons nous demander si cette idée est encore pertinente dans le contexte actuel. Les défis contemporains tels que le changement climatique et la surpopulation ont un impact sur notre capacité à vivre conformément à la nature, tandis que les avancées technologiques et les changements sociaux ont modifié notre relation avec la nature. Le changement climatique est un défi contemporain qui a un impact sur notre capacité à vivre conformément à la nature. Les émissions de gaz à effet de serre et les activités humaines ont perturbé les cycles naturels de la terre, causant des perturbations climatiques à travers le monde. Les philosophes comme Hans Jonas et Martin Heidegger ont souligné l'importance de prendre en compte les conséquences écologiques de nos actions pour vivre conformément à la nature. La surpopulation est également un défi contemporain qui a un impact sur notre capacité à vivre conformément à la nature. La croissance démographique a un impact sur l'utilisation des ressources naturelles et l'équilibre des écosystèmes, ainsi que sur la qualité de vie des personnes. Les philosophes comme Thomas Malthus et Paul Ehrlich ont souligné l'importance de réguler la croissance démographique pour vivre conformément à la nature. En outre, les avancées technologiques et les changements sociaux ont modifié notre relation avec la nature. Les philosophies comme le « transhumanisme » et le « posthumanisme », qui ont été développées par des penseurs tels que Max More et Nick Bostrom, ont argumenté que les avancées technologiques ont permis à l'homme de dépasser ses limites naturelles et de transcender la condition humaine, cela peut être vu comme allant à l'encontre de l'idée de "vivre conformément à la nature". Ces défis contemporains ne signifient pas nécessairement que "vivre conformément à la nature" n'est plus pertinent. Au contraire, ils soulignent l'importance de continuer à explorer cette idée et de s'adapter à un contexte moderne. Les philosophies comme le développement durable et le féminisme écologiste, qui ont été développées par des penseurs tels que Gro Harlem Brundtland et Val Plumwood, ont montré l'importance de s'adapter à un contexte moderne pour vivre conformément à la nature. Cette question de "vivre conformément à la nature" nous semble donc encore pertinente dans le contexte actuel malgré les défis contemporains tels que le changement climatique et la surpopulation. Les avancées technologiques et les changements sociaux ont aussi modifié notre relation avec la nature. Les philosophies comme le développement durable et le féminisme écologiste soulignent l'importance de prendre en compte les défis contemporains pour vivre conformément à la nature de manière équilibrée et responsable.

Conclusion : Les différentes interprétations de cette idée de "vivre conformément à la nature" incluent l'acceptation résignée des événements, la maximisation du plaisir et de la minimisation de la douleur, voire la reconnexion avec les forces de la nature. Les implications éthiques de cette idée sont variées, allant de l'écologie, au végétarisme et à l'égalité entre les sexes, à l'euthanasie, au droit à l'avortement et à la modification génétique. Cette idée reste encore pertinente dans le contexte actuel malgré les défis contemporains tels que le changement climatique et la surpopulation. Les avancées technologiques et les changements sociaux modifient notre relation avec la nature. Cette question de "vivre conformément à la nature" est liée à des thèmes plus vastes tels que l'environnement, l'éthique, la technologie et la société. "C'est une triste chose de songer que la nature parle et que le genre humain ne l'écoute pas" Victor Hugo *Les Misérables* (1862). Cette citation est toujours d'actualité, car nous avons tendance à ignorer les signaux que la nature nous envoie. Nous avons souvent une vision anthropocentrique, où nous nous plaçons au centre de tout et ne considérons pas les conséquences de nos actions sur l'environnement. Il faudra continuer à explorer ces thèmes et à les relier à la question de "vivre conformément à la nature" pour mieux comprendre comment vivre de manière responsable et équilibrée dans notre monde moderne.

Sujet 3 : Les sciences de l'homme ont-elles pour modèle les sciences de la nature ?

Introduction : les sciences de l'homme et les sciences de la nature sont deux domaines d'études qui semblent avoir des objectifs et des méthodologies différentes, mais ils ont aussi certaines similitudes. Depuis plusieurs siècles, les sciences de la nature ont servi de modèle pour les sciences de l'homme, qui ont cherché à comprendre les comportements et les phénomènes sociaux à travers les mêmes principes et les mêmes méthodes que les sciences de la nature. Cette question de l'utilisation des sciences de la nature comme modèle pour les sciences de l'homme soulève des enjeux épistémologiques, éthiques et sociaux qui ont été débattus depuis des siècles. "Les sciences humaines ne savent pas qu'elles sont inhumaines, non seulement à désintégrer ce qui est naturellement intégré, mais à ne retenir que le quantitatif et le déterministe. "Edgar Morin — *Le Monde de l'éducation - Juillet - Août 2001* Cette dissertation aura pour objectif d'explorer les différentes perspectives sur cette question en examinant l'historique de l'utilisation des sciences de la nature comme modèle pour les sciences de l'homme, les limites de cette utilisation et les alternatives possibles. Nous verrons comment les sciences de la nature ont influencé les sciences de l'homme et comment cette influence a des conséquences sur les manières dont nous comprenons et étudions les phénomènes sociaux. Nous examinerons les critiques de cette utilisation et les alternatives qui ont été proposées pour étudier les sciences de l'homme de manière plus holistique, inclusive et respectueuse des contextes culturels et sociaux. Enfin, cette dissertation nous amènera à réfléchir sur les relations entre les sciences et la société, sur les enjeux épistémologiques et éthiques liés à ces relations, et sur les implications de cette question pour notre futur.

Première partie : les sciences de la nature et leur influence sur les sciences de l'homme

Les sciences de la nature, comme la physique, la chimie, la biologie et la géologie, ont toujours été considérées comme des sciences "objectives" et "universellement valables" en raison de leur capacité à décrire et à expliquer les phénomènes naturels à travers des lois et des principes mathématiques. Cette objectivité et cette universalité ont fait des sciences de la nature un modèle pour les sciences de l'homme, qui cherchent à comprendre les comportements et les phénomènes sociaux de la même manière. Cette utilisation des sciences de la nature comme modèle pour les sciences de l'homme a été largement influencée par la philosophie de la science moderne, qui a été développée par des penseurs tels que Francis Bacon, René Descartes et Isaac Newton. Bacon a soutenu que les sciences de la nature pouvaient être appliquées aux sciences de l'homme pour "dominer et maîtriser" la nature, tandis que Descartes a soutenu que les méthodes de la science naturelle pouvaient être appliquées aux sciences de l'homme pour atteindre la vérité objective. Newton a établi les fondements de la mécanique classique et a élaboré les lois de la physique qui ont servi de modèle pour les sciences sociales et humaines. Cette influence des sciences de la nature sur les sciences de l'homme a conduit à des disciplines telles que la psychologie, la sociologie, l'économie et l'anthropologie qui ont toutes utilisé les méthodes et les principes des sciences de la nature pour étudier les phénomènes sociaux. Par exemple, la psychologie a utilisé les principes de la physiologie pour étudier les processus mentaux, tandis que la sociologie a utilisé les principes de la biologie pour étudier les interactions sociales. Cependant, cette utilisation des sciences de la nature comme modèle pour les sciences de l'homme a été critiquée pour son manque de considération de la subjectivité et des contextes culturels et sociaux dans les phénomènes sociaux. Les penseurs tels que Michel Foucault et Emmanuel Kant ont critiqué cette utilisation des sciences de la nature comme modèle pour les sciences de l'homme en soulignant l'importance de prendre en compte les facteurs sociaux et culturels dans l'étude des phénomènes humains. Finalement l'utilisation des sciences de la nature comme modèle pour les sciences de l'homme a été largement influencée par la philosophie de la science moderne, mais elle a été critiquée pour son manque de considération de la subjectivité et des contextes culturels et sociaux dans les phénomènes sociaux. Les sciences de la nature ont servi de modèle pour les sciences de l'homme depuis des siècles, mais nous devons prendre en compte les limites de cette utilisation pour mieux comprendre les phénomènes sociaux et humains.

Deuxième partie : les limites de l'utilisation des sciences de la nature comme modèle pour les sciences de l'homme

L'utilisation des sciences de la nature comme modèle pour les sciences de l'homme est souvent critiquée pour ses limites épistémologiques, éthiques et méthodologiques. Une des principales critiques est que les sciences de la nature et les sciences de l'homme ont des objets d'étude, des méthodes et des finalités différentes. Les sciences de la nature étudient des phénomènes naturels qui peuvent être observés et mesurés de manière objective, alors que les sciences de l'homme étudient des phénomènes sociaux qui sont souvent subjectifs et influencés par des facteurs culturels et sociaux. L'utilisation des sciences de la nature comme modèle pour les sciences de l'homme peut entraîner des réductions et des naturalismes qui minimisent la complexité et la subjectivité des phénomènes sociaux. Les penseurs tels que Pierre Bourdieu et Bruno Latour ont critiqué l'utilisation des sciences de la nature comme modèle pour les sciences de l'homme en soulignant l'importance de prendre en compte les relations sociales et les contextes culturels dans l'étude des phénomènes sociaux. Il y a aussi des conséquences éthiques à considérer lorsque les sciences de l'homme utilisent les sciences de la nature comme modèle. Les sciences de la nature ne prennent pas en compte les valeurs et les normes culturelles et sociales qui sont souvent essentielles pour les sciences de l'homme. Par exemple, l'utilisation de la méthode expérimentale en psychologie peut entraîner des expériences qui violent les droits des sujets, tandis que l'utilisation de la méthode statistique en sociologie peut entraîner des généralisations qui ignorent les différences culturelles et les inégalités sociales. Enfin, l'utilisation des sciences de la nature comme modèle pour les sciences de l'homme peut générer des conséquences pratiques dangereuses. Les sciences de la nature ont souvent été utilisées pour justifier des politiques et des pratiques qui ont des résultats négatifs pour les groupes marginalisés et pour l'environnement. Les penseurs tels que Donna Haraway et Vandana Shiva ont souligné les conséquences négatives de l'utilisation des sciences de la nature comme modèle pour les sciences de l'homme en matière d'écologie et de justice sociale. L'utilisation des sciences de la nature comme modèle pour les sciences de l'homme présente donc de nombreuses limites épistémologiques, éthiques et méthodologiques. Les sciences de la nature et les sciences de l'homme ont des objets d'étude, des méthodes et des finalités différentes, et l'utilisation des sciences de la nature comme modèle peut entraîner des réductions qui minimisent la complexité et la subjectivité des phénomènes sociaux. Prendre en compte ces limites s'avère indispensable pour une étude des phénomènes sociaux et humains plus juste et plus respectueuse.

Troisième partie : alternatives à l'utilisation des sciences de la nature comme modèle pour les sciences de l'homme

Face aux limites de l'utilisation des sciences de la nature comme modèle pour les sciences de l'homme, il existe des alternatives qui visent à étudier les phénomènes sociaux de manière plus holistique, inclusive et respectueuse des contextes culturels et sociaux. Une alternative est l'approche interdisciplinaire qui vise à combiner les perspectives et les méthodes des différentes disciplines pour étudier les phénomènes sociaux. Cette approche a été développée par des penseurs tels que Edgar Morin dans son ouvrage *"La Méthode"* et Mary Douglas dans *"le Pur et l'impur"* qui ont souligné l'importance de combiner les perspectives des sciences naturelles, des sciences sociales et des sciences humaines pour étudier les phénomènes sociaux de manière plus complète. Une autre alternative se situe dans les perspectives holistiques qui cherchent à comprendre les phénomènes sociaux dans leur globalité en prenant en compte les relations et les contextes culturels et sociaux. Les penseurs tels que Alfred Schutz et Max Weber ont développé des perspectives holistiques pour étudier les phénomènes sociaux en tenant compte des perspectives subjectives et des contextes culturels et sociaux. La compréhension des phénomènes sociaux ne peut pas être limitée à une simple analyse objective des faits. Les penseurs tels qu'Alfred Schutz et Max Weber ont compris que pour comprendre les comportements sociaux, il est nécessaire de prendre en compte la subjectivité des individus ainsi que les contextes culturels et sociaux dans lesquels ces comportements ont lieu. Alfred Schutz est un philosophe et sociologue autrichien qui a développé une approche phénoménologique de la sociologie. Pour Schutz, les individus sont les acteurs principaux de leur propre réalité sociale et les processus sociaux ne peuvent être compris que par la prise en compte de leurs perspectives subjectives. Schutz a souligné l'importance de comprendre les contextes sociaux et culturels dans lesquels les individus évoluent pour comprendre les phénomènes sociaux : « les significations et les valeurs sont intégrées dans la culture et la tradition sociale, elles sont partagées par les membres de la société et constituent le contexte social de la vie quotidienne » (*Le chercheur et le quotidien, 1967*). Max Weber, quant à lui, est un sociologue allemand connu pour ses travaux sur la sociologie de la religion. Weber a souligné l'importance de comprendre la signification que les individus attachent à leurs actions sociales, ainsi que les valeurs culturelles qui sous-tendent ces actions. Pour Weber, « l'activité humaine est compréhensible seulement à travers une interprétation de la signification que les acteurs attachent à leurs actions et leur environnement » (*Economie et société, 1922*). Il a mis en avant la nécessité de comprendre les contextes culturels et sociaux dans lesquels les comportements sociaux se produisent. Ces penseurs ont ainsi développé des perspectives holistiques pour étudier les phénomènes sociaux en tenant compte des perspectives subjectives et des contextes culturels et sociaux. Leur approche a permis de comprendre les comportements sociaux dans leur globalité, plutôt que de se limiter à une analyse purement objective et réductrice. En explorant les dimensions subjectives et culturelles de la vie sociale, ils ont ainsi contribué à une compréhension plus complète et plus nuancée des phénomènes sociaux. Les sciences critiques et les approches postcoloniales sont aussi des alternatives qui mettent en question les présupposés des sciences de la nature et des sciences de l'homme, en soulignant les relations de pouvoir et les inégalités qui influencent les phénomènes sociaux. Les penseurs tels que Gayatri Chakravorty Spivak et Frantz Fanon ont développé des sciences critiques pour étudier les phénomènes sociaux en considérant les relations de pouvoir et les inégalités liées à la colonisation et à l'oppression. Enfin, les méthodologies qualitatives et les approches constructivistes sont des alternatives qui cherchent à comprendre les phénomènes sociaux en intégrant les perspectives subjectives et les contextes culturels et sociaux. Les penseurs tels que Clifford Geertz et Bruno Latour ont ainsi développé des méthodologies qualitatives et des approches constructivistes pour étudier les phénomènes sociaux.

En conclusion, cette dissertation a permis d'explorer les différentes perspectives sur l'utilisation des sciences de la nature comme modèle pour les sciences de l'homme. Nous avons vu comment les sciences de la nature ont influencé les sciences de l'homme et comment cette influence a des conséquences sur les manières dont nous comprenons et étudions les phénomènes sociaux. Nous avons examiné les critiques de cette utilisation et les alternatives qui ont été proposées pour étudier les sciences de l'homme de manière plus holistique, inclusive et respectueuse des contextes culturels et sociaux. Cependant, il faut souligner que cette question de l'utilisation des sciences de la nature comme modèle pour les sciences de l'homme est subtile et qu'il y a encore de nombreux défis à relever et de nombreux enjeux à considérer. Les relations entre les sciences et la société, les enjeux épistémologiques et éthiques liés à ces relations, et les implications de cette question pour notre futur sont des sujets qui méritent une réflexion continue. Cette réflexion continue sur l'utilisation des sciences de la nature comme modèle pour les sciences de l'homme est essentielle pour une compréhension plus complète et plus respectueuse des phénomènes sociaux et humains. Et pour citer le physicien américain Murray Gell-Mann « Imaginez à quel point la physique serait difficile si les particules pouvaient penser ».

Sujet 4 : l'homme est-il un être vivant comme les autres ?

Introduction : " La spécificité humaine est d'avoir complété l'être par la conscience d'être, d'avoir ajouté au constat de la réalité présente l'imagination de la réalité à venir." *Petite philosophie à l'usage des non-philosophes* (1997) Cette citation d'Albert Jacquard souligne la spécificité de l'homme par rapport aux autres êtres vivants sur terre. Les êtres humains sont capables de prendre conscience de leur propre existence et de leur environnement, ce qui leur donne un pouvoir de compréhension et de contrôle sur le monde qui les entoure. Ils ont la capacité de concevoir des réalités qui n'existent pas encore, de planifier l'avenir et de prendre des décisions en fonction de ces projections. Cette capacité d'imagination et de projection dans l'avenir a permis à l'homme de se développer et de progresser, de créer des outils et des technologies, et de s'adapter à des environnements changeants. Depuis toujours, l'homme s'est considéré comme étant supérieur aux autres êtres vivants, comme étant "l'image et la ressemblance" de Dieu selon *la Genèse*. Cependant, avec les avancées de la biologie et de la science, nous commençons à mieux comprendre notre place dans le monde vivant et les similitudes que nous partageons avec les autres êtres. La problématique que nous souhaitons aborder ici est donc la suivante : l'homme peut-il être considéré comme un être vivant ordinaire, ou bien se différencie-t-il par des caractéristiques uniques qui en font une créature à part ? Afin de répondre à cette question, nous allons procéder en plusieurs étapes. Tout d'abord, nous allons définir ce qu'est un être vivant et présenter les caractéristiques communes à tous les êtres vivants. Ensuite, nous allons examiner la place de l'homme parmi les êtres vivants, en mettant en lumière les caractéristiques qui nous distinguent des autres créatures. Enfin, nous aborderons les défis éthiques liés à notre place dans le monde vivant, et nous conclurons en résumant les arguments et en donnant une vision d'ensemble sur la question de l'homme en tant qu'être vivant.

Première Partie : Définition de l'être vivant et caractéristiques communes

L'être vivant est souvent défini comme un organisme qui est capable de croissance, de reproduction et de réaction à son environnement. Cette définition a été proposée par le biologiste français Antoine-Laurent de Lavoisier au XVIIIe siècle. Cependant, d'autres définitions plus complètes ont été proposées au fil du temps. Le biologiste suisse Auguste Forel a défini l'être vivant comme "un organisme capable d'autoconservation et d'autorégulation." Ces concepts incluent des fonctions vitales telles que la respiration, la digestion et la circulation sanguine. De plus, ces fonctions doivent être maintenues à un niveau stable pour garantir la survie de l'être vivant. Selon la théorie de la biologie cellulaire, tous les êtres vivants sont formés de cellules, qui sont les unités fondamentales de la vie. Les cellules sont capables de métabolisme, qui est le processus par lequel l'énergie est produite et utilisée pour les activités vitales. En plus de ces caractéristiques communes, tous les êtres vivants présentent une certaine forme d'organisation. Cette organisation peut aller des organismes unicellulaires tels que les bactéries aux organismes multicellulaires tels que les plantes et les animaux. L'organisation est souvent classée en plusieurs niveaux, allant de l'organisme individuel à la biosphère, qui comprend tous les êtres vivants sur Terre. Cette organisation est un aspect crucial de la biologie, car elle aide à expliquer comment les êtres vivants interagissent et coexistent les uns avec les autres dans leur environnement. Par ailleurs, tous les êtres vivants présentent une certaine forme d'adaptation à leur environnement. Cela peut prendre la forme d'adaptations morphologiques, telles que la forme du corps d'un animal qui lui permet de se déplacer dans son environnement, ou des adaptations physiologiques, telles que la capacité d'une plante à survivre à des conditions climatiques extrêmes. Ces caractéristiques communes à tous les êtres vivants montrent que, malgré les différences apparentes entre les différents groupes d'êtres vivants, nous partageons tous une certaine parenté fondamentale. Comme l'a déclaré Lao Tseu : "Nous sommes tous des grains de poussière dans le vent, chacun avec notre propre rôle à jouer dans le grand tableau de la vie.", Tao Te Ching. Cette citation souligne la complémentarité fondamentale entre l'homme et les autres êtres vivants, malgré les différences apparentes. L'homme est un être vivant qui partage de nombreuses caractéristiques communes avec d'autres formes de vie. Par exemple, l'homme est formé de cellules, est capable de métabolisme et de réactions à son environnement, et présente une certaine forme d'organisation et d'adaptation. Cependant, l'homme se distingue des autres êtres vivants par son intelligence et sa capacité à manipuler son environnement de manière consciente. L'homme est capable de communication complexe, de culture et de développement de technologies avancées. Ces caractéristiques uniques de l'homme ont amené de nombreux scientifiques à suggérer que l'homme n'est pas simplement un être vivant parmi d'autres, mais qu'il occupe une position unique dans le monde vivant. Cependant, cette perspective est souvent contestée par ceux qui soutiennent que l'homme n'est qu'un élément parmi d'autres dans la biosphère, et que sa prétendue supériorité n'est que le résultat d'une perception biaisée. L'homme est un être vivant qui partage de nombreuses caractéristiques communes avec les autres formes de vie, mais se distingue aussi par certaines caractéristiques uniques telles que l'intelligence et la capacité à manipuler consciemment son environnement.

Deuxième partie : différentes perspectives sur la place de l'homme parmi les autres êtres vivants.

D'une part, certaines théories scientifiques suggèrent que l'homme occupe une position unique dans le monde vivant en raison de son intelligence et de sa capacité à manipuler son environnement. Par exemple, l'évolutionnisme considère que l'homme est le résultat d'un processus évolutif unique, qui l'a doté d'une intelligence supérieure et de capacités technologiques avancées. De l'autre côté, certaines perspectives écologiques et écologistes soutiennent que l'homme n'est qu'un élément parmi d'autres dans la biosphère et que sa prétendue supériorité n'est que le résultat d'une perception biaisée. Par exemple, l'écologiste américain Aldo Léopold, dans son livre *Almanach d'un comté des sables*, a écrit : "L'homme n'est qu'un lien parmi d'autres dans la chaîne alimentaire, un membre parmi d'autres de la communauté de la terre." La place de l'homme dans le monde vivant est aussi envisagée dans une perspective religieuse et spirituelle. Certaines religions considèrent que l'homme a été créé à l'image de Dieu et qu'il occupe une position supérieure à tous les autres êtres vivants. "Et Dieu créa l'homme à son image, à l'image de Dieu il le créa; homme et femme il les créa." - Genèse 1:27, Bible.

D'autres perspectives spirituelles soutiennent que l'homme est une partie intégrante de l'univers et que tous les êtres vivants sont connectés par une force spirituelle. C'est une idée centrale de la philosophie bouddhiste selon laquelle toutes les formes de vie sont interconnectées et font partie d'un tout plus grand. Nous sommes tous des gouttes d'eau qui font partie de l'océan de la vie. Toutes les formes de vie sont reliées les unes aux autres dans un tout plus grand. Avec la remise en cause des religions la place de l'homme est interpelé, comme le disait Michel Foucault dans *les Mots et les Choses* : « Plus que la mort de Dieu, ou plutôt dans le sillage de cette mort selon une corrélation profonde avec elle, ce qu'annonce la pensée de Nietzsche, c'est la fin de son meurtrier ; c'est l'éclatement du visage de l'homme dans le rire, et le retour des masques, c'est la dispersion de la profonde coulée du temps par laquelle il se sentait porté et dont il soupçonnait la pression dans l'être même des choses ; c'est l'identité du Retour du Même et de l'absolue dispersion de l'homme ». La question de savoir si l'homme est un être vivant comme les autres dépend donc en grande partie de la perspective adoptée. Certaines théories scientifiques, écologiques et religieuses suggèrent que l'homme occupe une position unique et supérieure, tandis que d'autres perspectives soutiennent que l'homme n'est qu'un élément parmi d'autres dans le monde vivant.

Troisième partie : les conséquences de considérer ou non l'homme comme un être vivant comme les autres.

Si nous considérons l'homme comme un être supérieur, cela peut entraîner une attitude de domination sur la nature et les autres êtres vivants. Cette perspective peut conduire à la destruction de l'environnement et à la perturbation de l'équilibre écologique. Le philosophe René Descartes a soutenu que l'homme est le seul être capable de raison et que la nature n'a pas de valeur en soi. Cette perspective a largement influencé la façon dont l'homme considère et traite la nature. Descartes a déclaré dans *"Les principes de la philosophie"* : "Je considère la nature en général comme une machinerie qui, étant mise en mouvement par la seule action de la force divine, peut être entièrement comprise par la raison humaine et même gouvernée et utilisée par elle." Cette vision de l'homme en tant qu'entité supérieure et la nature en tant qu'objet à manipuler a largement contribué à la crise écologique actuelle. Les activités humaines telles que l'extraction de ressources naturelles, la pollution et la déforestation ont été menées sans considération pour les conséquences sur l'environnement et les autres formes de vie. Cela a entraîné une perte massive de biodiversité, un changement climatique et une dégradation de l'écosystème terrestre et aquatique. La perspective de Descartes sur la nature et l'homme a donc influencé de manière significative la façon dont l'homme considère et traite l'environnement. Alors que cette vision a contribué à la crise écologique actuelle, il existe une tendance émergente en faveur d'une approche plus responsable et respectueuse de la nature. De nombreux philosophes, écologistes et scientifiques soutiennent l'idée que la nature a une valeur en soi et que les êtres humains sont intégrés à l'environnement plutôt que séparés de celui-ci. Ils appellent à un nouveau paradigme de responsabilité envers la nature et une utilisation durable des ressources naturelles. Si nous considérons l'homme comme un être vivant parmi d'autres, cela encourage une attitude plus respectueuse envers la nature et les autres êtres vivants. Cette perspective conduit à une prise de conscience de l'importance de la protection de l'environnement et de la nécessité de préserver l'équilibre écologique. Par exemple, le philosophe suisse Henri Décroux, dans son livre *"Le problème écologique"*, a défendu l'idée que l'homme était un élément parmi d'autres dans la biosphère et qu'il devait agir de manière responsable pour préserver l'environnement. Enfin, considérer l'homme comme un être vivant parmi d'autres encourage une attitude plus humble envers la nature et la vie. Cette perspective conduit à une plus grande gratitude et reconnaissance pour la vie elle-même, et renforce notre lien avec les autres êtres vivants et l'environnement. La manière dont nous considérons la place de l'homme parmi les autres êtres vivants peut avoir des conséquences essentielles pour notre attitude envers la nature et les autres êtres vivants, ainsi que pour notre propre bien-être et notre lien avec l'environnement.

La conclusion : d'une part, certaines religions considèrent que l'homme a été créé à l'image de Dieu et qu'il occupe une position supérieure à tous les autres êtres vivants. D'autre part, d'autres perspectives spirituelles soutiennent que l'homme est une partie intégrante de l'univers et que toutes les formes de vie sont connectées par une force spirituelle. Enfin, lorsque nous considérons l'homme à la lumière de la science, nous pouvons voir que les différences entre l'homme et les autres êtres vivants sont souvent plus subtiles qu'apparentes. L'homme partage de nombreuses caractéristiques fondamentales avec d'autres formes de vie, telles que la capacité à se reproduire et à s'adapter à son environnement. Force est de reconnaître que l'homme n'est pas séparé du reste du monde naturel, mais qu'il en fait partie intégrante. Cela peut être décrit de manière poétique par cette citation de Walt Whitman: " Tout comme vous, ce que vous ressentez lorsque vous contemplez la Rivière et le ciel, je l'ai ressenti, tout comme n'importe lequel d'entre vous fait partie d'une foule vivante, j'ai fait partie d'une foule, tout comme vous êtes rafraîchis par la joie de la Rivière et du flot rutilant, j'ai été rafraîchi" *(Feuilles d'herbe)*. Et l'humanité, quel que soit son statut, a le devoir de respecter et de protéger la vie sur Terre, car nous ne sommes pas seulement les seuls habitants de cette planète, mais nous sommes aussi reliés aux autres formes de vie. La compréhension de la proximité fondamentale entre l'homme et les autres êtres vivants peut aider à renforcer la coexistence pacifique et respectueuse entre toutes les formes de vie sur notre planète.

Sujet 5 : Ce qui est naturel est-il normal ?

Introduction : "La nature ne fait rien en vain; c'est ainsi que la nature des choses est toujours pour quelque fin." *La Physique"* d'Aristote. Cette citation soulève la question de savoir si tout ce que la nature crée est normal ou si la nature peut parfois produire des résultats qui ne sont pas conformes à nos normes et à nos attentes. Cela invite à réfléchir sur la notion de normalité et sur la manière dont nous la définissons en tant qu'êtres humains. Depuis des siècles, les humains ont associé le naturel à ce qui est normal et moralement correct. Cependant, cette association n'est pas toujours claire et peut même être contradictoire. Une citation de Jean-Jacques Rousseau résume cette problématique : "Ce qui est normal dépend de ce qui est naturel, mais ce qui est naturel n'est pas toujours moral." Nous allons explorer cette idée, ce qui est naturel est-il normal, en examinant différentes théories et perspectives. Nous commencerons par analyser l'interrelation entre normalité et nature. Nous examinerons d'abord la façon dont les sociétés et les cultures influencent ce qui est considéré comme normal. Puis nous allons discuter des critères utilisés pour déterminer ce qui est normal et moralement correct.

Première partie : interrelations entre "naturel" et "normal"

Lorsque nous parlons de ce qui est "naturel", nous faisons référence à ce qui est produit par la nature, sans intervention humaine. Cependant, le terme "normal" est souvent utilisé pour décrire ce qui est considéré comme étant acceptable ou conforme aux normes sociales. Il y a souvent une confusion entre les deux termes, mais ils ne sont pas synonymes. Selon le philosophe Jean-Jacques Rousseau, "La nature fait tout ce qu'elle fait bien ; mais ce n'est pas toujours bien pour nous." *(Discours sur l'origine et les fondements de l'inégalité parmi les hommes, 1755)*. Cette citation souligne la différence entre ce qui est naturel et ce qui est considéré comme étant "bien" pour l'humanité. Dans cette première partie, nous allons explorer les différences entre "naturel" et "normal" et comment ces deux termes sont souvent utilisés de manière interchangeable. Des exemples concrets peuvent aider à mieux comprendre la différence entre les deux termes. Par exemple, la famine est un phénomène naturel, mais ce n'est pas considéré comme étant normal ou acceptable. De même, la guerre est souvent considérée comme étant "normale", mais ce n'est pas naturelle. Ainsi, nous pouvons voir que les termes "naturel" et "normal" peuvent être en contradiction les uns avec les autres. En outre, il faut noter que les normes sociales peuvent varier considérablement d'une culture à l'autre et d'une époque à l'autre. Ce qui est considéré comme étant normal dans une société peut être considéré comme étant anormal dans une autre. Par conséquent, il faut comprendre que ce qui est considéré comme étant normal est influencé par les valeurs, les croyances et les attitudes d'une société donnée. En résumé ces deux termes peuvent être utilisés de manière interchangeable, bien que ce ne soit pas toujours justifié.

Deuxième partie, du normal au social.

Nous allons explorer plus précisément la définition du concept de "normalité" et les différentes perspectives qui peuvent influencer la façon dont nous déterminons ce qui est considéré comme normal. Il existe de nombreuses définitions de la normalité, mais généralement, elle est associée à l'idée de ce qui est commun, courant ou attendu dans une société donnée. Cependant, la normalité peut varier considérablement d'une société à l'autre et même dans différentes cultures au sein d'une même société. De plus, les normes sociales et les valeurs peuvent influencer notre perception de la normalité. Les croyances religieuses peuvent influencer la façon dont nous déterminons ce qui est normal et acceptable. En outre cette idée de normalité évolue au fil du temps. Ce qui était considéré comme normal il y a 50 ans peut ne plus l'être aujourd'hui, et ce qui est considéré comme normal aujourd'hui peut ne plus l'être dans 50 ans. Ce changement est souvent influencé par des facteurs tels que les avancées scientifiques, les tendances culturelles et les changements sociaux. La normalité est une notion très relative et est influencée par les croyances, les valeurs et les normes d'une société donnée, selon Michel Foucault, dans son *Histoire de la folie à l'âge classique*. En d'autres termes, ce qui est considéré comme normal dépend largement de la culture, de l'époque et du contexte dans lequel nous vivons. Selon Darwin, les cultures et les sociétés ont une influence marquante sur ce qui est considéré comme normal et moralement correct. Pour lui, les croyances et les comportements moraux d'une société peuvent évoluer au fil du temps en réponse à des facteurs tels que la survie, la reproduction, et la compétition entre les membres de la société. Les sociétés peuvent déterminer ce qui est considéré comme normal et moralement correct en fonction de leurs besoins et de leurs valeurs. Ainsi les croyances et les valeurs culturelles peuvent influencer la perception de ce qui est considéré comme normal. "Le plus haut niveau possible de culture morale est atteint lorsque nous reconnaissons que nous devons contrôler nos pensées." - Charles Darwin, *"La Descendance de l'homme"*. Par exemple, dans certaines cultures, les comportements homosexuels sont considérés comme naturels et normaux, tandis que dans d'autres cultures, ils sont considérés comme contraires à la nature et anormaux. De même, dans certaines sociétés, les relations polygames sont considérées comme normales, tandis qu'elles sont considérées comme inacceptables dans d'autres sociétés. "La normalité est une notion culturelle qui dépend du temps et du lieu." - Michel Foucault, *"Histoire de la sexualité"*. La société influence la perception de ce qui est considéré comme normal en établissant des normes et des règles comportementales. Les comportements considérés comme anormaux peuvent entraîner une stigmatisation sociale, une exclusion ou même une discrimination. La normalité est un concept social qui repose sur des critères moraux, éthiques et culturels, d'après Pierre Bourdieu dans son ouvrage *La distinction*. Freud a également examiné comment les sociétés peuvent influencer ce qui est considéré comme normal et moralement correct en interagissant avec les instincts et les pulsions inconscients. Il a montré que les sociétés peuvent utiliser la répression et la moralité pour contrôler les instincts et les pulsions inconscients, afin de maintenir l'ordre social. En plus, les médias peuvent orienter la perception de ce qui est considéré comme normal en diffusant des images et des stéréotypes qui sont souvent liés aux croyances et aux valeurs culturelles dominantes. En conclusion, il est clair que la perception de ce qui est considéré comme normal dépend de facteurs culturels et sociaux, et non pas uniquement de la nature. Les croyances, les valeurs, les normes comportementales et les stéréotypes influencent la façon dont nous percevons ce qui est considéré comme normal dans notre société.

Troisième partie : du naturel au moral

La question de ce qui est considéré comme naturel peut être abordée sous différentes perspectives, scientifiques et philosophiques. Selon la perspective de la biologie et de la science naturelle, ce qui est considéré comme naturel dépend des lois de la nature et des caractéristiques génétiques des êtres vivants. Par exemple, la capacité d'un caméléon à changer de couleur en fonction de son environnement pour se camoufler est considérée comme un comportement naturel, en raison de ses gènes qui lui permettent de le faire. La Nature est le principe de la moralité écrit Aristote dans *Éthique à Nicomaque*. Pour Aristote, la vie humaine a une finalité naturelle qui consiste à réaliser la vertu morale. Aristote considérait la nature comme source de moralité et de normalité dans son éthique. Il considère que la vertu est un juste milieu entre deux extrêmes et que la meilleure façon d'acquérir des habitudes vertueuses est de pratiquer la vertu. Selon lui, la vie humaine a un but ou une finalité naturelle qui est de réaliser la vertu ou l'excellence morale. La perspective morale et éthique de la philosophie aborde la question de manière différente. Selon le philosophe Emmanuel Kant, ce qui est considéré comme naturel n'est pas toujours considéré comme moralement correct. Dans son œuvre *Fondements de la métaphysique des mœurs*, la moralité ne dépend pas de la nature mais plutôt de la raison, et que les actions doivent être jugées en fonction de leur conformité à la moralité plutôt que de leur origine naturelle. En d'autres termes, une action peut être considérée comme naturelle, mais pas nécessairement comme moralement juste. La perspective morale et éthique apporte une réflexion supplémentaire sur la question en soulignant la nécessité de considérer la moralité dans le jugement des actions, même si elles sont considérées comme naturelles. Enfin Friedrich Nietzsche s'oppose à l'idée selon laquelle la Nature serait source de moralité. Dans *"Ainsi parlait Zarathoustra"*, Nietzsche affirme que les valeurs morales sont créées par les individus et les sociétés, et non dictées par la Nature. Il critique les valeurs morales traditionnelles, qu'il considère souvent fondées sur la peur et la culpabilité et utilisées pour contrôler les masses. Nietzsche préconise la création de nouvelles valeurs morales en adéquation avec les instincts naturels de l'homme, permettant ainsi à l'individu de vivre de manière autonome et libre. La définition de ce qui est considéré comme naturel dépend donc de la perspective choisie. La perspective biologique et scientifique définit la nature comme déterminée par les lois de la nature et les caractéristiques génétiques des êtres vivants, tandis que la perspective morale et éthique insiste sur la nécessité de considérer la moralité dans le jugement des actions.

En conclusion, la science naturelle définit la nature en fonction des lois de la nature et des caractéristiques génétiques des êtres vivants et la perspective morale et éthique de la philosophie insiste sur la nécessité de considérer la moralité dans le jugement des actions, même si elles sont considérées comme naturelles. Les implications de cette relation entre la nature et la normalité sont profondes et peuvent affecter les comportements humains et les attitudes sociales. Si les comportements considérés comme naturels sont souvent perçus comme normaux, il faut se rappeler que la moralité ne dépend pas de la nature, mais plutôt de la raison et de la réflexion. Pour Emmanuel Kant, la moralité dépend de la raison et non de la nature ce qui souligne l'importance de la raison et de la réflexion dans la compréhension de la normalité. En élargissant la thématique, il est évident que la compréhension de la relation entre la nature et la normalité est cruciale pour notre compréhension du monde et de nous-mêmes. Cette compréhension nous aide à déterminer ce qui est juste et ce qui est faux, et à orienter nos comportements et nos attitudes en conséquence. "C'est pourquoi, pour ne pas être en contradiction avec elle-même, la conscience de l'homme, en tous ses devoirs, doit concevoir un autre (qui est l'homme en général) qu'elle même comme juge de ses actions. Maintenant cet autre peut être une personne réelle ou une personne purement idéale que la raison se donne à elle-même. « Emmanuel Kant, *Métaphysique des mœurs, doctrine de la vertu.*

Sujet 6 : Peut-on à la fois préserver et dominer la nature ?

Introduction : Comme le souligne le philosophe allemand Hans Jonas : " Agis de façon que les effets de ton action soient compatibles avec la permanence d'une vie authentiquement humaine sur terre ... Inclus dans ton choix actuel l'intégrité future de l'homme comme objet secondaire de ton vouloir " *Le principe responsabilité* (1990). Ces affirmations soulignent l'importance de l'environnement pour l'homme, mais aussi pour lui-même. La question de savoir si nous pouvons à la fois préserver et dominer la nature est donc cruciale pour notre avenir, ainsi que pour celui de la planète. Depuis des siècles, l'homme s'est efforcé de maîtriser la nature, de la domestiquer et de l'exploiter à son profit. Cependant, avec l'émergence de mouvements écologistes et la prise de conscience de l'impact de l'activité humaine sur l'environnement, une question émerge : est-il possible de préserver la nature tout en la dominant ? Cette question pose un dilemme éthique majeur, qui met en balance la satisfaction des besoins de l'homme et le respect des limites de la nature. D'un côté, la maîtrise de la nature a permis à l'homme de satisfaire ses besoins, de se nourrir, de se loger et de se protéger. D'un autre côté, l'activité humaine a un impact significatif sur l'environnement, menaçant la biodiversité, la qualité de l'air et de l'eau, ainsi que la stabilité du climat. Dans cette dissertation, nous allons étudier la possibilité de préserver et de dominer la nature simultanément. Tout d'abord, nous allons examiner la notion de domination de la nature, ainsi que les arguments en faveur de cette conception. Ensuite, nous allons nous pencher sur la nécessité de préserver la nature, ainsi que les avantages et les limites de cette approche. Enfin, nous allons explorer les possibilités d'une coexistence harmonieuse entre la domination et la préservation de la nature.

Première partie : la domination de la nature

Depuis des siècles, l'homme a cherché à se servir de la nature pour satisfaire ses besoins et améliorer ses conditions de vie. Cette conception de la domination de la nature repose sur l'idée que l'homme doit exploiter les ressources naturelles pour les utiliser à son profit, en les transformant et en les adaptant à ses besoins. Pour Descartes, l'homme est supérieur à la nature et peut la dominer grâce à sa raison et sa connaissance des lois de la nature. Il considère que l'homme doit "devenir comme maître et possesseur de la nature" *Discours de la méthode, (1637)* en utilisant la nature pour satisfaire ses besoins et améliorer sa condition. Cependant, cette vision de la domination de la nature doit être nuancée par d'autres écrits de Descartes, tels que ses *Lettres à Elisabeth*, où il reconnaît que l'homme a une responsabilité envers la nature et doit la préserver dans la mesure où elle est nécessaire à sa propre survie. Il écrit : "Nous devons traiter les animaux de manière à ce que, s'il est possible, nous n'ayons pas à en rougir devant les hommes, ni devant nous-mêmes" *Lettre à Elisabeth, (1645)*. Ainsi, bien que Descartes puisse être considéré comme un partisan de la domination de la nature, sa pensée est plus complexe et nuancée que cette simple affirmation. Cette exploitation s'exprime à travers la technique, la science et l'industrie, qui ont permis à l'homme de se développer et de prospérer. Ainsi, la domination de la nature peut être vue comme une entreprise de maîtrise et de contrôle de l'environnement par l'homme. Les partisans de la domination de la nature soutiennent que cette attitude permet à l'homme de progresser techniquement, de se développer économiquement et de satisfaire ses besoins. En effet, en exploitant les ressources naturelles, l'homme a pu créer des objets et des outils qui facilitent sa vie quotidienne et améliorent sa condition. L'industrie, en particulier, a permis de produire en grande quantité des biens de consommation, ce qui a favorisé la croissance économique et l'augmentation du niveau de vie. Ainsi, la domination de la nature est souvent associée à l'idée de progrès et de modernité. Cependant, cette conception de la domination de la nature est désormais l'objet de critiques. En effet, la surexploitation des ressources naturelles a des conséquences néfastes sur l'environnement, la biodiversité et les générations futures. La pollution, la déforestation, la surpêche, l'épuisement des sols sont autant de conséquences de l'exploitation excessive de la nature par l'homme. Ces atteintes à l'environnement ont des répercussions négatives sur la qualité de vie des individus, sur la santé publique et sur l'économie. De plus, la destruction de la biodiversité met en danger l'équilibre des écosystèmes, qui sont indispensables à la survie de l'humanité. Enfin, les générations futures risquent de subir les conséquences de ces pratiques destructrices et de l'épuisement des ressources naturelles. La domination de la nature par l'homme est donc une conception qui a longtemps prévalu et qui a permis à l'homme de progresser techniquement et économiquement. Cependant, elle est aujourd'hui critiquée pour ses conséquences néfastes sur l'environnement et la biodiversité, ainsi que sur les générations futures. Face à ces enjeux, il est donc nécessaire de repenser notre rapport à la nature et de trouver des moyens de préserver et de protéger l'environnement, tout en satisfaisant les besoins de l'homme. C'est à cette réflexion que nous allons nous consacrer dans la suite de cette dissertation.

Deuxième partie : la préservation de la nature

La préservation de la nature est une conception qui prône la protection de l'environnement pour les générations futures. Elle considère que l'homme ne doit pas se contenter d'utiliser et d'exploiter la nature sans limites, mais qu'il doit en prendre soin pour assurer la survie de l'ensemble des espèces vivantes sur Terre. Cette conception implique un engagement en faveur de la biodiversité, la préservation des écosystèmes et la lutte contre la pollution et le changement climatique. La préservation de la nature offre de nombreux avantages pour les êtres vivants et l'environnement dans son ensemble. En préservant la biodiversité, elle permet de maintenir la variété des espèces animales et végétales sur Terre, assurant ainsi l'équilibre écologique. Elle contribue à la lutte contre le changement climatique en réduisant les émissions de gaz à effet de serre et en favorisant la captation du carbone par les sols et les forêts. Enfin, elle permet de respecter les droits des êtres vivants en évitant leur exploitation abusive. "La nature est notre maison, et nous devons prendre soin d'elle comme d'une mère aimante. La préservation de la nature n'est pas seulement une question de responsabilité, mais elle offre aussi d'innombrables avantages pour les êtres vivants et l'environnement dans son ensemble." - Dalaï Lama XIV (*Au-delà de la religion : Une éthique de la compassion*). Cependant, la préservation de la nature pose des défis majeurs. Elle peut être perçue comme un frein au développement économique, en limitant l'exploitation des ressources naturelles et en imposant des contraintes environnementales aux entreprises. De plus, elle est difficile à concilier avec les intérêts humains, notamment en termes d'accès aux ressources naturelles et de besoins en énergie. Enfin, certains arguments en faveur de la préservation de la nature peuvent être critiqués, notamment lorsqu'ils se basent sur des considérations esthétiques ou symboliques, plutôt que sur des arguments écologiques ou éthiques. Pour illustrer cette conception, on peut citer les travaux du philosophe américain Holmes Rolston III, reconnu pour ses travaux sur l'éthique environnementale et qui considère que la préservation de la nature doit être fondée sur une éthique de la responsabilité envers l'environnement. Selon lui, l'homme doit assumer sa responsabilité envers la nature en agissant de manière à maintenir la biodiversité et l'intégrité écologique de l'environnement. Cette conception a notamment été mise en pratique par la mise en place de parcs naturels et de réserves écologiques, qui visent à protéger les écosystèmes et les espèces menacées. En revanche, certains critiques de la préservation de la nature, tels que le philosophe américain Peter Singer, mettent en avant les limites de cette conception. Selon lui, la préservation de la nature doit être étendue à l'ensemble des êtres vivants, y compris les animaux, et pas seulement à la biodiversité. Il pense que la préservation de la nature ne doit pas être une fin en soi, mais plutôt un moyen de favoriser le bien-être des êtres vivants. Ainsi, pour Singer, il est nécessaire de considérer les intérêts des animaux dans nos actions, ce qui entre parfois en conflit avec les intérêts humains. Par exemple, la protection de certaines espèces animales implique la protection de leur habitat naturel, ce qui peut avoir des conséquences économiques et sociales pour les populations locales. Cependant, pour Singer, la préservation de la nature ne doit pas être sacrifiée pour ces intérêts humains, mais doit plutôt être envisagée de manière globale, en prenant en compte les intérêts de tous les êtres vivants. La domination de la nature est souvent justifiée par la nécessité de satisfaire les besoins humains et de développer l'économie, mais elle a des répercussions négatives sur l'environnement et les générations futures. La préservation de la nature, quant à elle, est justifiée par la nécessité de protéger l'environnement pour les générations futures, mais elle peut être perçue comme un frein au développement économique et à la satisfaction des besoins humains. Cependant, il est possible de concilier ces deux conceptions en adoptant une approche de développement durable, qui prend en compte les intérêts des êtres vivants dans leur ensemble, tout en préservant l'environnement pour les générations futures. Comme le souligne le philosophe américain Aldo Leopold, "Une chose est juste lorsqu'elle tend à préserver l'intégrité, la stabilité et la beauté de la communauté biotique. Elle est injuste lorsqu'elle tend au contraire" ("*Une éthique pour la Terre" (1987)*). Ainsi, la question de la préservation ou de la domination de la nature doit être abordée de manière globale et éthique, en prenant en compte les intérêts de tous les êtres vivants et en veillant à préserver l'environnement pour les générations futures. "Les droits de l'espèce humaine s'arrêtent devant les droits d'autres espèces. Qu'est-ce que c'est une espèce vivante ? C'est une synthèse incroyablement complexe, qui a mis des millions d'années à se constituer d'un certain nombre de propriétés du monde naturel, qui sous cette forme sont totalement irremplaçables. Irremplaçables dans la chaîne des êtres vivants où chacun remplit sa fonction, et irremplaçables aussi d'un point de vue esthétique car chacun constitue une sorte de chef-d'œuvre, a une beauté particulière. L'existence d'une espèce est aussi importante que l'œuvre d'un grand peintre, que pourtant nous employons tous nos efforts à protéger dans des musées, alors que quand il s'agit d'une espèce vivante nous la traitons avec une désinvolture et un mépris incroyables. " Claude Lévi-Strauss

Radioscopie, 15/04/1981. Dans la troisième partie de cette dissertation, nous aborderons cette question en étudiant les différentes approches qui tentent de concilier préservation et domination de la nature.

Troisième partie : La compatibilité entre préservation et domination de la nature

Cette question de la compatibilité entre la préservation et la domination de la nature est une préoccupation centrale dans la réflexion philosophique sur l'environnement. En effet, la préservation de la nature est souvent perçue comme un objectif en soi, tandis que la domination de la nature est considérée comme un moyen de satisfaire les besoins humains. Cependant, les deux approches ne sont pas nécessairement mutuellement exclusives. Dans cette partie, nous allons examiner les conditions d'une coexistence harmonieuse entre préservation et domination de la nature, les limites de cette compatibilité et les pistes pour dépasser la dichotomie préservation/domination de la nature. Pour qu'une coexistence harmonieuse entre préservation et domination de la nature soit possible, plusieurs conditions doivent être remplies. Tout d'abord, la régulation de l'exploitation de la nature est essentielle. En effet, la surexploitation de certaines ressources naturelles peut conduire à leur épuisement, voire à leur disparition. Par conséquent, il s'agit de mettre en place des réglementations pour limiter l'exploitation excessive de la nature. Pour Jürgen Habermas, philosophe allemand, il y a une contradiction entre la préservation de la nature dans son état "sauvage" et la satisfaction des besoins humains. Ce que nous avons à faire, c'est de trouver une façon de vivre en harmonie avec la nature, qui réponde aux besoins humains de manière durable. *L'avenir de la nature humaine, (2003)*. Ensuite, il est nécessaire de prendre en compte les conséquences environnementales de nos activités. Les choix de développement économique doivent être évalués en fonction de leur impact sur l'environnement. Cela implique de mesurer et de prendre en compte les externalités environnementales dans les processus de décision économique. En effet, les externalités environnementales sont des coûts ou des bénéfices qui ne sont pas pris en compte dans les échanges économiques. Enfin, le développement de technologies durables favorise une coexistence harmonieuse entre préservation et domination de la nature. Les technologies durables sont celles qui répondent aux besoins actuels sans compromettre la capacité des générations futures à satisfaire leurs propres besoins. Elles permettent donc de concilier développement économique et préservation de l'environnement. Malgré les conditions favorables, la compatibilité entre préservation et domination de la nature peut être limitée par des difficultés à faire coexister des intérêts divergents. En effet, les intérêts économiques peuvent entrer en conflit avec les intérêts environnementaux. Par exemple, les activités économiques de certaines entreprises peuvent avoir un impact négatif sur l'environnement, tandis que les mesures de protection de l'environnement peuvent affecter leur rentabilité. De même, les intérêts des générations actuelles peuvent entrer en conflit avec les intérêts des générations futures. Les choix économiques actuels peuvent avoir des conséquences environnementales négatives pour les générations futures. Une autre limite à la compatibilité entre préservation et domination de la nature est la résistance au changement des modes de production et de consommation. Les modes de production et de consommation actuels ont été développés au fil des décennies et sont profondément enracinés dans les sociétés modernes. Leur remise en question peut entraîner des résistances, des coûts économiques et sociaux élevés. Pour dépasser cette dichotomie préservation/domination de la nature, il est nécessaire de mettre en place des politiques économiques qui prennent en compte les aspects environnementaux. Cela implique une prise de conscience collective de l'importance de la préservation de la nature. En effet, la conscience écologique est un élément clé pour inciter les individus et les entreprises à adopter des comportements responsables vis-à-vis de l'environnement. De plus, l'évolution des mentalités contribue à une coexistence harmonieuse entre préservation et domination de la nature. Les philosophes environnementaux ont souligné l'importance de reconsidérer notre relation avec la nature et de réévaluer nos valeurs. Par exemple, selon Aldo Léopold, écologue et écologiste américain qui a influencé le développement de l'éthique environnementale moderne et le mouvement pour la protection des espaces naturels. Aldo Léopold est considéré comme l'un des pères de la gestion de la protection de l'environnement aux États-Unis, pour lui l'éthique environnementale doit être basée sur la reconnaissance de la valeur intrinsèque de la nature. Enfin, la réorientation des politiques économiques permet une coexistence harmonieuse entre préservation et domination de la nature. Cela implique de promouvoir des politiques économiques durables qui prennent en compte les aspects environnementaux. La fiscalité environnementale peut inciter les entreprises à adopter des comportements plus responsables vis-à-vis de l'environnement. Les investissements dans les technologies durables peuvent aussi être encouragés par des politiques économiques favorables. Un exemple européen de l'importance de la valeur intrinsèque de la nature dans l'éthique environnementale est la Directive-cadre européenne sur l'eau adoptée par l'Union européenne en 2000. Cette directive établit un cadre pour la gestion de l'eau dans l'ensemble de l'UE, en reconnaissant que l'eau est un bien commun qui a une valeur intrinsèque et qu'il est donc essentiel de protéger l'eau et les écosystèmes qui en dépendent. La directive-cadre européenne sur l'eau souligne l'importance de la participation publique dans la prise de décision en matière de gestion de l'eau, afin de garantir que les décisions tiennent compte des valeurs et des priorités de la société dans son ensemble. En mettant l'accent sur la valeur intrinsèque de l'eau et en reconnaissant que la gestion de l'eau doit prendre en compte les intérêts de tous les membres de la société, la directive-cadre européenne sur l'eau illustre l'importance de l'éthique environnementale dans la prise de décisions politiques en Europe. La compatibilité entre préservation et domination de la nature est un enjeu crucial pour la protection de l'environnement. Pour qu'une coexistence harmonieuse soit possible, il est nécessaire de réguler l'exploitation de la nature, de prendre en compte les conséquences environnementales de nos activités et de développer des technologies durables. Cependant, la compatibilité entre préservation et domination de la nature peut être limitée par des intérêts divergents et une résistance au changement des modes de production et de consommation. Pour dépasser la dichotomie préservation/domination de la nature, il est nécessaire de promouvoir une prise de conscience collective, une évolution des mentalités et une réorientation des politiques économiques.

En conclusion, ce sujet de la préservation et de la domination de la nature est l'une des questions les plus urgentes et controversées de notre temps. Dans cette dissertation, nous avons examiné les différentes façons dont l'homme interagit avec la nature, en particulier en examinant les avantages et les limites de la domination et de la préservation de la nature, et en cherchant une compatibilité entre les deux. Nous avons tout d'abord distingué la domination de la nature de la préservation de la nature. La domination implique que l'homme cherche à contrôler et à utiliser la nature à des fins humaines, tandis que la préservation vise à protéger la nature et à en préserver la biodiversité et les écosystèmes. Nous avons ensuite analysé les avantages et les limites de chaque approche, soulignant que la domination de la nature peut causer des dommages irréparables à l'environnement et à la vie animale, tandis que la préservation peut parfois être coûteuse ou inadaptée aux besoins humains. Concilier les deux points de vue est possible sous certaines conditions. Par exemple, en développant des technologies plus propres et plus respectueuses de l'environnement, en soutenant des politiques de conservation, en favorisant des pratiques agricoles durables ou encore en promouvant des modes de vie écoresponsables. Toutefois, cela nécessite un changement de mentalité, de politique et de comportement de la part de la société dans son ensemble, ainsi qu'une meilleure compréhension de l'importance de la biodiversité et des écosystèmes pour notre survie et notre bien-être à long terme. La question de la préservation et de la domination de la nature soulève d'autres interrogations philosophiques, telles que le rôle de l'homme dans la nature, les limites de l'exploitation de la nature, ou encore les conséquences écologiques de nos choix de vie. Cette question peut être abordée sous l'angle de l'éthique, de la justice environnementale, ou encore du développement durable. "La nature est un temple où de vivants piliers - Laissent parfois sortir de confuses paroles - L'homme y passe à travers des forêts de symboles - Qui l'observent avec des regards familiers." Cette citation de Charles Baudelaire souligne l'idée selon laquelle la nature n'est pas simplement un objet inanimé que nous pouvons exploiter à notre guise, mais plutôt une entité vivante et mystérieuse qui est remplie de symboles et de significations. Elle invite à une réflexion plus profonde sur notre relation à la nature et sur notre place dans l'univers.

XII. LA RAISON

Sujet 1 : Qu'est-ce qu'être raisonnable ?

Introduction : Comme l'a dit Albert Camus, " Ce monde en lui-même n'est pas raisonnable, c'est tout ce qu'on peut en dire. Mais ce qui est absurde, c'est la confrontation de cet irrationnel et de ce désir éperdu de clarté dont l'appel résonne au plus profond de l'homme. *Le mythe de Sisyphe (1781)*. Bien que la raison soit souvent considérée comme la fondation de la pensée logique et de la prise de décision, son utilisation n'est pas toujours aussi simple et ce monde nous confronte parfois à la limite de la raison. Les émotions, les croyances personnelles et les préjugés peuvent influencer la pensée raisonnée et rendre difficile la mise en pratique de la raison. De plus, les limites de la raison la rendent inadéquate pour aborder certaines questions complexes et philosophiques. Pour explorer ce qu'est être raisonnable, nous allons d'abord définir la raison et examiner les différentes définitions qui ont été données par les philosophes, les psychologues et les sociologues. Ensuite, nous allons discuter des traits de caractère et des comportements qui sont associés à une personne considérée comme raisonnable. Nous aborderons enfin les limites de la raison et les façons dont les émotions, les croyances et les préjugés peuvent influencer la pensée raisonnée.

Première partie : La raison comme faculté de pensée

La raison est un concept central dans de nombreuses disciplines, notamment la philosophie, la psychologie et la sociologie. Chacune de ces disciplines a sa propre définition de la raison, qui reflète leurs objectifs et leurs perspectives uniques. En philosophie, la raison est souvent considérée comme la capacité de comprendre la réalité objective et de former des jugements fondés sur cette compréhension. René Descartes ouvre le *Discours de la Méthode* par ces mots : " Le bon sens est la chose du monde la mieux partagée : car chacun pense en être si bien pourvu, que ceux même qui sont les plus difficiles à contenter en toute autre chose, n'ont point coutume d'en désirer plus qu'ils en ont. En quoi il n'est pas vraisemblable que tous se trompent ; mais plutôt cela témoigne que la puissance de bien juger, et distinguer le vrai d'avec le faux, qui est proprement ce qu'on nomme le bon sens ou la raison, est naturellement égale en tous les hommes.". Cette citation souligne l'importance de la raison dans notre vie quotidienne. Le bon sens est un élément fondamental de notre capacité à comprendre et à naviguer dans le monde qui nous entoure. Cela peut être considéré comme une illustration de la façon dont la raison est étroitement liée à notre vie pratique et à notre capacité à faire des choix éclairés. Pour lui, la raison est la capacité de déterminer la vérité en utilisant des méthodes logiques et en s'appuyant sur des principes universels. Dans cette perspective, la raison est considérée comme la source du savoir et du jugement moral. En psychologie, la raison est considérée comme la capacité de résoudre des problèmes en utilisant des méthodes logiques et en s'appuyant sur des connaissances antérieures. Selon les théories de la cognition, la raison implique l'utilisation de processus mentaux tels que l'analyse, la synthèse et la mémorisation pour résoudre des problèmes complexes. Par exemple, lorsque vous résolvez une énigme, vous utilisez votre capacité de raisonnement pour trouver la solution. En sociologie, la raison représente la capacité de comprendre les relations sociales et les phénomènes sociaux en utilisant des méthodes logiques et en s'appuyant sur des données empiriques. Selon la sociologie critique, la raison peut être altérée par les intérêts sociaux et les relations de pouvoir, ce qui rend la compréhension objective de la réalité sociale parfois difficile. La raison est donc la capacité de comprendre et de former des jugements sur la réalité en utilisant des méthodes logiques et en s'appuyant sur des principes universels ou des connaissances antérieures. Cependant, la définition exacte de la raison dépend de la discipline qui l'étudie et de la perspective adoptée. Quelle que soit la définition choisie, il est clair que la raison est un concept clé pour comprendre le monde qui nous entoure et prendre des décisions éclairées.

Deuxième partie : La raison comme force agissante dans le monde

La raison n'est pas seulement un concept abstrait, elle est une force agissante dans le monde. La raison peut être utilisée pour comprendre les problèmes complexes, prendre des décisions éclairées et résoudre les conflits. Dans le domaine de la politique, la raison peut être utilisée pour élaborer des solutions aux problèmes sociaux et politiques. Par exemple, les politiques peuvent utiliser des données factuelles et des analyses logiques pour déterminer les meilleures solutions aux problèmes économiques et sociaux. Selon Jean-Jacques Rousseau, "le politique doit être fondé sur la justice et la vertu." *"Du Contrat Social."* Pour Rousseau, la raison politique implique de prendre en compte les intérêts de toutes les parties concernées et de travailler ensemble pour atteindre un résultat équitable. Dans le domaine du droit, la raison peut être utilisée pour élaborer des lois justes et équitables. Les juges peuvent utiliser la raison pour interpréter les lois existantes et déterminer les meilleures décisions pour les parties en litige. Selon Montesquieu, "la justice doit être la base de toutes les lois." *"De l'Esprit des Lois."* Pour Montesquieu, la raison est un élément clé pour comprendre la validité et la valeur des lois, et pour prendre des décisions judiciaires justes. Il faut souligner que les idées de Rousseau et Montesquieu ont eu un impact considérable sur la Révolution française et sur la formation de la démocratie moderne en France et ailleurs dans le monde. Leurs théories sur la justice, la moralité et la raison ont continué d'influencer les débats politiques et les mouvements sociaux dans les siècles suivants. Dans le domaine de l'éthique, la raison est interpelée pour déterminer les meilleurs comportements moraux. Les philosophes éthiques peuvent utiliser la raison pour développer des théories sur la moralité et pour juger les actions et les politiques en termes de bien et de mal. Pour exemple, Emmanuel Kant a développé la théorie de la moralité fondée sur la raison, affirmant que "l'obligation morale découle de la raison pure et est indépendante des inclinations et des désirs." *"Fondements de la métaphysique des mœurs."* Pour Kant, la raison est un guide pour la conduite morale et pour la prise de décisions éthiques. Dans la vie quotidienne, la raison est utilisée pour prendre des décisions personnelles et pour naviguer dans les relations interpersonnelles. Par exemple, les individus peuvent utiliser la raison pour évaluer les options et les conséquences potentielles pour arriver à des décisions judicieuses. De plus, la raison aide à comprendre les perspectives et les motivations des autres pour mieux naviguer dans les relations interpersonnelles. En conclusion, la raison est un outil puissant qui peut être utilisé dans différents aspects de la vie pour comprendre les problèmes, prendre des décisions éclairées et agir de manière raisonnable. La raison permet d'élaborer des solutions politiques, judiciaires et éthiques justes et équitables.

Troisième partie : les limites de la raison.

La raison, bien qu'étant un outil puissant pour atteindre la connaissance et la compréhension, est soumise à des influences qui peuvent biaiser la pensée raisonnée. L'une des limites les plus intrigantes de la raison est le rôle de l'intuition et de l'inconscient dans la pensée rationnelle. L'intuition fait référence à un savoir ou à une compréhension immédiate sans recourir à un raisonnement explicite. Dans certaines situations, l'intuition peut être perçue comme une source de connaissance alternative à la raison. Un exemple célèbre est celui du mathématicien français Henri Poincaré, qui a eu une intuition sur la solution à une équation mathématique après une période de travail intensif infructueux. Son esprit inconscient semblait avoir élaboré une réponse avant qu'il ne puisse la formuler consciemment. L'inconscient, quant à lui, fait référence à la partie de notre esprit qui échappe à notre conscience, mais qui influence néanmoins nos pensées, nos émotions et nos actions. Par exemple, une personne peut prétendre être motivée par la recherche de la vérité dans un débat, alors qu'en réalité, son désir inconscient de préserver son estime de soi peut influencer ses arguments. Les émotions, les croyances et les préjugés ont un impact considérable sur la façon dont nous percevons et interprétons les informations. Par exemple, une personne qui est très émotive pourrait être incapable de prendre une décision raisonnée en raison de la forte influence de ses émotions. De même, une personne qui a des croyances profondément enracinées peut être incapable de considérer des points de vue alternatifs, car elle est influencée par ses croyances. Le philosophe français Michel Foucault a abordé les limites de la raison dans son œuvre *"Histoire de la folie à l'âge classique"*. Foucault a montré comment les opinions préconçues de la société ont influencé la perception de la folie et ont limité la capacité de la raison à comprendre les conditions mentales. De plus, la société et la culture influencent la pensée raisonnée. Les stéréotypes et les préjugés, tels que les préjugés raciaux ou sexistes, peuvent fausser la perception que nous avons des personnes d'autres races ou de sexes différents. Ainsi, notre jugement peut devenir biaisé et ne plus refléter une compréhension objective de la situation. Ce phénomène a été mis en évidence par des penseurs tels que Pierre Bourdieu qui, dans *"La Distinction"*, a montré comment les préjugés culturels peuvent influencer les perceptions et les jugements de la société. Frantz Fanon dans *"Les Damnés de la Terre"* a évoqué comment les préjugés raciaux peuvent être profondément enracinés dans la société et influencer la façon dont les individus perçoivent le monde qui les entoure. Bien que la raison soit un outil pour atteindre la connaissance et la compréhension, il est nécessaire de reconnaître que l'inconscient, l'intuition, les émotions, les croyances et les préjugés peuvent influencer la pensée raisonnée.

En conclusion, nous avons exploré le concept d'être raisonnable et comment il est lié à la moralité, à la justice et à la pensée raisonnée. Nous avons vu comment la raison est un outil puissant pour nous aider à comprendre le monde qui nous entoure et à prendre des décisions éthiques et équitables. Cependant, nous avons examiné les limites de la raison, notamment la façon dont les émotions, les croyances et les préjugés peuvent influencer notre pensée. Pour résumer, la raison est une faculté majeure pour la vie humaine, mais elle doit être utilisée avec précaution et en conjonction avec d'autres aspects de notre être pour donner une image complète de la réalité. C'est pourquoi il s'agira de cultiver une pensée critique et de se questionner constamment, en utilisant la raison pour évaluer les informations et les idées qui nous entourent. La raison doit être utilisée pour reconnaître les limites de notre connaissance et pour déterminer les principes qui guideront notre comportement moral et éthique. Comme l'a dit Blaise Pascal dans ses *Pensées,* « La raison nous commande bien plus impérieusement qu'un maître ; car en désobéissant à l'un on est malheureux, et en désobéissant à l'autre on est sot." La raison nous montre le chemin vers une compréhension plus profonde du monde qui nous entoure, mais elle ne peut pas tout éclairer. Cultiver une pensée critique et se questionner constamment permet d'atteindre une compréhension plus complète de la réalité.

Sujet 2 : Peut-on faire un usage déraisonnable de la raison ?

Introduction : "Il faut donc que la raison se présente à la nature tenant, d'une main, ses principes qui seuls peuvent donner aux phénomènes concordant entre eux l'autorité de lois, et de l'autre, l'expérimentation qu'elle a imaginée d'après ces principes." - Emmanuel Kant, *"Critique de la raison pure".* En effet, la raison est considérée comme l'une des plus grandes forces qui déterminent la vie humaine, et son usage a des conséquences profondes sur les individus et sur la société. Cependant, lorsque la raison est utilisée de manière déraisonnable, elle conduit à des erreurs, à des préjugés, à des dogmes et même à la violence. La question qui se pose alors est : peut-on faire un usage déraisonnable de la raison ? Dans ce travail, nous aborderons la problématique de l'usage déraisonnable de la raison en examinant les différents types de raisonnement illogique, les causes de cet usage déraisonnable, les conséquences qui en découlent ainsi que les moyens d'y remédier.

Première partie : les causes de l'usage déraisonnable de la raison

L'usage déraisonnable de la raison se réfère à l'utilisation de la raison de manière insuffisante, erronée ou excessive. Cela se produit lorsque les émotions, les préjugés ou les croyances sont utilisés comme fondements pour la prise de décision, plutôt que la raison et la logique. Cela peut se produire lorsque la raison est utilisée de manière excessive, menant à un dogmatisme ou à une rigidité mentale qui empêche la remise en question et l'ouverture d'esprit. L'usage déraisonnable de la raison a des conséquences graves sur les individus et sur la société. Cela mène à des erreurs de jugement, des préjugés, des conflits et même à la violence. Il peut entraver la démocratie et la justice, en empêchant les personnes de raisonner de manière impartiale et objective. Cette étude de l'usage déraisonnable de la raison est importante pour mieux comprendre les processus mentaux qui sous-tendent les comportements humains et pour élaborer des stratégies pour les prévenir. "La plus grande duperie de la nature est de faire croire à un homme qu'il est raisonnable alors qu'il est en train de se laisser duper." - Blaise Pascal, *Pensées*. Cette citation de Blaise Pascal souligne l'importance de la conscience de soi et de la capacité à remettre en question ses propres idées et croyances pour éviter l'usage déraisonnable de la raison. "La raison n'est qu'une arme avec laquelle nous combattons les erreurs, et elle n'est utile que pour autant qu'elle n'en est pas elle-même la victime." - Voltaire, *Dictionnaire Philosophique*. Cette autre citation de Voltaire met en lumière l'importance de l'utilisation de la raison de manière raisonnable, en évitant les erreurs et les préjugés qui peuvent conduire à l'usage déraisonnable de la raison. Les émotions et les croyances peuvent jouer un rôle notable dans l'usage déraisonnable de la raison. Lorsque les émotions sont fortes, elles peuvent prendre le dessus sur la raison et conduire à des décisions impulsives ou irrationnelles. Les croyances influencent l'utilisation de la raison, en fournissant un cadre de référence qui empêche la remise en question et la réflexion critique. Pour Paul Valéry, « Les pensées, les émotions toutes nues sont aussi faibles que les hommes tout nus. Il faut donc les vêtir. L'homme est absurde par ce qu'il cherche, grand par ce qu'il trouve. » Cela illustre de quelle manière les émotions peuvent influencer la raison, en prenant le dessus sur elle et en l'embrumant. L'environnement social peut aussi jouer un rôle dans l'usage déraisonnable de la raison. Les pressions sociales, les conformismes et les stéréotypes peuvent entraver la capacité à raisonner de manière impartiale et critique. Cela peut conduire à des erreurs de jugement et à des préjugés. "Les idées ne sont pas les produits de la raison, mais du consensus social." - Pierre Bourdieu, *Les Règles de l'Art*. Cette citation de Pierre Bourdieu montre comment les idées sont souvent influencées par le consensus social, plutôt que par la raison et la logique. Enfin, les limitations de la cognition peuvent jouer un rôle dans l'usage déraisonnable de la raison. La tendance à la confirmation, l'ancrage, la distraction et d'autres biais cognitifs peuvent affecter la capacité à raisonner de manière impartiale et objective. "Les biais cognitifs sont comme des lunettes déformantes qui peuvent influencer notre vision du monde." - Daniel Kahneman, *Les deux vitesses de la pensée*. Cette citation de Daniel Kahneman met en lumière la manière dont les biais cognitifs peuvent influencer notre utilisation de la raison, en nous poussant à des erreurs de jugement et à des conclusions erronées. Ainsi, les causes de l'usage déraisonnable de la raison peuvent provenir d'une combinaison de facteurs, tels que les émotions, les croyances, l'environnement social et les limitations de la cognition.

Deuxième partie : les conséquences de l'usage déraisonnable de la raison

Lorsque la raison est utilisée de manière déraisonnable, elle peut conduire à l'aliénation de l'individu et à la perte de sens. Par exemple, la bureaucratie excessive peut transformer les individus en simples rouages d'une machine, les privant de leur autonomie et de leur créativité. L'usage déraisonnable de la raison a conduit à l'exploitation et à la destruction de la nature, comme le montrent les problèmes environnementaux tels que la pollution, la déforestation et le changement climatique. La raison instrumentale considère la nature comme une ressource à exploiter, plutôt que comme une entité ayant une valeur intrinsèque. L'usage déraisonnable de la raison entraîne des dilemmes éthiques et moraux. Par exemple, les avancées scientifiques et technologiques, comme les armes nucléaires et la manipulation génétique, soulèvent des questions complexes sur les limites de la connaissance et les responsabilités morales associées. La domination de la pensée rationnelle conduit aussi à la marginalisation des autres modes de pensée, tels que la spiritualité, l'art et la tradition. Cela peut entraîner une uniformisation culturelle et une perte de la diversité et de la richesse du patrimoine humain. L'usage déraisonnable de la raison engendre parfois le fanatisme et l'intolérance, en particulier lorsque les individus ou les groupes pensent détenir la vérité absolue et cherchent à imposer leur vision du monde aux autres. Le fanatisme religieux et idéologique a conduit à de nombreux conflits et violences à travers l'histoire.

Troisième partie : les moyens de prévenir l'utilisation déraisonnable de la raison

Les penseurs tels que Pascal et Rousseau ont mis en garde contre les dangers de la démesure de la raison et ont plaidé pour une approche plus modeste et humaine de la connaissance et de la vie. Comme l'a dit Albert Einstein : " Je ne peux pas concevoir un véritable scientifique sans cette foi profonde. La situation peut être exprimée par une image: la science sans religion est boiteuse, la religion sans science est aveugle".. Il est donc nécessaire d'intégrer la raison avec d'autres dimensions de l'expérience humaine pour créer une société plus harmonieuse et équilibrée. Comme nous l'avons déjà évoqué, il existe cependant des moyens de prévenir l'utilisation déraisonnable de la raison et de promouvoir l'impartialité de la raison. Tout d'abord, l'éducation est l'un des moyens essentiels, il s'agit d'apprendre à raisonner de manière objective et à se baser sur les faits pour prendre des décisions. Il existe des techniques de pensée critique pour aider à évaluer les arguments et déterminer la validité des preuves. De plus, la diversité des opinions et des perspectives est un moyen de prévenir l'utilisation déraisonnable de la raison. Lorsque les personnes sont exposées à une variété de perspectives, elles sont plus susceptibles de développer une compréhension complète de la situation et de prendre des décisions plus informées. Les médias peuvent jouer un rôle majeur en présentant un large éventail d'opinions pour permettre aux gens de prendre des décisions éclairées. Bien que la raison soit cruciale, les émotions peuvent également influencer nos jugements et décisions. Comprendre et gérer nos émotions peut contribuer à une utilisation plus équilibrée de la raison. L'empathie envers les autres nous aide également à prendre en compte leurs perspectives et à éviter une utilisation déraisonnable de la raison pour justifier des comportements discriminatoires ou préjudiciables. Enfin, la transparence et l'accès à l'information sont des moyens de prévenir l'utilisation déraisonnable de la raison. L'accès à des informations complètes et précises permet d'évaluer les arguments de manière plus objective et de prendre des décisions plus informées.

Conclusion : en examinant les différentes théories sur la raison et son usage, nous pouvons conclure que, tout en étant un outil puissant pour comprendre le monde, la raison peut être utilisée de manière déraisonnable lorsqu'elle est influencée par des préjugés, des biais cognitifs, ou lorsqu'elle est utilisée pour soutenir des croyances irrationnelles. L'usage déraisonnable de la raison a des conséquences néfastes sur l'individu, la société et l'environnement. Pour éviter ces conséquences, il est essentiel de reconnaître les limites de la raison et de cultiver une attitude d'ouverture et de respect envers les autres modes de pensée et de connaissances. La raison doit être utilisée de manière équilibrée et responsable, en tenant compte des aspects émotionnels, spirituels et moraux de l'existence humaine. Cependant, faut-il penser avec le dramaturge, et essayiste George Bernard Shaw "L'homme raisonnable s'adapte au monde, l'homme déraisonnable s'obstine à essayer d'adapter le monde à lui-même. Tout progrès dépend donc de l'homme déraisonnable." *Maximes pour révolutionnaires,* indiquant ainsi que le progrès dépend en réalité de ceux qui sont considérés comme déraisonnables, car ce sont eux qui provoquent le changement et remettent en question les systèmes existants. Cette perspective est intéressante, car elle remet en question la valeur traditionnellement attribuée à la raison et à la logique, suggérant que parfois, il faut être audacieux et non-conformiste pour apporter des améliorations significatives dans le monde.

Sujet 3 : Pour être heureux, faut-il être raisonnable ?

Introduction : "Le bonheur consiste dans la vie heureuse et la vie heureuse, c'est la vie vertueuse." - Aristote, *Éthique à Nicomaque (vers 350 avant J.-C).* Cette citation pose la question de savoir si la vertu et la raison sont nécessaires pour atteindre le bonheur. En d'autres termes, cela soulève la question de savoir si être raisonnable et vertueux est un élément clé pour atteindre le bonheur ou si le bonheur peut être atteint sans nécessairement suivre des principes de raison ou de vertu. Dans cette perspective, la raison peut certes influencer notre capacité à être heureux. Cependant, est-il vraiment possible d'être raisonnable et heureux en même temps ? Ou peut-être que la raison va à l'encontre de l'épanouissement personnel et du bonheur ? C'est à cette question que se propose de répondre cette dissertation. La raison est souvent associée à la sagesse et à la capacité de prendre des décisions éclairées. Pourtant, il existe des limites à la raison, notamment en ce qui concerne l'expression des émotions et l'épanouissement personnel. Dans ce contexte, se pose la question de savoir si la raison est réellement un facteur clé du bonheur ou si elle peut, au contraire, être un frein à notre bien-être. Dans un premier temps, nous examinerons les avantages de la raison pour le bonheur, en mettant en avant ses effets positifs sur la prise de décision, la gestion des émotions et la résolution de problèmes. Ensuite, nous verrons les limites de la raison pour le bonheur, en abordant les effets négatifs sur la vie sociale, la créativité et l'épanouissement personnel. Enfin, nous évaluerons les arguments en faveur de la raison comme facteur clé du bonheur, ainsi que les points de vue opposés.

Première partie : la raison comme source du bonheur

L'utilisation de la raison peut aider à prendre des décisions judicieuses en nous permettant de réfléchir aux conséquences potentielles de nos actions. Pour le philosophe grec Aristote, la raison est la cause de notre bonheur, car elle nous permet de comprendre la vérité. Dans son" *"Éthique à Nicomaque"*, Aristote défend l'idée que la raison est la source de la vérité et que la compréhension de cette vérité est la cause du bonheur. Pour lui le but ultime de la vie humaine est le bonheur, et celui-ci peut être atteint par la contemplation de la vérité et la compréhension de la réalité. Aristote considère la raison comme un moyen de comprendre la vérité et de trouver le bonheur, plutôt que simplement comme une restriction de la liberté. Pour lui, le bonheur est une activité de l'âme en accord avec la raison. La raison peut nous aider à éviter les erreurs qui peuvent conduire à des regrets plus tard, ce qui peut entraver le bonheur. La raison nous aide à mieux gérer nos émotions en nous donnant la capacité de les comprendre et de les contrôler. La raison peut nous aider à éviter d'être pris dans des émotions négatives telles que la colère ou la tristesse, qui peuvent nous causer du stress et entraver notre bonheur. De plus, la raison peut nous aider à cultiver des émotions positives telles que la gratitude et la compassion, qui peuvent renforcer notre bonheur. Pour Sénèque, la raison est la mère du calme et de l'apaisement. Enfin, la raison peut nous aider à résoudre les problèmes de la vie quotidienne en nous permettant de trouver des solutions logiques et pratiques. La raison peut nous aider à faire face aux défis de la vie avec sérénité et à les surmonter avec succès, ce qui peut renforcer notre sentiment de contrôle sur notre vie et améliorer notre bonheur. La raison est considérée comme une source d'autonomie en ce qu'elle nous permet de prendre des décisions en fonction de notre propre jugement plutôt que d'être influencé par les opinions des autres. Cela nous aide à déterminer nos propres valeurs et principes de vie, à développer une identité personnelle forte et à nous libérer des préjugés et des opinions. Voici une citation de René Descartes, tirée de *"Méditations sur la philosophie première"* :"Je me suis donc fixé pour règle de ne recevoir jamais rien pour vrai que ce que je trouvais clairement et distinctement connu en moi-même.", qui souligne l'importance de la raison et de la perception claire et distincte dans l'établissement de la vérité et dans la prise de décisions autonomes. L'utilisation de la raison peut nous permettre de comprendre les conséquences potentielles de nos actions et à prendre des décisions en fonction de ce qui est moralement et éthiquement juste. Cela peut se traduire par un sentiment de liberté personnelle et de contrôle sur notre vie. En somme, la raison peut être considérée comme une source d'autonomie car elle nous permet de déterminer nos propres valeurs, de nous libérer des préjugés et des opinions des autres, et de prendre des décisions en fonction de notre propre jugement. En conséquence, la raison peut favoriser le bonheur en nous permettant de prendre des décisions judicieuses, de mieux gérer nos émotions et de résoudre avec autonomie les problèmes de la vie quotidienne.

Deuxième partie : les limites de la raison dans la quête du bonheur

La raison peut être un obstacle à la vie sociale, à la créativité et à l'épanouissement personnel. Tout d'abord, la raison peut nuire à la vie sociale en nous faisant adopter des comportements rigides et en nous empêchant de nous connecter émotionnellement avec les autres. Comme l'a expliqué le philosophe Emile Durkheim, le développement de la raison ne signifie pas seulement une restriction de la vie sociale, mais aussi une transformation fondamentale de sa nature. Dans son ouvrage *Les Formes Élémentaires de la Vie Religieuse"* (1912), Durkheim examine les fondements sociaux de la religion et de la morale, et propose que le développement de la raison a un impact profond sur la vie sociale et sur la nature même de celle-ci. Dans ce sens, l'utilisation excessive de la raison peut entraver les relations interpersonnelles et causer de la distance émotionnelle. De plus, la raison peut être un frein à la créativité. Selon le philosophe Jean-Paul Sartre, la raison est la prison de la liberté. Dans le cadre de sa philosophie existentielle, la raison peut limiter la liberté de l'individu en lui fournissant des cadres de pensée rigides et en l'empêchant de prendre des décisions authentiques et libres. Sartre soutenait que l'existence précède l'essence, ce qui signifie que l'individu doit créer sa propre signification et sa propre vérité plutôt que de les accepter sans question. En effet la raison peut nous faire suivre des schémas de pensée préétablis et nous empêcher de penser de manière originale et créative. Par conséquent, pour être créatif, il est souvent nécessaire de se libérer des entraves de la raison. Enfin, la raison peut être un obstacle à l'épanouissement personnel en nous faisant suivre des idées préconçues sur ce qui est "normal" ou "bien". Pour Carl Jung, la vie a un but ultime qui dépasse la raison, il existe une dimension inconsciente de l'existence humaine qui dépasse la raison et la compréhension consciente. Selon Jung, il y a une dimension spirituelle de la vie qui donne un sens et un but ultime à notre existence. De fait pour trouver un véritable sens et épanouissement personnel, il est souvent nécessaire de transcender les limites de la raison et de chercher au-delà des croyances préétablies. Bien que la raison puisse apporter de nombreux avantages pour le bonheur, nous devons reconnaître ses limites et ne pas la considérer comme une solution optimale. En combinant la raison avec d'autres aspects de la vie tels que la vie sociale, la créativité et l'épanouissement personnel, nous pouvons trouver d'autres pistes d'accès au bonheur.

Troisième partie : la recherche d'un équilibre entre raison et passions

Nous allons d'abord souligner l'importance de la modération, avec Aristote, c'est la doctrine du juste milieu. Aristote, dans son *Éthique à Nicomaque*, développe la notion de vertu, qu'il considère comme la voie du bonheur. Selon lui, la vertu est un juste milieu entre deux extrêmes, l'excès et le défaut. Par exemple, le courage est une vertu située entre la lâcheté (le défaut) et la témérité (l'excès). Ainsi, il est essentiel de trouver un équilibre entre nos passions et notre raison pour atteindre la vertu et, par conséquent, le bonheur. Cette approche modérée permet de concilier les aspects rationnels et émotionnels de la vie humaine, évitant les déséquilibres qui pourraient nuire à notre quête du bonheur. Le philosophe français Montaigne, dans ses *Essais*, évoque également la nécessité d'un équilibre entre la raison et les passions. Il insiste sur l'importance de connaître ses limites et d'accepter la complexité de la condition humaine, qui implique des émotions et des sentiments. Pour Montaigne, trop de rationalité peut mener à l'orgueil et à l'aveuglement, tandis que trop de passion peut entraîner l'irrationalité et la souffrance. L'équilibre entre ces deux dimensions de notre existence permet de vivre pleinement et d'atteindre une forme de sagesse qui contribue au bonheur. Jean Jacques Rousseau est un penseur qui accorde une place centrale aux passions dans la quête du bonheur. Dans son œuvre, il explique que les passions sont les moteurs de la vie et que les émotions sont essentielles pour donner du sens à notre existence. Le bonheur ne serait donc pas seulement une affaire de raison, mais aussi d'émotions et de passions vécues avec intensité. Cependant, Rousseau insiste sur la nécessité de canaliser et de réguler ces passions pour éviter qu'elles ne deviennent destructrices. Le philosophe romain Sénèque, bien qu'étant stoïcien, reconnaît aussi le rôle des passions, en particulier l'amour et l'amitié, pour atteindre le bonheur. Dans ses écrits, il souligne l'utilité de cultiver des relations saines et bienveillantes, fondées sur la sincérité et le respect mutuel. Pour Sénèque, l'amour et l'amitié sont des valeurs essentielles qui enrichissent notre existence et nous aident à surmonter les difficultés de la vie. Ainsi, en conciliant raison et passions, nous sommes en mesure de bâtir des liens solides et de trouver un bonheur durable. De manière différente, John Stuart Mill, philosophe utilitariste, propose une conception du bonheur basée sur le principe du plus grand bonheur pour le plus grand nombre. Il reconnaît que le bonheur individuel ne peut être pleinement atteint sans tenir compte du bien-être collectif. Pour Mill, la raison et les passions ont un rôle à jouer dans la réalisation de cette vision élargie du bonheur. Il est essentiel de trouver un équilibre entre l'intérêt personnel et l'intérêt général, en cultivant des valeurs telles que l'altruisme, l'empathie et la justice. De même, le philosophe John Rawls, dans sa *Théorie de la justice*, insiste sur la nécessité de promouvoir un bonheur collectif fondé sur l'équité et l'égalité des chances. Selon lui, un équilibre entre raison et passions permet de créer une société plus juste, où chaque individu peut s'épanouir et atteindre son bonheur. Enfin, la psychologie humaniste, représentée notamment par Abraham Maslow, propose une approche holistique du bonheur. Dans sa célèbre pyramide des besoins, Maslow présente différentes dimensions de l'épanouissement humain, allant des besoins physiologiques de base (nourriture, sommeil) aux besoins psychologiques (amour, estime) et, enfin, à la réalisation de soi. Pour Maslow, la quête du bonheur implique un équilibre entre la satisfaction de nos besoins rationnels et la prise en compte de nos passions et désirs. Le bonheur ne se réduit pas à la maîtrise des passions par la raison, mais nécessite un cheminement personnel vers l'accomplissement de nos potentialités et la réalisation de nos aspirations profondes. Il apparaît donc que la recherche d'un équilibre entre raison et passions est cruciale pour atteindre le bonheur. Les philosophes et penseurs évoqués ont mis en évidence l'importance de la modération, du rôle des passions dans la quête du bonheur et de l'élargissement de la conception du bonheur à l'épanouissement personnel et collectif. Ainsi, loin d'opposer raison et bonheur, il est essentiel de les concilier pour vivre pleinement et aspirer à un bonheur durable et authentique.

En conclusion, la raison peut être vue comme un facteur clé du bonheur en permettant de prendre des décisions autonomes, de développer une identité personnelle forte et de s'émanciper des opinions et des préjugés. Cependant, la raison est critiquable pour être limitante et peu en adéquation avec les émotions et les sentiments, ce qui peut conduire à un manque de bonheur et d'épanouissement. La raison est donc un enjeu majeur pour le bonheur, mais elle doit être considérée en conjonction avec d'autres aspects de notre vie. La raison peut nous aider à comprendre et à atteindre nos objectifs, mais elle ne peut pas expliquer ou justifier la signification de la vie. Il faut trouver un équilibre entre la raison et d'autres aspects de notre vie. Et comme l'a déclaré le philosophe grec Aristote : " ces vertus produisent en réalité quelque chose, non pas au sens où la médecine produit la santé, mais au sens où l'état de santé est cause de la santé : c'est de cette façon que la sagesse produit le bonheur, car étant une partie de la vertu totale par sa simple possession et par son exercice elle rend un homme heureux." *Éthique à Nicomaque*. La raison et les passions doivent travailler ensemble pour aider l'individu à atteindre le bonheur et à vivre une vie épanouissante et satisfaisante. En fin de compte, le bonheur est une quête continuelle qui exige une réflexion approfondie et une évaluation constante de nos valeurs, nos priorités et nos choix de vie.

Sujet 4 : La raison est-elle la source de toute vérité ?

Introduction : "Si donc la vérité des choses existe toujours dans notre âme, elle doit être immortelle. Aussi faut-il, quand il se trouve qu'on ne sait pas, c'est-à-dire qu'on ne se rappelle pas une chose, se mettre avec confiance à la chercher et à s'en ressouvenir" Platon, *Ménon* (v. 386-382 av. J.-C.). Platon montre que la vérité des choses existe toujours, qu'elle est immortelle. Cela signifie que la vérité ne peut pas être détruite ou perdue, même si notre corps ou notre esprit peuvent être altérés ou détruits. La recherche de la vérité est un processus continu et que nous devrions toujours être prêts à la chercher et à nous en ressouvenir. Depuis des siècles, les philosophes se sont interrogés sur la nature de la vérité et sur les moyens de l'atteindre. La raison peut-elle être considérée comme la source de toute vérité. La problématique centrale de ce sujet est de déterminer si la raison peut être considérée comme le moyen exclusif pour découvrir la vérité, ou si d'autres sources telles que les émotions, les croyances religieuses ou les intuitions peuvent jouer un rôle dans la détermination de la vérité. Nous verrons que la raison est source de vérité, mais aussi que la raison a ses limites.

Première partie : la raison comme source de vérité

Dans cette première partie, nous examinerons les arguments en faveur de la raison comme source de toute vérité. La raison a été considérée comme la source de toute vérité par de nombreux philosophes à travers l'histoire comme Platon, Leibniz, Descartes, Kant et Spinoza. Nous allons rapidement évoquer ces différentes approches, structurantes pour a philosophie. La raison peut être considérée comme source de vérité car elle peut être objective et impartiale. Selon Platon, la vérité est un concept abstrait et intangible qui peut être connu uniquement par la raison. Platon a développé cette idée dans de nombreux de ses dialogues, notamment dans *"La République"*. Il soutenait que la vérité est une forme idéale, une réalité absolue et permanente qui existe indépendamment de l'expérience humaine. Il considérait que la vérité ne pouvait être atteinte que par la connaissance intellectuelle, et non par les sens ou l'expérience. Selon lui, les sensations sont trompeuses et changeantes, tandis que la vérité est stable et permanente. La raison, en revanche, est capable de discerner la vérité de l'illusion. Platon a montré que la vérité est accessible à travers la contemplation de la forme idéale. Il a considéré que la connaissance de la vérité est une activité métaphysique et spirituelle qui transcende le monde sensible. Cette connaissance peut être atteinte par la raison, qui est capable de s'élever au-dessus de l'expérience humaine et de comprendre les idées pures. L'idée platonicienne selon laquelle la vérité est un concept abstrait et intangible qui peut être connu uniquement par la raison a eu une grande influence sur la pensée occidentale. Elle a été reprise et développée par d'autres penseurs, tels que Descartes et Leibniz, qui ont montré l'importance de la raison dans la connaissance de la vérité. La raison n'est pas influencée par les émotions, les croyances personnelles ou les perspectives culturelles, ce qui permet d'atteindre une connaissance objective de la réalité. Cette idée est défendue par le philosophe français René Descartes dans son ouvrage *"Discours de la méthode" (1637)*, où il explique que la raison peut permettre de déterminer les vérités éternelles à partir des faits objectifs.

De plus, la raison peut permettre l'accès à la connaissance. En utilisant la raison, nous pouvons analyser les informations à notre disposition pour déterminer les vérités à partir des faits objectifs. Cette approche peut conduire à une compréhension plus profonde de la réalité et de la vérité. Gottfried Wilhelm Leibniz était un philosophe et mathématicien allemand du XVIIe siècle qui a insisté sur l'importance de la raison dans la connaissance de la vérité. Il a développé une philosophie appelée monadologie, qui explique que la réalité est constituée de petites unités appelées monades qui reflètent la réalité sous des formes différentes. Selon Leibniz, la raison était la clé pour comprendre la vérité. Il considérait que la raison était capable de découvrir les lois naturelles qui régissent le monde, et que ces lois étaient nécessaires pour comprendre la vérité. Pour Leibniz, la vérité était donc une question de logique, de déduction et de raisonnement. Leibniz était un défenseur de l'idée de la "vérité suffisante", selon laquelle la vérité était accessible par la raison et la logique. Il soutenait que, en utilisant la raison, nous pouvons trouver des réponses à nos questions les plus profondes et les plus fondamentales sur la réalité. Il considérait que chaque personne avait sa propre perspective sur la réalité, qui était influencée par son histoire, ses croyances et sa culture. Cependant, pour Leibniz, la vérité objective était toujours accessible par la raison. Le philosophe néerlandais Baruch Spinoza a aussi soutenu, dans son ouvrage *"Ethique" (1677)*, que la raison peut permettre d'atteindre une connaissance objective et une compréhension profonde de la réalité. Spinoza considère la raison comme la source ultime de la connaissance, en soutenant que l'usage de la raison peut conduire à une compréhension objective de la réalité. Selon Spinoza, la raison peut permettre d'atteindre une compréhension profonde de la réalité en permettant de déduire les vérités universelles à partir d'idées claires et distinctes. Pour Spinoza, la raison peut être utilisée pour comprendre les lois naturelles et les relations causales, ce qui peut conduire à une compréhension objective de la réalité. La raison peut permettre d'atteindre la sagesse et la paix intérieure en permettant de comprendre les réalités universelles et les causes profondes des phénomènes naturels. En utilisant la raison pour comprendre la réalité, Spinoza pense que l'on peut développer une perspective détachée et impartiale qui peut aider à surmonter les émotions négatives telles que la peur et la colère. Le philosophe allemand Emmanuel Kant explicite cette idée que la raison peut être utilisée pour atteindre la connaissance objective, dans son ouvrage *"Critique de la raison pure" (1781)*. La raison peut conduire à des conclusions logiques et cohérentes. La raison permet d'analyser les informations de manière logique pour arriver à des conclusions raisonnées et cohérentes. Cette approche peut conduire à la découverte de vérités universelles qui s'appliquent à toutes les situations et à toutes les personnes. En conclusion, les arguments en faveur de la raison comme source de toute vérité comprennent le fait que la raison peut être objective et impartiale, peut permettre l'accès à la connaissance et peut conduire à des conclusions logiques et cohérentes.

Deuxième partie : les limites de la raison

Nous allons maintenant définir les arguments en défaveur de la raison comme source de toute vérité, d'autres sources de connaissance sont nécessaires pour atteindre la vérité. Cette position a été proposée par des philosophes tels que John Locke et David Hume. Elle reconnaît que la raison est importante, mais que d'autres sources de connaissance, telles que l'expérience et l'intuition, sont tout aussi cruciales pour déterminer la vérité. John Locke, dans son ouvrage *"Essai sur l'entendement humain" (1689)*, a soutenu que la connaissance ne peut être obtenue que par l'expérience. Selon Locke, la raison peut être utilisée pour organiser et interpréter les informations recueillies par les sens, mais elle ne peut pas déterminer la vérité de manière autonome. David Hume, dans son ouvrage *Traité de la nature humaine* (1739), a défendu cette approche car pour lui les jugements de vérité découlent de l'expérience et de l'observation, et non de la raison seule. Selon Hume, la raison peut être utilisée pour établir des relations causales entre les événements, mais elle ne peut pas déterminer la vérité absolue. Cette position est intéressante pour plusieurs raisons. Tout d'abord, elle reconnaît l'importance de l'expérience et de l'intuition dans la détermination de la vérité. De plus, elle souligne que la raison peut être influencée par des préjugés et des croyances personnelles, ce qui peut affecter la validité des conclusions tirées. Enfin, cette perspective reconnaît que la connaissance est un processus complexe qui implique plusieurs sources de connaissance, et non pas uniquement la raison. Même si la raison prétend être objective, elle peut être influencée par les croyances, les émotions et les préjugés de celui qui l'utilise. Cette idée est expliquée par le philosophe français Michel Foucault dans son ouvrage *"Les Mots et les choses" (1966)*. Pour lui, la raison n'est pas purement objective, mais est influencée par les contextes culturels et historiques. De plus, la raison peut être limitée dans sa capacité à atteindre la vérité. La raison peut ne pas être capable de comprendre certaines réalités complexes ou d'atteindre certaines vérités. Dans son ouvrage *"La Voix et le phénomène"*, Jacques Derrida argue que la raison humaine est constamment limitée par les mots et les concepts qu'elle utilise pour comprendre le monde. Selon lui, les mots et les concepts sont insuffisants pour saisir la réalité dans toute sa complexité et sa multiplicité. Derrida explique que les mots et les concepts sont des constructions linguistiques et culturelles qui ont une histoire et une signification relative, ce qui signifie qu'ils ne peuvent pas fournir une compréhension absolue et définitive de la réalité. En conséquence, la raison ne peut pas accéder à la réalité telle qu'elle est en elle-même, car elle est toujours influencée par les mots et les concepts qu'elle utilise. Les mots et les concepts agissent comme des filtres qui distordent et réduisent la réalité, et c'est pour cette raison que la raison est toujours limitée. Cependant, Derrida ne nie pas la valeur de la raison ; il pense plutôt que la raison doit être consciente de ses limites et de la relativité de ses concepts pour éviter de se tromper et de se fermer à d'autres perspectives. Enfin, d'autres sources de connaissance peuvent être nécessaires pour atteindre la vérité, telles que l'intuition, la perception et l'expérience. Cette idée est défendue par le philosophe allemand Martin Heidegger dans son ouvrage *"Etre et Temps" (1927)*, où il montre que la raison ne peut pas comprendre toutes les réalités et que d'autres sources de connaissance sont nécessaires pour atteindre une compréhension complète de la vérité. Il défend l'idée que la vérité ne peut être atteinte que par une compréhension authentique de l'existence humaine et que cette compréhension ne peut être obtenue que par une expérience personnelle. Heidegger rejette l'idée platonicienne selon laquelle la vérité est un concept abstrait et intangible qui peut être connu uniquement par la raison. Au lieu de cela, Heidegger affirme que la vérité est liée à l'existence humaine et que l'existence humaine est déterminée par le temps et l'espace. La compréhension de la vérité nécessite une compréhension de l'existence humaine dans son ensemble, y compris ses limites et ses possibilités. La raison ne peut pas comprendre l'existence humaine en son entier car elle se concentre sur les faits objectifs et ignore les aspects subjectifs de l'existence humaine. Pour lui la raison ne peut pas comprendre la vérité en soi, car la vérité dépend de l'existence humaine et de son interaction avec le monde environnant. La vérité ne peut être comprise que dans un contexte spécifique et ne peut être séparée de l'existence humaine. En conclusion, les arguments en défaveur de la raison comme source de toute vérité comprennent le fait que la raison peut être influencée par les préjugés et les croyances personnelles, peut être limitée dans sa capacité à atteindre la vérité, et peut nécessiter d'autres sources de connaissance pour atteindre une compréhension complète de la vérité.

En conclusion, après avoir examiné les points forts et les faiblesses de chaque position, il apparaît que la deuxième perspective, selon laquelle la raison n'est qu'une source parmi d'autres de la connaissance, est très intéressante. Cette position reconnaît l'importance de l'expérience et de l'intuition dans la détermination de la vérité, tout en soulignant les limites de la raison. Cependant, la vérité est un concept complexe et multidimensionnel, qui dépasse largement les capacités de la raison seule. La vérité dépend de nombreux facteurs, tels que la culture, les croyances personnelles, les contextes sociaux et historiques, et les perspectives subjectives. La vérité est une quête qui ne peut être atteinte que par l'utilisation de toutes les sources disponibles de connaissance, y compris la raison, l'expérience, l'intuition et l'observation. Comme l'a dit H.G. Wells, "la recherche de la vérité divine est semblable au lavage du minerai d'or : pas une parcelle n'a la moindre valeur tant que la plus grande partie n'a pas été emportée par l'eau courante.". La raison peut être une source de connaissance, mais elle ne peut pas à elle seule déterminer la vérité. La vérité ne peut être obtenue que par une utilisation judicieuse de toutes les sources disponibles de connaissance.

Sujet 5 : La raison peut-elle tout expliquer ?

Introduction : "Le cœur a ses raisons que la raison ne connaît point", cette citation de Blaise Pascal, tirée de ses *Pensées*, met en évidence l'idée que la raison seule ne peut pas tout expliquer. Les émotions humaines sont souvent motivées par des raisons que la raison ne peut pas comprendre, et que notre capacité à aimer, à ressentir de la compassion et à éprouver de la joie dépasse les limites de la compréhension rationnelle. La raison peut expliquer certaines choses, mais elle ne peut pas tout comprendre, et les motivations profondes de l'être humain dépassent les capacités de la raison. Cela soulève la question de savoir si la raison peut tout expliquer et si d'autres formes de connaissance sont nécessaires pour comprendre le monde et les êtres humains qui nous entourent. Peut-on dire que la raison peut tout expliquer ? C'est à cette question que nous allons tenter de répondre. La raison a toujours été considérée comme un outil essentiel pour la compréhension du monde et la résolution de problèmes complexes. Cependant, il existe des aspects de la vie et de la connaissance qui échappent à la raison et qui nécessitent d'autres approches pour être compris. Alors que certains considèrent la raison comme l'outil ultime pour la compréhension du monde, d'autres pensent qu'elle a ses limites et qu'il est nécessaire de la compléter avec d'autres approches pour avoir une vision plus complète de la réalité. Dans un premier temps, nous allons examiner les arguments en faveur de la raison, en montrant comment elle peut expliquer de nombreux phénomènes dans divers domaines. Ensuite, nous verrons les limites de la raison en abordant les phénomènes qui échappent à son explication, ainsi que les limites de son raisonnement logique. En troisième lieu, nous explorerons la complémentarité entre la raison et d'autres approches pour dépasser ses limites et avoir une vision plus complète de la réalité.

Première partie : la capacité d'explication de la raison

La raison est souvent considérée comme l'outil ultime pour la compréhension du monde et la résolution de problèmes complexes. Les sciences, la philosophie, et d'autres disciplines se sont appuyées sur la raison pour développer des théories et des explications fiables sur de nombreux phénomènes. Les progrès scientifiques, les avancées technologiques, et les découvertes philosophiques sont le fruit de la raison qui, avec son raisonnement logique, nous permet de comprendre le monde qui nous entoure. Un des plus grands défenseurs de la raison en tant qu'outil de compréhension est le philosophe grec Aristote. Dans son œuvre *"Organon"*, il définit la raison comme "la capacité de comprendre les concepts fondamentaux et de les relier pour en déduire de nouvelles connaissances". Il considère la raison comme un moyen de comprendre les lois naturelles et les principes qui régissent le monde. De même, René Descartes, dans son "*Discours de la méthode*", affirme que "Je pense, donc je suis" en montrant l'importance de la raison pour la découverte de la vérité. Il considère la raison comme le fondement de la connaissance et l'outil qui nous permet de développer des idées claires et distinctes. En effet, pour Descartes, la raison est la clé pour atteindre la vérité, car elle nous permet de remettre en question nos croyances et nos opinions. Il prône une méthode de doute raisonné, où l'on peut séparer le vrai du faux en examinant les idées avec soin et en les soumettant à un examen critique. Cette méthode consiste à douter de tout ce qui n'est pas certain, afin de trouver les vérités indéniables. Pour Descartes, la raison est donc le fondement de la connaissance, car elle nous permet de distinguer le vrai du faux et de construire des idées solides sur lesquelles nous pouvons fonder notre compréhension du monde. Baruch Spinoza, un philosophe hollandais du XVIIe siècle, utilise cette métaphore pour décrire l'importance du raisonnement dans l'obtention de la connaissance : "Le raisonnement est la lampe de la nuit de l'intelligence" - "*Ethique*". Pour Spinoza, la raison est ce qui nous permet de comprendre les phénomènes complexes et de les expliquer de manière cohérente. La citation "Le raisonnement est la lampe de la nuit de l'intelligence" exprime l'idée que la raison est ce qui nous éclaire dans les moments de confusion et de doute, nous aidant ainsi à trouver des réponses à nos questions. Les sciences sont un bon exemple de la puissance de la raison. La méthode scientifique repose sur la raison pour développer des hypothèses, les tester et en déduire des conclusions fiables. La raison peut aider à expliquer des phénomènes complexes tels que les mécanismes de l'univers, les lois de la physique et les processus biologiques. Les théories scientifiques sont soumises à des tests rigoureux pour prouver leur validité, ce qui montre comment la raison peut aider à découvrir des vérités sur le monde. "Nous disposons aujourd'hui, pour comprendre le monde, d'un moyen aussi efficace qu'élégant, une méthode que nous appelons la science. Elle nous a révélé un Univers si vaste et si ancien qu'il semblait, à première vue, indifférent aux affaires humaines, sans commune mesure avec nos problèmes de chaque jour. ", cette citation de Carl Sagan, scientifique et astronome américain, tirée de son livre *"Cosmos"*, met en évidence l'importance de la raison dans les sciences. Selon Sagan, la science ne peut pas expliquer toutes les réalités complexes de l'univers, mais elle peut fournir des réponses fiables aux questions que nous posons. Cela montre que la raison peut être un outil puissant pour la découverte de la vérité, en particulier dans les sciences. La méthode scientifique repose sur l'utilisation de la raison pour tester des hypothèses, déduire des conclusions fiables et développer des théories qui peuvent expliquer les phénomènes complexes du monde. Les sciences montrent comment la raison peut aider à découvrir des vérités sur le monde, même si elle ne peut pas tout expliquer. La raison peut aussi être utilisée pour résoudre des problèmes pratiques. Le raisonnement logique peut être utilisé pour trouver des solutions à des problèmes complexes, tels que la résolution de conflits, la prise de décisions ou la résolution de problèmes économiques. Les arguments en faveur de la raison montrent sa capacité à expliquer de nombreux phénomènes et à résoudre des problèmes complexes. La raison peut être considérée comme un outil essentiel pour la compréhension du monde, en permettant de développer des théories fiables, de découvrir des vérités et de résoudre des problèmes pratiques. Les défenseurs de la raison considèrent la raison comme la clé pour atteindre la connaissance et la compréhension, en permettant de développer des raisonnements logiques et des explications fiables. Cependant, malgré tous les avantages de la raison, il existe des arguments qui mettent en doute sa capacité à tout expliquer. Certaines expériences, certains phénomènes et certaines idées peuvent défier la compréhension rationnelle, ce qui soulève la question de savoir si la raison peut tout expliquer. Dans la deuxième partie de cet article, nous examinerons ces arguments qui mettent en doute la capacité de la raison à tout expliquer.

Deuxième partie : Les limites de la raison :

La deuxième partie de l'analyse portera sur les limites de la raison. En effet, bien que la raison soit considérée comme un outil puissant pour expliquer le monde, nous allons envisager des limites à ce qu'elle peut faire. Il y a certaines choses que la raison ne peut pas expliquer, telles que les émotions, les sentiments, les croyances religieuses et les expériences mystiques. Comme nous l'avons vu, René Descartes a valorisé le rôle majeur de la raison, cependant, il ne considère pas la raison comme capable d'expliquer tout, et il reconnaît l'existence de certaines limites à la connaissance rationnelle. Par exemple, il admet que la raison ne peut pas expliquer toutes les propriétés de la matière, telles que la couleur, l'odeur et le goût, car ces propriétés sont perçues par les sens et non par la raison. De même, il reconnaît que la raison ne peut pas expliquer les phénomènes métaphysiques tels que l'existence de Dieu, car ces phénomènes dépassent les limites de la compréhension rationnelle. Pour Descartes, la raison est un outil précieux pour atteindre la connaissance et la vérité, mais il reconnaît qu'elle a ses limites. La raison peut nous aider à comprendre de nombreux aspects du monde qui nous entoure, mais il y a certaines choses qui défient la compréhension rationnelle et qui nécessitent une autre forme de connaissance. Pour le philosophe allemand Emmanuel Kant, dans son œuvre *"Critique de la raison pure"*, la raison a des limites en ce qui concerne la compréhension de la réalité. Il affirme que la raison ne peut pas connaître les choses telles qu'elles sont en soi, mais seulement telles qu'elles sont perçues par notre esprit. Selon Kant, notre esprit donne une forme à notre expérience du monde en utilisant des concepts tels que la causalité, le temps et l'espace. En d'autres termes, notre compréhension du monde est filtrée par notre propre conscience et notre raison ne peut pas connaître la réalité en dehors de ce filtre. Friedrich Nietzsche, dans *Ainsi parlait Zarathoustra,* a soulevé des questions fondamentales sur la capacité de la raison à comprendre les aspects les plus profonds de la vie. Selon Nietzsche, la raison est souvent limitée par ses propres conventions et peut même être trompeuse dans ses conclusions. La raison ne peut pas expliquer les aspects les plus profonds de la vie tels que la créativité, l'amour et la passion, qui dépassent les limites du raisonnement logique. Nietzsche met en avant l'importance des autres facettes de la vie, telles que l'intuition, l'empathie et la créativité, qui sont souvent ignorées par la raison. Pour Nietzsche, ces aspects sont fondamentaux pour comprendre la complexité de la vie et de la condition humaine. La raison seule ne peut pas donner une image complète de la réalité, et les autres aspects de la vie doivent être pris en compte pour avoir une vision plus complète et plus profonde. Nietzsche critique ainsi la tendance de la raison à vouloir dominer et contrôler tous les aspects de la vie. Selon lui, cette tendance est néfaste car elle empêche la compréhension des aspects les plus profonds et les plus subtils de la vie. Le philosophe français Jean-Paul Sartre, dans *"L'être et le néant",* a expliqué que la raison a des limites. La raison ne peut pas expliquer la conscience subjective, car elle ne peut connaître que les objets extérieurs. La conscience subjective, en revanche, est une expérience personnelle et ineffable qui ne peut être comprise que par elle-même. De même, les phénomènes tels que l'amour, la beauté et la spiritualité échappent souvent à l'explication rationnelle. Ils sont souvent considérés comme des expériences profondes et intimes qui ne peuvent être comprises que par les personnes qui les vivent. En outre, la raison peut être limitée par les biais cognitifs, qui sont des erreurs de jugement systématiques dans la perception et l'interprétation des informations. Les biais cognitifs peuvent rendre la raison partielle et subjective, ce qui peut mener à des conclusions erronées. Par exemple, le biais de confirmation, qui consiste à rechercher des preuves qui confirment nos croyances existantes, peut nous empêcher de considérer les idées qui contredisent nos opinions. Bien que la raison soit un outil puissant pour expliquer le monde, il existe des limites à ce qu'elle peut faire. La raison peut être limitée par notre propre conscience, par les croyances et les conventions, ainsi que par les biais cognitifs.

Troisième partie : La complémentarité avec d'autres approches

La raison ne peut pas tout expliquer et d'autres approches sont utiles pour comprendre certains phénomènes. L'intuition, la créativité, l'empathie et d'autres qualités humaines peuvent être essentielles pour comprendre les aspects les plus complexes de la vie et du monde qui nous entoure. Emmanuel Kant, dans son ouvrage *"Critique de la raison pure",* a souligné l'importance de l'intuition pour la compréhension de certaines choses. Selon Kant, la raison peut nous aider à comprendre les lois universelles et les principes de base de la nature, mais la compréhension de la beauté, de la moralité et de l'existence de la vérité absolue nécessite l'utilisation de l'intuition. De même, la créativité peut jouer un rôle dans la compréhension des phénomènes artistiques et culturels. Les arts, la musique, la littérature et d'autres formes de création sont souvent difficiles à expliquer uniquement à partir de la raison. Il est nécessaire de recourir à la sensibilité, à l'émotion et à la créativité pour comprendre la signification profonde de ces formes d'expression. L'empathie, quant à elle, peut être utile pour comprendre les perspectives et les émotions des autres. Elle peut aider à développer une compréhension plus profonde des relations interpersonnelles et à trouver des solutions aux conflits sociaux et politiques. Enfin, les approches interdisciplinaires peuvent dépasser les limites de la raison en combinant les forces de différentes disciplines pour aborder les problèmes complexes. En associant les connaissances de la philosophie, de la science, de la sociologie, de l'économie et d'autres domaines, il est possible de trouver des réponses plus complètes et plus riches aux questions les plus complexes. Un exemple d'approche interdisciplinaire pour dépasser les limites de la raison est l'étude du développement durable. Le développement durable implique une compréhension des impacts environnementaux, économiques et sociaux des activités humaines. Pour aborder ce problème complexe, les experts de différentes disciplines travaillent ensemble pour développer des solutions durables qui tiennent compte de ces impacts multiples. Cela peut impliquer la combinaison de la science pour comprendre les impacts environnementaux, de l'économie pour évaluer les coûts et les bénéfices des différentes options, et de la sociologie pour comprendre les attitudes et les comportements des consommateurs en matière de durabilité. L'approche interdisciplinaire permet de fournir une compréhension plus complète et plus riche des problèmes complexes. Mais il faut rester prudent car cette interdisciplinarité repose encore beaucoup sur des approches scientifiques qui ont pour socle la raison. La raison reste un outil puissant pour comprendre le monde, cependant il faut reconnaître ses limites et parfois se tourner vers d'autres approches pour obtenir une compréhension plus complète des phénomènes complexes de la vie et du monde qui nous entoure.

En conclusion, la raison peut être considérée comme une force puissante qui permet de découvrir des vérités sur le monde, de résoudre des problèmes pratiques et de développer des théories scientifiques. Cependant, il est évident que la raison a ses limites et ne peut pas tout expliquer. La complémentarité avec d'autres approches telles que l'intuition, la créativité et l'empathie peut aider à mieux comprendre certains phénomènes et à trouver des réponses plus complètes aux questions les plus complexes. Les approches interdisciplinaires permettent de dépasser les limites de la raison en associant les connaissances de différents domaines pour aborder les problèmes complexes. Pour finir, je voudrais citer Albert Einstein qui a dit: "L'imagination est plus importante que la connaissance car la connaissance est limitée tandis que l'imagination englobe le monde entier, stimule le progrès, suscite l'évolution » (*discours prononcé lors d'une conférence à l'université de Princetown en 1929 intitulé "Le rôle du poète"*). Cette citation montre que, même pour un scientifique aussi brillant qu'Einstein, la créativité et l'imagination valent autant que la raison pour comprendre le monde et trouver des réponses à des questions complexes. Ainsi, nous pouvons dire que la raison peut expliquer beaucoup de choses, mais que d'autres approches sont tout à fait nécessaires pour comprendre complètement le monde et trouver des réponses plus riches aux questions les plus complexes.

Sujet 6 : La raison a-t-elle besoin de douter ?

Introduction : « Le doute est le commencement de la sagesse » Aristote, citation extraite d'un dialogue de Platon appelé *Apologie de Socrate*. Dans ce dialogue, Socrate explique que sa sagesse consiste en ce qu'il sait qu'il ne sait rien et qu'il est conscient de son ignorance. La raison est souvent considérée comme un outil indispensable pour la compréhension et la maîtrise du monde. Elle permet à l'homme de connaître, d'analyser et de résoudre les problèmes qui se posent à lui. Pourtant, la raison elle-même peut être remise en question : doit-elle se méfier d'elle-même et se montrer sceptique ? Nous allons donc étudier les enjeux de la relation entre raison et doute, ainsi que les limites et les dangers du doute, pour répondre à la question suivante : la raison a-t-elle besoin de douter ? Cette question est particulièrement pertinente dans un monde où la rapidité de l'information et la complexité des problèmes exigent une réflexion rapide et efficace. En effet, il est de plus en plus difficile de prendre le temps de douter, de remettre en question nos certitudes, alors que la pression de l'urgence et de l'efficacité se fait de plus en plus forte. La question est donc de savoir si le doute est un frein à l'action et à la résolution des problèmes ou, au contraire, s'il est une condition nécessaire pour la raison. Dans cette dissertation, nous allons étudier la nécessité du doute dans l'exercice de la raison. Dans un premier temps, nous analyserons les limites de la raison, c'est-à-dire les obstacles qui peuvent empêcher la raison de bien fonctionner. Dans un deuxième temps, nous étudierons la nécessité du doute en tant qu'outil de la raison. Enfin, dans un troisième temps, nous examinerons les dangers du doute, c'est-à-dire les risques liés à une remise en question excessive.

Première partie : les limites de la raison

La raison est la faculté de l'esprit humain qui permet de réfléchir, de raisonner et de juger. Elle est souvent opposée à l'intuition ou à la sensibilité, et est considérée comme un élément central de la pensée philosophique. Selon Descartes, la raison est la source de la connaissance certaine, et permet de distinguer le vrai du faux. Cependant, la raison a des limites, et elle ne peut pas tout connaître ou tout expliquer. Le doute méthodique est une méthode de remise en question de toutes les certitudes, y compris les plus évidentes. Cette technique, développée par Descartes, permet de s'assurer que nos connaissances sont fondées sur des preuves solides et non sur des préjugés ou des illusions. En remettant en question toutes les certitudes, nous pouvons éviter les erreurs et améliorer notre compréhension du monde. Cependant, malgré les avantages de la raison, nous devons aussi reconnaître ses limites. La réalité est complexe et infinie, et notre esprit ne peut pas tout appréhender. Ainsi, Kant a distingué entre la réalité phénoménale, que nous pouvons connaître grâce à notre raison, et la réalité noumédiale, qui nous est inaccessible. Nous pouvons connaître les choses telles qu'elles apparaissent à notre esprit, mais nous ne pouvons pas connaître la réalité absolue qui se cache derrière elles. Enfin, la logique a ses limites. Elle permet de déduire des conclusions à partir de prémisses, mais elle ne peut pas prouver l'existence de la réalité extérieure. De même, certaines vérités, comme les axiomes mathématiques, ne peuvent pas être démontrées par la raison, mais sont simplement admises comme vraies. Plusieurs philosophes ont remis en question la capacité de la raison à appréhender la réalité dans toute sa complexité. Parmi eux, Pascal et Nietzsche ont particulièrement critiqué les limites de la raison et ont proposé des alternatives à son utilisation exclusive. Blaise Pascal, philosophe et scientifique du XVIIe siècle, a affirmé que la raison était insuffisante pour appréhender le sens de la vie. Selon lui, l'homme est limité dans sa capacité à comprendre l'existence et doit accepter le mystère qui l'entoure. Dans ses *Pensées*, Pascal montre que la raison est impuissante face à la profondeur de l'existence : "Le cœur a ses raisons, que la raison ne connaît point." Pour lui, la vérité sur le sens de l'existence ne peut être atteinte que par la foi, car elle permet d'accéder à des connaissances qui dépassent les limites de la raison humaine. Pascal défend ainsi une conception de la connaissance qui dépasse les frontières de la raison et qui nécessite une ouverture vers d'autres dimensions, notamment spirituelles. Friedrich Nietzsche, quant à lui, a rejeté l'idée que la raison puisse nous mener vers une vérité objective et absolue. Pour Nietzsche, la raison est une illusion, qui nous fait croire que nous pouvons comprendre la réalité telle qu'elle est en elle-même. Dans sa critique de la métaphysique, Nietzsche affirme que la raison nous coupe de la réalité en nous faisant croire que nous pouvons en saisir toutes les dimensions. Selon lui, il faut renoncer à cette prétention à la vérité absolue et accepter que toutes les vérités sont relatives à notre point de vue et à notre contexte. Pour Nietzsche, le doute est donc une posture plus féconde que la certitude : "Celui qui doute et ne se décide pas appartient aux âmes fortes." Le doute permet de remettre en question nos certitudes et d'ouvrir notre esprit à de nouvelles perspectives. Ainsi, les critiques de Pascal et Nietzsche mettent en lumière les limites de la raison et proposent des alternatives à son utilisation exclusive. Selon eux, la raison ne peut pas tout comprendre et doit être complétée par d'autres modes de connaissance, tels que la foi pour Pascal ou le doute pour Nietzsche. Leur réflexion nous invite à remettre en question notre attachement à la raison et à considérer la réalité sous d'autres angles, notamment en faisant preuve d'ouverture d'esprit. En somme, la raison a des limites qui la rendent incapable de tout connaître ou de tout expliquer. Ces limites ont été mises en évidence par des philosophes tels que Descartes, Kant, Pascal ou Nietzsche. La question qui se pose alors est de savoir si le doute est une condition nécessaire pour que la raison puisse remplir sa fonction.

Deuxième partie : la nécessité du doute

La raison, bien qu'étant un outil puissant pour la connaissance, a des limites et des faiblesses qui la rendent incomplète. Le doute peut alors être considéré comme une nécessité pour compléter la raison. En effet, le doute méthodique, le doute comme condition de l'apprentissage et le doute comme vertu morale sont autant d'aspects qui illustrent la nécessité du doute dans l'exercice de la raison. René Descartes, dans son œuvre majeure *"Discours de la méthode"*, a développé le concept du doute méthodique, qui consiste à mettre en doute tout ce que l'on croit savoir afin de ne retenir que ce qui est sûr et certain. Selon lui, le doute est un outil indispensable pour distinguer le vrai du faux, et ainsi parvenir à une connaissance certaine. Le doute méthodique est donc une démarche rationnelle qui permet d'éviter les erreurs et les illusions. En remettant en question toutes nos connaissances, nous sommes alors en mesure de reconstruire notre savoir de manière plus solide et plus cohérente. De même, le doute occupe une place centrale dans la méthode scientifique. En effet, la science repose sur l'idée que toute théorie doit être remise en question en permanence, afin d'être validée ou invalidée par l'expérience. Le doute est donc un élément essentiel de la démarche scientifique, car il permet de mettre à l'épreuve les hypothèses et les théories, et ainsi de progresser dans la connaissance. Le doute est considéré comme une condition de l'apprentissage. En effet, pour apprendre, il est nécessaire de remettre en question ses connaissances et ses croyances, afin de découvrir de nouvelles perspectives et de nouvelles idées. Le doute permet ainsi de sortir de sa zone de confort, d'explorer de nouveaux horizons, et de s'ouvrir à la diversité des opinions et des points de vue. Dans le domaine de l'éducation, le doute est donc un élément essentiel pour favoriser la créativité, l'esprit critique et l'autonomie intellectuelle des apprenants. Les enseignants ont un rôle à jouer en encourageant leurs élèves à questionner, à remettre en cause, à explorer de nouvelles pistes, et à ne jamais considérer leurs connaissances comme définitives et immuables. Enfin, le doute peut être considéré comme une vertu morale. En effet, le fait de remettre en question ses certitudes et ses croyances permet de faire preuve d'humilité et de modestie. Le doute permet d'éviter l'intolérance et le fanatisme, en reconnaissant que d'autres points de vue peuvent être valables et légitimes. La remise en question de ses propres certitudes est ainsi une condition essentielle pour favoriser le dialogue, la tolérance et le respect des autres. En étant ouvert à la diversité des opinions et des croyances, on peut alors construire un monde plus juste et plus harmonieux. En définitive, le doute peut être considéré comme un outil de la raison, une condition de l'apprentissage, une vertu morale et un élément fondamental du processus scientifique. Sans le doute, la raison risque de devenir dogmatique et de ne plus remettre en question ses certitudes. Le doute permet donc de maintenir la raison en mouvement, en quête de vérité. Cependant, il convient de souligner que le doute ne doit pas être érigé en dogme. Le doute risque aussi d'être utilisé à mauvais escient, en servant de prétexte pour ne pas prendre position ou pour justifier des comportements irrationnels. Le doute doit donc être utilisé avec discernement, en veillant à ce qu'il ne devienne pas un obstacle à la prise de décision. En somme, la raison a besoin du doute pour être complète, car le doute permet de remettre en question les connaissances acquises et de favoriser la recherche de la vérité. Cependant, le doute doit être utilisé avec discernement, en veillant à ce qu'il ne devienne pas un dogme en soi.

Troisième partie : les dangers du doute

Le doute peut être un outil précieux pour la raison, mais il risque parfois de mener à l'inaction et à la paralysie. En effet, si l'on doute de tout, on peut avoir du mal à prendre une décision et à agir, ce qui peut s'avérer dangereux dans certaines situations. Le philosophe allemand Emmanuel Kant souligne ainsi que "l'indécision prolongée finit par être une décision en faveur de l'inaction" *(Critique de la raison pratique, 1788)*. Le doute peut mener à une remise en question excessive, qui peut conduire à un relativisme absolu, c'est-à-dire à l'idée que toutes les opinions se valent et qu'il n'existe pas de vérité absolue. Or, cette position peut être dangereuse car elle empêche toute proposition de construction. En effet, si l'on remet tout en question sans proposer de fondements solides pour avancer, on risque de tomber dans une sorte de nihilisme, qui peut être préjudiciable à l'épanouissement personnel et à la vie en société. Enfin, la pensée critique a aussi ses limites, en effet, il est impossible de tout remettre en question, et certains fondements doivent être admis pour avancer dans la réflexion. Par exemple, la notion de vérité peut être considérée comme un fondement de la pensée, sans laquelle il est difficile de mener une réflexion cohérente et constructive. Le philosophe américain William James souligne ainsi que le doute méthodique peut être un instrument utile pour la découverte des vérités nouvelles, mais il ne peut pas être appliqué à toutes les vérités sans exception *Les Variétés de l'expérience religieuse, (1902)*. Finalement, si le doute peut être un outil précieux pour la raison, il convient de ne pas tomber dans l'excès et de reconnaître les limites de la pensée critique. En gardant à l'esprit que la raison est nécessairement incomplète, qu'elle doit être associée à la réflexion, à l'apprentissage et à l'action, il est possible de concilier doute et certitude de manière féconde et constructive. Dans ce sens, le philosophe Henri Bergson affirmait que la certitude est un bienfait de l'action, et l'action une conséquence de la certitude *Les Deux Sources de la morale et de la religion, (1932)*. Cela implique de ne pas rester passif face aux doutes qui peuvent surgir, mais de chercher à les surmonter en se basant sur des fondements solides, tout en restant ouvert aux critiques et aux remises en question nécessaires pour avancer dans la connaissance.

En conclusion, il apparaît que la raison a besoin du doute pour se construire et se perfectionner, mais que celui-ci représente un danger s'il est excessif ou mal orienté. Ainsi, le doute peut permettre à la raison de se questionner, de remettre en cause ses certitudes et de progresser dans la recherche de la vérité. Cependant, un excès de doute peut mener à la paralysie de l'action, à la remise en question excessive, voire au relativisme. De plus, la pensée critique a ses limites et il est nécessaire de se doter de certains fondements pour avancer. En réponse à la question posée, il semble que la raison ait besoin de douter pour se perfectionner, mais que le doute ne soit pas une fin en soi et qu'il faille savoir trouver un juste équilibre pour éviter les excès. Cependant, les enjeux futurs du rapport entre raison et doute restent notables. Dans un monde où les « fake news », les théories complotistes et les croyances irrationnelles peuvent facilement se répandre, la raison et le doute sont plus que jamais nécessaires pour discerner le vrai du faux. Pour conclure, cette citation d'Emmanuel Kant qui évoque les limites de la raison : " Il n'y a donc pas de doute que toute notre connaissance commence avec l'expérience; mais ce n'est pas pour cela qu'elle découle toute de l'expérience. Car il se pourrait bien que même notre connaissance des objets d'expérience fût a priori. Sans doute, pour savoir ce qui est contenu dans l'expérience, il faut d'abord avoir recours à l'expérience; mais ce qui, d'après cette expérience, peut être ou non contenu dans les perceptions, cela ne peut jamais être déterminé que par des concepts a priori.", *Critique de la raison pure*. Cette citation de Kant complète l'idée exprimée dans la première partie de notre développement, à savoir que la raison a des limites et qu'elle ne peut pas tout connaître ou tout expliquer. Cela nous rappelle l'importance de la prudence et de l'humilité dans notre quête de connaissances et de compréhension du monde. La raison et le doute sont des outils complémentaires et nécessaires pour parvenir à une connaissance solide et fiable.

XIII. LA RELIGION

Sujet 1 : les religions séparent-elles les hommes ?

Introduction : "Les religions ont divisé les êtres humains en deux groupes : ceux qui sont considérés comme les élus de Dieu et ceux qui ne le sont pas. Cette division a créé des frontières artificielles entre les gens, qui ont conduit à des conflits et à des guerres. Pourtant, toutes les religions partagent l'objectif commun de cultiver l'amour, la paix et la compassion. Si nous pouvons nous concentrer sur ces aspects communs plutôt que sur nos différences, nous pourrions réduire les tensions entre les gens de différentes religions." - Dalai Lama XIV (*The Compassionate Life*). Cette citation illustre bien le point de vue selon lequel les religions peuvent causer des divisions et des conflits entre les êtres humains en créant des frontières artificielles. Depuis la nuit des temps, les religions ont accompagné l'humanité dans ses moments de recueillement comme dans ses heures les plus sombres. Elles ont été le berceau de nombreux conflits mais aussi de profondes réconciliations. Aujourd'hui encore, la question se pose : les religions séparent-elles les hommes ou au contraire, les rassemblent-elles ? Cette question est d'autant plus cruciale à notre époque où les relations interculturelles et interreligieuses sont de plus en plus fréquentes. Dans cette dissertation, nous allons explorer les différents aspects de cette question en examinant les arguments pour l'aspect de division puis leur potentiel de rassembler les hommes.

Première partie : les religions peuvent séparer les hommes

Les conflits religieux ont souvent été à l'origine de nombreuses guerres et violences à travers l'histoire. C'est le cas par exemple des Croisades au Moyen-Age, qui ont vu des chrétiens et des musulmans s'affronter pour la possession de Terre Sainte. Le philosophe Jean-Jacques Rousseau écrivait dans *"Du Contrat Social"* que les guerres de religion ont été les plus sanglantes de toutes les guerres. Les religions peuvent causer des discriminations et des inégalités entre les individus d'une même religion ou entre différentes religions. Le sociologue Émile Durkheim a étudié les effets de la religion sur la société et a démontré que les croyances religieuses peuvent être utilisées pour justifier des inégalités sociales. De plus, les religions peuvent causer des divisions entre les individus d'une même religion en raison de divergences de croyances ou de pratiques. Les textes sacrés peuvent être sujets à des interprétations variées, ce qui peut donner lieu à des conflits d'interprétation et à des divisions au sein même d'une religion. C'est le cas par exemple des différentes branches de l'Islam, comme le sunnisme et le chiisme, qui ont conduit à des conflits sanglants au cours de l'histoire. Le rôle des institutions religieuses dans la séparation des hommes est un sujet complexe et controversé en philosophie. Si certaines institutions religieuses peuvent jouer un rôle positif dans la cohésion sociale et l'entraide, d'autres peuvent contribuer à créer des divisions en favorisant une identité religieuse exclusive, en pratiquant le prosélytisme et en renforçant la séparation entre les adeptes et les non-adeptes. Les autorités religieuses, telles que les dirigeants ecclésiastiques ou les théologiens, ont un rôle crucial dans la façon dont les croyants se définissent religieusement. Si ces autorités promeuvent une vision inclusive et tolérante de leur religion, cela peut favoriser la compréhension mutuelle et l'ouverture aux autres croyances mais si elles encouragent une identité religieuse exclusive en considérant que leur religion est la seule vraie et en rejetant les autres croyances comme étant fausses ou hérétiques, cela peut contribuer à la séparation entre les adeptes de différentes religions. Historique ce fut le cas de l'Inquisition menée par l'Église catholique au Moyen Âge. L'Inquisition avait pour objectif d'éliminer l'hérésie et de préserver la pureté de la foi catholique. Les autorités ecclésiastiques considéraient ceux qui s'écartaient des dogmes officiels comme des menaces pour l'unité religieuse, et ils étaient souvent persécutés, emprisonnés ou exécutés. Cette attitude exclusive a contribué à créer des divisions et des tensions entre les adeptes de différentes croyances, sapant la coexistence pacifique. Le prosélytisme est la pratique de chercher à convertir les individus à une religion spécifique. Bien que les institutions religieuses puissent considérer le prosélytisme comme un devoir de répandre leur foi, cela peut également être source de conflits et de divisions interreligieuses. Lorsque des groupes ou des missionnaires religieux tentent d'imposer leurs croyances à d'autres, cela peut être perçu comme une forme d'ingérence ou de manque de respect envers la liberté de conscience des individus. De manière contemporaine un prosélytisme conflictuel est celui de certaines organisations religieuses qui opèrent dans des régions multi-religieuses ou multiculturelles. Lorsqu'elles adoptent une approche agressive de conversion, cela peut susciter des tensions avec les communautés locales et entraîner des réactions hostiles, créant ainsi des divisions entre les adeptes de différentes religions. Les dogmes et les rituels religieux jouent un rôle majeur dans la construction de l'identité religieuse des croyants. Les dogmes sont les enseignements fondamentaux et les croyances officielles d'une religion, tandis que les rituels sont les pratiques et les cérémonies spécifiques qui renforcent le lien entre les adeptes et leur foi. Cependant, lorsque les dogmes sont interprétés de manière rigide et absolue, cela peut conduire à une vision étroite du monde et à une perception négative des autres croyances. De même, certains rituels peuvent être utilisés pour exclure ceux qui ne pratiquent pas la religion, renforçant ainsi la séparation entre les adeptes et les non-adeptes. Un exemple de la façon dont les dogmes et les rituels peuvent renforcer la séparation est celui des interdits alimentaires dans certaines religions. Lorsque les adeptes considèrent que leur régime alimentaire est prescrit par Dieu et qu'ils doivent s'y conformer strictement, cela peut rendre difficile la coexistence avec des personnes de différentes croyances alimentaires. Les différences alimentaires peuvent créer des barrières sociales et entraver la communication et l'interaction entre les groupes. Ainsi les religions peuvent séparer les hommes par leur capacité à causer des conflits, des discriminations, et des divisions entre les individus.

Deuxième partie : les religions, vecteur d'unité

Les religions ont joué un rôle dans l'unité des hommes à travers l'histoire. Nous allons examiner comment les religions peuvent être des vecteurs d'unité entre les hommes en étudiant les exemples de rapprochement entre différentes religions, les initiatives visant à promouvoir la paix et l'unité entre les religions, les raisons pour lesquelles les religions peuvent unir les hommes, et les conséquences positives des relations entre les religions. Tout d'abord, les religions peuvent être des vecteurs de rapprochement entre les différentes communautés et il existe de nombreux exemples de ces rapprochements dans l'histoire, tels que les travaux de l'archevêque Desmond Tutu en Afrique du Sud pour promouvoir la réconciliation entre les différentes communautés. Les initiatives comme celle-ci ont permis de créer des ponts entre les communautés religieuses, contribuant ainsi à l'unité sociale. De plus, il existe de nombreuses initiatives visant à promouvoir la paix et l'unité entre les religions. Ainsi, le mouvement interreligieux, qui a vu le jour dans les années 1960, visait à promouvoir le dialogue et la compréhension entre les différentes religions. Les rencontres interreligieuses et les conférences organisées dans le cadre de ce mouvement ont permis de rapprocher les leaders religieux et les communautés religieuses, contribuant ainsi à l'unité sociale. Selon le sociologue Émile Durkheim, les religions ont pour fonction de créer un sentiment d'appartenance à une communauté, ce qui contribue à l'unité sociale. Les religions ont un pouvoir moral, en inculquant des valeurs et des normes qui permettent aux individus de vivre en harmonie les uns avec les autres. En outre, le théologien Paul Tillich a souligné l'importance des religions en tant que vecteurs d'unité en soulignant qu'elles ont la capacité de transcender les différences individuelles et de créer un lien entre les individus, en leur offrant une vision commune de la réalité et en les reliant à un ordre transcendant. Enfin, il existe des conséquences positives des relations entre les religions. Les relations pacifiques entre les religions peuvent contribuer à la paix et à la stabilité dans les sociétés multi-religieuses. Les dialogues interreligieux peuvent aider à dissiper les malentendus et les préjugés, contribuant ainsi à la compréhension mutuelle et à la tolérance. Les initiatives de coopération entre les religions peuvent être utiles pour résoudre des problèmes sociaux et économiques, tels que la pauvreté et les inégalités. En conséquence, les exemples de rapprochement entre différentes religions, les initiatives visant à promouvoir la paix et l'unité entre les religions, les raisons pour lesquelles les religions peuvent unir les hommes, et les conséquences positives des relations entre les religions montrent que les religions peuvent contribuer à l'unité sociale. Cependant les religions ne sont pas les seuls facteurs qui peuvent contribuer à l'unité des hommes. Il existe d'autres facteurs tels que la culture, les valeurs et les idéologies qui jouent un rôle dans la création d'unité sociale. Nous ne devons pas survaloriser le rôle des religions dans l'unité des hommes, mais considérer leur rôle dans un contexte plus large.

En conclusion, les religions ont joué un rôle fondamental dans l'histoire des hommes. Tout à la fois sources de discorde et de conflits qui s'étendent jusqu'à nos jours, les exemples de rapprochement entre différentes religions existent aussi, prouvant que les religions peuvent aussi être des vecteurs d'unité. Nous pouvons nous rappeler les propos du Mahatma Gandhi : « Les religions sont autant de routes distinctes convergeant vers un même point. Qu'importe que nous suivions des routes différentes, du moment que nous atteignons le même but » (*Tous les hommes sont frères: La vie et les pensées de Mahatma Gandhi telles qu'il les a racontées dans ses propres mots*) (*1958*). Les relations pacifiques entre les religions peuvent contribuer à la paix et à la stabilité dans les sociétés multi-religieuses, mais cela nécessite une tolérance et un respect mutuel. En fin de compte, c'est en respectant les différences et en trouvant des points communs que les religions peuvent véritablement contribuer à l'unité des hommes.

Sujet 2 : la science peut-elle faire disparaître la religion ?

Introduction : Comme l'indiquait l'écrivain et biologiste américain, E.O. Wilson : "La science est une quête impartiale de la connaissance, mais elle ne peut pas remplacer la religion en fournissant un sens à la vie, une raison d'être, ou un code moral" *La signification de l'existence humaine (2014)*. Cette citation nous montre que, selon Wilson, la science et la religion ont des domaines d'application différents, et ne peuvent donc pas être considérées comme des alternatives l'une à l'autre. Pourtant la question de la relation entre science et religion est un sujet de débat depuis des siècles. Alors que la science se base sur des faits vérifiables et des méthodes expérimentales pour comprendre le monde, la religion repose sur la foi et les croyances. Peut-on alors imaginer que la science puisse un jour faire disparaître la religion ? C'est à cette question que nous allons tenter de répondre dans cette dissertation. Nous analyserons d'abord la possibilité de disparition de la religion au profit de la science puis nous examinerons les facteurs majeurs qui en assure la pérennité, pour décrire des tentatives de conciliation voire de dépassement.

Première partie : les arguments en faveur de la disparition de la religion grâce à la science

Il y a plusieurs raisons pour lesquelles certains penseurs estiment que la science pourrait un jour faire disparaître la religion. Tout d'abord, la science est perçue comme une source de connaissances objectives et vérifiables. Contrairement à la religion, qui repose sur la foi et les croyances, la science se base sur des faits et des méthodes expérimentales pour comprendre le monde qui nous entoure. Selon le philosophe Auguste Comte, la science est la seule voie pour atteindre la vérité, et toutes les autres formes de connaissance, y compris la religion, sont des superstitions qui doivent être abandonnées, pour lui la science est la seule voie pour atteindre la vérité, et la religion est un obstacle sur cette voie. *Discours sur l'esprit positif* (1844). Il identifie trois étapes historiques du développement de la pensée humaine : la phase théologique, où les phénomènes sont expliqués par des êtres surnaturels ; la phase métaphysique, où les explications reposent sur des entités abstraites et indépendantes ; et enfin, la phase positive, où les explications sont fondées sur des observations et des lois scientifiques. Ainsi, les découvertes scientifiques peuvent remettre en question certaines croyances religieuses. Par exemple, l'évolutionnisme de Charles Darwin a remis en question l'idée selon laquelle l'humanité a été créée par Dieu, tandis que la théorie de la relativité d'Albert Einstein a remis en question l'idée selon laquelle l'univers a été créé en un instant. Ces découvertes ont conduit certains à croire que la science pourrait un jour fournir des explications pour tous les phénomènes, y compris ceux qui étaient autrefois considérés comme surnaturels, ce qui pourrait rendre la religion superflue. Le biologiste américain Richard Dawkins exprime cette idée en déclarant qu'il est possible que la science finisse par fournir des réponses à toutes les questions importantes et que si cela se produit, il n'y aura plus besoin de recourir à la religion. *Pour en finir avec Dieu (2006)*. Enfin, certains penseurs estiment que la science pourrait un jour résoudre les problèmes moraux et éthiques qui étaient autrefois considérés comme étant de la responsabilité de la religion. Le philosophe allemand Friedrich Nietzsche, par exemple, croyait que la religion était un moyen pour les faibles d'accepter leur condition, mais qu'avec la progression de la science et de la technologie, les individus pourraient devenir suffisamment forts pour se passer de cette « illusion ». Il estime que la religion ne serait plus nécessaire pour fournir un sens à la vie ou un code moral, car ces choses pourraient être fournies par la science elle-même. Il écrivait ainsi : "C'est encore et toujours sur une croyance métaphysique que repose notre croyance en la science, – nous autres qui cherchons aujourd'hui la connaissance, nous autres sans-dieu et anti métaphysiciens, nous puisons encore notre feu à l'incendie qu'une croyance millénaire a enflammé, cette croyance chrétienne qui était aussi celle de Platon, que Dieu est la vérité et que la vérité est divine…" *Ainsi parlait Zarathoustra (1883-1885)*. Pour certains penseurs, la science pourrait donc un jour faire disparaître la religion en fournissant des connaissances objectives et vérifiables, en fournissant des explications pour les phénomènes naturels sans recours à des causes surnaturelles, et en résolvant les problèmes moraux et éthiques qui étaient autrefois considérés comme étant de la responsabilité de la religion. Ces idées sont souvent basées sur l'idée que la science serait capable de fournir des réponses à toutes les questions majeures, ce qui rendrait la religion inutile. Le scientisme est alors la croyance que la science est la seule méthode de recherche valable pour comprendre le monde et que les connaissances scientifiques sont les seules connaissances valables. Cette perspective affirme que la religion n'a aucune place dans la compréhension du monde, car elle n'est pas fondée sur des preuves empiriques et ne peut donc pas être considérée comme une source fiable de connaissances. Le scientisme est une position philosophique radicale qui rejette la religion comme non-scientifique et non-réaliste. Cependant, cette position est controversée car elle ignore les dimensions subjectives de la vie humaine telles que l'expérience, l'émotion et la spiritualité. Nous pouvons alors évoquer Jacques Monod qui dans son ouvrage *"Le Hasard et la Nécessité"*, publié en 1970 critique le scientisme, c'est-à-dire cette idée selon laquelle la méthode scientifique est la seule source de connaissance valable : "Le scientisme, ce n'est pas la science. C'est une croyance irrationnelle et dogmatique en la toute-puissance de la science et de la technologie. [...] Nous ne pouvons pas admettre que la méthode scientifique soit la seule source de connaissances valables, ni que la science puisse fournir une réponse à toutes les questions qui se posent à l'humanité." (Jacques Monod, *Le Hasard et la Nécessité*). Cette citation exprime clairement la position de Monod sur le scientisme, qui est de considérer que la science ne peut pas tout expliquer et que la méthode scientifique doit être mise en perspective avec d'autres modes de connaissance et de réflexion. Cependant ces arguments ne prennent pas en compte les aspects subjectifs et émotionnels de la religion, qui peuvent être essentiels pour de nombreuses personnes.

Deuxième partie : Les arguments pour le maintien de la religion malgré la science

Il y a plusieurs raisons pour lesquelles la science ne pourra pas faire disparaître la religion. Tout d'abord, il faut prendre en compte que certaines branches de la science, telles que la psychologie et la sociologie, sont considérées comme étant subjectives, et donc ne peuvent pas fournir des réponses objectives à toutes les questions. Selon le philosophe et sociologue allemand Max Weber, la science ne peut pas fournir une compréhension complète de la réalité, car elle ne prend pas en compte les aspects subjectifs et les croyances des individus. La science ne peut pas fournir une compréhension complète de la réalité, car elle ne prend pas en compte les croyances et les valeurs subjectives des individus. (Max Weber, *La science, profession et vocation, 1919*). En outre, la religion peut être considérée comme une source de réconfort et de sens pour de nombreuses personnes. Selon le psychologue américain William James, la religion peut fournir un certain type de satisfaction qui ne peut pas être obtenu par la science, elle fournit un certain type de satisfaction qui ne peut pas être obtenu par la science, car elle offre un sens à la vie et une raison d'être. "Le rationalisme a beau protester : si la vérité qui parvient à l'homme par la voie mystique lui est une force, de quel droit lui enjoindrons-nous, au nom de la majorité, de vivre autrement ? " (William James, *L'expérience religieuse : essai de psychologie descriptive*). Enfin, la religion peut être considérée comme une source de valeurs morales et éthiques indépendantes de la science. Selon le philosophe français Paul Ricœur, la religion peut fournir un code moral qui est indépendant de la science et qui peut guider les individus dans leur vie quotidienne (Paul Ricœur, *"La mémoire, l'histoire, l'oubli", 2000*). La science ne pourra pas faire disparaître la religion car certaines branches de la science sont considérées comme étant subjectives et ne peuvent pas fournir des réponses objectives à toutes les questions, la religion est une source de réconfort et de sens pour de nombreuses personnes et elle peut être considérée comme une source de valeurs morales et éthiques indépendantes de la science. Ces arguments montrent que la religion peut jouer un rôle spécifique dans la vie des individus qui ne peut pas être remplacé par la science.

Troisième partie : la conciliation ou le dépassement de la science et de de la religion

Cette question ne se limite pas à une simple opposition entre science et religion, mais englobe des perspectives intermédiaires qui cherchent à concilier voire à dépasser les deux domaines. Nous allons examiner les différentes perspectives philosophiques sur la relation entre science et religion, en mettant l'accent sur la perspective de Thomas Kuhn, philosophe des sciences et historien des sciences, selon laquelle la science et la religion peuvent coexister en raison de leurs domaines d'application différents. Thomas Kuhn, un philosophe des sciences, a développé une perspective intermédiaire sur la relation entre science et religion dans son livre *La Structure des révolutions scientifiques " publié en 1962*. Selon Kuhn, la science et la religion ne sont pas en opposition directe car elles ont des domaines d'application différents. La science est utilisée pour comprendre le monde physique, tandis que la religion est utilisée pour donner un sens à la vie. "La science ne peut rien nous dire sur les raisons pour lesquelles la musique nous enchante, ou pourquoi et comment une vieille chanson peut nous émouvoir aux larmes. La science est trop occupée à observer comment les sons se propagent le long des nerfs auditifs, ou à mesurer les vibrations des cordes vocales. Mais ce que la musique ou la chanson signifie pour nous, quel effet elle a sur nous, et pourquoi elle a cet effet, est et doit rester un objet d'étude plus idéal que toutes les sciences abstraites. Il en va de même pour toutes les valeurs, esthétiques ou pratiques, qui façonnent et dirigent nos vies. La science ne peut pas décider pour nous de ce que nous devons viser, de ce que nous devons croire, de ce que nous devons aimer et de ce que nous devons haïr. La science ne peut que constater ce qui est, mais pas ce qui sera, et au-delà de son domaine, les jugements de valeur continuent de régner en maître." (William James, *Le philosophe moral et la vie morale, 1891*). La science et la religion peuvent coexister, car elles se concentrent sur des aspects différents de la réalité. La science utilise la méthode scientifique pour étudier le monde physique et pour proposer des explications basées sur des preuves empiriques. La religion, quant à elle, utilise des croyances, des rituels et des pratiques pour donner un sens à la vie et pour répondre à des questions sur le sens de l'existence humaine. Cependant, Kuhn reconnaît que la science et la religion peuvent entrer en conflit lorsqu'elles prétendent toutes deux répondre à la même question. Par exemple, la théorie de l'évolution peut être considérée comme une menace pour certaines croyances religieuses, car elle remet en question la création divine de l'homme telle qu'elle est décrite dans la Bible. Dans de tels cas, Kuhn affirme que la tension entre science et religion est le résultat d'une incompatibilité entre les paradigmes scientifiques et les croyances religieuses, plutôt qu'une opposition entre science et religion en général. Selon Kuhn, les paradigmes scientifiques sont des croyances partagées qui guident la recherche scientifique. Ils sont acceptés par la communauté scientifique car ils fournissent des explications plausibles et cohérentes du monde physique. La perspective de Thomas Kuhn offre une voie intermédiaire pour comprendre la relation entre science et religion. Selon cette perspective, la science et la religion peuvent coexister car elles ont des domaines d'application différents. La science se concentre sur l'étude du monde physique et utilise la méthode scientifique pour proposer des explications basées sur des preuves empiriques, tandis que la religion donne un sens à la vie et répond à des questions sur le sens de l'existence humaine. Enfin, nous pouvons nous tourner vers Friedrich Nietzsche, qui a proposé une approche particulière de la relation entre science et religion en termes de critique de la raison. Dans son ouvrage "*Le Crépuscule des idoles*" *(1888),* Nietzsche a aussi critiqué la tendance de la science à se présenter comme la seule source de vérité objective, écartant ainsi toute possibilité de transcendance ou de spiritualité. Il a critiqué la religion pour sa tendance à se présenter comme la seule source de sens et de valeur, rejetant ainsi toute possibilité de raison et de rationalité. Nietzsche a proposé une approche critique de la raison qui invite à remettre en question les présupposés qui sous-tendent la science et la religion. Il a encouragé les individus à se défaire des dogmes et des croyances préconçues pour explorer les possibilités de sens et de vérité au-delà des limites de la raison et de la foi. Selon Nietzsche, la relation entre science et religion ne peut être comprise en termes de coexistence ou de conflit, mais plutôt en termes de critique mutuelle et de dépassement des limites de la raison et de la foi. Cette approche invite à un dialogue constant entre la science et la religion, où chacune peut se remettre en question et se dépasser pour explorer de nouvelles perspectives sur la réalité et le sens de l'existence humaine. La perspective intermédiaire de Thomas Kuhn offre une approche nuancée qui reconnaît que la science et la religion peuvent coexister en raison de leurs domaines d'application différents. Et c'est à un dépassement des limites de la raison et de la foi que nous invite Nietzsche.

Conclusion : Si d'une part, la science semble pouvoir faire disparaître la religion en fournissant des connaissances objectives et vérifiables, en fournissant des explications pour les phénomènes naturels sans recours à des causes surnaturelles, et en résolvant les problèmes moraux et éthiques qui étaient autrefois considérés comme étant de la responsabilité de la religion, d'autre part, la science ne pourra pas faire disparaître la religion car certaines branches de la science sont considérées comme étant subjectives et ne peuvent pas fournir des réponses objectives à toutes les questions, la religion peut être considérée comme une source de réconfort et de sens pour de nombreuses personnes et elle peut être considérée comme une source de valeurs morales et éthiques indépendantes de la science. Cette question ne se limite pas à la simple opposition entre la science et la religion, il existe des perspectives intermédiaires, comme celle de Thomas Kuhn, qui considèrent que la science et la religion peuvent coexister, car elles ont des domaines d'application différents Les différentes cultures et les contextes historiques dans lesquels ces questions sont considérées entrent aussi en ligne de compte. Les opinions et les croyances varient considérablement d'une culture à l'autre, et il est important de les comprendre pour avoir une vision globale sur la question de savoir si la science peut faire disparaître la religion.

Sujet 3 : une société sans religion est-elle possible ?

Introduction : La place de la religion a longtemps été fondamentale dans nos sociétés occidentales. Cependant avec des penseurs du XIXème siècle comme Karl Marx, Sigmund Freud et Friedrich Nietzsche ce rôle de la religion a fortement été ébranlé. « Pour bien se représenter le rôle immense da la religion, il faut envisager tout ce qu'elle entreprend de donner aux hommes : elle les éclaire sur l'origine et la formation de l'univers, leur assure, au milieu des vicissitudes de l'existence, la protection divine et la béatitude finale, enfin elle règle leurs opinions et leurs actes en appuyant ses prescriptions de toute son autorité. Elle satisfait la curiosité humaine et c'est d'ailleurs par là qu'elle entre en conflit avec la science. » Sigmund Freud, *L'avenir d'une illusion*. Cette remise en cause profonde des anciens schémas pose une question majeure, une société sans religion est-elle possible ? Pour traiter ce sujet, nous allons voir que certains estiment que la religion est un obstacle pour la société, tandis que d'autres considèrent qu'elle est nécessaire pour la société. Il existe cependant aussi des perspectives intermédiaires pour lesquelles la religion peut coexister avec d'autres aspects de la société, tels que la science.

Première partie : Les arguments en faveur d'une société sans religion

Il y a plusieurs raisons pour lesquelles certains estiment qu'une société sans religion est possible ou souhaitable. Tout d'abord, la religion est souvent considérée comme étant à l'origine de conflits et de violence. Selon le philosophe allemand Emmanuel Kant, la religion est un obstacle pour la paix et la raison : "La religion est un obstacle pour la paix et la raison, car elle incite les gens à se battre pour des croyances qui ne peuvent pas être prouvées" (Emmanuel Kant, " *Qu'est-ce que l'Aufklärung ?1784*).

La religion pourrait constituer un obstacle pour le progrès et le développement de la société. Selon le philosophe Auguste Comte, "La religion est un frein pour la science et la technologie, car elle incite les gens à croire en des choses qui ne peuvent pas être prouvées et qui sont contraires aux faits" (Auguste Comte, *"Philosophie positive"*,

1838-1842). Enfin, d'autres penseurs estiment que la religion est un obstacle pour la liberté individuelle et la pensée critique. Ainsi selon le philosophe américain Bertrand Russell, la religion est un frein pour la liberté de penser : "La religion est un frein pour la liberté de penser et la tolérance, car elle incite les gens à croire en des choses qui ne peuvent pas être prouvées et qui sont contraires à la raison" (Bertrand Russell, "*Pourquoi je ne suis pas chrétien*", *1927*). Pour ces penseurs, une société sans religion est possible car elle pourrait réduire les conflits et la violence, favoriser le progrès et le développement, et augmenter la liberté individuelle et la pensée critique. Ces arguments montrent que la religion pourrait être considérée comme un obstacle pour la société et qu'une société sans religion pourrait être souhaitable pour améliorer la vie des individus. Cependant, cette perspective est souvent basée sur une vision critique de la religion, qui met en avant ses aspects négatifs et ne prend pas en compte ses aspects positifs. Il faut donc aussi considérer les arguments qui sont contre une société sans religion pour avoir une vision globale de cette question.

Deuxième partie : les arguments contre une société sans religion

Tout d'abord, la religion est souvent une source de sens et de réconfort pour les individus. Selon le philosophe allemand Martin Heidegger, "La religion est une source de sens pour les individus qui cherchent à comprendre leur place dans le monde, elle permet de donner un sens à la vie" (Martin Heidegger, " *Être et Temps* ", *1927*). La religion peut aussi constituer une source de valeurs morales et éthiques pour la société. Un philosophe qui partage cette vision de la religion comme moyen de promouvoir la justice sociale et l'égalité est Jürgen Habermas, un philosophe allemand contemporain. Habermas a écrit de nombreux ouvrages sur la théorie critique et la communication, où il estime que la religion peut jouer un rôle fondateur dans la création d'une société plus équitable et plus juste. Dans son livre *"L'espace public"*, il argumente que la religion peut servir de base pour la discussion publique, permettant ainsi la construction d'un consensus social sur les questions morales et éthiques. Habermas considère la religion comme un moyen pour les individus de trouver un sens à leur vie et de donner un sens à l'existence. La religion peut aider à renforcer la cohésion sociale et à construire une société plus juste. Enfin, la religion peut représenter un aspect fondamental de la culture et de l'identité de nombreux individus et groupes. Pour le sociologue Émile Durkheim, la religion est un aspect essentiel de la vie "La religion est un aspect fondamental de la vie sociale et culturelle, elle est un élément clé de la cohésion sociale et de l'identité collective" (Émile Durkheim, " Les *Formes élémentaires de la vie religieuse*", *1912*). De ce point de vue, une société sans religion est impossible ou non souhaitable car elle priverait les individus de sens, de valeurs morales et éthiques, et d'un aspect fondamental de leur culture et de leur identité. Ces arguments montrent que la religion est un aspect nécessaire pour la société et qu'une société sans religion serait préjudiciable pour les individus.

Troisième partie : les perspectives intermédiaires

Il y a plusieurs perspectives intermédiaires qui considèrent que la religion peut coexister avec d'autres aspects de la société, tels que la science, et pour certains individus, la religion est nécessaire pour leur bien-être personnel et leur bonheur. Selon le psychologue Abraham Maslow, la religion répond à certains besoins psychologiques fondamentaux tels que la sécurité, l'amour et l'appartenance. "La religion est une source de besoins psychologiques fondamentaux tels que la sécurité, l'amour et l'appartenance, elle permet aux individus de se sentir en sécurité, aimés et acceptés" (Abraham Maslow, *"Motivation et personnalité", 1954*). En outre, certains estiment que la religion et la science peuvent coexister et même se compléter. Selon le philosophe Paul Tillich, la religion et la science n'entrent pas en concurrence car situés sur des champs différents : "La religion et la science ont des domaines de compétence différents et ne sont pas contradictoires, elles peuvent coexister et même se compléter pour donner une vision globale de la réalité" (Paul Tillich, *"la dynamique de la foi", 1957*). Enfin, la religion a un rôle social dans la société. Selon le sociologue Max Weber, "La religion est un facteur clé de la modernité et de la rationalisation de la société, elle joue un rôle important dans la formation des valeurs et des normes sociales" (Max Weber, *"l'éthique protestante et l'esprit du capitalisme", 1904-1905*). Dans ces perspectives intermédiaires, une société qui concilie religion, besoins des individus et coexistence avec la science est souhaitable.

Conclusion : dans cette dissertation, nous avons exploré les différentes perspectives concernant la question de savoir si une société sans religion est possible. Nous avons vu qu'une société sans religion semblerait possible car elle pourrait réduire les conflits et la violence, favoriser le progrès et le développement, et augmenter la liberté individuelle et la pensée critique. Cependant une société sans religion n'est pas forcément souhaitable car elle priverait les individus de sens, de valeurs morales et éthiques, et d'un aspect fondamental de leur culture et de leur identité. Enfin peut-être faudrait-il considérer que la religion devrait coexister avec d'autres aspects de la société. Pour conclure, nous pouvons utiliser une citation de Søren Kierkegaard "Il ne suit nullement de là que la philosophie doive repousser la religion, et poser peut-être en principe que la religion ne contient pas en elle-même la vérité. Ce qu'il faut plutôt dire, c'est que le contenu de la religion est le contenu véritable, mais seulement qu'il n'est dans la religion que sous forme de représentation ; et quant à la philosophie, que ce n'est pas elle qui la première enseigne la vérité substantielle, et que l'humanité n'a pas dû attendre la philosophie pour acquérir la conscience de la vérité." *Crainte et Tremblement (1843)*. Cette citation montre qu'il est important de prendre en compte l'expérience personnelle et existentielle des individus dans la question de la religion et de sa place dans la société. Cette perspective permet de considérer les aspects subjectifs et individuels de la religion, plutôt que de se concentrer uniquement sur les aspects objectifs et sociaux.

Sujet 4 : la religion est-elle une production culturelle comme les autres ?

Introduction : Pour Marcel Mauss, généralement considéré comme le « père de l'anthropologie française », la religion est un phénomène culturel comme les autres, elle est produite par les sociétés et les individus et est soumise aux changements culturels et historiques. « Il n'y a pas, en fait, une chose, une essence, appelée Religion ; il n'y a que des phénomènes religieux, plus ou moins agrégés en des systèmes qu'on appelle des religions et qui ont une existence historique définie, dans des groupes d'hommes et dans des temps déterminés. » Marcel Mauss, *Philosophie religieuse, conceptions générales* (1904). La question de savoir si la religion est une production culturelle comme les autres est un sujet de débat depuis l'émergence des sciences humaines. Nous allons traiter cette question, d'abord en analysant en quoi la religion pourrait être un phénomène culturel comme les autres, puis en observant qu'elle est quelque chose de plus profond et de plus fondamental.

Première partie : Les arguments en faveur de la religion comme une production culturelle

Tout d'abord, la religion est souvent considérée comme étant un produit de la société et de la culture. Tout d'abord, il convient de noter que la religion est une production culturelle comme les autres. Cela signifie que la religion est le produit d'un processus culturel qui implique la création, la transmission et la transformation de pratiques, de croyances et de valeurs au sein d'un groupe social donné. La religion n'est pas une entité monolithique qui existe en dehors de la culture ; elle est façonnée par les expériences, les traditions et les idéologies de la communauté qui la pratique. En tant que production culturelle, la religion a été utilisée pour répondre aux besoins des individus et des sociétés. Les religions offrent un système de croyances et de pratiques qui aident les individus à donner un sens à leur vie, à comprendre leur place dans l'univers et à traiter les défis auxquels ils sont confrontés. Les religions fournissent une communauté où les individus peuvent se connecter avec d'autres personnes partageant des croyances et des valeurs communes, renforçant ainsi le sentiment de solidarité sociale. En outre, la religion est utilisée pour répondre aux besoins des sociétés. Les religions ont souvent été utilisées pour renforcer l'ordre social en imposant des normes morales et éthiques. Les religions ont longtemps été utilisées pour légitimer les structures de pouvoir en associant les dirigeants avec des forces divines. Enfin, les religions ont été utilisées pour construire une identité nationale et renforcer les liens entre les membres d'une communauté. Selon le sociologue Émile Durkheim, la religion est un produit de la vie sociale et culturelle, elle est un aspect fondamental de la cohésion sociale et de l'identité collective. *Les formes élémentaires de la vie religieuse, (1912)*. La religion est soumise aux changements culturels et historiques. Pour l'anthropologue Clifford Geertz, la religion est un phénomène culturel qui est influencé par les contextes culturels et historiques, elle est produite et interprétée par les individus et les groupes dans leur contexte culturel et historique" *L'interprétation des cultures", (1973)*. Enfin, certains penseurs estiment que la religion est un phénomène culturel qui est créé et maintenu par les individus et les groupes sociaux. Selon le sociologue Peter Berger, la religion apparaît comme construction sociale qui est créée et maintenue par les individus et les groupes sociaux « pour donner un sens à leur vie », " elle est un produit de la culture et de la société » *La Construction sociale de la réalité (1966)*. La religion peut donc être considérée comme une production culturelle car elle est créée et maintenue par les individus et les sociétés à travers leurs croyances, pratiques et traditions. Elle est influencée par l'histoire, la géographie, les relations sociales et les idéologies d'une culture particulière, et peut avoir un impact sur cette culture en retour. En d'autres termes, la religion est un produit de la culture humaine et une force qui peut influencer la culture elle-même. Pourtant cette perspective met en avant les aspects culturels et sociaux de la religion et ne prend pas en compte ses aspects spirituels ou transcendants. Nous allons envisager les arguments qui vont à l'encontre de cette idée de religion comme une production culturelle pour avoir une vision globale de cette question.

Deuxième partie : la religion est plus qu'une production culturelle comme les autres

Pour certains individus, la religion est quelque chose de plus profond et de plus fondamental qu'un simple phénomène culturel. "Et c'est pourquoi ceux à qui Dieu a donné la religion par sentiment de cœur sont bien heureux et bien légitimement persuadés, mais ceux qui ne l'ont pas nous ne pouvons la donner que par raisonnement, en attendant que Dieu la leur donne par sentiment de cœur, sans quoi la foi n'est qu'humaine et inutile pour le salut. "Blaise Pascal *Pensées*, (1670). La religion est souvent considérée comme différente des autres productions culturelles, car elle implique une dimension spirituelle ou transcendante qui dépasse le cadre de la culture matérielle. En effet, la religion est souvent associée à des croyances en un être supérieur, une force divine ou une essence spirituelle qui transcende le monde physique et matériel. Cela signifie que la religion ne peut pas être réduite à une simple création culturelle, car elle transcende les limites de la culture matérielle et touche à des dimensions de l'existence humaine qui dépassent la raison et la logique. Les croyances religieuses sont souvent basées sur des expériences personnelles ou collectives qui ne peuvent pas être expliquées par la seule observation empirique. De plus, la religion implique souvent des rituels, des pratiques et des codes de conduite qui visent à favoriser une relation harmonieuse avec le divin ou la spiritualité. Ces pratiques ne sont pas simplement des manifestations culturelles, mais sont considérées comme des moyens concrets de se rapprocher de la transcendance ou de la divinité. Enfin, la religion a souvent une influence profonde sur la vie individuelle et collective, affectant les choix éthiques, les décisions politiques et les comportements sociaux. Elle donne une compréhension du sens et de la finalité de la vie. Et pour le théologien Paul Tillich, la religion est une expression de la dimension ultime de la réalité, elle est une réponse à la question fondamentale de l'existence humaine *Dynamique de la foi (1957)*. La religion peut aussi être définie comme une réalité objective et transcendante qui ne serait pas déterminée par un contexte socio-culturel. Ainsi selon le philosophe René Descartes " Sur un seul point, la puissance de Dieu est en défaut: il ne peut faire que ce qui est arrivé ne soit pas arrivé" (René Descartes. Enfin, la religion est un phénomène spirituel qui ne peut pas être réduit à des aspects culturels ou sociaux. Martin Heidegger était un philosophe allemand qui a vécu au début du XXème siècle. Il est surtout connu pour son travail sur l'ontologie (l'étude de l'être en général) et pour avoir été l'un des premiers penseurs à explorer la relation entre la philosophie et la technologie. L'une de ses idées les plus importantes, cependant, concerne la religion et la manière dont elle doit être comprise. Dans son livre *"Être et Temps"*, Heidegger affirme que la religion est un phénomène spirituel qui transcende les catégories culturelles et sociales. Selon lui, la religion ne peut pas être réduite à des aspects culturels ou sociaux, car elle concerne notre relation avec l'être en soi. En d'autres termes, la religion est une manière de comprendre notre place dans l'univers et notre relation avec ce qui est sacré ou divin. Heidegger affirme que la religion doit être comprise comme une "ouverture" à l'être, une manière de se connecter à l'essence de l'existence elle-même. Cette ouverture ne peut pas être réduite à des pratiques culturelles ou sociales, car elle concerne notre être même. La religion, pour Heidegger, est donc une dimension profonde de l'existence humaine, qui doit être explorée et comprise en dehors de toute culture ou société particulière. Cette idée a des implications importantes pour la manière dont nous comprenons la religion et son rôle dans la société. Elle suggère que la religion ne peut pas être réduite à des pratiques culturelles ou sociales spécifiques, mais qu'elle doit être comprise comme une dimension fondamentale de l'existence humaine. En outre, elle implique que la religion ne peut pas être utilisée pour justifier des pratiques culturelles ou sociales spécifiques, car elle concerne notre relation avec l'être en soi, et non pas simplement notre appartenance à une culture ou une société particulière. La religion n'est donc pas une production culturelle comme les autres car elle est une réalité objective, transcendante, et spirituelle qui dépasse les catégories culturelles et sociales. Ces arguments montrent que la religion est quelque chose de plus profond et de plus fondamental qu'un simple phénomène culturel produit et interprété par les individus et les groupes dans leur contexte culturel et historique.

En conclusion, Certes la religion est une production culturelle car elle est créée et maintenue par les individus et les sociétés à travers leurs croyances, pratiques et traditions, cependant elle est aussi une réalité objective, transcendante, et spirituelle qui dépasse les catégories culturelles et sociales. Il est intéressant de noter que la religion a évolué au cours de l'histoire et qu'elle continue de le faire aujourd'hui. Les croyances et les pratiques religieuses changent en fonction des contextes culturels et sociaux. Il est donc possible de considérer la religion pour partie comme une production culturelle qui est en constante évolution. Enfin, la réflexion sur la religion en tant que production culturelle n'a pas pour but de la minimiser ou de la banaliser, mais plutôt de mieux comprendre ses fonctions et son impact dans les sociétés humaines. « Quand on met au centre de l'homme, non pas l'entendement content de soi, mais une conscience qui s'étonne d'elle-même, on ne peut pas annuler le rêve d'un envers des choses, ni réprimer l'invocation sans paroles de cet au-delà. […] La religion fait partie de la culture, non comme dogme, ni même comme croyance, comme cri. ». Cette citation du philosophe Maurice Merleau-Ponty souligne la dimension transcendantale de la religion en tant que source de grandes pensées et actions qui dépassent les limites de la raison et de la logique. Elle met en évidence la dimension culturelle de la religion en tant que souffle de l'esprit humain, c'est-à-dire une force créative qui émerge dans un contexte culturel spécifique et qui est façonnée par les valeurs et les croyances de ce contexte.

Sujet 5 : À quoi tient la force des religions ?

Introduction : selon Max Weber, la religion est un ensemble de convictions et pratiques par lesquelles les hommes donnent sens à leur existence. « Pour ces églises, en effet, rien ne garantit aux fidèles qu'ils iront au paradis après leur mort. En revanche, ces derniers peuvent trouver sur Terre des signes de leur élection. Il leur faut donc travailler sans relâche pour rendre grâce à Dieu et espérer ainsi être sauvé. » *L'Éthique protestante et l'esprit du capitalisme.* Selon Weber, les croyances des églises protestantes, telles que la doctrine de la prédestination, ont conduit les fidèles à se concentrer sur le travail et la recherche de la vocation dans leur vie professionnelle. La prédestination signifie que Dieu a déjà décidé qui sera sauvé et qui ne le sera pas, indépendamment des actes et des mérites de l'individu. Les protestants ont donc cherché à identifier les signes de leur élection en cherchant à réussir dans leur travail et en montrant un comportement responsable et ascétique. Cette mentalité a contribué à la naissance du capitalisme moderne, où la réussite économique était considérée comme une manifestation de la grâce divine. Les religions ont ainsi joué un rôle considérable dans l'histoire de l'humanité et continuent d'exercer une influence considérable sur les individus et les sociétés. Elles fournissent des réponses aux questions métaphysiques les plus profondes et offrent un cadre moral et éthique pour orienter la vie des gens. Mais quels sont les facteurs qui maintiennent la puissance des religions et comment continuent elles d'influencer les individus et les sociétés ? À quoi tient la force des religions ? La problématique de cette étude est d'expliquer la force des religions en dépit des défis contemporains. En d'autres termes, pourquoi les religions restent-elles une source de sens et de signification pour de nombreux individus, malgré la sécularisation, la diversité religieuse, et les critiques de la raison et de la science ? Pour répondre à cette problématique, cette étude sera divisée en trois parties qui mettront en évidence trois socles majeurs qui ont fondé la force des religions. La première partie examinera les fondements historiques et spirituels des religions, tels que les textes sacrés et les croyances centrales. La deuxième partie se concentrera sur les liens sociaux et communautaires que les religions fournissent, tels que la religion en tant que vecteur d'identité collective et source de soutien moral et émotionnel. La troisième partie définira comment les religions répondent à des questions existentielles telles que les questions métaphysiques et les enseignements moraux et éthiques.

Première partie : les fondements historiques et spirituels

Nous allons voir que ces fondements historiques et spirituels fournissent un socle stable pour établit la structure des religions. Les origines historiques des religions peuvent être comprises en étudiant le contexte social, politique et culturel dans lequel elles sont apparues. De nombreuses religions sont apparues dans les sociétés antiques, telles que l'Égypte ancienne, la Grèce antique et la Mésopotamie, où elles étaient souvent associées à la vénération de dieux et de déesses associés à la nature et à la vie quotidienne. D'autres religions, telles que le judaïsme, l'islam et le christianisme, sont apparues plus tard et se sont développées dans des contextes sociaux et politiques plus complexes. Selon Émile Durkheim, une des figures les plus influentes de la sociologie de la religion, les religions sont des produits de la société et non de l'individualité. (*Les Formes élémentaires de la vie religieuse, 1912*). Cette théorie suggère que les religions sont des produits de forces sociales et culturelles plutôt que des croyances individuelles. Les textes sacrés jouent un rôle important dans les fondements historiques et spirituels des religions. Ils constituent un registre des enseignements religieux et de la tradition spirituelle, ainsi que des directives pour les pratiques religieuses. Les textes sacrés peuvent inclure des livres religieux tels que la Bible, le Coran ou les Écritures hindoues, ainsi que des textes religieux traditionnels oraux. Par exemple, dans le Coran, il est écrit : "Dis : C'est Lui, Allah, Unique. Allah, le Seigneur suprême. Il n'a jamais engendré, n'a pas été engendré et n'a personne à égaler" (*Sourate 112, verset 1-4*). Cette citation définit la nature unique et suprême de Allah dans l'islam. Les croyances centrales sont un élément clé des fondements historiques et spirituels des religions. Elles définissent la façon dont les membres d'une religion perçoivent le monde qui les entoure, ainsi que leur propre place dans celui-ci. Les croyances centrales peuvent inclure des convictions sur la nature de la réalité, la vie après la mort, la divinité et la moralité. Cependant, les croyances centrales peuvent être influencées par des facteurs culturels, sociaux et politiques. Par exemple, dans certaines sociétés, la religion peut être utilisée pour justifier des pratiques sociales ou politiques telles que la ségrégation ou la discrimination. De même, les croyances religieuses peuvent être influencées par les idéologies politiques d'une société. En fin de compte, les croyances centrales sont un élément important de la compréhension de la force des religions. Elles définissent la façon dont les membres d'une religion perçoivent le monde qui les entoure, ainsi que leur propre place dans celui-ci. Elles peuvent influencer les pratiques religieuses, la moralité et les convictions politiques. La transmission des croyances religieuses peut se faire de différentes manières, y compris par l'enseignement et la pratique, ainsi que par la transmission familiale et communautaire. La transmission peut se faire par le biais d'institutions religieuses telles que les écoles religieuses, les églises, les synagogues et les mosquées. La spiritualité et les pratiques religieuses sont des aspects constitutifs de la force des religions. La spiritualité peut se manifester sous différentes formes, telles que la méditation, la prière, le jeûne et le pèlerinage. Les pratiques religieuses peuvent inclure des cérémonies religieuses telles que les mariages et les enterrements, ainsi que des rituels quotidiens tels que la prière et la lecture des textes sacrés. Les pratiques religieuses peuvent inclure des activités sociales et communautaires telles que les soupers, les groupes de prière et les activités caritatives. Les pratiques religieuses aident à renforcer les croyances et les traditions religieuses, en fournissant une expérience personnelle et collective de la spiritualité. Elles donnent un sentiment de sens et de but dans la vie, ainsi qu'un soutien moral et émotionnel aux personnes qui les pratiquent. "La religion est un lien qui unit les âmes en un seul corps spirituel." Cette citation de Blaise Pascal est tirée de son œuvre *"Pensées"* publiée en 1670. Cette citation met en évidence la façon dont la religion peut créer des liens sociaux et communautaires en unissant les âmes en un corps spirituel. Pascal reconnaît que la religion peut offrir un moyen de faire face aux défis de la vie quotidienne en fournissant un soutien moral et émotionnel, ainsi qu'un sentiment d'appartenance à une communauté plus grande. La religion renforce les liens entre les membres de la communauté en les unissant autour de croyances et de pratiques partagées, créant une cohésion sociale en renforçant les liens entre les membres de la communauté. En conséquence, les fondements historiques et spirituels des religions sont multiformes. Ils comprennent les origines historiques, les textes sacrés et les croyances centrales, ainsi que la transmission des croyances et la spiritualité et les pratiques religieuses. Chacun de ces éléments contribue à la force et à la signification des religions pour les personnes qui les pratiquent.

Deuxième partie : les liens sociaux et communautaires

La religion contribue à la formation de l'identité collective d'une communauté. Elle peut offrir un sentiment d'appartenance et de solidarité en créant un lien entre les membres d'une même religion. Cela peut se manifester par des pratiques communes, des croyances partagées et des rituels spécifiques. Pour Jean-Jacques Rousseau, la religion est le lien social le plus solide et le plus profond qui puisse exister entre les hommes. Rousseau considère la religion comme étant une force puissante qui peut unir les gens et renforcer leurs liens sociaux. Il reconnaît que la religion peut offrir un moyen de faire face aux défis de la vie quotidienne en fournissant un soutien moral et émotionnel, ainsi qu'un sentiment d'appartenance à une communauté plus grande. En outre, Rousseau considère la religion comme étant un élément fondamental de la société en raison de sa capacité à créer et à maintenir des liens entre les membres de la communauté. La religion donne une vision commune du monde et de la vie, en renforçant l'identité collective de la communauté. Les communautés religieuses peuvent fournir un réseau social pour les membres. Elles peuvent offrir un soutien moral, émotionnel et pratique, ainsi qu'une source de soutien social pour les personnes en difficulté. Les activités communautaires telles que les prières, les réunions religieuses et les retraites renforcent les liens sociaux entre les membres de la communauté. La religion peut offrir un soutien moral et émotionnel pour les membres de la communauté. Les croyances religieuses peuvent aider à donner un sens à la vie, à surmonter les difficultés et à trouver du réconfort en cas de souffrance ou de perte. La religion procure un cadre moral pour les membres de la communauté, en leur fournissant des principes et des valeurs à suivre dans leur vie quotidienne. Enfin, la religion peut jouer un rôle important en tant que facteur de cohésion sociale. Elle peut unir les membres d'une même communauté en leur donnant une vision commune du monde et de la vie, ainsi qu'un cadre moral commun. La religion aide à résoudre les conflits sociaux en offrant un terrain d'entente pour les discussions et les négociations. Ainsi, les liens sociaux et communautaires sont un autre aspect de la force des religions. La religion donne un sentiment d'appartenance et de solidarité, un réseau social, un soutien moral et émotionnel, ainsi qu'un facteur de cohésion sociale pour les membres de la communauté.

Troisième partie : les réponses à des questions existentielles

Les réponses à des questions existentielles sont une autre dimension de la force des religions. La religion peut fournir un moyen de trouver un sens et un but dans la vie. De plus, les religions peuvent offrir des réponses à des questions métaphysiques complexes, telles que la nature de la réalité et l'existence de l'au-delà. Depuis les temps anciens, les religions ont joué un rôle dans la quête de sens et de proposition de sens pour l'humanité. La religion fournit un cadre de référence pour comprendre le monde la place des individus dans celui-ci. La religion peut offrir une vision du monde qui inclut des réponses à des questions fondamentales sur la vie et la mort, ainsi que sur la manière de vivre de manière morale et éthique. Cette recherche de sens peut donner une direction à la vie et un but à poursuivre. Par exemple, le bouddhisme enseigne que la souffrance est inhérente à la vie et que la voie vers la libération consiste à comprendre les vérités fondamentales sur soi et sur le monde. Cette compréhension peut aider à trouver un sens et un but dans la vie, ainsi qu'à faire face à la souffrance et aux défis. De même, le christianisme propose une vision du monde qui place Dieu au centre et enseigne que l'objectif de la vie est de servir Dieu et de suivre ses commandements. Cette compréhension peut offrir un sens et un but à la vie pour ceux qui adhèrent à cette croyance. Les religions peuvent fournir des réponses à des questions métaphysiques complexes. Par exemple, les croyances religieuses peuvent offrir une compréhension de la nature de la réalité et de l'existence de l'au-delà. Certaines religions enseignent la survie de l'âme après la mort, tandis que d'autres croient en la réincarnation ou en un état de vide spirituel. Pour beaucoup de gens, ces croyances peuvent offrir un réconfort et un espoir en fournissant un aperçu de la vie après la mort. Les religions peuvent avoir une fonction dans la formation de la moralité et de l'éthique des individus. De nombreuses religions incluent des codes moraux et éthiques qui guident la vie des gens. Par exemple, dans le judaïsme, les commandements de la Torah sont considérés comme des directives pour vivre une vie morale et éthique, tandis que dans l'islam, le Coran contient des enseignements sur les obligations morales et éthiques envers Dieu, les autres et soi-même. La religion peut donc fournir un cadre moral et éthique pour orienter les actions des fidèles et les aider à faire des choix éthiques dans leur vie quotidienne. En outre, la religion peut permettre un sentiment de réconfort et d'espoir à ceux qui cherchent une signification et un but dans la vie. Par exemple, la croyance en une vie après la mort fournit un certain réconfort pour ceux qui perdent un être cher, tandis que la croyance en un dieu bienveillant peut offrir un sentiment d'espoir pour l'avenir. En fin de compte, la religion peut donner un sens à la vie et apporter des réponses à des questions existentielles, ce qui constitue un facteur important de la force des religions.

En conclusion, la force des religions repose sur plusieurs facteurs clés, notamment les fondements historiques et spirituels, les liens sociaux et communautaires, et les réponses à des questions existentielles. Les croyances et les pratiques religieuses peuvent aider à donner un sens et un but à la vie, à connecter les gens avec des communautés plus larges et à offrir un réconfort et un espoir face aux difficultés de la vie. La force des religions peut être donc attribuée à plusieurs facteurs, tels que la tradition, l'offre de réconfort spirituel et moral, la promesse d'une vie après la mort et d'un sens à la vie. "En voyant l'aveuglement et la misère de l'homme, en regardant tout l'univers muet et l'homme sans lumière abandonné à lui-même, et comme égaré dans ce recoin de l'univers sans savoir qui l'y a mis, ce qu'il y est venu faire, ce qu'il deviendra en mourant, incapable de connaissance, j'entre en effroi comme un homme qu'on aurait porté endormi dans une île déserte et effroyable, et qui s'éveillerait sans connaitre et sans moyen d'en sortir. " Blaise Pascal *Pensées*. En d'autres termes, les religions sont une source de signification pour ceux qui les pratiquent, ce qui explique en partie leur force durable dans l'histoire humaine. Cependant, les religions font face aussi à de nombreux défis actuels, notamment la sécularisation, la perte de la fidélité religieuse, la montée des mouvements spirituels alternatifs et les controverses religieuses.

Sujet 6 : Une religion peut-elle se fonder sur la raison ?

Introduction : Comme l'a écrit Blaise Pascal « Examinons donc ce point, et disons : "Dieu est, ou il n'est pas." Mais de quel côté pencherons-nous ? La raison n'y peut rien déterminer : il y a un chaos infini qui nous sépare. Il se joue un jeu, à l'extrémité de cette distance infinie, où il arrivera croix ou pile. Que gagerez-vous ? Par raison, vous ne pouvez faire ni l'un ni l'autre; par raison, vous ne pouvez défaire nul des deux. » *Les Pensées*. C'est l'une des réflexions les plus célèbres de Pascal, dans laquelle il développe son argument en faveur de la croyance en Dieu, connue sous le nom de "pari pascalien", mais cette citation montre à quel point la question de la compatibilité entre raison et religion est complexe et délicate, car elle met en jeu des domaines de connaissances différents, voire opposés. En effet, la raison et la foi semblent appartenir à deux sphères de l'expérience humaine qui sont souvent considérées comme inconciliables. La question de savoir si une religion peut se fonder sur la raison est une interrogation ancienne dans l'histoire de la philosophie et de la théologie. Cependant, elle revêt une importance particulière dans le contexte contemporain marqué par une recherche croissante de rationalité dans tous les domaines de la vie. En effet, alors que la religion est souvent perçue comme irrationnelle, voire obscurantiste, elle continue d'occuper une place centrale dans la vie de millions de personnes à travers le monde. Ainsi, la question de la compatibilité entre raison et religion se pose avec acuité dans notre monde pluraliste et sécularisé. L'enjeu principal de cette question est de savoir si la raison, considérée comme une source de connaissance légitime dans notre culture occidentale, peut jouer un rôle dans la fondation et la justification des croyances religieuses. Cette interrogation se heurte toutefois à plusieurs problématiques complexes. D'une part, la religion est souvent associée à des éléments de foi et de mystère qui semblent échapper à toute forme de rationalité. D'autre part, la raison elle-même est soumise à des limites épistémologiques, notamment en ce qui concerne la compréhension de l'infini, du divin ou de l'origine de l'univers. Dans ce contexte, la question de la possibilité d'une religion fondée sur la raison apparaît comme un véritable défi intellectuel et philosophique. Dans cette dissertation, nous allons examiner les différentes positions philosophiques et théologiques relatives à la question de la compatibilité entre raison et religion. Nous aborderons d'abord les limites de la raison dans le domaine religieux, en mettant en lumière les aspects de la religion qui semblent échapper à toute rationalité. Nous analyserons ensuite les apports de la raison à la religion, en montrant comment certains penseurs ont cherché à intégrer la raison à la théologie. Enfin, nous examinerons les conditions d'un dialogue raison-religion et les enjeux qui en découlent.

Première partie : les limites de la raison dans le domaine religieux

La raison est une faculté intellectuelle qui permet à l'homme de comprendre et d'expliquer le monde qui l'entoure. Elle est fondée sur l'observation, l'analyse et la déduction logique. Cependant, la raison rencontre des limites dans certains domaines de la connaissance, notamment en ce qui concerne la religion. En effet, la religion implique souvent des éléments de mystère, de transcendance et de foi qui semblent échapper à toute rationalité. Dans cette première partie, nous allons examiner les limites de la raison dans le domaine religieux en analysant les domaines où la raison ne peut pas s'appliquer, ainsi que les critiques de la raison formulées par les penseurs religieux. Tout d'abord, la raison se heurte à des limites épistémologiques dans le domaine religieux. En effet, la religion implique souvent des éléments de mystère et de transcendance qui ne peuvent être appréhendés par la raison. Le mystère se caractérise par l'existence de réalités inaccessibles à la raison humaine. Par exemple, la nature de Dieu est souvent considérée comme un mystère dans de nombreuses religions. De même, le concept de l'âme ou de l'au-delà peut être considéré comme un mystère, car il ne peut être compris par la raison seule. La transcendance se caractérise quant à elle par l'existence de réalités qui dépassent le monde sensible. Par exemple, la plupart des religions considèrent que Dieu est transcendant par rapport à l'univers créé. De même, la vie après la mort peut être considérée comme une réalité transcendante. En outre, la foi est souvent considérée comme un élément essentiel de la religion qui échappe à toute forme de rationalité. La foi se caractérise par une adhésion personnelle et subjective à des vérités religieuses qui ne peuvent être démontrées par la raison. Ainsi, la foi implique une dimension émotionnelle et existentielle qui ne peut être réduite à une simple rationalité. Face à ces limites, de nombreux penseurs religieux ont critiqué la raison en la considérant comme insuffisante pour comprendre les réalités religieuses. Par exemple, Blaise Pascal, philosophe et théologien français, écrit dans ses *Pensées* : "Le cœur a ses raisons que la raison ne connaît point." Pour lui, la raison est incapable de comprendre les vérités de la foi, car elle se situe sur un plan différent de celui de la raison. De même, le philosophe allemand Friedrich Nietzsche critique la raison en la considérant comme une illusion qui masque l'essence véritable de l'existence humaine. Il écrit dans *Ainsi parlait Zarathoustra* , la raison, c'est la folie la plus subtile. Selon Nietzsche, la raison est une construction artificielle qui masque la véritable nature de l'existence humaine. En outre, certains penseurs religieux ont critiqué la raison en la considérant comme un obstacle à la foi. Par exemple, le théologien français Maurice Blondel écrit dans *L'Action* que la raison n'est pas une puissance souveraine, c'est un organe de collaboration. Pour lui, la raison doit être mise au service de la foi, car elle ne peut pas y accéder par elle-même. De même, le philosophe français Jean-Luc Marion critique la raison en la considérant comme un instrument de domination qui nie la possibilité de l'expérience mystique. Il écrit dans *Dieu sans l'être* : "La raison peut toujours être tentée de réduire le mystère à un objet de savoir et ainsi le vider de son contenu spirituel." Enfin, il convient de souligner que les limites de la raison dans le domaine religieux ne signifient pas que la religion est irrationnelle. En effet, la religion peut être considérée comme une forme de connaissance qui dépasse les limites de la raison. Ainsi, la religion peut proposer une vision du monde cohérente et intelligible qui répond aux aspirations spirituelles de l'homme. De plus, la religion peut offrir une voie d'accès à des réalités qui dépassent le monde sensible, comme la transcendance ou le mystère. Ainsi, la raison rencontre des limites dans le domaine religieux en raison de l'existence de réalités qui dépassent la rationalité humaine. Le mystère, la transcendance et la foi sont des éléments essentiels de la religion qui échappent à toute forme de rationalité. Les critiques de la raison formulées par les penseurs religieux montrent que la raison ne peut pas prétendre à une souveraineté absolue dans le domaine religieux. Toutefois, les limites de la raison dans le domaine religieux ne signifient pas que la religion est irrationnelle. Au contraire, la religion peut être considérée comme une forme de connaissance qui dépasse les limites de la raison en proposant une vision cohérente du monde qui répond aux aspirations spirituelles de l'homme. Dans la deuxième partie, nous allons examiner la possibilité de fonder une religion sur la raison en analysant les arguments en faveur et en défaveur de cette thèse.

Deuxième partie : les apports de la raison dans la religion

La question de savoir si une religion peut se fonder sur la raison conduit à examiner les apports de la raison dans la religion. La raison peut-elle jouer un rôle positif dans la formation de la croyance religieuse ? Existe-t-il des points de rencontre entre la raison et la religion ? Dans cette deuxième partie, nous allons examiner ces questions en analysant les apports de la raison dans la religion. La raison et la religion ont souvent été considérées comme deux domaines séparés, voire opposés. Toutefois, il existe des points de rencontre entre la raison et la religion, notamment dans les domaines de l'éthique, de la métaphysique et de la cosmologie. En ce qui concerne l'éthique, la raison avoir un rôle dans la formulation de principes éthiques universels qui transcendent les particularités culturelles et religieuses. Par exemple, l'impératif catégorique de Kant, qui énonce que l'on doit agir de telle sorte que sa maxime puisse être érigée en loi universelle, peut être considéré comme un principe éthique qui transcende les religions particulières. De même, la théorie de la justice de John Rawls, qui établit des principes éthiques à partir d'une position originelle de neutralité, peut servir de base à une éthique universelle. En ce qui concerne la métaphysique, la raison peut contribuer à la réflexion sur des questions métaphysiques fondamentales, telles que l'existence de Dieu, l'immortalité de l'âme ou la nature de l'être. Par exemple, la preuve ontologique de l'existence de Dieu proposée par Anselme de Cantorbéry repose sur une argumentation purement rationnelle. De même, la réflexion métaphysique de Thomas d'Aquin sur l'être et l'essence peut être considérée comme une tentative de concilier la raison et la foi. Enfin, en ce qui concerne la cosmologie, la raison peut contribuer à la compréhension de l'univers et de son origine. Par exemple, la théorie du Big Bang, qui explique l'origine de l'univers à partir d'une singularité initiale, est le fruit d'une réflexion scientifique rationnelle. De même, la théorie de l'évolution, qui explique l'apparition de la vie sur Terre à partir d'un processus de sélection naturelle, peut être considérée comme une explication rationnelle de l'origine de la vie. Les philosophes rationalistes ont apporté une contribution notable à la théologie en cherchant à concilier la raison et la foi. Parmi les plus célèbres, on peut citer Descartes, Leibniz et Spinoza. Pour Descartes, la raison et la foi ne sont pas contradictoires, mais complémentaires. Il propose ainsi une méthode pour atteindre la vérité qui repose sur la raison, mais qui ne nie pas l'existence de la foi. Leibniz, quant à lui, cherche à concilier la raison et la foi en proposant une théodicée qui explique l'existence du mal dans le monde. Enfin, Spinoza, dans son Traité théologico-politique, cherche à établir une théologie rationnelle en montrant que Dieu est la seule substance, que tout ce qui existe dépend de lui, et que l'amour de Dieu est la seule voie vers la béatitude. Ces philosophes rationalistes ont cherché à montrer que la raison pouvait être mise au service de la théologie pour approfondir la compréhension de la foi et de ses dogmes. Ils ont ainsi ouvert la voie à une réflexion sur la théologie qui n'est pas exclusivement fondée sur la révélation, mais qui intègre aussi la raison. La question de savoir si la raison peut fonder une religion est étroitement liée à la question de savoir si la raison peut jouer un rôle dans la formation de la croyance religieuse. Si la raison peut contribuer à la compréhension de certains aspects de la religion, peut-elle jouer un rôle dans la formation de la croyance religieuse elle-même ? Certains philosophes ont répondu par la négative à cette question en affirmant que la foi ne pouvait pas être fondée sur la raison. Kierkegaard, par exemple, affirme que la foi relève de la subjectivité, et que la raison ne peut pas rendre compte de cette dimension subjective de la foi. Selon lui, la foi ne peut être fondée que sur un saut qualitatif, une décision irrationnelle de la volonté.

D'autres philosophes, en revanche, ont cherché à montrer que la raison pouvait jouer un rôle dans la formation de la croyance religieuse. Ainsi, pour Kant, la foi ne peut être fondée sur la raison, mais la raison peut contribuer à la formulation de principes éthiques universels qui sont conformes à la foi. De même, pour Hegel, la raison peut contribuer à la compréhension de la vérité de la foi, en montrant que la religion est un moment de la conscience universelle qui évolue dans l'histoire. En conséquence, la raison peut jouer un rôle dans la religion, en contribuant à la réflexion éthique, métaphysique et cosmologique, ainsi qu'en participant à la réflexion théologique. Toutefois, la question de savoir si la raison peut fonder une religion est plus complexe, et dépend notamment de la manière dont on conçoit la relation entre la foi et la raison. Certains philosophes ont affirmé que la foi relevait de la subjectivité et ne pouvait pas être fondée sur la raison, tandis que d'autres ont cherché à montrer que la raison pouvait contribuer à la formation de la croyance religieuse. La réponse à cette question dépend donc de la manière dont on conçoit la place de la raison dans la religion, ainsi que de la manière dont on conçoit la relation entre la foi et la raison.

Troisième partie : les conditions d'un dialogue raison-religion

Pour que la raison et la religion puissent dialoguer, il est nécessaire que les deux domaines se respectent mutuellement, et reconnaissent les limites de chacun. La raison ne peut pas prétendre résoudre tous les mystères de la religion, mais peut contribuer à une compréhension plus profonde de certains aspects de la foi. De même, la religion ne peut pas prétendre fonder sa vérité sur la raison seule, mais doit reconnaître que la raison peut contribuer à sa compréhension et à sa formulation. Un dialogue raison-religion suppose une reconnaissance de la diversité des croyances religieuses, ainsi que de la diversité des positions philosophiques. Il ne peut y avoir de dialogue si l'on considère que sa propre position est la seule vraie, et que toutes les autres sont erronées. Le dialogue suppose donc une ouverture à l'autre, ainsi qu'une capacité à écouter et à comprendre des points de vue différents. Le dialogue entre raison et religion peut avoir plusieurs dimensions. Tout d'abord, il permet une mutualisation des connaissances, en favorisant une compréhension plus profonde des domaines respectifs de la raison et de la religion. La raison peut ainsi contribuer à une compréhension plus fine de certains aspects de la foi, tandis que la religion peut apporter des réponses à des questions que la raison ne peut pas résoudre seule. Le dialogue peut rendre possible une meilleure compréhension de l'autre, en favorisant une ouverture à des points de vue différents. Il peut ainsi contribuer à un enrichissement mutuel, en favorisant la découverte de nouvelles perspectives et la reconnaissance de la diversité des croyances et des pratiques religieuses. Enfin, le dialogue peut avoir un enjeu politique, en favorisant le respect de la diversité culturelle et religieuse, ainsi que la coexistence pacifique entre les différentes communautés. Dans un contexte où les conflits religieux sont de plus en plus nombreux, le dialogue peut ainsi contribuer à une meilleure compréhension et à une résolution pacifique des conflits. Malgré ses enjeux importants, le dialogue entre raison et religion se heurte à des limites et à des difficultés. Tout d'abord, il peut être difficile de surmonter les préjugés et les stéréotypes qui existent parfois entre la raison et la religion. La raison peut être perçue comme une menace pour la foi, tandis que la religion peut être perçue comme irrationnelle et archaïque par certains courants de la pensée moderne. De plus, le dialogue peut être difficile lorsque les positions sont trop éloignées les unes des autres. Par exemple, il peut être difficile de dialoguer avec des mouvements fondamentalistes qui refusent toute forme de compromis ou de remise en question de leur position. De même, il peut être difficile de dialoguer avec des mouvements athées qui considèrent que la religion est un phénomène irrationnel et qui refusent toute forme de dialogue. Enfin, le dialogue peut être difficile lorsque les enjeux politiques sont trop forts. Par exemple, dans un contexte de conflit religieux, le dialogue peut être difficile car les positions sont souvent polarisées. Par ailleurs, le dialogue entre raison et religion est confronté à des difficultés pratiques. Par exemple, il peut être difficile de trouver des interlocuteurs compétents dans les deux domaines pour engager un dialogue fructueux. De plus, les divergences entre les religions et les interprétations divergentes au sein d'une même religion peuvent compliquer la recherche d'un terrain d'entente. Enfin, il convient de souligner que le dialogue entre raison et religion ne doit pas être perçu comme une tentative de réduire la religion à la seule raison. Comme l'a écrit le philosophe allemand Jürgen Habermas, "Le rapport entre raison et religion doit être compris comme une relation d'égalité réciproque, de coexistence pacifique et de complémentarité constructive" *Pensée postmétaphysique, (1988)*. En somme, la question de savoir si une religion peut se fonder sur la raison nécessite une analyse approfondie des limites et des apports de la raison dans le domaine religieux, ainsi qu'une réflexion sur les conditions d'un dialogue fructueux entre raison et religion. Le débat est d'autant plus important dans un contexte où la raison et la religion sont souvent opposées de manière stérile, alors que leur dialogue pourrait contribuer à une compréhension mutuelle et à une construction de sens commune.

En conclusion, notre analyse a permis de mettre en évidence les limites de la raison dans le domaine religieux, mais également ses apports et la possibilité d'un dialogue fructueux entre raison et religion. Nous avons vu que la raison ne pouvait pas tout expliquer dans le domaine religieux, en particulier le mystère, la transcendance et la foi, mais que la raison pouvait contribuer à la compréhension de certains aspects de la religion, notamment dans les domaines de l'éthique, de la métaphysique et de la cosmologie. Enfin, nous avons souligné les conditions nécessaires pour un dialogue raison-religion constructif, ainsi que les difficultés et les limites d'un tel dialogue. Quant à la réponse à la question posée, nous pourrions dire que oui, une religion peut se fonder sur la raison, mais sous certaines conditions. La raison ne doit pas être considérée comme la seule source de la religion, mais plutôt comme un outil permettant de mieux comprendre et d'approfondir la foi religieuse. Dans le même temps, la religion doit être considérée comme un domaine spécifique, doté de ses propres exigences et limites, qui ne peuvent pas être totalement réduites à la raison. Enfin, il convient d'ouvrir le débat sur les enjeux futurs du dialogue raison-religion. Ce dialogue peut contribuer à une meilleure compréhension mutuelle, à une exploration plus profonde des différentes traditions religieuses et à une construction de sens commun, mais il peut se trouver confronté à des difficultés pratiques et conceptuelles. Cependant, comme l'a indiqué le philosophe Paul Ricœur, la philosophie devrait tout comprendre, même la religion *Critique et conviction, (1995)*, par un processus continu de questionnement et d'exploration. Ce dialogue entre raison et religion est un enjeu crucial pour notre société contemporaine, confrontée à des défis diversifiés. Ce dialogue peut nous aider à mieux comprendre les valeurs et les croyances qui animent nos sociétés, ainsi que les perspectives différentes qui peuvent coexister de manière constructive. Et comme le souligne le jésuite français Louis Bourdaloue « La Religion propose ses vérités particulières. Elle y soumet la raison, sans lui laisser la liberté d'en percer les ombres mystérieuses. Si, par son orgueil, la raison y répugne, la Religion par le poids de son autorité la réduit sous le joug et la tient captive ». *Les pensées et réflexions* (1704).

XIV. LA SCIENCE

Sujet 1 : La philosophie peut-elle se passer d'une réflexion sur les sciences ?

Introduction : depuis des siècles, les philosophes se sont penchés sur les sciences pour les comprendre, les interpréter et les évaluer. D'un autre côté, les sciences ont souvent fait appel à la philosophie pour résoudre des problèmes conceptuels et éthiques. Cependant, certains estiment que la philosophie peut se passer d'une réflexion sur les sciences. Pour comprendre ce débat, nous commencerons par une citation de Galilée « La philosophie est écrite dans cet immense livre qui se tient toujours ouvert devant nos yeux, je veux dire l'Univers, mais on ne peut le comprendre si l'on ne s'applique d'abord à en comprendre la langue et à connaître les caractères avec lesquels il est écrit. Il est écrit dans la langue mathématique et ses caractères sont des triangles, des cercles et autres figures géométriques, sans le moyen desquels il est humainement impossible d'en comprendre un mot. Sans eux, c'est une errance vaine dans un labyrinthe obscur. » *L'Essayeur* (1623). La philosophie peut-elle donc se passer d'une réflexion sur les sciences ? La question à laquelle nous sommes confrontés est de savoir si cette réflexion est nécessaire pour une compréhension complète de la réalité. Pour répondre à cette question, nous commencerons par examiner le rôle de la philosophie dans l'interprétation des sciences. Nous examinerons alors les conséquences d'une absence de réflexion philosophique sur les sciences. Enfin, nous étudierons la complémentarité entre la philosophie et les sciences et les avantages de cette complémentarité.

Première partie : La philosophie en tant qu'outil de réflexion sur les sciences

La philosophie joue un rôle crucial dans l'interprétation des sciences et dans la compréhension des implications éthiques, morales et métaphysiques de leurs découvertes. Les avancées scientifiques peuvent souvent soulever des questions complexes qui dépassent les simples réponses factuelles que les sciences peuvent apporter. La philosophie peut aider à contextualiser ces découvertes en les intégrant dans un cadre plus large de compréhension de la réalité et en les interprétant en termes de leurs significations et implications profondes. Par exemple, la découverte de l'ADN a révolutionné notre compréhension de la génétique et de la biologie, mais elle a parallèlement soulevé de nombreuses questions éthiques sur les implications de la modification génétique et du clonage. La réflexion philosophique sur ces questions a aidé à comprendre les implications éthiques et morales de ces découvertes scientifiques, en les intégrant dans un cadre plus large de compréhension de la dignité humaine et de la valeur de la vie. La réflexion philosophique sur les sciences peut aider à clarifier les concepts fondamentaux qui sous-tendent les avancées scientifiques et à comprendre les implications plus profondes de ces découvertes. La philosophie peut aider à contextualiser les découvertes scientifiques en les intégrant dans un cadre plus large de compréhension de la réalité et en les interprétant en termes de leur signification et implications profondes. Comme le dit le philosophe Martin Heidegger, "La science ne peut déterminer la signification de ce qu'elle découvre. C'est la tâche de la philosophie de fournir une compréhension significative de ce qui est découvert." (*"Être et Temps", 1927*). Bien que la réflexion philosophique soit importante pour comprendre les implications profondes des découvertes scientifiques, il faut aussi reconnaître ses limites. La philosophie ne peut pas remplacer les découvertes scientifiques factuelles ni les réponses concrètes qu'elles apportent. La réflexion philosophique peut aussi être limitée par les perspectives historiques et culturelles de la société dans laquelle elle se développe.

Deuxième partie : risque de la science sans la philosophie

L'absence de réflexion philosophique sur les sciences peut entraîner une compréhension erronée de la nature de la connaissance scientifique. Les sciences étant souvent considérées comme étant entièrement objectives et impartiales, une absence de réflexion philosophique peut conduire à l'ignorance des questions épistémologiques telles que la validité des hypothèses scientifiques, la nature de la preuve scientifique, et les limites de la connaissance scientifique. Par exemple, sans une réflexion philosophique sur les sciences, on pourrait facilement confondre la description des phénomènes scientifiques avec une explication de ces phénomènes. Cependant, comme l'a noté Carl Hempel, un philosophe de la science, la description et l'explication sont deux aspects différents de la connaissance scientifique. La description fournit une description factuelle des phénomènes, tandis que l'explication implique la compréhension de la causalité sous-jacente. La question de l'objectivité et de l'impartialité de la science sans une réflexion philosophique est un sujet de débat. Certes la science peut être objective sans une réflexion philosophique, car elle repose sur des méthodes expérimentales rigoureuses et des observations impartiales mais la science ne peut pas être entièrement objective, car les scientifiques sont des êtres humains et donc soumis à des préjugés et à des biais. Par exemple, le philosophe de la science Thomas Kuhn a montré que les paradigmes scientifiques peuvent influencer les choix de recherche et les interprétations des résultats scientifiques. La science peut aussi être influencée par des considérations éthiques, politiques et économiques, ce qui peut entraîner un biais de la connaissance scientifique. Par exemple, l'historien de la science Steven Shapian a indiqué comment des considérations politiques et économiques ont influencé les études sur la sécurité des produits chimiques dans le passé. L'absence de réflexion philosophique sur les sciences peut entraîner des conséquences négatives pour la société dans son ensemble. Sans une réflexion philosophique sur les sciences, les décisions politiques et éthiques peuvent être basées sur une compréhension erronée de la nature de la connaissance scientifique. "L'enseignement de la littérature, de l'histoire, des mathématiques, des sciences, contribue à l'insertion dans la vie sociale … l'enseignement de la philosophie stimule en chaque esprit réceptif la capacité réflexive. " Edgar Morin *Enseigner à vivre* (2014)

Troisième partie : la complémentarité de la philosophie et des sciences

La réflexion philosophique sur les sciences peut apporter de nombreux avantages en permettant une meilleure compréhension des questions scientifiques. La philosophie peut aider à clarifier les concepts scientifiques, à évaluer les arguments et à établir une perspective plus large sur les problèmes scientifiques. En outre, elle peut apporter une réflexion éthique sur les implications sociales et morales des découvertes scientifiques. En associant la réflexion philosophique aux sciences, on peut éviter de se limiter à une approche purement technique et pragmatique. La philosophie peut aider à poser des questions fondamentales sur la nature et les buts de la science, ce qui peut permettre de mieux comprendre les limites de celle-ci. De plus, elle peut stimuler l'imagination et la créativité scientifique en suggérant de nouvelles pistes de réflexion et de recherche. Un exemple concret de la complémentarité entre la philosophie et les sciences peut être trouvé dans le domaine de la biologie évolutionniste. La théorie de l'évolution de Charles Darwin, qui a été publiée en 1859 dans *"L'Origine des Espèces"*, a été largement influencée par les idées de Thomas Malthus sur la population, ainsi que par les travaux de Jean-Baptiste Lamarck sur l'hérédité. Cependant, la théorie de l'évolution de Darwin a suscité de nombreux débats philosophiques, notamment en ce qui concerne la nature de l'hérédité et l'origine de la vie. Aujourd'hui, la réflexion philosophique continue de jouer un rôle explicatif dans l'évolution de la biologie évolutionniste, en permettant une meilleure compréhension des concepts scientifiques, ainsi qu'une réflexion éthique sur les implications sociales et morales de cette théorie. Un exemple concret de la complémentarité entre la philosophie et les sciences est l'étude de la vie et de la conscience. Les scientifiques peuvent utiliser les techniques de la biologie, des neurosciences et de la psychologie pour comprendre les mécanismes physiques de la vie et de la conscience, mais la réflexion philosophique est nécessaire pour aborder les questions éthiques et morales qui découlent de cette compréhension. Par exemple, la question de la définition de la vie, de la différence entre la vie animale et humaine, et de la possibilité d'une forme de conscience artificielle sont des questions qui nécessitent une réflexion philosophique en plus de la compréhension scientifique. Un autre exemple est la détermination de la valeur de la science en société. Les scientifiques peuvent étudier les applications de leurs découvertes et les utiliser pour améliorer la vie des gens, mais il est important que les philosophes réfléchissent aux implications éthiques et morales de ces applications, comme par exemple, dans le domaine de la biotechnologie, où les questions de clonage, de modification génétique et de médecine personnalisée sont soulevées. Enfin, la réflexion philosophique permet de clarifier les fondements métaphysiques des sciences, comme par exemple la nature de la réalité et les limites de la connaissance scientifique. La réflexion sur ces questions peut aider à établir des critères pour évaluer la validité des théories scientifiques et à éviter les erreurs ou les biais dans les interprétations scientifiques. Cette complémentarité de la philosophie et des sciences est essentielle pour comprendre les problèmes humains et pour avancer dans la compréhension de notre monde. La réflexion philosophique peut améliorer les sciences en apportant une perspective éthique et en permettant de poser des questions fondamentales sur les implications et les conséquences potentielles de la science. De plus, la collaboration entre les philosophes et les scientifiques peut conduire à une compréhension plus profonde des phénomènes scientifiques et des questions liées à leur application dans la société.

En conclusion, la complémentarité entre la philosophie et les sciences est indéniable. La réflexion philosophique sur les sciences peut non seulement améliorer la compréhension de ces dernières, mais les orienter vers un but plus noble et plus éthique. La philosophie peut aider les sciences à surmonter les limites inhérentes à la recherche purement empirique et technique, en les incitant à considérer les implications éthiques et morales de leurs découvertes et de leurs applications. De plus, la réflexion philosophique sur les sciences permet de sensibiliser les sociétés aux conséquences potentiellement dangereuses de certaines applications scientifiques. Cependant, il faut souligner que la philosophie ne peut pas tout résoudre. La réflexion philosophique sur les sciences ne peut pas remplacer la recherche scientifique elle-même, ni fournir des réponses définitives à toutes les questions scientifiques. Cependant, en travaillant en tandem, la philosophie et les sciences peuvent améliorer notre compréhension du monde et nous permettre de faire face aux défis complexes de la société moderne. En conclusion, la complémentarité entre la philosophie et les sciences est indéniable. La réflexion philosophique sur les sciences peut non seulement améliorer la compréhension de ces dernières, mais aussi les orienter vers un but plus noble et plus éthique. La philosophie peut aider les sciences à surmonter les limites inhérentes à la recherche purement empirique et technique, en les incitant à considérer les implications éthiques et morales de leurs découvertes et de leurs applications. De plus, la réflexion philosophique sur les sciences permet de sensibiliser les sociétés aux conséquences potentiellement dangereuses de certaines applications scientifiques. Pour conclure, je citerai le philosophe et mathématicien Blaise Pascal, qui a dit : "L'esprit scientifique sans la sagesse philosophique est stérile, tandis que la sagesse philosophique sans la connaissance scientifique est boiteuse. *Pensées* (1670). Cette citation souligne toute l'importance de la complémentarité entre la philosophie et les sciences, car elle montre que chacune de ces disciplines peut apporter quelque chose d'unique et de précieux à l'autre. Ensemble, la philosophie et les sciences peuvent donner lieu à une réflexion plus profonde, plus globale. La réflexion philosophique sur les sciences est non seulement nécessaire, mais bénéfique pour la compréhension des sciences et pour la société dans son ensemble.

Sujet 2 : La recherche scientifique a-t-elle des limites ?

Introduction : " Dans l'œuvre de la science seulement on peut aimer ce qu'on détruit, on peut continuer le passé en le niant, on peut vénérer son maître en le contredisant ». Gaston Bachelard, *La Formation de l'esprit scientifique.* Cette citation fait référence à l'acte de déconstruction nécessaire dans la recherche scientifique, où des théories et des idées établies peuvent être remises en question et détruites pour faire place à de nouvelles connaissances. Dans ce sens, aimer ce que l'on détruit signifie embrasser le processus de remise en question et d'évolution constantes de la connaissance scientifique. Gaston Bachelard souligne la nature complexe et évolutive de la science, qui n'est jamais aboutie. Mais la recherche scientifique a-t-elle donc des limites ? La recherche scientifique a une influence considérable sur notre vie quotidienne, mais les limites de cette dernière peuvent entraver le progrès scientifique et le développement de nouvelles connaissances. Pour examiner les limites de la recherche scientifique, cette dissertation sera divisée en trois parties. Tout d'abord dans le sillage d'Edgar

Morin, nous évoquerons les limites intrinsèques de la science qui va conditionner la recherche scientifique elle-même. En raison des restrictions éthiques, les chercheurs peuvent être limités dans leurs études, ce qui peut entraver la qualité et la validité de leurs résultats. De plus, les défis méthodologiques peuvent limiter la capacité des chercheurs à collecter des données fiables et valides, tandis que les ressources financières peuvent restreindre la diversité des sujets de recherche et la qualité des résultats.

Première partie : les limites de la science limitant la possibilité de recherche scientifique

La question de savoir si la science a des limites dans sa capacité à rendre compte de la totalité de ce qui existe et d'autres domaines de connaissance, tels que la philosophie, l'art et la religion, sont nécessaires pour obtenir une compréhension complète de la réalité. Edgar Morin est connu pour sa critique de la science en tant que méthode unique de compréhension de la réalité. Selon lui, la science a des limites intrinsèques, notamment en raison de sa tendance à fragmenter la réalité en parties distinctes, ce qui peut conduire à une compréhension incomplète ou même erronée de la réalité. En effet, la science se concentre sur des aspects particuliers de la réalité, mais ne peut pas rendre compte de la totalité de ce qui existe. Par exemple, la science peut expliquer comment fonctionne le corps humain, mais elle ne peut pas rendre compte de l'expérience subjective de la douleur ou de l'amour. Par ailleurs, la science, en raison de sa nature réductionniste, est incapable de saisir la complexité de la réalité. Par conséquent, elle a des limites intrinsèques et ne peut pas fournir une compréhension complète de la réalité. La science traite de la connaissance objective, c'est-à-dire de la connaissance qui peut être mesurée, testée et vérifiée de manière empirique. Mais il existe d'autres formes de connaissances, telles que la connaissance subjective, qui ne peuvent pas être traitées par la méthode scientifique. De plus la science est limitée dans sa capacité à fournir des réponses à des questions philosophiques fondamentales, telles que la signification de la vie, la nature de l'existence, ou le but de l'existence humaine. La science peut fournir des réponses à des questions spécifiques, mais elle ne peut pas répondre à des questions métaphysiques. Il est donc nécessaire de recourir à d'autres domaines de connaissance, tels que la philosophie, l'art et la religion, pour obtenir une compréhension complète de la réalité. Ces domaines de connaissance sont capables de traiter des questions que la science ne peut pas traiter, telles que la signification de l'existence humaine ou la nature de la conscience. La philosophie, par exemple, peut fournir des réponses à des questions métaphysiques et éthiques, tandis que l'art peut fournir des connaissances esthétiques et émotionnelles. Par exemple, la religion est une source de connaissance et de compréhension de la réalité. Bien que la religion ne soit pas une méthode empirique de compréhension de la réalité, elle peut fournir des réponses à des questions qui ne peuvent pas être traitées par la science, telles que la signification de la vie, l'existence de Dieu et la nature de la conscience. C'est une forme de connaissance qui utilise la foi plutôt que la raison, mais qui peut fournir une compréhension profonde et significative de la réalité. La philosophie, l'art et la religion, peuvent apporter des perspectives différentes sur la réalité, qui complètent la compréhension scientifique de la réalité. En d'autres termes, ces domaines de connaissance sont complémentaires et offrent une compréhension plus complète de la réalité que la recherche scientifique seule ne pourra pas fournir. En fin de compte, une compréhension complète de la réalité nécessite l'utilisation de différentes formes de connaissances, qui sont complémentaires et non concurrentes.

Deuxième partie : les limites éthiques de la recherche scientifique

La recherche scientifique peut avoir un impact significatif sur les êtres humains, les animaux et l'environnement, et il est donc utile de s'assurer que les normes éthiques sont respectées pour minimiser les conséquences négatives. Les réglementations éthiques en matière de recherche scientifique comprennent les normes déontologiques qui définissent les principes éthiques auxquels les chercheurs doivent se conformer. Par exemple, les chercheurs en psychologie sont régis par le Code de déontologie de l'Association française de psychologie (AFP). Ce code stipule que les chercheurs doivent respecter la dignité, les droits et la vie privée des participants à leurs études. Par exemple, il prévoit que les chercheurs en psychologie doivent obtenir le consentement éclairé des participants avant de les inclure dans leurs études, garantir l'anonymat et la confidentialité des données recueillies et traiter les participants avec respect et dignité. Les protocoles d'approbation éthique sont un aspect majeur des réglementations éthiques en matière de recherche scientifique. Ils exigent que les projets de recherche soient examinés par un comité d'éthique pour s'assurer qu'ils respectent les normes éthiques et les lois régissant la recherche. Les débats éthiques sur les sujets sensibles tels que la recherche sur les êtres humains et les animaux ont été un sujet de controverses au fil des ans. La recherche sur les êtres humains peut mettre en danger la dignité et les droits des participants, et il est donc important de s'assurer que les protocoles d'approbation éthique sont rigoureux et que les participants donnent un consentement éclairé. De même, la recherche sur les animaux peut entraîner une douleur et une souffrance inutiles pour les animaux, et il est essentiel de s'assurer que les réglementations en matière de bien-être animal sont strictes et rigoureuses. Les limites éthiques peuvent affecter la qualité et la validité des résultats de la recherche scientifique. Par exemple, si les protocoles d'approbation éthique ne sont pas stricts, il est possible que des études soient menées sans respecter les normes éthiques, ce qui peut compromettre la qualité et la validité des résultats. De même, les réglementations en matière de bien-être animal peuvent limiter la qualité et la validité des résultats obtenus à partir de la recherche sur les animaux. Il existe plusieurs exemples qui montrent comment les réglementations strictes en matière de bien-être animal peuvent rendre certaines recherches impossibles ou entraîner des biais dans les résultats. Par exemple, les réglementations sur les expériences animales peuvent interdire l'utilisation de certaines méthodes de recherche qui sont considérées comme inacceptables du point de vue éthique, telles que les expériences qui causent une douleur excessive aux animaux. Cependant, ces réglementations peuvent simultanément limiter la capacité des chercheurs à mener des études sur certaines maladies ou conditions qui ne peuvent être reproduites chez les animaux de laboratoire, ce qui peut entraîner des biais dans les résultats de la recherche. Une étude sur les effets d'un nouveau médicament sur la santé cardiaque ne peut être menée chez l'homme en raison des risques potentiels pour la santé. Dans ce cas, les chercheurs peuvent être contraints de mener cette étude chez des animaux de laboratoire, mais les réglementations strictes sur le bien-être animal peuvent les obliger à utiliser un petit nombre d'animaux et à les traiter avec des méthodes plus douces, ce qui peut rendre les résultats de l'étude moins fiables. Les réglementations strictes peuvent donc entraîner des biais dans les résultats de la recherche, ce qui peut rendre plus difficile la détermination de l'efficacité et de la sécurité d'un nouveau médicament pour les patients. Cependant, il faut noter que les limites éthiques peuvent aussi améliorer la qualité et la validité des résultats de la recherche scientifique en garantissant que les participants et les animaux sont traités de manière éthique et en minimisant les biais potentiels dans les études. Les réglementations éthiques, les protocoles d'approbation éthique et les débats éthiques sur les sujets sensibles sont donc des outils pour garantir que la science est utilisée de manière responsable et éthique mais ils constituent aussi des limites.

Troisième partie : les limites méthodologiques et financières de la recherche scientifique

La recherche scientifique est un processus qui implique la collecte de données, leur analyse et la communication des résultats. Cependant, ce processus est soumis à certaines limites méthodologiques qui peuvent affecter la qualité des résultats obtenus. Les défis méthodologiques liés à la collecte de données fiables et valides, les biais systématiques dans la conception et la mise en œuvre des études, et les limitations dans la capacité à généraliser les résultats à une population plus large sont les principales limites méthodologiques de la recherche scientifique. La collecte de données fiables et valides est un élément clé de la recherche scientifique. Cependant, la collecte de données peut présenter des défis méthodologiques qui peuvent affecter la qualité des données recueillies. Par exemple, la méthode de collecte de données peut influencer les résultats obtenus. La méthode d'enquête peut être biaisée si les questions posées sont trompeuses ou mal formulées. De plus, les répondants peuvent mentir ou ne pas être honnêtes lorsqu'ils répondent aux questions. Les erreurs de mesure peuvent affecter la qualité des données recueillies. Les biais systématiques peuvent affecter la qualité de la recherche scientifique en introduisant des distorsions dans les résultats obtenus. Par exemple, un biais de sélection peut survenir lorsque les participants sont sélectionnés de manière non aléatoire, ce qui peut affecter les résultats obtenus. Un biais d'observation peut survenir lorsque le chercheur interagit avec les participants de manière à influencer les résultats. Les biais d'analyse surviennent lorsque les données sont mal analysées ou que les conclusions tirées sont biaisées. La généralisation des résultats de la recherche à une population plus large est une autre limitation méthodologique de la recherche scientifique. Les résultats obtenus à partir d'un petit échantillon de participants peuvent ne pas être représentatifs de la population plus large. Par exemple, les résultats obtenus à partir d'une étude auprès de participants de race blanche ne peuvent pas être généralisés à l'ensemble de la population, car les résultats peuvent varier en fonction de facteurs tels que la race, le sexe, l'âge, etc. De plus, les différences culturelles rendent difficile la généralisation des résultats à une population plus large. Pour surmonter ces limites méthodologiques, il est important de suivre des pratiques de recherche rigoureuses et de prendre en compte les biais potentiels lors de la conception et de la mise en œuvre de l'étude. Les chercheurs peuvent utiliser des techniques telles que l'échantillonnage aléatoire, la stratification et la moyennisation pour minimiser les biais dans la collecte de données et l'analyse. De plus, les chercheurs peuvent utiliser des méthodes statistiques pour évaluer la fiabilité et la validité des données recueillies. Nous trouvons des limites par exemple dans la physique ou la biologie. En physique, la difficulté à mesurer certaines grandeurs, telles que les propriétés quantiques des particules subatomiques. Les méthodes actuelles pour mesurer ces grandeurs sont souvent peu précises et incertaines, ce qui limite la capacité des scientifiques à comprendre pleinement ces systèmes. La nécessité de faire des observations à grande échelle ou à des températures extrêmement basses ou élevées pour étudier certains phénomènes. Les limites technologiques peuvent rendre ces observations difficiles ou impossibles à réaliser, ce qui peut limiter les progrès dans ces domaines. En biologie, la complexité des systèmes biologiques, tels que les réseaux de régulation génétique et les mécanismes de développement, qui peuvent être difficiles à comprendre et à étudier avec les techniques actuelles. La difficulté à contrôler les conditions expérimentales pour des expériences biologiques, en raison de la variabilité des systèmes biologiques et des conditions environnementales. La limitation des modèles animaux utilisés pour étudier les maladies humaines, car ils ne reflètent pas toujours les mécanismes sous-jacents des maladies chez l'homme... Toutes ces limites méthodologiques peuvent entraver les progrès scientifiques dans ces domaines et sont un défi pour les scientifiques qui cherchent à obtenir une compréhension plus complète de la nature. Cependant, de nouvelles techniques et de nouveaux outils sont continuellement développés pour surmonter ces limites. En suivant des pratiques de recherche rigoureuses et en prenant en compte les biais potentiels, les chercheurs peuvent minimiser ces limites et obtenir des résultats plus fiables et valides. Comme le disait John Stuart Mill : "La science est l'art de découvrir ce qui peut être découvert sur tout sujet particulier ; c'est le pouvoir de séparer ce qui peut être connu de ce qui ne peut être connu." *System of Logic, livre III, chapitre III, section 3*. Cette citation reflète la philosophie de Mill en matière de science et son approche rigoureuse et méthodique de la recherche. Il croyait que la science était capable de découvrir de nouvelles connaissances à travers une méthode de recherche rigoureuse et méthodique. Les limites financières de la recherche scientifique sont un défi majeur pour le développement et la progression de la science. La recherche scientifique est coûteuse et nécessite des investissements considérables en matériel, personnel, temps et ressources pour produire des résultats significatifs. Les programmes de recherche peuvent coûter des millions d'euros, ce qui peut être un obstacle majeur pour les chercheurs et les institutions qui cherchent à les mettre en place. Cela peut entraîner des difficultés pour obtenir des financements, ce qui peut ralentir ou compromettre la progression des recherches. Par exemple, dans son livre *"Le Prix de l'Altitude : L'économie de la Course spatiale"*, le professeur Joseph Martz explique que le coût de la recherche spatiale peut être très élevé, ce qui peut entraîner des défis financiers pour les gouvernements et les institutions qui cherchent à soutenir ces programmes. La recherche scientifique est souvent dépendante des financements externes, ce qui peut influencer la direction et les priorités de la recherche. Les financements externes peuvent venir de différentes sources, telles que les gouvernements, les entreprises, les fondations et les donateurs privés. Cependant, cette dépendance peut aussi entraîner des limites en ce qui concerne la diversité des sujets de recherche et la qualité des résultats. Les financements externes peuvent influencer la recherche en faveur de sujets plus rentables ou politiques, plutôt que de sujets plus signifiants pour la société. Les limites financières peuvent avoir un impact considérable sur la diversité des sujets de recherche et la qualité des résultats. Les chercheurs peuvent être limités dans leurs capacités à explorer des sujets moins populaires ou moins rentables, ce qui peut entraîner une perte de diversité dans les domaines de la recherche. De plus, les limites financières peuvent influer sur la qualité des résultats de la recherche. Les chercheurs peuvent être obligés de faire des compromis en matière de matériel ou de personnel, ce qui peut compromettre la qualité et la fiabilité des résultats. Comme l'a dit Daniel J. Boorstin, historien et écrivain américain "Le plus grand ennemi de la connaissance n'est pas l'ignorance, c'est l'illusion de la connaissance." - *"Les découvreurs"* (1983).

En conclusion, la recherche scientifique est une entreprise qui vise à découvrir de nouvelles connaissances sur le monde qui nous entoure, mais elle rencontre d'abord des limites intrinsèques, notamment en raison de sa tendance à fragmenter la réalité en parties distinctes, ce qui peut conduire à une compréhension incomplète ou même erronée de la réalité. Cette recherche scientifique est aussi limitée par des défis financiers, méthodologiques et éthiques qui peuvent affecter la qualité et la diversité des résultats obtenus. Les défis financiers liés à la mise en place de programmes de recherche coûteux, la dépendance de la recherche scientifique à des financements externes, ainsi que les limites méthodologiques, tels que les biais, les erreurs et les contraintes éthiques, peuvent tous impacter la qualité et la diversité des résultats obtenus. Cependant, en suivant des pratiques de recherche rigoureuses et en prenant en compte les biais potentiels, les chercheurs peuvent minimiser ces limites et obtenir des résultats plus fiables et valides. La connaissance est un processus continu qui ne cesse de progresser et d'évoluer. Comme le disait le neuropsychiatre et éthologue français Boris Cyrulnik, « Chaque découverte scientifique est passionnante parce qu'elle ouvre un univers de questions. Si les questions vous angoissent, ne soyez pas scientifiques ». Cette citation montre que la curiosité est une force motrice de la recherche scientifique. En continuant à poser des questions et en explorant de nouveaux territoires, les chercheurs peuvent surmonter les limites de la recherche scientifique et faire des découvertes significatives qui continueront d'enrichir notre compréhension du monde.

Sujet 3 : Les vérités scientifiques sont-elles indiscutables ?

Introduction : "Le grand prestige de la mathématique repose ... sur le fait que c'est elle qui confère aux sciences exactes un certain degré de certitude qu'elles ne pourraient pas atteindre autrement... La raison humaine serait-elle donc capable, sans avoir recours à l'expérience, de découvrir par son activité seule les propriétés des objets réels ? ...pour autant que les propositions de la mathématique réfèrent à la réalité elles ne sont pas certaines, et pour autant qu'elles sont certaines, elles ne réfèrent pas à la réalité. " A. Einstein *La géométrie et l'expérience* (1933). Cette citation d'Albert Einstein souligne le défi inhérent à l'application des vérités mathématiques, que nous considérons souvent comme certaines, à la réalité du monde physique. Dans cette perspective, les "vérités" scientifiques ne sont pas indiscutables car elles dépendent d'une application précise des principes mathématiques à la réalité observable. Les vérités mathématiques en soi peuvent être certaines, mais dès que nous essayons de les appliquer à la réalité - qui est complexe, changeante, et souvent imprévisible - nous introduisons une incertitude. Cette incertitude peut découler de facteurs tels que la précision de nos instruments de mesure, la complexité du système que nous étudions, ou notre compréhension encore limitée de certains phénomènes naturels. En outre, la science est un processus dynamique, constamment remis en question et affiné par de nouvelles découvertes et observations. C'est ce qui fait la force de la méthode scientifique. Einstein nous invite à une humilité intellectuelle, à reconnaître que notre compréhension de l'univers est toujours en évolution. Les vérités scientifiques sont-elles donc réellement indiscutables ? La problématique que nous allons étudier dans cet exposé est de savoir si les vérités scientifiques peuvent être considérées comme indiscutables ou s'il y a des influences subjectives qui peuvent les affecter. Le plan de l'exposé sera divisé en trois parties. Dans la première partie, nous allons définir la méthode scientifique, montrer comment elle permet d'obtenir des vérités scientifiques et examiner les vérités scientifiques et les différences entre elles et les croyances. Puis, nous allons explorer comment les vérités scientifiques évoluent au fil du temps et les conséquences de cette évolution. Enfin, nous allons aborder la question de la subjectivité dans la science et montrer comment les influences personnelles peuvent affecter les résultats scientifiques.

Première partie : La méthode scientifique et les vérités scientifiques

La méthode scientifique est un processus de recherche rigoureux utilisé par les scientifiques pour décrire, expliquer et prédire les phénomènes naturels. Elle est basée sur l'observation objective, l'expérimentation, la collecte de données et l'analyse statistique. La méthode scientifique vise à établir des connaissances fiables et vérifiables à travers une approche systématique et objective de la recherche. La méthode scientifique permet d'obtenir des vérités scientifiques en éliminant les hypothèses erronées à travers des tests rigoureux et des expérimentations. Lorsqu'une hypothèse est formulée, les scientifiques collectent des données à travers l'observation et l'expérimentation pour la tester. Si les données ne soutiennent pas l'hypothèse, elle est abandonnée et une nouvelle hypothèse est formulée. Ce processus répété permet d'arriver à des conclusions fiables sur les phénomènes étudiés. Bien que la méthode scientifique soit considérée comme le moyen le plus fiable de comprendre le monde, elle n'est pas infaillible. Certaines des limites de la méthode scientifique incluent la subjectivité humaine, le biais dans la collecte de données et l'incomplétude des connaissances. Les scientifiques sont parfois influencés par des croyances personnelles ou des intérêts financiers qui peuvent fausser les résultats de leurs recherches. La vérité scientifique est une connaissance fondée sur des observations fiables et des preuves concrètes. Les vérités scientifiques sont considérées comme stables et fiables, mais peuvent être révisées à mesure que de nouvelles données sont collectées et analysées. Les caractéristiques de la vérité scientifique incluent la réplicabilité, la réfutabilité et la cohérence. Les vérités scientifiques sont déterminées à travers un processus de recherche rigoureux basé sur la méthode scientifique. Les scientifiques collectent des données à travers l'observation et l'expérimentation, les analysent et les utilisent pour établir des conclusions fiables sur les phénomènes étudiés. Les conclusions sont soumises à des tests rigoureux et des révisions fréquentes pour garantir leur validité. Les vérités scientifiques sont déterminées par un consensus parmi la communauté scientifique, basé sur des preuves concrètes et des données fiables. Les vérités scientifiques sont des connaissances fondées sur des observations fiables et des preuves concrètes, tandis que les croyances sont des convictions subjectives sans fondement concret. Les croyances peuvent être influencées par des facteurs tels que la culture, la religion et les expériences personnelles, alors que les vérités scientifiques sont déterminées par un processus de recherche rigoureux. Les croyances peuvent être modifiées facilement, tandis que les vérités scientifiques sont stables et fiables, à moins que de nouvelles preuves ne viennent les remettre en question.

Deuxième partie : Les vérités scientifiques à l'aune de l'évolution de la connaissance

Les vérités scientifiques sont constamment soumises à des tests et à des révisions en réponse à de nouvelles preuves et à de nouvelles découvertes. Ce processus de révision est un aspect crucial de la méthode scientifique, qui permet à la science de s'adapter et de s'améliorer au fil du temps. Les vérités scientifiques ne sont pas considérées comme des vérités absolues, mais plutôt comme des vérités provisoires qui peuvent être révisées en fonction de nouvelles découvertes. Ainsi au 19ème siècle, la théorie scientifique la plus populaire était le géocentrisme, qui prétendait que la Terre était au centre de l'univers. Cependant, à mesure que de nouvelles découvertes ont été faites en astronomie, cette théorie a été remplacée par l'héliocentrisme, qui affirme que le Soleil est au centre de l'univers. Il y a de nombreux exemples de vérités scientifiques qui ont été révisées ou réfutées au fil du temps. Cela peut se produire en raison de nouvelles découvertes, de nouveaux équipements de mesure ou de nouvelles méthodes de recherche. Par exemple, la théorie de la génération spontanée, qui prétendait que les organismes pouvaient apparaître à partir de rien, a été réfutée par les expériences de Louis Pasteur au 19ème siècle. De même, la théorie de la terre plate a été réfutée par les observations de la sphéricité de la Terre par les navigateurs grecs antiques. La révision continuelle des vérités scientifiques est cruciale pour le progrès de la science. Cela permet à la science de s'adapter à de nouvelles découvertes et de nouveaux éléments de preuve, ce qui peut mener à des avancées majeures dans les domaines de la médecine, de la technologie, de l'environnement et de la compréhension de l'univers. De plus, la révision des vérités scientifiques peut aider à éliminer les théories erronées et à renforcer les théories solides. Une vérité scientifique n'est donc indiscutable qu'en un temps donné.

Troisième partie : Les vérités scientifiques et la subjectivité

Friedrich Nietzsche écrivait : " Mais l'on aura déjà compris à quoi j'en veux venir, à savoir que c'est encore et toujours une croyance métaphysique sur quoi repose notre croyance en la science – et que nous autres qui cherchons aujourd'hui la connaissance, nous autres sans dieu et anti métaphysiciens, nous puisons encore notre feu à l'incendie qu'une croyance millénaire a enflammé, cette croyance chrétienne qui était aussi celle de Platon, la croyance que Dieu est la vérité, que la vérité est divine…" Le Gai Savoir (1882). Les vérités scientifiques ne sont pas déterminées de manière entièrement objective, les scientifiques sont des êtres humains avec des croyances, des opinions et des biais personnels qui peuvent influencer leur travail scientifique. Par exemple, un scientifique peut avoir une croyance personnelle en une théorie particulière et peut donc être plus enclin à interpréter les données de manière à renforcer cette théorie. Cependant, la science est constamment en train d'évoluer et de se corriger elle-même, ce qui peut minimiser l'influence subjective dans la détermination des vérités scientifiques. Les croyances personnelles peuvent avoir un impact considérable sur les résultats scientifiques. Par exemple, un scientifique peut être prédisposé à croire en une théorie particulière en raison de ses croyances politiques, religieuses ou éthiques, ce qui peut influencer ses interprétations et ses conclusions. Les croyances personnelles peuvent influencer la conduite des recherches scientifiques et les interprétations des résultats. Par exemple, un scientifique qui croit fermement en un certain concept peut être plus enclin à interpréter les données de manière à confirmer cette croyance plutôt que de remettre en question cette dernière. Cela peut entraîner une publication de résultats biaisés et une perte de crédibilité pour la communauté scientifique. Un autre exemple concerne les scientifiques qui sont motivés par des intérêts financiers. Ainsi, un scientifique travaillant pour une entreprise pharmaceutique peut être motivé par les profits de l'entreprise plutôt que par la découverte de la vérité scientifique. Cela peut entraîner une manipulation ou une sélection des données pour obtenir des résultats souhaités, ce qui peut compromettre la crédibilité de la recherche en question. De plus, la science est une communauté qui évolue constamment, ce qui signifie que les vérités scientifiques peuvent être révisées ou réfutées au fil du temps en fonction de nouvelles preuves et de nouvelles découvertes. Certes, les vérités scientifiques sont influencées par les croyances personnelles des scientifiques, mais ces influences peuvent être minimisées grâce à une méthode scientifique rigoureuse et à un examen critique par les pairs. Il existe donc un risque de travers subjectif qui peut remettre en cause une vérité scientifique.

En conclusion, la méthode scientifique et les vérités scientifiques jouent un rôle crucial dans le progrès de la connaissance et de la compréhension du monde qui nous entoure. Cependant, il est important de reconnaître que les croyances personnelles peuvent influencer les résultats scientifiques, mais cela peut être minimisé grâce à une méthode rigoureuse et à un examen critique par les pairs. La science n'est pas un domaine exempt d'erreur, mais elle est en constante évolution et perfectionnement à mesure que de nouvelles découvertes sont faites et que les vérités scientifiques sont révisées. « Les sciences n'existent et ne progressent que par le conflit des idées et théories ainsi que par la difficile victoire d'une théorie déviante sur les idées dominantes et reçues. » Edgar Morin. Cette citation souligne donc que la science est un processus dynamique, en constante évolution. Les "vérités" scientifiques ne sont pas des faits immuables, mais des théories qui ont survécu à l'épreuve du temps et de la critique. Et même les théories les plus largement acceptées peuvent être remises en question et finalement remplacées par de nouvelles idées. En ce sens, les vérités scientifiques ne sont pas indiscutables, mais sont plutôt le produit d'un débat et d'une réflexion constants.

Sujet 4 : Les sciences de l'homme sont-elles vraiment des sciences ?

Introduction : Selon le philosophe de la science Karl Popper, "une théorie qui n'est réfutable par aucun événement qui se puisse concevoir est dépourvue de caractère scientifique…certaines théories se prêtent plus aux tests, s'exposent davantage à la réfutation que les autres, elles prennent, en quelque sorte, de plus grands risques. La scientificité d'une théorie réside dans la possibilité de l'invalider, de la réfuter ou encore de la tester" *Conjectures et réfutations, La croissance du savoir scientifique*. Cette citation de Karl Popper met en évidence la nature unique de la science en tant que forme de connaissance. Pour Popper, la science se distingue des autres formes d'enseignement en ce qu'elle est capable de démontrer sa propre validité. Cela signifie que, contrairement à d'autres formes de connaissance telles que la tradition ou l'autorité, la science est basée sur des méthodes objectives et testables pour déterminer la vérité. De plus, les conclusions scientifiques ne sont jamais considérées comme définitives, mais sont plutôt considérées comme provisoires et susceptibles d'être révisées en fonction de nouvelles données. La science est donc constamment en train de se remettre en question elle-même, ce qui la rend plus proche de la vérité que tout autre système de connaissance. En un mot, cette citation de Popper souligne la nature autocritique et la capacité de développement de la science en tant que forme de connaissance. L'objectivité de la science est en effet un sujet de débat depuis des siècles. En particulier certains s'interrogent sur la validité des sciences de l'homme en tant que sciences à part entière, mettant en doute leur capacité à atteindre des vérités objectives en raison de l'influence des subjectivités et des croyances individuelles. Les sciences de l'homme sont-elles vraiment des sciences ? Ce débat est particulièrement pertinent dans les sciences de l'homme, telles que la sociologie, la psychologie ou l'anthropologie, qui se concentrent sur l'étude de l'être humain et de ses comportements sociaux et culturels. Dans ces disciplines, les sujets sont souvent complexes et multidimensionnels, ce qui peut rendre difficile l'obtention de vérités objectives. Dans cette dissertation, nous examinerons les différentes perspectives sur la validité des sciences de l'homme en tant que sciences à part entière, en examinant les preuves à l'appui de ces perspectives et en discutant de la manière dont les sciences de l'homme peuvent minimiser l'influence subjective pour atteindre des vérités objectives.

Première partie : les défis liés à l'obtention de vérités objectives dans les sciences de l'homme

Les sciences de l'homme ont pour objectif de comprendre les aspects complexes de la société humaine. Elles s'efforcent de fournir des explications pour les phénomènes sociaux tels que les relations entre les groupes sociaux, les dynamiques de pouvoir, la construction des identités, la formation des attitudes et des croyances, ainsi que les systèmes économiques et politiques. L'anthropologie, par exemple, s'intéresse à l'étude des cultures et des sociétés humaines, y compris leurs coutumes, leurs croyances et leur histoire. La sociologie se concentre sur les structures sociales et les interactions sociales, telles que les relations familiales, les groupes d'âge, les relations de travail et les mouvements sociaux. La psychologie étudie le comportement et les processus mentaux des êtres humains, tandis que l'économie se concentre sur les questions économiques telles que la production, la consommation et les relations économiques entre les individus et les entreprises. Les sciences de l'homme offrent un aperçu sur les aspects complexes de la vie humaine en permettant une compréhension approfondie de la société et des relations humaines. Elles sont souvent considérées comme des sciences douces, car elles sont basées sur des méthodologies qualitatives telles que l'observation et l'analyse de données narratives, plutôt que sur des méthodologies quantitatives telles que les statistiques et les modèles mathématiques. Michel Foucault disait : « Inutile donc de dire que les « sciences humaines » sont de fausses sciences ; ce ne sont pas des sciences du tout. ». *Les mots et les choses*. Il soulève ainsi une question qui a préoccupé de nombreux philosophes, sociologues et théoriciens : la nature de la connaissance et de la vérité dans les sciences humaines. Foucault défie le postulat communément accepté selon lequel les "sciences humaines" sont des "sciences" au sens traditionnel du terme, comme les sciences naturelles (physique, chimie, biologie). En d'autres termes, il remet en question l'idée que les sciences humaines peuvent produire une vérité objective et neutre de la même manière que les sciences naturelles. Foucault suggère que les sciences humaines sont profondément imprégnées de constructions sociales et de relations de pouvoir. Elles sont soumises à des interprétations variées et à des cadres conceptuels qui sont en constante évolution. Elles ne sont donc pas capables de produire une vérité absolue et incontestable. L'argument de Foucault n'est pas de dénigrer les sciences humaines, mais plutôt de reconnaître leur spécificité et de remettre en question notre compréhension de ce qu'est une "science". Ce faisant, il nous invite à réévaluer la façon dont nous produisons, interprétons et valorisons la connaissance dans différents domaines. Et bien que les sciences de l'homme aient pour but de décrire et d'expliquer les phénomènes sociaux et culturels, elles peuvent être confrontées à des défis importants pour atteindre des conclusions objectives. L'une des principales difficultés est que les sujets d'étude dans les sciences de l'homme sont des êtres humains conscients et conscients de leur propre comportement, ce qui peut les amener à changer leur comportement en réponse à l'observation. De plus, la subjectivité peut jouer un rôle considérable dans les perceptions et les interprétations des chercheurs. Ainsi, les sciences de l'homme sont souvent confrontées à des biais culturels et politiques, car les croyances et les valeurs personnelles des chercheurs peuvent influencer leurs conclusions. En conclusion, pour citer Norbert Elias, « les sciences ne s'exercent pas dans le vide. Il est donc tout à fait vain d'essayer de bâtir une science qui procède comme si c'était le cas. Agissant sur le monde qui l'entoure et produit par ce monde, le stade d'évolution des sciences humaines comme celui des sciences de la nature est caractéristique d'une situation spécifique de l'homme. » *Conscience de soi et image de l'homme, in La société des individus (1940-1950).*

Deuxième partie : minimiser l'influence subjective pour atteindre des vérités objectives

Nous avons vu que la nature même des sciences humaines implique une certaine subjectivité, car elles traitent de l'expérience humaine qui est, par définition, subjective. Cependant, les sciences de l'homme ont développé des moyens de minimiser cette subjectivité pour s'approcher au plus près de vérités objectives. Tout d'abord il s'agit de suivre une méthodologie stricte et rigoureuse dans la recherche. Cela inclut l'identification claire des hypothèses, l'utilisation de protocoles de recherche établis et la systématisation de la collecte de données. L'utilisation de multiples méthodes, sources de données, chercheurs ou théories pour étudier un même phénomène et si différents points de vue ou méthodes conduisent à des résultats similaires, cela renforce la confiance dans les résultats. Les méthodes quantitatives, telles que les enquêtes et les analyses statistiques, permettent d'obtenir des données objectives et de les traiter de manière systématique. Cela aide à minimiser les biais subjectifs dans l'analyse des données. En effet, les méthodes quantitatives peuvent offrir une approche plus objective des sciences de l'homme. Les expériences ou études doivent être conçues de telle manière qu'elles peuvent être reproduites par d'autres chercheurs. Cela permet de vérifier les résultats et de les généraliser à d'autres contextes ou populations. Les résultats de la recherche doivent être examinés par d'autres experts dans le domaine. Cela permet de s'assurer que la méthodologie est solide et que les résultats sont interprétés correctement. Les chercheurs recherchent la transparence quant à leurs méthodes, leurs hypothèses et leurs interprétations. Enfin c'est la pratique de la réflexion critique sur sa propre position, ses préjugés et son influence en tant que chercheur sur le processus de recherche et les résultats obtenus. Il faut prendre en compte les contextes culturels et sociaux dans lesquels les études sont menées. Les scientifiques peuvent utiliser des méthodes telles que l'analyse de l'ethnographie pour comprendre les influences culturelles et sociales sur les comportements et les croyances des individus. L'objectivité totale n'est pas nécessairement l'objectif ultime dans les sciences humaines. En effet, une part de subjectivité peut enrichir la recherche en apportant de nouvelles perspectives et en ouvrant de nouvelles voies d'interprétation et de compréhension. Il est donc essentiel d'équilibrer l'objectivité et la subjectivité, et de reconnaître que les deux ont leur place dans la recherche en sciences humaines.

Troisième partie : la validité des sciences de l'homme en tant que sciences à part entière

Les sciences de l'homme sont souvent considérées comme moins fiables et plus subjectives que les sciences naturelles, telles que la physique, la chimie ou la biologie. Cependant, elles ont des méthodes uniques pour obtenir des connaissances objectives. Premièrement, les sciences de l'homme peuvent être considérées comme des sciences à part entière car elles utilisent des méthodes rigoureuses pour collecter et analyser les données, telles que les enquêtes quantitatives et les entretiens qualitatifs. De plus, les résultats des recherches peuvent être examinés et testés par les pairs pour s'assurer de leur fiabilité et de leur validité. Les sciences de l'homme peuvent offrir une compréhension unique et précieuse des phénomènes sociaux et humains. Par exemple, l'anthropologie peut apporter une compréhension plus profonde et plus nuancée des cultures et des sociétés en étudiant les modes de vie et les croyances des groupes humains. De même, la sociologie peut aider à comprendre les relations sociales et les structures sociales en examinant les comportements et les interactions humaines. Enfin, les sciences de l'homme peuvent être considérées comme des sciences à part entière car elles peuvent apporter des solutions concrètes aux problèmes sociaux et humains. Par exemple, la psychologie peut aider à comprendre les comportements humains et les troubles mentaux, ce qui peut conduire à des traitements plus efficaces. De même, l'économie peut fournir des analyses pour améliorer la vie économique des personnes et des sociétés. Souvent considérées comme moins fiables et plus subjectives que les sciences naturelles, les sciences de l'homme peuvent être considérées comme des sciences à part entière. Grâce à leurs méthodes rigoureuses, à leur compréhension unique et profonde des phénomènes sociaux et humains et à leur capacité à apporter des solutions concrètes aux problèmes sociaux, les sciences de l'homme peuvent être considérées comme étant tout aussi importantes et fiables que les sciences naturelles.

Conclusion : d'une part, les sciences de l'homme sont des sciences, car elles utilisent des méthodes scientifiques rigoureuses pour obtenir des données objectives et éviter les biais subjectifs, d'autre part, d'autres les sciences de l'homme ne peuvent pas être considérées comme des sciences car elles sont soumises à de nombreux biais subjectifs en raison de la complexité de l'objet d'étude. Malgré ce débat, il est clair que les sciences de l'homme jouent un rôle majeur dans la compréhension de la société et de l'être humain. Elles aident à expliquer les comportements humains, les attitudes et les croyances, ainsi qu'à comprendre les institutions sociales et politiques. En utilisant des méthodes quantitatives rigoureuses, les sciences de l'homme peuvent minimiser l'influence subjective pour atteindre des vérités objectives. En fin de compte, la question de savoir si les sciences de l'homme sont des sciences peut être considérée comme secondaire. Ce qui est plus important est d'utiliser les méthodes les plus rigoureuses possible pour obtenir des données objectives et minimiser les biais subjectifs dans les études des sciences de l'homme. Et comme l'a dit Claude Lévi-Strauss " Pour autant que les sciences humaines réussissent à faire œuvre véritablement scientifique, chez elles la distinction entre l'humain et le naturel doit aller en s'atténuant. Si jamais, elles deviennent des sciences de plein droit, elles cesseront de se distinguer des autres. D'où le dilemme que les sciences humaines n'ont pas encore osé affronter : soit conserver leur originalité et s'incliner devant l'antinomie, dès lors insurmontable, de la conscience et de l'expérience ; soit prétendre la dépasser ; mais en renonçant alors à occuper une place à part dans le système des sciences, et en acceptant de rentrer, si l'on peut dire, « dans le rang ». " *Anthropologie structurale* (1958).

Sujet 5 : L'imagination a-t-elle une place dans la connaissance scientifique ?

Introduction : "L'imagination est plus importante que le savoir. Car le savoir est limité, alors que l'imagination englobe le monde entier, stimule le progrès, suscite l'évolution." - Albert Einstein, *Discours aux étudiants de l'École Polytechnique de Zurich, en Suisse, en 1949*. Dans ce discours, Einstein met en avant l'importance de l'imagination dans la compréhension scientifique et la découverte scientifique, en contrastant avec la nature limitée du savoir. Cette citation est souvent utilisée pour souligner la vision d'Einstein selon laquelle l'imagination est un élément clé de la compréhension et de la découverte scientifiques. L'imagination est souvent considérée comme une force créative qui peut nous transporter dans des mondes imaginaires et nous inspirer à rêver de nouveaux horizons. Cependant, peut-elle avoir une place dans la connaissance scientifique, qui est souvent associée à la rationalité et à la logique froide ? D'un côté, l'imagination peut jouer un rôle crucial dans la découverte scientifique, en permettant aux scientifiques de formuler de nouvelles hypothèses et théories. Elle peut inspirer de nouvelles idées pour la recherche scientifique. D'un autre côté, la science repose sur la méthode scientifique, qui vise à garantir l'objectivité et la validité de la connaissance scientifique. La méthode scientifique nécessite la vérification expérimentale et la falsification des hypothèses, ce qui peut limiter la place de l'imagination. Dans cet essai, nous allons explorer les différentes facettes de la relation entre l'imagination et la connaissance scientifique. Nous allons d'abord examiner l'importance de l'imagination dans la découverte scientifique en examinant des exemples concrets. Ensuite, nous allons explorer les limites de l'imagination dans la connaissance scientifique en examinant la nécessité de la vérification expérimentale et la distinction entre l'imagination et la fiction. Enfin, nous allons examiner la manière dont l'imagination et la connaissance scientifique interagissent pour nous aider à comprendre la nature de la connaissance scientifique et de l'imagination.

Première partie : l'importance de l'imagination dans la découverte scientifique

L'importance de l'imagination dans la découverte scientifique est largement reconnue dans la communauté scientifique. L'imagination peut permettre aux scientifiques de concevoir de nouvelles idées et perspectives, d'élaborer des hypothèses et de stimuler la pensée créative. Cette section détaillera les façons dont l'imagination a contribué à la découverte scientifique en examinant les exemples de découvertes scientifiques qui ont impliqué l'imagination, la nécessité d'une certaine dose d'imagination pour la pensée créative et la contribution de l'imagination à la formation de nouvelles hypothèses et théories. De nombreux exemples de découvertes scientifiques peuvent être cités pour démontrer l'importance de l'imagination dans la découverte scientifique. Par exemple, l'imagination a joué un rôle clé dans la découverte de la relativité générale par Albert Einstein. Einstein a utilisé son imagination pour explorer les implications de la théorie de la relativité générale. Il a visualisé une personne en chute libre dans un ascenseur et a imaginé ce que cela signifierait pour la gravité et la géométrie de l'espace-temps. Cette visualisation imaginative a mené à la formulation de la théorie de la relativité générale, qui a été plus tard confirmée par des expériences et des observations. Cet exemple montre comment l'imagination peut être un outil puissant pour la pensée créative et la formation de nouvelles hypothèses et théories. En utilisant son imagination pour concevoir des images mentales de situations imaginées, Einstein a été en mesure de concevoir une nouvelle compréhension de la gravité et de la façon dont les corps célestes interagissent les uns avec les autres. De même, les travaux de James Clerk Maxwell sur l'électricité et le magnétisme ont été largement motivés par son imagination. En utilisant son imagination pour concevoir des images mentales complexes, Maxwell a été en mesure de développer ses théories sur l'électromagnétisme qui ont été fondamentales pour le développement de la technologie moderne. La pensée créative nécessite une certaine dose d'imagination. En effet, sans imagination, il peut être difficile pour les scientifiques de concevoir de nouvelles idées et perspectives qui peuvent mener à des découvertes scientifiques. Par exemple, lorsqu'ils sont confrontés à des problèmes complexes, les scientifiques peuvent être bloqués dans leur pensée analytique et ne pas voir de nouvelles façons de résoudre le problème. L'imagination peut aider les scientifiques à sortir de cette routine et à voir le problème sous un nouvel angle, ce qui peut les mener à une solution innovante. Enfin, l'imagination joue un rôle clé dans la formation de nouvelles hypothèses et théories. En imaginant des scénarios et en réfléchissant à de nouvelles idées, les scientifiques peuvent élaborer de nouvelles hypothèses qui peuvent être testées et évaluées par la suite. Par exemple, le biologiste Charles Darwin a utilisé son imagination pour concevoir des idées sur l'évolution des espèces au cours de ses voyages en mer. Cette réflexion imaginative a conduit à la formation de la théorie de l'évolution par la sélection naturelle. De même, le physicien Stephen Hawking a utilisé son imagination pour concevoir des idées sur les trous noirs et les relations entre la gravité et l'espace-temps, qui ont ensuite été formalisées en théories scientifiques. L'imagination est donc un élément clé de la découverte scientifique. Elle peut permettre aux scientifiques de concevoir de nouvelles idées et perspectives, d'élaborer des hypothèses et de stimuler la pensée créative. En utilisant leur imagination, les scientifiques peuvent découvrir des solutions innovantes aux problèmes complexes et élaborer de nouvelles théories qui peuvent être testées et évaluées par la suite. Comme le disait le célèbre scientifique Richard Feynman, "Le but de la science n'est pas de décrire ou de compiler une quantité infinie de faits, mais de comprendre les relations fondamentales entre les choses." - " La nature de la physique", 1965.Cette citation de Feynman met en avant le rôle crucial de la compréhension dans la science. Cela nécessite une combinaison de connaissances, de recherche et d'imagination pour explorer de nouvelles idées et établir des liens entre les connaissances existantes. L'imagination peut être utilisée pour la découverte scientifique et la compréhension des phénomènes complexes.

Deuxième partie : la limite de l'imagination dans la connaissance scientifique

L'imagination est une capacité remarquable pour la découverte scientifique, mais il y a aussi des limites à son utilisation dans ce domaine. La vérification expérimentale est nécessaire pour valider les hypothèses et les théories scientifiques. En effet, l'imagination peut conduire à des idées et des perspectives intéressantes, mais elle ne peut pas être considérée comme une source fiable de connaissance scientifique sans être soumise à la validation expérimentale. Il est important de faire la distinction entre l'imagination et la fiction. L'imagination peut conduire à des idées et des perspectives intéressantes, mais la fiction est une création purement imaginative sans aucun fondement scientifique. Les scientifiques doivent faire attention à ne pas confondre l'imagination avec la fiction lorsqu'ils élaborent des hypothèses et des théories. La méthode scientifique est un outil pour garantir l'objectivité de la connaissance scientifique. Elle implique la collecte de données objectives, la formulation d'hypothèses, la mise en place d'expériences pour tester ces hypothèses et la formation de théories en fonction des résultats de ces expériences. La méthode scientifique permet de minimiser l'influence subjective et les biais personnels voire certains travers de l'imagination dans la découverte scientifique et de garantir que les résultats soient fiables et valides. L'imagination est certes un élément important de la découverte scientifique, mais il y a des limites à son utilisation. La vérification expérimentale est nécessaire pour valider les hypothèses et les théories scientifiques, et il faut toujours faire la distinction entre l'imagination et la fiction. La méthode scientifique garantit l'objectivité de la connaissance scientifique et minimise l'influence subjective dans la découverte scientifique. "L'imagination sans bornes de l'homme n'est, proprement parlant, pas un don de la nature, mais un fruit de la culture." - Henri Poincaré, *La Science et l'Hypothèse*. Cette citation du mathématicien Henri Poincaré montre que l'imagination est un produit de la culture et de l'éducation, et qu'elle peut être limitée par les connaissances et les idées reçues. Dans la science, l'imagination peut être un atout précieux pour concevoir des théories innovantes, mais elle doit être soumise à l'épreuve des faits pour déterminer sa validité. La connaissance et la compréhension rigoureuses des principes scientifiques sont nécessaires pour utiliser l'imagination de manière efficace et productive dans le cadre de la recherche scientifique.

Troisième partie : la relation entre l'imagination et la connaissance scientifique

La relation entre l'imagination et la connaissance scientifique est complexe et multifacette. D'un côté, l'imagination peut inspirer de nouvelles idées pour la recherche scientifique, tandis que de l'autre, la connaissance scientifique peut limiter ou élargir l'imagination. L'interaction entre l'imagination et la réalité est un aspect clé de cette relation. L'imagination peut être utilisée pour concevoir des théories innovantes et des hypothèses sur le monde qui nous entoure. Cependant, pour être considérée comme scientifique, ces hypothèses doivent être soumises à l'épreuve des faits et être compatible avec les données observées. Par conséquent, l'imagination doit être ancrée dans la réalité pour être utile dans le cadre de la recherche scientifique. L'imagination inspire de nouvelles idées pour la recherche scientifique. Par exemple, les grands scientifiques tels que Albert Einstein, Isaac Newton et Galileo ont utilisé leur imagination pour concevoir des théories audacieuses qui ont révolutionné notre compréhension du monde. Einstein a utilisé son imagination pour concevoir la théorie de la relativité générale, qui a profondément modifié notre compréhension de l'espace et du temps. Newton a utilisé son imagination pour concevoir la théorie de la gravitation universelle, qui a fourni une explication cohérente pour les mouvements des corps célestes. Cependant, la connaissance scientifique peut limiter ou élargir l'imagination. Par exemple, les croyances erronées peuvent limiter notre capacité à imaginer de nouvelles idées et hypothèses. La croyance en des idées préconçues peut nous amener à rejeter des idées innovantes qui vont à l'encontre de nos croyances actuelles. De même, des hypothèses qui ne sont pas supportées par les données peuvent être abandonnées, limitant ainsi l'imagination dans ce domaine spécifique. D'un autre côté, la connaissance scientifique permet d'élargir notre imagination en nous offrant de nouveaux modèles et perspectives sur le monde. Par exemple, la compréhension de la structure moléculaire peut nous aider à imaginer de nouveaux médicaments et traitements, tandis que la compréhension de la biologie nous aide à imaginer de nouvelles façons de contrôler les maladies. En fin de compte, l'imagination et la connaissance scientifique sont complémentaires.

En conclusion, l'imagination joue un rôle notable dans la connaissance scientifique. Bien que la connaissance scientifique soit basée sur des observations concrètes et des faits, l'imagination peut fournir une inspiration précieuse pour concevoir de nouvelles théories et hypothèses. De plus, l'imagination peut aider à élargir notre compréhension du monde en nous permettant de visualiser des scénarios et des idées qui vont au-delà de ce que nous pouvons observer directement. Cependant, l'imagination doit être ancrée dans la réalité pour être utile dans le cadre de la recherche scientifique. Les hypothèses doivent être soumises à l'épreuve des faits et être compatibles avec les données observées. De plus, les croyances erronées peuvent limiter notre capacité à imaginer de nouvelles idées et hypothèses, ce qui montre la nécessité de maintenir une approche critique et impartiale dans la recherche scientifique. L'imagination et la connaissance scientifique peuvent travailler ensemble pour nous aider à comprendre le monde dans lequel nous vivons. Comme l'a dit Gaston Bachelard « On ne peut étudier que ce qu'on a d'abord rêvé. La science se forme plutôt sur une rêverie que sur une expérience et il faut bien des expériences pour effacer les brumes du songe. » *La psychanalyse du feu*. Cette citation met en évidence l'importance de l'imagination dans le processus de découverte scientifique. Elle montre que l'imagination peut être un outil puissant pour concevoir de nouvelles idées et théories, même avant d'avoir une compréhension complète de la réalité. L'imagination a bien sa place dans la connaissance scientifique. Elle peut fournir une inspiration précieuse pour la conception de nouvelles théories et hypothèses, tout en restant ancrée dans la réalité grâce aux observations concrètes et aux faits. En travaillant ensemble, l'imagination et la connaissance scientifique peuvent nous aider à comprendre de manière plus profonde et plus complète le monde qui nous entoure.

Sujet 6 : La science peut-elle produire des croyances ?

Introduction : comme l'indiquait le physicien allemand Max Planck, dans son livre *Où va la science ?* : "La science ne peut pas résoudre l'ultime énigme de la nature. Et cela, parce que, en dernière analyse, nous sommes nous-mêmes une partie de l'énigme que nous essayons de résoudre." Depuis des siècles, la science est considérée comme l'un des principaux moteurs de la connaissance, capable de produire des connaissances objectives et vérifiables sur le monde qui nous entoure. Cependant, la question de la capacité de la science à produire des croyances peut se poser. En effet, il est possible de considérer que certaines affirmations scientifiques sont des croyances, notamment lorsqu'il s'agit de théories non vérifiables ou non falsifiables. En outre, la science est produite par des individus qui sont influencés par leurs croyances et leurs émotions. La méthode scientifique est-elle suffisante pour garantir l'objectivité et la rationalité de la science ou peut-on considérer que la science peut produire des croyances ? La croyance est une attitude mentale qui se fonde sur des raisons subjectives et des émotions tandis que la science se veut objective, elle cherche à produire des connaissances vérifiables et reproductibles. Dans un premier temps, nous allons examiner la notion de croyance et son rapport avec la science. Nous verrons que la croyance peut être considérée comme une attitude mentale qui se fonde sur des raisons subjectives et des émotions, alors que la science se veut objective et rationnelle. Nous tenterons ainsi de préciser les contours de ces deux notions, afin de mieux comprendre leur articulation et leur compatibilité éventuelle. Dans un second temps, nous étudierons les limites méthodologiques de la science en matière de production de croyances. Nous verrons que la science ne peut pas tout expliquer, et que certaines questions, notamment d'ordre métaphysique ou éthique, ne relèvent pas de son champ d'investigation. Nous nous interrogerons sur les biais subjectifs qui peuvent altérer la production scientifique, et sur les moyens de les limiter. Enfin, dans un troisième temps, nous verrons dans quelles conditions la science peut produire des croyances. Nous nous intéresserons notamment aux hypothèses scientifiques, qui peuvent être considérées comme des croyances fondées sur des données empiriques, et aux croyances éthiques ou morales qui peuvent découler de la pratique scientifique. Nous tenterons ainsi de comprendre dans quelles circonstances la science peut produire des croyances qui contribuent à notre compréhension du monde et de nous-mêmes.

Première partie : la notion de croyance et ses rapports avec la science

La question de la capacité de la science à produire des croyances renvoie en premier lieu à la notion même de croyance, et à ses rapports avec la connaissance rationnelle. La croyance peut être définie comme une attitude mentale qui se fonde sur des raisons subjectives et des émotions, et qui est différente de la connaissance rationnelle. En effet, la croyance est souvent considérée comme relevant du domaine de la subjectivité et de l'irrationnel, alors que la connaissance rationnelle est fondée sur des données objectives et vérifiables. Cependant, il convient de nuancer cette opposition entre croyance et connaissance rationnelle, et de prendre en compte les liens qui existent entre ces deux notions. En effet, même dans le domaine de la science, il est possible de considérer que certaines affirmations scientifiques relèvent de la croyance, notamment lorsqu'il s'agit de théories non vérifiables ou non falsifiables. Ainsi, pour le philosophe des sciences Karl Popper, la science repose sur un principe de falsifiabilité, c'est-à-dire sur la capacité à mettre à l'épreuve les théories scientifiques en les confrontant à des observations empiriques. Cependant, certaines théories, comme la théorie de l'évolution ou la théorie du Big Bang, ne sont pas directement vérifiables, mais reposent sur des présupposés et des hypothèses qui relèvent de la croyance. Popper lui-même reconnaît ainsi que les hypothèses scientifiques ne sont pas des jugements vrais ou faux, mais des croyances conjecturales, des hypothèses *La Logique de la découverte scientifique, (1934)*. De même, le philosophe de la science Thomas Kuhn souligne que les paradigmes scientifiques, c'est-à-dire les ensembles de théories et de méthodes qui structurent une discipline scientifique, reposent sur des croyances communes partagées par les membres de la communauté scientifique. Pour Kuhn, les paradigmes ne sont pas seulement des instruments pour produire de la connaissance, mais aussi des "règles pour la sélection, l'évaluation et la communication de la connaissance" *La structure des révolutions scientifiques, (1962)*. Il est donc possible de considérer que la croyance est présente dans la production scientifique, même si elle est encadrée et limitée par la méthode scientifique. Cependant, il convient de préciser que la croyance en science n'est pas de même nature que la croyance religieuse ou métaphysique, qui reposent sur des postulats qui ne peuvent être ni vérifiés ni falsifiés. La croyance en science se fonde sur des données empiriques et sur des raisonnements rationnels, même si elle peut parfois dépasser les limites de la vérification ou de la falsifiabilité. Par ailleurs, il convient de souligner que la connaissance rationnelle, même si elle est l'objectif de la science, n'est pas toujours accessible et que certaines croyances peuvent remplir une fonction dans le raisonnement scientifique. En effet, le philosophe américain W.V. Quine a montré que la théorie de la vérification, qui consiste à distinguer entre les énoncés vrais et faux en les confrontant à des observations empiriques, ne fonctionne pas toujours de manière claire et nette. Selon Quine, la théorie de la vérification repose elle-même sur des croyances et des présupposés, et ne permet pas toujours de trancher de manière définitive entre des énoncés contradictoires. Dans cette perspective, les croyances peuvent remplir une fonction heuristique dans le raisonnement scientifique, en permettant par exemple de formuler des hypothèses, de proposer des pistes de recherche ou de choisir entre différentes théories concurrentes. Les croyances peuvent être source de créativité et d'innovation dans la recherche scientifique, en permettant de remettre en cause des idées reçues ou de proposer des hypothèses audacieuses. En résumé, la question de la capacité de la science à produire des croyances ne peut être tranchée de manière univoque, car elle dépend de la manière dont on définit la croyance et de la manière dont elle est encadrée par la méthode scientifique. Si la croyance est présente dans la production scientifique, elle ne peut être assimilée à la croyance religieuse ou métaphysique, car elle est fondée sur des données empiriques et sur des raisonnements rationnels. Cependant, les croyances peuvent remplir une fonction heuristique et créative dans le raisonnement scientifique, et ne doivent pas être considérées comme un obstacle à la connaissance rationnelle.

Deuxième partie : la méthode scientifique limite mais n'empêche pas l'influence des croyances

La science se veut objective, mais elle est produite par des individus qui sont influencés par leurs croyances et leurs émotions. Ainsi, même si les scientifiques tentent d'éviter les biais personnels et les préjugés dans leur travail, il est inévitable que leurs propres croyances et émotions affectent leur perception et leur interprétation des données. Un exemple de cela est la controverse autour de la question de savoir si les cellules souches embryonnaires peuvent être utilisées à des fins thérapeutiques. Cette question soulève des préoccupations éthiques et religieuses, qui peuvent influencer la perception des scientifiques sur la question. De plus, la culture et les valeurs sociales peuvent aussi influencer la manière dont les scientifiques abordent leurs recherches et interprètent leurs résultats. Par exemple une étude a comparé les opinions des scientifiques chinois et américains quant aux facteurs qui influencent le développement de la personnalité. Les résultats ont montré que les scientifiques chinois étaient plus susceptibles de considérer que la génétique joue un rôle important, tandis que les scientifiques américains considéraient que l'environnement est plus essentiel. L'étude a été publiée en 2015 dans une revue scientifique, les participants étaient 482 scientifiques, dont 239 Chinois et 243 Américains, qui travaillaient dans des domaines liés à la psychologie, la génétique ou les neurosciences. Les participants ont répondu à un questionnaire en ligne qui évaluait leur opinion quant aux facteurs qui influencent le développement de la personnalité, tels que la génétique, l'environnement, l'éducation et la culture. Les auteurs de l'étude ont suggéré que ces différences pourraient être dues à des facteurs culturels, tels que les différences dans les conceptions de la nature humaine et les traditions philosophiques et scientifiques. La méthode scientifique est limitée par ses propres principes (vérifiabilité, falsifiabilité), qui peuvent empêcher la production de certaines croyances. La vérifiabilité et la falsifiabilité sont des critères importants pour évaluer la validité des théories scientifiques. Cependant, certains phénomènes ne peuvent pas être vérifiés ou falsifiés par la méthode scientifique. Par exemple, la théorie des cordes, qui propose une explication unifiée de toutes les forces de la nature, ne peut pas être vérifiée directement par des observations empiriques. De même, la question de savoir si l'univers est infini ou fini est une question qui ne peut pas être résolue par la méthode scientifique, car il est impossible d'observer l'univers dans son ensemble. En outre, certaines croyances ne peuvent pas être vérifiées ou falsifiées, car elles relèvent de l'expérience subjective ou de la perception individuelle. Par exemple, la question de savoir si une œuvre d'art est belle ou non ne peut pas être résolue par la méthode scientifique, car elle dépend de la perception individuelle et de l'expérience subjective de chaque individu. La science ne peut pas rendre compte de toutes les dimensions de la réalité, notamment les aspects irrationnels ou non rationnels. En effet, la science se concentre principalement sur les phénomènes observables et quantifiables, et ne peut pas prendre en compte les aspects de la réalité qui ne sont pas directement observables ou mesurables. Un exemple de cela est la question de savoir si les rêves ont une signification ou non. Bien que la science puisse étudier les aspects physiologiques et neurologiques du sommeil et des rêves, elle ne peut pas répondre à la question de savoir si les rêves ont une signification subjective et symbolique pour chaque individu. De même, la science ne peut pas expliquer l'expérience subjective de la beauté, qui relève d'une appréciation personnelle et émotionnelle. Par ailleurs, la science est limitée par ses propres principes épistémologiques. La méthode scientifique se fonde sur le principe de la vérifiabilité et de la falsifiabilité des théories, ce qui signifie que pour qu'une théorie soit considérée comme scientifique, elle doit être vérifiable ou falsifiable par des données empiriques. Cependant, certaines questions ne peuvent pas être traitées de cette manière, comme les questions métaphysiques ou les questions éthiques, qui ne relèvent pas du domaine de l'observation empirique. Par exemple, la question de savoir si la vie a un sens ou non ne peut pas être traitée par la méthode scientifique, car elle ne peut pas être vérifiée ou falsifiée par des données empiriques. De même, la question de savoir si l'on doit agir pour maximiser le bonheur ou pour respecter des principes éthiques ne peut pas être résolue par la méthode scientifique, car elle relève d'une question de valeur qui ne peut pas être réduite à des données empiriques. Enfin, la production de croyances en science est influencée par les croyances et les émotions des individus qui produisent la science. Même si la science se veut objective, elle est produite par des individus qui ont des croyances et des valeurs qui peuvent influencer leur recherche et leur interprétation des résultats. Comme l'a souligné le sociologue des sciences Robert Merton, les scientifiques sont influencés par leur culture, leur éducation, leurs intérêts personnels et leur environnement social (Robert K. Merton, *La sociologie des sciences*, 1973). Un exemple de cela est la question du réchauffement climatique. Bien que la grande majorité des scientifiques s'accordent pour dire que le réchauffement climatique est réel et d'origine humaine, certains scientifiques ont contesté cette théorie en invoquant des raisons économiques ou politiques. Ces contestations ont été largement diffusées dans les médias, créant un débat public sur la question du réchauffement climatique qui a souvent été présenté comme une question de croyance plutôt que de connaissance scientifique. Ainsi, la science a des limites en matière de production de croyances. Bien que la science se veuille objective et rationnelle, elle est produite par des individus qui sont influencés par leurs croyances et leurs émotions. De plus, la méthode scientifique est limitée par ses propres principes épistémologiques, qui peuvent empêcher la production de certaines croyances. Enfin, la science ne peut pas rendre compte de toutes les dimensions de la réalité, notamment les aspects irrationnels ou non rationnels. Cependant, malgré ces limites, la science reste un outil précieux pour la production de connaissances sur le monde qui nous entoure, et pour la résolution de problèmes pratiques qui affectent notre vie quotidienne.

Troisième partie : les conditions dans lesquelles la science peut produire des croyances

La science est souvent considérée comme la méthode la plus fiable pour produire des connaissances. Cependant, les croyances sont présentes dans le domaine scientifique. La question qui se pose est alors de savoir dans quelles conditions la science peut produire des croyances. Dans cette troisième partie de la dissertation, nous aborderons trois questions fondamentales : la question des hypothèses, la question des valeurs et la question de l'ouverture à l'inconnu. Les hypothèses scientifiques sont des propositions qui sont formulées pour expliquer des phénomènes observés. Elles peuvent être considérées comme des croyances, car elles ne sont pas encore confirmées par des données empiriques. Cependant, contrairement aux croyances non scientifiques, les hypothèses sont soumises à des critères de rationalité et de vérifiabilité. La rationalité des hypothèses scientifiques repose sur leur cohérence avec les connaissances antérieures et leur capacité à expliquer les observations. La vérifiabilité des hypothèses est essentielle pour distinguer les hypothèses scientifiques des simples spéculations. Les hypothèses doivent être formulées de manière à pouvoir être testées par des observations et des expériences. Karl Popper, philosophe des sciences, a proposé une théorie de la falsifiabilité pour distinguer la science de la pseudoscience. Selon Popper, une théorie scientifique doit être falsifiable, c'est-à-dire qu'elle doit être formulée de manière à pouvoir être réfutée par des observations ou des expériences. Si une théorie ne peut pas être falsifiée, elle n'est pas scientifique. Un exemple de l'importance de la vérifiabilité des hypothèses scientifiques est la théorie de l'évolution de Darwin. Darwin a formulé l'hypothèse que les espèces évoluent au fil du temps par sélection naturelle. Cette hypothèse a été vérifiée par de nombreuses observations et expériences, notamment des fossiles de créatures intermédiaires qui montrent des étapes de l'évolution. La science peut produire des croyances liées à des valeurs éthiques ou morales, telles que la protection de l'environnement ou la promotion de l'égalité. Cependant, ces croyances doivent être fondées sur des faits et des données empiriques, et non sur des opinions ou des convictions personnelles. La science ne peut pas fournir de réponse définitive à toutes les questions éthiques ou morales, car elle ne peut pas déterminer quelles valeurs sont les bonnes ou les mauvaises. Cependant, la science peut fournir des informations et des données qui peuvent aider à éclairer les débats éthiques et moraux. Un exemple de l'interaction entre la science et les valeurs est le débat sur le réchauffement climatique. La science a montré que le réchauffement climatique est en grande partie dû à l'activité humaine, et que les émissions de gaz à effet de serre doivent être réduites pour limiter les effets négatifs sur l'environnement. Cependant, la décision de mettre en place des politiques pour lutter contre le réchauffement climatique implique des valeurs éthiques et morales, comme la responsabilité envers les générations futures et la protection de la biodiversité. La science peut donc fournir des données et des informations pour éclairer le débat sur le réchauffement climatique, mais la décision de prendre des mesures pour lutter contre le réchauffement climatique est une décision qui relève de choix politiques, qui impliquent des valeurs éthiques et morales. La science est souvent associée à la recherche de connaissances rationnelles et objectives. Cependant, il existe des domaines où la science doit explorer l'inconnu ou l'incertain, tels que la physique quantique ou la recherche sur les origines de l'univers. Dans ces domaines, la science peut produire des croyances qui sont soumises à des incertitudes et des limites épistémologiques. Cependant, la science doit rester rigoureuse même dans les domaines les plus incertains. Elle doit se fonder sur des données empiriques et utiliser des méthodes scientifiques pour formuler des hypothèses et les tester. La science doit rester transparente sur les limites de ses connaissances et les incertitudes qui subsistent. Un exemple de l'ouverture à l'inconnu en science est la recherche sur la conscience. La conscience est un domaine où la science est confrontée à de nombreuses incertitudes et limites épistémologiques. Cependant, la science peut explorer la conscience en utilisant des techniques telles que l'imagerie cérébrale ou la psychologie cognitive. La recherche sur la conscience peut produire des croyances sur la nature de la conscience et son lien avec le cerveau. Cependant, ces croyances doivent être soumises à des critères de rationalité et de vérifiabilité, et la science doit rester transparente sur les limites de ses connaissances. Ainsi, la science peut produire des croyances dans des domaines tels que les hypothèses scientifiques, les valeurs éthiques et morales, et l'exploration de l'inconnu ou de l'incertain. Cependant, pour que ces croyances soient considérées comme scientifiques, elles doivent être soumises à des critères de rationalité et de vérifiabilité, et la science doit rester transparente sur les limites de ses connaissances. Les hypothèses scientifiques doivent être cohérentes avec les connaissances antérieures et vérifiables par des observations et des expériences. Les croyances liées aux valeurs éthiques et morales doivent être fondées sur des données empiriques et éclairer les débats éthiques et moraux sans dicter de choix politiques. Enfin, l'exploration de l'inconnu ou de l'incertain doit se faire dans le respect des principes de la méthode scientifique, en utilisant des données empiriques et en restant transparent sur les incertitudes et les limites de la connaissance. Comme l'a souligné le philosophe Karl Popper, la science ne peut jamais prouver de manière définitive une théorie ou une croyance, mais elle peut la réfuter par l'observation et l'expérimentation. Ainsi, la science ne produit pas des croyances absolues, mais des croyances provisoires et réfutables, qui peuvent être remises en question par de nouvelles observations et expériences. En fin de compte, la science est un outil puissant pour produire des croyances rationnelles et empiriques sur le monde naturel, mais elle ne peut pas répondre à toutes les questions et ne peut pas dicter les choix éthiques et politiques.

En conclusion, notre réflexion sur les conditions dans lesquelles la science peut produire des croyances a montré que cette possibilité est soumise à certaines exigences épistémologiques et éthiques. Les hypothèses scientifiques, bien qu'étant des croyances, sont soumises à des critères de rationalité et de vérifiabilité qui les distinguent des croyances irrationnelles ou non fondées. De même, la science peut produire des croyances liées à des valeurs éthiques ou morales, mais cela doit se faire dans le respect des principes de la méthode scientifique. Enfin, l'exploration de l'inconnu doit se faire dans le cadre d'une méthode rigoureuse et transparente, en gardant à l'esprit que la connaissance scientifique est toujours provisoire et réfutable. Cependant, la question de la capacité de la science à produire des croyances ne peut pas être considérée comme une question purement épistémologique. Elle soulève des enjeux éthiques et politiques, notamment en ce qui concerne les choix sociaux et les décisions politiques qui reposent sur des croyances scientifiques. La science peut contribuer à éclairer ces choix, mais elle ne peut pas les dicter de manière unilatérale. En outre, la question de la capacité de la science à produire des croyances pose la question des enjeux épistémologiques plus larges, tels que la question de la nature de la connaissance scientifique et de sa relation avec d'autres formes de connaissance. La science n'est pas la seule source de connaissance, et elle ne peut pas répondre à toutes les questions que nous nous posons sur le monde et sur nous-mêmes. Il est donc essentiel de maintenir une ouverture à d'autres formes de connaissances, telles que la philosophie, l'art, la religion ou l'expérience personnelle, pour avoir une vision plus complète et nuancée de la réalité. " D'abord, nous avons l'observation, ensuite, une série de nombres qu'on a mesuré et enfin, une loi qui les relie. Mais le véritable triomphe de la science est qu'elle nous permet de trouver une façon de penser qui fasse apparaitre cette loi comme évidente. " Richard Phillips Feynman.

XV. LA TECHNIQUE

Sujet 1 : Une technique se juge-t-elle seulement à son efficacité ?

→ Nous allons utiliser ce sujet pour détailler la structuration d'un plan qui doit être le préalable à toute dissertation.

Introduction :

- Présenter le sujet et ses enjeux
- Définir les termes clés : technique, juger, efficacité
- Formuler la problématique : comment évaluer la valeur d'une technique ? Quels sont les critères pertinents ?
- Annoncer le plan

Première partie : Une technique se juge seulement à son efficacité

- Argument 1 : L'efficacité est le but premier d'une technique
- Argument 2 : L'efficacité est le critère objectif et mesurable d'une technique
- Argument 3 : L'efficacité garantit l'utilité sociale d'une technique

Deuxième partie : Une technique ne se juge pas seulement à son efficacité

- Argument 1 : L'efficacité n'est pas suffisante pour juger une technique
- Argument 2 : L'efficacité peut avoir des effets négatifs ou indésirables
- Argument 3 : L'efficacité doit être complétée par d'autres critères éthiques ou esthétiques

Troisième partie : Synthèse et dépassement

- Récapituler les arguments des deux parties
- Montrer les limites ou les insuffisances de chaque thèse
- Proposer une réponse nuancée et argumentée à la problématique

Conclusion :

- Résumer les idées principales du développement
- Répondre à la question posée par le sujet
- Ouvrir sur une perspective ou une question connexe

Introduction : Jacques Ellul met en évidence la recherche de l'efficacité dans la technique : « Le phénomène technique est la préoccupation de l'immense majorité des hommes de notre temps de rechercher en toutes choses la méthode absolument la plus efficace » *La technique ou l'enjeu du siècle* (1954). La technique est en effet un ensemble de procédés visant à produire un résultat efficace. Mais qu'entend-on par efficacité ? Est-ce le seul critère pour juger la valeur d'une technique ? Ne faut-il pas aussi prendre en compte les conséquences ou les finalités d'une technique ? Le sujet nous invite à réfléchir sur les normes et les limites de l'évaluation technique. Pour répondre à cette question, nous devons d'abord définir ce que signifie juger une technique. Juger, c'est porter un jugement de valeur, c'est-à-dire apprécier la qualité ou le mérite d'une chose selon des critères moraux, esthétiques ou pratiques. Une technique se juge donc en fonction de son rapport à ces critères. Ensuite, nous devons préciser ce que signifie l'efficacité. L'efficacité, c'est la capacité à atteindre un but fixé avec le minimum de moyens et de temps. Une technique est efficace si elle permet de réaliser ce qu'elle vise avec le moins de coût et d'effort possible. La problématique qui se dégage du sujet est donc la suivante : l'efficacité est-elle le seul critère pertinent pour juger une technique ? Ou bien faut-il prendre en compte d'autres aspects qui dépassent la simple performance technique ? Dans une première partie, nous allons défendre l'idée que oui, une technique se juge seulement à son efficacité, en montrant que l'efficacité est le but premier d'une technique, le critère objectif et mesurable d'une technique et le garant de l'utilité sociale d'une technique. Dans une deuxième partie, nous allons contester cette idée en affirmant que non, une technique ne se juge pas seulement à son efficacité, en soulignant que l'efficacité n'est pas suffisante pour juger une technique, qu'elle peut avoir des effets négatifs ou indésirables et qu'elle doit être complétée par d'autres critères éthiques ou esthétiques. Dans une troisième partie, nous allons essayer de dépasser cette opposition en proposant une réponse nuancée et argumentée à la question posée par le sujet.

Première partie : Une technique se juge seulement à son efficacité

Dans cette partie, nous allons défendre l'idée que l'efficacité est le seul critère pertinent pour juger une technique. Pour cela, nous allons développer trois arguments.

Argument 1 : L'efficacité est le but premier d'une technique

Le premier argument pour soutenir cette thèse est que l'efficacité est le but premier d'une technique. En effet, la technique peut être définie comme l'ensemble des moyens matériels ou intellectuels permettant d'obtenir efficacement des résultats déterminés. La technique se distingue ainsi de la science, qui vise la vérité, ou de l'art, qui vise la beauté. La technique a pour finalité de résoudre des problèmes pratiques et de satisfaire des besoins humains. Elle cherche donc à optimiser les performances et à réduire les coûts et les efforts. Un exemple de technique qui illustre ce but premier est la machine à vapeur inventée par James Watt au XVIIIe siècle. Cette machine a permis de transformer l'énergie thermique en énergie mécanique et de multiplier la puissance des machines industrielles. Elle a ainsi contribué au développement économique et social de la révolution industrielle. Un philosophe qui défend cette conception de la technique est René Descartes (1596-1650). Dans son *Discours de la méthode* (1637), il expose son projet philosophique qui consiste à appliquer la méthode mathématique aux sciences naturelles afin d'accroître le savoir humain et de "nous rendre comme maîtres et possesseurs de la nature".

Argument 2 : L'efficacité est le critère objectif et mesurable d'une technique

Le deuxième argument pour soutenir cette thèse est que l'efficacité est le critère objectif et mesurable d'une technique. En effet, l'efficacité se base sur des données quantitatives et vérifiables qui permettent d'évaluer les performances techniques selon des normes universelles. L'efficacité ne dépend pas du point de vue subjectif ou du goût personnel du juge. Elle s'impose à tous comme une évidence. Un exemple de technique qui illustre ce critère objectif et mesurable est le chronomètre inventé par John Harrison au XVIIIe siècle. Ce dispositif horloger a permis de calculer avec précision la longitude en mer et donc de faciliter la navigation maritime. Il a ainsi résolu un problème scientifique majeur qui mettait en jeu la sécurité des marins. Un philosophe qui défend cette conception de la technique est Auguste Comte (1798-1857). Dans son *Cours de philosophie positive* (1830-1842), il expose sa doctrine du positivisme qui consiste à fonder les connaissances humaines sur les faits observables et les lois mathématiques.

Argument 3 : L'efficacité garantit l'utilité sociale d'une technique

Le troisième argument pour soutenir cette thèse est que l'efficacité garantit l'utilité sociale d'une technique. En effet, l'efficacité permet à une technique de répondre aux besoins collectifs et aux exigences du progrès humain. Une technique efficace contribue à améliorer les conditions matérielles et morales de l'humanité en augmentant le bien-être, la sécurité, la liberté ou encore la justice. Un exemple de technique qui illustre cette utilité sociale est le vaccin contre la variole, découvert par Edward Jenner au XVIIIe siècle.

Transition : Nous avons vu que l'efficacité est le critère le plus évident pour juger une technique : elle permet de réaliser un objectif, de mesurer les performances et de répondre aux besoins sociaux. Mais est-ce le seul critère pertinent ? En effet, on peut se demander si l'efficacité est toujours synonyme de qualité ou de valeur. Une technique efficace est-elle forcément bonne ou juste ? N'y a-t-il pas des cas où l'efficacité peut être nuisible ou dangereuse ? N'y a-t-il pas des dimensions de la technique qui échappent à l'efficacité ? Nous allons donc examiner dans une deuxième partie pourquoi une technique ne se juge pas seulement à son efficacité.

Deuxième partie : Une technique ne se juge pas seulement à son efficacité

Argument 1 : L'efficacité n'est pas suffisante pour juger une technique

Le premier argument pour réfuter cette thèse est que l'efficacité n'est pas suffisante pour juger une technique. En effet, l'efficacité ne prend pas en compte les aspects qualitatifs ou symboliques d'une technique. Une technique peut être efficace sans être belle, agréable ou respectueuse de la nature ou de la culture. Une technique peut aussi être efficace sans être adaptée au contexte ou aux besoins réels des utilisateurs. Un exemple de technique qui illustre ce manque de suffisance est le fast-food inventé aux États-Unis au XXe siècle. Ce mode de restauration rapide a permis de produire et de consommer des aliments à moindre coût et en un temps record. Mais il a aussi engendré des conséquences négatives sur la santé, l'environnement et la diversité culinaire. Un philosophe qui critique cette conception de la technique est Martin Heidegger (1889-1976). Dans son essai *La question de la technique* (1954), il analyse le rapport entre l'être humain et la technique moderne qu'il qualifie d'"arraisonnement", « Ainsi appelons-nous, écrit Heidegger dans un style plutôt obscur, le rassemblement de cette interpellation qui requiert l'homme, c'est-à-dire qui le provoque à dévoiler le réel comme fond dans le mode du commettre » *(La question de la technique)*. Selon Heidegger, la technique peut devenir une menace pour l'existence humaine si elle est utilisée sans réflexion et sans considération pour les conséquences. Ainsi, la question ontologique remet en question l'efficacité de la technique en considérant son impact sur l'existence humaine et en remettant en question sa finalité.

Argument 2 : L'efficacité peut avoir des effets négatifs ou indésirables

Le deuxième argument pour réfuter cette thèse est que l'efficacité peut avoir des effets négatifs ou indésirables. En effet, l'efficacité peut entraîner des risques ou des dommages collatéraux qui dépassent les intentions initiales des inventeurs ou des utilisateurs d'une technique. Une technique efficace peut ainsi se retourner contre ses créateurs ou ses bénéficiaires en provoquant des catastrophes écologiques, sociales ou morales. Un exemple de technique qui illustre ces effets négatifs ou indésirables est la bombe atomique inventée par les scientifiques du projet Manhattan au XXe siècle. Cette arme nucléaire a permis de mettre fin à la Seconde Guerre mondiale en provoquant la capitulation du Japon après les bombardements d'Hiroshima et Nagasaki. Mais elle a aussi causé des millions de morts et de blessés innocents et menacé l'équilibre géopolitique mondial. Un philosophe qui dénonce ces effets négatifs ou indésirables est Hans Jonas (1903-1993). Dans son livre *Le principe responsabilité* (1979), il propose une éthique fondée sur le respect du vivant et du futur face aux dangers de la technoscience.

Argument 3 : L'efficacité doit être complétée par d'autres critères éthiques ou esthétiques

Le troisième argument pour réfuter cette thèse est que l'efficacité doit être complétée par d'autres critères éthiques ou esthétiques. En effet, l'efficacité ne suffit pas à donner un sens ou une valeur à une technique. Une technique doit aussi répondre à des exigences morales ou artistiques qui tiennent compte du respect de la dignité humaine, de la beauté du monde ou encore du bonheur individuel et collectif. Un exemple de technique qui illustre ces critères éthiques ou esthétiques est le violoncelle inventé en Italie au cours du XVIe siècle12. Cet instrument de musique permet de produire des sons mélodieux et expressifs qui touchent le cœur et l'âme des auditeurs. Le violoncelle est aussi un symbole de la créativité et de la sensibilité humaines face à la rationalité et à la froideur techniques. Un philosophe qui valorise ces critères éthiques ou esthétiques est Albert Camus (1913-1960). Dans son essai *L'homme révolté* (1951), il défend l'idée d'une révolte artistique qui oppose la beauté à l'absurde et à la violence du monde moderne. Il affirme que "la révolte naît du spectacle de la déraison" (L'homme révolté).

Transition : Nous avons montré que l'efficacité n'est pas le seul critère pour juger une technique. Mais peut-on pour autant rejeter complètement l'efficacité comme critère d'évaluation ? En effet, on peut se demander si l'efficacité n'a pas aussi des aspects positifs ou nécessaires. Une technique inefficace est-elle toujours acceptable ou souhaitable ? N'y a-t-il pas des situations où l'efficacité est indispensable ou vitale ? N'y a-t-il pas des domaines de la technique qui requièrent l'efficacité ?

Troisième partie : Au-delà de l'efficacité

Argument 1: L'esthétique comme dépassement de l'utilitarisme technique

L'efficacité technique n'est pas toujours le seul critère de jugement pour évaluer une technique. En effet, l'esthétique jouer parfois un rôle dans la façon dont une technique est perçue. Les œuvres d'art, par exemple, ne sont pas jugées uniquement sur leur efficacité technique, mais surtout sur leur capacité à transmettre des émotions ou des idées. Une œuvre d'art peut être considérée comme efficace sur le plan humain, car elle exprime la sensibilité ou la créativité de son auteur, même si elle n'est pas nécessairement efficace sur le plan technique. Ainsi, le jugement esthétique ne repose pas sur l'utilité de la technique, mais plutôt sur l'émotion ou l'impression qu'elle suscite. Le philosophe Immanuel Kant a développé cette idée en affirmant que "Le beau est ce qui plaît universellement sans concept". Selon Kant, l'esthétique ne dépend pas de la fonctionnalité de la technique, mais plutôt de la façon dont elle est perçue. Ainsi, l'esthétique peut être considérée comme un dépassement de l'utilitarisme technique.

Argument 2: L'ontologie comme questionnement sur le sens de la technique

L'efficacité technique peut être mise en question en considérant l'ontologie de la technique. La question ontologique se concentre sur le sens et la signification de la technique. Autrement dit, l'impact de la technique sur l'existence humaine. Par exemple, une arme nucléaire peut être considérée comme très efficace sur le plan technique, mais elle peut avoir des conséquences désastreuses sur l'existence humaine. La question ontologique se demande alors si la technique est utilisée à bon escient et si elle contribue à l'amélioration de la vie humaine ou, au contraire, si elle menace la survie de l'humanité. Le philosophe Martin Heidegger a abordé cette question dans son ouvrage "La question de la technique". Il affirme que la question fondamentale de la philosophie est celle du sens de l'être, c'est-à-dire la façon dont l'existence humaine est liée à l'utilisation de la technique. L'efficacité technique peut être interrogée en considérant les conséquences sociales ou environnementales de son utilisation. Les techniques peuvent avoir des conséquences positives ou négatives sur la société et sur l'environnement, ce qui soulève des questions éthiques. Par exemple, la technique du clonage humain peut être considérée comme efficace sur le plan biologique, mais elle peut porter atteinte à la dignité humaine et soulève des questions éthiques complexes. De même, l'utilisation de certaines techniques peut avoir des conséquences néfastes sur l'environnement, telles que la pollution ou la destruction de la biodiversité. Le philosophe Jacques Ellul a abordé cette question en affirmant que la technologie tend à faire disparaître toute finalité autre qu'elle-même, et que la question éthique est donc cruciale pour juger de la pertinence de la technique.

Conclusion : Nous avons cherché à savoir si une technique se jugeait seulement à son efficacité. Nous avons vu que l'efficacité était le but premier d'une technique, le critère objectif et mesurable de sa réussite, et la garantie de son utilité sociale. Mais nous avons aussi montré que l'efficacité n'était pas suffisante pour juger une technique, qu'elle pouvait avoir des effets négatifs ou indésirables, et qu'elle devait être complétée par d'autres critères éthiques ou esthétiques. Nous pouvons donc conclure que l'efficacité n'est pas le seul ni le meilleur moyen d'évaluer la valeur d'une technique. Il faut aussi prendre en compte les conséquences de la technique sur l'homme et sur la nature, ainsi que la beauté ou l'harmonie qu'elle peut produire ou détruire. Une technique n'est pas seulement un outil rationnel, c'est aussi une expression de la créativité humaine. Pour aller plus loin, on pourrait se demander si toutes les techniques sont comparables entre elles, ou s'il existe des types ou des domaines de techniques qui relèvent de logiques différentes. Par exemple, peut-on juger de la même façon une technique artistique et une technique scientifique ? Quelles sont les spécificités de chaque type de technique ?

Sujet 2 : Doit-on attendre de la technique qu'elle mette fin au travail ?

→ Nous allons utiliser ce sujet pour détailler la structuration d'un plan qui doit être le préalable à toute dissertation.

Introduction : Dans leur ouvrage intitulé "Le deuxième âge de la machine", Erik Brynjolfsson et Andrew McAfee démontrent que la convergence de la révolution de l'internet et du développement de l'intelligence artificielle est susceptible de conduire à une substitution de l'homme par les robots. La technique est un ensemble de moyens et de procédés qui permettent à l'homme d'agir sur la nature et de transformer le monde. Le travail est une activité humaine qui consiste à produire des biens ou des services utiles à soi-même ou aux autres. Ces deux notions sont étroitement liées dans l'histoire de l'humanité, puisque c'est par le travail que l'homme a développé la technique et que c'est grâce à la technique que le travail a évolué. Mais la technique pose aussi des problèmes éthiques et sociaux. En effet, elle peut être source de progrès mais aussi de dangers pour l'homme et son environnement. Elle peut libérer l'homme du travail pénible mais aussi le rendre inutile ou dépendant. Elle peut favoriser le loisir mais aussi l'ennui ou la consommation.

Doit-on alors attendre de la technique qu'elle mette fin au travail ? Cette question implique une dimension normative : il ne s'agit pas seulement de savoir si la technique peut ou va mettre fin au travail, mais si elle doit ou non le faire. Quels sont les enjeux et les conséquences d'une telle perspective pour l'homme et la société ?

Nous verrons dans une première partie que la technique doit mettre fin au travail, car elle permet à l'homme de se libérer de la nécessité, de développer son humanité et d'accéder au loisir. Nous montrerons dans une deuxième partie que la technique ne doit pas mettre fin au travail, car le travail est une activité essentielle pour l'homme qui lui confère sa raison, sa liberté et sa dignité. Nous proposerons enfin dans une synthèse que la technique doit transformer le travail, afin de rendre celui-ci plus humain et plus épanouissant pour l'homme.

Première partie : La technique doit mettre fin au travail

Dans cette partie, nous allons défendre l'idée que la technique doit mettre fin au travail, car elle permet à l'homme de se libérer de la nécessité, de développer son humanité et d'accéder au loisir.

- **Argument 1** : La technique permet de libérer l'homme du travail pénible et aliénant qui le soumet à la nécessité et à la souffrance.

 - Le travail est souvent perçu comme une contrainte imposée par la nature et par les besoins vitaux. L'homme doit travailler pour survivre, pour se nourrir, se vêtir, se loger. Il doit aussi travailler pour satisfaire les exigences sociales et économiques. Le travail est donc une activité subie et non choisie.

 - La technique vient rompre cette fatalité en offrant à l'homme des moyens et des procédés pour agir sur la nature et la transformer. La technique permet à l'homme de dominer la nature et de se rendre maître de son destin. Elle lui permet aussi de réduire les efforts physiques et intellectuels nécessaires au travail. Elle contribue ainsi à une forme de soulagement des difficultés.

 - On peut citer comme exemple les machines qui remplacent les tâches répétitives ou dangereuses dans l'industrie ou dans l'agriculture. On peut aussi citer les outils numériques qui facilitent le traitement de l'information ou la communication dans le secteur tertiaire.

 - On peut invoquer comme philosophe Descartes qui considère que la technique est le moyen pour l'homme de "se rendre comme maître et possesseur de la nature" (Discours de la méthode). Il pense que la technique peut libérer l'homme du travail en lui procurant "une infinité d'artifices" qui lui "feront jouir sans aucune peine des fruits de la terre" (Lettre-préface aux Principes).

- **Argument 2** : La technique favorise le développement de l'humanité en augmentant la productivité, la créativité et le progrès scientifique.

- Le travail n'est pas seulement une activité nécessaire mais aussi une activité utile. L'homme ne travaille pas seulement pour lui-même mais aussi pour les autres. Il produit des biens ou des services qui répondent aux besoins ou aux désirs collectifs. Il participe ainsi au bien commun et à l'amélioration des conditions de vie et de santé des hommes.

- La technique permet d'accroître la quantité et la qualité des productions humaines. Elle permet d'améliorer les performances techniques, économiques ou sociales du travail. Elle permet aussi d'inventer de nouveaux produits ou services qui répondent à des besoins nouveaux ou insoupçonnés.

- On peut citer comme exemple les innovations technologiques qui ont permis le développement du commerce, des transports, des communications, de l'éducation, de la médecine ou encore du divertissement.

- On peut invoquer comme philosophe Marx qui considère que le travail est le moteur du progrès historique et que "l'histoire universelle n'est rien d'autre que celle du développement progressif des forces productives" (L'idéologie allemande). Il pense que le développement technique est un facteur d'émancipation sociale en créant les conditions matérielles d'une société sans classes.

- **Argument 3** : La technique ouvre la possibilité d'un loisir épanouissant qui permet à l'homme de se cultiver, de se divertir et de s'accomplir.

- Le travail n'est pas seulement une activité utile mais aussi une activité limitée. L'homme ne peut pas travailler tout le temps ni uniquement travailler. Il a besoin aussi de repos, de détente, de plaisir. Il a besoin aussi de développer ses facultés spirituelles, de nourrir son imagination, de réaliser ses aspirations personnelles. Il a besoin enfin d'exercer sa liberté, de choisir ses fins et ses moyens. Il a besoin en somme d'un loisir qui soit une activité libre et non une passivité.

- La technique permet de dégager du temps libre pour le loisir en diminuant la durée et l'intensité du travail. Elle permet aussi de diversifier les formes et les contenus du loisir en offrant des possibilités nouvelles de culture, de divertissement ou de création. Elle permet enfin de démocratiser l'accès au loisir en le rendant plus accessible et plus abordable à tous.

- On peut citer comme exemple les congés payés qui ont permis aux travailleurs de bénéficier d'un temps de vacances propice au loisir. On peut aussi citer les médias qui ont permis aux individus de s'informer, de se distraire ou de s'exprimer par le biais des images, des sons ou des textes. On peut encore citer les associations qui ont permis aux citoyens de s'engager dans des activités bénévoles ou militantes.

- On peut invoquer comme philosophe Aristote qui considère que le loisir est le but suprême de la vie humaine et que "nous travaillons pour avoir du loisir" (Éthique à Nicomaque). Il pense que le loisir est l'occasion pour l'homme d'exercer sa vertu et sa sagesse en se consacrant à la contemplation ou à la politique.

Nous avons donc montré que la technique doit mettre fin au travail, car elle libère l'homme du travail pénible et aliénant, elle favorise le développement de l'humanité et elle ouvre la possibilité d'un loisir épanouissant. Nous pouvons donc espérer un avenir où la technique remplacera totalement le travail et où l'homme pourra jouir pleinement de son temps libre.

Deuxième partie : La technique menace le travail

Dans cette partie, nous allons défendre l'idée que la technique menace le travail, car elle entraîne une déshumanisation du travailleur, une dévalorisation du travail et une disparition du travail.

- **Argument 1** : La technique entraîne une déshumanisation du travailleur en le réduisant à un rouage de la machine, à un instrument de la production ou à un consommateur passif.

- Le travail est une activité qui exprime l'identité et la dignité de l'homme. L'homme se réalise par le travail en mettant en œuvre ses capacités physiques et intellectuelles. Il se reconnaît par le travail en créant des œuvres qui portent sa marque personnelle. Il se respecte par le travail en contribuant au bien commun et en gagnant sa vie.

- La technique vient remettre en cause cette dimension humaine du travail en imposant au travailleur des normes et des contraintes qui limitent son autonomie et sa créativité. La technique soumet le travailleur à la logique de la machine qui exige une adaptation constante aux rythmes et aux procédures techniques. La technique transforme le travailleur en un instrument de la production qui doit obéir aux impératifs de rentabilité et de compétitivité. La technique réduit le travailleur à un consommateur passif qui doit satisfaire les besoins artificiels créés par l'industrie culturelle.

- On peut citer comme exemple les conditions de travail dans les usines où les ouvriers sont soumis à la cadence infernale des machines ou dans les bureaux où les employés sont soumis à la pression des objectifs ou des évaluations. On peut aussi citer les effets de la technique sur la santé physique ou mentale des travailleurs qui peuvent souffrir de fatigue, de stress, d'ennui ou d'aliénation.

- On peut invoquer comme philosophe Hannah Arendt qui considère que la technique a provoqué une "perte du monde" pour l'homme moderne qui n'a plus accès à l'action politique ni à l'œuvre artistique (Condition de l'homme moderne). Elle pense que la technique a engendré une "société de masse" où les individus sont uniformisés et manipulés par les médias (La crise de la culture).

- **Argument 2** : La technique entraîne une dévalorisation du travail en le rendant inutile, interchangeable ou obsolète.

- Le travail est une activité qui confère une valeur et un sens à l'existence humaine. L'homme se valorise par le travail en se reconnaissant comme un être capable et utile.

Il se situe par le travail en se donnant une place et un rôle dans la société. Il s'oriente par le travail en se fixant des buts et des projets personnels ou collectifs.

- La technique vient remettre en cause cette dimension valorisante du travail en rendant le travail inutile, interchangeable ou obsolète. La technique rend le travail inutile en le remplaçant par des machines ou des algorithmes qui peuvent accomplir les mêmes tâches avec plus d'efficacité et de rapidité. La technique rend le travail interchangeable en standardisant les produits ou les services qui perdent leur originalité et leur qualité. La technique rend le travail obsolète en accélérant le progrès technique qui impose une adaptation permanente aux innovations techniques.

- On peut citer comme exemple les phénomènes de chômage, de précarité ou de déqualification qui touchent les travailleurs dont les emplois sont menacés ou supprimés par la technique. On peut aussi citer les effets de la technique sur la motivation, la satisfaction ou l'estime de soi des travailleurs qui peuvent se sentir dévalorisés ou dépassés par la technique.

- On peut invoquer comme philosophe Karl Marx qui considère que la technique a provoqué une "aliénation" du travailleur qui est séparé de son produit, de son activité, de ses semblables et de lui-même (*Manuscrits de 1844*). Il pense que la technique a engendré une "exploitation" du travailleur.

Troisième partie : Repenser le rapport entre la technique et le travail

- **Argument 1** : Il faut reconnaître que la technique n'est pas neutre ni indépendante du travail humain, mais qu'elle est le produit d'une volonté et d'une finalité. (Exemple : les choix techniques impliquent des valeurs morales ou politiques)

La technique n'est pas une simple application de la science ou de la raison, mais elle est aussi le résultat d'une intention et d'un projet humains. Comme le dit Heidegger[1], la technique est un mode de révélation du monde qui repose sur une conception de l'être comme fonds disponible. La technique n'est pas seulement un moyen, mais aussi une fin en soi, qui vise à dominer et à exploiter la nature et les hommes. Les choix techniques ne sont donc pas neutres, mais ils reflètent des valeurs morales ou politiques. Par exemple, le développement des armes nucléaires ou des biotechnologies pose des questions éthiques et sociales : « La promesse de la technique moderne s'est muée en menace » - Hans Jonas

- **Argument 2** : Il faut chercher à harmoniser la technique et le travail, en respectant les besoins et les aspirations des hommes. (Exemple : les innovations techniques doivent être adaptées aux contextes sociaux ou culturels)

La technique ne doit pas être considérée comme une menace ou une libération pour le travail, mais comme un partenaire ou un outil au service de l'homme. Il s'agit de trouver un équilibre entre la technique et le travail, qui permette à l'homme de réaliser ses potentialités sans se perdre dans l'activisme ou l'oisiveté. Il s'agit aussi de tenir compte des besoins et des aspirations des hommes dans les différents domaines de leur vie : économique, social, culturel... Les innovations techniques doivent donc être adaptées aux contextes dans lesquels elles sont introduites, en respectant les traditions, les coutumes, les croyances... Par exemple, l'utilisation du téléphone portable ou d'internet peut varier selon les pays ou les cultures : « Le progrès consiste moins à inventer qu'à adapter » - Bergson

- **Argument 3**: Il faut envisager une nouvelle conception du travail, qui ne soit pas réduite à une activité économique ou productive, mais qui soit aussi une source d'éducation et de culture. (Exemple: les formes alternatives ou coopératives du travail)

Le travail ne doit pas être conçu comme une simple nécessité vitale ou comme un moyen d'accumuler des richesses matérielles, mais comme une activité qui contribue au développement humain dans toutes ses dimensions : « Le capital est du travail mort » - Marx. Le travail doit être valorisé comme une source d'éducation et de culture pour l'homme, qui lui permet d'apprendre, de créer, de communiquer... Le travail doit aussi favoriser la coopération et la solidarité entre les hommes plutôt que la compétition et l'individualisme. Le travail doit donc être organisé selon des formes alternatives ou coopératives qui respectent la diversité des talents et des vocations humaines. Par exemple, les coopératives agricoles ou artisanales peuvent offrir un modèle plus humain du travail.

En conclusion, nous avons vu que le rapport entre la technique et le travail était complexe et ambigu. D'un côté, la technique peut être considérée comme une libération du travail humain, qui lui permet de se décharger des tâches pénibles ou dangereuses et de gagner en efficacité et en confort. De l'autre, la technique peut être vue comme une aliénation du travail humain, qui le soumet à des contraintes extérieures et qui menace son identité et sa liberté.

Notre réponse à la problématique est qu'il n'existe pas de rapport unique et universel entre la technique et le travail, mais que ce rapport dépend des choix et des valeurs des hommes qui utilisent la technique. Il s'agit donc de repenser le rapport entre la technique et le travail, en reconnaissant que la technique n'est pas neutre ni indépendante du travail humain, mais qu'elle est le produit d'une volonté et d'une finalité. Il s'agit aussi de chercher à harmoniser la technique et le travail, en respectant les besoins et les aspirations des hommes. Il s'agit enfin d'envisager une nouvelle conception du travail, qui ne soit pas réduite à une activité économique ou productive, mais qui soit aussi une source d'éducation et de culture.

Une question qui pourrait prolonger notre réflexion est celle du sens du travail dans nos sociétés modernes. Quelle place accorde-t-on au travail dans notre vie ? Quelles sont les motivations qui nous poussent à travailler ? Quelles sont les satisfactions ou les frustrations que nous retirons du travail ?

Sujet 3 : Les techniques aident-elles à améliorer l'homme ?

Introduction : "Des sciences de la nature est sortie la technique. Elle a tout d'abord été conforme à sa destination : elle a libéré l'homme de ses difficultés, et elle a suscité de nouveaux modes d'existence. Plus tard, elle est devenue ambiguë, dès l'instant où elle a développé parallèlement les chances de progrès et les risques de destruction. Pour finir, elle s'est pervertie, le jour où elle a fait de la production d'objets une fin en soi" Karl Jaspers *Essais philosophiques, Philosophie et problèmes de notre temps* (1970). Jaspers pointe du doigt la dérive de la technique lorsqu'elle est pervertie et devient centrée sur la production d'objets en tant qu'objectif en soi, dépassant ainsi sa fonction initiale d'améliorer la condition humaine. Cette critique souligne les conséquences potentiellement négatives de l'obsession de la production matérielle et remet en question la relation entre la technique et les valeurs humaines. Cela invite à une réflexion sur l'importance de réorienter la technique vers des objectifs plus significatifs et humains. La technique est donc une question philosophique essentielle, qui interroge le rapport entre l'homme et la nature, entre l'homme et la société, entre l'homme et lui-même. La technique désigne à la fois l'art ou la science de fabriquer des objets utiles ou agréables à partir des ressources naturelles, et les objets eux-mêmes qui résultent de cette fabrication. La technique est donc liée à l'idée d'invention, de création, de production. Elle manifeste la capacité de l'homme à transformer son environnement pour satisfaire ses besoins ou ses désirs. Mais la technique pose aussi des problèmes philosophiques : quels sont les limites et les dangers de la technique ? La technique est-elle toujours au service du bien-être humain ? La technique modifie-t-elle la nature humaine ? La technique menace-t-elle la liberté ou la dignité de l'homme ? Il s'agit donc de se demander si les techniques contribuent au progrès humain ou au contraire le menacent. Dans une première partie, nous verrons que les techniques permettent de répondre aux besoins vitaux et matériels de l'homme, ainsi que de favoriser son développement intellectuel et culturel. Dans une deuxième partie, nous montrerons que les techniques engendrent des risques et des dangers pour l'homme et son environnement, ainsi que qu'elles aliènent l'homme et compromettent sa liberté. Dans une troisième partie, nous essaierons de montrer que les techniques sont ambivalentes et nécessitent une réflexion éthique.

Première partie : les techniques contribuent indéniablement à améliorer l'homme

Nous allons démonter dans cette partie que les techniques aident à améliorer l'homme, c'est-à-dire qu'elles contribuent à son bien-être matériel et moral, à son développement intellectuel et culturel, et à son épanouissement personnel. Nous allons appuyer cette thèse sur trois arguments principaux : les techniques permettent de répondre aux besoins vitaux et matériels de l'homme ; les techniques favorisent le progrès des connaissances et des arts ; les techniques stimulent la créativité et la liberté de l'homme. Tout d'abord, les techniques permettent de répondre aux besoins vitaux et matériels de l'homme. En effet, la technique est d'abord une réponse à la nécessité : l'homme invente des outils pour se nourrir, se vêtir, se loger, se soigner, se déplacer, etc. La technique lui permet ainsi de maîtriser son environnement naturel et d'améliorer ses conditions de vie. Par exemple, l'invention de l'agriculture a permis à l'homme de passer d'une économie de chasse et de cueillette à une économie sédentaire et productive ; l'invention du feu a permis à l'homme de se chauffer, de cuire ses aliments, d'éloigner les prédateurs ; l'invention du langage a permis à l'homme de communiquer avec ses semblables et de transmettre sa culture ; etc. Comme le dit Bergson, l'intelligence humaine est caractérisée par une aptitude incomparable à fabriquer des instruments *L'évolution créatrice*. La technique est donc un moyen pour l'homme d'accroître sa puissance d'action et sa sécurité. De plus, les techniques favorisent le progrès des connaissances et des arts. En effet, la technique n'est pas seulement un ensemble de moyens pratiques ; elle est aussi une source de savoirs théoriques. La technique stimule la curiosité et la recherche scientifique : elle pose des problèmes qui exigent des solutions rationnelles ; elle fournit des instruments qui permettent d'observer et d'expérimenter ; elle produit des résultats qui suscitent des questions nouvelles. Par exemple, le télescope a permis à Galilée de découvrir les satellites de Jupiter et a remis en cause le système géocentrique ; le microscope a permis à Pasteur de découvrir les microbes et a révolutionné la médecine ; le calculateur a permis à Turing d'inventer l'informatique et a ouvert le champ du numérique ; etc. Comme le dit Descartes : "Toute la philosophie est comme un arbre, dont les racines sont la métaphysique, le tronc est la physique, et les branches qui sortent de ce tronc sont toutes les autres sciences qui se réduisent à trois principales, à savoir la médecine, la mécanique et la morale " *Les principes de la philosophie*. La technique est donc un moyen pour l'homme d'accroître sa connaissance du réel. Enfin, les techniques stimulent la créativité et la liberté de l'homme. En effet, la technique n'est pas seulement un ensemble de moyens utiles ; elle est aussi une expression de l'imagination et de la volonté humaines. La technique révèle le pouvoir créateur de l'homme, qui invente sans cesse des objets nouveaux, qui dépassent ses besoins immédiats, et qui reflètent sa personnalité, ses valeurs, ses rêves. La technique manifeste aussi le pouvoir libérateur de l'homme, qui choisit librement ses fins, ses moyens, ses usages, et qui n'est pas soumis au déterminisme naturel ou social. Par exemple, le cinéma a permis à Chaplin de créer des œuvres originales et de critiquer la société industrielle ; le téléphone portable a permis aux citoyens de communiquer librement et de participer à des révolutions politiques. Comme le dit Kant : "L'homme est la seule créature qui doit être éduquée" (Réflexions sur l'éducation). La technique est donc un moyen pour l'homme d'accroître sa capacité d'innovation et d'autonomie. Ainsi, nous avons montré que les techniques aident à améliorer l'homme, en lui permettant de satisfaire ses besoins matériels, de développer ses connaissances et ses arts, et de stimuler sa créativité et sa liberté. La technique est donc un facteur de progrès humain, au sens où elle contribue à l'épanouissement des facultés propres à l'homme. Cependant, cette thèse n'est pas sans limite ni objection. Nous pouvons nous demander si la technique ne comporte pas aussi des risques et des dangers pour l'homme, à savoir si la technique ne crée pas aussi de nouveaux besoins et de nouvelles dépendances et si elle ne menace pas aussi l'identité et la dignité de l'homme.

Deuxième partie : les techniques nuisent à l'homme

Nous allons démontrer dans cette partie que les techniques peuvent cependant aussi nuire à l'homme, c'est-à-dire qu'elles contribuent à son mal-être matériel et moral, à sa régression intellectuelle et culturelle, et à sa déshumanisation personnelle. Nous allons appuyer cette partie sur trois arguments principaux : les techniques engendrent des risques et des dangers pour l'homme ; les techniques créent de nouveaux besoins et de nouvelles dépendances pour l'homme ; les techniques menacent l'identité et la dignité de l'homme. Tout d'abord, les techniques engendrent des risques et des dangers pour l'homme. En effet, la technique n'est pas seulement une réponse à la nécessité : elle est aussi une source de problèmes qui dépassent la capacité de contrôle et de prévision de l'homme. La technique lui fait perdre ainsi sa maîtrise sur son environnement naturel et ses conditions de vie. Par exemple, l'invention de la bombe atomique a permis à l'homme de disposer d'une énergie considérable mais aussi d'une arme capable d'anéantir toute forme de vie ; l'invention du moteur à combustion a permis à l'homme de se déplacer plus rapidement mais aussi de polluer son atmosphère ; l'invention du clonage a permis à l'homme de manipuler le vivant mais aussi de remettre en cause le respect de la personne ; etc. Comme le dit Ellul, la technique n'est jamais neutre *Le système technicien*. La technique est donc un facteur d'impuissance et d'insécurité pour l'homme. De plus, les techniques créent de nouveaux besoins et de nouvelles dépendances pour l'homme. En effet, la technique n'est pas seulement un ensemble de moyens utiles ; elle est aussi une source de désirs artificiels. La technique stimule la consommation et la production : elle crée des objets nouveaux, qui suscitent des besoins nouveaux, qui exigent des objets nouveaux ; elle impose un rythme accéléré, qui entraîne une obsolescence rapide, qui nécessite un renouvellement constant. Par exemple, le téléphone portable a permis aux hommes de communiquer plus facilement, mais il a aussi créé une addiction au réseau social, une pression au travail, une perte du contact réel ; le vélo a permis aux femmes de se déplacer plus facilement, mais il a aussi créé une mode du sport, une compétition entre cyclistes, une pollution sonore ; etc. Comme le dit Rousseau, l'artifice ruine tout (*Émile ou De l'éducation*). La technique est donc un facteur d'insatisfaction et d'aliénation pour l'homme. Enfin, les techniques menacent l'identité et la dignité de l'homme. En effet, la technique n'est pas seulement un prolongement de l'homme : elle est aussi une substitution à l'homme. La technique remplace ainsi les facultés propres à l'homme par des machines plus performantes et plus fiables. La technique lui fait perdre ainsi sa spécificité et sa valeur en tant qu'être humain. Par exemple, le calculateur a permis à l'homme de résoudre des problèmes complexes mais il a aussi réduit son intelligence à une logique formelle ; le robot a permis à l'homme de réaliser des tâches difficiles mais il a aussi privé son travail de sens et de créativité ; le transhumanisme a permis à l'homme d'améliorer ses capacités physiques et mentales mais il a aussi altéré son intégrité et son identité ; etc. Dans son ouvrage La *question de la technique,* Martin Heidegger met en évidence le rôle central de la technique dans les sociétés contemporaines. Il analyse son impact à travers le prisme de la question de l'existence et affirme qu'elle représente même l'aboutissement ultime de l'histoire de la métaphysique: « Le point décisif ne réside pas dans l'action de faire et de manier, mais dans le dévoilement ». La technique est donc un facteur de dénaturation et d'anéantissement pour l'homme. Ainsi, nous avons montré que les techniques nuisent à l'homme, en lui causant du mal-être matériel et moral, en lui faisant subir une régression intellectuelle et culturelle, et en lui infligeant une déshumanisation personnelle. La technique est donc un facteur de régression humaine, au sens où elle compromet le développement des facultés propres à l'homme. Cependant, cette partie n'est pas sans limites ni objections : on peut se demander si la technique ne comporte pas aussi des avantages et des bénéfices pour l'homme ; si la technique ne répond pas aussi à des aspirations légitimes et naturelles de l'homme ; si la technique ne permet pas aussi une diversification et un enrichissement de l'humanité. Nous examinerons ces questions dans la partie suivante.

Troisième partie : les techniques sont ambivalentes et nécessitent une réflexion éthique

Tout d'abord, les techniques ne sont ni bonnes ni mauvaises en soi, mais dépendent de l'usage que l'homme en fait. En effet, les techniques sont des moyens neutres qui peuvent servir des fins diverses, selon les intentions et les valeurs de ceux qui les utilisent. Elles n'ont pas de sens intrinsèque, mais acquièrent un sens par rapport aux buts que l'homme leur assigne. Par exemple, internet peut être un outil de communication, d'information et d'éducation utile et bénéfique pour la société mais aussi un vecteur de propagande, de désinformation et de manipulation. De manière similaire les biotechnologies peuvent permettre de soigner des maladies génétiques, mais aussi de modifier le patrimoine héréditaire de l'homme. Ou encore l'intelligence artificielle peut faciliter la résolution de problèmes complexes, mais aussi menacer l'autonomie et la créativité humaines. Donc la technique n'est pas indifférente aux valeurs humaines, mais elle les reflète et les influence. Et cette dernière n'est pas seulement un moyen pratique ou efficace, mais aussi une expression culturelle et politique. Elle implique donc une responsabilité éthique de la part des hommes qui la conçoivent et qui l'utilisent. De plus, les techniques exigent de l'homme une responsabilité morale et politique face aux conséquences de ses actions. Les techniques ont des effets imprévisibles et irréversibles sur le monde et sur l'homme lui-même, qui dépassent souvent le contrôle humain. Par exemple, le développement durable implique de prendre en compte les impacts environnementaux et sociaux des activités humaines, les droits de l'homme exigent de respecter la dignité et la liberté des personnes face aux interventions techniques, la démocratie participative suppose d'associer les citoyens aux décisions concernant les orientations technologiques. L'homme doit être le maître et non le serviteur des techniques. « Mais il est d'une importance plus grande dans notre contexte qu'un élément de violence soit inévitablement inhérent à toutes les activités du faire, du fabriquer, et du produire, c'est-à-dire toutes les activités par lesquelles les hommes affrontent directement la nature, distinguées d'activités comme l'action et la parole qui sont essentiellement axées sur des êtres humains. L'édification de l'artifice humain implique toujours qu'on fasse violence à la nature – il faut tuer un arbre pour obtenir du bois de construction, et il faut faire violence à ce matériau pour fabriquer une table ». Hannah Arendt *Qu'est-ce que l'autorité ?* Cette citation souligne que la technique ne doit pas dominer ou aliéner l'homme, mais qu'elle doit rester à son service. L'homme doit garder sa capacité critique et son pouvoir décisionnel face aux techniques qu'il créé, ou qu'il utilise. Il doit assumer sa liberté et sa responsabilité face aux enjeux technologiques

En conclusion, nous avons vu que les techniques contribuent indéniablement à améliorer l'homme en lui apportant des connaissances, des outils et des solutions à ses problèmes (I). Mais nous avons aussi montré que les techniques nuisent à l'homme en le déshumanisant, en le rendant dépendant et en menaçant son environnement (II). Enfin, nous avons souligné que les techniques sont ambivalentes et nécessitent une réflexion éthique pour être utilisées au service du bien commun et du respect de la dignité humaine (III). Nous pouvons donc répondre à la question initiale en affirmant que les techniques ne sont ni bonnes ni mauvaises en soi, mais qu'elles dépendent de l'usage que l'homme en fait. L'homme doit donc être conscient des limites et des risques des techniques, mais aussi de leur potentiel créatif et libérateur. Il doit ainsi exercer son esprit critique et sa responsabilité pour maîtriser les techniques et non se laisser maîtriser par elles. "Aujourd'hui, un courant, non réversible, entraîne toute la population de la planète vers la multiplication des biens de consommation, le confort matériel, l'usage des communications de masse. Il est désormais insensé de « condamner » le progrès technique." - Georges Friedmann, *La puissance et a sagesse (1970)*. Il est important de noter que cette citation date de 1970, et il pourrait être intéressant de considérer comment ces idées ont évolué depuis lors, notamment à la lumière des débats actuels sur la durabilité, l'impact environnemental et les inégalités socio-économiques.

Sujet 4 : Y a-t-il plus à espérer qu'à craindre de la technique ?

Introduction : La technique est un ensemble de procédés, de moyens ou d'instruments, dont l'homme dispose au gré de ses intentions. Elle est le fruit du savoir-faire et de la rationalité humaine. Mais elle pose aussi des questions éthiques et politiques : la technique nous libère-t-elle ou nous asservit-elle ? Quels sont les risques et les bénéfices de son développement ? Y a-t-il plus à espérer qu'à craindre de la technique ? Pour répondre à cette question, nous allons d'abord examiner les arguments en faveur de l'espérance dans la technique comme moyen d'améliorer la condition humaine et de maîtriser la nature. Puis nous verrons les arguments en faveur de la crainte dans la technique comme source d'aliénation et de domination. Enfin, nous tenterons de dépasser cette opposition en proposant une réflexion critique sur le sens et les limites de la technique.

Première partie : la technique est un moyen d'améliorer la condition humaine et de maîtriser la nature.

La technique est souvent considérée comme une caractéristique propre à l'espèce humaine. Elle désigne l'ensemble des procédés et des outils que l'homme utilise pour transformer le monde et se transformer lui-même. La technique peut-elle être évaluée selon les critères du bien et du mal ? Y a-t-il plus à espérer qu'à craindre de la technique ? Nous allons défendre la thèse selon laquelle il y a plus à espérer qu'à craindre de la technique car elle est un moyen d'améliorer la condition humaine et de maîtriser la nature. Premièrement, nous pouvons soutenir que la technique est un savoir-faire qui permet à l'homme de réaliser ses besoins et ses désirs. En effet, la technique répond aux nécessités vitales de l'homme en lui procurant des moyens de subsistance (nourriture, vêtement, abri) mais aussi des moyens d'épanouissement (loisir, culture, communication). Par exemple, les inventions techniques comme le feu, la roue ou l'écrire ont permis le développement des civilisations humaines en facilitant les activités agricoles, commerciales ou culturelles. La technique apparaît donc comme un facteur de progrès et de civilisation. Deuxièmement, nous pouvons affirmer que la technique est une expression de la rationalité et de la créativité humaines. En effet, la technique implique une démarche intellectuelle qui consiste à analyser un problème et à trouver une solution adaptée. La technique témoigne aussi d'une capacité d'innovation et d'invention qui caractérise l'esprit humain. Par exemple, les progrès techniques comme l'imprimerie, l'électricité ou l'internet ont favorisé la diffusion du savoir et des arts en permettant aux hommes de communiquer leurs idées et leurs œuvres. La technique apparaît donc comme un facteur d'émancipation et d'enrichissement.

Deuxième partie : la technique est une source d'aliénation et de destruction.

La technique, en tant que savoir-faire et outil permettant la transformation de la nature, a permis à l'homme de se libérer des contraintes de son environnement et de développer des formes d'organisation sociale et économique toujours plus sophistiquées. Pourtant, cette puissance technique ne va pas sans susciter des inquiétudes et des critiques quant à ses effets sur l'homme et son environnement. En effet, il est possible de soutenir que la technique est une source d'aliénation et de destruction pour l'homme et qu'elle représente une menace pour la nature et la survie de l'humanité. Ainsi, il y a plus à craindre qu'à espérer de la technique, et cela pour deux raisons principales que nous allons développer dans cette partie. Le premier argument que nous allons avancer est que la technique asservit l'homme à ses propres productions et lui fait perdre son autonomie. En effet, la technique se caractérise par une logique de domination et de rationalisation qui tend à réduire l'homme à un simple rouage du système industriel. Les machines remplacent le travail humain, les tâches répétitives et les cadences infernales imposées par les chaînes de production standardisée épuisent le corps et l'esprit des travailleurs. De plus, la technologie ne cesse d'évoluer, ce qui entraîne l'obsolescence rapide des compétences et des savoir-faire des travailleurs. Par conséquent, ceux-ci sont réduits à une fonction mécanique, sans réel contrôle sur le processus de production et sans possibilité d'exprimer leur créativité ou leur intelligence. Cette situation conduit à une forme d'aliénation de l'homme par la technique, où l'homme perd son autonomie et sa liberté d'action. Cette idée est exprimée par Max Horkheimer et Theodor Adorno dans La Dialectique de la raison, lorsqu'ils écrivent que « l'homme ne se trouve plus lui-même ; il est dépossédé de sa nature propre par les puissances qu'il a créées et qui le dominent ». Selon eux, la technique est une source d'aliénation pour l'homme, qui perd le contrôle sur ses propres créations. Ainsi, la technique ne serait pas neutre, elle serait même une source d'oppression pour l'homme. Le deuxième argument que nous allons développer est que la technique menace l'environnement et la survie de l'humanité. En effet, les progrès techniques ne se sont pas toujours accompagnés d'une prise de conscience des conséquences écologiques de ces avancées. Les armes nucléaires, les pollutions ou les manipulations génétiques sont autant de danger potentiel pour la nature et pour l'homme. Par exemple, les risques environnementaux liés aux centrales nucléaires sont bien connus, comme en témoignent les catastrophes de Tchernobyl ou de Fukushima. De même, les manipulations génétiques, si elles peuvent permettre d'améliorer les espèces végétales ou animales, posent des questions éthiques quant à leur impact sur la biodiversité et la sécurité alimentaire. Hans Jonas exprime cette idée lorsqu'il écrit que « la promesse de la technique moderne s'est inversée en menace ». En effet, la technique est capable de produire des effets dévastateurs à grande échelle, qui peuvent mettre en danger l'avenir de l'humanité. Les dégradations de l'environnement, les risques sanitaires liés à l'utilisation de certaines technologies ou encore les effets du changement climatique sont autant de conséquences potentielles des choix technologiques actuels et à venir. Ces arguments montrent que la technique n'est pas une force neutre et bienfaisante, mais qu'elle implique des choix éthiques et politiques qui engagent l'avenir de l'homme et du monde. Il est nécessaire de prendre en compte les conséquences environnementales et sociales de la technique dans la prise de décision, afin d'éviter des effets dévastateurs sur l'environnement et la société. La technique ne doit pas être utilisée comme une fin en soi, mais comme un moyen au service de l'homme, dans le respect de l'environnement et des valeurs éthiques fondamentales. Ainsi, la technique peut-être une source d'aliénation et de destruction pour l'homme et représente alors une véritable menace pour la nature et la survie de l'humanité. Les choix technologiques actuels et à venir doivent être guidés par des considérations éthiques et environnementales, afin de préserver l'avenir de l'homme et de la planète. Il est essentiel de ne pas considérer la technique comme une fin en soi, mais comme un moyen au service de l'homme et de la société, dans le respect de l'environnement et des valeurs éthiques fondamentales.

Troisième partie : dépasser l'opposition entre espérer et craindre la technique en adoptant une attitude critique et responsable face à elle.

La technique est une réalité incontournable de notre monde contemporain. Elle est omniprésente dans notre vie quotidienne, et son développement rapide a permis des avancées considérables dans de nombreux domaines. Cependant, la technique est souvent considérée avec méfiance voire avec crainte, car elle est associée à des risques et des dérives possibles. Pourtant, il est possible de dépasser l'opposition entre l'espérance et la crainte de la technique en adoptant une attitude critique et responsable face à elle. Premièrement, il est essentiel de comprendre que la technique n'est ni bonne ni mauvaise en soi. Elle n'est pas un jugement moral, mais plutôt une réalité pratique qui peut être utilisée de différentes manières selon l'intention de l'homme qui la met en œuvre. Ainsi, la même technique peut être utilisée à des fins bénéfiques ou malveillantes. Par exemple, une technique médicale telle qu'une chirurgie peut guérir un patient, mais elle peut aussi être utilisée par un terroriste pour blesser ou tuer des innocents. Par conséquent, il est nécessaire de considérer l'usage de la technique plutôt que la technique elle-même. Deuxièmement, pour éviter les dérives et garantir le respect de la dignité humaine et du bien commun, la technique doit être encadrée par des normes éthiques et juridiques. Des lois internationales interdisent certaines pratiques techniques telles que la torture, le clonage humain ou les armes chimiques. Ces normes éthiques et juridiques doivent être respectées afin de préserver les droits fondamentaux des êtres humains et d'éviter les abus. Troisièmement, la technique n'est pas simplement une application de la science, elle est aussi le fruit de l'imagination et de l'intuition. La technique implique une dimension créative et artistique qui exprime la liberté humaine. Les inventions techniques sont souvent le fruit d'une créativité qui dépasse le cadre des connaissances scientifiques. Gaston Bachelard écrit que « La technique est un jeu avec les règles de la nature ». Ainsi, la technique peut être considérée comme une forme de création qui peut stimuler l'imagination et favoriser le progrès. Enfin, la technique ne doit pas être une fin en soi, elle doit être au service du progrès humain et social. Les techniques de communication et d'information doivent favoriser l'échange, le partage et la démocratie plutôt que l'isolement, la manipulation ou la surveillance. "La technique doit être le fruit d'une décision humaine, prise dans une conscience éclairée de ses conséquences et de ses finalités, de ses avantages et de ses risques. Elle doit être mise au service d'une vie meilleure pour l'humanité, en respectant la dignité de chaque être humain, en répondant aux aspirations légitimes de tous les peuples et en favorisant une croissance économique harmonieuse et durable." *(Extrait de la "Déclaration universelle sur la bioéthique et les droits de l'homme" de l'UNESCO, adoptée en 2005).* Ainsi, la technique doit être utilisée de manière responsable, en tenant compte de son impact sur les êtres humains et la société dans son ensemble.

En conclusion, la technique est un phénomène ambivalent qui suscite à la fois l'espoir et la crainte. Nous avons vu que la technique peut être considérée comme un moyen d'améliorer la condition humaine, en augmentant ses capacités, en facilitant ses besoins et en lui offrant des possibilités nouvelles. Mais nous avons aussi montré que la technique peut être source de dangers, en menaçant l'environnement, en aliénant l'homme et en le soumettant à des risques imprévisibles. Face à ce constat, nous pouvons nous demander s'il y a plus à espérer qu'à craindre de la technique. Notre réponse est que cela dépend du rapport que l'homme entretient avec la technique. Si l'homme se laisse dominer par la technique, il risque de perdre son autonomie et sa dignité. Si au contraire, il maîtrise la technique et l'utilise avec discernement et responsabilité, il peut en faire un instrument de progrès et d'émancipation. Ainsi, nous pouvons conclure que la technique n'est ni bonne ni mauvaise en soi, mais qu'elle devient ce que l'homme en fait. C'est pourquoi il est nécessaire de développer une réflexion critique et éthique sur la technique, afin d'en faire un usage conforme aux valeurs humaines. Et pour reprendre une citation du sociologue français, Dominique Wolton, "La technique n'est ni bonne ni mauvaise en soi. Tout dépend de l'usage qu'on en fait, des valeurs qu'on y met, des choix politiques qu'on prend » dans Internet et après ? Une théorie critique des nouveaux médias (2000).

Sujet 5 : La technique n'est-elle pour l'homme qu'un moyen ?

Introduction : " La promesse de la technique moderne s'est inversée en menace… Elle va au-delà du constat d'une menace physique. La soumission de la nature destinée au bonheur humain a entraîné, par la démesure de son succès, qui s'étend maintenant également à la nature de l'homme lui-même, le plus grand défi pour l'être humain que son faire n'ait jamais entraîné. Tout en lui est inédit, sans comparaison possible avec ce qui précède, tant du point de vue de la modalité que du point de vue de l'ordre de grandeur : ce que l'homme peut faire aujourd'hui et ce que, par la suite, il sera contraint de continuer à faire, dans l'exercice irréductible de ce pouvoir, n'a pas son équivalent dans l'expérience passée. " Hans Jonas *Le Principe Responsabilité. Une éthique pour la civilisation technologique* (1979). Cette citation souligne l'idée selon laquelle la technique doit être un moyen pour l'homme et non une fin en soi. Elle met en lumière les dangers d'une utilisation excessive de la technique, qui peut conduire à l'aliénation de l'homme. L'homme est un être qui a toujours cherché à améliorer son quotidien en développant des outils et des techniques pour faciliter sa vie et répondre à ses besoins. Ainsi, la technique est devenue une partie intégrante de notre existence. Toutefois, la question se pose de savoir si la technique n'est pour l'homme qu'un simple moyen ou si elle peut devenir une fin en soi. La problématique qui se pose est donc la suivante : la technique n'est-elle pour l'homme qu'un moyen, ou peut-elle devenir une fin en soi ? Autrement dit, l'homme doit-il se servir de la technique pour répondre à ses besoins ou doit-il chercher à la maîtriser pour atteindre une forme de perfectionnement ? Dans cette dissertation, nous allons examiner la question de la place de la technique dans la vie humaine. Nous allons d'abord montrer que la technique est avant tout un moyen pour l'homme, lui permettant de répondre à ses besoins et de réaliser ses projets. Nous aborderons ensuite la question de savoir si la technique peut devenir une fin en soi pour l'homme, et si cela est souhaitable. Nous verrons alors les limites de cette approche et les risques qu'elle comporte.

Première partie : La technique comme moyen pour l'homme

Avant d'aborder le rôle de la technique comme moyen pour l'homme, il convient de définir ce que l'on entend par technique. Selon la définition communément admise, la technique est l'ensemble des moyens matériels et intellectuels mis en œuvre pour réaliser une action ou un projet. Cette définition met en lumière la dimension instrumentale de la technique, qui est donc un moyen au service d'un but à atteindre. En tant que moyen, la technique est un outil précieux pour l'homme. Elle lui permet en effet d'atteindre des objectifs qu'il ne pourrait pas réaliser par ses seules forces. Par exemple, la technique lui permet de produire des biens en quantité suffisante pour répondre aux besoins de la population, de communiquer instantanément avec des personnes éloignées, ou encore de se déplacer rapidement d'un point à un autre. Cette dimension instrumentale de la technique a été soulignée par de nombreux auteurs. Ainsi, le philosophe allemand Martin Heidegger affirmait que la technique est « un mode de production qui n'a en vue que l'exploitation », et qu'elle tend à transformer le monde en une réserve de matières premières destinées à satisfaire les besoins humains. De même, le sociologue français Jacques Ellul considérait que la technique est un moyen de puissance, qui permet à l'homme de dominer la nature et les autres hommes. Cependant, la technique ne doit pas être considérée uniquement sous l'angle de son pouvoir de domination. Elle présente en effet de nombreux avantages pour l'homme, qui sont autant de raisons de la considérer comme un moyen précieux. Tout d'abord, la technique permet à l'homme de se libérer de certaines contraintes physiques. Elle lui permet ainsi de réaliser des tâches pénibles ou dangereuses sans mettre sa santé en danger. Par exemple, la mécanisation de l'agriculture a permis aux agriculteurs de se décharger de la pénibilité des travaux manuels, tout en augmentant la productivité et en garantissant une production régulière. Ensuite, la technique permet à l'homme de développer ses capacités intellectuelles. Elle lui offre en effet la possibilité de résoudre des problèmes complexes, en mobilisant des connaissances et des compétences variées. Par exemple, les progrès de la recherche scientifique ont permis de développer des traitements médicaux de plus en plus performants, qui ont amélioré l'espérance de vie et la qualité de vie des patients. Enfin, la technique permet à l'homme de se rapprocher des autres. Elle lui permet de communiquer, de se rencontrer et de travailler ensemble, en dépassant les barrières géographiques et culturelles. Par exemple, les réseaux sociaux ont permis de créer des communautés virtuelles qui rassemblent des personnes aux intérêts et aux aspirations communes, même si elles sont éloignées physiquement. Ces avantages de la technique comme moyen pour l'homme ont été mis en lumière par de nombreux auteurs. Ainsi, le philosophe Henri Bergson considérait que la technique est « un prolongement de notre corps », qui permet à l'homme de développer sa puissance d'action et de s'adapter aux conditions de son environnement. Cependant, il convient de souligner que la technique ne doit pas être considérée comme une panacée. En effet, elle présente des limites et des risques pour l'homme, qui seront abordés dans la partie suivante. Dans cette première partie, nous avons vu que la technique apparaît comme un moyen précieux pour l'homme, qui lui permet de réaliser des objectifs qu'il ne pourrait pas atteindre par ses seules forces. Elle présente de nombreux avantages, notamment en permettant à l'homme de se libérer de certaines contraintes physiques, de développer ses capacités intellectuelles et de se rapprocher des autres. Cependant, il convient de ne pas négliger les limites et les risques de la technique, qui seront abordés dans la partie suivante.

Deuxième partie : La technique comme fin en soi pour l'homme

Lorsque la technique est considérée comme une fin en soi, elle peut devenir une source d'aliénation pour l'homme. En effet, l'homme peut perdre de vue les véritables finalités de son action, et se laisser absorber par le seul souci de produire toujours plus ou de maîtriser toujours mieux les techniques qu'il utilise. Cette forme d'aliénation est décrite par le philosophe allemand Max Weber, qui parle d'une « cage d'acier » que l'homme s'est construite en se soumettant aux impératifs de la technique. La technique peut parfois être considérée comme une finalité en soi, c'est-à-dire comme une valeur en elle-même, indépendamment de tout objectif externe. Cette conception de la technique est développée par le philosophe français Jacques Ellul, qui considère que la technique est devenue une force autonome, qui gouverne notre société et notre culture. Selon lui, la technique est devenue une idéologie, qui prône l'efficacité, la rationalité et la productivité, au détriment des valeurs humaines et éthiques. Cependant, cette vision de la technique comme une fin en soi est contestée par plusieurs philosophes, qui soulignent les limites de cette conception. Ainsi, le philosophe allemand Martin Heidegger affirme que la technique ne peut pas être considérée comme une fin en soi, car elle est fondamentalement liée à la nature de l'homme en tant qu'être au monde. Selon lui, la technique ne peut être comprise que dans le contexte plus large de l'existence humaine, et doit être mise au service de l'accomplissement de cette existence. De même, le philosophe français Jean-François Lyotard souligne les dangers de la technique lorsqu'elle est considérée comme une fin en soi. Selon lui, la technique peut conduire à l'homogénéisation de la culture et à la disparition de la singularité et de la diversité des cultures humaines. Il met ainsi en garde contre les risques de la mondialisation et de l'uniformisation des modes de vie et de pensée. Enfin, il convient de souligner les limites de la technique en tant que solution à tous les problèmes humains. En effet, la technique ne peut pas répondre à tous les besoins et à toutes les aspirations de l'homme, et peut même engendrer de nouveaux problèmes. Par exemple, la technologie peut contribuer à la destruction de l'environnement, à l'isolement social, à l'augmentation du stress et de l'anxiété, etc. En conséquence, la technique peut devenir une fin en soi pour l'homme, ce qui peut conduire à son aliénation et à la perte de vue des véritables finalités de son action. Ainsi, la technique doit être mise au service de l'accomplissement de l'existence humaine, dans le respect des valeurs éthiques et des singularités culturelles, et en prenant en compte les limites de la technique en tant que solution à tous les problèmes humains.

Troisième partie : la nécessité d'une réflexion critique sur la technique

Dans la précédente partie, nous avons vu que la technique peut être prise comme un moyen pour l'homme, mais elle peut devenir une fin en soi. Cette partie se focalisera sur la nécessité d'une réflexion critique sur la place de la technique dans la vie humaine. La technique est une création humaine, et en tant que telle, elle ne peut être tenue pour responsable des conséquences de son utilisation. C'est donc à l'homme qu'incombe la responsabilité de l'utilisation de la technique, et de la manière dont celle-ci peut affecter la vie humaine et l'environnement. Cette responsabilité éthique est soulignée par le philosophe Hans Jonas, qui affirme dans son ouvrage *Le Principe Responsabilité* que « l'existence de l'homme est liée à celle de la nature, dont il est issu, et qu'il est en conséquence tenu de préserver, au nom de son humanité même, cette source vitale ». Cette responsabilité éthique est d'autant plus importante que la technique peut avoir des conséquences graves sur l'environnement, la santé et le bien-être des êtres humains. Par exemple, l'utilisation massive des pesticides dans l'agriculture a des effets dévastateurs sur l'environnement et la santé des travailleurs agricoles. De même, l'utilisation intensive des énergies fossiles a des conséquences néfastes sur le climat, qui affectent directement la vie humaine. La technique a pris une place de plus en plus forte dans la vie humaine, au point de devenir un facteur de domination et de contrôle de la vie sociale. Cette prédominance de la technique dans la société soulève des questions quant à la liberté et à la responsabilité humaines. Le philosophe Jacques Ellul, dans son ouvrage La Technique ou l'enjeu du siècle, montre que la technique tend à réduire la liberté humaine en limitant la diversité des choix possibles, et en imposant des normes qui sont contraires aux valeurs humaines. Cette prédominance de la technique dans la société peut avoir des conséquences sur la manière dont l'homme se perçoit lui-même. La technologie peut être utilisée pour améliorer les performances humaines, mais elle conduit souvent à une vision réductrice de l'homme en tant qu'objet de performance, au détriment de sa dignité. Face à ces enjeux éthiques, sociaux et culturels, il est nécessaire de mener une réflexion critique sur l'utilisation de la technique dans la vie humaine. Cette réflexion doit prendre en compte les valeurs éthiques et les singularités culturelles, et s'interroger sur les finalités que l'on donne à la technique. Dans son ouvrage *L'Usage des plaisirs*, le philosophe Michel Foucault souligne l'importance d'une réflexion critique sur les pratiques humaines, et notamment sur la manière dont la technique peut être utilisée pour exercer un contrôle sur la vie humaine. Cette réflexion doit être menée à plusieurs niveaux :

- Au niveau individuel : chaque individu doit prendre conscience des implications éthiques et sociales de l'utilisation de la technique, et faire des choix éclairés quant à l'utilisation qu'il en fait.
- Au niveau collectif : la société dans son ensemble doit se questionner sur les finalités qu'elle donne à la technique, et sur les valeurs qu'elle souhaite promouvoir.
- Au niveau politique : les décideurs politiques doivent prendre en compte les enjeux éthiques et sociaux de la technique dans leurs décisions, et s'assurer que la technique est utilisée de manière responsable et respectueuse des valeurs humaines.

En conclusion, il apparait que la technique peut être à la fois un moyen et une fin en soi pour l'homme. En tant que moyen, elle peut offrir de nombreux avantages à l'humanité, en facilitant la réalisation de ses objectifs et en améliorant ses conditions de vie. Toutefois, lorsque la technique est érigée en finalité, elle peut se révéler être une menace pour l'homme et son environnement. Face à cela, l'homme doit assumer sa responsabilité face à la technique et qu'il prenne conscience des conséquences de sa prédominance dans la société. Il est donc nécessaire de mener une réflexion critique sur l'utilisation de la technique afin de trouver un équilibre entre ses avantages et ses limites. Pour répondre à notre problématique, il est possible d'affirmer que la technique n'est pas seulement un moyen pour l'homme, mais peut devenir une fin en soi. Cependant, il est crucial de se poser la question de savoir comment l'homme peut utiliser la technique de manière responsable, en tenant compte de ses limites. Pour poursuivre cette réflexion, nous pouvons nous inspirer des propos de Martin Heidegger, qui écrivait : " La technique n'est pas la même chose que l'essence de la technique. Quand nous recherchons l'essence de l'arbre, nous devons comprendre que ce qui régit tout arbre en tant qu'arbre n'est pas lui- même un arbre qu'on puisse rencontrer parmi les autres arbres" *La question de la technique, (1953)*. La question n'est pas de savoir si la technique est bonne ou mauvaise, mais de savoir comment nous pouvons la penser de manière appropriée. Ainsi, pour éviter que la technique ne devienne une menace pour l'humanité, il est nécessaire de penser de manière critique et responsable son utilisation. Comme le souligne le philosophe allemand Friedrich Nietzsche : « Quand on lutte contre des monstres, il faut prendre garde de ne pas devenir monstre soi-même. Si tu regardes longtemps dans l'abîme, l'abîme regarde aussi en toi. » *Par-delà le bien et le mal* (1886).

Sujet 6 : La technique nous impose-t-elle une conception du monde ?

Introduction : Depuis le début du XXe siècle, la technique a connu un essor sans précédent avec l'avènement de l'ère industrielle et de la révolution numérique. Nous sommes aujourd'hui dans une société technologique où la technique a pris une place prépondérante. Elle a permis des avancées considérables dans de nombreux domaines tels que la médecine, les transports, l'agriculture, l'énergie, etc. Mais cette omniprésence de la technique soulève d'autres questions quant à son impact sur notre vision du monde. En effet la technique est omniprésente dans notre vie quotidienne, elle a transformé notre manière de vivre, de travailler et de communiquer. Mais au-delà de son utilité pratique, la technique a-t-elle une influence sur notre conception du monde ? Autrement dit, la technique nous impose-t-elle une vision du monde particulière ? La technique nous impose-t-elle une conception du monde ? En d'autres termes, la manière dont nous utilisons la technique conditionne-t-elle notre perception du monde ? Est-il possible de se passer de la technique pour appréhender le monde tel qu'il est ? Ou bien la technique nous offre-t-elle une vision du monde qui lui est propre ? Pour répondre à ces questions, nous allons examiner dans un premier temps comment la technique peut révéler une conception du monde. Ensuite, nous analyserons la nécessité d'une réflexion critique sur la place de la technique dans la construction de notre vision du monde. Enfin, nous étudierons la place de la technique dans la construction de notre vision du monde

Première partie : La technique comme révélatrice d'une conception du monde

La technique n'est pas neutre, elle est le fruit d'une culture, d'une époque et d'une vision du monde. Ainsi, les avancées techniques sont le reflet des valeurs et des croyances d'une société donnée. Par exemple, l'invention de l'automobile au début du XXe siècle a été possible grâce à une vision du monde qui prônait la vitesse, l'efficacité et la mobilité. De même, la révolution numérique actuelle est le fruit d'une vision du monde qui valorise l'information, la communication et la connexion. L'utilisation de la technique peut aussi avoir des conséquences sur notre perception du monde. Par exemple, l'utilisation massive des écrans peut entraîner une perception du monde de plus en plus virtuelle et déconnectée de la réalité. De même, l'omniprésence de la publicité dans notre environnement peut influencer notre perception du monde en valorisant certains produits, certaines marques, certaines valeurs. La technique peut même produire une conception du monde qui lui est propre. Par exemple, la technique peut nous donner une vision du monde où la performance, l'efficacité et la rentabilité sont valorisées au détriment de l'humain et de l'environnement. De même, la technique peut nous donner une vision du monde où le progrès technologique est considéré comme le seul moyen de résoudre les problèmes de l'humanité. Cette vision est notamment exprimée par le courant de pensée du transhumanisme, qui prône l'amélioration technologique de l'homme pour atteindre l'immortalité et dépasser les limites biologiques. Selon les transhumanistes, la technique est la solution à tous les problèmes de l'humanité, y compris la mort. Cette vision du monde pose des questions éthiques majeures et interroge notre rapport à la nature et à notre propre condition humaine. Le philosophe allemand Martin Heidegger a analysé la relation entre la technique et la vision du monde dans son ouvrage *"La question de la technique"* (1954). Selon lui, la technique n'est pas seulement un moyen pour atteindre un but, mais elle est elle-même un mode de révélation du monde. La technique transforme le monde en une série d'objets à disposition de l'homme et occulte sa véritable dimension ontologique. En d'autres termes, la technique nous donne l'illusion de maîtriser la nature alors qu'elle nous aliène de notre propre condition humaine.

Deuxième partie : La nécessité d'une réflexion critique sur la place de la technique dans la construction de notre vision du monde

Face aux conséquences de l'utilisation de la technique sur notre vision du monde, nous devons prendre conscience de notre responsabilité en tant qu'acteurs de la société. Nous avons le choix de la manière dont nous utilisons la technique et de l'impact que cela peut avoir sur notre perception du monde. Par exemple, nous pouvons choisir d'utiliser les réseaux sociaux de manière réfléchie et critique plutôt que de nous laisser submerger par les contenus proposés. La prédominance de la technique a des conséquences sur notre rapport à l'environnement et à notre propre condition humaine. En valorisant la performance et l'efficacité, la technique peut nous amener à considérer la nature comme une ressource à exploiter plutôt qu'un environnement à respecter. De même, la course au progrès technologique peut nous faire oublier notre propre vulnérabilité en tant qu'êtres humains et notre rapport à la mort. Il semble donc crucial de développer une réflexion critique sur l'utilisation de la technique et sur les conséquences qu'elle peut avoir sur notre perception du monde. Cette réflexion doit être menée à différents niveaux : individuel, collectif et politique. Au niveau individuel, il est important de mesurer l'impact de la technique sur notre vision du monde et de développer une utilisation raisonnée et critique de la technologie. Au niveau collectif, il est désormais essentiel de réfléchir aux conséquences de l'utilisation de la technique sur notre société et sur notre environnement. Enfin, au niveau politique, il est nécessaire de mettre en place des réglementations et des politiques publiques qui prennent en compte les enjeux éthiques liés à l'utilisation de la technique.

Troisième partie : la place de la technique dans la construction de notre vision du monde

L'utilisation de la technique peut changer notre rapport au monde et à autrui. Par exemple, la technologie de la communication a permis de nous connecter avec des personnes du monde entier, mais peut parfois nous isoler des personnes physiquement proches. De même, les technologies de la surveillance peuvent nous faire perdre notre liberté et notre autonomie en nous imposant des normes de comportement. Notre utilisation de la technique peut avoir un impact significatif sur notre perception du monde qui nous entoure. En effet, l'utilisation de différentes technologies peut altérer notre perception de la réalité, ce qui peut influencer la façon dont nous comprenons les événements et les informations qui nous sont présentées. Cela peut être particulièrement visible dans l'utilisation des réseaux sociaux et de la technologie de l'information. L'utilisation des filtres sur les réseaux sociaux est un exemple concret de la façon dont la technique peut altérer notre perception du monde. Les filtres permettent aux utilisateurs de modifier l'apparence de leurs photos en utilisant des effets de lumière, des couleurs, des angles de prise de vue et des retouches qui créent une image plus esthétique de la réalité. Cependant, cette image peut être très différente de la réalité, créant ainsi une perception erronée de ce qui se passe dans le monde. De plus, l'utilisation de la technologie de l'information peut avoir un impact significatif sur notre perception du monde. Avec l'énorme quantité d'informations disponibles en ligne, il peut être difficile de distinguer les informations fiables des informations fausses. Cette surcharge d'informations peut nous conduire à privilégier la quantité plutôt que la qualité des informations, ce qui peut altérer notre perception de la réalité. Notre perception de la réalité est façonnée par notre interaction avec les autres et notre environnement. La réalité n'est pas objective, mais est construite par les personnes qui la perçoivent, d'où l'importance de la culture et de l'environnement dans la construction de notre perception de la réalité. Par ailleurs, la façon dont nous percevons le monde est influencée par nos croyances, nos attentes et nos expériences passées. Nos pensées et nos perceptions sont construites en utilisant des informations provenant de notre environnement, de notre mémoire et de notre raisonnement. Ainsi, l'utilisation de la technique peut influencer notre cognition et altérer notre perception du monde. Il est donc crucial de comprendre l'impact de la technique sur notre perception du monde afin de prendre des décisions éclairées et de développer une vision du monde plus réaliste et équilibrée. La construction d'une vision du monde à travers la technique pose des enjeux importants pour notre société. Par exemple, l'utilisation de la technologie peut nous amener à déshumaniser nos rapports avec autrui. De même, l'utilisation de la technologie peut nous amener à considérer la nature comme une simple ressource à exploiter sans limites.

En conclusion, nous avons exploré la relation complexe entre la technique et notre vision du monde. Nous avons d'abord examiné la manière dont la technique peut révéler une certaine conception du monde, en exprimant une vision du monde spécifique, et en produisant une conception du monde qui peut être influencée par les conséquences de son utilisation. Nous avons ensuite souligné la nécessité d'une réflexion critique sur la place de la technique dans la construction de notre vision du monde, en soulignant la responsabilité de l'homme face à la technique, les conséquences de sa prédominance sur notre vision du monde, et la nécessité d'une réflexion critique sur son utilisation. Enfin, nous avons examiné la place de la technique dans la construction de notre vision du monde, en examinant l'impact de la technique sur notre rapport au monde, la construction de notre vision du monde à travers l'utilisation de la technique, et les enjeux de la construction d'une vision du monde à travers la technique. En examinant les différents aspects de la relation entre la technique et notre vision du monde, nous avons constaté que la technique peut effectivement imposer une certaine conception du monde. La technique peut révéler une certaine vision du monde, mais elle peut aussi être utilisée de manière critique pour remettre en question cette vision et en construire une nouvelle. De même, la technique peut avoir des conséquences sur notre vision du monde, elle peut être utilisée de manière créative pour développer des visions alternatives. En fin de compte, la question de savoir si la technique nous impose une conception du monde dépendra de la manière dont nous l'utilisons, de notre engagement critique envers elle, et de la façon dont nous choisissons de la construire dans nos vies. En prenant conscience de cette relation et en développant une approche critique et réfléchie de la technique, nous pouvons contribuer à construire une vision du monde plus consciente, équilibrée et juste, qui prend en compte les défis et les possibilités de notre temps. "Il demeure exact que la technique moderne soit, elle aussi, un moyen pour des fins. C'est pourquoi la conception instrumentale de la technique dirige tout effort pour placer l'homme dans un rapport juste à la technique. Le point essentiel est de manier de la bonne façon la technique entendue comme moyen. On veut, comme on dit, « prendre en main » la technique et l'orienter vers des fins « spirituelles ». On veut s'en rendre maître. Cette volonté d'être le maître devient d'autant plus insistante que la technique menace davantage d'échapper au contrôle de l'homme." Martin Heidegger, *La question de la technique, in Essais et conférences, (1958)*.

XVI. LE TEMPS

Sujet 1 : L'homme peut-il échapper au temps ?

Introduction : " Le temps est notre supplice. L'homme ne cherche qu'à y échapper, c'est-à-dire échapper au passé et à l'avenir en s'enfonçant dans le présent, ou se fabriquer un passé ou un avenir à sa guise. " Simone Weil, *La Connaissance surnaturelle*. Cette citation soulève des questions essentielles sur notre relation au temps et sur la manière dont cette relation façonne notre expérience de la vie. C'est un commentaire sur notre propension à fuir, à réinventer, et notre difficile acceptation de l'écoulement inévitable du temps. Mais peut-on réellement s'extraire de la temporalité qui nous entoure et qui nous conditionne ? Depuis des siècles, les penseurs se sont penchés sur la question du temps, et chacun a apporté sa propre perspective. A travers cette dissertation, nous allons donc explorer ces différentes perspectives sur la possibilité pour l'homme d'échapper au temps, en nous appuyant sur les apports de ces différents penseurs. Nous verrons d'abord comment la philosophie aborde cette question, Bergson a défendu l'idée d'une durée subjective, tandis que Nietzsche a mis en avant la répétition comme structure fondamentale de l'existence. Puis, nous nous pencherons sur les perspectives scientifiques, en physique, la relativité restreinte et générale de Einstein a bouleversé notre compréhension du temps, tandis que la physique quantique a ouvert de nouvelles perspectives encore plus déroutantes. Enfin, nous réfléchirons aux limites et aux conséquences de cette éventualité.

Première partie : l'approche philosophique

La première partie de cette dissertation va consister à explorer l'approche philosophique. Les philosophes ont depuis longtemps réfléchi à la nature du temps. Nous allons nous intéresser ici aux idées de deux penseurs majeurs en la matière : Henri Bergson et Friedrich Nietzsche. Henri Bergson est l'auteur de l'œuvre *Durée et simultanéité* dans laquelle il défend l'idée d'une durée subjective. Selon lui, le temps vécu n'est pas le même que le temps mesuré par les horloges. Pour Bergson, "Le temps vécu est un flux continu, indivisible, qui ne peut être décomposé en moments distincts. Il est donc impossible de s'extraire de cette durée pour en saisir des moments séparés." Selon lui, il est donc impossible de s'extraire de la durée subjective pour en saisir des moments séparés, c'est pourquoi il est impossible de s'échapper réellement au temps. Cependant, il y a un moyen de s'en rapprocher, c'est celui de l'intuition. En effet, pour

Bergson, l'intuition permet de saisir l'expérience vécue dans son intégralité, sans la décomposer en moments distincts. « L'intelligence n'est pas la seule forme de la pensée. Il existe d'autres facultés de connaissance, déposées également par l'évolution de la vie, qui se rapportent directement à la réalité: l'instinct et l'intuition. L'instinct est comme une intuition qui aurait tourné court et l'intuition comme un instinct qui se serait intensifié et dilaté jusqu'à devenir conscient et susceptible de s'appliquer à toutes choses. Sous sa forme achevée, l'intuition est un pouvoir propre à l'homme qui le rend capable d'une expérience pure », écrit-il dans *La Pensée et le Mouvant*..." Friedrich Nietzsche, quant à lui, met en avant la répétition comme structure fondamentale de l'existence. Dans *Le Gai Savoir*, il écrit : " Cette vie, telle que tu la vis et l'a vécue, il te faudra la vivre encore une fois et encore d'innombrables fois; et elle ne comportera rien de nouveau, au contraire, chaque douleur et chaque plaisir et chaque pensée et soupir et tout ce qu'il y a dans ta vie d'indiciblement petit et grand doit pour toi revenir, et tout suivant la même succession et le même enchaînement – et également cette araignée et ce clair de lune entre les arbres, et également cet instant et moi-même. Un éternel sablier de l'existence est sans cesse renversé, et toi avec lui, poussière des poussières !" Selon lui, tout ce qui existe est condamné à se répéter éternellement, et il est donc impossible de s'échapper de cette répétition. Cependant, Nietzsche voit dans cette répétition une source de création : en se répétant, les choses sont transformées, et c'est ainsi que la vie prend forme.. En résumé, pour Bergson, échapper au temps est impossible car le temps vécu est un flux continu qui ne peut être décomposé en moments distincts. Pour Nietzsche, s'échapper hors du temps est impossible car tout ce qui existe est condamné à se répéter éternellement. Cependant, les deux penseurs proposent des solutions pour s'en rapprocher : pour Bergson, c'est l'intuition qui permet de saisir l'expérience vécue dans son intégralité, sans la décomposer en moments distincts, tandis que pour Nietzsche, c'est l'acceptation de la répétition qui permet de créer de nouvelles choses à partir de celles qui ont déjà existé. Il faut noter que ces deux perspectives sont toutefois limitées, Bergson parle d'un temps subjectif qui ne peut être appréhendé que par l'intuition, et Nietzsche ne parle pas d'échapper au temps mais plutôt d'une acceptation de la répétition comme fondement de l'existence. L'approche philosophique nous montre qu'il est possible de s'en rapprocher mais jamais ne d'y échapper complètement. Néanmoins, ces perspectives peuvent nous offrir des moyens pour vivre notre expérience temporelle de manière différente.

Deuxième partie : l'approche scientifique

La seconde partie de cette dissertation va consister à explorer l'approche scientifique. Les sciences physiques ont beaucoup contribué à notre compréhension du temps, en proposant des théories qui ont bouleversé notre vision de la temporalité. Nous allons nous intéresser ici aux idées de deux théories majeures en la matière : la relativité restreinte et générale d'Albert Einstein et la physique quantique. La relativité restreinte d'Albert Einstein, présentée dans son œuvre "*Sur la théorie de la relativité restreinte*" a bouleversé notre compréhension du temps en montrant que celui-ci n'est pas absolu et qu'il dépend de la vitesse de l'observateur. Selon cette théorie, le temps s'écoule plus lentement pour un observateur en mouvement par rapport à un observateur au repos. Cette idée a été confirmée expérimentalement par des expériences comme celle de l'effet de gravitation sur le temps (l'effet de ralentissement du temps en présence de champs gravitationnels conséquents). La relativité générale d'Albert Einstein, présentée dans son œuvre "*Sur la théorie de la relativité générale*" permet de comprendre que le temps est lié à la gravité, et qu'il peut donc être influencé par celle-ci. Selon cette théorie, il est possible de voyager dans le temps en se plaçant dans des champs gravitationnels extrêmes. Ces voyages dans le temps ne sont pas encore réalisables avec les technologies actuelles et cette échappée hors du temps reste encore tout à fait hypothétique. La physique quantique, quant à elle, offre des perspectives étonnantes. Selon certaines théories quantiques, il est possible de créer des univers parallèles dans lesquels le temps pourrait s'écouler différemment. Cependant, ces idées restent encore largement spéculatives et n'ont pas encore été confirmées expérimentalement. En résumé, l'approche scientifique du temps nous montre que, selon les théories, il est possible de manipuler le temps à travers des phénomènes physiques tels que la vitesse ou la gravité, mais ces perspectives restent encore très hypothétiques et nécessitent des technologies encore non disponibles pour être mises en pratique.

Troisième partie : les limites de cette question

Comme nous l'avons vu précédemment, les perspectives scientifiques montrent que cette possibilité semblerait envisageable à certains niveaux, mais reste largement hypothétique. Nous allons donc explorer les limites de cette possibilité, ainsi que les conséquences qui en découlent. Une des principales limites est liée aux paradoxes temporels. En effet, si l'on parvient à voyager dans le temps, il est possible de rencontrer des versions de soi-même ou de changer le passé, ce qui pourrait causer des incohérences dans l'univers. Cette question est abordée dans de nombreux œuvres de science-fiction, comme "*Retour vers le futur*" de Robert Zemeckis, ou "*Doctor Who*" de Steven Moffat. Ces œuvres mettent en avant les conséquences potentiellement désastreuses de voyages dans le temps. Echapper au temps aurait des conséquences sur notre compréhension de la réalité, en effet, si l'on parvient à voyager dans le temps, il est possible de remettre en question notre vision linéaire de l'histoire et de la causalité. Cette question est abordée dans l'œuvre de Jorge Luis Borges "*L'Aleph*" où il décrit un lieu où tous les instants de l'histoire se produisent simultanément, ce qui remet en question notre compréhension de la réalité. Enfin cela aurait des conséquences sur notre vie personnelle. En effet, si l'on parvient à voyager dans le temps, il est possible de changer les événements passés, ce qui pourrait causer des incohérences dans nos propres vies et remettre en question notre vécu et nos souvenirs. Cette question est abordée dans l'œuvre de Chris Marker "*La Jetée*" où un homme est envoyé dans le passé pour sauver l'avenir, mais il doit affronter les conséquences de ses actes sur sa propre vie. En résumé, les limites cette possibilité d'échapper au temps sont nombreuses et les conséquences potentielles sont importantes. Les paradoxes temporels, les incohérences dans l'univers, les conséquences sur notre compréhension de la réalité, et notre vie personnelle sont des aspects qui doivent être pris en compte avant de se lancer dans cette quête. Il faut souligner que la temporalité est une partie intégrante de notre expérience humaine. En effet, c'est à travers le temps que nous pouvons vivre des émotions, des expériences et des souvenirs qui forment notre identité. Les moments heureux et les moments difficiles qui composent notre vie sont liés à la temporalité. Si nous avions la possibilité d'y échapper, nous pourrions perdre une partie de notre humanité.

En conclusion, cette dissertation a permis d'explorer les différentes approches philosophiques et scientifiques. Nous avons vu comment les penseurs tels qu'Henri Bergson et Friedrich Nietzsche ont proposé des idées sur la nature subjective du temps, et comment les théories scientifiques telles que la relativité d'Albert Einstein et la physique quantique ont offert des perspectives sur la manipulation du temps. Nous avons mesuré les limites ainsi que les conséquences potentielles de cette éventualité, telles que les paradoxes temporels, les incohérences dans l'univers, les conséquences sur notre compréhension de la réalité, et sur notre vie personnelle. Echapper au temps n'est pas nécessairement souhaitable, et la temporalité est partie intégrante de notre expérience humaine. Dans ses « *Pensées* », le philosophe Blaise Pascal exprime sa vision du temps comme étant un bien précieux qui doit être utilisé de manière judicieuse pour atteindre la vérité et la moralité. Il met en avant l'importance de l'emploi du temps pour atteindre nos aspirations morales et spirituelles. Pour lui le temps n'est rien, l'emploi en est tout. Le temps est un outil qui nous permet de vivre des émotions, des expériences et des souvenirs qui forment notre identité. Avant de chercher à échapper au temps, rappelons-nous que le temps est partie intégrante de notre expérience humaine et qu'il est lié à nos émotions, nos expériences et nos souvenirs qui forment notre identité. Et peut-être que dans le rêve, la poésie, la littérature, l'art en général ou la joie de l'instant présent, nous échappons d'une certaine manière au temps qui passe. Faut-il donc se lancer dans cette quête ou plutôt se rappeler que le temps constitue notre expérience humaine, qu'il est lié à nos émotions, nos expériences et nos souvenirs qui forment notre identité. Avant de chercher à échapper au temps, nous devons réfléchir aux conséquences potentielles et aux limites de cette éventualité, et peut-être chercher dans un présent pleinement vécu une vie qui prend son sens dans le temps.

Sujet 2 : Pourquoi le temps est-il précieux ?

Introduction : L'homme a toujours été fasciné par le temps. Depuis l'aube de l'humanité, il a cherché à comprendre cette notion complexe qui semble régir notre vie quotidienne. Le temps est un concept fondamental qui est présent dans de nombreux aspects de notre existence. Il est indissociable de notre vie personnelle et professionnelle, et il est lié à notre perception de la réalité. Pourtant, malgré son importance, le temps reste un sujet mystérieux qui suscite encore de nombreuses questions. Paul Valéry dans ses "*Cahiers*" écrivait : "Le temps est un fleuve qui m'emporte, mais je suis le fleuve ; il est un tigre qui me dévore, mais je suis le tigre ; il est un feu qui me consume, mais je suis le feu." Cette citation nous montre combien le temps est un concept complexe, à la fois destructeur et créateur, qui façonne notre existence. La problématique de cette dissertation est de comprendre pourquoi le temps est considéré comme précieux ? Pourquoi est-ce que nous accordons une telle importance à cette notion ? Pourquoi est-ce que nous nous préoccupons constamment de sa gestion ? Notre dissertation va explorer plusieurs facettes de cette question, en étudiant les différentes perspectives sur le temps, les ressources limitées, les facteurs de valeur, les facteurs de choix et les facteurs spirituels, pour comprendre pourquoi le temps est considéré comme précieux.

Première partie : le temps, ressource limitée

Nous allons explorer l'idée selon laquelle le temps est une ressource limitée. Le temps est un bien fini, qui ne peut pas être remplacé une fois qu'il est dépensé. Cette idée est souvent représentée par l'image de l'horloge ou de la montre qui marque inéluctablement notre avancée vers la mort. Cette notion de limite du temps a des conséquences sur notre vie quotidienne, car elle nous oblige à faire des choix sur l'utilisation de notre temps. Pour prendre un exemple concret, considérons un individu qui doit décider entre passer du temps avec sa famille ou accepter une promotion professionnelle qui l'obligera à travailler plus. Cette personne doit faire un choix sur l'utilisation de son temps, en sachant qu'elle ne pourra pas faire les deux. Ce genre de choix est régulièrement rencontré dans la vie professionnelle et personnelle, et il montre comment la finitude du temps est un facteur déterminant dans nos décisions. Le philosophe grec Héraclite a déclaré : "On ne se baigne jamais deux fois dans le même fleuve" pour souligner que le temps est en constante évolution et qu'il est impossible de retrouver une situation passée. Le penseur et écrivain Paul Valéry dans ses *"Cahiers"* écrivait : "Le temps est un fleuve qui m'emporte, mais je suis le fleuve", pour souligner l'idée que nous sommes à la fois les acteurs et les victimes du temps qui passe. En outre, cette limite du temps est inextricablement liée à la notion de l'urgence. Le temps est limité, donc nous devons être conscients de l'urgence de certaines tâches et de leur importance relative. Par exemple, une personne peut être tentée de passer du temps à se détendre devant la télévision plutôt que de réviser pour un examen. Cependant, cette personne doit prendre en compte l'urgence de l'examen par rapport à regarder la télévision et ajuster son utilisation du temps en conséquence. Enfin, c'est lié à la notion de regret car nous savons que le temps est limité, donc nous sommes conscients que nous ne pourrons pas tout faire. Cela signifie que nous devons être conscients des conséquences de nos choix et de nos actions, car ils auront un impact sur notre avenir. Comme le dit le philosophe Paul Ricœur, l'avenir est le lieu du regret possible, cela signifie que nous devons être conscients des conséquences de nos choix pour éviter de regretter des actions passées. En somme, cette première partie de la dissertation a montré que la rareté fait la valeur du temps, concept fondamental qui a des conséquences sur notre vie quotidienne. Il nous oblige à faire des choix sur l'utilisation de notre temps, il est lié à la notion d'urgence et de regret. Prendre en compte cette rareté permet de gérer efficacement notre temps et d'atteindre nos objectifs.

Deuxième partie : la valeur subjective

Le temps possède une valeur subjective, cela signifie que la valeur du temps varie selon les individus et les situations. Par exemple, pour une personne, passer du temps avec sa famille est très précieux, alors que pour une autre personne, cela peut être considéré comme moins important. Cette subjectivité de la valeur du temps est liée à notre perception personnelle de la réalité. Les souvenirs et les expériences que nous avons vécues ont une influence sur la façon dont nous percevons le temps. Par exemple, une personne qui a vécu une expérience traumatisante peut percevoir le temps de manière différente de quelqu'un qui n'a pas vécu cette expérience. Cette subjectivité de la valeur du temps est souvent liée à nos objectifs et nos aspirations personnelles. Les choses qui sont importantes pour nous auront une valeur différente pour les autres. Des penseurs ont abordé cette idée de la valeur subjective du temps. Le philosophe Henri Bergson dans "*Durée et simultanéité*" soulignait que le temps subjectif est lié à notre expérience, il écrivait : ""Le temps qui passe est temps vécu, temps psychologique, temps de la mémoire et de l'attente. Le temps qui passe est donc la réalité profonde, et non pas une abstraction à laquelle on donnerait une existence purement logique." *La Pensée et le Mouvant* (1934), montrant que le temps est lié à notre expérience personnelle et à notre perception. Le philosophe Martin Heidegger dans *Etre et Temps* abordait cette idée en déclarant que le temps est lié à notre existence : "C'est l'étant (l'homme) qui découvre qu'il est là, dans le monde, en un lieu, dans une situation où il est jeté." cela signifie que notre existence est liée à notre relation au temps. La valeur du temps est donc subjective. Elle varie selon les individus et les situations, et elle est liée à notre perception personnelle de la réalité, ainsi qu'à nos objectifs et aspirations personnels. Il faut prendre en compte cette subjectivité de la valeur du temps pour mieux comprendre notre propre rapport au temps, à celui des autres et au degré de valeur que nous pouvons accorder au temps.

Troisième partie : l'importance du choix et la vision du temps pour la spiritualité

Notre temps est limité, mais nous avons la liberté de choisir comment nous l'utilisons. Prenons l'exemple d'une personne qui a une journée de travail de huit heures, suivie d'une heure de trajet pour rentrer chez elle. Cette personne a des responsabilités familiales et des intérêts personnels. Elle doit donc faire des choix sur l'utilisation de son temps libre pour équilibrer ces différentes responsabilités. Elle peut choisir de passer du temps avec sa famille, de travailler sur ses projets personnels, de se détendre, etc. Chacun de ces choix aura une incidence sur sa vie personnelle et professionnelle, et ils éclairent la façon dont nous utilisons notre temps pour atteindre nos objectifs. Les penseurs ont abordé cette idée de choix dans notre utilisation du temps. Le philosophe existentialiste Jean-Paul Sartre dans *L'être et le Néant* écrivait : "L'homme est condamné à être libre" soulignant l'idée que nous avons la liberté de choisir comment nous utilisons notre temps. Le philosophe américain Ralph Waldo Emerson dans *Self-Reliance* écrivait : "Chaque homme est un choix, et chaque choix est un acte de création" mettant en évidence la façon dont nos choix sur l'utilisation de notre temps sont des actes créateurs de notre propre existence. L'importance du temps est souvent associée à des concepts tels que la méditation, la contemplation, la spiritualité et la religion. Il est considéré comme un moyen de se connecter à un sens plus profond de la vie, de la nature et de notre place dans l'univers. La méditation consiste à se concentrer sur le moment présent et à se détacher des distractions extérieures. Cela peut aider les individus à se connecter à un sens plus profond de leur propre existence. De même, la contemplation de la nature peut aider les individus à se connecter à un sens plus profond de la vie et de notre place dans l'univers. Les religions et les spiritualités ont une vision particulière du temps. La religion chrétienne voit le temps comme étant divisé en deux parties, le temps présent et l'éternité. Le temps présent est considéré comme un temps de préparation pour l'éternité. Pour les bouddhistes, le temps est vu comme étant lié à la réalisation de la réalité ultime, l'illumination. Pour les hindous, le temps est perçu comme étant cyclique, avec des périodes de création et de destruction se répétant sans fin. Ces croyances et pratiques spirituelles offrent une perspective différente sur le temps. Les penseurs spirituels ont envisagé cette idée du temps en tant que facteur spirituel. Le philosophe indien Sri Aurobindo dans "*The Life Divine*" écrivait : "Le temps est un moyen pour l'évolution de l'âme" montrant comment le temps est lié à l'évolution spirituelle de l'individu. Le mystique sufi Rumi dans ses poèmes parlait de la notion de temps en tant qu'outil pour atteindre l'illumination spirituelle, il écrivait : "Le temps est un océan en furie, mais la barque de l'âme peut naviguer sur lui" montrant comment le temps peut être utilisé pour atteindre la spiritualité. Nos choix marquent le degré d'importance du temps, par exemple les penseurs spirituels ont abordé cette idée en montrant comment le temps peut être utilisé pour l'évolution spirituelle de l'individu.

En conclusion, cette dissertation a montré comment le temps est à la fois limité et subjectif, un facteur de choix et un facteur spirituel. La première partie a mis en évidence la finitude du temps, qui nous oblige à faire des choix sur l'utilisation de notre temps et qui est liée à la notion d'urgence et de regret. La deuxième partie a montré comment la valeur du temps est subjective, liée à notre perception personnelle de la réalité et à nos objectifs et aspirations personnels. La troisième partie a montré comment le temps est un facteur de choix, nous offrant la liberté de choisir comment nous utilisons notre temps pour atteindre nos objectifs. En résumé, le temps est précieux car il est limité, subjectif, facteur de choix qui nous offre la possibilité de mieux comprendre notre propre rapport au temps, de réaliser nos objectifs et de trouver un sens à notre vie. Enfin, pour terminer cette dissertation, je voudrais citer le sociologue et philosophe Michel Freitag « Pour les nomades traditionnels du désert, par exemple, l'eau n'est pas "rare", elle est précieuse, et cela, qu'elle soit abondante ou qu'elle vienne à manquer. » *L'oubli de la société. Pour une théorie critique de la postmodernité*. Cette analogie souligne que la rareté n'est pas la seule mesure de la valeur. Tout comme l'eau est précieuse pour les nomades du désert, le temps est précieux pour nous tous. Il est essentiel de prendre conscience de cette préciosité et de l'utiliser de manière réfléchie et intentionnelle, indépendamment de sa disponibilité apparente.

Sujet 3 : Suis-je ce que mon passé a fait de moi ?

Introduction : George Sand écrivait dans ses Lettres d'un voyageur : « Le parfum de l'âme, c'est le souvenir ». Elle nous invite à réfléchir à la nature intangible mais puissante du passé et des souvenirs, à leur capacité à évoquer des émotions et à maintenir des liens émotionnels forts malgré les distances. En d'autres termes, notre personnalité serait forgée par la manière dont nous intégrons les circonstances de la vie. L'influence du passé sur notre vie est un sujet de réflexion qui a suscité l'intérêt de nombreux penseurs à travers l'histoire. Est-ce que notre passé détermine qui nous sommes, ou avons-nous la liberté de choisir qui nous voulons devenir ? C'est cette problématique que nous allons explorer dans cette dissertation. Nous allons examiner les différentes dimensions de l'influence du passé sur l'individu. Nous allons explorer la dimension biologique et sociale, la dimension psychologique et de libre arbitre.

Première partie : l'historicité

La théorie de l'historicité est une théorie qui a été développée dans le domaine de la psychologie et de la sociologie. Elle suggère que notre personnalité et notre comportement sont influencés par les événements historiques et les changements sociaux qui se produisent dans notre environnement. Selon cette théorie, les individus ne peuvent pas être compris en dehors de leur contexte historique et social. Nous allons examiner les fondements de la théorie de l'historicité, les preuves qui la soutiennent, ainsi que les implications de cette théorie pour la psychologie et la sociologie. La théorie de l'historicité suggère que l'individu ne peut pas être compris sans prendre en compte les événements historiques qui ont influencé son développement. Cette théorie a été développée dans les années 1920 par des chercheurs comme Lev Vygotsky et Kurt Lewin, qui ont cherché à comprendre comment les événements historiques ont influencé le développement de l'enfant. Selon Vygotsky, par exemple, la culture et la société dans lesquelles l'enfant vit ont un impact sur son développement cognitif et social. Ainsi, pour comprendre le développement de l'enfant, il faut prendre en compte les changements sociaux qui ont eu lieu dans son environnement. La théorie de l'historicité a été largement étudiée dans le domaine de la psychologie, mais elle a aussi été appliquée à d'autres domaines, comme la sociologie et la philosophie. Par exemple, le philosophe allemand Martin Heidegger a utilisé la théorie de l'historicité pour expliquer comment la culture et la société influencent notre compréhension de la réalité. Selon Heidegger, notre compréhension de la réalité est toujours influencée par le contexte social et historique dans lequel nous vivons. Il existe de nombreuses preuves pour soutenir la théorie de l'historicité. Par exemple, les événements historiques ont souvent un impact significatif sur le comportement humain. Pendant la Seconde Guerre mondiale, par exemple, de nombreuses personnes ont développé des troubles mentaux en raison de leur exposition à la violence et au stress. Les événements historiques peuvent avoir un impact sur la façon dont les individus perçoivent leur identité. Les femmes, par exemple, ont commencé à revendiquer l'égalité des droits après la Seconde Guerre mondiale, ce qui a entraîné des changements significatifs dans leur rôle dans la société. Dans son livre *L'homme révolté*, l'écrivain Albert Camus a souligné l'importance de comprendre les événements historiques pour comprendre la nature humaine. Selon Camus, l'histoire est essentielle pour comprendre la condition humaine et la manière dont les individus interagissent les uns avec les autres. Pour lui, l'histoire est un combat éternel entre le passé et le futur. La théorie de l'historicité a des implications importantes pour la psychologie et la sociologie. Elle suggère que les individus ne peuvent pas être compris en dehors de leur contexte historique. De même, la théorie de l'historicité défend que notre comportement et notre personnalité ne sont pas seulement influencés par notre environnement social et culturel actuel, mais aussi par l'histoire et la culture de notre société en général. Par exemple, la façon dont nous percevons la masculinité et la féminité est fortement influencée par les normes de genre qui ont été construites au fil des siècles et qui ont évolué au fil du temps. Un exemple de cette influence historique est la notion de "virilité" dans les sociétés occidentales. Selon le philosophe français Michel Foucault, la virilité a été construite au fil de l'histoire comme une qualité héroïque et guerrière, associée à la force, au courage et à la domination masculine. Cette conception de la virilité est apparue au Moyen Âge et s'est renforcée au cours des siècles suivants, en particulier pendant la période de la Renaissance et de la Révolution industrielle. Cependant, comme le souligne la théorie de l'historicité, les normes sociales et culturelles ne sont pas figées, mais sont plutôt en constante évolution. Au cours des dernières décennies, les notions de masculinité et de féminité ont commencé à être remises en question, en grande partie grâce aux mouvements féministes. Ainsi, la virilité et les autres normes de genre sont en train d'évoluer, même si elles ont encore une influence significative sur notre comportement et notre personnalité. Les événements historiques peuvent avoir des effets durables sur la psychologie individuelle et collective. Par exemple, les traumatismes collectifs, tels que les guerres, les génocides ou les catastrophes naturelles, peuvent avoir des effets à long terme sur la psyché des individus et des communautés. Selon l'historien français Marc Bloch, la mémoire collective des traumatismes peut se transmettre de génération en génération, influençant ainsi les croyances et les comportements individuels et collectifs. Enfin, la théorie de l'historicité souligne l'importance de la prise de conscience de l'histoire pour comprendre les dynamiques sociales et culturelles actuelles. Comme le souligne le sociologue français Pierre Bourdieu, la connaissance de l'histoire est essentielle pour comprendre les enjeux politiques et sociaux contemporains, car elle permet de comprendre les structures de pouvoir et les inégalités qui ont été construites au fil du temps. La théorie de l'historicité souligne l'importance de prendre en compte l'influence de l'histoire et de la culture dans la compréhension de la psychologie humaine et des dynamiques sociales et culturelles. Il existe une interaction complexe entre les facteurs historiques et les facteurs individuels dans la détermination de notre personnalité et de notre comportement. Comme le souligne le philosophe Paul Ricœur dans *La mémoire, l'histoire, l'oubli*, notre passé est à la fois individuel et collectif, personnel et social, individuel et historique. Nous avons donc montré comment l'histoire et la mémoire collective peuvent avoir une influence sur les individus et les sociétés. Les événements historiques et les changements sociaux peuvent influencer notre personnalité et notre comportement.

Deuxième partie : la dimension biologique et sociale

Il existe deux approches pour aborder cette question : la détermination biologique et la détermination sociale. La détermination biologique fait que notre personnalité et notre comportement sont principalement déterminés par des facteurs biologiques tels que la génétique et l'environnement prénatal. Notre patrimoine génétique nous prédispose à certains traits de personnalité et comportements. L'environnement prénatal peut exercer une influence sur notre personnalité et notre comportement. Les carences en nutriments pendant la grossesse, par exemple, peuvent entraîner des troubles de l'attention et de l'hyperactivité chez l'enfant. Pour la détermination sociale, notre personnalité et notre comportement sont principalement déterminés par des facteurs sociaux tels que l'éducation, la culture et le milieu socio-économique. Notre environnement social et culturel nous influencerait dans la manière dont nous pensons et agissons. Par exemple, les enfants élevés dans des familles riches ont plus de chances d'avoir accès à une éducation de qualité et à des opportunités professionnelles, ce qui peut influencer leur personnalité et leur comportement. Il faut cependant noter que ces deux approches ne sont pas mutuellement exclusives et qu'il existe une interaction complexe entre les facteurs biologiques et sociaux dans la détermination de notre personnalité et de notre comportement. "Nous ne sommes pas simplement le produit de notre environnement ou de notre génétique, mais plutôt de l'interaction complexe entre les deux." *Fondements* sociaux *de la pensée et de l'*action (1986). Cette citation du psychologue social canadien Albert Bandura illustre bien l'interaction complexe entre les facteurs biologiques et sociaux dans la détermination de notre personnalité et de notre comportement. Elle suggère que notre environnement social et nos gènes interagissent pour façonner notre comportement et notre personnalité, plutôt que d'être simplement le résultat de l'un ou l'autre facteur. Bandura a étudié en profondeur la théorie de l'apprentissage social, qui explore la manière dont l'environnement social influence notre comportement. En prenant en compte la détermination biologique et sociale, nous pouvons mieux comprendre comment notre passé peut influencer notre personnalité et notre comportement. Cependant, il ne faudrait pas oublier que ces facteurs ne sont pas les seuls qui déterminent qui nous sommes, et que d'autres facteurs tels que la psychologie et le libre arbitre jouent un rôle majeur dans la détermination de notre personnalité et de notre comportement.

Troisième partie : la dimension psychologique et de libre arbitre

Il existe deux grandes théories qui abordent cette question : la théorie de la psychologie de l'auto-construction et la théorie de la responsabilité individuelle et du libre arbitre. La théorie de la psychologie de l'auto-construction défend que notre personnalité et notre comportement sont influencés par la façon dont nous percevons et interprétons notre passé. Selon cette théorie, notre passé n'est pas une réalité objective, mais plutôt une construction mentale qui est influencée par nos croyances, nos émotions et nos expériences. Par exemple, une personne qui a vécu des événements traumatisants dans son passé peut avoir des croyances négatives sur elle-même et les autres, ce qui peut influencer sa personnalité et son comportement de manière négative. La théorie de la responsabilité individuelle et du libre arbitre prétend au contraire que nous avons la capacité de choisir comment nous voulons réagir à notre passé et de décider de notre avenir. Selon cette théorie, notre passé ne détermine pas qui nous sommes, mais plutôt il nous offre des opportunités pour apprendre et grandir. Par exemple, une personne qui a vécu des événements difficiles dans son passé peut choisir de les utiliser comme une source de motivation pour devenir une personne plus forte et plus compassionnelle. Ces deux théories peuvent sembler contradictoires, mais elles peuvent être considérées comme complémentaires car elles mettent en avant les différents aspects de l'influence du passé sur l'individu. Comme le souligne le psychologue Carl Rogers dans *Le développement de la personne,* nous sommes à la fois des produits de notre passé et des créateurs de notre avenir. En somme, ces deux théories montrent que notre passé a une influence sur notre vie, mais que cette influence n'est pas systématiquement déterminante. Nous avons la capacité de nous réapproprier notre passé et de le transformer en quelque chose de positif pour notre présent et notre avenir.

En conclusion, il est commun de se demander si notre passé détermine qui nous sommes, mais la réponse est plus complexe qu'il n'y paraît. Certes, nos expériences passées peuvent avoir un impact sur nos comportements et nos croyances, mais nous avons toujours la capacité de choisir comment nous réagissons à ces expériences et de les utiliser pour devenir des personnes plus fortes et plus conscientes. Il est bon de se rappeler que notre passé ne définit pas notre destinée. Nous pouvons apprendre de nos erreurs et utiliser les leçons que nous avons apprises pour nous améliorer. Nous pouvons aussi choisir de ne pas laisser nos expériences passées nous contrôler et de décider de notre propre avenir. Notre passé est un guide, pas un juge. Les expériences et les situations ne sont ni bonnes ni mauvaises en elles-mêmes, mais c'est plutôt notre interprétation et notre réaction à elles qui les rendent ainsi. Cela signifie que même les expériences les plus difficiles peuvent être utilisées pour notre croissance personnelle et notre épanouissement. Nous avons le pouvoir de créer la vie que nous voulons vivre, et notre passé ne doit pas nous empêcher de poursuivre nos rêves et nos aspirations. " Ce qui compte dans la vie, ce n'est pas seulement d'avoir vécu. C'est la différence faite dans la vie des autres qui définit le sens de la vie que nous avons menée". *Pensées pour moi-même* (2011) de Nelson Mandela.

Sujet 4 : Le temps est-il nécessairement destructeur ?

Introduction : "Pour ne pas sentir l'horrible fardeau du temps qui brise vos épaules et vous penche vers la terre, il faut vous enivrer sans trêve. Mais de quoi? De vin, de poésie, ou de vertu à votre guise, mais enivrez-vous! " *Les petits poèmes en prose*. Cette citation de Charles Baudelaire pose cette question centrale pour l'homme : le temps est-il nécessairement destructeur ? La problématique se pose en ces termes : est-ce que le temps, en tant que processus irréversible de changement, implique inévitablement la destruction et la perte de ce qui existe ? Ou bien, est-il possible de concevoir une forme de temporalité qui ne serait pas synonyme de destruction, mais qui permettrait au contraire de préserver, voire de créer, de nouvelles formes d'existence ? A travers cette dissertation, nous allons donc envisager les effets destructeurs du temps pour les objets, les êtres, les sociétés et les cultures mais aussi constructifs du temps. Nous verrons que le temps est une force complexe, qui peut avoir des conséquences positives comme négatives selon les contextes.

Première partie : Analyse des effets destructeurs du temps sur les objets matériels et sur les êtres vivants

Le temps a un impact indéniable sur les objets matériels qui nous entourent. Il peut causer leur dégradation, leur usure, voire leur destruction totale. A travers cette première partie, nous allons explorer les différents mécanismes par lesquels le temps peut causer ces dommages, ainsi que les conséquences de ces phénomènes. Tout d'abord, le temps peut causer des dommages physiques directs aux objets matériels. Les intempéries, par exemple, peuvent causer la corrosion de métaux, la décoloration de peintures, ou encore la fissuration de pierres. Ces phénomènes sont souvent dus aux variations de température, à l'humidité, ou encore aux rayonnements solaires. Un exemple concret de ces phénomènes est celui de la Statue de la Liberté, située à New York. Cette statue a été construite à partir de cuivre, un métal qui a tendance à se corroder lorsqu'il est exposé aux intempéries. Au fil des ans, la statue a pris une couleur verte, témoin de la corrosion du cuivre. Le temps peut causer des dommages indirects aux objets matériels, en perturbant leur utilisation normale. Les véhicules, par exemple, peuvent subir des dommages mécaniques importants, tels que des fuites d'huile ou des problèmes de transmission, en raison de l'usure causée par le temps. Un autre exemple concret de ces phénomènes est celui des vieux bâtiments, qui ont tendance à se dégrader au fil du temps à cause de l'usure des matériaux utilisés pour les construire, des intempéries et des phénomènes naturels, comme les séismes. Enfin, il est intéressant de noter que le temps peut causer des dommages à certains objets matériels en les rendant obsolètes. Les technologies, par exemple, évoluent rapidement, et de nombreux objets matériels, comme les ordinateurs ou les téléphones portables, peuvent devenir rapidement obsolètes. Une citation célèbre qui illustre cette idée est celle de Jorge Luis Borges : " Nous sommes temps. Nous sommes la fameuse parabole d'Héraclite l'Obscur… Nous sommes le vain fleuve tout tracé, droit vers sa mer. L'ombre l'a enlacé. Tout nous a dit adieu et tout s'enfuit. La mémoire ne trace aucun sillon." *Les fleuves*, (1944). En somme, le temps est un destructeur implacable qui peut causer des dommages physiques directs et indirects aux objets matériels, et les rendre obsolètes. Le temps a un impact visible sur les êtres vivants, en causant leur vieillissement et leur maladie. Le temps peut causer des dommages physiques aux êtres vivants, en perturbant leur fonctionnement normal. Le vieillissement, par exemple, est un phénomène qui se produit au fil des années, et qui peut causer des dommages aux organes, aux articulations, aux os, et au système nerveux. Ces dommages peuvent causer des maladies comme l'arthrite, les maladies cardiaques, les maladies neurodégénératives, et les cancers. Un exemple concret de ces phénomènes est celui des personnes âgées, qui peuvent souffrir de maladies liées au vieillissement, comme l'Alzheimer ou la démence. Ces maladies affectent la mémoire et les fonctions cognitives, rendant difficile la vie quotidienne de ces personnes. Il faut noter que le vieillissement peut causer des dommages physiques tels que la perte de muscle et de densité osseuse, la fragilité des os, et une diminution de la capacité pulmonaire. « Bref, ce qu'il y a de proprement vital dans le vieillissement est la continuation insensible, infiniment divisée, du changement de forme. Des phénomènes de destruction organique l'accompagnent d'ailleurs, sans aucun doute. A ceux-là s'attachera une explication mécanistique du vieillissement. Elle notera les faits de sclérose, l'accumulation graduelle des substances résiduelles, l'hypertrophie grandissante du protoplasme de la cellule. » Henri Bergson *L'évolution créatrice* (1907). De plus, le temps peut causer des dommages indirects aux êtres vivants, en perturbant leur environnement. Les phénomènes climatiques extrêmes, par exemple, peuvent causer des dommages aux écosystèmes et aux populations animales, en perturbant leur habitat et leur nourriture. Les changements climatiques, tels que la déforestation, la pollution, et l'élévation des températures, peuvent causer l'extinction de nombreuses espèces animales et végétales. Un exemple concret de ces phénomènes est celui des récifs de corail, qui sont gravement menacés par les changements climatiques. Les températures élevées de l'eau et l'acidification de l'océan causent la mort des coraux, perturbant ainsi l'habitat de nombreuses espèces animales qui y vivent.

Deuxième partie : Analyse des effets destructeurs du temps sur les sociétés et les cultures

Le temps a aussi un impact sur les sociétés et les cultures, en causant l'effacement des traditions et des valeurs. Nous allons explorer les différents mécanismes par lesquels le temps peut causer ces dommages, ainsi que les conséquences de ces phénomènes. Tout d'abord, nous constatons que le temps peut causer l'effacement des traditions et des valeurs dans les sociétés. Les sociétés évoluent constamment, et de nouvelles idéologies et technologies peuvent remplacer les anciennes. Les traditions et les valeurs qui étaient autrefois considérées comme fondamentales peuvent devenir obsolètes au fil du temps. Un exemple concret de ces phénomènes est celui de la culture artisanale en Inde, où les techniques artisanales traditionnelles telles que le tissage, la poterie ou la sculpture sur bois sont menacées par l'arrivée de nouvelles technologies et l'augmentation de la production industrielle. Les artisans locaux peinent à concurrencer les produits industriels bon marché et les traditions artisanales risquent de disparaître avec le temps. Cela signe parfois la fin de traditions qui semblaient immuables. Les cultures peuvent être effacées par les invasions, les guerres, les migrations, ou encore par les politiques d'assimilation, mais aussi par les changements économiques et sociaux, qui peuvent causer la perte des moyens de subsistance traditionnels. Un exemple concret de ces phénomènes est celui des peuples autochtones dans de nombreux pays, où les cultures et les traditions ont été effacées par les invasions et les politiques d'assimilation.

Troisième partie : Analyse des effets constructeurs du temps

Bien que le temps puisse être destructeur, il peut parfois avoir des effets constructeurs sur les objets matériels, les êtres vivants et les sociétés et les cultures. Il faut noter que le temps peut causer des effets constructeurs sur les objets matériels, en les renforçant et en les améliorant. La maturation des matériaux, par exemple, peut les rendre plus résistants et plus durables. Les objets matériels peuvent être améliorés au fil du temps grâce à l'innovation technologique et à la recherche. Un exemple concret de ces phénomènes est celui des vieux bâtiments restaurés qui ont été améliorés pour répondre aux normes actuelles en matière de sécurité, d'énergie et de confort. Le temps peut avoir des effets constructeurs sur les êtres vivants, en leur permettant de s'adapter et de se développer. Le vieillissement, par exemple, peut causer des changements qui améliorent la santé et la résistance aux maladies. Les phénomènes naturels tels que les incendies de forêts peuvent être bénéfiques pour la biodiversité en favorisant la germination des graines et la croissance des plantes. Un exemple concret de ces phénomènes est celui des êtres vivants vivant dans des milieux extrêmes, comme les profondeurs de l'océan ou les déserts, qui ont développé des adaptations pour survivre dans ces conditions difficiles. Enfin, le temps peut causer des effets constructeurs sur les sociétés et les cultures, en permettant l'évolution et le développement des idées, des technologies et des institutions. Les cultures peuvent s'enrichir au fil des siècles, par l'échange et la fusion des traditions et des valeurs. Sur un plan plus subjectif, comme l'indiquait Marcel Proust : "Le temps retrouvé n'est pas le temps perdu" *A la recherche du temps perdu, (écrit entre 1913 et 1927*) Cette citation met l'accent sur le fait que le temps passé peut aussi être réapprécié et redécouvert dans le présent, et qu'il peut apporter de la sagesse et de la compréhension. Elle suggère que le temps peut avoir des effets constructeurs en permettant de retrouver de la valeur dans les expériences passées. Le temps est donc un élément précieux et comme l'indiquait Anais Nin dans son journal, le temps est un matériau magique, il peut tout construire, tout détruire, tout changer, tout réparer".

En conclusion, le temps peut être vu comme un outil créatif qui permet de réaliser des projets, de construire de nouvelles formes d'existence et de faire évoluer les choses vers des perspectives positives mais le temps peut évidemment être considéré comme un élément destructeur qui engendre la perte, la dégradation et la disparition de ce qui existe, que ce soit à travers la dégradation naturelle des choses, la mort ou la disparition de certaines formes de vie. Nous avons vu comment le temps peut causer le vieillissement et la mort des êtres vivants, ainsi que des dommages indirects aux écosystèmes. Nous avons mesuré comment le temps peut causer l'effacement des traditions et des cultures. Cependant, le temps peut aussi induire des effets constructeurs en renforçant et améliorant les objets matériels, en permettant aux êtres vivants de s'adapter et de se développer, et en permettant l'évolution et le développement des sociétés et des cultures. Friedrich Nietzsche abordait ces deux facettes du temps: " Je vous enseigne la solution de l'éternel écoulement : le fleuve revient toujours de nouveau à sa source, et vous, toujours de nouveau, vous entrez dans le même fleuve, car vous êtes identiques à vous-mêmes ".

Sujet 5 : Suffit-il d'être dans le présent pour vivre le présent ?

Introduction : L'expression "vivre dans le présent" est souvent utilisée pour décrire l'état d'esprit idéal dans lequel on apprécie pleinement l'instant présent, sans être distrait par les regrets du passé ou les inquiétudes pour l'avenir. Mais est-il suffisant de simplement être dans le présent pour vraiment le vivre ? De fait, quelle est la nature de l'expérience du présent et dans quelle mesure notre conscience du temps influence-t-elle notre capacité à vivre pleinement le moment présent ? Cette question traverse les domaines de la philosophie, de la psychologie et de la spiritualité. Pour l'aborder, nous allons explorer différentes approches de la présence dans le présent. Nous allons d'abord examiner les philosophies de l'existence comme celle de Martin Heidegger et Jean-Paul Sartre qui ont souligné l'importance de l'être humain dans la compréhension de la présence dans le présent. Nous allons explorer les philosophies de l'ontologie comme celle d'Aristote et de Plotin qui ont souligné l'importance de la réalité objective dans la compréhension de la présence dans le présent. Enfin, nous allons évoquer les philosophies de l'épistémologie comme celle de René Descartes et Emmanuel Kant qui ont souligné l'importance de la connaissance dans la compréhension de la présence dans le présent. Notre plan consistera donc à explorer ces différentes philosophies en étudiant leur point de vue sur la question de la présence dans le présent, leurs limites, et en proposant une réflexion personnelle sur cette question complexe.

Première partie : les philosophies de l'existence, la conscience de soi permet d'être présent dans le présent

Nous allons analyser les philosophies de l'existence et leur approche de la présence dans le présent. L'une des philosophies les plus connues dans ce domaine est celle de Martin Heidegger, qui a développé la notion de "Dasein" pour décrire l'être humain en tant qu'être conscient et conscient de sa propre existence. Selon Heidegger, l'être humain est unique en ce qu'il est capable de se poser des questions sur sa propre existence, et c'est cette conscience de soi qui permet à l'être humain d'être présent dans le présent. Heidegger a écrit dans son œuvre *Être et Temps* (1927) que l'homme est celui qui est jeté dans le monde et qui, en même temps, se tient devant lui-même dans un monde. Cette idée est présente dans la philosophie de Jean-Paul Sartre, qui a développé cette notion de "l'existence qui précède l'essence" pour décrire la liberté humaine de choisir sa propre existence. Selon Sartre, l'être humain est libre de choisir ses propres actions et de définir sa propre existence, et c'est cette liberté qui permet à l'être humain d'être présent dans le présent. Sartre a écrit "L'existentialisme est un humanisme, voilà ce qui peut être compris en premier lieu par le sens commun. Mais qu'est-ce que cela veut dire ? S'il est vrai que l'homme est condamné à être libre, nous ne pouvons pas échapper à la responsabilité de notre propre existence." *L'existentialisme est un humanisme*, (1946). Dans ce passage, Sartre affirme que l'existentialisme est une philosophie centrée sur l'existence humaine, qui considère que l'homme est libre et responsable de ses choix. Selon lui, cette liberté est une condition essentielle de l'existence humaine. Ces philosophies de l'existence mettent l'accent sur la conscience de soi et la liberté humaine comme étant essentielles pour vivre dans le présent. Pour ces philosophies, l'être humain doit être conscient de sa propre existence et de ses choix pour pouvoir être présent dans le présent. Cependant, ces philosophies ont aussi des limites. Par exemple, Heidegger et Sartre ont tendance à sous-estimer l'influence des facteurs sociaux et culturels sur la conscience de soi et les choix de l'être humain. En outre, ces philosophies mettent l'accent sur la présence dans le présent comme étant liée à la conscience de soi et à la liberté humaine, mais elles n'explorent pas nécessairement les autres aspects de la présence dans le présent tels que l'attention ou la perception. Ces philosophies de l'existence de Martin Heidegger et Jean-Paul Sartre ont apporté une perspective remarquable sur la présence dans le présent en mettant en avant l'importance de la conscience de soi et de la liberté humaine. Ces philosophies ne prennent pas en compte tous les aspects de la présence dans le présent.

Deuxième partie : les philosophies de l'ontologie, la réalité objective pour être présent dans le présent

Cette partie portera sur les philosophies de l'ontologie et leur approche de la présence dans le présent. L'ontologie est une branche de la philosophie qui, dans son sens le plus général, s'interroge sur la signification du mot « être ». Cette question est considérée comme inaugurale, c'est-à-dire première dans le temps et première dans l'ordre de la connaissance. L'une des philosophies les plus anciennes dans ce domaine est celle d'Aristote, qui a développé la notion d'"être en acte" pour décrire l'existence d'un objet ou d'un être. Selon Aristote, tout ce qui existe est soit en acte, c'est-à-dire qu'il existe réellement, soit en puissance, c'est-à-dire qu'il a la potentialité d'exister. Il considère que pour comprendre le présent, il est nécessaire de comprendre la réalité objective de l'existence. Aristote a écrit dans *"Métaphysique"* : "Le temps est l'image du cours des choses" (IV, 14, 1091b1-10). Une autre philosophie de l'ontologie qui aborde la présence dans le présent est celle de Plotin, qui a développé la notion de "l'Un" pour décrire la réalité ultime de tout ce qui existe. Selon Plotin, tout ce qui existe est une expression de l'Un, qui est la source de toute réalité. Il considère que pour comprendre le présent, il faut comprendre la réalité ultime de tout ce qui existe. Plotin a écrit dans son œuvre *"Ennéades"* : "Le temps est l'image de l'éternité" (IV, 4, 3). Ces philosophies de l'ontologie mettent l'accent sur la réalité objective comme étant essentielle pour comprendre le présent. Selon ces philosophies, il est nécessaire de comprendre l'existence réelle des choses pour pouvoir être présent dans le présent. Cependant, force est de constater que ces philosophies ont aussi leurs limites. Par exemple, Aristote et Plotin ont tendance à sous-estimer l'influence des perceptions et des expériences subjectives sur la compréhension de la réalité. En outre, ces philosophies soulignent la présence dans le présent comme étant liée à la compréhension de la réalité objective, mais elles n'explorent pas nécessairement les autres aspects de la présence dans le présent tels que la conscience de soi ou la liberté humaine. Les philosophies de l'ontologie d'Aristote et de Plotin ont apporté une perspective intéressante sur la présence dans le présent en mettant en avant l'importance de la compréhension de la réalité objective.

Troisième partie : les philosophies de l'épistémologie, la présence dans le présent en se concentrant sur la connaissance et la perception

La troisième partie de cette dissertation portera sur les philosophes de l'épistémologie et leur approche de la présence dans le présent. L'une des philosophies les plus connues dans ce domaine est celle de René Descartes, qui a développé la méthode du doute systématique pour arriver à une connaissance certaine. Selon Descartes, pour comprendre le présent, il est nécessaire de mettre en doute toutes les connaissances acquises et de ne conserver que celles qui peuvent être démontrées de manière certaine. Pour Descartes dans son œuvre *"Discours de la méthode"* un élément fondateur : "Je doute, donc je suis" (1637). Une autre philosophie de l'épistémologie qui aborde la présence dans le présent est celle d'Emmanuel Kant, qui a développé la distinction entre le "phénomène" et le "noumène" pour décrire la relation entre la connaissance et la réalité. Selon Kant, il est possible de connaître les phénomènes, c'est-à-dire les apparences des choses, mais il est impossible de connaître les noumènes, c'est-à-dire la réalité en soi. Il considère que pour comprendre le présent, il est nécessaire de comprendre les phénomènes et la manière dont ils sont perçus. Kant a écrit dans *"Critique de la raison pure"* : "le temps n'est pas une donnée de la réalité en soi, mais une condition de la perception des phénomènes". Ces philosophes mettent l'accent sur la connaissance comme étant essentielle pour comprendre le présent. Selon ces philosophies, il est nécessaire de mettre en doute les connaissances acquises et de se concentrer sur celles qui peuvent être démontrées de manière certaine ou de comprendre les phénomènes perçus pour pouvoir être présent dans le présent. Cependant, ces philosophies ont des limites. Par exemple, Descartes et Kant ont tendance à sous-estimer l'influence des émotions et des expériences subjectives sur la connaissance. De plus, ces philosophies peuvent minimiser l'importance des facteurs sociaux et culturels dans la compréhension de la réalité. Par ailleurs ces philosophies mettent l'accent sur la présence dans le présent en se concentrant sur la connaissance et la perception, mais elles n'explorent pas nécessairement les autres aspects de la présence dans le présent tels que la conscience de soi ou la liberté humaine.

En conclusion, les philosophies de l'existence telles que celles de Martin Heidegger et Jean-Paul Sartre, mettent l'accent sur la conscience de soi et la liberté humaine comme étant essentielles pour vivre dans le présent. Les philosophies de l'ontologie telles que celles d'Aristote et de Plotin, mettent l'accent sur la compréhension de la réalité objective comme étant essentielle pour comprendre le présent. Et les philosophies de l'épistémologie comme celles de René Descartes et Emmanuel Kant, mettent l'accent sur la connaissance et la perception comme étant essentielles pour comprendre le présent. Ce qui est sûr c'est que pour vivre pleinement le présent, il est nécessaire de comprendre que la réalité est en constante évolution et que pour vivre dans le présent, il faut être en mesure de s'adapter à ces changements. : "La réalité n'est pas quelque chose qui est, mais quelque chose qui devient" Héraclite, *fragment 53*.

XVII. LE TRAVAIL

Sujet 1 : Ne travaille-t-on que pour subvenir à ses besoins ?

Introduction : " En fait, le royaume de la liberté commence seulement là où l'on cesse de travailler par nécessité et opportunité imposée de l'extérieur ; il se situe donc, par nature, au-delà de la sphère de la production matérielle proprement dite." *Le Capital* (1867). Karl Marx suggère que la véritable liberté commence lorsque le travail n'est plus une nécessité ou une obligation imposée de l'extérieur. Autrement dit, tant que le travail est effectué uniquement pour subvenir à ses besoins essentiels, on ne peut pas parler de véritable liberté. Cette idée remet en question la notion que le travail est uniquement un moyen de subvenir à ses besoins. Selon Marx, le travail peut et devrait être plus que cela. Il devrait être une activité qui permet à l'individu de s'épanouir, de se réaliser et d'atteindre une forme de liberté. Cependant, cette liberté ne peut être atteinte que lorsque le travail dépasse la simple production matérielle et devient une activité choisie et non imposée. Dans ce contexte, le sujet "Ne travaille-t-on que pour subvenir à ses besoins ?" peut être approfondi en se demandant si le travail ne devrait pas également servir à satisfaire des besoins non matériels, tels que le besoin de réalisation personnelle, de créativité, de contribution à la société, etc. La problématique de cette dissertation est donc de déterminer si le travail est uniquement motivé par la satisfaction des besoins matériels ou si d'autres facteurs jouent un rôle notable. Pour répondre à cette question, nous allons dans un premier temps étudier les besoins matériels comme motivation principale du travail, puis nous verrons comment le travail peut être un moyen de réalisation personnelle et enfin nous aborderons le travail comme source de reconnaissance sociale.

Première partie : les besoins matériels comme motivation principale du travail

Il est indéniable que les besoins matériels jouent un rôle fondamental dans la motivation à travailler. La satisfaction de ces besoins est en effet nécessaire pour assurer la survie de l'individu et de sa famille. Les besoins matériels les plus élémentaires sont la nourriture, le logement, les vêtements, et les soins médicaux. Pour subvenir à ces besoins, les individus doivent travailler et gagner de l'argent. Dans les sociétés traditionnelles, le travail est souvent lié à l'agriculture, à la pêche ou à la chasse. Ces activités permettent de produire de la nourriture et de subvenir aux besoins matériels de la communauté. Dans les sociétés industrielles, les travailleurs sont employés dans les usines, les entreprises ou les commerces pour produire des biens et des services destinés à la consommation. Les salariés ont besoin de travailler pour subvenir à leurs besoins matériels. Karl Marx dans *"Le Capital"* décrit l'importance de la propriété des moyens de production pour comprendre la relation entre les travailleurs et les propriétaires des moyens de production qui ont besoin de la force de travail pour produire des richesses. De même, dans les pays en développement, les travailleurs sont souvent employés dans des emplois précaires et mal rémunérés, tels que les travaux manuels ou les travaux domestiques, pour subvenir à leurs besoins matériels de base. Les travailleurs migrants, qui quittent leur pays d'origine pour des raisons économiques, sont souvent contraints de travailler dans des conditions précaires pour subvenir aux besoins matériels de leur famille restée au pays. "Germinal" d'Émile Zola décrit les conditions de travail difficiles et la vie précaire des travailleurs de l'industrie à la fin du XIXème siècle et s'inspire de l'histoire réelle de la grève des mineurs d'Anzin en 1884. Le roman décrit les conditions de vie et de travail extrêmement difficiles des mineurs et des ouvriers de l'industrie textile dans le nord de la France au XIXème siècle. Nous voyons donc que les individus sont motivés par la nécessité de gagner de l'argent pour subvenir à leurs besoins de base. Le travail est donc vu comme un moyen pour atteindre cet objectif. *"La Théorie de la classe ouvrière"* de Friedrich Engels défend cette idée selon laquelle les travailleurs sont principalement motivés par les besoins matériels et que leur lutte pour améliorer leurs conditions de vie est un moyen pour atteindre cet objectif.

Deuxième partie : le travail comme moyen de réalisation personnelle

Le travail peut aussi être considéré comme un moyen de réaliser son potentiel personnel et de s'accomplir. Selon cette perspective, le travail est motivé par la satisfaction d'un désir de réalisation personnelle et de dépassement de soi. Le travail artistique et intellectuel peut être un exemple de travail lié à la réalisation personnelle. Les artistes, les écrivains, les musiciens, les acteurs, les scientifiques, les chercheurs, les professeurs, sont motivés par la création, la découverte, l'enseignement, la transmission de leur savoir, leur passion pour leur métier. Ils sont motivés par le désir de créer quelque chose de nouveau, de faire avancer les connaissances, de transmettre leur savoir. Thomas Edison, met ainsi en avant l'importance de la passion et de la création lorsqu'il déclare "Le génie est fait d'un pour cent d'inspiration et de quatre-vingt-dix-neuf pour cent de transpiration." *New York Journal* (1902). Cette citation met en avant l'idée que l'inspiration et la passion ne suffisent pas pour faire un génie, mais qu'il est nécessaire de travailler dur et de se donner à fond dans la création. Albert Einstein, physicien théoricien allemand, qui a travaillé toute sa vie à la compréhension de la physique quantique et la relativité générale, est un exemple de réalisation personnelle dans le domaine intellectuel. Le travail peut être envisagé comme un moyen de développer ses compétences et ses talents, de se perfectionner, de s'épanouir. Les individus qui sont passionnés par leur travail, qui sont engagés dans leur activité professionnelle, qui ont des responsabilités, qui ont la possibilité de prendre des décisions, qui ont des perspectives d'évolution, sont motivés par leur désir de s'épanouir dans leur travail. Le travail peut donc être considéré comme un moyen pour les individus de réaliser leur potentiel personnel et de s'accomplir. Le travail est alors motivé par la création, la découverte, l'enseignement, la transmission du savoir ou la passion du métier.

Troisième partie : le travail comme source de reconnaissance sociale

Le travail peut être considéré comme une source de reconnaissance sociale. Selon cette perspective, les individus sont motivés par la satisfaction de leur besoin de reconnaissance et de statut social. Les postes de prestige, les professions respectées et les carrières à hautes rémunérations sont souvent associés à une forte reconnaissance sociale. Et comme l'indiquait Karl Marx, dans *"Le Capital"*, "Le travail est la source de toute dignité humaine". Les postes de prestige, tels que les fonctions politiques, les postes de direction dans les entreprises, les postes dans les médias, les postes dans les institutions financières, sont souvent associés à une forte reconnaissance sociale. Les individus qui occupent ces postes sont souvent considérés comme des leaders, des experts dans leur domaine, des personnalités influentes. Les professions respectées, telles que les médecins, les avocats, les ingénieurs, les professeurs, ... sont souvent associées à une forte reconnaissance sociale. Les individus qui exercent ces professions sont souvent considérés comme des professionnels compétents et respectés dans leur domaine. Pour Max Weber, le travail est le moyen par lequel nous nous définissons en tant qu'individus et en tant que société. *L'éthique protestante et l'esprit du capitalisme.* Les carrières à hautes rémunérations, telles que les carrières dans les affaires, les carrières dans la finance, les carrières dans les technologies de l'information, sont aussi associées à une forte reconnaissance sociale. Les individus qui réussissent dans ces carrières sont considérés comme des personnes ambitieuses et ayant réussi. Et comme le disait l'écrivain français Joachim du Bellay "Espère le fruit de ton labeur de l'incorruptible et non envieuse postérité : c'est la gloire, seule échelle par les degrés de laquelle les mortels d'un pied léger montent au ciel et se font compagnons des dieux." *Défense et Illustration de la langue française.* En conséquence, le travail est aussi souvent motivé par la reconnaissance sociale avec une volonté de satisfaire un besoin de reconnaissance et de statut social.

En conclusion, il est évident que la satisfaction des besoins matériels est un facteur prédominant dans la motivation pour travailler, car le travail permet aux individus de subvenir à leurs besoins de base tels que le logement, la nourriture et les soins de santé. Cependant, il est évident qu'interviennent aussi des facteurs tels que la reconnaissance sociale, l'accomplissement personnel et la réalisation de soi. Le travail peut offrir des opportunités de se développer professionnellement, de se réaliser personnellement et de contribuer à la société. Il faut souligner que les motivations pour travailler peuvent varier considérablement d'une personne à l'autre et peuvent changer au cours de la vie d'une personne. Par exemple, une personne qui travaille dans sa jeunesse pour subvenir à ses besoins matériels pourrait être motivée par des facteurs tels que la reconnaissance sociale et l'accomplissement personnel plus tard dans la vie. Les motivations pour travailler peuvent être influencées par des facteurs tels que la culture, la société et les normes sociales. " C'est par le travail que la femme a en grande partie franchi la distance qui la séparait du mâle ; c'est le travail qui peut seul lui garantir une liberté..." Simone de Beauvoir, *Le Deuxième Sexe*. Cette citation souligne aussi l'idée que le travail n'est pas seulement un moyen de subvenir à ses besoins, mais aussi un outil d'émancipation et de liberté. Le travail peut avoir une valeur intrinsèque qui dépasse la simple satisfaction des besoins matériels. En travaillant, nous façonnons le monde qui nous entoure, nous créons des œuvres qui reflètent notre humanité et notre créativité, et nous trouvons éventuellement une forme de satisfaction personnelle dans l'accomplissement de ces tâches.

Sujet 2 : Le progrès technique appauvrit-il le travail humain ?

Introduction : Hannah Arendt cherchait dans son ouvrage *Condition de l'homme moderne* à alarmer contre les dérives d'une société où le progrès technique pourrait rendre le travail des hommes superflu. Ainsi, écrivait-elle," au moment où l'humanité, grâce aux progrès techniques, pourrait réaliser son grand rêve : desserrer l'étau de la nécessité du labeur, ce qui est en passe d'être réalisé est le cauchemar « d'une société de travailleurs menacés d'être privés de travail »". Depuis l'aube de l'humanité, le progrès technique a été considéré comme un moyen d'améliorer la qualité de vie des individus en leur permettant de résoudre des problèmes et de répondre à leurs besoins. Cependant, il y a des voix qui s'élèvent pour affirmer que le progrès technique a des conséquences négatives, en particulier pour le travail humain. Selon cette perspective, le progrès technique appauvrit le travail en le rendant plus routinier, moins créatif et plus stressant. La problématique de cette dissertation est donc de savoir si le progrès technique appauvrit ou enrichit le travail humain. Pour répondre à cette question, nous examinerons les différents arguments pour et contre l'appauvrissement/enrichissement du travail humain, en nous basant sur des études de cas dans des domaines tels que l'automatisation, la robotique, l'intelligence artificielle. Nous analyserons les implications de ces arguments pour les individus, les entreprises et les politiques publiques.

Première partie : les arguments pour l'appauvrissement du travail humain

Dans cette première partie, nous allons examiner les arguments pour l'appauvrissement du travail humain en raison du progrès technique. L'un des principaux arguments pour l'appauvrissement du travail humain est que le progrès technique entraîne une suppression d'emplois. L'automatisation et la robotisation remplacent les travailleurs humains dans des tâches routinières, ce qui entraîne une perte d'emplois pour les travailleurs non qualifiés. " À l'heure actuelle, ce sont les emplois routiniers, répétitifs ou prévisibles qui sont touchés. Mais ça pourrait changer dans les domaines demandant de la créativité. Des ordinateurs sont aujourd'hui capables de générer une symphonie musicale, ou encore de créer de véritables œuvres d'art originales à partir de rien " - Martin Ford, *L'avènement des machines – La technologie et la menace d'un avenir sans emploi*. Cela peut entraîner des conséquences sociales graves telles que le chômage, la pauvreté et la marginalisation. En outre, le progrès technique entraîne une diminution de la qualité du travail. Le travail routinier et monotone est moins gratifiant que le travail créatif et stimulant. Enfin, certains penseurs affirment que le progrès technique entraîne une perte de solidarité et de relations sociales au travail. Le travail automatisé et robotisé est plus isolé que le travail humain, ce qui entraîne une perte de sens de communauté et de solidarité. "La civilisation la plus pleinement humaine serait celle qui aurait le travail manuel pour centre, celle où le travail manuel constituerait la suprême valeur " - Simone Weil, *L'expérience ouvrière et l'adieu à la révolution* (1934). Cela peut entraîner des conséquences sur les relations sociales telles que la solitude, l'isolement et la perte de sens de communauté. Cependant " L'usage d'un instrument savant n'a pas fait de toi un technicien sec. Il me semble qu'ils confondent but et moyen ceux qui s'effraient par trop de nos progrès techniques. Quiconque lutte dans l'unique espoir de biens matériels, en effet, ne récolte rien qui vaille de vivre. Mais la machine n'est pas un but. L'avion n'est pas un but : c'est un outil. Un outil comme la charrue." Antoine de Saint-Exupéry *Terre des hommes.* La technologie n'est pas une fin en soi, mais un instrument qui nous aide à atteindre nos objectifs. Il critique ceux qui confondent les deux, suggérant qu'ils ont une compréhension erronée du rôle de la technologie. Ces arguments ne sont pas mutuellement exclusifs et peuvent se combiner pour créer une situation de travail appauvrie. Mais ces arguments ne sont pas destinés à minimiser les avantages potentiels du progrès technique, mais plutôt à montrer comment il peut avoir des conséquences négatives sur le travail humain

Deuxième partie : les arguments pour l'enrichissement du travail humain

Dans cette deuxième partie, nous allons examiner les arguments pour l'enrichissement du travail humain en raison du progrès technique. L'un des principaux arguments pour l'enrichissement du travail humain est que le progrès technique offre des opportunités de développement professionnel. L'automatisation, la robotisation et plus globalement, la technologie peut également créer de nouveaux emplois et de nouvelles opportunités pour les travailleurs qualifiés" - Andrew McAfee, " *Le Deuxième Âge de la machine.* Cela peut entraîner des conséquences positives telles que la croissance de l'emploi, l'augmentation des salaires et l'amélioration de la qualité de vie. Le progrès technique peut aussi offrir des opportunités pour exercer plus de créativité et alors la technologie peut libérer les travailleurs de tâches routinières et les laisser se concentrer sur des tâches plus créatives et stimulantes. Cela peut aussi entraîner des conséquences positives et enrichissantes pour le travail exercé. " Sous l'influence combinée de la Machine et d'un surchauffement de Pensée, nous assistons à un formidable jaillissement de puissances inoccupées." - Pierre Teilhard de Chardin, *Le Phénomène humain* (1955). Il y développe sa théorie de l'évolution et de la place de l'homme dans l'univers et cette citation illustre l'idée que le progrès technique peut offrir des opportunités pour exercer plus de créativité dans le travail, en élevant le travailleur à une grande dignité morale. Comme nous avons pu le voir notamment lors de la crise liée au Covid, le progrès technique offre des opportunités de flexibilité, il rend possible le travail à distance, à temps partiel, ou de manière indépendante. Cela va dans le sens de l'équilibre vie professionnelle-vie personnelle, et de la possibilité de combiner plusieurs activités professionnelles. Là encore ces éléments peuvent se combiner pour créer une situation de travail enrichie. Par exemple, une personne qui a développé de nouvelles compétences grâce à l'automatisation pourrait alors bénéficier de la flexibilité de travailler à distance. Cependant ces arguments ne nient pas les conséquences négatives potentielles du progrès technique, mais plutôt montrent comment il peut avoir des conséquences positives sur le travail humain.

Troisième partie : étude de cas : l'exemple des industries manufacturières

Dans cette troisième partie, nous allons étudier un exemple concret de l'impact du progrès technique sur le travail humain : l'industrie manufacturière. Nous allons voir comment l'automatisation a affecté l'emploi et la qualité du travail dans cette industrie, ainsi que les opportunités de développement professionnel et de créativité qu'elle a offertes. L'automatisation a eu un impact significatif sur l'industrie manufacturière au cours des dernières décennies. Les machines et les robots ont remplacé les travailleurs dans des tâches routinières, telles que le débauchage, la production en série et la manutention. Selon une étude réalisée par le Boston Consulting Group, jusqu'à 25% des tâches dans l'industrie manufacturière pourraient être automatisées d'ici à 2025. Cela a entraîné une suppression d'emplois pour les travailleurs non qualifiés, mais a parallèlement créé de nouveaux emplois pour les travailleurs qualifiés, tels que les techniciens de maintenance, les ingénieurs et les programmeurs. En même temps, l'automatisation a eu un impact sur la qualité du travail dans l'industrie manufacturière. Certes, le travail routinier et monotone est devenu plus fréquent, ce qui a entraîné une diminution de la satisfaction professionnelle et de la motivation des travailleurs. Mais l'automatisation a permis de nouvelles opportunités de créativité et de développement professionnel. Les travailleurs ont été en mesure de se concentrer sur des tâches plus complexes, telles que la programmation de machines, la maintenance, la conception de produits, et la recherche et développement. Selon une étude de l'Institut de recherche sur la productivité de l'industrie, les travailleurs qui ont été exposés à l'automatisation ont montré une augmentation de la productivité et de la satisfaction professionnelle. Ces conséquences positives ou négatives de l'automatisation ne sont pas universellement vraies pour tous les travailleurs et les entreprises dans l'industrie manufacturière. Certains travailleurs et entreprises ont réussi à tirer parti des opportunités offertes par l'automatisation, tandis que d'autres ont été affectés négativement par les conséquences de la suppression d'emplois et la monotonie du travail. Les répercussions de l'automatisation sur le travail humain dépendent de la manière dont les entreprises et les travailleurs gèrent les changements technologiques.

Pour conclure, il est clair que le progrès technique a des conséquences sur le travail humain. D'un côté, il peut appauvrir le travail en causant des suppressions d'emplois, une diminution de la qualité du travail et une perte de solidarité et de relations sociales. D'un autre côté, il peut enrichir le travail en offrant des opportunités de développement professionnel, de créativité et de flexibilité. Cependant, il faut noter que ces conséquences ne sont pas universellement vraies pour tous les travailleurs et les entreprises, et dépendent de la manière dont les entreprises et les travailleurs gèrent les changements technologiques. Les conséquences du progrès technique sur le travail humain sont cependant applicables à tous les domaines professionnels, que ce soit dans les services, la finance, les sciences, la technologie, etc. " Et pour reprendre la pensée de Jacques Ellul ne peut-on voir dans la technique une pulsion de puissance, de domination. Au début du *Système technicien (1977),* il écrit : " la Technique est puissance, faite d'instruments de puissance et produit par conséquent des phénomènes et des structures de puissance, ce qui veut dire de domination.". Cette citation nous invite donc à une réflexion sur la responsabilité des individus et des entreprises dans l'utilisation de la technologie, ainsi que sur les enjeux éthiques liés au progrès technique et à son impact sur le travail humain.

Sujet 3 : Peut-on opposer le loisir au travail ?

Introduction : " Mais ce labeur avait de la valeur, non parce que le travail est une bonne chose, mais parce que le loisir est une bonne chose. Grâce à la technique moderne, il serait possible de répartir le loisir de façon équitable sans porter préjudice à la civilisation." *Éloge de l'Oisiveté* de Bertrand Russell. Russell suggère ici que le travail n'a de valeur que parce qu'il permet le loisir, ce qui est une bonne chose en soi. Il souligne aussi le rôle potentiel de la technologie moderne dans la répartition équitable du loisir sans nuire à la civilisation. Cette perspective peut être interprétée comme une critique de l'idée traditionnelle selon laquelle le travail est une fin en soi. Au lieu de cela, Russell semble suggérer que le travail est un moyen d'atteindre le loisir, qui est la véritable fin. Cela pourrait être vu comme une remise en question de l'opposition traditionnelle entre le loisir et le travail, suggérant plutôt qu'ils sont interdépendants ? Peut-on donc opposer ainsi le loisir et le travail, comme si l'un excluait l'autre ? C'est à cette question que nous allons tenter de répondre dans cette dissertation. L'enjeu de cette réflexion est double : d'une part, comprendre les différentes perspectives sur la relation entre le loisir et le travail, et d'autre part, mesurer les conséquences de cette opposition sur les individus, les sociétés et les systèmes économiques. Pour ce faire, nous allons explorer les différentes théories économiques, sociologiques et psychologiques qui ont été développées à ce sujet, ainsi que les enjeux qui en découlent sur les plans individuel, social et professionnel. Nous montrerons que la relation entre le loisir et le travail est beaucoup plus complexe qu'il n'y paraît. Le loisir, loin d'être la simple contrepartie du travail, n'est-il pas un élément fondamental de la vie humaine, qui permet de se ressourcer, de se développer personnellement et de se construire des relations sociales. De même, le travail, loin d'être un mal nécessaire, ne peut-il être source de satisfaction et de réalisation personnelle. Et quel est donc l'équilibre entre ces deux dimensions de la vie, pour permettre à chacun de vivre de manière épanouissante et harmonieuse.

Première partie : les différentes perspectives sur la relation entre le loisir et le travail

Nous pouvons tout d'abord éclairer cette question dans un contexte historique. Selon l'historien américain Lewis Mumford, dans " *La Cité à travers l'Histoire* , au cours de l'histoire, la place du loisir dans la société a évolué considérablement, passant de la contemplation et de la religion dans les sociétés anciennes, à l'individualisme et au divertissement dans les sociétés modernes. Selon Mumford, dans les sociétés anciennes, le loisir était principalement consacré à la contemplation et à la religion, et était considéré comme une activité spirituelle et culturelle. Cependant, avec l'émergence de la société industrielle, le loisir est devenu de plus en plus associé à l'individualisme et au divertissement, avec une augmentation de la consommation de biens de loisirs et de temps libre. Il a noté que cette évolution de la place du loisir dans la société a eu des répercussions sur les relations sociales, la vie personnelle et la culture. Il a souligné que dans les sociétés modernes, le loisir est souvent utilisé pour échapper aux problèmes de la vie quotidienne plutôt que pour se développer personnellement et culturellement. Pour la théorie économique classique, le travail est un moyen pour l'individu de se procurer les moyens de subsistance, tandis que le loisir est la récompense qui lui est accordée une fois cet objectif atteint. Cette vision est exprimée de manière célèbre par Adam Smith dans *La Richesse des nations* : " C'est cet effort sans cesse agissant sous la protection de la loi, et que la liberté laisse s'exercer dans tous les sens et comme il le juge à propos; c'est lui qui a soutenu les progrès de l'Angleterre vers l'amélioration et l'opulence, dans presque tous les moments, par le passé, et qui fera de même pour l'avenir, à ce qu'il faut espérer". Pour Smith, le loisir est considéré comme un bien supérieur, mais qui ne peut être obtenu qu'au prix d'un effort, d'un sacrifice : le travail. Cette vision est reprise par d'autres penseurs économiques, comme John Maynard Keynes, qui écrit dans *"Possibilités économiques pour nos petits enfants"* que l'objectif de la vie, c'est le loisir, et non pas le travail. Et pourtant, il est clair que le temps libre ne peut être obtenu qu'en échange de travail." Selon Keynes, la croissance économique permettrait à l'humanité de réduire progressivement le temps de travail, pour pouvoir consacrer davantage de temps au loisir. En revanche d'un point de vue sociologique, le loisir n'est pas une simple contrepartie du travail, mais une dimension essentielle de la vie sociale. Le loisir est un moyen pour les individus de se construire une identité, de se situer par rapport aux autres et de participer à la vie collective. Selon Georges Friedmann, dans *"Travail et loisirs »,* le loisir est un moyen de se libérer de l'aliénation du travail et de s'émanciper socialement. Le loisir est un enjeu de lutte sociale, car il est lié aux relations de pouvoir entre les différentes classes sociales. Selon Pierre Bourdieu, dans *La Distinction*, le loisir est un champ de lutte, où les individus se disputent les signes de prestige et de distinction sociale. En effet, le choix des activités de loisir est un moyen pour les individus de se situer dans la hiérarchie sociale et de revendiquer leur place dans la société. Nous pouvons enfin considérer l'approche psychologique, pour laquelle le loisir est une dimension fondamentale de la vie personnelle, car il permet de maintenir un bon équilibre entre les exigences de la vie professionnelle et les besoins de l'individu en termes de bien-être et de développement personnel. Le loisir est un état d'esprit où l'on peut s'épanouir, où l'on peut atteindre un état de total engagement dans une activité qui est à la fois gratifiante et stimulante. Le loisir apparaît alors comme un moyen pour les individus de se ressourcer, de se libérer des tensions, de se développer personnellement et de se construire des relations sociales saines. Selon Abraham Maslow, dans *"Motivation et personnalité"* : "le loisir est un moyen pour les individus de satisfaire leurs besoins psychologiques les plus élevés, comme l'autoréalisation et la reconnaissance sociale."

Deuxième partie : les enjeux de l'opposition entre le loisir et le travail

Certaines conséquences de cette opposition se mesurent sur la santé mentale et physique Lorsque le loisir est vu comme une contrepartie du travail, il peut être considéré comme un luxe, un bien supérieur qui ne peut être obtenu qu'au prix d'un effort excessif. Cette vision peut entraîner des conséquences néfastes sur la santé mentale et physique des individus, en les poussant à se consacrer de manière excessive au travail, au détriment de leur vie personnelle et de leur bien-être. Le surmenage est un véritable fléau de notre société, qui peut causer des troubles mentaux, physiques et sociaux. De plus, l'opposition entre le loisir et le travail entraîne des conséquences néfastes sur la santé mentale et physique des individus, en les poussant à se consacrer de manière excessive au loisir, au détriment de leur vie professionnelle et de leur bien-être. Selon le psychologue américain John P. Robinson, dans *" Du temps pour vivre"* : l'hyper-loisir est un phénomène croissant dans nos sociétés, qui peut causer des troubles mentaux, physiques et sociaux. En outre, l'opposition entre le loisir et le travail génère des conséquences négatives sur la créativité, la résolution de problèmes et la prise de décisions professionnelles. Le loisir peut être considéré comme un élément fondamental pour permettre à l'esprit de se reposer et de se ressourcer, ce qui est nécessaire pour être créatif et productif dans son travail." Cette opposition entre le loisir et le travail peut entraîner des conséquences néfastes sur la santé mentale et physique, la vie sociale et les relations interpersonnelles, ainsi que sur la performance professionnelle et la productivité des individus. Il semble donc essentiel de trouver un équilibre entre ces deux dimensions de la vie pour permettre à chacun de vivre de manière épanouissante et harmonieuse.

Troisième partie : Les différentes approches pour trouver un équilibre entre le loisir et le travail

Nous remettons en question l'opposition radicale entre le loisir et le travail, et devons reconnaître que ces deux dimensions peuvent se nourrir mutuellement et se compléter. Selon le psychologue américain Mihaly Csikszentmihalyi, dans " *Vivre - La Psychologie du bonheur* «, le travail peut être une source de satisfaction et de réalisation personnelle, tout comme le loisir. Il s'agit de trouver un équilibre entre ces deux dimensions de la vie, pour permettre à chacun de vivre de manière épanouissante et harmonieuse. Il est possible de trouver un équilibre entre le loisir et le travail en choisissant des activités de loisir qui sont en lien avec ses passions et intérêts professionnels. Lorsque le loisir et le travail sont en lien, ils peuvent se nourrir mutuellement et permettre à chacun de se développer et de s'épanouir dans sa vie professionnelle et personnelle. En utilisant ses compétences et passions professionnelles dans ses activités de loisir, on peut mieux ressentir la satisfaction et la réalisation personnelle dans les deux aspects de sa vie. De même, il est important de remettre en question l'idée que le travail est une contrainte nécessaire pour accéder au loisir et au bien-être. Le travail peut être source de bien-être et de croissance personnelle lorsqu'il est mené de manière autonome et significative. Il est possible de trouver un équilibre entre le loisir et le travail en choisissant des activités professionnelles qui sont en lien avec ses passions et intérêts personnels. Force est de constater que les besoins en termes de loisir et de travail varient d'une personne à l'autre et que la recherche d'un équilibre entre ces deux dimensions de la vie nécessite une certaine flexibilité car ces besoins peuvent évoluer au cours de la vie. Il s'agirait alors de soutenir les individus dans leur recherche d'un équilibre entre le loisir et le travail, en leur offrant des possibilités de flexibilité dans leur vie professionnelle et personnelle. "Le loisir n'est pas la cessation de la vie professionnelle mais son complément." - Paul Valéry, *"Variété V", publié en 1936.* Cette citation de Paul Valéry illustre parfaitement l'idée selon laquelle le loisir et le travail peuvent se nourrir mutuellement et se compléter. Elle invite à remettre en question l'opposition radicale entre ces deux dimensions de la vie et suggère que le loisir peut être considéré comme un complément de la vie professionnelle plutôt que comme une cessation de celle-ci. Il suggère que trouver un équilibre entre les activités professionnelles et les loisirs est important pour chaque individu, et que cela peut être réalisé en choisissant des activités qui sont en lien avec ses passions et intérêts personnels et professionnels. Il faut donc remettre en question l'opposition radicale entre le loisir et le travail, et reconnaître que ces deux dimensions peuvent se nourrir mutuellement et se compléter. Il est possible de trouver un équilibre entre ces deux dimensions de la vie en choisissant des activités qui sont en lien avec ses passions et intérêts professionnels et personnels.

En conclusion, l'opposition radicale entre le loisir et le travail n'est pas nécessaire et nous devons reconnaître que ces deux dimensions peuvent se nourrir mutuellement et se compléter. Il est possible de trouver un équilibre entre le loisir et le travail en choisissant des activités qui sont en lien avec ses passions et intérêts professionnels et personnels, tout en reconnaissant que les besoins en termes de loisir et de travail varient d'une personne à l'autre. Il faut reconnaître que le loisir et le travail peuvent être des sources de satisfaction et de réalisation personnelle, tout comme de bien-être et de croissance personnelle. Cependant, cela nécessite un équilibre pour éviter les conséquences négatives sur la santé mentale et physique, la vie sociale et les relations interpersonnelles, ainsi que sur la performance professionnelle et la productivité. " L'homme est le seul animal qui doit travailler…La question de savoir si le Ciel n'aurait pas pris soin de nous avec plus de bienveillance, en nous offrant toutes les choses déjà préparées, de telle sorte que nous ne serions pas obligés de travailler, doit assurément recevoir une réponse négative : l'homme, en effet, a besoin d'occupations et même de celles qui impliquent une certaine contrainte ". Emmanuel Kant, *Réflexions sur l'éducation*, (1776-1786)

Sujet 4 : Le travail a-t-il une valeur morale ?

Introduction : "Je n'ai jamais été heureux, je le sais, ni pacifié, que dans un métier digne de moi, un travail mené au milieu d'hommes que je puisse aimer. Je sais aussi que beaucoup, sur ce point, me ressemblent. Sans travail, toute vie pourrit. Mais sous un travail sans âme, la vie étouffe, et meurt. N'est-ce pas alors le véritable effort d'une nation de faire le plus possible que ses citoyens aient le riche sentiment de faire leur vrai métier, et d'être utiles à la place où ils sont ? " *L'Express* (1955), Albert Camus souligne l'importance du travail pour notre bien-être et notre épanouissement personnel, mais il soulève aussi la question de savoir si tous les types de travail peuvent nous offrir ces avantages et si le travail en lui-même a une valeur morale. Le travail occupe une place centrale dans notre vie quotidienne, il est considéré comme un moyen de subvenir à nos besoins matériels, mais aussi de construire notre identité sociale et de nous réaliser personnellement. Si le travail est considéré comme un devoir moral envers soi-même et la société, il apparaît aussi comme une source de stress et de mal-être, ou même comme une forme d'exploitation. Cette dissertation vise à explorer cette question en examinant les différents arguments en faveur et non d'une valeur morale du travail. Nous examinerons les fondements moraux du travail, tels que la nécessité économique et sociale, le devoir et la responsabilité envers la société, et les limites de cette valeur morale, comme les conséquences négatives sur la santé mentale et physique, ou les inégalités sociales que le travail peut engendrer. Nous étudierons enfin la notion de choix dans la valeur morale du travail, en nous demandant dans quelles conditions le travail peut offrir une réelle valeur morale, et comment les individus et la société peuvent s'assurer de travailler de manière éthique et responsable.

Première partie : les fondements moraux du travail

Il est indéniable que le travail joue un rôle crucial dans la satisfaction des besoins économiques et sociaux de la société. Le travail permet de produire les biens et services nécessaires à la survie et au bien-être des individus, et il est un moyen fondamental de répartir les richesses et les ressources de la société. Selon le sociologue américain Max Weber, dans " *La théorie de l'organisation sociale et économique*", le travail est un moyen de réaliser des fins économiques, mais c'est aussi un moyen de réaliser des fins morales et spirituelles. Il souligne que le travail est non seulement un moyen de satisfaire les besoins matériels, mais aussi un moyen de contribuer au bien-être de la société et de se réaliser personnellement. Le travail est considéré comme un moyen de contribuer au bien-être de la société. Il permet aux individus de participer activement à la vie sociale et de prendre des responsabilités envers la communauté. Le travail est donc considéré comme une forme de citoyenneté active, qui permet de construire une société plus juste et plus solidaire. Selon le philosophe allemand Emmanuel Kant dans "*Critique de la raison pratique*", le travail est une expression de la liberté, car il permet à l'individu de se soumettre à sa propre volonté et de contribuer au bien-être de la société. Il souligne que le travail permet à l'individu de s'élever au-dessus de ses besoins égoïstes et de contribuer à la vie collective. Enfin, le travail peut être considéré comme un devoir moral envers soi-même et envers la société. Il est vu comme un moyen de s'acquitter de ses responsabilités envers sa famille, ses proches et sa communauté. Le travail représente donc une forme de responsabilité personnelle et collective, qui permet de construire une société plus juste et plus responsable. Selon le philosophe français Jean-Paul Sartre dans *"L'Existentialisme est un humanisme*": "Le meilleur travail n'est pas celui qui te coûtera le plus mais celui que tu réussiras le mieux." Effectivement, dans cet ouvrage, Sartre considère que le travail est une activité fondamentale pour l'existence humaine. Selon lui, le travail est un moyen pour l'individu de s'engager dans le monde et de construire son existence. En effet, pour Sartre, l'homme est libre et responsable de sa propre existence, et cette liberté implique que chaque individu doit donner un sens à sa vie. Le travail est donc une activité qui permet à l'homme de se réaliser et de trouver sa place dans la société en contribuant à sa construction et à son fonctionnement. Par ailleurs, le travail permet à l'homme de se réaliser en tant qu'être social. En effet, en travaillant, l'individu entre en relation avec les autres membres de la société, il se confronte à leurs réalités, à leurs besoins, et participe ainsi à la vie de la communauté. Le travail est donc un moyen pour l'homme de se sentir utile et de contribuer au bien-être de la société dans laquelle il vit. Cette première partie de la dissertation a permis d'examiner les fondements moraux du travail en mettant en avant sa nécessité économique et sociale, sa contribution au bien-être de la société et la notion de devoir et de responsabilité envers le travail. Ces fondements montrent comment le travail peut avoir une valeur morale en permettant de satisfaire les besoins matériels, de contribuer au bien-être de la société et de s'acquitter de ses responsabilités envers soi-même et envers les autres.

Deuxième partie : les limites de la valeur morale du travail

Malgré des avantages moraux du travail, le travail peut avoir des conséquences négatives sur la santé mentale et physique des individus. Le stress, l'épuisement professionnel, et le burnout sont des exemples de problèmes de santé mentale qui peuvent être liés à un travail excessif ou mal adapté. Selon le psychanalyste français Christophe Dejours qui a travaillé sur la psychodynamique du travail et les questions de santé mentale au travail, le travail peut être une source de souffrance mentale lorsque les exigences sont trop élevées, les ressources sont insuffisantes, ou lorsque l'individu est confronté à des situations de conflit, de violence ou de harcèlement au travail. Dejours s'intéresse particulièrement aux facteurs organisationnels et sociaux qui peuvent influencer la santé mentale des travailleurs, tels que les conditions de travail, les relations interpersonnelles, la culture d'entreprise, etc. Il considère que le travail est un enjeu majeur de santé publique, et que la prévention de la souffrance psychique au travail nécessite une approche globale, impliquant à la fois les individus, les organisations et les politiques publiques. Le travail peut aussi être utilisé pour maintenir des inégalités sociales et économiques. Les salaires inégaux, les discriminations à l'embauche, et les conditions de travail inégales peuvent entraîner des inégalités économiques et sociales entre les individus. Le philosophe allemand Karl Marx, dans *"Le Capital"*, critique le système capitaliste pour son exploitation des travailleurs par les propriétaires des moyens de production. Selon Marx, le travail est utilisé pour maintenir les inégalités économiques entre les classes sociales en permettant aux propriétaires des moyens de production de s'enrichir aux dépens des travailleurs. De même, le sociologue américain Michael Young, dans *"L'émergence de la méritocratie"*, met en évidence comment le système éducatif et professionnel peut être utilisé pour maintenir des inégalités sociales en favorisant les individus les plus qualifiés aux dépens des individus moins qualifiés. Enfin, le travail risque d'être utilisé pour maintenir la dépendance des individus à l'égard de l'emploi et de l'argent. Selon le psychologue américain Abraham Maslow, dans *"Une théorie de la motivation humaine"*, la satisfaction des besoins économiques est nécessaire pour satisfaire les besoins plus élevés tels que la réalisation de soi. Cependant, cela peut entraîner une dépendance à l'égard de l'emploi et de l'argent, et une perte de liberté personnelle. Bien que le travail représente des valeurs morales positives telles que la dignité, la responsabilité et la réalisation de soi, il faut voir les limites de ces valeurs en prenant en compte les conséquences négatives du travail sur la santé mentale et physique des individus, les inégalités sociales et économiques qu'il peut entraîner et la dépendance qu'il peut créer.

Troisième partie : la notion de choix pour une valeur morale du travail

Pour comprendre cette notion de choix dans la valeur morale du travail, nous devons considérer plusieurs aspects, tels que la liberté de choisir son travail et ses conditions de travail, la responsabilité individuelle et collective dans le choix du travail, et la question de l'exploitation et de la manipulation dans le choix du travail. La liberté de choisir son travail et ses conditions de travail est un aspect fondamental de la valeur morale du travail. Selon le célèbre philosophe John Stuart Mill, la liberté consiste à pouvoir faire tout ce qui ne nuit pas aux autres. C'est la seule règle (*Essais sur la liberté, 1859*). Cette idée de Mill souligne l'importance de la liberté individuelle dans le choix de son travail, et ce dans le respect des autres. Ainsi, chacun doit avoir le droit de choisir son travail et les conditions de travail qui lui conviennent le mieux, tant qu'il ne porte pas préjudice aux autres. La responsabilité individuelle et collective dans le choix du travail est un autre aspect important de la valeur morale du travail. Selon le philosophe Emmanuel Kant, "Agir moralement, c'est agir en se conformant à une règle universelle qui pourrait être adoptée par tous" *Fondements de la métaphysique des mœurs, (1785)*. Cette citation de Kant montre que l'individu a une responsabilité morale envers ses choix professionnels, et qu'il doit s'assurer que ses choix sont éthiques et équitables pour tous. En outre, nous devons prendre en compte la responsabilité collective dans le choix du travail, car les choix professionnels de chacun ont des conséquences sur la société dans son ensemble. La question de l'exploitation et de la manipulation dans le choix du travail est un aspect crucial de la valeur morale du travail. Selon le penseur Karl Marx, l'histoire de toute société jusqu'à nos jours n'est que l'histoire de la lutte des classes *Le Capital, (1867)*. Cette vision de Marx souligne la réalité de l'exploitation des travailleurs dans de nombreuses sociétés, où les individus sont souvent forcés de choisir des travaux pour lesquels ils exploités ou manipulés. Il est donc important de prendre en compte ces aspects pour éviter une telle exploitation et manipulation dans le choix du travail. La liberté de choisir son travail et ses conditions de travail est un aspect fondamental, car chacun doit avoir le droit de choisir son travail dans le respect des autres. La responsabilité individuelle et collective dans le choix du travail est essentielle, car les choix professionnels ont des conséquences sur la société dans son ensemble. Enfin, la question de l'exploitation et de la manipulation dans le choix du travail est cruciale, car il s'agit de prévenir l'exploitation des travailleurs et de garantir des choix professionnels équitables et éthiques. Ces différents aspects interviennent lorsque l'on parle de la valeur morale du travail et il s'agira de prendre des mesures pour garantir que les choix professionnels soient justes et équitables pour tous.

En conclusion, nous avons vu qu'il existe des fondements qui confèrent une valeur morale au travail en permettant de satisfaire les besoins matériels, de contribuer au bien-être de la société et de s'acquitter de ses responsabilités envers soi-même et envers les autres, mais nous devons aussi de reconnaître les limites de ces valeurs en prenant en compte les conséquences négatives du travail sur la santé mentale et physique des individus, les inégalités sociales et économiques qu'il peut entraîner et la dépendance qu'il peut créer. La liberté de choisir son travail et ses conditions de travail est un aspect fondamental de la valeur morale du travail, tandis que la responsabilité individuelle et collective dans le choix du travail est fondamentale. Et pour citer Friedrich Nietzsche, dans cette approche de la responsabilité, « C'est ainsi que le veut la façon des âmes nobles : elles ne veulent rien avoir pour rien, et moins que tout, la vie... nous autres à qui la vie s'est donnée, nous pensons toujours à ce que nous pourrions le mieux donner en retour ! » *Ainsi parlait Zarathoustra, (1883-1885)*.

Sujet 6 : Tout travail a-t-il un sens ?

Introduction : Pour reprendre l'astronome et astrophysicien Stephen Hawking, "Un, n'oubliez pas de regarder les étoiles et non pas à vos pieds. Deux, n'abandonnez jamais le travail. Le travail vous donne un sens et un but et la vie est vide sans lui.". De fait le travail est une activité fondamentale pour l'être humain. Il est à la fois un moyen de subsistance, un moyen d'expression, de réalisation de soi et d'accomplissement social. Cependant, la question de savoir si le travail a un sens en soi ou s'il dépend de la perception individuelle reste une interrogation philosophique fondamentale. En effet, le travail peut être considéré comme un moyen de réalisation de soi et de la destinée humaine, mais avoir aussi une dimension aliénante et déshumanisante. La question se pose donc de savoir si le travail a un sens en soi ou s'il est relatif à la perception individuelle. La problématique de notre dissertation sera donc la suivante : Tout travail a-t-il un sens en soi ou dépend-il de la perception individuelle ? Pour répondre à cette question, nous allons procéder en deux parties. Dans un premier temps, nous aborderons la question de savoir si le travail a un sens en soi. Nous verrons les différentes théories qui considèrent que le travail est une destinée de l'homme ou un moyen de réalisation de soi. Nous analyserons les critiques de ces théories qui considèrent que le travail peut être aliénant et déshumanisant. Dans un second temps, nous étudierons la question de savoir si le sens du travail dépend de la perception individuelle. Nous verrons les différentes perspectives individuelles qui considèrent que le travail peut être une source de satisfaction personnelle ou simplement un moyen de subsistance. Nous analyserons aussi le rôle de la culture et de la société dans la perception individuelle du travail.

Première partie : le travail a-t-il un sens en soi ?

Dans cette première partie de notre dissertation, nous allons étudier dans quelle mesure le travail a un sens en soi. Ainsi, Aristote considère que le travail est une activité naturelle qui permet à l'homme de réaliser sa propre nature. Pour lui, le travail est donc une activité qui permet à l'homme de se réaliser pleinement. De même, selon Hegel, le travail est l'activité par laquelle l'homme prend conscience de sa propre nature et de son essence. Pour lui, le travail est donc une activité qui permet à l'homme de se réaliser en se dépassant lui-même. Pour d'autres philosophes, le travail est considéré comme un moyen de réalisation de soi. Selon cette perspective, le travail est une activité qui permet à l'homme de se réaliser en mettant en valeur ses capacités et ses talents. Jean-Jacques Rousseau considérait le travail comme une activité fondamentale pour le développement de l'homme. Dans son ouvrage *Discours sur l'origine et les fondements de l'inégalité parmi les hommes*, il explique que l'homme est naturellement libre et autonome, mais que sa situation change lorsqu'il entre dans la société. En effet, il doit alors travailler pour subvenir à ses besoins et à ceux de sa famille. Selon Rousseau, le travail est une activité qui permet à l'homme de se développer et de réaliser pleinement ses capacités et ses talents. En effet, en travaillant, l'homme développe son intelligence, son sens de l'observation, sa créativité et sa capacité à résoudre des problèmes. Par ailleurs, le travail permet à l'homme de développer sa force physique et son agilité, ce qui peut contribuer à sa santé et à son bien-être. Ainsi, pour Rousseau, le travail a un sens en soi car il permet à l'homme de se réaliser pleinement. Cependant, Rousseau considère que le travail doit être librement choisi et que les conditions dans lesquelles il est effectué sont importantes. En effet, il critique la division du travail et la spécialisation excessive qui peut conduire à l'aliénation de l'homme. Il considère que le travail doit être choisi librement et être en adéquation avec les talents et les capacités de chacun. Certains philosophes ont critiqué cette conception. En effet, pour eux, le travail peut être aliénant et déshumanisant. Selon Marx, le travail peut être aliénant lorsque l'ouvrier est dépossédé de son travail et que celui-ci devient une simple marchandise. Selon Hannah Arendt, le travail peut être aliénant lorsque l'homme devient un simple producteur et perd sa capacité à agir et à penser. De même, selon certains philosophes, le travail peut être déshumanisant. Pour Heidegger, le travail peut devenir une simple occupation qui éloigne l'homme de son être véritable. Selon lui, le travail peut être vu comme une activité qui permet à l'homme de se révéler à lui-même et de découvrir sa propre essence. Cependant, cette possibilité de révélation de soi est souvent mise de côté dans la société contemporaine, où le travail est souvent conçu comme une simple occupation qui sert avant tout à gagner de l'argent. Pour Heidegger, l'homme doit être capable de se libérer de cette conception utilitaire du travail, qui le réduit à un simple moyen de production. Il doit être en mesure de percevoir le travail comme une activité qui lui permet de se réaliser pleinement, en découvrant son être véritable et en se révélant à lui-même. Il met en garde contre le risque de réduire le travail à une activité contemplative qui n'a pas de véritable impact sur le monde. Il doit être capable de produire des biens et des services qui sont utiles à la société et qui répondent aux besoins des individus. "Le travail n'est véritablement vivant que s'il est créateur, et toute la misère du monde provient de ce que l'ouvrier moderne se voit réduit à n'être qu'un rouage dans une machine. Dès que le travail devient une activité mécanique et répétitive, il cesse d'être humain." Simone Weil, *(Réflexions sur les causes de la liberté et de l'oppression sociale,1934)*. Nous avons donc évoqué ces points de vue qui considèrent que le travail est une activité naturelle qui permet à l'homme de se réaliser pleinement, soit en accomplissant sa destinée soit en mettant en valeur ses capacités et talents. Cependant, le travail peut être aliénant et déshumanisant. Ainsi, pour répondre à la question de savoir si le travail a un sens en soi, il convient de prendre en compte les conditions dans lesquelles le travail est effectué. En effet, si le travail peut être un moyen de réalisation de soi, il peut vite devenir une activité déshumanisante lorsqu'il est soumis à des contraintes et des pressions économiques. C'est donc en prenant en compte les différentes perspectives sur le travail et en analysant les conditions dans lesquelles il est effectué que l'on peut répondre à la question de savoir si le travail a un sens en soi.

Deuxième partie : le travail a-t-il un sens dans la perception individuelle ?

Le travail est souvent perçu de manière différente selon les individus. Certaines personnes voient le travail comme une source de satisfaction personnelle, tandis que d'autres le considèrent simplement comme un moyen de subsistance. Cette diversité de perspectives peut être expliquée par des facteurs individuels tels que la personnalité, les intérêts et les objectifs de chaque individu. Pour certains, le travail est une source de satisfaction personnelle et de réalisation de soi. Selon la théorie de l'autonomie de

Kant, le travail peut être considéré comme une activité qui permet à l'individu de réaliser sa propre autonomie. En travaillant, l'individu peut exercer sa liberté et sa volonté, ce qui peut être source de satisfaction personnelle. De plus, certaines activités professionnelles peuvent être en elles-mêmes source de plaisir et de gratification. Par exemple, un artiste peut éprouver un sentiment de satisfaction personnelle en créant une œuvre d'art, même si cette activité ne lui rapporte pas beaucoup d'argent. D'un autre côté, il y a ceux qui considèrent le travail simplement comme un moyen de subsistance. Pour eux, le travail n'a pas nécessairement de sens en soi, mais il est simplement nécessaire pour gagner de l'argent et subvenir aux besoins de base. Cette perspective est souvent liée aux situations de précarité ou de pauvreté, où les individus sont contraints de travailler pour survivre, sans pouvoir se permettre de chercher une signification plus profonde dans leur travail. Cette vision du travail comme simple moyen de subsistance est souvent critiquée pour son manque de considération envers les aspirations individuelles. Pour beaucoup de gens, l'objectif principal est de subvenir aux besoins de leur famille et de leur communauté, plutôt que de chercher une satisfaction personnelle dans leur travail. Cette perspective est particulièrement pertinente dans les pays en développement, où de nombreux travailleurs sont confrontés à des conditions de travail précaires et à des salaires très bas. La perception individuelle du travail est généralement influencée par la culture et la société dans laquelle l'individu évolue. Le travail peut être considéré comme une valeur sociale importante dans certaines cultures, tandis que dans d'autres, il peut être perçu comme une obligation nécessaire mais peu valorisante. Par exemple, dans la culture américaine, le travail est souvent considéré comme un élément clé de l'identité individuelle, tandis que dans certaines cultures européennes, la vie privée et la vie professionnelle sont davantage séparées. Max Weber, sociologue allemand du début du XXe siècle, a souligné l'importance de la culture et de la société dans la perception individuelle du travail. Selon lui, certaines cultures valorisent le travail et le considèrent comme un élément central de l'identité individuelle, tandis que d'autres cultures peuvent dévaloriser le travail ou considérer qu'il est avant tout un moyen de subsistance. Un exemple de cette valorisation du travail dans une culture peut être observé aux États-Unis, où le travail est souvent considéré comme un élément clé de l'identité individuelle. Dans cette société, le succès professionnel est souvent associé à la réussite personnelle et sociale, et les personnes qui ont des emplois prestigieux ou qui réussissent dans leur carrière sont souvent admirées. Cette valorisation du travail peut être liée à l'influence du protestantisme et de l'éthique du travail protestante, qui valorise le travail comme une forme de service à Dieu et encourage les individus à travailler dur pour réussir. Cependant, cette valorisation du travail a des effets négatifs, comme la pression pour travailler longues heures, le stress professionnel et l'isolement social. De plus, dans d'autres cultures qui valorisent moins le travail, les individus peuvent être plus enclins à trouver du sens dans des activités non professionnelles, comme la famille, les loisirs ou la vie spirituelle. Dans certaines cultures, le travail est considéré comme une valeur sociale qui permet aux individus de contribuer positivement à la société. Cette vision du travail est souvent associée aux cultures occidentales, où le travail est souvent considéré comme une source de fierté et d'accomplissement. Dans ces cultures, les individus peuvent trouver un sens dans leur travail en le considérant comme un moyen de participer à la vie sociale et de contribuer au bien commun. Cependant, cette vision du travail est source de pression sociale, où l'individu est jugé en fonction de son travail et de son niveau de réussite professionnel. Cette pression peut être particulièrement forte dans les cultures qui valorisent le travail au détriment d'autres aspects de la vie, comme les relations personnelles ou la santé mentale. Pour certains, le travail est avant tout un moyen de participer à la société et de contribuer au bien commun. Cette perspective est souvent associée aux professions qui sont directement liées au service public, comme les enseignants, les travailleurs sociaux, les professionnels de santé, etc. Ces individus trouvent un sens dans leur travail en aidant les autres et en contribuant à la société de manière concrète. Il apparaît donc que le sens du travail dans la perception individuelle dépend largement de la perspective de chacun. Le travail peut être vécu comme une source de satisfaction personnelle, mais il peut aussi être considéré comme un simple moyen de subsistance. Cette perception individuelle du travail est influencée par la culture et la société dans lesquelles l'individu évolue. Le travail peut être valorisé socialement et être considéré comme un moyen de participation à la vie sociale. Cependant, il peut aussi être dévalorisé et considéré comme une activité dégradante. Il semble que la perception individuelle du travail soit en partie liée à la réalisation de soi et à la participation à la vie sociale. Dans cette optique, le travail doit être valorisé et considéré comme une activité permettant de développer ses capacités et de participer à la vie de la communauté. Cela implique de lutter contre les formes d'aliénation et de déshumanisation du travail qui peuvent empêcher l'individu de se réaliser pleinement et de participer à la vie sociale de manière épanouissante.

En conclusion, certains philosophiques, de Rousseau à Marx, ont voulu montrer que le travail est intrinsèquement lié à la réalisation de soi et à la participation sociale. D'un autre côté, des critiques telles que celles d'Heidegger ou de Simone Weil ont souligné que le travail peut devenir aliénant et déshumanisant s'il est réduit à une activité mécanique et répétitive. En outre, la perception individuelle du travail varie en fonction de facteurs culturels et sociaux. En ce qui concerne la question de savoir si le travail a un sens en soi ou dans la perception individuelle, il est clair que les deux aspects sont interdépendants. D'une part, le travail peut être considéré comme ayant un sens intrinsèque mais la perception individuelle du travail peut influencer la façon dont une personne attribue un sens à son travail. Cela nécessite une réflexion profonde sur les objectifs et les aspirations individuelles ainsi que sur les valeurs et les attentes de la société dans laquelle nous vivons. Pour trouver un sens dans le travail, il faut comprendre ses dimensions économiques, sociales et culturelles. Cependant, nous pouvons aussi citer Albert Camus, dans *Le mythe de Sisyphe* un essai philosophique publié en 1942 qui explique qu'il n'existe pas de châtiment plus cruel que celui d'un travail futile et dénué de sens, à l'image de celui de Sisyphe, un travail sans fin et dépourvu de toute signification :"Sisyphe, prolétaire des dieux, impuissant et révolté, connaît toute l'étendue de sa misérable condition. C'est à elle qu'il pense pendant la descente, la clairvoyance qui devait faire son tourment, consomme du même coup sa victoire. C'est parce qu'il y a de la révolte que la vie de Sisyphe mérite d'être vécue, la raison seule ne lui permet pas de conférer un sens à l'absurdité du monde". Cette citation souligne aussi l'absurde de la condition humaine qui transparaît dans la tension fondamentale entre le travail en tant que nécessité économique et le travail en tant que source de réalisation personnelle.

XVIII. LA VERITE

Sujet 1 : Dire que la vérité est relative, est-ce dire qu'il n'y a pas de vérité ?

Introduction : « La vérité apprise d'autrui est sans valeur, disent les Maîtres de l'enseignement secret, seule compte, seule est vivante et efficace la vérité que nous découvrons nous-mêmes". *La lampe de la sagesse* d'Alexandra David-Neel. Cette citation souligne l'importance de la vérité dans notre vie, mais elle pose aussi la question de sa nature. Est-ce que la vérité est absolue ou relative ? C'est à cette question que nous allons tenter de répondre dans cette dissertation. Tout d'abord, la vérité est relative et dépend de chacun, de son point de vue et de sa culture. Il ne semble donc pas exister de vérité objective qui s'applique à tous. Cependant, existe-t-il des vérités universelles qui sont valides pour tous, indépendamment de notre subjectivité ? La problématique de cette dissertation est donc de savoir s'il est possible de dire que la vérité est relative sans affirmer qu'il n'y a pas de vérité. Pour répondre à cette question, nous allons d'abord montrer que la vérité est relative, cependant il existe des vérités universelles qui sont valides pour tous. Enfin, nous envisagerons ensuite les différentes formes de relativisme.

Première partie : la vérité est relative

La première partie de cette dissertation va consister à examiner les arguments en faveur de l'idée que la vérité est relative. Ces arguments reposent sur l'idée que notre perception de la réalité est influencée par notre subjectivité, notre culture, notre histoire et nos expériences. Tout d'abord, il faut souligner que la réalité est complexe et qu'il est difficile de la saisir dans sa totalité. C'est ce que souligne l'écrivain et philosophe George Orwell dans son œuvre *"1984"* en écrivant "La vérité est une chose qui ne peut être dite en un mot. C'est comme une réalité multiple, dont chacun des aspects est vrai". Cette citation montre que la vérité est souvent complexe et qu'il est difficile de la réduire à une seule idée ou à une seule perspective. Notre subjectivité influence bien sur notre perception de la réalité. C'est ce que défend le philosophe Emmanuel Kant dans *Critique de la raison pure* en écrivant " les choses que nous percevons ne sont pas en elles-mêmes telles que nous les percevons, et leurs rapports ne sont pas non plus réellement ce qu'ils nous apparaissent ; c'est que, si nous faisons abstraction de notre sujet ou seulement de la constitution subjective de nos sens en général, toutes les propriétés, tous les rapports des objets dans l'espace et dans le temps, l'espace et le temps eux-mêmes s'évanouissent, parce que rien de tout cela, comme phénomène, ne peut exister en soi, mais seulement en nous ". Selon Kant, notre connaissance de la réalité est influencée par nos sens, nos concepts et nos catégories mentales. Cela signifie que notre perception de la réalité est subjective et qu'il est donc difficile de parler de vérité absolue. Nos expériences jouent aussi un rôle important dans notre perception de la réalité. C'est ce que défend le philosophe Jean-Paul Sartre dans *"L'être et le néant*" en écrivant que l'homme est condamné à être libre. Selon Sartre, notre liberté nous permet de construire notre propre réalité en fonction de nos choix et de nos actions. Cela signifie que notre perception de la réalité est influencée par nos expériences et qu'il est donc difficile de parler de vérité absolue. Ensuite, il y a le relativisme épistémologique. Ce type de relativisme affirme que la vérité est relative à une connaissance ou à une perspective particulière. C'est ce que défend le philosophe Michel Foucault dans *"Les mots et les choses"* en écrivant qu'il n'y a pas de vérité en soi, seulement des vérités relatives à un discours donné. Selon Foucault, chaque discours ou chaque perspective a sa propre façon de comprendre la vérité, et il n'y a pas de vérité absolue qui s'applique à tous les discours. Il montre comment même les vérités scientifiques sont constamment révisées et redéfinies au fil du temps, et comment elles dépendent des contextes culturels et historiques. Il n'y a pas de vérité objective, mais plutôt des vérités qui sont constamment remises en question et réinterprétées. Il y a aussi l'argument de la relativité culturelle. La culture et l'histoire jouent un rôle essentiel dans notre perception de la réalité. C'est ce que défend le philosophe Friedrich Nietzsche dans *Le gai savoir* en écrivant " Non, nous ne trouvons plus de plaisir à cette chose de mauvais goût, la volonté de vérité, de la « vérité à tout prix », cette folie de jeune homme dans l'amour de la vérité : nous avons trop d'expérience pour cela, nous sommes trop sérieux, trop gais, trop éprouvés par le feu, trop profonds… Nous ne croyons plus que la vérité demeure vérité si on lui enlève son voile.". Selon Nietzsche, notre culture et notre histoire nous influencent de manière considérable et nous poussent à voir les choses d'une certaine façon. Cela signifie que notre perception de la réalité est influencée par notre contexte culturel et historique, et qu'il est donc difficile de parler de vérité absolue. Pour Lyotard dans *"La condition postmoderne"*, les vérités ne sont pas absolues, mais plutôt relatives aux différents récits ou "grand récits" qui les soutiennent. Les grands récits qui ont dominé la pensée occidentale, tels que la science, la religion, la raison, la morale, etc. sont devenus des lieux de contestation et de relativisation de la vérité. Enfin, il y a le relativisme moral. Ce type de relativisme affirme que la vérité est relative aux normes morales d'une culture ou d'un groupe social particulier. C'est ce que défend le philosophe moral David Hume dans *"Traité de la nature humaine"* en écrivant "Il n'y a pas de vérité absolue en morale, seulement des vérités relatives à une culture donnée". Selon Hume, chaque culture a sa propre façon de comprendre la morale et de définir le bien et le mal, et il n'y a pas de vérité absolue en matière morale. Les arguments en faveur de l'idée que la vérité est relative reposent sur l'idée que notre perception de la réalité est influencée par notre subjectivité, notre culture, notre histoire et nos expériences. Ces différentes influences rendent difficile de parler de vérité absolue et mettent en avant l'idée que la vérité est relative et dépend de chacun. Cependant, cela ne signifie pas qu'il n'y a pas de vérité du tout, mais plutôt que la vérité est complexe et qu'il est difficile de la saisir dans sa totalité même d'un point de vue scientifique.

Deuxième partie : l'existence de vérités scientifiques universelles

La deuxième partie de cette dissertation va consister à examiner les arguments contre l'idée que la vérité est relative. Ces arguments reposent sur l'idée qu'il existe des vérités universelles qui sont valides pour tous, indépendamment de notre subjectivité, notre culture, notre histoire et nos expériences. Tout d'abord, il est utile de souligner l'existence de vérités universelles en mathématiques et en logique. Les mathématiques et la logique utilisent des principes et des raisonnements qui sont valides pour tous, indépendamment de notre subjectivité. C'est ce que défend le philosophe et mathématicien Gottlob Frege dans " *Idéographie* " en écrivant "Les mathématiques et la logique reposent sur des vérités universelles et immuables qui sont valides pour tous". Selon Frege, les mathématiques et la logique permettent donc d'établir des vérités universelles qui sont valides indépendamment de notre subjectivité. Les vérités universelles ne sont pas seulement limitées aux mathématiques et à la logique. Il existe des vérités universelles en physique et en sciences naturelles qui valent pour tous, indépendamment de notre culture, notre histoire et nos expériences. Les lois de la physique, par exemple, sont universelles et s'appliquent quelle que soit notre culture ou notre époque. C'est ce qu'explique le scientifique et philosophe Isaac Newton dans "*Philosophiæ Naturalis Principia Mathematica*" en écrivant que les lois de la physique sont universelles et s'appliquent à tous les corps, quelle que soit leur position dans l'espace et leur vitesse. La science utilise la méthode expérimentale pour établir des lois et des principes qui sont valides pour tous, indépendamment de notre subjectivité. Pour Karl Popper dans *"La logique de la découverte scientifique »,* la vérité scientifique n'est pas absolue, mais elle doit être soumise à des tests répétés et à des vérifications. "La science est recherche de la vérité ; et il est parfaitement possible que bien de nos théories, en fait, soient vraies. Toutefois, même si tel est le cas, nous ne pouvons jamais le savoir de façon certaine. "*À la recherche d'un monde meilleur, Essais et conférences.* En outre, les vérités universelles ne sont pas seulement limitées à la science. La troisième partie de cette dissertation va consister à examiner l'idée de vérité absolue. La vérité absolue est l'idée selon laquelle il existe des vérités universelles et immuables qui sont valides pour tous, indépendamment de notre subjectivité, de notre culture, de notre histoire et de nos expériences.

Troisième partie : des vérités éthiques et morales universelles

Il existe des vérités morales et éthiques qui sont valides, indépendamment de notre culture, notre histoire et nos expériences. C'est ce que défend le philosophe Aristote pour qui il existe des vérités universelles qui sont valides pour tous les hommes, indépendamment de leur culture et de leur histoire et qui doivent être constamment recherchées :" Vérité et amitié nous sont chères l'une et l'autre, mais c'est pour nous un devoir sacré d'accorder la préférence à la vérité. " *Éthique à Nicomaque*, I-4. Enfin, l'idée que la vérité est relative peut avoir des conséquences dangereuses. Si on admet qu'il n'y a pas de vérité absolue, alors on peut justifier toutes sortes de comportements. C'est ce que dénonce le philosophe Friedrich Nietzsche en écrivant "Il a fallu s'arracher de haute lutte chaque pouce de vérité, il a fallu lui sacrifier presque tout ce à quoi tient notre cœur, notre amour, notre confiance en la vie. Il y faut de la grandeur d'âme : le service de la vérité est le service le plus exigeant. Être probe dans les choses de l'esprit, qu'est-ce que cela veut dire ? Cela veut dire être sévère pour ses inclinations, mépriser les "beaux sentiments", faire de chaque oui, de chaque non, un cas de conscience !". Selon Nietzsche, l'idée que la vérité est relative peut mener à un manque de critères pour juger les comportements et les idées, ce qui est dangereux pour la société. Enfin, l'idée de vérité absolue est cruciale pour la moralité et l'éthique. Si nous n'avons pas de vérités universelles pour nous guider, il devient difficile de juger les comportements et les idées. C'est ce que défend le philosophe Emmanuel Kant dans "*Critique de la raison pratique"* en écrivant qu'il est nécessaire d'avoir une vérité absolue pour établir des normes morales universelles. La théorie de Kant établit un fondement pour préserver l'universalité de la vérité (en tant qu'elle est identique pour tous et donc objective), tout en reconnaissant la limitation humaine à atteindre la "chose en soi" et se limitant à appréhender seulement les phénomènes. Ainsi, elle préserve une vérité objective tout en admettant les frontières de notre compréhension face à la réalité intrinsèque des choses. Les arguments contre l'idée que la vérité est relative reposent sur l'idée qu'il existe des vérités universelles qui sont valides pour tous, indépendamment de notre subjectivité, notre culture, notre histoire et nos expériences. Les arguments contre le relativisme mettent en avant que cette idée peut mener à des conséquences dangereuses, comme la perte de critères pour juger les comportements et les idées. Ces arguments ne signifient pas qu'il n'y a pas de subjectivité ou d'influences culturelles et historiques sur notre perception de la vérité, mais plutôt qu'il existe des vérités universelles qui sont valides pour tous, malgré notre subjectivité. Les défenseurs de la vérité absolue insistent sur le fait que cette idée est fondamentale pour établir des normes universelles qui guident notre comportement et notre jugement. Cependant, la vérité absolue ne signifie pas que tout est absolument certain ou qu'il n'y a pas de subjectivité ou d'influences culturelles et historiques dans notre compréhension de la vérité.

En conclusion, nous avons examiné l'idée selon laquelle la vérité est relative, ainsi que l'idée de la vérité absolue. L'idée que la vérité est relative repose sur le fait qu'il n'y a pas de vérités universelles qui soient valides pour tous, indépendamment de notre subjectivité, notre culture, notre histoire et nos expériences. Cependant, les arguments contre le relativisme mettent en avant l'existence de vérités universelles en science, en mathématiques, en logique, en physique, en sciences naturelles, en morale et en éthique qui sont valides pour tous, indépendamment de notre contexte culturel et historique. Mais au-delà de cette analyse comme le souligne le biologiste et médecin français François Jacob, "Ce n'est pas seulement l'intérêt qui fait s'entre-tuer les hommes. C'est aussi le dogmatisme. Rien n'est aussi dangereux que la certitude d'avoir raison. Rien ne cause autant de destruction que l'obsession d'une vérité considérée comme absolue. Tous les crimes de l'histoire sont des conséquences de quelque fanatisme. Tous les massacres ont été accomplis par vertu, au nom de la religion vraie, du nationalisme légitime, de la politique idoine, de l'idéologie juste ; bref au nom du combat contre la vérité de l'autre, du combat contre Satan." *Le jeu des possibles* (1981).

Sujet 2 : Faut-il toujours dire la vérité ?

Introduction : "La vérité est le fondement et la raison de la perfection, et de la beauté ; une chose, de quelque nature qu'elle soit, ne saurait être belle, et parfaite, si elle n'est véritablement tout ce qu'elle doit être, et si elle n'a tout ce qu'elle doit avoir" - François de la Rochefoucauld, dans les "Maximes" (1665-1678). L'écrivain et moraliste français du XVIIème siècle dans cette courte réflexion sur la morale, nous rappelle à quel point la vérité est essentielle. Dans notre société, il est souvent considéré comme important de dire la vérité, mais est-ce vraiment toujours le cas ? La problématique de notre dissertation est de se poser la question de savoir s'il est toujours nécessaire de dire la vérité. Nous verrons dans un premier temps les avantages de dire la vérité, notamment en termes de respect de la dignité humaine et de construction de relations saines. Nous verrons les inconvénients de dire la vérité, tels que la blessure des personnes concernées ou la menace pour la paix sociale. Ensuite, nous étudierons les cas où il est nécessaire de mentir, comme pour protéger les intérêts d'autrui ou pour respecter la vie privée. Notre dissertation vise à explorer les différents aspects de la question de savoir s'il est toujours nécessaire de dire la vérité, en mettant en avant les avantages et les inconvénients de cette pratique, ainsi que les situations où il peut être nécessaire de mentir.

Première partie : Les avantages de dire la vérité

Il est souvent considéré comme important de dire la vérité, car cela permet de respecter la dignité humaine et de construire des relations saines. Selon Emmanuel Kant, " Celui qui ment, si généreuse puisse être son intention en mentant, doit répondre des conséquences de son mensonge, même devant les tribunaux civils, si imprévues qu'elles puissent être […]. C'est donc un commandement de la raison qui est sacré, absolument impératif, qui ne peut être limité par aucune convenance : en toute déclaration, il faut être véridique." *D'un prétendu droit de mentir par humanité*, ce qui signifie que dire la vérité est considéré comme un devoir moral fondamental. Le respect de la dignité humaine est un des avantages les plus importants de la vérité. En disant la vérité, nous respectons la dignité des autres en leur donnant accès à une information complète et exacte. Cela permet de respecter notre propre dignité, en nous évitant de mentir ou de cacher des informations importantes. Selon Jean-Paul Sartre, la vérité est le fondement de la dignité de l'homme *L'Existentialisme est un humanisme*, (1946). La vérité est un prérequis pour construire des relations saines, en permettant aux gens de se comprendre les uns les autres et de se faire confiance. Les relations fondées sur la vérité sont plus solides et durables, car elles reposent sur la transparence et la sincérité. Même si comme l'a dit Blaise Pascal, "la vérité est si obscurcie en ces temps et le mensonge si établi, qu'à moins d'aimer la vérité, on ne saurait la reconnaître." *Pensées*, (1670). Enfin, la vérité permet de préserver la confiance. Les individus et les organisations qui disent la vérité sont généralement considérés comme étant dignes de confiance, car ils ne cherchent pas à cacher ou à dissimuler des informations importantes. Comme l'a dit Kant, "La communication des intentions est l'élément principal des relations sociales ; l'essentiel ici est que chacun soit sincère en ce qui a trait à ses pensées. Sans cela, en effet, la fréquentation de ses semblables perd toute valeur. Nous ne pouvons savoir ce qu'un autre a en tête que s'il nous fait part de ses pensées ; si cet autre déclare vouloir exprimer ses pensées, il doit le faire effectivement, sans quoi il ne peut y avoir de société entre les hommes. L'esprit de communauté n'est que la seconde condition de la société ; sa première condition est la sincérité, car le menteur détruit la communauté. " *Leçons d'éthique*. Cela peut avoir des conséquences positives sur les relations professionnelles et personnelles, ainsi que sur les décisions prises. Les avantages de dire la vérité sont donc nombreux. La vérité permet de respecter la dignité humaine, de construire des relations saines et de préserver la confiance.

Deuxième partie : Les inconvénients de dire la vérité

Bien que la vérité soit souvent considérée comme importante, il peut y avoir des inconvénients à dire la vérité. « Le principe moral que dire la vérité est un devoir, s'il était pris de manière absolue et isolée, rendrait toute société impossible [...]. Dire la vérité n'est donc un devoir qu'envers ceux qui ont droit à la vérité. Or nul homme n'a droit à la vérité qui nuit à autrui. » Constant *Des réactions politiques* (1797). En effet, la vérité peut blesser les personnes concernées, mettre en danger soi-même ou les autres, et menacer la paix sociale. Par exemple, si une personne apprend que son conjoint la trompe, cela peut causer de la douleur et de la tristesse. De même, si un employé apprend qu'il risque d'être licencié, cela peut causer de la colère et de l'anxiété. En plus de blesser les personnes concernées, dire la vérité peut mettre en danger soi-même ou les autres. Par exemple, si une personne révèle des informations confidentielles sur un groupe criminel, cela peut causer des représailles violentes. De même, si une personne dénonce un corrupteur, cela peut causer des représailles professionnelles. Selon Sénèque, " Souvent nous désirons une chose et en sollicitons une autre, et nous taisons la vérité même aux dieux ; mais ou les dieux ne nous exaucent pas, ou ils nous pardonnent. " (*Lettres à Lucilius*, 1er siècle après JC). Enfin, dire la vérité peut parfois menacer la paix sociale. Par exemple, si une personne révèle des informations sensibles sur une communauté, cela peut causer de la haine et de la discrimination. De même, si une personne dénonce un abus de pouvoir, cela peut causer de la division et de la violence. Selon Machiavel, il est souvent nécessaire de mentir pour conserver la paix (*Le Prince*, 1532). Il peut exister des inconvénients à dire la vérité. Enfin pour reprendre les mots de Friedrich Nietzsche "Non, ce mauvais goût, cette volonté de vérité, de la 'vérité à tout prix', ce délire juvénile dans l'amour de la vérité – nous l'avons désormais en exécration : nous sommes trop aguerris, trop graves, trop joyeux, trop éprouvés par le jeu, trop profonds pour cela… Nous ne croyons plus que la vérité soit encore la vérité dès qu'on lui retire son voile : nous avons trop vécu pour croire cela". *Par-delà le bien et le mal. Prélude d'une philosophie de l'avenir* (1886). La vérité peut blesser les personnes concernées, mettre en danger soi-même ou les autres, et menacer la paix sociale. Il est donc important de peser les conséquences avant de dire la vérité, afin de minimiser les dommages potentiels.

Troisième partie : Les cas où il est nécessaire de mentir

Bien que la vérité soit souvent considérée comme importante, il y a des situations où il peut être nécessaire de mentir. Ces situations incluent les situations de danger, la protection des intérêts d'autrui, et le respect de la vie privée. Les situations de danger sont l'un des cas les plus fréquents où il peut être nécessaire de mentir. Par exemple, si une personne est prise en otage, il peut être nécessaire de mentir aux preneurs d'otages pour protéger les otages et les forces de l'ordre. De même, dans les situations de guerre, il peut être nécessaire de mentir pour protéger les informations militaires et les soldats. Selon Sun Tzu, la ruse est l'arme de la guerre :" C'est la ruse qui vise à détruire l'harmonie chez l'adversaire et/ou la renforcer chez soi. Ainsi, son armée peut être conquise, ses villes prises et son gouvernement renversé sans qu'une goutte de sang ne soit versée". *L'Art de la guerre*, (VIème siècle avant JC). Protéger les intérêts d'autrui est un autre cas où il peut être nécessaire de mentir. Par exemple, si une personne sait qu'un ami a commis un crime, il peut être nécessaire de mentir pour protéger cet ami des conséquences juridiques. De même, si une personne sait que son employeur a commis une fraude, il peut être nécessaire de mentir pour protéger les employés et les clients de l'entreprise. Selon Epicure, il est parfois préférable de mentir pour éviter de causer de la douleur aux autres (*Lettres, IIIème siècle avant JC*). Enfin, le respect de la vie privée est un autre cas où il peut être important de mentir, si une personne a des antécédents médicaux, il peut être nécessaire de mentir pour protéger sa vie privée et éviter l'intrusion. Selon John Stuart Mill, il est parfois préférable de mentir pour protéger sa vie privée *Sur la liberté, (1859)*. Il existe donc des situations où il peut être nécessaire de mentir. Ces situations incluent les situations de danger, la protection des intérêts d'autrui, et le respect de la vie privée. Il est donc important de considérer les conséquences potentielles avant de dire la vérité, afin de protéger soi-même et les autres. Il est utile de considérer les différents contextes et les situations, pour évaluer les conséquences de la vérité. Nous devons souligner que mentir dans ces situations n'est pas sans conséquence éthique et il faut être conscient des conséquences à long terme de ces choix. Il peut être nécessaire de se mettre à la place de la personne concernée pour comprendre les conséquences de nos actions. Comme l'a dit Emmanuel Kant, " Reconnaissez toujours que les êtres humains sont des fins et ne les utilisez pas comme des moyens à votre fin." *Fondements de la métaphysique des mœurs, (1785)*. Il semble ainsi fondamental de peser les conséquences avant de dire la vérité, car il y a des situations où il peut être nécessaire de mentir pour protéger les intérêts des autres et respecter la vie privée. Il faut considérer les différents contextes et les situations pour évaluer les conséquences de la vérité, et ne pas traiter les êtres humains comme des moyens pour atteindre nos fins.

Conclusion : Nous avons exploré la question de savoir s'il est toujours nécessaire de dire la vérité. Nous avons d'abord examiné les avantages de dire la vérité, notamment en termes de respect de la dignité humaine et de construction de relations saines. Nous avons examiné les inconvénients de dire la vérité, tels que la blessure des personnes concernées ou la menace pour la paix sociale. Ensuite, nous avons étudié les cas où il est nécessaire de mentir, comme pour protéger les intérêts d'autrui ou pour respecter la vie privée. Dire la vérité n'est pas toujours la meilleure option et il est important de considérer les conséquences avant de dire la vérité, mentir dans certaines situations n'est pas sans conséquences éthiques et il faut être conscient des conséquences à long terme de ces choix. En fin de compte, la question de savoir s'il faut toujours dire la vérité est complexe et dépend de nombreux facteurs. Il n'y a pas de réponse unique et universelle à cette question, car la vérité peut avoir des conséquences positives et négatives en fonction des contextes et des situations. Comme l'a dit Oscar Wilde, " La vérité est rarement pure, et jamais simple. La vie moderne serait terriblement fade si c'était le cas ; et la littérature moderne, tout à fait impossible ! ". *L'Importance d'être constant* (1895).

Sujet 3 : L'erreur nous éloigne-t-elle toujours de la vérité ?

Introduction : Erreur, vérité, ces deux termes semblent s'opposer, mais ils sont pourtant étroitement liés. Chacun d'entre nous a déjà fait une erreur, qu'elle soit volontaire ou involontaire, mais cela nous a-t-il pour autant éloigné de la vérité? C'est à cette question que nous allons tenter de répondre dans cette dissertation. Pour ouvrir cette réflexion, une citation de Blaise Pascal " Lorsqu'on ne sait pas la vérité d'une chose, il est bon qu'il y ait une erreur commune qui fixe l'esprit des hommes comme par exemple la lune à qui on attribue le changement des saisons, le progrès des maladies, etc. Car la maladie principale de l'homme est la curiosité inquiète des choses qu'il ne peut savoir et il ne lui est pas si mauvais d'être dans l'erreur que dans cette curiosité inutile." *Pensées, (1670)* nous rappelle que l'erreur est souvent un moyen pour arriver à la vérité. La problématique de cette dissertation est de savoir si l'erreur nous éloigne toujours de la vérité ou si elle peut être un moyen pour y arriver. Nous verrons dans un premier temps comment les erreurs scientifiques ont un impact sur la découverte de la vérité. Nous examinerons ensuite comment les erreurs de jugement peuvent avoir un impact sur la prise de décision. Nous évoquerons enfin comment les erreurs dans les relations humaines peuvent affecter la vérité dans les interactions sociales.

Première partie : Les erreurs scientifiques et leur impact sur la découverte de la vérité

Les erreurs scientifiques peuvent avoir un impact significatif sur la découverte de la vérité. Bien que les scientifiques cherchent constamment à découvrir de nouvelles vérités à travers des expériences et des observations, ils peuvent parfois être confrontés à des erreurs qui peuvent les éloigner de cette vérité. Un exemple célèbre d'erreur scientifique est celui de l'expérience de Michelson-Morley, qui a été réalisée en 1887 pour tester la théorie de l'éther lumineux. Les résultats de l'expérience ont montré que l'éther n'existait pas, contrairement à ce que la plupart des scientifiques croyaient à l'époque. Ce résultat a conduit à un bouleversement dans la compréhension de la physique et a finalement conduit beaucoup plus tard à la théorie de la relativité d'Albert Einstein. Selon Thomas S. Kuhn, les théories scientifiques ne sont jamais définitivement établies, mais toujours en cours de révision *La Structure des révolutions scientifiques (1962)*. Les erreurs scientifiques peuvent être le résultat d'une croyance ou d'une présupposition erronée. Un exemple de cela est la théorie de la génération spontanée, qui a longtemps été acceptée par les scientifiques avant que la théorie de la biologie moderne de la biogenèse ne soit développée. Selon cette théorie, les êtres vivants pouvaient apparaître spontanément à partir de matière inerte, comme des souris dans les greniers ou des mouches dans les tas de fumier. Cependant, cette idée a été démentie par les expériences de Louis Pasteur et d'autres, qui ont montré que les êtres vivants ne pouvaient être produits que par d'autres êtres vivants. Comme l'a dit Gottfried Wilhelm Leibniz, " La nature ne fait pas de sauts." *Nouveaux Essais, IV*. Ces erreurs scientifiques ne signifient pas nécessairement que la vérité est perdue. Au contraire, elles peuvent être des étapes nécessaires dans la découverte de nouvelles vérités. Comme l'indiquait Isaac Asimov, la science ne vous donne pas toujours les réponses, mais elle vous apprend à poser les bonnes questions *Science-Fiction Magazine, (1981)*. Par conséquent, les erreurs scientifiques peuvent avoir un impact significatif sur la découverte de la vérité, mais elles sont souvent des étapes nécessaires dans le processus de découverte de nouvelles vérités. Mais il reste essentiel de rester ouvert d'esprit et de ne pas s'attacher trop à des croyances ou des présuppositions qui peuvent être erronées.

Deuxième partie : Les erreurs de jugement et leur impact sur la prise de décision

Les erreurs de jugement peuvent avoir un impact sur la prise de décision, que ce soit dans les affaires, la politique ou la justice. Ces erreurs peuvent être causées par des biais cognitifs, c'est-à-dire des tendances systématiques à percevoir, à rappeler, à raisonner ou à prendre des décisions de manière erronée. Selon Daniel Kahneman, psychologue et économiste, professeur à l'université de Princeton, lauréat du prix dit Nobel d'économie en 2002, les biais cognitifs sont normaux *Les deux vitesses de la pensée, (2011)*. Un exemple de biais cognitif est le biais de confirmation, qui se produit lorsque nous cherchons des informations qui confirment nos croyances existantes plutôt que de rechercher des informations qui les remettent en question. Cela peut entraîner une prise de décision erronée, car nous ne prenons pas en compte tous les éléments pertinents. Un autre exemple est le biais de sous-estimation, qui se produit lorsque nous sous-estimons la probabilité d'événements rares mais importants. Cela peut entraîner une prise de décision insuffisamment prudente, comme sous-estimer les risques d'une catastrophe naturelle ou d'un accident industriel. Nous devons être conscients de ces biais cognitifs pour éviter les erreurs de jugement. La compréhension des biais cognitifs est un premier pas pour les surmonter. Les erreurs de jugement peuvent donc avoir un impact sur la prise de décision. Ces erreurs peuvent être causées par des biais cognitifs, comme le biais de confirmation ou le biais de sous-estimation. D'où l'importance de reconnaître ces biais pour éviter les erreurs de jugement et prendre des décisions plus éclairées.

Troisième partie : Les erreurs dans les relations humaines et leur impact sur la vérité

Les erreurs dans les relations humaines peuvent avoir un impact considérable sur la vérité dans les interactions sociales. Ces erreurs peuvent inclure des malentendus, des mensonges, des tromperies et des dissimulations. Ces actions peuvent causer de la confusion, de la douleur et des conséquences négatives pour les personnes impliquées. Un exemple de cela est la manipulation, qui est l'utilisation délibérée de la tromperie pour influencer les opinions ou les comportements des autres. La manipulation peut causer de la confusion et de la douleur pour les personnes qui sont manipulées, et peut causer des conséquences négatives pour la société dans son ensemble. Un autre exemple est le mensonge, qui est l'affirmation délibérée de quelque chose qui n'est pas vrai. Selon Emmanuel Kant, mentir, c'est violer la liberté de l'autre *Fondements de la métaphysique des mœurs,* (1785). Le mensonge peut causer des dommages considérables dans les relations humaines et induire des conséquences négatives pour la société dans son ensemble. Il faut cependant noter que ces erreurs dans les relations humaines ne sont pas toujours intentionnelles. Les malentendus et les erreurs de communication ont des conséquences négatives pour les personnes impliquées. Les erreurs dans les relations humaines peuvent avoir un impact considérable sur la vérité dans les interactions sociales. Ces erreurs peuvent inclure des malentendus, des mensonges, des tromperies et des dissimulations. Il s'agit donc d'identifier ces erreurs potentielles et de chercher à les éviter autant que possible pour maintenir une communication saine et des relations saines.

Conclusion : Nous avons vu que les erreurs scientifiques peuvent avoir un impact significatif sur la découverte de la vérité, mais peuvent constituer des étapes nécessaires dans le processus de découverte de nouvelles vérités. Les erreurs de jugement peuvent avoir un impact sur la prise de décision, et nous devons reconnaitre les biais cognitifs pour éviter ces erreurs. Enfin, nous avons vu que les erreurs dans les relations humaines peuvent avoir un impact considérable sur la vérité dans les interactions sociales. Au final, il est nécessaire de se rappeler que la vérité est un concept dynamique qui évolue avec les découvertes scientifiques, les expériences de vie et les perceptions individuelles. Comme l'a dit Fiodor Dostoïevski dans *Crime et Châtiment* (1866) "Une erreur originale vaut peut-être mieux qu'une vérité banale. La vérité se retrouve toujours, tandis que la vie peut être enterrée à jamais ; on en a vu des exemples. ". Il faut rester ouvert d'esprit et ne pas trop s'attacher à des croyances ou des présuppositions. Il est important de continuer à questionner, à explorer, à prendre des risques et à apprendre pour avancer vers une compréhension plus profonde de la vérité.

Sujet 4 : Pourquoi vouloir à tout prix connaître la vérité ?

Introduction : L'homme a toujours été fasciné par la recherche de la vérité et pourtant bien des motifs peuvent tendre à la masquer. Pour Nietzsche : " Notre instinct de connaissance est trop puissant pour que nous puissions encore apprécier un bonheur sans connaissance... (...) la connaissance s'est transformée chez nous en une passion qui ne redoute aucun sacrifice et ne craint rien, au fond, sinon sa propre extinction. Nous préférons tous la destruction de l'humanité à la régression de la connaissance ! " Nietzsche. *Aurore* (1881). Cette citation souligne la profondeur de notre instinct de connaissance et son rôle central dans notre quête de bonheur et de sens. Elle met en évidence le caractère passionné de notre recherche de la vérité, ainsi que notre détermination à protéger et à cultiver la connaissance. La soif de vérité est un moteur essentiel dans la quête de compréhension de nous-mêmes, du monde qui nous entoure et de notre place dans l'univers. Cependant la quête de la vérité peut parfois se révéler difficile. Pourquoi est-il donc si important de connaître la vérité ? Quels sont les obstacles qui peuvent entraver notre recherche ? La recherche de la vérité est-elle toujours nécessaire et justifiée dans notre société ? Ou est-ce que parfois, il vaut mieux ignorer certaines vérités pour préserver la paix et la tranquillité ? Pour répondre à cette question, nous allons dans un premier temps étudier l'importance de la vérité comme base de la connaissance et de la compréhension du monde qui nous entoure. Nous verrons comment la recherche de la vérité est cruciale pour assurer la justice et la moralité dans notre société. Ensuite, nous étudierons les différents obstacles qui peuvent entraver la recherche de la vérité, tels que les préjugés, les intérêts égoïstes et les influences extérieures. Enfin, nous proposerons une réflexion sur l'opportunité de poursuivre la recherche de la vérité en dépit des obstacles qui peuvent se dresser sur notre chemin.

1ère partie : La vérité comme base de la connaissance

La vérité est un concept fondamental pour la construction de la connaissance et de la compréhension du monde qui nous entoure. Comme le disait Aristote, la vérité est le premier but de la recherche philosophique dans son œuvre *"La Métaphysique"*. Sans vérité, il est impossible de comprendre la réalité de manière objective et de développer une connaissance fiable. La vérité est un élément crucial pour la prise de décision éclairée. Si nous ne disposons pas de faits véridiques, il est impossible de prendre des décisions qui soient dans notre intérêt à long terme. C'est pourquoi, la vérité est considérée comme étant une condition préalable à tout jugement raisonné et à toute action morale. L'importance de la vérité est particulièrement évidente dans les domaines de la science et de la médecine. Les scientifiques et les médecins sont constamment à la recherche de la vérité, car c'est en se basant sur des faits vérifiés qu'ils peuvent développer des théories et des traitements efficaces. Sans vérité, la science et la médecine ne pourraient pas progresser. De plus, la vérité est un élément crucial pour la construction d'une société démocratique. Les citoyens ont besoin d'être informés de manière juste et impartiale afin de pouvoir prendre des décisions éclairées sur les questions qui les concernent. Sans vérité, il est impossible de maintenir un débat public sain et de respecter les principes de la démocratie. La vérité est bien un élément fondateur pour la construction de la connaissance, la prise de décisions éclairée, le progrès scientifique et médical, et la construction d'une société démocratique. Pour René Descartes, la vérité est la première des choses à chercher *Discours de la Méthode* et c'est en cherchant la vérité que nous pouvons espérer comprendre le monde qui nous entoure.

2ème partie : La vérité comme garante de la justice

La recherche de la vérité est cruciale pour assurer la justice et la moralité dans notre société. Pour Emmanuel Kant, la vérité est la première des exigences de la justice. Il a développé cette idée dans plusieurs de ses œuvres, notamment dans *"Fondements de la métaphysique des mœurs" (1785)* où il défend l'idée que la vérité est nécessaire pour une justice impartiale et dans *"Critique de la raison pure" (1781)* où il explore la nécessité de la vérité pour la connaissance objective. Sans vérité, il est impossible de rendre des verdicts justes et de punir les coupables de manière équitable. La vérité joue un rôle crucial dans les procès pénaux. Les jurés et les juges ont besoin de faits véridiques pour pouvoir rendre des verdicts justes. Si les preuves présentées ne sont pas véridiques, il est possible que des innocents soient condamnés et que les coupables soient acquittés. C'est pourquoi, la recherche de la vérité est considérée comme étant essentielle pour une justice impartiale. Pour prendre un exemple, dans le cas des procès pour crimes de guerre, il est important de révéler les vérités sur les actes commis pour que les responsables soient tenus de rendre des comptes. De plus, la vérité est un élément crucial pour la réconciliation et la réparation après des conflits violents. Les victimes et les auteurs de violences ont besoin de comprendre les faits réels de ce qui s'est passé pour pouvoir aller de l'avant et trouver la réconciliation. Sans vérité, il est impossible de construire une paix durable. On peut prendre l'exemple des commissions de vérité qui ont été mises en place dans plusieurs pays pour éclairer les violences commises pendant des périodes de conflits armés et trouver des solutions pour la réconciliation. La vérité est essentielle pour la lutte contre l'injustice et la discrimination. Si les faits réels de l'injustice et de la discrimination ne sont pas reconnus, il sera difficile de mettre en place des politiques pour y remédier. C'est pour cela que des enquêtes et des rapports sont souvent réalisés pour faire la lumière sur les discriminations et les inégalités dans différents domaines tels que le travail, l'éducation ou la santé. La vérité est un élément fondamental pour assurer la justice et la moralité dans notre société. Pour Martin Luther King Jr., la vérité est la première victime de la violence sociale et de l'injustice, il a développé ces idées dans plusieurs de ses discours et écrits, notamment dans son célèbre discours *"I have a dream"* où il appelle à une société plus juste et plus égalitaire, il a également évoqué ces idées dans d'autres discours comme "*Lettre de la prison de Birmingham*" ou encore "*Pourquoi nous ne pouvons plus attendre*". C'est en cherchant la vérité que nous pouvons espérer rendre justice aux victimes, punir les coupables de manière équitable, construire une paix durable et lutter contre l'injustice et la discrimination. La vérité est le fondement de la justice et de la moralité, elle permet de mettre en lumière les injustices et de prendre les mesures nécessaires pour y remédier. C'est seulement en ayant une vue claire des faits que l'on peut espérer construire une société plus juste et plus moralement équitable. La vérité est un outil puissant pour assurer la justice et la moralité, elle permet de mettre en lumière les erreurs du passé et de les corriger.

3ème partie : La vérité comme source de liberté individuelle

La recherche de la vérité est nécessaire pour assurer la liberté individuelle et la libre pensée. La vérité est la première des libertés, on peut retrouver cette idée dans les dialogues de Platon qui ont été inspirés par les enseignements et les idées de Socrate. Sans vérité, il est impossible de penser de manière libre et indépendante. La vérité est un élément fondamental pour la liberté de penser et d'expression. Les individus ont besoin de faits véridiques pour pouvoir former leur propre opinion et exprimer leurs idées de manière éclairée. Si les informations diffusées ne sont pas véridiques, il est possible que les individus soient manipulés et que leur liberté de penser et d'expression soit entravée. C'est pourquoi, la recherche de la vérité est considérée comme étant essentielle pour la liberté individuelle. De plus, la vérité est un élément crucial pour la prise de décisions éclairée. Les individus ont besoin de faits véridiques pour pouvoir prendre des décisions qui soient dans leur intérêt à long terme. Sans vérité, il est possible que les individus soient trompés et que leurs décisions soient influencées par des intérêts malveillants. La vérité est utile pour la lutte contre la manipulation et la désinformation. Si les individus sont exposés à des informations fausses ou trompeuses, ils peuvent être manipulés et leur liberté de penser et de décider peut en être entravée. C'est pour cela que les médias et les organisations devraient s'engager à diffuser des informations véridiques et à lutter contre la désinformation. La vérité est donc un élément crucial pour assurer la liberté individuelle et la libre pensée. Comme l'a dit Voltaire : " Je vous répéterai encore que la vérité est la fille du temps, et que son père doit la laisser aller à la fin dans le monde" *Lettre à M. Taules* (le 21 mars 1768). La vérité permet aux individus de penser de manière libre et indépendante, de prendre des décisions éclairées et de s'exprimer de manière éclairée. Elle est un outil puissant pour lutter contre la manipulation et la désinformation. Il est donc important de poursuivre la recherche de la vérité, même lorsqu'elle est difficile à trouver ou à accepter, car c'est seulement en ayant une vue claire des faits que l'on peut espérer construire une société où la liberté individuelle et la libre pensée sont protégées.

En conclusion, il est clair que la recherche de la vérité est cruciale pour notre vie personnelle et collective. La vérité est un élément fondamental pour la compréhension du monde qui nous entoure, elle permet de construire des sociétés plus justes et plus moralement équitables, de protéger la liberté individuelle et de prendre des décisions éclairées. Cependant, la recherche de la vérité est souvent complexe et il convient de rester critique et de s'interroger sur les sources d'information pour s'assurer qu'elles sont fiables et véridiques. La vérité est souvent relative et elle peut varier en fonction de la perspective de chacun. La question de la vérité est aussi liée à celle de la connaissance et de la compréhension du monde qui nous entoure. Enfin, il faut reconnaître que la vérité n'est pas toujours aisée à accepter, elle peut même être douloureuse et perturbatrice. Plus encore nous pouvons citer Sri Swami Sivananda qui disait : "Connaître la Vérité c'est en faire l'expérience, et non pas uniquement en avoir une compréhension intellectuelle", élargissant la question à la connaissance même, nous amenant à réfléchir sur la différence entre la connaissance et la compréhension. La connaissance est souvent associée à des faits, des informations que nous accumulons. La compréhension, en revanche, nécessite une profondeur de pensée et une capacité à relier les points entre les informations que nous avons. Cette citation nous invite à réfléchir aussi sur l'importance de l'expérience personnelle. L'expérience personnelle peut souvent nous donner une perspective que la simple connaissance ne peut pas. Elle nous permet de comprendre les nuances et les complexités de la vérité de manière plus profonde.

Sujet 5 : Le dialogue est-il le chemin de la vérité ?

Introduction : " Le fondement même du discours interhumain est le malentendu". Jacques Lacan *Séminaire III*. Cette citation suggère que le malentendu est une partie inévitable et fondamentale de notre communication. Cela peut sembler pessimiste, mais c'est aussi la reconnaissance de la complexité et de la subjectivité de la communication humaine. Le dialogue est certes un élément fondamental de toute société démocratique, permettant à chacun de s'exprimer librement et de défendre ses idées. Mais est-il réellement le chemin de la vérité ? La question mérite d'être posée, car la vérité est un concept complexe qui peut prendre différentes formes selon les contextes. Dans quelle mesure le dialogue peut-il permettre d'atteindre la vérité ? Dans cette dissertation, nous allons explorer les avantages et les limites du dialogue en tant qu'outil pour atteindre la vérité. Nous verrons comment la confrontation des idées, la diversité des perspectives et la raison peuvent jouer un rôle clé dans ce processus. Nous examinerons enfin les obstacles qui peuvent entraver la recherche de la vérité, tels que la subjectivité des individus, les biais cognitifs et la manipulation de l'information.

Première partie : Les avantages du dialogue

Le dialogue est considéré comme un outil essentiel pour atteindre la vérité, car il permet la confrontation des idées et la diversité des perspectives. Cette confrontation des idées est une condition nécessaire pour arriver à une vérité objective. En effet, le dialogue permet de mettre en évidence les faiblesses des arguments et de les améliorer, ce qui est essentiel pour arriver à une vérité solide et durable. Parmi les penseurs qui ont mis en avant l'importance de la confrontation des idées, on peut citer Socrate. Dans sa méthode de la maïeutique, il soutenait que la vérité ne peut être atteinte qu'à travers le questionnement et la réflexion collective. Le dialogue permet d'approfondir les idées et de les enrichir grâce à la diversité des perspectives. Cette diversité des perspectives est considérée comme un atout pour arriver à une vérité plus complète et plus riche. En effet, chacun apporte sa propre vision et sa propre expérience, ce qui permet de compléter les idées des autres et de les éclairer sous un jour nouveau. Le philosophe allemand Jürgen Habermas, dans son œuvre *"Théorie de l'agir communicationnel" (1981),* développe cette idée en montrant comment le dialogue est un moyen de parvenir à une compréhension mutuelle des individus, en s'affranchissant des intérêts égoïstes pour arriver à une vérité qui soit acceptable par tous. Il déclare: "L'objectif de la communication est de parvenir à un accord sur la signification de ce qui est dit, et non pas de persuader l'autre de notre point de vue." Enfin, le dialogue permet l'émergence de nouvelles idées. En effet, lorsque les idées sont confrontées et que les perspectives sont diverses, de nouvelles idées peuvent émerger, qui n'auraient pas été envisagées sans cette confrontation. Le dialogue est donc un outil essentiel pour atteindre la vérité, car il permet la confrontation des idées, la diversité des perspectives et l'émergence de nouvelles idées. Cependant, il ne suffit pas d'avoir un dialogue pour atteindre la vérité. Il faut s'appuyer sur des méthodes rigoureuses et des outils appropriés pour vérifier la validité des arguments et des idées. Il est nécessaire de prendre en compte les limites du dialogue, telles que la subjectivité des individus, les biais cognitifs et la manipulation de l'information. Le dialogue est un outil indispensable pour atteindre la vérité, mais il doit être utilisé avec prudence et vigilance, en s'appuyant sur des méthodes rigoureuses et des outils appropriés pour éviter les erreurs de jugement et les distorsions de la réalité.

Deuxième partie : Les limites du dialogue

Bien que le dialogue soit considéré comme un outil essentiel pour atteindre la vérité, il comporte des limites qui peuvent entraver la recherche de la vérité. Ces limites sont principalement liées à la subjectivité des individus, aux biais cognitifs et à la manipulation de l'information. Tout d'abord, la subjectivité des individus peut être un obstacle pour atteindre la vérité dans le dialogue. En effet, chacun peut avoir ses propres opinions, ses propres croyances et ses propres expériences qui peuvent influencer sa perception de la réalité. Cela peut entraîner des divergences dans les points de vue et rendre difficile la recherche d'une vérité commune. Le philosophe français René Descartes, dans " *Méditations métaphysiques* " *(1641)*, met en avant cette idée en montrant comment la subjectivité de chacun peut entraîner des erreurs de jugement. Il déclare: " de toutes les opinions que j'avais autrefois reçues en ma créance pour véritables, il n'y en a pas une de laquelle je ne puisse maintenant douter." De plus, les biais cognitifs peuvent entraver la recherche de la vérité dans le dialogue. Les biais cognitifs sont des distorsions de la pensée qui peuvent amener à des erreurs de raisonnement ou à des préjugés. Ils peuvent rendre difficile la réception des arguments contraires à nos propres convictions et peuvent entraîner des divergences dans les points de vue. Le psychologue américain Daniel Kahneman, dans son œuvre : *Les deux vitesses de la pensée (2011),* démontre comment les biais cognitifs peuvent influencer notre perception de la réalité et rendre difficile la recherche de la vérité. Il déclare que notre cerveau est un organe de prédiction, pas de compréhension. Enfin, la manipulation de l'information peut nuire à la recherche de la vérité dans le dialogue. La manipulation de l'information peut prendre différentes formes, comme la désinformation ou la propagande, qui peuvent amener les individus à croire des choses qui ne sont pas vraies. Cela peut entraîner des divergences dans les points de vue et rendre difficile la recherche d'une vérité commune. En conséquence, bien que le dialogue soit un outil essentiel pour atteindre la vérité, il comporte ses limites qui peuvent entraver la recherche de la vérité. Elles sont principalement liées à la subjectivité des individus, aux biais cognitifs et à la manipulation de l'information. Il s'agit donc de prendre en compte ces limites lors de la recherche de la vérité, et d'adopter une attitude critique et raisonnée face à l'information. Il est nécessaire de mettre en place des mécanismes pour lutter contre la manipulation de l'information, tels que la vérification des sources et la transparence des informations. Mais ces limites ne signifient pas que le dialogue est inutile pour atteindre la vérité. Au contraire, ces limites peuvent être surmontées en adoptant une attitude critique et raisonnée face à l'information, en prenant en compte les différentes perspectives et en recherchant des preuves pour soutenir les arguments.

Troisième partie : Le rôle de la raison dans le dialogue

La raison est un élément clé pour atteindre la vérité dans le dialogue. Elle permet de vérifier la validité des arguments et des idées, de réfuter les arguments fallacieux et de rechercher des preuves. En somme, la raison est un outil essentiel pour arriver à une vérité objective et solide. Tout d'abord, la logique permet de vérifier la validité des arguments en s'assurant qu'ils respectent les règles du raisonnement. Cela permet de s'assurer que les arguments sont fondés sur des faits et des données solides, et non pas sur des croyances ou des préjugés. Le philosophe grec Aristote, dans son œuvre "*Organon*" *(4ème siècle avant JC)* développe cette idée en montrant comment la logique est un outil pour arriver à une vérité objective. La logique d'Aristote se concentre sur la doctrine du logos, un terme qui englobe à la fois la parole, le discours et la raison. L'Organon propose une analyse approfondie de ce qui constitue la différence spécifique de l'être humain : la capacité de parole. Selon Aristote, l'Homme est défini comme étant « le vivant qui possède la parole ». La parole logique, telle que définie par Aristote, cherche à « rendre manifeste ce qui est ». Par conséquent, elle est susceptible de se voir attribuer une valeur de vérité. Elle relève donc du domaine du jugement, plutôt que des sentiments pris en compte dans les modes de discours étudiés par la Rhétorique. Le philosophe français René Descartes, dans son œuvre "*Méditations métaphysiques* " (1641), montre comment la raison peut être utilisée pour réfuter les arguments fallacieux. Il déclare qu'il est plus facile de détecter l'erreur que de trouver la vérité. Enfin, la raison permet de rechercher des preuves pour soutenir les arguments. Les preuves sont des données concrètes qui permettent de vérifier la validité des arguments et des idées. La recherche de preuves est un élément clé pour arriver à une vérité objective et solide. Le philosophe empiriste anglais Francis Bacon, dans "*Novum Organum, Nouvel outil*" (1620), met en avant l'importance de la recherche de preuves pour arriver à une vérité objective. La vérité ne se trouve pas dans les idées, mais dans les faits et la raison apparaît comme un outil essentiel pour atteindre la vérité dans le dialogue. Elle permet de vérifier la validité des arguments et des idées en utilisant la logique, de réfuter les arguments fallacieux et de rechercher des preuves. Faire preuve de raison et de logique lors de la recherche de la vérité dans le dialogue permet d'éviter les erreurs de jugement et les distorsions de la réalité. Cela implique d'adopter une attitude critique et raisonnée face à l'information, de vérifier les sources et de rechercher des preuves pour soutenir les arguments. En utilisant la raison de manière efficace, nous pouvons éviter les biais et les préjugés et atteindre une vérité objective et solide. Il est donc crucial de s'appuyer sur la raison pour arriver à une vérité objective dans un dialogue.

En conclusion, le dialogue est un outil essentiel pour atteindre la vérité, car il permet la confrontation des idées, la diversité des perspectives et l'émergence de nouvelles idées. Cependant, il ne suffit pas d'avoir un dialogue pour atteindre la vérité. Il est nécessaire de s'appuyer sur des méthodes rigoureuses et des outils appropriés, tels que la raison et la logique, pour vérifier la validité des arguments et des idées, réfuter les arguments fallacieux et rechercher des preuves. Il faut prendre en compte les limites du dialogue, telles que la subjectivité des individus, les biais cognitifs et la manipulation de l'information. Il est donc nécessaire d'adopter une attitude critique et raisonnée face à l'information, de vérifier les sources et de mettre en place des mécanismes pour lutter contre la manipulation de l'information. Cependant, même en prenant en compte toutes ces limites et en utilisant des méthodes rigoureuses, il est impossible de garantir une vérité absolue ou définitive. La vérité est un concept complexe et dynamique, qui évolue au fil du temps et en fonction des contextes. Nous devrons donc continuer à explorer et à questionner notre compréhension de la vérité, en nous appuyant sur le dialogue et la raison, tout en gardant à l'esprit que la vérité est relative et subjective. Et pour citer Lao Tseu : "Les vraies paroles ne séduisent jamais. Les belles paroles ne sont pas vérité. Les bonnes paroles n'argumentent pas. Les arguments ne sont que discours. Celui qui sait n'a pas un grand savoir. Un grand savoir ne connaît rien."

Sujet 6 : La recherche de la vérité nous aide-t-elle à vivre ?

Introduction : Depuis des siècles, l'humanité a toujours cherché à comprendre le monde qui l'entoure et à découvrir la vérité. Mais est-ce que la recherche de la vérité est un objectif en soi, ou bien est-ce qu'elle a une utilité plus pratique, comme nous aider à vivre? " Notre instinct de connaissance est trop puissant pour que nous puissions encore apprécier un bonheur sans connaissance... (…) la connaissance s'est transformée chez nous en une passion qui ne redoute aucun sacrifice et ne craint rien, au fond, sinon sa propre extinction. Nous préférons tous la destruction de l'humanité à la régression de la connaissance !" disait Nietzsche dans *Aurore* (1881). La problématique est de déterminer si la recherche de la vérité est une fin en soi ou si elle a une utilité plus pratique, comme nous aider à vivre. Nous verrons dans un premier temps la recherche de la vérité comme objectif en soi, ensuite nous verrons comment la recherche de la vérité peut nous aider à comprendre le monde qui nous entoure et dans une troisième partie les limites de cette recherche.

Première partie : La recherche de la vérité une aide pour comprendre notre place dans le monde

La recherche de la vérité est une aspiration inhérente à l'humanité qui se manifeste à travers diverses disciplines comme la science, la philosophie, et les religions. Chacune de ces sphères offre des perspectives différentes et complémentaires sur la vérité, formant ensemble un tableau riche et complexe de la quête humaine de compréhension. Dans le domaine de la science, la vérité est souvent perçue à travers le prisme de l'objectivité. Les scientifiques cherchent à comprendre le monde en s'appuyant sur des faits, des données et des preuves empiriques. Ils formulent des hypothèses, effectuent des expériences pour les tester, et, à travers ce processus rigoureux, ils établissent des théories qui expliquent le fonctionnement de l'univers. La vérité scientifique est toujours provisoire et sujette à révision en fonction de nouvelles découvertes. Ainsi, la recherche de la vérité en science est une quête sans fin qui a conduit à des progrès phénoménaux dans notre compréhension du monde, de l'infiniment petit des particules subatomiques à l'infiniment grand des galaxies. La philosophie, quant à elle, s'attaque à des questions auxquelles la science ne peut pas toujours répondre, des questions sur la nature humaine, la moralité, la conscience, la liberté, et le sens de la vie. Pour les philosophes, la recherche de la vérité implique une exploration rigoureuse des idées, une remise en question constante des suppositions et une volonté d'aller au-delà des apparences pour atteindre une compréhension plus profonde de l'existence. À travers les âges, de Platon à Nietzsche, les philosophes ont posé ces questions et ont cherché à comprendre la vérité sur nous-mêmes et sur le monde dans lequel nous vivons. Enfin, dans les religions, la quête de la vérité prend souvent une dimension transcendante. Les religions cherchent à comprendre le sens ultime de la vie, la nature de Dieu ou de la réalité ultime, et le chemin vers le salut ou l'illumination. La vérité religieuse est souvent révélée à travers des textes sacrés, des visions mystiques, ou des expériences spirituelles. Bien que les vérités religieuses puissent être perçues comme subjectives ou inaccessibles à la preuve empirique, elles sont d'une importance cruciale pour des milliards de personnes à travers le monde. Ainsi, à travers la science, la philosophie, et les religions, l'humanité a toujours poursuivi la quête de la vérité. Cette recherche est animée par une volonté profonde de comprendre, de donner du sens, et de naviguer dans le monde qui nous entoure. Bien que ces disciplines diffèrent dans leurs méthodes et leurs objectifs, elles partagent toutes une aspiration à atteindre une forme de vérité, offrant une vision panoramique de la complexité, de la diversité, et de la richesse de la quête humaine de la vérité.

Deuxième partie : la recherche de la vérité outil pour nous aider à vivre

La recherche de la vérité permet de mieux comprendre le monde qui nous entoure. En science, la recherche de la vérité permet de comprendre les lois de la nature et de découvrir de nouveaux phénomènes. Comme l'explique René Descartes dans son "Discours de la méthode" (1637) : " Il est possible de parvenir à des connaissances qui soient fort utiles à la vie, et […] au lieu de cette philosophie spéculative qu'on enseigne dans les écoles, on en peut trouver une pratique, par laquelle, connaissant la force et les actions du feu, de l'eau, de l'air, des astres, des cieux et de tous les autres corps qui nous environnent, aussi distinctement que nous connaissons les divers métiers de nos artisans, nous les pourrions employer en même façon à tous les usages auxquels ils sont propres, et ainsi nous rendre comme maîtres et possesseurs de la Nature.." Les avancées scientifiques ont permis des découvertes majeures, comme la découverte de la structure de l'ADN par Watson et Crick en 1953, qui permettent des avancées en matière de médecine. En philosophie, la recherche de la vérité permet de comprendre les concepts abstraits tels que la morale, la justice et la liberté. Les œuvres de penseurs tels que Kant et ses *"Fondements de la métaphysique des mœurs" (1785)* ou encore de Platon et ses *"Dialogues"* montrent comment la recherche de la vérité peut nous aider à comprendre les concepts abstraits et à les mettre en œuvre dans la vie. La recherche de la vérité nous aide alors à vivre de manière plus épanouissante. En adoptant une vision réaliste et objective de notre vie, nous pouvons mieux comprendre nos propres motivations et nos propres limites. Cela nous permet de vivre de manière plus authentique et de prendre des décisions plus éclairées. Les religions, qui cherchent à comprendre le sens de la vie, peuvent nous aider en nous offrant un cadre moral et spirituel. Les œuvres de penseurs tels que Confucius et ses *"Analectes"* (VIe siècle av. JC) ou encore Bouddha et ses enseignements, montrent comment la recherche de la vérité peut nous aider à vivre avec des principes de vie utilisables au quotidien. La recherche de la vérité peut nous aider à vivre de manière plus épanouissante. Elle nous permet de comprendre nos propres motivations et nos propres limites, de vivre de manière plus authentique et de prendre des décisions plus éclairées. Cependant, la recherche de la vérité porte en elle des limites.

Troisième partie : Les limites de la recherche de la vérité

La recherche de la vérité a ses limites, ces limites peuvent être liées aux méthodes utilisées pour la rechercher, à la subjectivité de l'observateur, à la complexité et à l'incertitude de certaines questions. En premier lieu, la recherche de la vérité est soumise à des biais subjectifs. Les observations et les expériences peuvent être influencées par les préjugés et les croyances de l'observateur. Les penseurs tels que

David Hume dans *"Traité de la nature humaine" (1739)* et Thomas S. Kuhn dans *"La structure des révolutions scientifiques" (1962)* ont souligné comment les préjugés peuvent influencer la recherche de la vérité. De plus, la recherche de la vérité est soumise à des limites méthodologiques. Certaines questions sont trop complexes pour être complètement comprises ou certaines données sont incomplètes ou contradictoires, rendant la recherche de la vérité difficile. Enfin, la recherche de la vérité peut avoir des conséquences négatives, comme l'intolérance et la discrimination. La certitude absolue d'une vérité peut mener à la répression de celles qui ne la partagent pas. Pour Friedrich Nietzsche " Qu'est-ce donc que la vérité ? Une multitude mouvante de métaphores, de métonymies, d'anthropomorphismes, bref une somme de relations humaines qui ont été rehaussées, transposées et ornées par la poésie et par la rhétorique, et qui, après un long usage paraissent établies, canoniques et contraignantes aux yeux d'un peuple : les vérités sont des illusions dont on a oublié qu'elles le sont.". Michel Foucault dans *Surveiller et punir (1975)* a souligné comment la recherche de la vérité peut devenir oppressive. En somme, la recherche de la vérité a des limites qui découlent des biais subjectifs, des limites méthodologiques et des conséquences négatives qu'elle peut avoir. Il faut prendre en compte ces limites lors de la recherche de la vérité et de ne pas se laisser aveugler par la certitude absolue. La vérité est souvent complexe et différentes perspectives peuvent être valables. Il est donc indispensable de maintenir un esprit ouvert et critique lors de la recherche de la vérité et de ne pas tomber dans l'intolérance et la discrimination. La recherche de la vérité doit être poursuivie avec un esprit critique et, en reconnaissant ses propres limites et celles de la recherche elle-même.

En conclusion, la recherche de la vérité peut être vue comme un objectif en soi, un outil pour comprendre le monde et un outil pour vivre de manière plus épanouissante. Cependant, la recherche de la vérité a aussi ses limites, telles que les biais subjectifs, les limites méthodologiques et l'intolérance ou la discrimination qu'elle peut induire. Il semble donc essentiel de poursuivre la recherche de la vérité avec un esprit critique, en reconnaissant ses propres limites et celles de la recherche elle-même. Comme l'indiquait Héraclite, " Dès qu'on ose délaisser un moment les représentations traditionnelles sécurisantes, l'émerveillement vient ". Lorsque nous nous attachons aux représentations traditionnelles, nous sommes souvent limités par nos habitudes de pensée et nos schémas préétablis. Ces représentations peuvent nous donner un sentiment de sécurité et de familiarité, mais elles peuvent également nous empêcher d'explorer de nouvelles perspectives. En remettant en question ces représentations, nous sommes prêts à embrasser l'inconnu et à nous ouvrir à de nouvelles possibilités. L'émerveillement, dans ce contexte, fait référence à un état d'esprit où nous sommes captivés par la beauté, la complexité et l'immensité du monde qui nous entoure. C'est un état qui nous invite à observer, à réfléchir et à questionner. En abandonnant nos représentations traditionnelles, nous sommes plus susceptibles de percevoir la richesse et la diversité du monde, ce qui peut susciter en nous une profonde appréciation et un sentiment d'émerveillement. La recherche de la vérité doit être poursuivie avec la liberté de penser, de s'exprimer et de chercher la vérité sans être réprimé, avec humilité et respect pour les perspectives différentes. La recherche de la vérité est un voyage passionnant pour répondre aux questions les plus profondes de notre existence.

En conclusion, la dissertation de philosophie est un exercice qui demande à la fois rigueur et créativité. Il ne s'agit pas seulement de réciter des connaissances apprises en cours ou dans les livres, mais de construire un raisonnement personnel et cohérent sur une question qui interpelle notre rapport au monde et à nous-mêmes. Pour cela, il faut respecter une méthode qui comporte plusieurs étapes : l'analyse du sujet, la recherche des idées, le plan détaillé et la rédaction. Chacune de ces étapes requiert des compétences spécifiques : savoir définir les termes du sujet, mobiliser les références philosophiques pertinentes, organiser ses arguments en parties et en sous-parties, rédiger avec clarté et précision. Mais il faut aussi faire preuve d'une pensée critique qui ne se contente pas de reproduire les opinions reçues ou les doctrines établies, mais qui cherche à problématiser le sujet, à examiner les présupposés et les implications des thèses en présence, à proposer une réponse originale et nuancée. La dissertation de philosophie est donc un défi intellectuel qui peut être source d'enrichissement personnel et culturel si l'on sait s'y prendre avec méthode et curiosité.

Printed in France by Amazon
Brétigny-sur-Orge, FR

20649447R00228